episodios nacionales
tercera serie

episodios nacionales
tercera serie

DE OÑATE A LA GRANJA
LUCHANA

Benito Pérez Galdós

Edita
Espasa Calpe, para Grupo Unidad Editorial

Dirección Editorial
Pilar Cortés (Espasa Calpe);
Juan Carlos Laviana (Grupo Unidad Editorial)

Coordinador
Manuel Durán Blázquez

Editor
Juan Miguel Sánchez Vigil

Redacción textos complementarios y Documentación gráfica
Paloma Aguilar, Ángeles García del Olmo,
Patricia Hernández, Mariana López, María Olivera,
Fernando de la Orden, Olimpia Torres (Espasa Calpe);
Rubén González, Manuel Mata, Andrea Hauer
(Grupo Unidad Editorial); Begoña Carrera Ríos, Fran Zabaleta
(Grand Guignol Ediciones).

Director de Infografía
Juantxo Cruz

Créditos de Ilustraciones
Aisa, Album, Archivo Espasa, Biblioteca Nacional,
The Bridgeman Art Library, Cover, Index, Museo Histórico
Militar de San Sebastián, Museo Municipal de Madrid,
Museo Zumalacárregui de Ormaiztegui,
Oronoz, Prisma.

Ilustración de sobrecubierta
Jardines de La Granja, por Fernando Brambila.
Palacio Real de Aranjuez. © Oronoz

Diseño de cubierta e interiores
ZAC, diseño gráfico

Maquetación
Ángel Sanz Martín y María José López

Preimpresión
Safekat, S.L.

Impresión
Gráficas Estella, S. A.

Depósito Legal: Na. 436-2008
ISBN Obra Completa: 978-84-670-2842-3
Volumen 12: 978-84-670-2854-6

Impreso en España-Printed in Spain

ÍNDICE

PRÓLOGO

LOS DOS BANDOS: CARLISTAS EN BILBAO Y CRISTINOS EN LA GRANJA

por José Luis Olaizola

Nos asomamos a estas dos novelas con el respeto que nos merece un novelista excepcional, que se introduce en el mundo de la Historia para dejar huella imperecedera de una época muy próxima a la nuestra, para que podamos entender mejor los acontecimientos actuales, desde la perspectiva del pasado.

Siempre que he tenido ocasión he sostenido que se entiende mejor lo que acaeció en nuestro país en el siglo XIX leyendo los *Episodios Nacionales* de Benito Pérez Galdós que con los libros de historiadores de la época. ¿Quién se acuerda ya del conde de Toreno, casi coetáneo de Galdós, autor de una magnífica historia sobre el citado siglo? En cambio, don Benito sigue vigente.

Podemos preguntarnos: ¿qué es una novela histórica? ¿Merecen ese calificativo los *Episodios* de Galdós? A mi juicio, sin duda alguna. Galdós (1843-1920) no es coetáneo de los episodios que narra; tiene proximidad con ellos, pero no los vive en primera persona. Los recrea con cierta perspectiva histórica y en ellos se cumplen todas las leyes que hacen de una novela que merezca el calificativo de tal. Y la primera de esa leyes es la *ordenación artística del relato*, para hacerlo sugestivo. La segunda, en el caso de la novela histórica, es el empeño del novelista en descolgar a los personajes de la Historia, con mayúscula, para humanizarlos y aproximarlos al público lector. Y la tercera, una razonable intuición del autor para imaginar cómo se desarrollaron los acontecimientos. Circunstancias todas que se dan sobradamente en la obra literaria, histórica, de Galdós.

El historiador Hugh Thomas, en su novela *Habana*, sostiene que «el ambiente de una época histórica puede comprenderse mejor por mediación de una novela». Cito de memoria, pero creo que es este autor quien viene a decir que el historiador prescinde de cuanto no haya sobrevivido como testimonio escrito, mientras que el novelista tiene derecho a llegar a las lagunas que deja la Historia que, en ocasiones, son las más sustanciosas. Herodoto de Halicarnaso, a quien Cicerón consideraba «padre de la Historia», lo fue gracias a su talante literario, a su capacidad de fabulador, de creerse lo que le contaban, y de elaborar una narración de hondo interés humano. Por eso ha llegado hasta nuestros días. Y por eso mismo la obra de Galdós trasciende al paso de los años, que ya son siglos. Escribe en el XIX para ser leído en el XXI.

¡Y con qué éxito! En el año 2008, con ocasión del bicentenario del Dos de Mayo de 1808, se ha hecho una edición de su Episodio Nacional *El 19 de marzo y el 2 de mayo* de más de 500.000 ejemplares, bien es cierto que con diversos patrocinios oficiales, y para ser distribuida gratuitamente. En vida no creo que tuviera tanto éxito, a juzgar por lo que cuenta Pío Baroja en un artículo publicado en 1930. Se refería el escritor donostiarra al autor canario como el cenit del éxito literario, puesto que «llegó a vender dos mil ejemplares de cada nuevo volumen de sus *Episodios* en un año».

POR LOS CAMINOS VASCOS. *Azpeitia desde el camino de Tolosa*, por Jenaro Pérez de Villaamil.

Quizá con arreglo a los módulos de la época no era una cifra despreciable, sobre todo si tenemos en cuenta que iban dirigidos a un público lector muy selecto, en el que indudablemente su obra influía.

Las novelas que vamos a comentar, *De Oñate a La Granja* y *Luchana*, son las de mayor contenido ideológico y consideradas por Correa Rodríguez, especialista galdosiano, como «las más perfectas y trágicas. Un toque de atención a la conciencia española perdida en las luchas fratricidas». Estas luchas no son otras que las guerras carlistas, que, si todas las guerras son incomprensibles, aquellas lo fueron en grado extremo.

El acierto indiscutible de Galdós, en todos sus *Episodios*, es la creación de unas tramas literarias, folletinescas si se quiere, pero que son las que dan consistencia al relato. Algunos puristas del lenguaje consideran que el de Galdós, en ocasiones, es descuidado y que con frecuencia incurre en vulgarismos, pero la riqueza de contenido en lo que cuenta y en los personajes que crea compensan sobradamente de tales posibles defectos. Puede ser que con arreglo a la mentalidad de nuestro siglo, acostumbrado a la viveza de las imágenes gráficas, el estilo pueda resultar premioso y que, con frecuencia, abuse de los diálogos excesivamente largos, pero eso no es óbice para ser considerado como un narrador excepcional. Galdós se documenta a fondo sobre lo que tiene que contar, y lo cuenta muy bien.

El argumento de sus *Episodios* se centra, siempre, en una trama amorosa. En los primeros, *La Corte de Carlos IV*, *El 19 de marzo y el 2 de mayo*, etc., eran los amores de Gabriel de

Araceli e Inés; en los que comentamos, son los amores de Fernando Calpena y Aura. Ambos son una desmesura. Fernando es un caballero sin tacha, de un romanticismo extremo, dispuesto a recorrerse España de punta a punta en busca de su enamorada. Es un recurso literario que permitirá a Galdós pasar, con soltura, de la corte matritense a las Vascongadas dominada por los carlistas, que es donde reside su enamorada. El encuentro se dilatará lo suficiente para que nos recreemos en el subido amor de Fernando y en los riesgos que corre a manos de los *facciosos*, que es como llama siempre Galdós a los carlistas, de acuerdo con su talante liberal. El ambiente liberal que respiró Galdos desde su juventud —estudió el bachillerato en un colegio abierto a las corrientes europeas de moda a la sazón— se refleja también en su obra literaria y, por eso, Fernando Calpena será un caballero liberal dispuesto a jugarse la vida entrando en territorio enemigo en busca de su enamorada.

De Oñate a La Granja y *Luchana* son dos títulos, pero, en realidad, son una sola novela, sin solución de continuidad entre una y otra. Tienen la misma trama argumental, y son los mismos los personajes que la protagonizan. El que sean dos títulos obedece, exclusivamente, a razones editoriales, o de *marketing* que diríamos hoy. Galdós sacaba un Episodio por año con la intención, si hemos de creer a Baroja, de vender sus dos mil ejemplares, y no estaba dispuesto a vender dos en uno.

En la presentación de los personajes se aprecia una cuidada descripción de sus características, al igual que una minuciosa explicación de los lugares donde se desarrolla la acción. A mi entender es previsible que Galdós, que ya hemos dicho que se documentaba en profundidad, se sirviera de los trabajos de Mesonero Romanos, principalmente de su *Panorama matritense* y de *Los españoles pintados por sí mismos*.

En el arranque de *De Oñate a La Granja* nos encontramos con una excelente descripción del ambiente que se respiraba en el Paseo del Prado, centro de reunión de la sociedad madrileña, y hasta nosotros llega el aroma primaveral de aquel lugar de recreo, adornado no solo por las flores, sino por las bellezas que discurrían por él. Y pocas páginas después nos sumerge en el lóbrego ambiente de una sórdida cárcel en la que, como diría Cervantes, «toda incomodidad tiene su asiento». Y nos describe un friso de presos y maleantes que no tienen desperdicio. En ese momento el lector avisado toma conciencia de que con Galdós se va a enterar de todo. La literatura galdosiana poco tiene que ver con los relatos crípticos que pasados unos años se pondrían de moda. Describe los lugares y los que por ellos pululan, con tal detalle que el lector solo se tiene que dejar llevar por el relato, dejando escaso margen a su imaginación.

Con Galdós nos enteramos de todo lo que pasaba en aquel siglo. ¿Cómo era la prensa en aquella época? Demoledora. Más que periódicos eran panfletos —el *Eco del Comercio*, *El Jorobado*...— que se dedicaban a atacar todas las reputaciones, sin respetar la vida privada de los personajes públicos. Para que nos quejemos de la prensa de hoy en día.

LA MASONERÍA ES CONTEMPLADA CON INDULGENCIA POR GALDÓS, AUNQUE NO CONSTA QUE PERTENECIERA A ELLA

La masonería es contemplada con indulgencia por Galdós, aunque no consta que perteneciera a ella. Muestra simpatía por el ministro Mendizábal, relevante masón, artífice de la famosa y discutida desamortización, y dedica un recuerdo a Eugenio Aviraneta, también masón y conspirador insigne. Por cierto, este Aviraneta dio pie a Pío Baroja para escribir sus *Memorias de un hombre de acción*, que merecen un lugar de honor, junto a los *Episodios*, para la comprensión política de lo acaecido en el siglo XIX.

Los detalles sobre los medios de transporte de la época son minuciosos. Las gentes se tras-

CARLISTAS CON ESTANDARTE. *Álbum de las tropas carlistas del Norte*. Colección particular.

ladaban de un lugar a otro a pie, a caballo, en sillas de posta o en galeras. Es decir, en el siglo XIX se servían, más o menos, de los mismos medios de transporte que en el siglo I de Cristo y aún antes. En poco más de cien años la revolución en los medios de transporte, con aviones volando a velocidades supersónicas, explica las características de este siglo alocado que nos ha tocado vivir. En uno de los desplazamientos de Fernando Calpena, entre Vitoria y Salvatierra, nos cuenta Galdós que «el plácido viaje duró menos de dos días». En la actualidad, ese recorrido, aunque sea en un modesto coche utilitario, puede llevarnos un cuarto de hora. Conviene aclarar que Calpena hacía el «plácido viaje» en una carreta de bueyes.

Cuando nos presenta a un prócer, «el célebre banquero don Alejandro Aguado, que había llegado de París dos días antes», nos aclara que «viajaba en sillas de postas de su propiedad». O sea, que siempre ha habido pobres y ricos, con la sola diferencia de que nuestros ricos de ahora usan para sus desplazamientos el *jet* privado, y los de aquel siglo, la silla de postas privada.

Las líneas regulares de transporte eran algo excepcional y se las tenían que ingeniar para conseguir uno. En uno de los momentos del relato Fernando Calpena sufre una herida en una pierna —por culpa de los facciosos, cómo no— y es atendido por dos encantadoras hermanas, Demetria y Gracia, de la más alta posición riojana, que se desviven por atenderle ya que el percance lo ha sufrido por ayudarlas. Con no poco esfuerzo consiguen para trasladar al herido una galera, que acomodan lo mejor posible, con colchones, almohadas, mantas de abrigo y cortinas, «para resguardar el interior del frío». Pero las dos hermanas no se montan en esa galera, sino que «mirando a la decencia» se las arreglan para montarse en otra más pequeña, sin las comodidades de la grande.

He ahí otra de las características del relato. Los miramientos de las relaciones entre hombre y mujer. Por supuesto, en toda la obra de Galdós, no hay nunca *sexo explícito,* ni nada parecido. El enamoramiento de Fernando Calpena por Aura es de lo más subido, pero no hay referencia a los encantos físicos de su enamorada, que aparece como de una belleza inmarcesible, casi sobrehumana, y por eso mismo intocable. Se destaca el encanto de sus cabellos, de sus ojos, a lo más de las manos, quizá alguna referencia a su talle, pero de ahí no pasa. Romanticismo del más puro estilo.

Por esa razón del bien parecer, Demetria y Gracia evitan algo tan inocente como era el viajar en la misma galera que Fernando Calpena. Y cuando por fin alcanzan la residencia que las dos hermanas tienen en La Guardia, espaciosa y llena de criadas, a unos tíos suyos no les parece oportuno que convivan con el herido y «por el decoro de las niñas» deciden trasladarse ellos también a la casa. En este aspecto parece que han cambiado bastante las costumbres.

Galdós, que siendo muy joven se trasladó a Madrid con el pretexto de estudiar Leyes, que nunca estudió, se sumergió en el tráfago urbano con alma y vida, frecuentando todos los parnasos literarios, y no haciéndole ascos a la política, ya que alcanzó a ser diputado en numerosas legislaturas. Y, sin embargo, en buena parte de su obra respira nostalgia por la vida sosegada del campo. Critica la postura de los postulantes en Corte, en la figura de un personaje secundario, Iglesias, que abandona la vida regalada en su villa natal, en la que nunca le faltaba de nada, por la «tracamundana» de intentar conseguir un empleo político de tres al cuarto, soñando con desposarse con la hija de un duque o un marqués, sueño imposible, cuando en su pueblo lo tenían destinado a casarse con «una hija de ricos labradores, alta de pechos» (una de las pocas referencias eróticas de don Benito) «y ademán brioso».

En otro pasaje describe con deleite los encantos de la vida rústica, admirable por su ex-

ESPARTERO LIBERA BILBAO, la noche del 24 al 25 de diciembre de 1836. Grabado del siglo XIX. Colección particular.

celencia gastronómica, ya que comienza a las siete de la mañana con el soconusco, acompañado de chocolate y bollos, para dos horas después, a las nueve de la mañana, almorzarse una sopita de ajo con chorizo, que permitiese aguantar hasta las doce de la mañana, en que tenía lugar la comida principal, compuesta por sopa dorada, y cocido, compuesto a su vez por carne de cebón, verdura exquisita, más la indispensable oreja de cerdo y la morcilla. Eso para empezar, porque luego venían los pollos asados o los barbos de río. Y de postre, el cabello de ángel monjil, las nueces, el queso y las frutas. Sin que faltara de remate la copita de anís para ayudar a la digestión. A las cuatro de la tarde, ya cumplida la digestión, de nuevo chocolate con bollos, y así poder aguantar hasta la cena, que tenía lugar a las nueve de la noche, y que solo era un poco más ligera que la comida.

¿Exageraba don Benito en la minuciosa descripción de ese menú? Sinceramente creo que no. Los ricos hacendados tenían muy poco trabajo en sus haciendas, y su principal diversión era la comida. En la gran ciudad, salvo en las casas muy principales, la comida dejaba mucho que desear y de ahí la nostalgia de Galdós por la riqueza gastronómica del agro.

En política muestra muy poca simpatía por los Borbones. A Fernando VII lo considera el paradigma «de la bajeza y sentimientos innobles», sin ideas propias, y que solo se servía de marrullerías para gobernar. En cuanto a su presunta piedad religiosa, había que fiarse poco de ella, ya que solo la usaba cuando le convenía.

Tampoco muestra especial simpatía por su hermano don Carlos, que ¿por su culpa? se produjo el gran desgarrón que fueron las guerras carlistas. Conviene recordar a este respecto la motivación de las guerras carlistas, que constituyen el entramado de las dos novelas que estamos comentando. Hasta 1829 la situación estaba clara: falto Fernando VII de sucesión directa, el heredero a la Corona era su hermano don Carlos. Sin embargo, el enlace de Fernando VII con su sobrina María Cristina de Borbón alteró los planes: la nueva reina se quedó en estado, y ante la posibilidad de que naciera una hembra, el rey, mediante una Pragmática, derogó la Ley Sálica, por la que solo podían acceder al trono los varones, sin contar con las Cortes, por lo que la disposición real era de dudosa legitimidad. Nace una niña, Isabel, futura Isabel II, que es declarada heredera de acuerdo con la Pragmática real, y esa herencia es impugnada por don Carlos y sus partidarios. De esa manera tan estúpida se provoca una guerra civil que dura cerca de medio siglo, con ramalazos hasta bien entrado el siglo XX, con la crueldad propia de las guerras entre hermanos, y que dejó a España sumida en la pobreza.

La falta de simpatía de Galdós por los Borbones se pone, también, de manifiesto en el episodio de la rebelión de los sargentos en La Granja de San Ildefonso

Galdós, pese a su talante liberal, rompe una lanza a favor de don Carlos. Lo considera igual de inútil que su hermano, como gobernante, pero un poco más honrado, y sincero en sus sentimientos religiosos, aunque su religión «era de santurronerías religiosas, propias de viejas histéricas, más que de actos de un elevado cristianismo».

Se lamenta Galdós de que «lo más florido de la nación se dejara matar ciegamente por la pequeñez de las personas que no se lo merecían». Por eso decíamos antes que si todas las guerras son injustificables, las carlistas se llevan la palma por enfrentar a hermanos por culpa de reyes que no se merecían semejante sacrificio.

La falta de simpatía de Galdós por los Borbones se pone, también, de manifiesto en el episodio de la rebelión de los sargentos en La Granja de San Ildefonso. Por cierto, esta rebelión da título a la primera novela que comentamos, *De Oñate a La Granja*, y la realidad es que Fernando Calpena no llega a pisar ese Real Sitio. La citada rebelión, o revolución, se cuenta

BANDERAS Y ESTANDARTES DE LA PRIMERA GUERRA CARLISTA. En la acción de Luchan, final de la novela, aparecen las enseñas de uno y otro bando. Litografía en *Hª de España* de Modesto Lafuente. Madrid, 1882.

en la segunda novela, *Luchana*, pero tampoco ninguno de los personajes se traslada al lugar del acontecimiento. Cuando sucede Galdós tiene situado a su protagonista en el norte del país, por tierra de las Vascongadas, y no le viene bien, literariamente hablando, trasladarlo hasta La Granja. Pero como no resiste la tentación de contarlo se vale de un recurso literario lícito, aunque resulte un poco exagerado: una larga carta que recibe Calpena de una dama desconocida que se preocupa por su salud y por sus amoríos. A la carta le dedica varios capítulos que valen la pena porque, con un sentido del humor sarcástico, relata el episodio como un auténtico esperpento. Que es lo que debió de ser. Se hace difícil comprender que unos miembros del modesto cuerpo de suboficiales de la Guardia Real se rebelaran contra Su Majestad la Reina Regente al parecer con éxito. Pero lo curioso es que no se alzaron para reclamar aumento de sus emolumentos, o cualquier otra prerrogativa de tipo material, sino la modificación de la Constitución de 1812, para que quedara claro un concepto tan abstracto como el de la Libertad, así, con mayúscula. Galdós califica el episodio de sainete y como tal lo cuenta él.

En *Luchana*, Galdós, con total despreocupación de la unidad literaria, se adentra en dos situaciones distintas y distantes

En *Luchana*, Galdós, con total despreocupación de la unidad literaria, se adentra en dos situaciones distintas y distantes, que van a dar un vuelco al relato. Hacia la mitad de la novela, prácticamente desaparece Fernando Calpena, a quien lo deja a las puertas de Bilbao, plaza sitiada por los carlistas, intentando entrar en ella porque se ha enterado que allí se encuentra su enamorada, Aura. Y la acción la traslada al interior de la plaza sitiada, donde efectivamente se encuentra Aura viviendo con la familia de los Arratia, vascongados de bien, profundamente ejemplares y, por tanto, liberales.

Es tal la belleza y el encanto que emana de Aura, que no hay varón que no se enamore de ella y la pretenda, desde el simple cadete hasta el general. Y, como no podía ser por menos, de ella se enamora locamente uno de los Arratia, Zoilo, conocido como Lucho, que así se convertirá en el principal protagonista del final de la novela. Lucho es una fuerza desatada de la naturaleza, capaz de expresar su amor con tal pasión que hace tambalear el recuerdo que la muchacha tiene de su enamorado Fernando Calpena que, por fin, se ve desbancado por el vizcaíno. Calpena, romántico y respetuoso con la mujer amada hasta extremos insospechados, se enfrenta a quien no se cansa de repetir que es un hombre hecho y derecho y, como tal, carnal. Consigue besar apasionadamente a Aura, y la muchacha teme que con ese beso arrancado le haya entregado la posesión de su persona. De todos modos cuando Lucho insiste en el asunto de los besos, Aura le reprocha que ese no es el comportamiento propio de un caballero, de no mediar el sagrado vínculo del matrimonio Una delicia de relato.

Termina la novela con la batalla de Luchana, dirigida por el general Espartero, que pondrá fin al cerco carlista de Bilbao. En esa batalla tomará parte activa Lucho Arratia, que se cubrirá de gloria y merecerá mucho a los ojos de Aura.

No resiste la tentación Galdós de describir la batalla, con carácter épico y todo género de pormenores, pero sin ocultar la sinrazón de tantos inocentes como murieron en ella por defender unos ideales que, los más de ellos, estaban muy lejos de sentir. La triste realidad era que si no combatían se les consideraba desertores y fusilados en el acto.

En suma nos encontramos ante dos novelas que en su unidad narrativa constituyen una importante, y triste, página de la Historia de España, que no conviene olvidar.

José Luis Olaizola
Escritor

ACCIÓN DE OÑATE. Grabado del siglo XIX.
Colección particular.

EPISODIO 23

DE OÑATE A LA GRANJA

JARDINES DE LA GRANJA, por Fernando Brambila. Palacio de Aranjuez.

I

Debemos dar crédito a los cronistas que consignan el extremado aburrimiento de los reos políticos, don Fernando Calpena y don Pedro Hillo en sus primeros días de cárcel. Y que los subsiguientes también fueron días muy tristes no debe dudarse, si hemos de suplir con la buena lógica la falta de históricas referencias. Instaláronse en una habitación de pago, de las destinadas a los presos que disponían de dinero, y se pasaban todo el día tumbados en sus camastros, charlando si se les ocurría algo que decir, o si juzgaban prudente decirse lo que pensaban, y cuando no, mirábanse taciturnos. El aposento, con ventana enrejada al primer patio, no hubiera sido más desapacible y feo si de intento lo construyeran para hacer aborrecible la vida al infeliz que morara en él. Componíase el mueblaje de dos camas jorobadas, de una mesa que bailaba en cuanto se ponía un dedo sobre ella, de una jofaina y jarro en armadura de pino sin pintar, de cuatro sillas de paja y una percha con garfios como los de las carnicerías, clavada torcidamente en la pared. Depositario Hillo de los dineros de la incógnita, podían permitirse aquel lujo, propio de conspiradores, que les apartaba de la ingrata compañía de ladrones y asesinos. Otros presos políticos habíanse aposentado en iguales estancias del departamento de pago; en ellas han comido el pan del cautiverio, generación tras generación, innumerables héroes de los clubs y del periodismo, que desde tales cavernas se han abierto paso, ya por los aires, ya por bajo tierra, hacia las cómodas salas del Estado.

Días tardó el señor de Hillo en salir de su cavilación silenciosa; no estaba conforme, ni mucho menos, con el papel que forzosamente se le hacía representar en aquella comedia lúgubre, y una noche, después de cenar malamente, quiso romper ya el freno de la reserva o cortedad que le impedía dar suelta a las turbaciones de su alma; mas no encontrando la formulilla propia para empezar, se arrancó con unos versos de don Francisco Javier de Burgos, a por el primer poeta del siglo, y en tono altisonante recitó:

De cera en alas se levanta, Julio,
quien competir con Píndaro ambicione;
Ícaro nuevo, para dar al claro
piélago nombre...

—No me recite versos clásicos, don Pedro —le dijo Calpena—, si no quiere que yo vomite lo que cené... ¡Vaya con lo que sale ahora!

—O al púgil claro que la elea palma
al Cielo eleva, o rápidos bridones
inmortalice...

—Que se calle usted, hombre, o allá le tiro una bota.

—Ya no me acordaba de que nos hemos hecho románticos. Así estamos. Hemos caído, *nuevos Ícaros,* derretidas las alitas de cera, y nos hemos roto el espinazo...

—Y no en un *claro* mar, sino en esta cárcel nauseabunda, ha venido usted a purgar el pecado de meterse a redentor... Yo me alegro; créalo, me alegro como si me hubiera caído la lotería... Porque todo lo que le pase se lo tiene usted bien merecido.

—Es verdad; lo reconozco. Y con toda la honradez de mi carácter, declaro que la conducta de la señora invisible con este su humilde servidor, es la conducta de un sátrapa de Oriente.

—¿Lo ves, clérigo, lo ves? —dijo riendo Calpena, que empezó a tutearle con familiaridad desdeñosa—. ¿No me oíste protestar del despotismo de *la velada?*... Ahora que sientes el palo sobre ti, lo reconoces...

—Ahora sí, pues si considero natural que la señora incógnita desee que una persona grave y sesuda custodie al niño en este encierro donde ha sido forzoso meterle, no me parece bien que arroje sobre mí el vilipendio de la prisión, sin acordarse de que soy sacerdote, aunque indigno...

—Las incógnitas, mi querido clérigo, suelen ser desmemoriadas. Esta que ahora nos ha metido en el *estaribel,* no se para en pelillos; va a su objeto, caiga el que caiga. A los que se prestan a servirla, les convierte pronto en esclavos.

—Bien sabe Dios —dijo don Pedro suspirando—, que me metí en este negocio de tu corrección con alma y vida, llevado de un sentimiento fraternal... Ningún sacrificio me parecía bastante. Olvidé hasta mi dignidad, vistiéndome de seglar y metiéndome en los clubs, donde he contrariado mis gustos y perdido el estómago, oyendo *de ciega plebe el vocear insano*... Por amor al bien y a ti, por respeto de esa señora deidad, hice mil desatinos y ridiculeces. ¿Merecía yo que se arrastrara por la inmundicia de una cárcel la sagrada orden que profeso? Dime tú ahora con qué cara me presento yo en una iglesia pidiendo misa. ¿Más qué digo, si a estas horas ya me habrá retirado el diocesano las licencias? Verdad que yo ahorqué los hábitos; pero me proponía volver a ponérmelos cuando lograra mi santo propósito de echarte el lazo y traerte a la virtud y a la honestidad. ¿Y ahora, quién me quitará la tacha de clerizonte renegado? ¡Preso por conspiración jacobina, envilecido mi nombre, pues aunque todo resulte de mentirijillas, a la opinión no le consta, en lo que me queda de vida ¡ay! he de pasar por un sacrílego, por uno de esos desdichados monstruos, como el organista de Vitoria en Zaragoza, el infame fray Crisóstomo de Caspe, que de fraile se trocó en masón, y de revolucionario en asesino!

ERES UN SACERDOTE EJEMPLAR, QUE IBAS A LAS LOGIAS A PREDICAR EL AMOR AL DESPOTISMO Y LA MANSEDUMBRE DE LOS CARNEROS DE DIOS...

—Yo creo —indicó Fernando con sorna—, que la señora maga, si ha tenido poder para meternos en *chirona* con tanto salero, lo tendrá para darte a ti, ¡oh venerable capellán!, la reparación que te debe. ¿No dices que todo esto es pura comedia? Pues luego se te darán satisfacciones: resultará que te han preso por equivocación, que eres un sacerdote ejemplar, un santo misionero que ibas a las logias a predicar el amor al despotismo y la mansedumbre de los carneros de Dios... Como esta es luz, ten por cierto que la invisible no se quedará corta

LAS CARCELES, A REBOSAR. Pedro Hillo y Fernando Calpena, como otros conspiradores fueron encerrados en la cárcel del Saladero por las críticas al Gobierno y a su presidente, Mendizábal. Tan solo la idea de tener comunicación con el exterior les aliviaba del sufrimiento. *(Interior de una cárcel,* por J. Ximeno. Biblioteca Nacional. Madrid).

en la compensación. Para mí, en cuanto suban los nuestros, digo, los de ella, te largan una mitra, clérigo, una mitra, y no veo que se puedan tasar en menos los sofocones que te han dado.

—¡Mitra! No te burles.

—Bien te la has ganado, hijo: ya estoy viendo a *Tu Ilustrísima* echando bendiciones. Por de pronto, para quitarte el amargor de la cárcel, te tendrán dispuesta una canonjía... eso seguro, como si lo viera... A estas horas tendrá firmado el nombramiento el señor Álvarez Becerra...

—¿Crees tú...? Hombre, no puede ser... Pues mira, en justicia... No es que yo lo pretenda, que soy, como sabes, desinteresado hasta la pazguatería... Pero...

—Pero tú debes renunciarlo; debes mantenerte en tu forzado papel de presbítero de armas tomar, y rebelarte ahora contra la incógnita y contra todos los poderosos que nos oprimen... Pásate a mi partido; unámonos contra ese poder oculto que nos trata como a parias; persigámosle hasta dar con él, y asaltemos esa Bastilla hasta no dejar piedra sobre piedra.

—Fernando, no disparates más, o quien tira la bota soy yo, y te rompo con ella las narices.

—Ahora pienso, mi buen clerizonte, que, en efecto, desvarío, porque la estoy llamando *incógnita,* y para ti no debe de serlo ya... para ti, afortunado mortal eclesiástico, se ha quitado la careta...

—¡Por san Blas, por san Críspulo, tanto la conozco como a mi tatarabuela! No, hijo, no se ha quitado la careta: lo que hizo aquel día fue señalarme los medios perentorios de comunicación con su escondidísima y siempre encapuchada persona, y por tal medio pude participarle lo emperrado que estabas en el mal, para que tomara, si quería, las medidas heroicas... que... ya sabes... ¡Cuán lejos estaba yo que de la tal medicina heroica me había de tocar a mí esta toma, más amarga que la hiel!...

—¿Y en los días que llevamos en este infierno, no has recibido la cartita de letra menuda?

Don Pedro, clavados en el techo los aburridos ojos, denegó con la cabeza; y como el otro insistiese, denegó también con los pies, y por fin, con la boca.

—Puedes creer que no ha venido carta. Lo que trajo ayer *Edipo* fue recado verbal, que me dio en el rastrillo. No hizo más que preguntarme si estábamos bien asistidos y si necesitábamos algo: ropa, dinero y comida buena. Yo contesté que todo lo comprendido en estos tres sustantivos nos vendrá muy bien, mientras no nos devuelvan la preciosa libertad.

—¡De modo —dijo Calpena echando por delante de la frase un sonoro y descarado terno—, que no sabemos cuándo nos sacarán de aquí! Esto es horrible, criminal. Si en España hubiera justicia, ya veríamos en qué paraban estas bromas horripilantes. Alguien había de sentirlo... Y ahora ¿a quién, a quién, san Cacaseno bendito, hemos de endilgar nuestros chillidos de rabia y desesperación? ¿Es esto un país civilizado? ¿Así se prende a las personas; así se priva de libertad a un ciudadano, aunque sea enchiquerándole en calabozo de preferencia y pagándole la bazofia? También a los que están en capilla se les da de comer cuanto piden. ¡Qué sarcasmo! ¡Qué indigna y cruel farsa!... Ya ves que no ha parecido por aquí ningún cuervo jurídico a tomarnos declaración. ¿Y aquellas terribles conjuras en que estábamos metidos? ¿Y los delitos de lesa majestad, dónde están? Un país que tal consiente, merece ser gobernado por mi jefe de oficina, el patriarca de los mansos, don Eduardo Oliván e Iznardi.

No dijo más, y se volvió hacia la pared, donde se proyectaba su sombra, a la macilenta luz del quinqué. La situación psicológica del antes protegido y después encarcelado mozo no era fácilmente apreciable y definible a los pocos días del encierro. La primera noche de prisión fue terrible: acometido Calpena de violentísimo frenesí, no cesaba de blasfemar, clavados los dedos en el cráneo; y se arrancaba los cabellos mostrando su ira en formas destempladas y tremebundas. Trabajillo le costó a don Pedro contenerle: si no es por él, sabe Dios lo que habría ocurrido, y a qué extremos de furor y barbarie hubiera llegado el pobre Fernandito. Vino al siguiente día la sedación, y lentamente fue cayendo el preso en un estoicismo melancólico. Su pensamiento tejía sin término el monólogo doliente, inacabable: «¿Qué habrá sido de Aura? ¿Qué pensará de mí? ¿Sabe acaso que estoy preso?». Conocedor del temple arrebatado y de la fogosa fantasía de su dama, no podía menos de temer los efectos de la desesperación. Aura tenía instintos trágicos: misteriosas querencias la llamaban a los desenlaces fatalistas, puestos en moda por la literatura... La casa, la infernal cueva de la Zahón no se apartaba de su mente. ¿Habría llegado el tío carnal para llevarse a la infeliz huérfana? Y ésta, ¿se habría dejado conducir sin oponer siquiera resistencia pasiva, que es la fuerza de los débiles? Sin duda pasaban o habían pasado tremendas cosas, y el no saberlas le abrumaba más que le abrumaría el conocimiento de las mayores desdichas. «Es seguro —pensaba entre pensamientos mil—, que esta farsa de mi prisión concluirá cuando esté conseguido el objeto; cuando Aura, si es que aún vive, haya salido de Madrid... Habrán tomado precauciones para que yo ignore el punto a donde se la llevan, y quizás me tengan aquí más tiempo, pues transcurriendo días entre su partida y mi libertad, me será más difícil averiguar a dónde tengo que dirigirme para encontrarla... O quizás confían en la acción del tiempo, en mi cansancio. Esperan que me dé por vencido, que desmaye mi voluntad... ¡En qué error están, Dios mío! Mi voluntad con el castigo se crece... Como ignoro a quién debo la vida, digo que mi padre es el *No importa,* y mi madre el *Más vale así*».

NO DIJO MÁS, Y SE VOLVIÓ HACIA LA PARED, DONDE SE PROYECTABA SU SOMBRA, A LA MACILENTA LUZ DEL QUINQUÉ

El tiempo, que en aquel cautiverio tristísimo centuplicaba su extensión, le llevó a donde menos podía pensar. Es el tiempo un Océano de aguas hondas y corrientes insensibles, que lleva los objetos flotantes a playas desconocidas y los arroja donde menos se piensa. Si en las primeras horas de su encierro, veía Calpena en la desconocida gobernadora de su vida un tirano insoportable, lentamente fueron ganando otras ideas el campo de su turbado espíritu. Sin dejar de creerse víctima, sin que se amenguaran los dolores del tremendo garrotazo que había recibido, la figura ideal de la persona designada con el vago nombre de *mano oculta,* fue perdiendo aquel aspecto de deidad inexorable con que se la representaba su imaginación... Como se manifiestan indecisas por Oriente las primeras luces del alba, apuntaron en el alma de Fernando sentimientos más benignos respecto a la desconocida. Y aumentada de hora en hora la intensidad de estos sentimientos, se modificó su criterio en aquel punto, llegando a ver en el acto de la prisión algo que podía ser comparado a los procedimientos de la cirugía, la crueldad y la piedad juntas. La tiranía no podía negarse; pero ¿cómo dudar que el móvil de ella era un sentimiento tutelar, intensísimo?... Determinaron estas razones el ansia vivísima de descubrir a la invisible y arrancarla el velo, para comunicarse con ella, en la esperanza de llegar a la paz, conciliando las ideas de una y otro. Tal idea fue la verdadera medicina de su grave turbación, y acariciándola y fomentándola en su alma, llegó a soportar resignado la sombría tristeza de la clausura. La idea de que se restableciese pronto la comunicación con el mundo, donde había dejado sus afectos más vivos, le alentaba, y deseando diariamente el mañana, esperándolo con fe, parecía que las horas eran menos pesadas, menos lentas. Viniera pronto noticia del exterior, aunque fuese mala; viniera pronto carta, papel o cifra que revelasen el negro misterio de lo sucedido en los días de cautividad. Que alguna voz sonara en aquella sepulcral caverna, aunque fuese la fingida voz de la mascarita, de la piadosa tirana.

ES EL TIEMPO UN OCÉANO DE AGUAS HONDAS Y CORRIENTES INSENSIBLES, QUE LLEVA LOS OBJETOS FLOTANTES A PLAYAS DESCONOCIDAS

No estaba menos inquieto Hillo por la tardanza de algún papel con explicaciones que confirmaran el carácter inofensivo de aquel bromazo, pues recelaba verse empapelado para toda su vida, y metido en deshonrosos líos policíacos o judiciales. Por fin, en la mañanita que siguió al coloquio que referido queda, fue llamado al despacho del sotaalcaide el señor don Pedro, y allí recibió de manos del señor *Edipo* un voluminoso pliego. *¡Hosanna!*... La conocida letra del sobrescrito le colmó de júbilo. Para mayor satisfacción, Fernando, que había pasado la noche en vela, dormía como un tronco, y así pudo el buen clérigo entregarse a sus anchas a la lectura, reservándose el dar cuenta o no a su amiguito del contenido de la carta, según fueran comunicables o secretas las instrucciones que contenía.

II

Con qué palabras, mi buen Hillo —leyó éste—, pediré a usted perdón por el ultraje que de esta pecadora por caminos tan ocultos ha recibido? No hay términos para expresar mi pena, como no puede haberlos para la expresión de su inaudita paciencia y bondad. Porque no sólo ha sabido usted sufrir a Fernando en su demencia, sino que me sufre a mí en esta locura que padezco, y que voy soportando con ayuda de las almas caritativas, como el señor don Pedro Hillo... Sí, mi excelso amigo y capellán: obra mía y de mis artes infernales es el paso audacísimo, la temeraria estrategia de su detención y encierro. ¿Verdad que usted aguanta ese atropello y esos sonrojos por amor al prójimo, por amor a Fernando? ¿Verdad que usted, como buen sacerdote, sabe padecer por los méritos de Nuestro Señor Jesucristo? ¿Verdad que en su conciencia siente el gozo del bien obrar, y desprecia las opiniones humanas? Me consuelo pensando que tales son sus sentimientos, caro señor mío, y si me equivoco, que Dios me confunda. Las atrocidades que la demencia de Fernando proyectaba, yo no podía impedirlas sino encerrándole en una cárcel, único sitio de donde no se sale a voluntad. Yo no podía dejarle solo en ese antro sombrío; su desesperación y su abatimiento me daban más miedo que sus ignominiosos amores. ¿A qué persona en el mundo, como no fuera usted, podía yo confiar su custodia en tan peregrinas y nunca vistas circunstancias? ¡Qué hacer, Dios mío! Calcule usted mi ansiedad y discúlpeme. "A Roma por todo —me dije—, y que Dios y el señor de Hillo me perdonen", ¿Hice mal?... Aún no he podido determinarlo en mi conciencia: sólo sé que no podía hacer otra cosa.

POR DE PRONTO, SEPA EL SEÑOR DON PEDRO QUE SOBRE SU RESPETABLE PERSONA NO RECAERÁ NINGÚN OPROBIO POR ESTA PRISIÓN

»Pues bien: dicho lo más amargo, voy a manifestar lo que estimo triaca de tanto veneno. ¿Soy mala, señor mío? Quizás lo haya usted pensado así. ¿Podré algún día destruir esa desfavorable opinión, apartando de mi pobre cabeza las maldiciones que arrojado habrá sobre ella la indignación de mi noble víctima? Lo veremos. Por de pronto, sepa el señor don Pedro que sobre su respetable persona no recaerá ningún oprobio por esta prisión; sepa que su nombre figura en los registros de la cárcel de tal modo desfigurado, que no le conoce ni el cura que se lo dio en el bautismo; sepa que saldrá sin mácula de ese muladar, y que sus delitos políticos se cargarán a cualquiera de los cándidos masones comprendidos en la última redada. No quedará rastro, señor de Hillo, ni nadie ha de vituperarle. Sólo me resta decirle que, siendo de estricta justicia que mi víctima tenga la compensación que por su extraordinario desinterés le corresponde, le doy a escoger entre los dos métodos o caminos para alcanzarla. ¿Se decide por colgar el manteo, renunciando a la ventaja que pueda ofrecerle su carácter eclesiástico? Pues no vacile en secularizarse, y junto a Fernando tendrá usted siempre una posición, no digo de tutor, sino de amigo, de esos amigos que igualan a los hermanos más cariñosos. ¿Que no quiere usted renunciar a la carrera sacerdotal? Muy bien: pues yo le garantizo que tendrá la que más le acomode, y ya puede ir pensándolo mientras llega la anhelada libertad... Por hoy, mi buen presbítero, le recomiendo otra pequeña dosis, o toma, como usted quiera, de aquel precioso elixir que llamamos paciencia, y que corre en el mundo con la bien acreditada marca de Job. Entre paréntesis, hay marcas mejores, aunque no son del dominio público. Yo las conozco... y las uso, ¡ay!».

Al llegar a este punto, tuvo Hillo que suspender la lectura para respirar. Sentimientos diversos agobiaban su espíritu y oprimían su corazón. «¡Extraordinaria mujer! —pensaba—. ¡Cuánto sabe!... Que quieras que no, Pedro Hillo, perteneces a ella en cuerpo y alma. Con su garra enguantada te tiene cogido... ya no escapas, no. Si Dios así lo quiere, adelante. Sigamos la lectura».

«Ya estoy viendo la cara que me pone mi bendito don Pedro al llegar a este párrafo de mi carta. "Pero esta mujer estrafalaria, ¿hasta cuándo nos va a tener encerrados aquí?... ¿Me ha tomado a mí por instrumento de sus artimañas y enredos?... ¡Vive Dios, que ya se me está subiendo a la coronilla el tal Fernandito! ¿Qué tengo yo que ver con que se le lleven los demonios o los Zahones y Negrettis, que es lo mismo? ¿Ni qué me va ni qué me viene a mí con que

LA FELICIDAD EN LA TUMBA era una de las reivindicaciones romanticas. Galdós pone en boca del sacerdote Pedro Hillo, detenido por masón y revolucionario, estas palabras de consuelo: «Somos románticos, y la nueva escuela manda que nos tengamos por felices en la tumba, máxime si hay ciprés». *(Cementerio romántico.* Museo Romántico. Madrid).

esta dama incógnita quiera o no quiera resguardar al niño y apartarle de la perdición? ¿Por qué no lo hace ella? ¿Por qué no le llama a su lado?...". Esto dice usted, y yo respondo: "Espérese un poco carísimo maestro y capellán. Usted es muy bueno, y no se me enfadará si le digo que puesto ya en el camino del sacrificio y la abnegación, no hay más remedio que recorrerlo hasta el fin. Todavía, siento decírselo, tienen ustedes Saladero para un rato, más claro, para unos días. ¿Qué significa esa corta esclavitud si la comparamos con la de los infelices magnates que estuvieron encerraditos en la Bastilla veinte y treinta años? ¿Y los que en otras prisiones o fortalezas, sin más culpa que la de usted en este caso, entraron jóvenes, rebosando vida, y salieron encorvados y llenos de canas? Hay que conformarse, y esperar días, señor don Pedro, porque usted imagínese si suelto a Fernando hoy o mañana, poco habremos adelantado, encontrándonos ante los mismos peligros y cuidados graves de aquella tristísima noche".

»Si son ciertas, como creo, las noticias que me traen, hoy o mañana debe partir con su tío Negretti, a quien la endosa Mendizábal, la muñeca romántica por quien ha enloquecido el niño. Pásmese usted, don Pedro: en su desesperación, creyéndose abandonada de su amante, hizo el paripé de querer quitarse la vida. Bajo la almohada le encontraron un cuchillo carnicero. Han tenido que ponerle centinelas de vista... En fin, que se la llevan con mil demonios, no sé aún a dónde. Creo que al Norte. Me dicen que ese Negretti es hoy armero de don Carlos, contratista de cartuchos, y fundidor de cañones para la Causa. Nada de esto me importa: que le hagan a don Carlos cien mil piezas de artillería, con tal que me tengan por allá a esa calamidad de niña hasta el día del Juicio... Ahora conviene que el prisionero no esté libre hasta

26 de junio – 20 de diciembre de 1836

La expedición del carlista Gómez

El general fracasa en el intento de extender la guerra por todo el país

El general Miguel Gómez parte de Amurrio con

- 2.700 soldados
- 180 hombres a caballo
- 2 cañones

Persecución liberal

Gómez fue perseguido por los principales generales de la causa liberal.

En algunos momentos llegó a contar con 6.000 hombres que fueron perseguidos por contingentes de hasta 25.000 soldados liberales

La infructuosa aventura de Gómez

Principales batallas

1. En Baranda, Gómez venció a Tello
2. En Matilla, derrota al liberal Narciso López
3. En Escaro, Alaix le obliga a retirarse
4. En Villarrobledo, cae derrotado a manos de Diego de León

Fracaso final

Gómez no extenderá la guerra por todo el país, ya que los pueblos por los que pasaba seguían afines al bando liberal

Un absolutista confeso

GENERAL MIGUEL GÓMEZ DAMAS

(1785-1850)

- En 1808 ingresa como subteniente en el ejército y participa en la batalla de Bailén
- Protagonizó varias conspiraciones en Jaén durante el trienio liberal (1820-1823)
- Tras el comienzo de la Primera Guerra Carlista, marcha de Madrid a Navarra
- En 1839 se exilia a Francia
- Durante la Segunda Guerra Carlista regresa a España para dirigir a los carlistas andaluces
- En 1849 vuelve a exiliarse a Francia para pasar en Burdeos su último año de vida

FUENTE: "La Primera Guerra Carlista", César Alcalá **Doc.:** Rubén González **SERGIO BRAGA/I+G**

que le pase la calentura. Podría volver a las andadas; podría antojársele correr tras ella. No, no: que no sepa dónde está. De eso nos cuidaremos oportunamente... Entre paréntesis, señor cura: tengo que decirle que he comprado el famoso abanico que vio usted en casa de la Zahón. Era gusto mío, capricho, disculpable vanidad. Fue allá una persona de toda mi confianza, que conoce la joya, y se hizo trato por ochocientos duros. Ya lo tengo en mi poder. Es cosa lindísima, de gran mérito: me paso algunos ratos contemplándolo. Cuando usted salga, me hará el favor de volver allá, y comprará unas perlas que necesito, ya le diré cuántas, para emparejar con otras que poseo... También quiero unos brillantes superiores. Le preparo una sorpresa a Fernando para cuando sea bueno, y se nos entregue arrepentido y bien curado de su demencia. Pero es prematuro hablar de esto.

»Repito, mi querido capellán, que deseche todo recelo, pues no figurará usted ni como conspirador, ni como clerizonte renegado... Las buenas disposiciones de la policía las habrá comprendido usted por el hecho de no haberle registrado ni retenido sus papeles. Bien guardaditas habrán quedado allá mis cartas y el aljófar comprado a la Zahón. Y si se pierde, que se pierda. Volverá usted a casa de Méndez con la *verídica historia* de que ha estado ausente por una misión electoral que le confió el Gobierno... o misión eclesiástica, lo mismo da...».

POR LOS TRES PLIEGOS ESCRITOS A CALPENA PASÓ RÁPIDAMENTE SU VISTA DON PEDRO, Y AGUARDÓ A QUE DESPERTARA PARA ENTREGÁRSELOS

Hillo tomó segunda vez aliento, y se dijo: «¡Pero qué enredadora es esta madama oculta, y qué cosas discurre! Verdad que arma sus tramoyas con suma gracia, movida de un elevado y nobilísimo sentimiento. No hay más remedio que bajar la cabeza, y decir a todo *amén*. Adelante, y déjeme yo querer hasta que vea en qué paran estas misas». La carta concluía con varias advertencias:

«Si tiene usted algo que decirme, escríbalo y dé la carta a *Edipo*. Pero mucho cuidado, amigo mío: este recurso no debe usted emplearlo sino en caso urgentísimo y perentorio. No siendo así, vale más que se guarde sus pensamientos para mejor ocasión. Acompañan a ésta tres pliegos, que son para Fernando. Ya sé que la estancia de pago en que viven ustedes no es de las peores... ¿Y qué tal les dan de comer? Supongo que será malísimamente. Veré si puedo mandarles algo superior... Adiós, mi buen amigo y capellán. Que Dios le asista en su santa obra; que vigile usted la salud, la vida, el honor de esa criatura, no por demente menos adorada... Adiós».

Por los tres pliegos escritos a Calpena pasó rápidamente su vista don Pedro, y aguardó a que despertara para entregárselos. Dormía el joven profundamente: en su rostro demacrado advertíanse huellas de los pasados insomnios, de la cólera y tribulación de aquellos días. Contemplole el clérigo con entrañable piedad, creyéndole digno de los extremados sacrificios que por él se hacían. En la sangre juvenil, en los hervores de la imaginación, en la misma inteligencia soberana de Fernando, hallaba disculpa de su desvarío, que esperaba sería sofocado pronto por las hermosas prendas de su alma.

—Todo te lo mereces, hijo —decía—, y andaremos de cabeza hasta llevarte a puerto seguro... Y que no es floja tarea... *Tantæ molis erat*...

En esto despertó Calpena desperezándose, y al verle abrir los ojos, le dijo Hillo con risueño semblante:

—¡Lo que te has perdido, hombre, por dormilón!...

—¿Qué hay... clérigo maldito? ¿Ha llegado carta?

—¡Qué carta, ni qué niño muerto! ¡Si ha estado aquí la señora deidad, y te miró dormidito...!

—¡Aquí!... No fuera malo. Pues mira tú: yo soñé que venía, que entraba la máscara, con su careta puesta... y...

—¿Y qué? ¿No te enteraste de que dejaba para ti estos tres pliegos?

—¡Me ha escrito!... A ver —gritó Calpena, arrojándose del lecho—. ¿Quién lo ha traído? ¿Qué dice? ¿Y a ti no te escribe? ¿Hasta cuándo nos va a tener en este panteón?

—En esta cripta funeraria estaremos hasta que a Su Señoría le dé la gana. Somos románticos, y la nueva escuela manda que nos tengamos por felices en la tumba, máxime si hay ciprés. Quédanos el recurso de tomar un filtro narcotizante que nos haga parecer difuntos, para que nos lleven a enterrar, y así salimos... Luego le damos una bofetada al sepulturero y pegamos un brinco... Toma, entérate...

III

Buena la has hecho, niño; buena la has hecho! —leyó Fernando medio vestido y sentado en la cama—. No te faltaba más que ser preso por masón y revolucionario, por vociferar en los clubs como el último de los patriotas hambrones. ¿Te parece que está eso bien? Ya ves, ya ves a dónde conducen las fogosidades políticas, ¡oh mancebo inexperto y desatinado! ¿Creías tú, nuevo Mirabeau, o Danton en ciernes, que ibas a traernos con un gesto una revoluncioncita a la francesa, con degollina, Convención y su poquito de *derechos del hombre?* Vamos, tal vez piensas que el Trono de la *angélica Isabelita* se tambalea con el aire que hacen tus discursos. ¿Crees que halagando las orejas de los patrioteros, milicianos y demás alimañas *libres,* se puede alcanzar otra cosa que vilipendio, cárcel y coscorrones? Todo te lo tienes muy bien merecido. ¡Vaya que hablar horrores del *paternal Gobierno que nos rige,* y confundir en un mismo anatema al Gabinete Toreno, al Gabinete Martínez, al Gabinete Cea, y a todos los gabinetes y camarines que hemos tenido desde que Dios llamó a su seno al angélico Fernando! Ahora te fastidias, y si esperas que yo te saque, estás en grave error, pues quiero que recibas el duro pago de tus delitos contra la patria, contra el orden santísimo, contra la religión pública, y la libertad de nuestros mayores. De todos esos sagrados objetos hiciste escarnio, y es justo que caiga sobre tu cabeza *democratista* la cortante espada de la ley. No, no te saco: podría hacerlo con una palabra, y lo que siento es que no haya en esa Bastilla mazmorras muy obscuritas y muy románticas donde no veas la luz del día, y sayones que te atormenten, y un fiero alcaide que te ponga a pan y agua hasta que te quedes diáfano, transparente, con la melena larga como esclavina, bien enjutito y en los puros huesos, conforme al ritual de la escuela... Para que tus ensueños sean reales, quiera Dios que te visiten espectros, que te rodeen telarañas, que tengas por ropita un sudario y un capuz, que oigas responsos y *Dies irae,* que a las rejas de tu cárcel se asomen los simpáticos murciélagos, y por las grietas del suelo penetren los diligentes ratones para cantarte la *pitita* y el *trágala,* únicas trovas que cuadran a la insulsa canturria de tu romanticismo. Dime una cosa,

SOMOS ROMÁNTICOS, Y LA NUEVA ESCUELA MANDA QUE NOS TENGAMOS POR FELICES EN LA TUMBA, MÁXIME SI HAY CIPRÉS

niño: ¿qué pensarán de esto Víctor Hugo y Dumas? Llámalos para que vayan en tu ayuda. ¿Y Robespierre, Saint-Just y Vergniaud, los románticos de la política, qué hacen que no te sacan? Buena es la cárcel, buena, buena, buena... como diría tu amigo Miguelito, porque en ella han tenido fin las inauditas aventuras de nuestro inflamado caballero».

—Puedes creer, amigo Hillo —dijo Fernando, sonriendo por primera vez desde que estaba en la cárcel—, que me gusta esta señora, quien quiera que sea, por el donaire que pone en sus burlas despiadadas. ¿Y sostiene que esto es cariño? No diré que no. Sigamos leyendo, que el cartapacio parece que trae miga.

«Soy justa; pero no soy inhumana: no he de acortar el castigo que mereces; pero quiero y debo hacértelo menos penoso, proporcionándote algún esparcimiento en tus horas tristes. Te contaré diversas cosas buenas y malas que van ocurriendo en Madrid durante tu prisión, para que la soledad no te abrume; para que tus ideas se acompañen de otras ideas, enviadas a tu calabozo por el mundo de fuera, a que ahora no perteneces. La noticia, dulce amiga del hombre, te visitará y te consolará.

POR FORTUNA, NO ESTÁS CONDENADO A MUERTE, AUNQUE POR MENOS DE LO QUE TÚ HACES LE CORTARON LA CABEZA AL SIN VENTURA MANRIQUE

»¡Lo que te has perdido, badulaque, por meterte a politiquear en tonto! Si hubieras seguido formal y obediente, habrías asistido al estreno de *El trovador* en el Príncipe. ¡Qué bonito drama, qué versos primorosos! Pocas veces ha estado nuestro gran coliseo tan brillante como aquella noche... ¡Qué selecto gentío, qué lujo, qué elegancia! La obra es de esas que hacen llorar en algunos pasajes, y en otros encienden el entusiasmo. Quizás tú la conozcas; el autor es un jovencito de Chiclana que andaba contigo y con Miguel de los Santos. Cuentan que la presentó a Grimaldi hace unos meses, y que éste la estimó en poco, determinando que fuese estrenada en la Cruz. Carlos Latorre fue el primero que vio en *El trovador,* por la lectura, una obra de éxito probable, y algo de esto hubo de olfatear Guzmán, porque la escogió para su beneficio. La primera escena, en prosa, pasó bien; las siguientes en verso gustaron: todo el acto fue bien acogido; el segundo, con las escenas de la gitana, cautivó al público; el tercero le entusiasmó, y el cuarto le arrebató. Me parece a mí que este drama esconde una médula revolucionaria dentro de la vestidura caballeresca: en él se enaltece al pueblo, al hombre desamparado, de obscuro abolengo, formado y robustecido en la soledad; hijo, en fin, de sus obras; y salen mal libradas las clases superiores, presentadas como egoístas, tiránicas, sin ley ni humanidad. ¡Vaya con lo que sacan ahora estos niños nuevos! El hecho que constituye la patética emoción del final de la obra, aquello de resultar hermanos los dos rivales, también tiene su miga: no es otra cosa que el principio de igualdad, proclamado en forma dramática. Bueno, bueno. Si he de manifestar lo que pienso, no creo en la igualdad, digan lo que quieran poetas y filósofos. La prosa y el verso nos hablarán de igualdad sin lograr convencerme... Pero ello no quita que en el fingido mundo del teatro admitamos todas las ideas cuando el artificio que las expone es de buena ley: por eso aplaudimos a rabiar a ese inspirado chico, después de haber mojado los pañuelos con nuestras lágrimas... Cree que en uno de los mejores pasajes me acordé de ti. Al Trovador me le tienen encerradito en una torre, y allí coge el laúd y se pone a cantar. ¡Pobrecito! Y esto lo hace cuando ya le tienen en capilla y andan pidiendo por su alma los agonizantes. Pensaba yo si tendrás ahí guitarra o bandurria con que acompañar las trovas que eches al viento por la reja, y si habrá por la calle alguna naranjera que te oiga, y, compadecida, riegue con sus lágrimas el feo muro de tu cárcel... Por fortuna, no estás condenado a muerte, aunque por menos de lo que tú haces le cortaron la cabeza al sin ventura Manrique... En fin, que

El trovador gustó de veras, y no contento el público con aplaudir frenéticamente al autor, pidió que compareciese en las tablas. ¡Ay, qué paso y cuánto siento que no lo hubieras visto! ¡Cómo salió allí el pobre hijo, casi arrastrado por la Concha Rodríguez! Es una criatura; cayó soldado en la quinta de 100.000 hombres, y se hallaba de guarnición en Leganés, de donde ha venido a gozar este ruidoso triunfo... ¡Cómo estaría aquella pobre alma! digo yo. No sé si tiene madre... Cuentan que en el teatro estaba vestidito de soldado, y que para salir a las tablas le quitaron el uniforme y le pusieron una levita de Ventura de la Vega. Esto me parece una tontería. Véase cómo los partidarios de la igualdad la contradicen en los actos corrientes de la vida. ¿Por qué no salió el hijo del pueblo con su verdadero traje a recibir el homenaje de las clases altas? ¿A qué esa levita, que es una nueva y postiza ficción? En fin, no hagas caso; no sé lo que digo. Continúo no creyendo en la igualdad.

»Me han dicho que en los pasillos no se hablaba más que del drama, y de los alientos que se trae este chico. Todo era elogios, congratulaciones, calor de simpatía, y esperanzas risueñas de días luminosos para la literatura. Pero no faltaban ratoncillos que entre los grupos se deslizaran, hincando el envidioso diente. Para que fuese completo y redondo el éxito de *El trovador,* los roedores, mordiendo el laurel, lo hicieron más fragante. Uno de los que morían, *sotto voce,* era ese amigo tuyo y compañero de oficina, que está tísico pasado. Para

LA «QUINTA DE LOS CIEN MIL»

A la altura de 1835, el esfuerzo bélico comenzaba a agotar los ya de por sí escasos recursos económicos de ambos contendientes, los carlistas y los cristinos, con la diferencia de que los primeros habían conseguido consolidar sus posiciones en el norte. En esas circunstancias, la amenaza de una prolongación indefinida del estado de guerra preocupaba al gobierno liberal. Mendizábal adoptó varias medidas para evitarlo: confirmó al general Córdova al mando del ejército del Norte, promocionó a los mandos jóvenes que, como Espartero, se habían distinguido en la guerra y dispuso el reclutamiento de cien mil hombres para paliar la escasez de combatientes.

La «quinta de los cien mil» fue ordenada en el otoño de 1835. La idea era atractiva, pero en la práctica se manifestó impracticable, pues el Estado carecía de los recursos económicos necesarios para hacer frente a una leva tan grande: era necesario uniformarlos, equiparlos, armarlos, formarlos y trasladarlos al escenario bélico. El resultado fue desastroso. Se reclutó sin criterio alguno, de forma que muchos mozos llegaban en penosas condiciones físicas, incapaces de luchar y tan mal equipados que con frecuencia eran más un estorbo que una ayuda. La cifra de cien mil hombres se reveló imposible de reunir y de sufragar, lo que obligó a recurrir a otros métodos: la regente se comprometió a subvencionar de su bolsillo tres batallones de cazadores que llevarían el nombre de Reina Gobernadora, y se admitieron donaciones económicas o en útiles para hacer frente a los gastos, aunque solo recaudaron unos veinte millones de reales. El reclutamiento y el adiestramiento de los quintos produjeron muchas tensiones entre Mendizábal y Fernández de Córdova, lo que enturbió el propósito inicial de la leva, acabar rápidamente con la guerra. La consecuencia más visible fue la popularización de un sistema de redención del servicio militar ideado por Mendizábal que establecía el derecho a eludir el servicio mediante el pago de 4.000 reales o 1.000 reales y un caballo apto para la campaña.

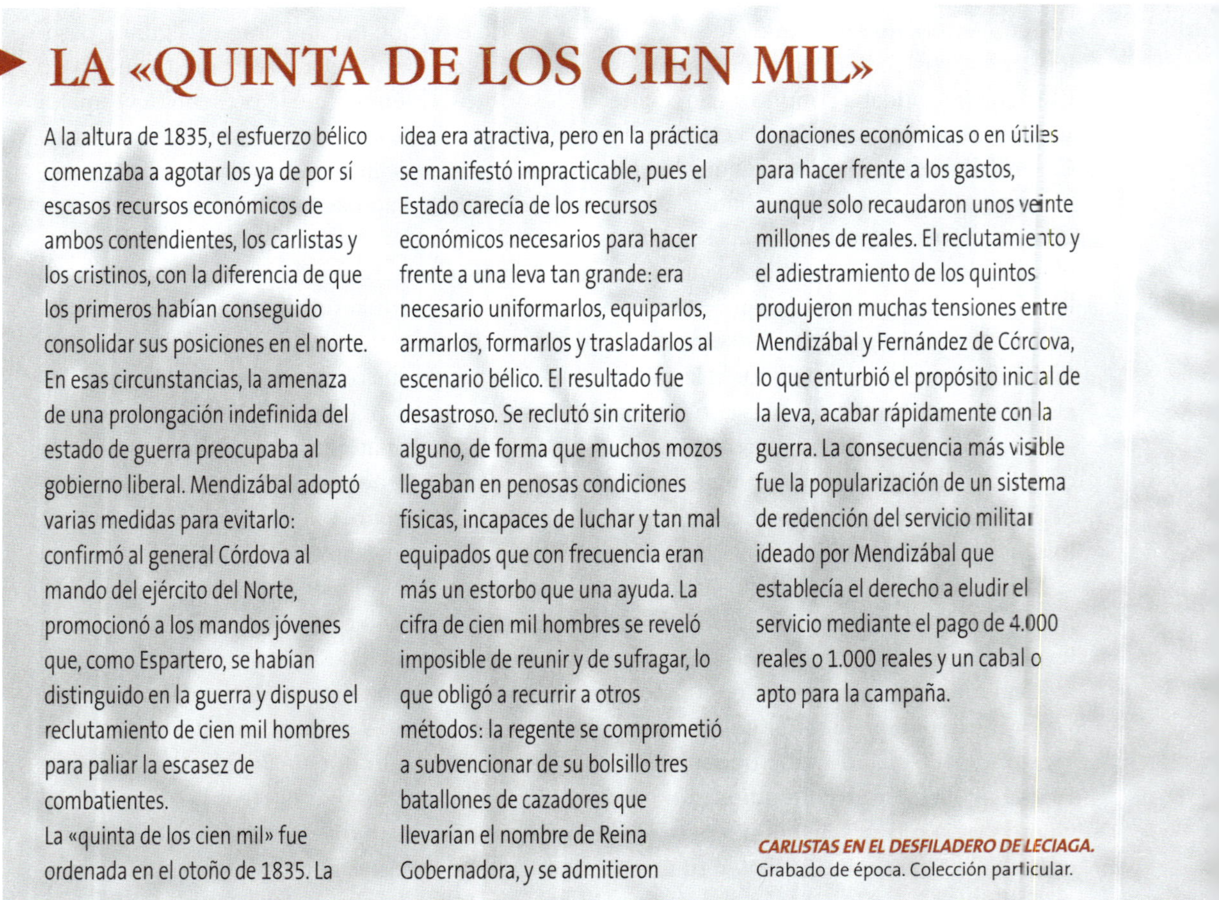

CARLISTAS EN EL DESFILADERO DE LECIAGA.
Grabado de época. Colección particular.

él no hay nada bello, como nada hay puro ni honrado. Quisieran estos que el Universo se volviese tísico, como ellos; que el sol enflaqueciera, y escupiese con horribles toses la pálida luna. Ahora me acuerdo: se llama Serrano. ¿No sabes? De ti cuenta horrores. Tan pronto dice que eres pariente del verdugo, como que desciendes del moro Muza, y que fue tu nodriza una princesa del Congo. Asegura que estás preso por haber hocicqueado en un complot para asesinar a Mendizábal... ¡Ya ves qué desatinos! Lo gracioso es que él habla de su jefe peor que tú, y está libre. Ha dicho que don Juan y Medio lleva *señoras* a su despacho ministerial, por las noches, y que allí trincan y retozan, derrochando el *champagne*. ¡Qué infamia! ¡Dios mío, en qué repugnante atmósfera de hablillas indecentes viven nuestros pobres políticos! ¡Con qué armas tan viles les atacan! No sé cómo hay quien se resigne a ser hombre público en este país. Ya ves la que le armaron al pobre Toreno el año pasado con la hermosa gallega, cuyos favores le disputaban él y el embajador de Inglaterra, Williers... Como que este asunto, y los catálogos que armaron las lenguas viperinas, contribuyeron no poco a que el conde saliese del Ministerio. La chismografía se ha tomado en esta desdichada tierra las atribuciones que en otros países corresponden a la opinión. Y que la manejan bien los españoles. Esto y las guerrillas son las dos manifestaciones más poderosas del genio nacional.

EL MECENAS GRIMALDI

Juan de Grimaldi fue una de las figuras más destacadas de la vida cultural española del periodo romántico. Director de escena, empresario y consejero de los jóvenes románticos de la primera generación, llegó a Madrid en 1823 procedente de Francia y allí permaneció hasta finales de la década de 1830. Hábil empresario, pronto se hizo con el control de los teatros de la capital y supo captar las necesidades del público español. Frecuentaba tertulias y cafés y era solicitado por jóvenes escritores que trataban de venderle sus obras. Trabajó con Zorrilla y Larra, este último su traductor de obras francesas, y al cual logró publicarle en 1834 la comedia *Macías,* criticada por la burguesía y desautorizada por la censura.

JUAN GRIMALDI.
Archivo Espasa.

»Quiero hablarte de Mendizábal, para que veas la injusticia con que le has denigrado en logias y cafés. El hombre está ya con un pie fuera del poder, aunque crea o aparente creer otra cosa. Es indudable que *Palacio* le ha hecho la cruz, y que se aguarda la apertura del nuevo Estamento para que el puntapié sea parlamentario, parodiando ridículamente la política inglesa. Está el buen señor tan ciego, tan penetrado del carácter providencial de su papel político, que no hace caso de las advertencias de los amigos más leales. Con todo, creo que la procesión le anda por dentro. Su amor propio no le permite declararse vencido, fracasado (¡como todos, niño, como todos!); pero en su *forro interno,* como dice mi peluquero, se siente enfermo del mal político más grave: del desafecto de *Palacio*. ¡Abajo, pues, y otra vez será! Esto le decimos, y su cara se pone sombría. Es realmente hombre de gran mérito por sus cualidades morales, que no abundan en la gente política de acá. Quiere hacer el bien; su ambición es espiritual; anhela que perpetúen su nombre los bronces de la Historia... Cree, tal vez, que lo de los frailes le valdrá una estatua. Podrá ser; pero por de pronto, su ambición de gloria estorba a otras ambiciones menos desinteresadas, y es forzoso quitarle de en medio. La prensa se ha desatado en denigrarle. En los corrillos se pondera su ignorancia, su falta de lecturas, como si nuestros políticos fueran prodigios de ciencia y erudición. Salvo dos o tres, la turbamulta no es más que un cúmulo de ignorancia; el craso de todas las cosas, envuelto en una cascarita de latín, y con tropezones de abogacía indigesta.

»Si es injusto tildarle de ignorante, aquí donde hay ministros que creen que la Habana es camino para Filipinas, la injusticia sube de punto cuando le tachan de interesado, de poco escrupuloso en la administración de los dineros del pro común. Tal juicio es absurdo, villano: no ha gobernado a España hombre más puro, menos picado de la codicia. En él la pasión patriótica es una verdad, no un papel, como los que otros desempeñan, mejor o peor aprendido. Por venir a salvarnos, por la ilusión de implantar en su país ideas nuevas, este hombre, este niño grande, tiró una fortuna por la ventana. De aquellas ideas sólo ha podido realizar una pequeña parte. Lo demás... no le han dejado ni siquiera planearlo. Le tiran de los pies, de las manos, del cabello, de los faldones, y le imposibilitan todo movimiento. Lo que le falta a don Juan de Dios no es entusiasmo ni voluntad recta: fáltale coordinación en las ideas, madurez, método. Quiere hacer muchas cosas a la vez; se encariña demasiado con sus proyectos, y en su viva imaginación llega a persuadirse de que es un hecho consumado lo que no es más que deseo ardiente. No conoce bien el personal político, ni tampoco el país que gobierna. Ha vivido largo tiempo fuera de España, medio seguro para equivocarse respecto a cosas y personas de acá. El hombre de Estado se forma en la realidad, en los negocios públicos, en los escalones bajos de la administración... No se gobierna con éxito a un país con los resortes del instinto, de las corazonadas, de los golpes de audacia, de los ensayos atrevidos. Se necesitan otras dotes que da la práctica, y que, unidas al entendimiento, producen el perfecto gobernante. Aquí no hay nadie que valga dos cuartos. Todos son unos intrigantes en la oposición y unos caciquillos en el poder».

VÍCTIMA DE LA POLÍTICA. Después del Gobierno de Martínez de la Rosa, Toreno se hizo cargo de las riendas del país y acabó quemado. A pesar de que había reducido el poder de la Iglesia limitando sus propiedades, y de que había conseguido la primera victoria contra los carlistas en Mendigorría, fue sustituido por Mendizábal. (*El conde de Toreno*, por V. Calderero. Academia de la Historia. Madrid).

—Para, hombre, para —dijo el clérigo echándose atrás en la silla, para poder expresar más vivamente su entusiasmo—, y déjame que estático admire ese talento sin par... ¿Pero quien esto escribe es una mujer o un monstruo compuesto de los siete sabios de Grecia? ¿Has visto, has conocido quien con más arte y donosura exprese la triste realidad de nuestras pequeñeces políticas?... No, nuestra incógnita no es una dama. Estamos en grave error... es Séneca redivivo, quizás con faldas... ¿Y tú, gaznápiro, no te admiras, no te deleitas, no pierdes el sentido ante los esplendores de ese entendimiento, y ante las gallardías de esa pluma, que sí, sí... es de mujer, ahora lo veo, por el claro análisis, por la gotita maliciosa que pone en sus conceptos? Créelo, este amarguillo me sabe a gloria. Sigue, hijo, sigue, que esto es oro molido.

IV

Pues si me tomas juramento —dijo Calpena—, declaro que estoy pasando un rato delicioso con lo que se ha servido escribir para nuestro recreo la señora tirana. Quien esto escribe es persona corrida, que ha visto mucho mundo, y adquirido en él fino trato de gentes. Sigo:

«Como en la cárcel no tendrás periódicos, yo me encargaré de contarte lo que dicen, y bien puedes agradecérmelo, que no es tarea fácil ni breve echarse al coleto todo este fárrago. Fuera de *La Abeja,* que en extremo me agrada, todo el periodismo me resulta enfadoso, indigesto y de escasa sustancia... Se escribe para los sectarios, no para la gente pacífica y neutral. Me encantan, eso sí, las letrillas políticas de Bretón, poniendo en solfa los acontecimientos de la semana con donaire decoroso, sin tocar jamás en la grosería, empleando extraños ritmos y consonantes endiablados, de extraordinario efecto cómico. Se pegan al oído ferozmente estas coplas; hace tres días que no ceso de repetir:

Así, beodo como un atún,
Marat hablaba del pro común.
¡Trun, trun, trun!...

»No puedo resistir los artículos que llaman serios, escritos por jóvenes ilustrados. No negaré su mérito; pero que los lea quien quiera. Han tomado ahora la muletilla del *espíritu del siglo,* y a todo sacan el argumento espirituoso. Los del grupo templado encuentran *anárquico* cuanto dicen y hacen los de enfrente, y los *libres* denigran a los otros, echándoles en cara el *despotismo,* el *obscurantismo,* las *ideas retrógradas* y otras cosas muy malas. *El Jorobado* ha roto el freno, y no respeta ya ni la vida privada: a tal extremo llegan su desvergüenza y procacidad. *El Eco del Comercio,* con buenas formas, reparte navajazos a diestro y siniestro, y sus biografías continúan dando disgustos. El lance entre el general Bretón y Fermín Caballero, no ha curado a este de sus mañas: continúa mordaz, agresivo, y no dice cosa alguna sin intención aviesa. Un artículo de la semana pasada parece que dará lugar a la dimisión de Córdova, lo que algunos estiman como la única calamidad que faltaba para consumar la perdición del país. Háblase de un nuevo periódico que fundará Carnerero, y que será agridulce, como todos los suyos; pastelero y anfibio, sin contentar a nadie. En la *Revista Española, Mensajero de las Cortes,* continúa el anónimo articulista sacudiendo zurriagazos a Mendizábal. Parece que es Galiano el autor de estas fraternas. ¡Y eran íntimos amigos! No en vano dice Martínez de la Rosa, en las tertulias a que asiste, que vivimos *en el caos,* y propone como único remedio que traigamos, aunque sea embotellado, el *espíritu del siglo*. Que lo traigan, y en barricas el *justo medio*.

HÁBLASE DE UN NUEVO PERIÓDICO QUE FUNDARÁ CARNERERO, Y QUE SERÁ AGRIDULCE, COMO TODOS LOS SUYOS

»Aumentan las desazones por la censura de la prensa. Quién afirma que de todo este *caos* tienen la culpa los censores del Gobierno, que no cortan y rajan todo lo que deberían; quién abomina del demasiado rigor, pidiendo que se permita mayor desenfreno, para que la libertad, así dicen, cure y cicatrice las mismas heridas que abre; más claro, que el palo de la libertad es un palo medicinal como la quina, el regaliz y la cuasia. A los censores les juzga la opinión, mejor será decir la chismografía, con variados criterios: a unos, como Ángel Fernández de los Ríos, Lorenzo Feijoo y Miguel Vitoria, les ponen en el cuerno de la luna, por su tolerancia, por no prestarse a los rigores extremados, y *dejar correr* algunos escritos de solapada oposición. En cambio, ponen cual no digan dueñas a don Juan Nicasio Gallego, a don Jerónimo de la Escosura y a Cipriano Clemencín, a quienes llaman *los inquisidores de la prensa*. Éstos son los que aprietan las clavijas. Les acusan de que, por conservar sus puestos, han hecho escarnio de la sacrosanta libertad de la imprenta, contraviniendo... *el espíritu del siglo*. Me consta que a don Juan Nicasio le tiene sin cuidado todo lo que de él se dice. Por nada se altera, y continúa muy amigo de todo el mundo, con aquella imperturbable pachorra y aquel cinismo de buen tono. Es un Diógenes ordenado *in sacris,* que ha tomado la vida por el lado práctico, aprovechando las bonanzas que nos ofrece, y presentando a las tempestades el murallón de una filosofía pasiva, de que son emblema su corpulencia, su sonrisa bonachona y sus epigramas flemáticos. Como aquí los literatos y poetas no pueden vivir de la pluma, porque todos los españoles leen los libros prestados, y las ediciones se hacen cortitas, para regalar, este, como los más, vive al amparo del gran mecenas de ogaño, que es el Gobierno. Habrás observado que todas las obras maestras de nuestros tiempos están escritas en papel de oficio, y con la excelente tinta de las oficinas. Pero hay alguno a quien no le sale la cuenta, pues a Ventura de la Vega acaban de limpiarle el comedero en *Lo Interior,* por si escribió o dijo no sé qué. Hoy tienen que tener cuidado esos señoritos con el chiste, y ponerse el bozal para ir de café en café. A Espronceda le solicitan para el nuevo periódico que van a publicar los allega-

EL RENACER DEL PERIODISMO

El Estatuto de 1834 permitió la libertad de prensa y se lanzaron nuevos diarios, entre ellos el *Eco del Comercio*, de ideología progresista, que compensó las publicaciones de corte monárquico que apoyaban las acciones gubernamentales, como *El Español*, considerado su enemigo y liderado por Andrés Borrego. *El Eco* fue fundado en mayo de 1834 por Fermín Caballero y Ángel Iznardi, a los que se sumó Joaquín María López. Tomó el relevo del *Boletín del Comercio,* publicado desde 1832. En sus páginas se dio noticia de la situación política, pero también de las actividades científicas y culturales, como la publicada en febrero de 1837 que informaba del número de periódicos madrileños editados en la época, 17 en total, de los que 14 eran de contenido político, uno de anuncios locales y tres de ciencias. Destacó por los anuncios publicitarios y fue promotor de las desamortizaciones de Mendizábal. Apoyó inicialmente al general Espartero, si bien desde 1842 tomó una dura actitud crítica en su contra. Sus contenidos fueron referencia para nuevos periódicos, entre ellos *El Clamor Público,* fundado y dirigido por Fernando Corradi, o *El Castellano*, dirigido por Aniceto de Álvaro y redactado por Díez Canseco y Llorente Flórez.

El *Eco del Comercio* dejó de editarse en 1849.

ECO DEL COMERCIO,
1 de enero de 1837.

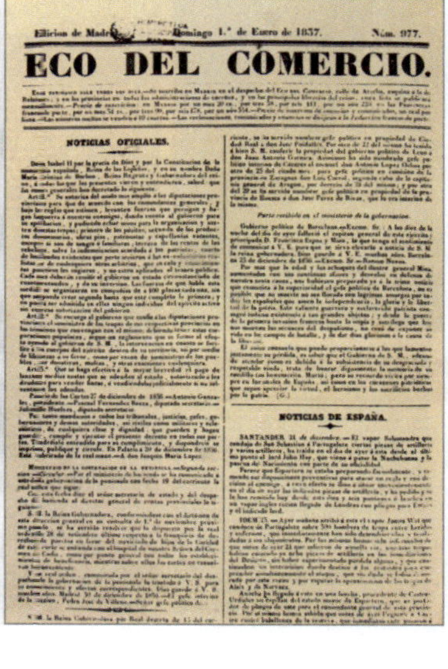
Edicion de Madrid. Domingo 1.° de Enero de 1837. Núm. 977.

ECO DEL COMERCIO.

NOTICIAS OFICIALES.

NOTICIAS DE ESPAÑA.

dos de Mendizábal *(El Liberal* creo que se llamará); pero se resiste: está preparando un folleto que arde. Cuentan también con Larra; pero éste se arrima a los moderados, y ahora proyecta su viaje a París para sacudirse las murrias. Es de los que no caben aquí, según dice, y tiene razón. Yo sé de otras personas, no ciertamente del gremio literario ni político, que se hallan en el mismo caso. No caben, no encajan, y sin embargo, aquí envejecen, porque a ello les obligan afecciones sagradas o deberes que cumplir. *Inteligente paca,* como dice mi peluquero.

»Ea, niño, que me canso. Tres pliegos llevo escritos, y me parece que es bastante por hoy. Mi objeto no es otro que crearte con esta dulce conversación escrita una atmósfera plácida, que sirva de lenitivo a tu alma enferma. De este modo te voy infiltrando las ideas sanas, te adormezco en el *justo medio,* calmo tus locas ansiedades, te reconcilio con el mundo en que estás destinado a vivir, y voy poquito a poco restableciendo en ti el equilibrio de humores, y templando, hasta ponerlas en el son debido, las harto tirantes o harto flojas cuerdas de tus nervios. Ya no escribo más, que también yo necesito equilibrio. Otro día continuaré... Espero salvarte. Aún no has comprendido bien de cuánto es capaz una... Chitón».

Quedáronse ambos meditabundos, ensimismados, y comentaron luego la sabrosa carta, leída segunda vez por Hillo. Dos días después la incógnita escribía: «¿No sabes? La belleza marmórea tiene otro novio, Ramón Narváez, no sé si te acordarás, coronel de ejército, cara dura, dejo andaluz, carácter de hierro, más propio para manejar soldados y ganar plazas que para la expugnación de mujeres. Me consta que a la familia de ella agradan estas relaciones, porque el mozo, según dicen, va para general: tales condiciones ha demostrado, y fiereza tanta contra los *anárquicos* de aquí y los *serviles* de allá. Pero como sale dentro de unos días para el Norte a mandar el *Infante,* es fácil que sea sustituido por otro, quizás perteneciente a la clase civil, a esa echadura de abogados habladores que la Nación empolla para sacar ministros. Así andará ello. Todos estos niños zangolotinos que hablan de Benjamín Constant, de Thiers y Guizot, del Parlamento inglés y del *bill de indemnidad,* me apestan. La petulancia militar, con ser grande, ofende menos que la de los juristas, por lo que voy sospechando y temiéndome que los generales han de ser los principales mangoneadores políticos, cuando lleguemos a la paz. ¿Qué te parece esta

EL NEGOCIO DE LOS LIBROS era una ruina para los editores. Publicar en la España romántica era casi un imposible, y vivir de la pluma, una ilusión. Las ediciones eran muy cortas porque el índice de lectura era muy bajo. Por otra parte, los textos de los intelectuales eran censurados por su actitud crítica, y uno de los autores más perseguidos fue Ventura de la Vega. *(Retrato de Ventura de la Vega,* por Esquivel. Real Academia Española).

observación? En tiempos de guerra mandan los civiles; en tiempos de paz mandarán los espadones... no será floja empolladura la que nos dejará la guerra civil...

»Me dicen que en el Prado empieza el calorcillo primaveral. El tiempo delicioso favorece la aparición de esas humanas flores que se llaman María Cimera, las dos Malpicas, Pepa Parsent y Encarnación Camarasa. ¿Qué piensas de esto, niño? ¿Has perdido de tal modo el gusto y las aficiones de caballero, que no anhelas la libertad para rendir homenaje a la belleza noble y honrada? ¿No te acuerdas ya de las ilustres casas que no necesito nombrar? ¿No conociste allí damas finísimas, cuya conversación tan sólo, honesta y graciosa, te enseñaba las buenas formas, te sugería pensamientos felices, y educaba tu voluntad y tu inteligencia para un porvenir noble y hasta glorioso? ¿No se te ha pasado por las mientes, loco de remate, que podrías hallar, andando el tiempo, y prosiguiendo en el seguro camino que se te trazó, una compañera de tu vida tan bella, tan virtuosa y distinguida como la que hoy es marquesa de Selva-Alegre? ¿Ya no tienes aspiraciones hidalgas? ¿Te has encariñado tanto con las violencias, con el colorido chillón, con la nota discordante, con el contraste duro, que eres ya insensible al buen tono, a la gracia, a la armonía? No, no puedo creerlo... De fijo sientes ya en tu alma la reversión a los pasados gustos. ¿Verdad que deseas ver el *Prado por abril de flores lleno?* La novedad de este año es que se presentarán tres pimpollos, recién salidos del colegio; tres chiquillas monísimas. ¿No aciertas? Son las de Oñate: Juliana, Matilde y Carolina... Rabia, que ninguna ha de ser para ti; y si ante ellas te presentaras, con tu aire jacobino, y esos modales *anárquicos* que has adquirido ahora, las pobres niñas se asustarían, y echarían a correr chillando: 'que se lleven de aquí a este pillo, y le vuelvan a meter en la cárcel'. Ya ves, ya ves a lo que has venido a parar... Me figuro que arrugas el ceño por esta fuerte peluca que te estoy echando, y casi, casi sientes impulsos de estrujar la carta y arrojarla sin concluir su lectura. Pues no señor: aguántese usted y lea hasta el fin, que aún falta lo mejor.

»Corren voces de que dimite Córdova. Se comprende que el hombre esté volado. Aquí se le censura porque no da una batalla por la mañana y otra por la tarde, creyendo que el dar batallas es tan fácil en el campo como en las mesas de los cafés. Y al paso que se

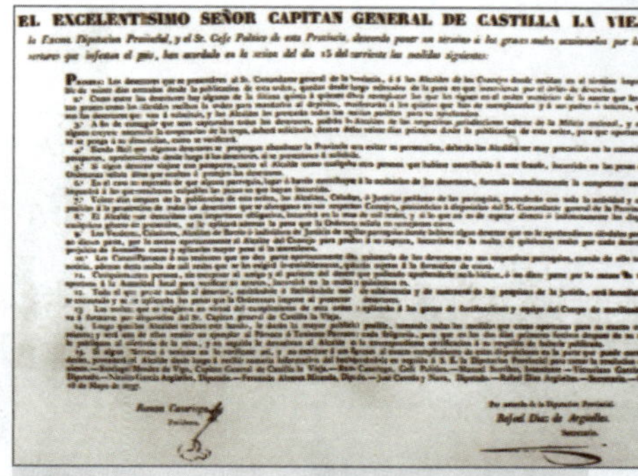
EL EXCELENTISIMO SEÑOR CAPITAN GENERAL DE CASTILLA LA VIEJ
la Excma. Diputacion Provincial, y el Sr. Gefe Político de esta Provincia, deseando poner un término á los graves males ocasionados por los sertores que infestan el país, han acordado en la sesion del dia 15 del corriente las medidas siguientes:

MEDIDAS CONTRA LAS DESERCIONES. Documento firmado por el capitán general de Castilla la Vieja, 18 de mayo de 1837.

LAS DESERCIONES EN LOS EJÉRCITOS

A consecuencia de las continuas y numerosas deserciones que se produjeron en los ejércitos a lo largo de la guerra, se dispusieron medidas para disuadir a los traidores, tales como las del 18 de mayo de 1837 en Oviedo, ratificadas por Ramón Casariego, Rafael Díaz de Argüelles y Santiago Méndez de Vigo, capitán general de Castilla la Vieja, por las que se establecía, entre otras órdenes, que los alcaldes podrían valerse de la Milicia Nacional y de las tropas ordinarias si así lo estimaban oportuno, o que todo el que prestase auxilio al desertor, ocultándole o facilitándole medios de subsistencia, sería encausado y se le aplicaría duras penas por ejercer de protector de los ingratos fugados. En las memorias del príncipe Lichnowsky se hace referencia al pesar de don Carlos por las continuas deserciones en el bando carlista después del fracaso de la toma de Madrid.

BURGOS FUE PROPUESTA COMO CAPITAL DEL REINO. En los mentideros corría el bulo de un cambio radical en la política: Fernández de Córdova sería nombrado general en jefe de los ejércitos, los Estamentos se trasladarían a la capital castellana y las logias masónicas clausuradas. *(Vista general de Burgos,* por Alfred Guesdon, en *L'Espagne à vol d'oiseau).*

hace una crítica estúpida de las operaciones militares, no se le mandan al General los recursos que solicita. Con un ejército descalzo, mal comido, y sin pagas, quieren campañas victoriosas. Oyes en un café a cada instante esta opinión impertinente: "¿Por qué no se ocupa el Baztán?... ¿Por qué no se fortifican los pueblos de la orilla derecha del Arga?...". "Sí, hombre, les diría yo: vayan ustedes a posesionarse del Baztán, a ver si ello es tan divertido como hacer carambolas en el billar". Yo mandaría al Norte a los carambolistas de Madrid y a los vagos que por matar el aburrimiento se dedican a la estrategia... A todos les pondría el chopo en la mano y les diría: "Hijos míos, id a la guerra y desfogad vuestro bélico ardor, y no volváis sino trayendo la cabeza del último faccioso...". La prensa no hace más que denigrar al General en jefe. *El Jorobado* le llena de injurias; el *Eco* le mortifica con malignas reticencias. Los demás, o le defienden tibiamente, o callan hipócritas, haciendo más daño con su silencio que los otros con su procacidad. Esto es indigno: toda injusticia me subleva, y si en mi mano tuviera yo los rayos, como dicen que los tenía Júpiter, no haría más que repartirlos a diestro y siniestro, aniquilando tontos y malvados.

»¿No piensas tú como yo, pobre iluso?... ¿No ves en Córdova la gran figura militar y política? ¿Has pensado alguna vez en ese hombre, que no nos merecemos, no, que se sale del cuadro de nuestras mezquindades y pequeñeces? Aquí somos miniaturas; él retrato de gran talla. ¿No lo ves así? ¿Por ventura tu inteligencia no se recrea en estos ejemplos vivos? ¿Los hombres culminantes que sobresalen en este hormiguero, no te cautivan ya, despertando en ti la admiración, ya que no el deseo de imitarlos? Medita un poco; y si tus devaneos no te han privado de la facultad de discernir, verás en Córdova la representación más alta de la inteligencia y la voluntad en tres órdenes distintos, el militar, el político y el diplomático. De ese ilustre soldado digo lo que ya te indiqué a propósito de Larra: es de los que no caben aquí. Se me ocurre una comparación, que me parece que no es mía: es de algún poeta, no sé cual... en fin, puede que sea mía, y allá va. Córdova es un roble plantado en un tiesto. El árbol crece... Naturalmente el tiesto se rompe...».

—Quien esto escribe —dijo Calpena con gravedad, suspendiendo la lectura—, no es mujer... No veo aquí a la mujer.

—Pues yo —replicó Hillo, no menos grave y caviloso que su amigo—, te aseguro que ahora... en este pasaje... se me representa más mujer que nunca. Sigue, sigue.

V

No pretendo echármelas de Plutarco... Esto sería ridículo. ¿Y qué podré decirte yo que tú no sepas? Si sigo hablándote de Córdova y haciendo la debida justicia a sus altas prendas, quizás me digas tú: "¿Para qué se me ponen ante la vista ejemplos que no he de poder seguir? Yo no soy militar". En efecto, militar no eres, porque... no es ocasión aún de que sepas este *por qué:* a su tiempo lo sabrás. ¿Acaso no se abren a tu inteligencia otros caminos que el de la milicia? La Política y la Diplomacia ofrecen ancho campo al talento, si es asistido de dos cualidades preciosas: la honradez y la independencia. No me digas que hace falta el paso por las Universidades. Eso sí que no: detesto a los leguleyos. Lo que hace falta es el paso por los libros, y esa Facultad, todo chico aplicado y con posibles la tiene en su casa. Te pongo ante los ojos el ejemplo de Córdova, para que veas que los grandes hombres que descuellan en la humanidad se lo deben todo a sí propios, y son hechura de su mismo espíritu. La desgracia de este hombre es haber nacido aquí. En el suelo ancho y fecundo de otro país, habría sido árbol corpulento. Bonaparte y él se parecen como dos gotas de agua. El hecho heroico de la Cortadura es hermano gemelo del estreno de Bonaparte en Tolón. El 7 de julio debía ser otra página como la de Brumario en las calles de París: si no lo fue, no le culpemos a él, sino a la estrechez de tierra en el maldito tiesto. Mendigorría es otro Marengo: si no concluyó la guerra después de aquel brillante hecho de armas, fue por la misma causa... el tiesto, niño, el tiesto... Como diplomático, Berlín, París y Lisboa le conocen. Sus escritos de cancillería, como sus proclamas militares, son un modelo, aquellos de precisión y sagacidad, estas de calurosa elocuencia... ¿Y dónde me dejas al político? Observa cómo, aplacados los ardores liberales de la juventud, vino a profesar y sostener el realismo en su noble pureza. Éste no es de los que se encastillan en las ideas de la primera edad, quedándose para toda la vida, como unos bobos, en *Las ruinas de Palmira;* éste es de los que aprenden a vivir en la realidad en los hechos. La Monarquía tradicional tuvo y tiene en él un acérrimo defensor; pero no quiere el brutal absolutismo, con su siniestro cortejo de verdugos e inquisidores, como lo soñaron don Víctor Saiz y Calomarde,

VERÁS EN CÓRDOVA LA REPRESENTACIÓN MÁS ALTA DE LA INTELIGENCIA Y LA VOLUNTAD EN TRES ÓRDENES DISTINTOS, EL MILITAR, EL POLÍTICO Y EL DIPLOMÁTICO

no. Ya sabrás que declaró la guerra al sistema de *Purificación* y a las Comisiones Militares hasta acabar con tanta barbarie... Es liberal sin morrión, monárquico sin cogulla. Cree que el despotismo mata a los pueblos por parálisis, como el estado continuo de revolución los mata... por el mal de San Vito».

No pudo refrenar Calpena el comentario que de la mente al labio le salía, y dijo, apartando los ojos de la carta:

—Lo que noto yo aquí es una gran incongruencia. ¿A qué viene este panegírico del general Córdova? En ninguna de sus cartas se ha dedicado mi señora incógnita a trazar vidas plutarquinas. Casi siempre trata con dureza o con desdén a los contemporáneos célebres. Las únicas excepciones son Mendizábal y don Luis Fernández de Córdova; pero a este me le pone por encima de todos... sin venir a cuento... digo sin venir a cuento, mi querido Hillo, porque yo y mi prisión, y los motivos de ella, ¿qué relación pueden tener?...

CORDOVA ASUMIRÍA LAS ATRIBUCIONES DE GENERAL EN JEFE DEL EJÉRCITO Y DE PRESIDENTE DEL CONSEJO DE MINISTROS

—Hijo, la relación quizás no la veamos nosotros; pero que alguna hay, aunque escondida, no lo dudes. Adelante.

—Sigo: «Te he pintado la figura, antes de decirte que corre por ahí muy válida la idea de investir a Córdova de las facultades de *dictador,* para salir del atolladero en que estamos metidos. Asumiría las atribuciones de general en jefe del Ejército y de presidente del Consejo de Ministros; la Corte se trasladaría a Burgos, y los Estamentos... probablemente a esas logias legales y públicas se les echaría la llave hasta que la guerra quedase definitivamente concluida. ¿Sabes quién ha lanzado esa idea, quién la patrocina y está catequizando a Córdova para que se deje querer? Pues Serafín Estébanez Calderón, auditor en Logroño. No te acordarás: es un malagueño muy despabilado a quien has visto en casa de Puñonrostro...».

—¿Pero yo, por vida de Quinto Curcio y de las once mil vírgenes —dijo Calpena en la mayor confusión—, qué tengo que ver con todo esto?

Hillo meditaba, la barba apoyada en los dedos, la vista fija en el tapete mugriento y agujereado de la mesa.

—¿Qué piensas, clérigo?

—No, hijo, no pienso nada; no digo nada. Pero en tanto que se nos descubre el hondo pensamiento de la autora de ese escrito apologético, hagamos nuestras sus ideas, participemos de su ardiente devoción del afortunado caudillo. Aquí estamos para la obediencia, y no hemos de tocar nosotros el pandero, sino ella... Y a fe que está en buenas manos. A ver, ¿qué más dice?

—Pues sigue el panegírico del santo. «Córdova tiene todas las cualidades de César... Es guerrero y político... Si él no hace de esta tribu de alborotadores una nación, perdamos la esperanza de redimirnos. Mendizábal ha fracasado, porque no ha sabido rematar la suerte... Córdova la rematará... Es el hombre único... Esperar nuestra salvación del Estatuto o de la Constitución del 12, es vivir en el reino de las pamplinas... Córdova es el Bonaparte sin ambición, bello ideal de los dictadores... Una espada que piense: esto es lo que nos hace falta...».

—¿Y no dice más?

—Dice también que me pone ante los ojos esta noble figura militar y política, para que me familiarice con la grandeza del personaje, aprendiendo en él a juntar la gallardía caballeresca con los primores intelectuales. La caballería, aun con un poquito de romanticismo, encaja, creo yo, dentro de la perfecta disciplina social...

—Ya, ya voy viendo algo...

—Pues yo no veo nada...

—¿Y qué más dice?

—Nada más.

Miráronse los dos largo rato, como si cada cual quisiera leer en la cara del otro un pensamiento, una conjetura, una sospecha... Suspiraron luego casi al unísono, y algo se dijeron, sin que ninguno diera a conocer lo que pensaba.

—Fernandito —indicó Hillo, poniendo término a sus cavilaciones—, ¿no te parece que debemos pedir que nos den de comer? Porque con estas cosas de dictaduras, y de generales de la cepa de los Césares y Bonapartes, se le despierta a uno el apetito de un modo horroroso.

—Soy de la misma opinión, clérigo insigne, y comeré lo que nos traigan, aunque sean los hígados de Chaperón, conservados en vinagre.

El señorito se encontraba en un estado de ánimo favorable a las picantes bromas. Mientras comían un cocido de caldo flaco y de garbanzo duro, dijo a su mentor y capellán:

—En vez de dedicarse con tanto ahínco a la literatura plutarquina, podía decirnos cuándo piensa sacarnos de aquí. Si esto es una humorada, que venga Dios y me diga si no es ya insostenible.

—Dame tu palabra de que irás conmigo a donde yo te lleve, y mañana mismo estamos en la calle.

—No puedo dar esa palabra, y si la diera no la cumpliría. Mi voluntad es libre, ya que mi cuerpo no lo es hoy, por causa de un bárbaro atropello... Pero esto no puede durar, y si durara, sería preciso creer que la justicia es aquí un nombre vano.

—¡Y tan vano!

—Y la política una farsa.

—Un sainete que hace llorar a algunos.

—Y la policía un hato de bandoleros, vendidos a la intriga o a la venganza... Bien, Señor: murámonos aquí.

—Morirnos no, porque todo es broma, y por mi cuenta, no han de pasar las semanas de Daniel sin que se nos eche, por no resultar nada contra nuestras honradas personas.

Fernando no dijo más. Antes de concluir de comer abandonó la mesa, y se puso a medir con febril paseo la habitación, así a lo largo como a lo ancho. Luego, a media tarde, propuso que dieran una vuelta por los patios. Esto no le hacía maldita gracia a don Pedro, temeroso de ser visto de la canalla, y con prudentes razones intentó quitárselo de la cabeza. Mas tanto machacó el joven prisionero, que no pudo disuadirle su amigo del propósito de salir. Verdaderamente, tal vida de quietud no era para llegar a viejo. Deseaba moverse, estirar las piernas, respirar otro aire, aunque no fuera menos infecto que el de su cuarto; y como no le importaba nada codearse con la chusma del patio, bajó a dar una vuelta por aquella triste región. Don Pedro no quiso acompañarle, y se quedó en el corredor alto, paseando en corto, sin alejarse de la puerta de su madriguera, para escabullirse dentro en caso de sentir pasos de carceleros o visitantes.

FERNANDO NO DIJO MÁS. ANTES DE CONCLUIR DE COMER ABANDONÓ LA MESA, Y SE PUSO A MEDIR CON FEBRIL PASEO LA HABITACIÓN

Vio Calpena en el patio diferentes tipos de presos y detenidos, algunos chicos vagabundos, y un cabo que cuidaba del orden en el departamento. Cuatro hombres de aspecto mí-

Félix Lichnowsky, noble prusiano de formación militar, se incorporó al bando carlista en Bayona en 1837 y participó en el conflicto hasta el final de la guerra. Sus recuerdos de la contienda, vividos en primera persona, los recogió en un libro que terminó de escribir al volver a Prusia en 1841. El valor de la obra reside no sólo en que relata las impresiones de un soldado implicado en la lucha, sino que es una magnífica descripción resumida de todo el proceso de la guerra vivido desde el bando carlista.

LOS RECUERDOS DE UN AUSTRIACO EN LA PRIMERA GUERRA

Durante la primera guerra carlista (1833-1840) llegaron a España un número importante de extranjeros para luchar en uno y otro bando. En el cristino militaron mercenarios enviados por la Cuádruple Alianza, mientras que las filas carlistas se aumentaron con voluntarios que defendían sus principios. La mayor parte de estos últimos eran franceses y alemanes. Uno de aquellos soldados fue el príncipe Félix von Lichnowsky, quien publicó sus recuerdos en 1841.

Era hijo del príncipe Eduardo y de la princesa Leonor de Austria y nació el 5 de abril de 1814. Se formó en el ejército prusiano, estudió letras e historia y publicó en varios periódicos alemanes. Tenía 23 años cuando llegó a España para enrolarse en las filas del ejército carlista en defensa de lo que creyó una causa justa. Su marcha desde Alemania fue publicada en la *Gaceta de Hannover*, donde se daba noticia de que serviría como ayudante de campo del infante don Sebastián, general en jefe de las tropas carlistas. Desde la Corte prusiana se apoyó la actitud de don Carlos, no solo con declaraciones, sino con dinero en metálico, ya que Federico Guillermo III de Prusia había enviado una importante cantidad para sufragar los gastos del ejército. Salió de Berna y, tras pasar por Ginebra, Lyon y el Sur de Francia, llegó a Bayona el 3 de marzo de 1837. En las primeras semanas participó en varias acciones en Tolosa, Durango, Bilbao y Galdácano. Entre junio y septiembre intervino en las campañas de Levante, Aragón y Castilla. Formó parte de los batallones que llegaron a las puertas de Madrid con don Carlos de Borbón y luchó en Guadalajara y Aranzueque de Duero. En 1838 acudió a París como enviado especial para negociar cuestiones con diplomáticos europeos. Conoció entonces a Maroto, Cabrera y al conde de España, con quien mantuvo estrecha relación. Vivió la decadencia del ejército carlista y tras un periodo de negociaciones con políticos ingleses y franceses salió del país después de que Maroto firmara el convenio de Vergara.

El príncipe Lichnowsky vio por última vez a Carlos V en la villa francesa de Bourges, asignada como prisión en el exilio tras la victoria de los isabelinos. Sobre aquel encuentro escribió: «El gobierno francés esperaba, sin duda, que su cautiverio iba a asegurar la paz y la tranquilidad de España; pero los últimos sucesos han demostrado que estas esperanzas eran vanas, y la historia se ha encargado de vengar a Carlos V y a sus defensores».

Regresó a su país en 1840, y el 16 de marzo de 1841 terminó en Bruselas el libro titulado *Recuerdos de la guerra carlista*. La obra del príncipe es la memoria de un soldado, pero también el resumen histórico de la guerra. Desde su llegada a Bayona en el mes de marzo de 1837 hasta su marcha a finales de la contienda, relata con detalle los acontecimientos y presenta a los principales personajes. Uno de los textos más significativos es la proclama de don Carlos, firmada el 20 de octubre de 1837:

«Voluntarios: no bastaba la continua serie de hazañas y de prodigios que forman la historia de vuestras campañas. Los cinco últimos meses llevan vuestro mérito todavía más allá de cuanto se ha visto, y el cuerpo expedicionario que me ha acompañado ofrece un ejemplo, sin modelo. Con solo la tercera parte del ejército que operaba en Navarra y Provincias Vascongadas se han reducido las fuerzas enemigas a un número menor de los que hoy tengo disponibles en todos sus dominios: habéis vencido al ejército revolucionario en los llanos como en las montañas, sin artillería como con ella; Huesca, Barbastro, Villar de los Navarros, Retuerta, serán eternos movimientos de nuestras glorias».

En agosto de 1842 regresó a España de vuelta de Portugal y desembarcó en Barcelona. El movimiento anticarlista detectó su presencia y fue apresado junto a su secretario, el conde Alejandro Teleky, el capitán Drew y el reverendo Daniel Moore. Permaneció recluido en el Hotel de las Cuatro Naciones mientras el embajador prusiano trataba de liberarle, y entretanto la multitud pidió su cabeza. Los guardias les trasladaron a Montjuich para evitar una venganza, y la prensa se dedicó a difamar al noble alemán. Finalmente fueron liberados gracias a la presión internacional y al esfuerzo del cónsul prusiano y pudo regresar a su país.

RECUERDOS DE LA GUERRA CARLISTA. Portada de la edición de 1942. Y retrato de príncipe Félix Lichnowsky. Archivo Espasa-Calpe.

sero, las carnes bronceadas del sol, los vestidos hechos jirones, robustos, con calañés terciado sobre la oreja, eran los únicos que tenían aspecto de criminales. Hallábanse sentados en ruedo, jugando con piedrecillas blancas y negras sobre un tablero trazado con carbón, y no apartaban de su juego la mirada más que para fijarla en el cabo, que iba de un lado a otro, las manos a la espalda, y a ratos se aproximaba familiarmente a un grupo de presos pacíficos, que parecían gente habituada a tal vida y a tal sociedad. El tono de su conversación, su aire y modos reposados eran como de quien no siente la menor extrañeza de hallarse donde se halla. Miroles Calpena, y ellos le miraron, sin denotar curiosidad ni interés alguno. Algo les dijo el cabo, y siguieron charlando de cosas que debían de ser amenas, plácidas, quizás de lo buena que es la vida y de lo acertado que estuvo Dios al criar al hombre, y este al hacer las leyes y las cárceles.

Después de pasear un rato, se fijó Calpena en tres individuos que permanecían inmóviles, arrimados a la pared junto al portalón cerrado del segundo patio, que ya en aquel tiempo se llamaba *de los micos*. Eran jóvenes, mal vestidos; el uno parecía no tener camisa, y se había levantado el cuello del levitín para disimularlo; otro llevaba por sombrero una gorra como las de cuartel, y el tercero botas de montar, zamarra muy ceñida con cordones, y un sombrero de ala ancha. Observó Fernando que ninguno de los tres le quitaba los ojos desde que le vieron, y le seguían con la vista por dondequiera que fuese, demostrando, no sólo que le conocían, sino que algo y aun algo tenían que decir de él. No era ciertamente hostil ni burlona la mirada de los tres desconocidos, por lo cual se le despertó a Calpena la curiosidad, y después las ganas de entrar en coloquio con ellos. Encendió un cigarro, y este fue el incidente feliz que determinó la aproximación. Destacose del grupo el de la gorra de cuartel, y con donaire campechano pidió a Fernando candela; diósela este, y al devolver el otro el cigarro, todo con los mejores modos, le dijo:

—Señor de Calpena, muchas gracias, y que no sea esta la última vez que tengamos el gusto de verle por este patio.

NOS CONOCEMOS DE LA LOGIA, SEÑOR DE CALPENA; SÓLO QUE ESTÁ USTED TRASCORDADO... EN UNA MISMA NOCHE HABLAMOS LOS DOS, Y FUIMOS APLAUDIDOS BÁRBARAMENTE

—¿Me conoce usted? —dijo Fernando vivamente—. Pues yo a usted... no recuerdo.

—Zoilo Rufete... No se acordará. Soy hermano de un valiente militar perseguido por sus opiniones *libres*.

—En efecto: ese nombre...

—Nos conocemos de la logia, señor de Calpena; sólo que está usted trascordado... En una misma noche hablamos los dos, y fuimos aplaudidos bárbaramente.

—Ya, ya voy haciendo memoria.

—Usted habló de la responsabilidad ministerial, y de la manera de hacerla cumplir; yo de la intervención extranjera, sosteniendo que los españoles nos bastamos y nos sobramos para defender la libertad contra todos los déspotas de la Europa y del Asia... Después me metí con los frailes, y probé que entre ellos y los palaciegos nos han traído la guerra civil...

—Es verdad, sí... ¿Y qué hacemos por aquí?

—Pues esperar... Creen que por prendernos adelantan algo... Yo me río de las prisiones... ¿Qué es ello? *Maquiavelismo*... y si me apuran, miedo... Es la cuarta vez que me traen aquí, y aquellos dos compañeros llevan ya nueve encerronas... Si patriotas entramos, más patriotas salimos. Hoy más *libres* que ayer, y mañana más que hoy. ¿No piensa usted lo mismo?

—Exactamente lo mismo. Y dígame, ¿nos soltarán pronto? Porque la verdad, éste es un bromazo...

—No creo que nos suelten hasta que se abran los Estamentos. Están locos... Créame usted, amigo Calpena: prenden a treinta o cuarenta por aquello de que vea *Palacio* que miran por el orden, y mientras usted y yo, y otros mártires del despotismo, nos aburrimos en este *pandemonio,* cientos y miles de compañeros trabajan fuera de aquí por la causa del pueblo, sin meter bulla. Yo soy de los que dicen: revolución, revolución, y siempre revolución.

—Siempre, siempre. Vengan terremotos, y encima... el diluvio.

—Lo que es ahora no tardará en estallar el trueno gordo. ¿Y qué me dice de la guarnición? ¿La tenemos ya bien catequizada?...

—¿Sé yo acaso...?

—¿Que no sabe...? ¡Bah, señor Calpena, misterios conmigo! Si aquí todos somos unos... todos *apóstoles* de la revolución, y cada uno trabaja en su terreno.

A esa hora tenemos un cabo muy bueno: Francisco, de apodo *Resplandor,* uno que estuvo con Porlier...

Comprendiendo que aquel tipo le tomaba por un conspirador de oficio, Fernando siguió la broma: de algún modo le convenía justificar ante el vulgo su permanencia en la cárcel. Prisión por *patriotismo,* antes enaltecía que deshonraba.

—Pues sí —dijo tomando el tonillo y los aires de un perfecto muñidor de motines—, el Ejército es nuestro.

—Ya lo sabía yo... ¿Pues por qué está usted aquí sino por ser el que pone los puntos a la Guardia Real?... Yo se los pongo a la Milicia, y puedo asegurarle que toda ella respira por la santísima libertad...

—Así tiene que ser... ¡Buena se armará!

—¿De modo que la Guardia...?

—Como un solo hombre.

—Chitón... El cabo viene para acá. Disimulemos. Si tiene usted cigarrillos, señor de Calpena, le agradeceríamos que nos prestase media docena. Andamos mal de tabaco.

—Tome usted... Coja más. Arriba tengo para muchos días.

—Basta con diez. Muchísimas gracias. Esta tarde han de traernos tabaco, y yo pondré a su disposición buenos puros... El cabo nos mira... Me temo que me diga algo con la vara... Disimulemos... Es muy bruto ese cabo. Ha sido lego de convento y voluntario realista.

—Yo me vuelvo a mi cuarto.

—Usted allá y nosotros aquí... *Meditemos*... el triunfo es cosa de días. Bájese acá mañana, y hablaremos: tenemos mucho que hablar... Conviene que nos pongamos de acuerdo...

—Enteramente de acuerdo...

—Sobre este y el otro punto... ¿Usted qué opina? ¿Constitución del 12?

—Hombre, pues claro está...

—No deje de correrse al patio mañana... antes de la comida, de diez a once. A esa hora tenemos un cabo muy bueno: Francisco, de apodo *Resplandor,* uno que estuvo con Porlier... Podremos hablar... Mi compañero Canencia desea echar con usted un parrafito, para quedar también de acuerdo...

—¿Quién es Canencia?

—El del sombrero ancho y botas. Ahora nos mira y se sonríe. Ha llegado hace días de Zaragoza. Ése es un lince para los de Artillería. Les tiene sorbido el seso.

—¿Y el otro quién es?

—¿Pero no le conoce? Si es Fonsagrada, primo hermano de los amigos de usted.

—¿Los Fonsagradas... dos mocetones muy guapos, sargentos de la Guardia?

—Cabal. Este chico vale más que pesa. Tiene minada la Caballería por dentro, por donde no se ve..., como la carcoma.

—Conozco a sus primos.

—Eleuterio, el mayor, estuvo ayer a vernos... y hablamos de usted... y encargó a Zacarías... así se llama éste... que le diese a usted memorias, y...

—¿Y qué más?

—¡Oído!... que viene el cabo... Compañero Calpena, hasta mañana.

—Hasta mañana, compañero Rufete.

VI

Subió Calpena a su cuarto, muy dichoso de haber hecho aquel conocimiento, no sólo porque rompía el monótono y acompasado tedio de la vida carcelaria, sino porque del trato de aquella desdichada hez de la plebe turbulenta, esperaba obtener noticias de sucesos exteriores para él muy interesantes. Encontró a Hillo muy embebecido en la lectura de un librote que el segundo alcaide le había prestado, y era nada menos que la *Vida de Carlos XII de Suecia,* del amigo Voltaire.

—¿No sabes, clérigo —le dijo gozoso—, lo que me pasa? Pues sin sospecharlo, ni tener de ello la menor noticia, he sido un conspirador terrible... Mi especialidad es seducir a los cabos y sargentos de la Guardia Real, encariñándoles con la libertad y con el *venerando código* del 12.

—Hijo, de algún modo se ha de justificar tu prisión. ¿Y de mí qué se dice?

—¿De ti? Que armabas un complot tremebundo para implantar una republiquita a estilo ateniense... poniendo de protector o de *tirano* democrático...

—¿A quién?

—Al espejo de los caballeros, general Córdova...

—Pues mira, no estaría mal... Me satisface haber tenido esa idea —dijo Hillo siguiendo la broma—. Pero en mi calidad de eclesiástico, más cuerdo sería proponer para cabeza de esa república a fray Cirilo de Alameda y Brea.

MI ESPECIALIDAD ES SEDUCIR A LOS CABOS Y SARGENTOS DE LA GUARDIA REAL, ENCARIÑÁNDOLES CON LA LIBERTAD Y CON EL VENERANDO CÓDIGO DEL 12

—¡Si ése está con don Carlos...!

—Pues entonces... crearíamos una Tetrarquía que representara los cuatro brazos, o las cuatro patas del cuerpo social. Yo por el Clero; tú por la Aristocracia; por el Ejército pondríamos a Rufete, y por el Pueblo al gran Aviraneta.

Toda la tarde la entretuvieron con estas bromas. Durmió Calpena intranquilo, y al despertar sobresaltado, no se apartaba de su mente la imagen de los dos Fonsagradas, a quienes conocía por las relaciones de aquella familia con la Zahón. El más joven de ellos era novio de una de las chicas de Milagro. Lo que le turbaba el sueño era que Eleuterio, el mayor de los dos hermanos sargentos, le hubiese mandado memorias con

LAS CÁRCELES ERAN NIDOS DE MASONES, conspiradores y carlistas. Los detenidos, de distintas clases sociales, convivían hacinados en espacios reducidos, esperando la amnistía o el cambio de gobierno para salir a la calle y volver a pronunciar discursos contra el orden constituido. *(Interior de prisión.* Grabado de *Panorama Español*, Biblioteca Nacional. Madrid).

aquellos perdidos del patio. Y según el dicho de Rufete, habían hablado largamente de él. ¿Qué dirían, santo Dios; qué dirían de Aura? Ansioso esperaba el día siguiente para entrar en palique con los tres presos, en quienes vio acabados tipos de *jamancios,* o sea la variedad política y revolucionaria de los que conspiraban por hambre, metiéndose en mil trapisondas con la mira de pescar algo de lo que repartían las logias en vísperas de motín.

Por la mañana, al salir a dar una vuelta por el pasillo, se encontró a Iglesias, que al cuarto de un preso de pago se dirigía, y hablaron, no maravillándose Nicomedes de verle en tal sitio.

—No todos los corifeos de la Libertad —le dijo con cierta vanagloria—, hemos disfrutado las delicias de un cuchitril de pago... Las dos temporaditas de prisión política que tengo en mi hoja de servicios, amigo Calpena, me las cargué en el patio y cuadra correspondiente, en amigable cohabitación con barateros y asesinos... Usted es de los privilegiados de la fortuna. También en esta región del martirio patriótico, hay aristocracia, jerarquías...

—Dígame, querido Iglesias, ¿cuándo se arma? ¿Ha caído Mendizábal... se ha sublevado el Ejército, al grito mágico... de... vamos, a cualquier grito mágico?

—La cosa está muy madura... No puedo decir más.

—¿También ahora secretos...? ¡Amigo Nicomedes, si me parece que estoy en la logia! Baja uno a ese inmundo patio, y en cada tipo de calañés y zamarra le sale un compañero.

—Naturalmente, la masonería tiene en la cárcel sus ramificaciones. Aquí se conspira lo mismo que en cualquier otra parte. Comandante he conocido yo aquí, que nos delató por-

PESETA DE PLATA acuñada en Cataluña. Colección particular.

LOS PESETEROS

La regencia ordenó en 1836 acuñar pesetas para hacer frente a los pagos a las tropas. La moneda fue la forma de cobro de los soldados liberales, de ahí que fueran llamados «peseteros» por los carlistas, quienes recibían diariamente entre una y dos pesetas de sueldo mientras ellos solo recibían un real al alistarse. Los *peseteros* eran en su mayoría soldados vascos al mando del general Jáuregui. Se agrupaban en compañías de seguridad, chapelgorris, tiradores, cazadores, etc. Recibían armas, munición y equipo pagado por el gobierno. Los carlistas no hacían prisioneros entre los *peseteros*, a los que consideraban traidores, y fusilaban a todos los detenidos. En el diario del general carlista Uranga figura la siguiente anotación el 17 de marzo de 1834: «Permanecimos en Heredia, donde se fusilaron ciento dieciocho peseteros».

que no quisimos hacerle *Venerable;* y entre los cabos hay muchos que hasta hace poco cobraban la peseta diaria que se daba por ciertos trabajos. En los días que estuvo aquí don Eugenio Aviraneta, el primer genio del mundo en el conspirar, era este el centro de todos los Orientes, grandes y chicos, y aquí venían comunicaciones cifradas de los institutos armados, de las cancillerías extranjeras, y hasta de los ministros... En fin, no puedo decir más. Paciencia, amigo, que pronto, muy pronto ha de cambiar la faz de la Nación...

—¡Qué gusto! Dígame: será cosa tremenda, desquiciamiento total, confusión, ruinas...

—Poco a poco, amigo mío: los que hoy somos *corifeos* de la Libertad, nos creemos llamados a gobernar a la Nación, no a destruirla. Trabajamos contra los malos gobiernos, contra las instituciones opresoras; pero queremos el bien del país.

—Yo también... pero el bien del país exige un cataclismo.

—Lo habrá, hijo, lo habrá... cataclismo prudente, en beneficio de la Libertad y de los *libres*... Paciencia, calma, patriotismo.

—Sea como fuere... ¿será pronto?

—¡Oh, eso sí! No puedo decir más. Y usted, mártir ahora de la causa, esté muy orgulloso y alégrese de su suerte, esperando el día del triunfo... Pero no me pregunte cuándo será, pues si yo lo supiera, no se lo diría... Adiós, adiós. Mi enhorabuena.

Y se metió en el cuarto, donde sufría larga y enfadosa detención, según Calpena supo luego, un tal Civit, compinche en otros días de Aviraneta, y que después se lanzó a trabajar por cuenta propia. Jamás salía de su cuarto. El cabo que servía a los de preferencia, contó a Fernando que el señor Civit se pasaba todo el día y parte de la noche escribiendo. ¿Qué hacía? ¿Fabricaba constituciones, formaba listas de proscripción o listines de empleados nuevos? Nunca se supo.

A la hora señalada por Rufete bajó Fernando al patio, y si él fue puntual, más lo fueron los otros: en el mismo sitio del primer conocimiento les encontró, y apenas le vieron, abalanzáronse a recibirle, alentados por la presencia del más benigno de los cabos, el tal *Resplandor,* hechura de la Masonería del año 20.

El jaquetón de sombrero ancho y botas, con patillitas de *boca e jacha,* quiso distinguirse por lo cariñoso y expresivo Saludó con acento andaluz, que a Calpena le pareció afectado y mentiroso. En efecto: el señor Canencia, vástago de una dinastía de conspiradores que venía alborotando desde la *francesada,* era un andaluz muy *crúo,* natural... de Candelario. Pero habiendo rodado por Sevilla y Cádiz, algo también por Melilla, adoptó la pronunciación de aquellas tierras, por creerla más en armonía con sus pensamientos audaces, revoltosos y su natural pendenciero. Ceceaba por presunción de guapeza; su *andalucismo* era más de cuarteles madrileños que de sevillanos bodegones. Lo mismo servía para enseñar a los pobres pistolos la buena doctrina constituyente, que para dirimir las contiendas de juego, *mojando* en el primero que se le ponía por delante. Pero si le apuraban a reñir de verdad, y se encontraba frente a un rival *poeroso,* se llenaba de prudencia, y decía: *No quiero espuntar la navaja en er güeso de un amigo*. Era el abanderado de todos los motines, y el que más bulla metía, el más arrastrado y avieso si en el motín corría sangre; desplegaba un valor heroico siempre que en la asonada hubiese tropa *fraternizando* con el pueblo. En un tiempo en que las cartas motinescas venían mal dadas, metiose a contrabandista, allá por Huelva; pero le salió mal la cuenta, y el bromazo le costó dos años de andar en malos pasos, con *calcetas de Vizcaya,* que pesan como un demonio.

Pues señor, después del primer despotrique de Canencia, que se declaró comilitón de don Fernando en la obra grande de exterminar el despotismo, tomó la palabra Fonsagrada, el que para ocultar la falta de camisa o por defenderse del frío, llevaba subido el cuello del levitín, con todos los botones prendidos, y además refuerzo de alfileres allí donde los botones faltaban. El paño que de sobra lucía en su pescuezo escaseaba en los codos, no siendo estas las únicas claraboyas por donde se le ventilaba la carne. Cubría su cabeza con una elegante cachucha, prenda nuevecita, que formaba vivo contraste con las demás de su atavío.

—Pues sí, señor de Calpena, ayer cuando le vimos a usted nos dieron ganas de hablarle; pero la verdad, yo no me atrevía... Ahora que estamos juntos, congratulémonos de fraternizar aquí, y bendito sea este martirio, pues por él la igualdad... *es un hecho*. Henos aquí con-

AVIRANETA, LA VIDA DE UN CONSPIRADOR

Nació en Madrid en noviembre de 1792 y combatió en la Guerra de la Independencia. Apoyó la causa liberal, perteneció a la masonería y tomó parte en numerosas conspiraciones e intrigas contra los sectores más moderados. Al finalizar la guerra tuvo que exiliarse y en la primera guerra carlista fue espía y sembró la desconfianza entre los carlistas mediante el lanzamiento de bulos y rumores. Encabezó diversos complots contra los gobiernos de Cea Bermúdez y Martínez de la Rosa. Se opuso al Estatuto Real de 1834, al que definió como: «Un anacronismo antifilosófico, antieuropeo, antiespañol, fenómeno político todavía no visto ni fácil de verse». Fue nombrado intendente militar en 1851 y encarcelado durante el bienio progresista. Murió en Madrid en febrero de 1872.

EUGENIO AVIRANETA.
Grabado de época.

fundidos sufriendo la misma pena, usted, aristócrata, y nosotros, que nos orgullecemos de ser pueblo.

—Hoy más pueblo que ayer, y mañana más pueblo que hoy —dijo otro, no consta cuál.

—Las masas no son tales masas sino cuando en ellas se mezclan las clases todas... *Hermanados* grandes y chicos en una masa, la revolución... *es un hecho*. Pues a lo que iba, señor de Calpena: mi primo Eleuterio le conoce a usted mucho, y *antier* me dio memorias para usted.

—Siento no haberle visto. Quizás me diera noticias de personas que me interesan, y de las cuales nada he sabido desde que esta pillería del Gobierno me prendió.

—*Es un hecho* —dijo Rufete—, que el Gobierno, por venganza, le ha desterrado a la novia. Lo mismo hicieron conmigo el año 34. *Maquiavelismo*... pero no les vale, no les vale.

—No les vale —repitió Calpena—, porque yo, en cuanto me suelten, revolveré toda la tierra hasta encontrarla... ¿Ha dicho Eleuterio si mi novia vive, si se la llevó aquel tío que ahora cuida de ella, por disposición de Mendizábal?

—Pero, señor, ¿hasta en eso se meten los ministros?... ¿En quitarle a uno su *jembra?*

—Sí señor: vive y está buena; sólo que un poco desmejorada. Ya van en camino de...

—¿De dónde?

—Pues mire que no me acuerdo. Pero es cosa de las provincias, allá por donde anda el pretendiente con toda su facción.

—¿Será Fuenterrabía, Tolosa...?

—Me parece que no... Yo se lo preguntaré a mi primo cuando vuelva. Mi familia lo sabe todo por Lopresti, a quien despidió la Jacoba, y en casa le tenemos.

Tal impresión causaron a Calpena estas noticias rápidamente comunicadas, que disimular no pudo su alegría. Maquinalmente estrechó las manos de los tres conspiradores, los cuales atribuyeron demostración tan cariñosa al entusiasmo de sectario, a una viva efu-

TODOS ERAN PATRIOTAS: los carlistas y los cristinos. La cuerda se tensaba desde los extremos y sobre ella hacía equilibrio la tetrarquía representada por los cuatro brazos del cuerpo social: el clero, la aristocracia, el ejército y el pueblo. (*El patriota*. Grabado de *Los españoles pintados por sí mismos*, de Mesonero Romanos).

sión de fraternidad. Contestaron unánimes con igual calor, diciendo el que ceceaba, en confianzudo y jovial estilo:

—*Zeñó Carpena, España pa loj españole. Diaquí a poco naide noz toze. Cuente zumerzé con ezte amigo pa cualziquiera coza de poer*.

—¿Creen ustedes que estallará pronto el trueno gordo?

—Ya se le oye retumbando lejos; ya viene la tormenta —aseguró Rufete.

—Y cuando triunfemos —afirmó Fonsagrada asegurando los alfileres que cerraban su ropa—, podrá uno comer como buen ciudadano, y vestirse, y apalear a toda la canalla que nos ha quitado la libertad... Ya verán esos *maquiavélicos* lo que es el pueblo, y la soberanía de nuestra *masa*.

—Amigos, adiós —dijo Fernando, deseoso de perderles de vista—. Bajaré mañana para que me den más noticias, pues Eleuterio volverá.

—Para servirle, don Fernando.

Pretextando ocupaciones, se alejó Calpena del patio, y la expansión de su alegría le llevaba por aquellas escaleras arriba como un pájaro. ¡Aura vivía! ¿Qué más podía desear por el momento el desconsolado amante? Aura vivía; el mundo recobraba su placidez luminosa; el sol alumbraba placentero, y la cárcel misma era un lugar risueño y hermoso. Renovadas en él con súbito incendio las energías de su pasión, comprimidas, que no sofocadas, por el cautiverio, pensó que ante el hecho de existir Aurora, carecía de importancia su salida de Madrid bajo el poder del tío carnal. Ya la buscaría y la encontraría su fiel amante, aunque España fuese diez veces mayor de lo que es... ¡Aura no había sido víctima de su desesperación!... La catástrofe romántica, ya con puñal, ya con braserillo de carbón o con veneno, aquel espectro que había sido espanto del galán en sus noches de insomnio, ya no era más que un temor disipado. Aura vivía; y en camino para su destierro, se confortaba con la seguridad de que volaría tras ella su caballero libertador. ¡Bonita empresa, singular aventura se preparaba, digna de los Amadises y Esplandianes, por donde había de resultar que las hermosuras morales de la edad de la caballería, en la nuestra prosaica y materialista gallardamente se renovaban!

¡Aura vivía! ¿Qué más podía desear por el momento el desconsolado amante?

Tan alegre entró en su cuarto, y con tal brillo de los negros ojos, que Hillo entendió que algún feliz encuentro había tenido en el patio. Y al verse abrazado por su amigo, no pudo menos de interrogarle inquieto.

—Estamos de enhorabuena, mi querido clérigo. ¿No adivinas por qué? Porque se armará pronto... La *cosa* está madura. La Milicia como un solo hombre, el Ejército como un hombre solo.

—¡Que nos coja confesados, hijo!

—No, que nos coja libres... y si no, caerán los muros de esta infame Bastilla. El rugido popular ya se oye, clérigo mío; la indignación de la masa ya pronto estallará...

—¿Quién te ha llenado la cabeza, ¡oh joven inexperto! de ese viento malsano?

—¿Pero no sabes? La masonería invade el Saladero; se mete aquí con los presos políticos, y hace prosélitos de los cabos de vara... Y ahora, ¿no te parece que debes pedir a nuestra incógnita que nos saque pronto de este infierno? Si sigo aquí, conspiro, te lo anuncio; haré la propaganda del degüello de ministros, y créeme que hay en esos patios gente abonada para merendarse un par de Ministerios, y los dos Estamentos si fuese menester.

Perplejo y un tanto temeroso, cerró Hillo pausadamente el libro de Voltaire, y fijó la atención y los ojos en su amigo

—Sí, sí, Fernando —dijo tras breve pausa—. Paréceme que ya para bromazo basta. ¿Qué hacemos aquí? Y si esto es un hervidero de conspiraciones, como dices, podría resultar que algún pillo nos comprometiera, y que la humorada se convirtiese en chanza pesadísima.

—Que yo he de conspirar, liándome con los patriotas calzados y con los jacobinos descalzos que he tenido el honor de conocer aquí, no lo dudes. Entré inocente de toda culpa política, y saldré para el motín o para la horca.

—¿Y qué quieres que haga yo, Fernandito de mi alma —dijo Hillo cruzándose de brazos—, si la mascarita no resuelve nuestra libertad, y da en guardarnos aquí hasta que nos convirtamos en cecina o bacalao? Y me inquieta que van ya cuatro días sin que el *señor Edipo* nos traiga algún consuelo. Desde que recibimos el refuerzo de lengua ahumada, dátiles de Berbería y vinito blanco, no ha vuelto el tal a parecer. Y yo digo: ¿si se habrán olvidado de nosotros, y acabaremos por ser empapelados inicuamente?

BREVE RATO PERMANECIERON LOS DOS MIRÁNDOSE. LO QUE CON SUS OJOS SE DECÍAN NO ES PARA TRADUCIDO EN PALABRAS

Breve rato permanecieron los dos mirándose. Lo que con sus ojos se decían no es para traducido en palabras. Con ellas, y bien expresivas, manifestó Calpena que él discurriría con sus amigos del patio alguna sutil tramoya para escaparse. Hillo, caviloso y triste, no supo qué responderle, ni tuvo ánimos para contradecirle.

Transcurrieron tres días, en los cuales llegaron a Calpena, por el mismo Eleuterio Fonsagrada, nuevas importantísimas. Primero: que Aura iba camino de las Provincias Vascongadas con su tío el señor Negretti, y que entrarían en Francia por Canfranc, para tomar luego la frontera. El señor Negretti era contratista y constructor de armas de fuego en el campo carlista. Agregó a estas nuevas el sargento que *Palacio* preparaba un cambio político, dando el pasaporte a Mendizábal y sustituyéndole con Istúriz; que al reunirse los nuevos Estamentos, Procuradores y Próceres se tirarían los trastos a la cabeza; que Lopresti contaba mil donaires del furor de la Zahón, y de las dramáticas, ruidosas escenas que presenció la casa y gozó el vecindario al partir la bella Aurorita, desolada y fuera de sí.

Con estos interesantes informes coincidió carta de la incógnita, que llegó inopinadamente cuando los presos comían. ¡Ay, era muy triste! Revelaba inquietudes, aprensiones, amargura y desaliento.

VII

Estoy enferma —decía la carta—. He pasado unos días crueles, privada del placer de escribir a mis buenos amigos. Ya estoy mejor; pero no ha sido, no, mal de mimo, que tan fácilmente padecemos las señoras. Aquí han creído que me moría. Gracias a Dios, de esta me parece que no caigo. Y no me mortificaban poco en mi enfermedad la idea y la imagen de mis prisioneritos. "¡Buena la hemos hecho! —me decía yo, en mis horas de febril insomnio—. Si ahora me muero, ¿qué va a ser de mis pobres conspiradores, Dios mío? ¿Quién les amparará, quién cuidará de ponerles en la calle?...". Hijos míos, dad gracias a Dios por mi mejoría, que si llegáis a perderme, trabajillo os habría costado deshacer el bromazo y recobrar vuestra preciosa libertad.

»Al volver en mí, no ceso de pensar en vosotros... Mi soledad, mi tristeza, el miedo a la muerte, cuya descarnada mano he visto tan próxima, me han sugerido la idea de que debo dar por terminada la encerrona de mi capellán y de su amiguito. El primer objeto que se quería lograr con este ingenioso golpe de mano, bien cumplido está. El objeto segundo, que era extinguir la demencia en el turbado cerebro de mi señor don Fernandito, no sé si lo hemos conseguido. Presumo que no. Se hace lo que se puede: no debemos ir más adelante, so pena de incurrir en crueldad y despotismo. Dispongo, pues, ¡oh capellán mío, y tú, incauto jovenzuelo! que se os abran prontito las puertas de esa mansión de tristeza. Tendreislo entendido, y os cuidaréis de tomar las medidas conducentes a vuestra próxima libertad».

—¡Oh, bien, bien, y viva la incógnita! —exclamó Calpena batiendo palmas—. Ya somos libres. Clérigo, abrázame.

—Despacito: veamos lo que dice después... Prosigo:

«Escribo a los dos, porque deseo abreviar, y porque no hay nada que Mentor deba reservar de su extraviado Telémaco. Con los dos hablo a la vez. Estenme atentos. Si después de esta reclusión, que ha sido barrera contra los malos deseos, castigo de la temeridad, y garantía del honor, no se da Fernando por limpio y curado de su mal de aventuras deshonrosas, entiendo que es locura proseguir mi empresa. No puedo más. Hice cuanto de mí dependía para levantar un valladar entre su presente ignominioso y el brillante porvenir que he soñado para él. Le he brindado con la paz, le exigí sumisión. ¿Quiere someterse y poner su existencia totalmente en mis manos? Me dará con esto la más grande alegría de mi vida. ¿No se somete, no se da por vencido, no quiere la paz que le ofrezco, y que para él representa el bienestar, la posición, el honor y la regularidad de la vida? Pues yo lloraré sobre su ingratitud; a mí, entonces, me corresponderá darme por vencida. Llena el alma de dolor, renuncio a proseguir esta ruda batalla».

Y POR MI PARTE PROCURARÉ QUE A MÍ NO LLEGUEN NOTICIAS TUYAS. UNO A OTRO NOS EXTENDEREMOS LA PARTIDA DE DEFUNCIÓN...

La emoción que el clérigo sentía le cortó la lectura.

—Fernando, Fernando, hijo mío: ¿este noble lenguaje no hará profundo surco en tu alma? ¿Eres capaz de rebelarte aún?... ¿No ves cuán grande es su pena, al suponerte contumaz?...

—Sigue —dijo Fernando, que ávido de mayor conocimiento, leía por encima del hombro de su amigo—. Aún falta lo principal.

—A ello voy.

«En la puerta de la cárcel, la voz amiga, la voz tutelar dice a Fernando: "Te ofrezco el destino de Cádiz, adonde partirás con tu mentor y capellán sin pérdida de tiempo". ¿No quieres? Pues no volverás a saber de mí. Y por mi parte procuraré que a mí no lleguen noticias tuyas. Uno a otro nos extenderemos la partida de defunción... No están los tiempos para vivir en plena zozobra, añadiendo por nuestra voluntad nuevas tristezas a las que ya nos rodean, y que pertenecen a la vida común, al conjunto de males colectivos. La disminución de nuestros sinsabores bien merece la pérdida de un afecto, aunque al arrancarlo nos duela. Con que ya sabes. Libertad... Decide ahora de tu suerte».

Quedose Fernando pensativo, dejando vagar sus ideas por el insondable espacio que las últimas frases de la carta abrían ante él. Hillo le sacó de su abstracción con severo lenguaje:

—Ya sabes: a Cádiz conmigo o solito al Infierno.

—Salgamos, salgamos pronto de aquí —dijo Calpena, paseándose inquieto, con las manos en los bolsillos—. Dentro de esta cisterna, es imposible el discernimiento... Salgamos, y al respirar el aire libre decidiré.

Comprendiendo el presbítero que la resolución de la incógnita había hecho profunda impresión en su amigo, no quiso desvirtuarla con razonamientos y nuevas admoniciones. Mejor era dejarle solo con su conciencia, en la cual la verdad iba labrando el hondo surco. Después de la enseñanza y severo castigo de aquel encierro; ausente ya la que había sido causa de su locura, ¿no era razonable esperar que el joven adquiriese la serenidad suficiente para medir y pesar el pro y el contra de las acciones humanas?... Confiado en una victoria decisiva, Hillo recreaba su espíritu en la esperanza de libertad; mas no se veía totalmente libre de zozobra con las seguridades de que no sufriría menoscabo en su dignidad ni en su reputación. Por cierto que en la carta recibida en la cárcel el penúltimo día (en ocasión que Calpena rondaba por el patio), iba un pliego reservado para don Pedro, en el cual se le daban nuevas instrucciones, previendo todo lo que pudiera ocurrir. Si Fernando, sometido incondicionalmente, aceptaba el destino de Cádiz, las cosas marcharían sin ningún tropiezo, y la situación de Hillo sería la de mentor o *caballero de compañía,* liberalmente remunerado. En caso de rebeldía, la señora no pensaba desentenderse ni abandonarle, como le había dicho, empleando una ficción argumental, de la que esperaba gran efecto sedativo. A donde quiera que fuese el descarriado joven, le seguiría el pensamiento y la acción tutelar de la deidad misteriosa que le protegía. Pero no atreviéndose a comprometer en empresas tan arriesgadas a su bondadoso capellán, se manifestaba dispuesta a desprenderse del incógnito, para él solamente, en plazo no lejano. La señora y el buen don Pedro celebrarían una conferencia, en la cual la primera le entregaría la llave de su confianza, el segundo prometería solemnemente guardar sobre cuanto oyese reserva absoluta, y entre los dos determinarían los planes más convenientes para ulteriores campañas.

JUAN ÁLVAREZ MENDIZÁBAL cayó en desgracia. Su política contra el clero y a favor de la hacienda pública no solo fue combatida desde la Iglesia, sino desde los propios estamentos liberales que antes le habían apoyado. Aunque la policía detectó gran parte de las conspiraciones, no pudo evitar la caída del presidente del gobierno. *(Mendizábal,* por Esquivel. Museo del Prado. Madrid).

Muy bien le parecieron a don Pedro estas resoluciones, sobre todo la de arrojar la careta, enseñando el rostro verdadero, pues la lealtad y abnegación que él en tan delicado asunto mostraba, bien merecían la supresión del disfraz. Otra cosa sería ya denigrante para él, ofensiva de su decoro. Tanto se penetró de esta idea el buen presbítero, que hizo firme propósito de *renunciar el cargo* si la señora no le daba prueba palmaria de su confianza abandonando el misterioso disfraz. Pareciole asimismo muy conveniente y grato lo del viajecito a Cádiz y el establecerse en aquella ciudad, pues no del todo tranquilo respecto al efecto moral de su prisión, deseaba perder de vista a Madrid y a sus conocimientos de acá. Así nadie le haría preguntas impertinentes acerca de su cautiverio por motivos políticos, ni tendría que dar explicaciones del error de la policía, de la torpeza del Gobierno... Sí, sí, a Cádiz; lejos, lejos, pues lo de la prisión, peor era meneallo.

Subió Calpena del patio, muy excitado, con informes fresquecitos; pero se guardó bien de comunicárselos a su mentor. Pusiéronse a tratar de varios asuntos relacionados con su próxima libertad, y lo primero que dijo Hillo fue que ni él volvería a la casa de Méndez ni Calpena a la calle de las Urosas, debiendo ambos instalarse juntos en una fonda, de donde partirían para Cádiz lo más pronto posible. Convino en ello Fernando, y eligió la *fonda de Genieys*. Designó esta casa, como hubiera designado la *Posada del Peine* o el *Parador de los Huevos,* porque de nada podía enterarse: tan violenta era la tempestad que desató en su cerebro el reciente coloquio con Eleuterio Fonsagrada. Estupendas noticias le dio este del martirio de Aura, y de los dramáticos resortes que fue necesario emplear para llevársela, pues hasta hubo intervención de la policía, y qué sé yo qué... Con esto, recayó Calpena en la gravísima dolencia de sus amores furibundos, se encendió en su cerebro un hirviente volcán de ideas peregrinas, y en su voluntad resurgieron los estímulos más osados y caballerescos.

Llegó por fin el ansiado día de libertad, que les fue notificada sin explicación del motivo por qué entraron y por qué salían, ni de los términos del sobreseimiento. Entregaron a Calpena un papel, y a Hillo otro papel, en el cual se le llamaba don Pedro Timoneda; y si esta burla de las leyes fue del agrado de ambos, no dejaba de inspirarles profundo desprecio del poder público. Aunque vestido de seglar, no gustaba Hillo de recorrer la calle en pleno día, y mandó traer un coche simón donde metieron su escasa impedimenta, y se fueron a la fonda simulando que venían de Leganés.

Las mejores habitaciones de Genieys, calle de las Infantas, estaban ocupadas por el célebre banquero don Alejandro Aguado, que había llegado de París dos días antes. Viajaba este prócer de la alta banca con gran aparato, en sillas de postas

CONVENTO DE LAS SALESAS NUEVAS DE MADRID. Grabado de 1840.

DE CONVENTO A TRIBUNAL

En el Madrid decimonónico fue una de las plazas más importantes, situada junto a la puerta de Recoletos entre las calles Bárbara de Braganza y Fernando VI. Tomó su nombre del convento de la Visitación de Nuestra Señora, conocido como Salesas Reales. En los edificios anexos tuvo colegio y residencia para señoritas de la nobleza. Bárbara de Braganza, esposa de Fernando VI, ordenó su construcción en 1748, y en 1750 comenzó a levantarse el edificio siguiendo el proyecto del arquitecto François Carlier. Las Salesas fue también uno de los templos preferidos de los reyes e infantes para los actos religiosos y eventos de la monarquía. En la desamortización de 1870 las monjas fueron exclaustradas y el convento utilizado como sede del Tribunal Supremo de Justicia.

de su propiedad, y acotaba para sí, su familia y servidumbre la mejor parte de la única fonda decente que había en Madrid. Los dos licenciados del Saladero tuvieron que acomodarse en una celda interior, obscura, con vistas al húmedo patio donde los cocineros desplumaban las aves y arrojaban los desperdicios de la cocina. Poco grata era tal residencia, y clamaron por otra mejor; mas el encargado, un italiano injerto en catalán, les notificó que no podía mejorarles de cuarto hasta que saliera para Andalucía el señor banquero, añadiendo por vía de consuelo que en otras ocasiones había este señor tomado mayor espacio. El año 29, cuando vino con Rossini, los huéspedes habituales de la casa habían tenido que dormir en los pasillos.

Instalados al fin de mala manera, se descolgó por allí Fonsagrada, que había convenido con Fernando en verse aquella misma noche. No le hizo gracia a don Pedro tal visita, temeroso de las trapisondas de marras, y mayor fue su disgusto cuando Fernando le anunció la presentación del capellán del segundo regimiento de la Guardia, don Víctor Ibraim y Coronel, que deseaba reanudar una amistad antigua. A Ibraim le conocía don Pedro de la sacristía del Carmen Descalzo, donde ambos celebraban años atrás, y nunca hicieron buenas migas, por ser de encontrada índole y gustos diferentes. A Hillo le cargaba el tal clérigo por andaluz, por charlatán, entrometido y farfantón.

INSTALADOS AL FIN DE MALA MANERA, SE DESCOLGÓ POR ALLÍ FONSAGRADA, QUE HABÍA CONVENIDO CON FERNANDO EN VERSE AQUELLA MISMA NOCHE

Pues, señor, cenaron los tres (convidado Fonsagrada por Calpena), y cuando estaban en las almendras y pasas, vieron entrar en el comedor, metiendo bulla y bastoneando fuerte, en traje de paisano, al tal don Víctor Ibraim, que se fue derecho a Hillo, y previo palmoteo en los hombros, le dijo:

—*Grasiaj a Dios, amigo Jiyo, que noj echamo la vista ensima*.

Y al punto pegada la hebra, por cada palabra de don Pedro pronunciaba doscientas el otro: era una taravilla *seseosa* que agradaba un rato, y después aburría. De pronto, el señorito Calpena, con la incumbencia de tener que proveerse de tabaco, guantes y otras cosillas, salió a la calle con Fonsagrada, dejando a su amigo en las astas del toro. ¡Bonita noche le esperaba al pobre clérigo, aguantando el jeringazo continuo de la charla de Ibraim, que hablaba de lo propio y lo ajeno, sin medida ni pausas, eliminando las zedas de su pronunciación, y usando voquibles gigantescos! Pero lo que le requemaba a don Pedro era que el pillo de Calpena, confabulado quizás con Fonsagrada, le había traído al castrense para que estuviese al *quite,* entreteniendo a Mentor con su capote, mientras Telémaco hacía un quiebro, y tomaba bonitamente el olivo. «¡A dónde habrá ido ese tunante!... —pensaba el capellán, sin sosiego, oyendo a Ibraim como se oye el zumbido de un abejón—. ¡Y a qué horas volverá...!».

VIII

Y qué le decía el castrense andaluz? Nada que pudiese interesarle. Empezó declarándose liberal, atribuyendo el radicalismo de sus ideas a la influencia de las clases y oficialidad del *ilustrado* regimiento de la Guardia en que servía. Refractario al despotismo, Ibraim sostenía que la Iglesia de Cristo y la Libertad podían comer en un mismo plato. El clero regular no servía más que para desacreditar con su holganza la santa religión. Con el clero parroquial, el catedral y el castrense bastaba para esplendor de la Iglesia, y conservar la pureza del dogma. Por no enredarse en disputas que excitarían más la verbosidad del capellán, Hillo daba su asentimiento a las estolideces que oía. Y algo dijo el otro después que le cargó soberanamente, por ejemplo: que entre los clérigos amigos de ambos criticaban a Hillo por meterse en belenes revolucionarios, arrimándose a las logias; y aunque su prisión había sido, según se contaba, un error de la policía, no le hacía favor el paso por el Saladero. Por lo demás, le veía con gusto entre los pocos eclesiásticos que hacían ascos a la facción, y se agarraban a las falditas de la *angélica Isabé,* pues el carlismo no habla de triunfar, y el porvenir era de los de acá, conforme al *ejpíritu der siglo*. Él iba siempre con *er siglo,* y por ver en su compañero iguales ideas, *simpatisaban*. Debía don Pedro mirar con desprecio las murmuraciones obscurantistas y seguir adelante, procurando ingresar en el cuerpo castrense, pues convenía formar un plantel de capellanes, *gente güena,* que diera la norma del futuro personal eclesiástico; y si venía una ley (que sí vendría), abriéndole el caminito de los cabildos catedrales, como descanso y premio del militar servicio, la carrera *de tropa* era una *bendisión*. Cierto que la vida de campaña tenía sus trabajos y penalidades; pero todo se compensaba con lo divertido de andar entre gente ilustrada y de humor alegre, y con lo que *uno se solasa* cuando le toca la *sircustansia* de un buen alojamiento.

Seguía Hillo dando a todo su aquiescencia, por ver si paraba un poco el molinillo de la palabra de Ibraim; pero ni por ésas. Mientras más conforme aparecía don Pedro, el otro apretaba más en su despotrique, y, por fin, se metió en la política palpitante. A Mendizábal no le podía ver, aunque eran casi paisanos (don Víctor había visto la luz en Coria del Río, *a la verita e Seviya).* Mil ejemplos podría citar el clérigo hablador del detestable Gobierno de *don Juan y Medio;* pero como para muestra bastaba un botón, denunciarla la incapacidad del Ministro con este solo caso. A poco de sentarse en la poltrona el gaditano, llegó él (Ibraim) de la propia Sevilla con buenas recomendaciones. No pretendía cosa mayor: el arcedianato de Morón o la Rectoral de Osuna. Trabajó el asunto; ayudáronle los Procuradores sevillanos don Juan Morales Díez de la Cortina y don Francisco Javier Osuna. Pero cuando ya creía tener bien trincado lo de Morón, quedose como *er gayo der mismo,* sin pluma y cacareando, porque el *arrastrao don Juan* dio la plaza a un pariente suyo, un tal Méndez, de Chiclana, que en su vida las había visto más gordas, pues ni latín sabía, y se pasaba el tiempo derribando vacas. Gestionó luego don Víctor lo de Osuna, y quedose también *per istam*. Se lo llevó uno que en sus sermones llamaba a los liberales *loj alurnoj e Lusifé.* Así estaba todo... lo mismo que en tiempo de Calomarde. ¡Y para esto traían de *Londón un ministro santiguaor que iba a poné la justisia!*... Gracias que el pobre clérigo andaluz, después de *aquer feo que le hiso* el Ministro, pudo encontrar alguna protección en su paisano Joaquín Francisco Pacheco, que le metió en lo castrense con no poco trabajo.

Por no enredarse en disputas que excitarían más la verbosidad del capellán, Hillo daba su asentimiento a las estolideces que oía

Deseaba, pues, ardientemente el rencoroso Ibraim que cayese y reventara pronto *ese tío campanero,* que no era más que un *jormiguiya,* mucho moverse, mucho proyectar *de fantasía,* y poco *chapitel*. Y seguramente, sus días estaban contados: abierto el nuevo Estamento, se armaría la gran *saragata,* y adiós mi don Juan para toda la vida. No recataba el castrense sus instintos revolucionarios, diciendo:

—Debemo poné en la caye a ese sopenco, y basé un Ministerio de libres, con Argüeyes a la cabesa.

EL CLERO PERDIÓ SUS BIENES a causa de la desamortización. El 29 de julio de 1837 se publicó el decreto por el que el Estado se adjudicaba las propiedades del clero secular, decisión controvertida que fue el origen de manifestaciones y revueltas populares. *(Interior del convento de Capuchinos,* por Godoy. Museo Provincial de Bellas Artes. Cádiz).

También con esto hubo de manifestarse conforme don Pedro, dispuesto a decir amén a las mayores atrocidades; y no pudiendo aguantar más, indicó con bostezos y pestañeo sus ganas de dormir, por ver si Ibraim se *najaba*. Lo que este hizo fue invitarle a ir un ratito al café, con lo cual vio el cielo abierto don Pedro, porque negándose cortésmente a gandulear tan a deshora, el otro, que debía de ser un gandul de primera, se marcharía solo. Pero no quiso Dios que tan a gusto de Hillo pasaran las cosas, porque Ibraim, lejos de parecer contrariado por la negativa de su colega, se mostró muy satisfecho, y dijo que mejor y más *desahogaos* estarían allí. Al punto tiró de la campanilla, y al mozo que vino le mandó traer copas y cigarros.

En vista de esto, no le quedaban a Hillo más que dos partidos que tomar: o coger una silla y estampársela en la cabeza al enfadoso castrense, o resignarse y hacer cuenta de que Dios le aceptaría sufrimiento tan grande en descargo de sus culpas. Prefirió este último partido, y se recargó de paciencia, invocando mentalmente la Misericordia divina.

—*Laj onse* —dijo Ibraim mirando su reloj—. ¡Qué temprano!

Era el castrense un mocetón como un castillo, bien plantado, esbelto, de poco más de treinta años, morena y agitanada la tez, los ojos negros, desmesurados, que habrían podido surtir dos caras, sobrando todavía un poco de ojos; temple sanguíneo muy acentuado; el testuz con remolinos de pelo que el corte frecuente hacía más ásperos; el morrillo formidable, bocado exquisito si cae en manos de antropófagos; no grande ni fea la pezuña, la mano fuerte, el entrecejo tenebroso por la enorme cantidad de ceja, la fisonomía poco atractiva, el aire total como de contrabandista o mayoral de diligencias. Hombre de poquísimas letras, fue metido en la carrera eclesiástica por no servir para otra cosa. De muchacho, era el primer gallina del pueblo, y jamás se querelló con nadie; ni siquiera era fachendoso. Tenía su fuerza en la palabra, en el hablar sin término, almacenando con prodigiosa retentiva todos los chismes de cuatro leguas a la redonda. Se hizo cura sin esfuerzo, no viendo en las pasiones obstáculo grande para tal carrera. Luego fue adquiriendo vicios con el contagio de la vida de tropa. Midiéndolo por el nivel medio moral que comúnmente usamos, no fue un mal sacerdote antes de ser castrense, y hasta llegaron a contarse de él actos de virtud de los más vulgares. Para el púlpito no servía por su mala pronunciación y su falta de luces; para el confesonario, tal cual; era largo en las misas, y algún malicioso dijo que por el afán de hablar, añadía latines de su cosecha al formulario litúrgico. En funciones de ceremonia lucía por su gallarda estatura, y como siempre tuvo sonora y vibrante voz, aunque poco afinada, cantando la Epístola era un hermoso becerro con dalmática.

No le clasificó entre los rumiantes el bueno de Hillo, que la noche aquélla, tediosa cual ninguna, hubo de hacer en su mente, para encontrar el símil de Ibraim, una chabacana combinación zoológica, fundiendo en una pieza el atún de las almadrabas de Huelva y la cotorra de las selvas africanas.

Las once y media, y Fernando no parecía... En el hueco que la ausencia de Telémaco dejaba en el espíritu del triste Mentor, Ibraim arrojaba sin cesar conceptos incoherentes, sin conseguir llenarlo. Entre los diversos temas que iba tomando y dejando al compás de los sorbos de ron, nada le cargó tanto a Hillo como el impertinente y avieso comentario que de la conducta de Fernando hizo. Notó don Pedro que su hablador colega quería fisgonear, enterarse de lo que no sabía, adoptando el desleal sistema de las preguntas capciosas, y de soltar mentiras para sorprender verdades. Pero a buena parte iba: Hillo sólo contestaba con vagas expresiones. Entre otras chismografías, Ibraim soltó la especie de que a Calpena no le habían preso por conspirador, sino porque se había metido a enamorar a la *hija de Mendizábal*. Echose a reír el otro clérigo, sin ganas, por dar tono de burla a su respuesta, y el andaluz insistió en que lo había oído, apelando al testimonio de personas conocidas de entrambos.

—*La chica e Mendisába,* hombre; una hija de extranjis, cuarterona de inglesa, que estaba en *poer* de una tal que *yaman la Sayona,* prendera o marchanta de piedras... El *Gobierno ha tenido que escondé a la chavala y prendé a Carpena*. Ya ve en qué se ocupa mi don Juan.

Negó todo esto resueltamente don Pedro, calificándolo de absurdo y ridículo; el otro, deseoso de inquirir el origen de don Fernando, afirmó que alguien le tenía por nacido de altas personas. Hizo Hillo el papel de quien guarda un secreto, y no sabiendo nada, puso en mayor curiosidad a Ibraim, que terminó aquel tratado asegurando que él lo averiguaría.

Al filo de las doce se descolgó Calpena en la fonda, mostrando en su rostro aburrimiento y fatiga, como quien ha pasado las horas en pasos e indagaciones ineficaces. Hillo no le pidió cuentas de su tardanza, conociéndole en el rostro que no estaba en disposición de darlas. Lo que dio fue un gran bufido a Ibraim, que a tales horas aún intentaba pegar la hebra. Tocando retreta, se despidió el hablador hasta el día siguiente.

Acostáronse Mentor y Telémaco sin pedirse ni darse explicaciones de nada, y don Pedro se pasó parte de la noche revolviendo en su mente nuevas inquietudes por la situación que se presentaba. Pensaba que no pasaría el día venidero sin que el señor *Edipo* recalase con una carta substanciosa, y trajese, amén de instrucciones, los fondos necesarios para el viaje a Cádiz, si en efecto lo había; y anticipándose a lo que el papel dijera, fabricaba el capellán con loca fantasía estupendos castillos. Pero ¡ay! la anhelada carta no vino al siguiente día, ni al otro, ni al otro, lo que, unido a que Calpena salía y entraba sin dar cuenta de sus actos, puso al clérigo en un estado de nerviosa ansiedad, semejante a la pasión de ánimo. Al cuarto día el hombre no vivía; perdió el apetito, el sueño; fue atacado de una especie de histerismo, que llevaba trazas de trocarse en locura. ¿Por qué callaba la señora cuando más falta hacían su voz y su autoridad? Tan pronto a enfermedad lo atribuía, tan pronto a muerte; y hasta llegó a imaginar que en todo aquello no había más que una refinada burla, de que él era la primera víctima. La tutelar deidad desaparecía entre nubes cuando llegaba la ocasión de cumplir el compromiso de desenmascararse. ¿Acaso la autora de las donosísimas y tiernas cartas era una

ECHOSE A REÍR EL OTRO CLÉRIGO, SIN GANAS, POR DAR TONO DE BURLA A SU RESPUESTA, Y EL ANDALUZ INSISTIÓ EN QUE LO HABÍA OÍDO

guasona de primera, que se había divertido con él metiéndole en la cárcel, ofreciéndole canonjías y volviéndole más loco que lo estaban los orates de todos los manicomios del Reino? Esto no podía ser, no, no... la protección a Fernando bien efectiva era, con el dinerito por delante, y en ello no cabían chanzas ni sainetes. Y ¿a quién, Por San Caralampio bendito, a quién dirigirse para salir de la horrible duda? ¿Qué camino tomar para llegarse hasta la incógnita y decirle: «Pues usted no se descubre, aquí vengo yo a descubrirla, que ya no puedo más, que estoy loco, que me muero de congoja, de confusión; me muero del mal de ignorancia, el peor de los males»? No sabiendo qué hacer, echose por las calles en averiguación de qué señoras de la aristocracia se habían muerto en aquellos días o estaban *in articulo mortis*.

Qué tal sería su trastorno, que hasta llegó a encontrar grata la compañía de Ibraim, y se aventuró a confiarle algo de sus cuitas, recibiendo de él consuelos y esperanzas, con la oferta de ayuda fraternal en el trabajo indagatorio. Ya Calpena le había dicho resueltamente que no contara con él para el viaje a Cádiz; y reiterándole su amistad franca y leal, le anunciaba que muy pronto habrían de separarse. Patético y grave estaba don Fernando; don Pedro acongojado y lívido, como si le acosaran espectros. El primero dábase por totalmente abandonado de la divinidad tutelar, el segundo por perdido en abismos de confusión y descrédito. No era fácil determinar si el eclipse de la incógnita causaba gozo a Calpena, pues a veces así lo parecía; pero de improviso se le veía meditabundo y apenado, como el que ha perdido una ilusión o un bien positivo. Por otra parte, de las averiguaciones de Mentor burlábase Telémaco, juzgándolas inútiles, y éste a su vez, indagaba con febril actividad cosas de índole diversa. Tan loco estaba Juan como Pedro: don Víctor mediaba entre ellos, queriendo conciliar sus respectivas locuras; mas con tan poco arte, que sólo consiguió aburrirles y embarullarles más de lo que estaban.

BASTÓ, PUES, QUE TRES HOMBRES DE FAMA, UN GRAN ORADOR, UN POLÍTICO HÁBIL Y UN EXIMIO POETA, MARCASEN UN MAGISTRAL CAMBIAZO

Y de las primeras requisitorias tocantes a la probable enfermedad o muerte de alguna señorona aristocrática, ¿qué había resultado? Nada. Atribuyéndolo don Pedro a que hacía sus pesquisas en un menguado círculo social, resolvió subir a más altas esferas. No estaban a su alcance más que las políticas, y a ellas se dirigió con ánimo resuelto y las entendederas bien aguzadas.

IX

Para ver *gente buena,* de esa que con un codo toca al pueblo, y con otro a la aristocracia, ningún sitio como el Estamento de Procuradores, que en aquellos días inauguraba la nueva legislatura, con Real discurso y todo el ceremonial de rúbrica. Según el famoso dicho de Larra, no se abría el Estamento; quien se abría era el señor don Juan Álvarez Mendizábal, elegido por diez provincias... La política entraba en honda crisis, resuelto *Palacio* a cambiar de Gobierno, y siendo el Parlamento, como era, no más que una sombra de régimen, tapadera de la arbitrariedad, del capricho y de las veleidades cortesanas. Bastó, pues, que tres hombres de fama, un gran orador, un político hábil y un eximio poeta, marcasen un magistral cambiazo, y se apartaran de Mendizábal declarándose devotos ardientes del *justo medio,* que

EL PARLAMENTO FUE TAPADERA DE «LA ARBITRARIEDAD, el capricho y las veleidades cortesanas». Larra escribió que al abrirse la nueva legislatura no era el pueblo el que tomaba la palabra, sino el radical Juan Álvarez Mendizábal; pero el poder le duró poco porque, en nombre de los moderados, le fue arrebatado por Istúriz, Alcalá Galiano y el duque de Rivas. *(Martínez de la Rosa en el Estamento de Próceres.* Biblioteca General de Cataluña. Barcelona).

por entonces, como en todo el reinado siguiente, era el barro de que se echaba mano para la fabricación de ministros; bastó, digo, que aquellos tres señores se lanzaran al campo *moderado,* para que los liberales se vieran mandados a sus casas, y el poder pasase a los otros, a los de la suprema inteligencia y finas artes de gobierno. ¿Quiénes eran los tres? Alcalá Galiano, Istúriz, el duque de Rivas. Éste fue a la conjuración llevado por amistades más fuertes que sus convencimientos políticos, de ningún modo por ambición, pues un hombre que había hecho el *Don Álvaro,* bien podía conformarse con un papel incoloro y secundario en aquel teatro todo mentira y rencores. Los otros dos eran ambiciosos, con motivos para serlo, y su presente y su porvenir estaban dentro del escenario político.

La batalla política, dada en el terreno del mensaje, como ordenan la lógica y la costumbre, era de ésas que, repetidas hasta la saciedad en nuestra historia parlamentaria, siempre con los mismos tonos y peripecias, resultan, vistas a estas alturas, absolutamente insípidas y sin ningún interés. Batallas son éstas que, por el ruido que en ellas se hace, parece que entrañan alguna trascendencia; en realidad no interesan más que a las cuadrillas de desocupados que esperan destinos, o temen perder los que poseen. En estos oleajes, comúnmente todo es espuma; en el de abril de 1836, apuraban los oradores un asunto ya resuelto por el poder Real. Pero se creía necesario un simulacro de parlamentarismo, por aquello de que era *fashionable* vestir a la inglesa, imitando los debates políticos, como se imitaban los fraques.

—¿Qué hay por aquí? —dijo Hillo, que con Ibraim, los dos vestidos de seglares, sin collarín ni ningún signo eclesiástico, brujuleaba por los pasillos del Estamento, llenos de gente inquieta, bulliciosa.

MAPA DE LA RIOJA. Atlas de Tomás López. Finales del siglo XVIII.

LA RIOJA, ZONA DE GUERRA

La Rioja fue, durante la primera guerra carlista, un territorio disputado. La guerra comenzó de hecho en esta comunidad cuando el general Ladrón de Cegama proclamó Rey al infante don Carlos en Tricio, el 6 de octubre de 1833, y se apoderó de Logroño. La proximidad geográfica de La Rioja a las provincias vascas, de mayoría carlista, convirtió a la provincia en zona de frecuentes combates. La población se hallaba dividida, los terratenientes apoyaban el liberalismo, pues este les había convertido en provincia, y los carlistas eran numerosos entre los campesinos. Un hecho de armas considerado heroico por los liberales en tierras riojanas fue la defensa de la torre de Cenicero frente a las tropas de Tomás de Zumalacárregui.

Y enterado por Iglesias, que le salió al encuentro, de que Istúriz y Mendizábal se liaban en agrias disputas por un estira y afloja de conducta o principios... palabras, hojarasca, juguetería política de muchachos grandes, expresó con buen sentido esta opinión sintética:

—¡Qué gana de perder tiempo y saliva! ¿A qué disputar un poder que ya se sabe está destinado a la *moderación?* Yo que el señor don Juan, no me prestaría a esta farsa, y cogiendo mi sombrero, les diría a los procuradores: «Compadres: ya sé que estoy de más aquí. Ahí tienen ustedes el poder, las carteras, y las actas y credenciales, que yo me voy al corral por mi pie, antes que me arrastren las mulillas». Y a la señora Reina le diría: «Señora: para quitarnos los collares y ponerlos en otros pescuezos, no es preciso que estemos aquí, como rabaneras, días y más días, apurando el vocablo. Si la opinión no tiene influencia efectiva, ¿a qué fingirla con nuestros deslavazados, interminables despotriques? Hoy decimos lo mismo que ayer, y mañana eructaremos lo de hoy. Con que... ahí tiene Vuestra Majestad la confianza que me dio. Puesto que ha resuelto quitármela, se la devuelvo, y así le ahorro el disgusto de despedirme como a un criado. Yo soy un hombre serio y formal, que amo a mi patria. No he logrado hacerla feliz, como me propuse y prometí. Mi voluntad ha podido menos que las intrigas y obstáculos con que desde el primer día han embarazado mi camino los políticos de profesión, y las camarillas parlamentarias y palaciegas. Si no hice más fue porque no me dejaron... De todo se le echa la culpa al pueblo. El pueblo es el gato, el pueblo es el niño mal criado, mocoso y llorón que trastorna la casa. Pues si quieren que el pueblo aprenda a desempeñar su papel político, enséñenle los de arriba con el exacto y honrado cumplimiento del suyo. Con que... a los Reales pies, *etcétera,* que yo me voy a mi casa, de donde veré pasar las revoluciones...». Esto diría yo a ser don Juan de Dios, y me marcharía cantando bajito, dejando a los Istúriz y Galianos desenvolverse como pudieran, bajo los auspicios de doña María Cristina y de sus tertuliantes del Pardo y la Granja. Caballeros...

No parecieron mal a los circunstantes estas ideas, y alguno, al comentarlas, extremó la amargura y escepticismo que revelaban. En aquellos días, la opinión de la gente que politiqueaba y de los ciudadanos pacíficos empezó a mostrarse favorable a Mendizábal. Todo el mundo veía el juego que se traían palaciegos y estatuistas para plantarle en la calle, sustituyéndole con el que había sido su amigo íntimo, don Javier Istúriz. Hasta Nicomedes Iglesias, que meses antes echaba de su boca sapos y culebras contra el buen gaditano, reconocía la injusticia con que se le trataba, y casi casi se inclinaba a defenderle. Verdad que no era todo generosidad en esta conducta, pues el infatigable pretendiente, desairado por tercera vez en las elecciones, había adquirido pruebas de que no fue Mendizábal el causante de su desventura. Le constaba de un modo indudable que el Ministro, ocho días antes de la elección, había querido sacarle *por los cabellos* en la provincia de Gerona; pero le marró la suerte, por confabulación de intrigas entre moderados y patriotas catalanes. Viéndose nuevamente detenido en el camino de su ambición, se tragó sus hieles, deplorando la doblez de algunos amigos, que habían trabajado en contra suya, y empezó a sentirse minado por el desaliento y la falta de fe. Pues no se le daba el honroso puesto que en la política creía merecer, lo asaltaría. Cuando no se puede avanzar ordenadamente con la ley, se avanza saltando con los motines, y pues se le marchitaban los ideales, daría un sesgo positivista a sus aspiraciones... ¿Con qué bandera conspiraría? He aquí el problema. Su despecho, a vueltas de largos insomnios y cálculos, le sugirió que la bandera que resueltamente debía seguir era la del Éxito. ¡Unirse a los que podían y debían triunfar! ¿Quiénes eran éstos? Nadie sabría determinarlo hasta la solución de la crisis.

En esta situación de ánimo, su olfato finísimo le permitió apreciar que Mendizábal, caído tan a destiempo, víctima de sus propios amigos y de adversarios envidiosos, quedaría con fuerza moral no menos grande que la que tuvo al venir de Londres. En cambio, Istúriz y comparsa, al remontarse en la cucaña, empujados por *Palacio,* triunfaban en pleno estado de debilidad. «Los vencedores —se dijo Iglesias—, son gente muerta: en cambio, el vencido vivirá». De aquí que se inclinara a formar en el partido del Ministro desairado y aparentemente maltrecho. Pensaba que don Juan de Dios se lanzaría con resolución a la política de venganza, que soplando el cuerno revolucionario haría revivir su popularidad, para con ella, y los jirones que aún le restaban de sus desgarrados planes, causar terror y desconcierto en los estatuistas de viejo y nuevo cuño. El hombre de mañana era precisamente el Ministro despedido y vilipendiado de hoy. Así lo presagiaba el instinto de Iglesias, y con esta presunción bastábale para saber a qué faldones agarrarse debía. «Me voy con todo el que apunte alto y sepa hacer blanco seguro —se decía—. ¿Qué bandera? Supongo que don Juan tremolará la Constitución del 12, para decirle a *Palacio* que *al que no quiere caldo, taza y media*. Presumo que nos apoyaremos en el elemento popular, la Milicia Urbana. ¡Ay del que toque a la Milicia!».

HASTA NICOMEDES IGLESIAS, QUE MESES ANTES ECHABA DE SU BOCA SAPOS Y CULEBRAS CONTRA EL BUEN GADITANO, RECONOCÍA LA INJUSTICIA CON QUE SE LE TRATABA

Revolviendo en su mente estas ideas, preparaba su probable, casi segura reconciliación con don Juan Álvarez, hablando de él, en aquellas críticas circunstancias, con una benevolencia compasiva, que sería precursora de las alabanzas una vez que el largo cuerpo del gaditano acabase de caer al suelo.

—Sí, hay que reconocer que lo que se hace con este hombre es inicuo —decía en un apretado corrillo en que estaban Trueba y Cossío, Donoso y otros muchachos inteligentes—. Nadie le ha combatido como yo, cuando le he visto metido en transacciones peligrosas con el enemigo... Pero ahora que se le quiere atropellar... ahora, ¡oh! nosotros, los patriotas de toda la vida, no tenemos vergüenza si no nos ponemos a su lado.

Olózaga, que en aquellos días hizo su estreno parlamentario, sentando plaza de orador de primer orden, sostenía lo mismo que Iglesias, aunque con menos ardor, porque su posición le imponía otros miramientos. López y Caballero aspiraban a formar grupito aparte, y los *santones,* con Argüelles a la cabeza, se mostraban fríos en la defensa de Mendizábal, cual si desearan su anulación, antes que pudiese adquirir la jefatura indiscutible del poderoso bando popular.

Indiferente a la marejada política; poco atento al drama de la sesión, en que unos y otros se peleaban por interpretaciones de conceptos, de poco valor práctico, don Pedro Hillo practicaba en aquel laberinto sus extrañas diligencias. Alguien encontró que podía darle luz: parásitos de las casas grandes; periodistas que democratizaban en las redacciones o en las logias, después de haber asistido a prima noche, vestiditos de fraque, a comidas aristocráticas; Procuradores noveles, fruto elegante del nepotismo moderado, que alternaban con lo más florido de Madrid. No tuvo que hacer don Pedro flojas combinaciones dialécticas para formular sus interrogatorios con la debida discreción, y al fin ¿qué sacó en limpio? Véanse por la muestra los informes que adquirió del mundo elegante: La condesa de S. A., una de las más bellas Montúfares, padecía de horroroso dolor de muelas, que privaba a los amigos del placer de admirar su hermosura. La marquesa de B., ya en meses mayores, no se presentaba en sociedad; se sentía horriblemente molesta. La duquesa viuda de H. iba saliendo de su pulmonía, que ofrecía cuidado por la edad de la señora: ochenta y cinco años. La marquesita de A., la menor de tres hermanas célebres por su gracia y hermosura, estaba en cama, de sobreparto; pero iba bien: contaba veintitrés años y meses.

EL HOMBRE SE VOLVÍA LOCO, Y CADA VEZ SE ENNEGRECÍAN MÁS LOS HORIZONTES QUE LE CERCABAN

No satisfacían al buen clérigo estas gacetillas de sociedad, y en el ardor de su mente empezó a sospechar que quizás era error suponer a la incógnita perteneciente a la clase más alta de la sociedad. ¿Sería de familia de comerciantes acaudalados, de banqueros o asentistas? ¿Sería...? El hombre se volvía loco, y cada vez se ennegrecían más los horizontes que le cercaban, pues también fueron infructuosos los pasos que dio para buscar a *Edipo*. Este había sido destinado a una sección de vigilancia en pueblos cercanos a Madrid, y se ignoraba cuándo volvería. Mas no vencido Hillo con estas contrariedades, siguió metiendo el cuezo en los Estamentos, aficionándose más al de Próceres. Una tarde fue sorprendido por la candente noticia de que Mendizábal e Istúriz se desafiaban. ¡Y habían sido Pílades y Orestes, camaradas en la adversidad, amigos en la próspera fortuna! Istúriz dijo al primer ministro, en un arranque de franqueza oratoria, que *no desempeñaba su destino con dignidad*. Sensación, réplicas airadas de banco a banco, tumulto... Todo esto se lo contó a don Pedro, Luis González, y luego vino Ibraim a confirmarlo, dándole las proporciones que el asunto tomó en cuanto lo cogieron de su cuenta las lenguas de la populachería. Corrieron ambos al otro Estamento, donde ya era público y notorio que Mendizábal había designado a Seoane para que le apadrinara, pues estaba decidido a *lavar la afrenta*. Istúriz, a las primeras de cambio, se negó a dar satisfacciones, nombrando su representante al conde de las Navas. Éste y Seoane trataron de arreglarlo. A eso de las diez, hallándose los dos clérigos en el café de Solís, agregados a una bulliciosa partida de periodistas, poetas y funcionarios públicos, supieron que no había componenda; que los dos insignes rivales se batirían a pistola, a las seis de la mañana siguiente, en una posesión del señor de la Coreja, más allá del puente de Segovia; que el ministro estaba a la sazón en su despacho arreglando papeles, y dictando las disposiciones que el caso exigía: testamento político, testamento privado quizás; que las pistolas con que se habían de fusilar eran de don Andrés Borrego, armas construidas ex profeso para lances de honor; que aún estaban discutiendo Navas y Seoane si la tragedia sería a veinte o a treinta pasos; que en las logias, los patriotas alborotados declaraban que armarían gran tremolina si el duelo resultaba una *tramoya moderada* para asesinar al ministro, *venganza de los frailes,* o *represalias del servilismo*... con otras particularidades, y los mil fantásticos comentos que había de producir un caso tan emocional en aquella situación ya bastante dramatizada por las trifulcas políticas y militares. Para que el romanticismo, ya bien manifiesto en la guerra civil, se extendiese a todos los órdenes, como un contagio epidémico, hasta los ministros presidentes iban al terreno, pistola en mano, con ánimo caballeresco, para castigar los desmanes de la oposición. En los campos del Norte, la cuestión dinástica se sometía al juicio de Dios. Los políticos, ciegos, medio locos ya, no pudiendo entenderse con la palabra que de todas las bocas afluía sin tasa, apelaban a la pólvora.

X

Despidiose Hillo de la sabrosa tertulia y del bruto de Ibraim, que aún permaneció en el café con otros zánganos, para irse desde allí sabe Dios a qué lugares vitandos y pecaminosos. Alguno de aquellos perdidos propuso a don Pedro una bonita excursión matinal: largarse todos temprano al sitio del lance, ya que no para presenciarlo, pues esto era difícil, para estar a la mira, oír los disparos, ver llegar y partir a los duelistas y a los padrinos, enterarse pronto del desenlace, y *acompañar el cadáver* si del encuentro resultaba, que todo podía ser... y hasta resultar podía que los dos contendientes quedaran patas arriba.

No quiso ser de la partida don Pedro, conformándose con que le contasen al otro día lo que diera de sí el tremendo lance; y se fue a coger la almohada, ávido de soltar sobre ella la balumba de sus graves pensamientos. Quiso su mala suerte que aquella noche no pareciese por la fonda el don Fernando, lo que puso a su mentor en grande intranquilidad, privándole del sueño. Presumió que andaría de francachela con los chicos de la Guardia, por entonces su sociedad favorita, y que no dejaría de acudir con ellos o con otros, por la mañana, a las inmediaciones del lugar del desafío, para curiosear y traerse a Madrid las primicias informativas del extraordinario suceso, que lo mismo podía concluir en urbana comedia que en tragedia lastimosa. Véase por dónde tuvieron los propósitos de Hillo mudanza total; y no habiendo querido ir a la *feria del duelo,* allá fue, y no de los últimos, con esperanza de encontrar a su Telémaco y echarle el lazo.

En los campos del Norte, la cuestión dinástica se sometía al juicio de Dios. Los políticos, ciegos, medio locos ya, apelaban a la pólvora

No habiendo pegado los ojos en toda la noche, era su cerebro un horno, sus ideas lúgubres, de una melancolía intensa, como si en el alma se le fuera metiendo el romanticismo de la clase nocturna y sepulcral, ese que huele a tierra de osarios y a siemprevivas putrefactas. Caminito de la puente segoviana iba el hombre muy cabizbajo, revolviendo en su magín el grave conflicto que le abrumaba: la desaparición o eclipse inexplicable de la dama incógnita; el tenebroso porvenir del infeliz joven a quien amaba como a hermano, o como a muchos hermanos juntos, y su propia situación, que veía ya comprometida para siempre, por aquel *enredo de comedia de máscaras* en que tan mansamente y sin pensarlo se había metido. Recorrió todo el trayecto sin darse cuenta de su longitud, y hasta más allá del puente no em-

DEL CONGRESO AL CAMPO DEL HONOR. Mendizábal e Istúriz se batieron en duelo. La política del país estaba en manos del primero, pero Istúriz, en una de sus intervenciones públicas, comentó que el presidente del gobierno no «desempeñaba su destino con dignidad». La afrenta se saldó con un duelo en las afueras de la ciudad, con Seoane y el conde de Las Navas como padrinos. Escogieron pistolas, pero ninguno acertó en el blanco y se dieron por satisfechos. (Estuche con dos pistolas para duelo, 1830. Colección particular. Madrid).

pezó a volver en sí, fijándose en las personas que encontraba, algunas de las cuales venían ya de la *feria*. En un grupo de muchachos alegres vio a Miguel de los Santos, y le paró para preguntarle el resultado del lance. Afectado de negro pesimismo, creía don Pedro que de los dos combatientes no habían quedado más que *los rabos,* y su sorpresa fue grande cuando el guasón y maleante Miguelito le dijo que los curiosos volvían chasqueados, pidiendo que les devolviesen el dinero.

—Luego, ¿no ha corrido la sangre?» —dijo Hillo.

A lo que contestó Álvarez que no, que lo que había corrido era bilis.

—Ha sido un duelo *a primera bilis,* y ya está el honor satisfecho.

Siguieron los jóvenes su camino y don Pedro el suyo, sin ver a Fernando ni encontrar a nadie que de él le diera razón. Luis Brabo le contó que los duelistas habían cambiado un par de tiros a veinte pasos, sin tocarse; antes de repetir, Istúriz dio satisfacción, y todo quedó terminado, sin que fuese preciso usar el esparadrapo y tafetán.

—Los dos se han conducido con dignidad y valor. Total, nada. Un escándalo más; un nuevo motivo para que este don Juan Álvarez se vaya pronto a su casa, y nos deje el campo libre.

Cuando esto dijo, pasaron los coches que conducían a los rivales, que acababan de recobrar el honor. El postrero, en que iba Istúriz con Las Navas, paró, por indicación de este, para recoger a González Bravo, quien se despidió del presbítero, dejándole en mitad de la carretera.

No había concluido de saludar a los del coche, cuando se llegó a él un hombracho formidable, los zapatos y el pantalón blanqueados por el polvo: era Ibraim, que en tal facha, encendido el rostro por las múltiples mañanas que había tomado, parecía más bárbaro que nunca. Apartándose de un grupo que venía del *anfiteatro del suceso* (de este modo expresaba el capellán andaluz la proximidad del lugar dramático), se mostró gozoso de encontrar a Hillo.

—¿No sigue usted con sus amigos?— le dijo don Pedro.

Y él respondió:

—No: son unos locos que le comprometen a uno. Me quedo con *usté, selebrando* el encuentro; tengo que hablarle.

—¿A mí?

—*A usté. ¿Quié que entremoj antej en un merendero a tomá la mañana?*

—Hombre, yo no tomo mañanas ni tardes. Tómelas usted si quiere, aunque me parece que ya las tiene en el cuerpo. ¿Ha visto a Fernando?

—*No, señó... Der propio señorito hamos de platicá.*

Fue todo oídos don Pedro, sobresaltado por el tonillo misterioso que en sus palabras el otro ponía, y no tardó en escuchar de los labios gitanescos una interesantísima declaración. Don Víctor Ibraim, la noche anterior, después de las horas pasadas en el café, había tenido ocasión de ver absolutamente disipadas las tinieblas que rodeaban la persona de Calpena, su origen, sus padres... en fin, ya no había enigma. Todo estaba descubierto y tan claro como la luz del sol. En su estupor, no pudo articular palabra don Pedro, y a la terrible sorpresa siguieron ansiosas dudas. O Ibraim se chanceaba, o alguien le había llenado la cabeza de mentiras. Hubo de insistir en sus terminantes afirmaciones el capellán de tropa, entrando en la explicación del cómo y cuándo de su portentoso descubrimiento.

—¿De modo —dijo Hillo—, que ya sabemos quién es la incógnita dama... que...?

Preparábase el buen presbítero a oír un retumbante título de princesa o duquesa, y notó con disgusto que su amigo retardaba la declaración final, poniendo una cara burlona y guiñando los ojazos del modo más impertinente. Exasperado Hillo de tal falta de respeto, le incitó a expresarse claro, pronto, y con la formalidad que el caso requería, pues la cuestión de parentescos y filiaciones de personas ilustres no era para tratada como los chismes de café. El demonio del clérigo gitano, mientras más serio se ponía su colega, más tentado parecía de la risa.

FUE TODO OÍDOS DON PEDRO, SOBRESALTADO POR EL TONILLO MISTERIOSO QUE EN SUS PALABRAS EL OTRO PONÍA

—La madre... la madre... ¡una gran señora!... —dijo don Pedro, cuya curiosidad se iba convirtiendo en coraje.

—Compañero, si *ej usté* un simple... si no hay tal gran señora, ni *prinsesa,* ni archipámpana... si es una grandísima *coima*...

Don Pedro sintió que toda su sangre se le agolpaba en la cabeza... se le nublaron los ojos... se agarró a un árbol. Y el otro, con fiera boca y alma llena de vileza, continuó su terrible información. La madre de Calpena era mujer de historia, que había ganado mucho dinero con tratos nefandos, de esos que la sociedad consiente por una inexplicable aberración de la moral pública. Su casa era muy conocida en Madrid. Pronunció Ibraim el nombre, que aquí no se estampa. «La...». Para don Pedro fue el tal nombre como si le entrara un rayo por el oído. ¿Pero cómo, cómo había podido averiguar...? No, no tenía ni visos lejanos de verosimilitud tal infamia. La señora invisible revelaba en sus cartas una cultura que no podía existir en ninguna hembra de tal estofa... ¡No podía ser... no, mil veces no! A esto replicó Ibraim que la persona que había dado el ser a don Fernando Calpena, aunque de origen humilde y viviendo en la

1836

El primer motor de explosión

Supuso el paso definitivo para la posterior invención del automóvil

El primer automóvil español

A finales del siglo XIX, el empresario Emilio de la Cuadra comercializa el primer automóvil español. Se matriculó en Soria en 1900 con el distintivo SO-2

FICHA TÉCNICA

■ **Primera unidad:**	1899
■ **Diseño del motor:**	Marcos Birkigt
■ **Cilindrada:**	4,5 CV
■ **Potencia:**	1.100 cm³
■ **Cilindros:**	Dos, con válvula automática de admisión

Faro lateral de aceite. Los faros eléctricos no llegarán hasta 1920

Fue uno de los primeros vehículos que contaba con cuatro ruedas del mismo tamaño

El volante se encontraba a la derecha

Manivela de arranque
Movía el cigüeñal para obtener el chispazo que ponía el motor en funcionamiento

Historia del automóvil

1834	1836	1855	1860
Pese a que habín existido anteriores ensayos desde principios de siglo; el primer carruaje a vapor con cierto éxito lo fabrica en 1834 el británico Hancock. Circulaba a una velocidad de 32 kilómetros por hora	Se crea en Gran Bretaña el primer vehículo movido por un rudimentario motor de explosión que utilizaba hidrógeno como combustible. Supuso el inicio de una nueva era	Valentín Silvestre prueba en el Jardín Botánico el primer automóvil español del que se tiene noticia: el 'Locomóvil'. Funcionaba mediante un cilindro rotatorio a vapor	El belga Lenoir patenta en Francia un nuevo motor de explosión, mientras el francés Beau de Rochas presenta el primer motor de cuatro tiempos

FUENTE: "Sobre ruedas: una historia crítica de la industria del automóvil en España", José Luis García Ruiz

Funcionamiento del motor de explosión

El motor de combustión interna convierte la energía química del combustible en la energía mecánica que permite mover la máquina

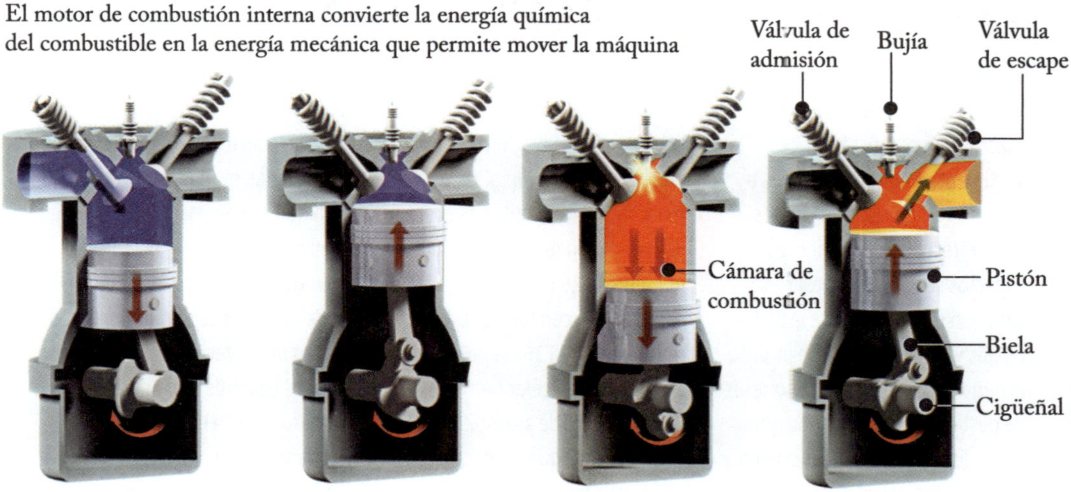

1er tiempo (admisión)
El pistón desciende y la válvula de admisión se abre para dar paso a la mezcla de aire y combustible

2º tiempo (compresión)
En ese momento, el pistón asciende mientras que la mezcla de combustible y aire se comprime

3er tiempo (explosión)
Cuando el aire y el combustible alcanzan la máxima compresión, una chispa provocada por la bujía inicia la combustión

4º tiempo (escape)
La válvula de escape se abre para dar paso a los gases de combustión, que son empujados hacia arriba por el pistón

1. El eje transmite el movimiento mediante poleas y correas
2. Árbol de levas
3. Válvulas
4. Cigüeñal
5. Biela
6. Engranajes de la transmisión y caja de cambios

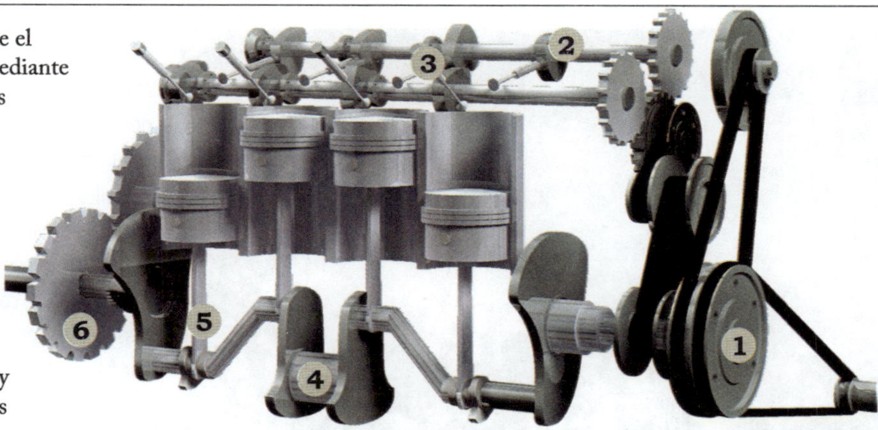

1864
El español Juan Oliveras patenta el 'Velocífero', un vehículo a caballo entre la bicicleta y el carruaje. Tenía tres ruedas y se movía gracias al pedaleo del conductor del vehículo

1866
Por fin, el alemán Gottlieb Daimler construye el primer automóvil propulsado por un motor de combustión interna, sentando las bases de la industria del futuro

1885
Karl Benz aplica por primera vez en un vehículo el motor ideado por Daimler. Se trataba de un triciclo que Francesc Bonet i Dalmau introducirá en España en 1889

1898
Emilio de la Cuadra funda la primera compañía española de automóviles y contrata al suizo Marc Birkigt, quien diseña su primer modelo en 1899

Documentación: Elena Durán

GONZALO J. DÍEZ

LOS BAILES DE MÁSCARAS

En las fiestas paganas el pueblo se pintaba o se cubría la cara con máscaras y modificaba la vestimenta habitual por trajes o disfraces ingeniosos y creativos que representaban diferentes aspectos sociales. La Iglesia condenó reiteradamente estas fiestas y en el año 1523 se impuso la pena de 100 azotes o seis meses de destierro a toda persona que fuera disfrazada o utilizando una máscara durante el día, duplicando el castigo por la noche.

Felipe IV protegió estos festejos y, poco a poco, se fueron haciendo frecuentes las celebraciones y fiestas populares donde la gente acudía con máscaras imitando el carnaval italiano, especialmente el veneciano, con bailes como eje central. En 1637 el monarca, para celebrar el carnaval, hizo levantar en el Retiro una gran plaza de madera con 488 ventanas e iluminada con más de 7.000 luces. Se inauguró el 15 de febrero y acudió toda la corte con lujosos trajes de máscaras. En 1716 Felipe V volvió a prohibir que se celebrara en Madrid cualquier tipo de asamblea o carnaval en el que las personas se divirtieran bailando con máscaras, bajo multa de 1.000 ducados. También se prohibió que durante las fiestas de carnaval los ciudadanos se disfrazaran utilizando caretas; la sanción por estos actos era de treinta días de cárcel y cuatro años de presidio si el culpable pertenecía a la nobleza. En caso de que este fuese plebeyo, el castigo consistía en cuatro años de galeras. Las multas se imponían a cualquier persona, hombre o mujer, y en este caso debía pagarla el marido o el dueño o inquilino de la casa donde se celebraba el mismo. Carlos III favoreció en gran medida que los bailes de máscaras se introdujeran en el teatro.

Fernando VII los prohibió y solo permitía que se realizaran en casas particulares y en fiestas muy privadas. En Cádiz, el gobernador Cayetano Valdés dio el visto bueno a los acuerdos tomados por el Ayuntamiento, que había decidido un máximo de seis bailes públicos con disfraces y máscaras regidos por un estricto reglamento con el fin de evitar excesos. Enmascararse continuó prohibido para transitar por las calles y la legislación vigente seguía prohibiendo la celebración de bailes públicos. Durante la regencia de María Cristina se admitió de nuevo su celebración y tanto los bailes como las mascaradas cobraron el esplendor que tuvieran en tiempos anteriores. Los carnavales más importantes de la época fueron los de Madrid, Cádiz y Sevilla, en los que desfilaron carrozas ornamentadas y decoradas, completados con batallas de flores.

BAILE DE MÁSCARAS en el teatro Real de Madrid. Dibujo de Ortego.

degradación de su comercio vil, era mujer de excepcionales dotes, de un talento superior no cultivado, y si no sabía escribir como los primeros literatos, secretarios tenía que le llevaban la correspondencia, distinguiéndose uno, el íntimo, el favorito, que era un célebre poeta...

Por un momento flaqueó la sólida convicción de Hillo; pero se rehizo al punto, diciendo con gran entereza:

—Repito que no puede ser. Lo niego rotundamente. Aunque admitiéramos el engaño del estilo, hay algo en las cartas en que no cabe artificio ni fingimiento, y es la nobleza... eso que da el nacimiento, la clase... No: repito que es un execrable embuste, y extraño mucho que un sacerdote, un caballero se preste a propalarlo.

Sin hacer caso de este arañazo, Ibraim prosiguió con fría crueldad, rebatiendo el argumento de la nobleza, y oponiendo a las razones de su amigo otras que le desconcertaron.

AGREGÓ A ESTO QUE LE HABÍAN LLAMADO SUS AMIGOS PARA PRESTAR A UNA SEÑORA MORIBUNDA LOS AUXILIOS ESPIRITUALES

—Además, nuestra buena incógnita es persona de posición, de riqueza —dijo don Pedro creyéndose seguro en este terreno lógico. Pero el otro paró el golpe afirmando que la tal poseía un capitalito, que dedicaba en parte, tocada ya de arrepentimiento, a obras de caridad, y a sostener parientes pobres.

—No puede ser... Esto es una farsa injuriosa, una burla sangrienta —gritó Hillo en tal exaltación, que su amigo hubo de retirarse cauteloso—. Si usted, señor don Ibraim o don Diablo, no quiere que yo le tenga por un embustero, ahora mismo, sin perder un minuto, lléveme a la vivienda de esa mujer: quiero verla, quiero hablarla, quiero conocer por ella misma el oprobio del desgraciado Fernando, a quien miro como hermano querido. . En otras circunstancias, habría creído deshonrarme entrando en esa casa, a donde usted me llevará; pero ahora más puede mi ansiedad que mis escrúpulos, y voy, sí señor, pero ahora mismo... Vamos.

Y viendo que el otro vacilaba, se exaltó más, y cogiéndole por un brazo quiso arrastrarle hacia el puente.

—No, si no tiene usted más remedio que llevarme. Quiero ir, quiero ver a esa persona, sea quien fuere, y aunque sus vicios sean tales que desaten el Infierno en derredor suyo, la he de ver, por san Judas Tadeo... ¿Pues qué, se dicen cosas de tal ignominia, sin probarlas al instante?

—Se probará, *señó Jiyo,* se probará —replicaba el otro, acoquinado, tratando de tomarlo a risa, y luchando con las contracciones de su rostro, que se le alargaba—. Si quiere *usté que vayamoj iremo;* pero sepa que la tal está de cuerpo presente. Ha *fallesido* anoche.

Agregó a esto que le habían llamado sus amigos para prestar a una señora moribunda los auxilios espirituales; pero la muerte le había cogido la delantera. Subió a la casa, cuyas señas indicó. La difunta no se había enfriado aún. Las personas de ambos sexos que en la cámara mortuoria estaban, algunas de las cuales éranle a Ibraim bien conocidas, le contaron la historia. Cierto que no habían nombrado a Calpena; pero todas las referencias que del hijo de la muerta daban aquellas bocas deshonradas, concordaban con el individuo, circunstancias y calidades del don Fernando. Al llegar a este punto, se rehizo don Pedro, y vio que se desmoronaba el edificio lógico fabricado con podridos materiales por don Víctor; pero su curiosidad seguía siendo ardorosa, y le incitó a seguir narrando, a referir textualmente lo que en aquel lugar nefando y fúnebre le dijeron, las cosas y objetos que allí vio, todo, en fin, cuanto pudiera esclarecer el tremendo enigma, más inescrutable ahora, representado por una esfinge muerta.

Contó Ibraim lo que su frágil memoria recordaba, y lo refería mal, con torpeza y desorden. Las personas que rodeaban el cadáver de la *prójima* revelaban sentimiento de su muerte, y ponderaron sus buenas prendas y excelente corazón, que algo bueno puede existir en los seres más envilecidos. Mujeres eran cuatro; hombres, tres: una de aquéllas debía de ser parienta de la difunta, pues tenía las llaves de las cómodas y alacenas donde guardaba sus riquezas la que no había de disfrutarlas ya. A eso de las dos de la madrugada empezaron a sacar cosas, para hacer examen y aproximada valoración de todo. ¡Dios, lo que allí sacaron!... encajes, aderezos, tabaqueras, abanicos, joyas diversas, pedrería suelta, grandes cantidades de esas perlitas que llaman *arjofa,* y cartuchitos de onzas y ochentines. La mujer que parecía parienta, otra más joven que no cesaba de llorar por la muerta, y un señor de mediana edad, muy calvo, efectuaron el rápido escrutinio, alumbrados por una vela que hubo de mantener en sus manos el señor de Ibraim, quien más ganas tenía de largarse a la calle que de hacer el desairado papel de candelero. Entre tanto, las otras dos individuas, y los dos amigos de Ibraim (uno de ellos oficial de la Guardia), que le habían llevado a presenciar escenas tan desagradables, ocupábanse en amortajar a la que pronto había de vestirse de tierra y gusanos. Una de ellas dijo, besando el cadáver:

CONTESTÓ IBRAIM QUE HABÍA VISTO SACAR, YA DE ESTUCHES PRIMOROSOS, YA DE ENVOLTORIOS DE PAPEL, COSAS LINDÍSIMAS

—¡Pobre *tal*... parece que estás viva!

—¡Quién sabe si lo estaría! —dijo Hillo que echaba chispas de puro nervioso—. Otra cosa: Y ese señor calvo, ¿no sabe usted cómo se llama?

Respondió don Víctor que no había oído su nombre; mas por algo que habló el tal con las mujeronas, dio a conocer que era de la policía

—Bien. Pues ahora, procure usted recordar qué objetos vio en aquel escrutinio, a la luz del candelero que usted mantenía. ¿Vio retratos de familia, alhajas de precio...? ¿Y no había paquetes de cartas?

Contestó Ibraim que había visto sacar, ya de estuches primorosos, ya de envoltorios de papel, cosas lindísimas: un retrato de militar, joyeles de diamantes, hilos de perlas, y un abanico que los presentes alabaron como la mejor y más rara pieza que había en el mundo, tanto por su antigüedad como por su belleza.

La cara de Hillo parecía de cera; apenas respiraba. Pidió la descripción del abanico, y el otro, rascándose la cabeza y plegando los ojos, como si aquel juego muscular le sirviese para atizar el mortecino rescoldo de su memoria, refirió que la joya había sido adquirida poco antes por la difunta, a un alto precio. De la cifra no se acordaba.

—¿Y el vendedor?

Creía recordar Ibraim que más bien habían hablado de vendedora; pero el nombre, si es que lo dijeron, no se le quedó presente. En cuanto al abanico, era en verdad cosa linda... varillaje de nácar caladito con mucho primor, y las figuras de señorío a lo pastoril, con sus borreguitos correspondientes. En fin, pintura más bonita no se podía ver.

—¿Y no reparó usted si al extremo de la derecha, en la base de una columna decorativa —dijo Hillo, poniendo toda su alma en la pregunta—, había...? me refiero al país del abanico...

—Comprendido.

—¿No reparó si en ese basamento... a la derecha, junto a una pastora con peluca muy alta, había un letrero en latín, una divisa heráldica, que dice...?

—¿Qué *dise?*

—*Virtus in arduis*.

Tenía don Víctor idea de haber visto unas letras, así como imitando inscripción en piedra jaspe, al modo de los epitafios... pero no se fijó en si expresaban aquellos u otros latines.

Oído esto, fue acometido el buen Hillo de un temblor epiléptico, y montando después en cólera, se fue derecho a Ibraim, le agarró de las solapas, y con tremebunda voz, acompañada de ademanes descompuestos, le soltó esta andanada:

—Usted me engaña, usted se ha propuesto burlarme y escarnecerme, usted es un vil. Hasta aquí he podido oírle con paciencia; pero ya no sufro más, y le digo a usted que esas historias que me cuenta son fábulas de su grosera invención... ¡Yo, yo lo digo, y lo sostengo en el terreno que usted quiera!

Desprendió el otro con no pequeño esfuerzo sus solapas de la furibunda garra de Hillo, y de un brinco se puso a seis pasos; de otro brinco a una distancia considerable, que bien querría fuese de un par de leguas. Con atropelladas frases protestó de su veracidad, presa de un terror convulsivo que la espantosa ira del buen don Pedro justificaba. Corrió este en seguimiento del andaluz, enarbolando el palo, y aterrándole más con estas roncas expresiones:

—Sepa usted, mal caballero, que aquí está Pedro Hillo, el hombre pacífico y apocado, ahora dispuesto a volver por el decoro de una ilustre dama entre las más ilustres, y a no permitir que ese decoro sufra la menor mancilla en boca de quien ha intentado confundir su persona con la de una miserable cortesana. Ahora mismo se desdice usted de los embustes que ha contado, o de lo contrario, no volveremos los dos a Madrid: volverá uno solo.

Echó a correr Ibraim, que era el primer gallina del mundo, con toda su estampa de perdona-vidas, y no hacía más que decir:

—*¿Se ha güerto loco?... ¡Señó Jiyo... por lo clavoj é Cristo!*

—¡No hay clavos que valgan! —gritaba Don Pedro, que invadido se sintió inopinadamente de un ardor caballeresco, el cual en un punto hizo gran revolución en su alma—. No habla el sacerdote, no habla el amigo: habla el caballero, y sostiene que no debe consentir el ultraje que un deslenguado infiere a la madre de Calpena, a la señora entre todas las señoras del orbe, a la dama nobilísima...

El otro, con más miedo que vergüenza, no hacía más que escurrir el bulto, tratando de calmar a Hillo con expresiones conciliadoras. Había referido hechos presenciados por él. No respondía de que fuesen una misma cosa lo que él había visto y oído y la historia de Calpena. Podía ser, podía no ser. Averiguáralo don Pedro si quería... Esto dijo en cortadas frases, temblando, casi lloroso, mientras su colega, cuya mansedumbre se había trocado en bravura, trataba de cogerle las vueltas y cortarle el paso. Habíanse metido en terrenos sembrados entre tapiales y casuchas, que debían de ser guarida de gitanos. Don Pedro gritaba:

EL OTRO, CON MÁS MIEDO QUE VERGÜENZA, NO HACÍA MÁS QUE ESCURRIR EL BULTO, TRATANDO DE CALMAR A HILLO CON EXPRESIONES CONCILIADORAS

—¡Estamos solos... en el campo estamos, campo del honor!... ¡Yo te reto, Ibraim!... ¡No traemos armas!... ¡Oh, quién tuviera las que han usado hoy esos duelistas de engañifa!... Pero si no hay armas cortantes ni de fuego, tenemos bastones... ¡Dame satisfacción, menguado Ibraim, o te verás conmigo en duelo leal... en lid de caballeros... aquí mismo, sin que nadie lo pueda evitar!

—*Satisfasión, Jiyo, satisfasión* —decía el clérigo de tropa, siempre a distancia.

—Pero no corras; mala bestia. Ten valor para sostener tus infamias... Y si no quieres admitir el duelo; si como caballero no sabes responder de lo que has dicho, estoy decidido a

Las milicias urbanas surgen de la necesidad de defender los concejos o las ciudades pequeñas acogidas al poder real o nobiliario, pero que no estaban bien defendidas. Inicialmente se conocieron con el nombre de Hermandades y fueron muy numerosas entre el siglo XV y XVIII. En el siglo XIX renacieron debido a la situación constante de guerra y al debilitamiento del poder real. En general, este tipo de fuerzas militares de carácter local sobrevivieron en mejores condiciones durante los periodos de gobierno liberal que en los de poder absolutista.

MILICIA URBANA, UN EJÉRCITO EN LA SOMBRA EN ÉPOCA DE GUERRA CONTINUA

La existencia de las milicias urbanas se constata desde la Edad Media. Se relacionan con la necesidad de defensa local ante el desasistimiento de las autoridades reales y nobiliarias. En Aragón, desde mediados del siglo XIII, se formaron juntas y agrupaciones defensivas promovidas por los ayuntamientos con objeto de velar por la seguridad de los caminos. En las cortes de Zaragoza de 1451 se creó la primera Hermandad en Aragón, que agrupaba a las milicias concejiles y que tenía jurisdicción penal y procesal extraordinaria. El siglo XV supuso una verdadera eclosión de las hermandades, formadas por campesinos autorizados por la corona para la defensa de intereses comunes. En Galicia las *Irmandades* se enfrentaron a los abusos del poder señorial en un movimiento de extraordinaria amplitud que llegó a expulsar a los nobles de sus tierras y a derribar la práctica totalidad de las fortalezas.

Estas hermandades se nutrían principalmente de las milicias urbanas, fuerzas de los municipios que se organizaban en compañías agrupadas por gremios o por barrios. La diferencia entre estas compañías y las de peones de armas del Rey era su menor capacidad operativa, a menudo limitada por acuerdos con los señores de la ciudad. Sin embargo, la estructura organizativa del mando de las milicias era similar a la de las tropas feudales y perseguía su misma eficiencia: capitanes, alféreces, abanderados, sargentos, cabos... La capacidad de movilización de los municipios fue vista a menudo como un peligro para el Rey y la nobleza, por lo que a partir del siglo XVI los poderes públicos fueron potenciando el ejército profesional en detrimento de las fuerzas concejiles. En la segunda mitad del siglo XVIII las milicias urbanas habían dejado prácticamente de reunirse.

En el siglo XIX en cambio se produjo un resurgir de estas debido a la situación de guerra continuada y a la debilidad del poder central. Durante la Guerra de Independencia, la resistencia frente al invasor propició la creación de numerosas juntas urbanas, provinciales y regionales que alzaron milicias de voluntarios. La experiencia caló hondo en los ciudadanos, que recurrieron a estas milicias repetidas veces a lo largo del siglo como forma de defensa o de sublevación contra el poder central. El movimiento romántico de la primera mitad de la centuria encajaba bien con la concepción del individuo como parte integrante de una comunidad orgullosa de sus orígenes y defensora de sus derechos, de ahí que su funcionamiento interno fuera también muy diferente al de los ejércitos estatales: si a estos se les exigía obediencia ciega a los mandos, en las milicias cívicas los participantes se consideraban ciudadanos al tiempo que soldados, por lo que votaban para escoger a sus oficiales y discutían con frecuencia sus inclinaciones políticas. En la oleada de motines populares del verano de 1835, la milicia urbana de Barcelona, formada por una multitud muy heterogénea, invadió las calles y cometió todo tipo de tropelías. También ese año la milicia urbana de Madrid se reunió y envió un escrito a la Reina Gobernadora, que se encontraba en La Granja de San Ildefonso, en el que se le exigía un cambio de gobierno, el alistamiento de 200.000 soldados para combatir al ejército carlista, la ampliación de la ley de la milicia urbana y la libertad de imprenta, entre otras prerrogativas. Esta actitud agravó la desconfianza de las autoridades hacia la milicia, que en varias ocasiones trataron de disolverlas. Por lo general, las milicias se organizaban durante los periodos de gobierno progresista y se disolvían cuando los moderados estaban en el poder.

Otra agrupación trascendental derivada de la anterior fue la Milicia Nacional, creada por la Constitución de 1812, anulada por Fernando VII en 1814 y restablecida en 1820. Desempeñó un papel decisivo durante el Trienio Constitucional y desapareció nuevamente tras la reacción absolutista de 1823. En 1834, durante la regencia de María Cristina, el Estatuto Real la transformó en una fuerza oficial denominada Milicia Urbana y el 23 de marzo de 1835 se publicó la Ley de Milicia Urbana, que regulaba con detalle la organización del cuerpo y le establecía como principal función defender los derechos de Isabel II al trono. En 1837 recuperó el nombre de Milicia Nacional y llegó a disponer de 576 batallones y 100 escuadrones.

INFANTERÍA Y CABALLERÍA de la Milicia Urbana en tiempos de Isabel II. Grabados del siglo XIX.

apalearte... ¡So embustero! ¡Ven acá! ¿Para qué quieres ese corpacho, y ese trapío, y ese testuz, y esos remos?...

Despavorido, y sin malditas ganas de aceptar el caballeresco juicio de Dios que el otro le proponía, don Víctor no pensó más que en ponerse en salvo, y recogiéndose los largos faldones, apretó a correr con toda la ligereza de piernas que le permitía su robusta humanidad, de libras. Sin volver atrás la vista, brincó entre zarzales, franqueó zanjas de inmundicia, y hasta que no se puso a larga distancia, no tomó resuello. Don Pedro le persiguió furibundo, esgrimiendo el palo, hasta que rendida del colosal esfuerzo su máquina respiratoria, cayó en tierra como un tronco, rezongando:

«Canalla, me la pagarás... ¡Decir que es tal!... ¡Difamar a mi señora!... O te desdices, o...».

XI

No pudo apreciar el desdichado presbítero el tiempo que tendido estuvo en aquel terreno, más parecido a muladar que a campo de sembradura. Harapientas mujeres le ayudaron a levantarse, y le limpiaron parte mínima del polvo y basura que decoraba su ropa negra. Apenas podía moverse de dolores agudísimos en todo el cuerpo; tardó un rato en recobrar el sentido de su situación, y en traer a su mente claras imágenes de lo que había hecho y dicho. Dudaba de la realidad de la escena que le reproducía su turbada memoria, y cuando trató de dar las gracias a las tarascas que le socorrían, su lengua torpe no acertaba a formular sus pensamientos. Sentáronle sobre una piedra para descansar; pidió agua; se la dieron, y reponiéndose poco a poco, se determinó al fin a emprender la marcha hacia el puente y calle de Segovia. «No quisiera topar con Ibraim, porque si le veo, me volverá la rabia... ¡Dios mío! ¿cómo he podido olvidar que soy sacerdote?... ¿Será cierto que hice y dije todo lo que me va repitiendo la memoria? ¿Y qué fue? Que perdí el sentido, que al oír los disparates de ese bruto me volví caballero... ¿Puede uno volverse caballero en momentos dados, aun siendo sacerdote? Se conoce que sí. He faltado a la moderación, a la humildad, a la paciencia que me impone el Sacramento; he faltado, y tendré que expiar mi culpa... Es que de algún tiempo acá, desde que la desconocida mamá de Calpena me fue metiendo con suavidad en este berenjenal romántico, no me conozco; no soy el Pedro Hillo de antes, de tantos años pacíficos y obscuros dentro de la paz sacerdotal... me he convertido insensiblemente en otro ser, menos de Dios y más del siglo... Cuando he soportado que me encarcelaran, como un caso natural, ¿qué me queda ya que ver ni que sentir?... Soy hombre, sí; soy caballero, y no consiento que la llamen *coima*... Al que me lo diga, le enseñaré yo quién es *Señó Jiyo*, como dice ese bestia... No quiero, no quiero la deshonra de Fernando, a quien amo con todo mi corazón, y no le amaría más si le hubiera yo engendrado».

CUANDO HE SOPORTADO QUE ME ENCARCELARAN, COMO UN CASO NATURAL, ¿QUÉ ME QUEDA YA QUE VER NI QUE SENTIR?...

En todo el trayecto hasta su casa, que fue lento y penoso, sus ideas sufrían una oscilación de balanza puesta en el fiel y empujada arriba y abajo por manos invisibles. Ya creía que lo dicho por Ibraim era falso, un embuste, una historia equivocada; ya veía en ello una verdad aterradora; y cuando esta idea de la posible veracidad del odioso cuento se clavaba en su magín, le entraba de nuevo la furia, y ganas de emprenderla a bastonazos con el primerito que encontrase...

—¡Vaya, que si es verdad...! El polizonte, el abanico... el misterioso resplandor testifical que irradian de sí las cosas verdaderas...

Así pensaba un largo rato, y luego daba en creer que todo era mentira.

—No puede ser... no, no. No se finge la nobleza; no hay arte que lleve el engaño a tal extremo de perfección.

Había olvidado las señas de la casa mortuoria que le diera don Víctor; dudaba si había dicho *Fuencarral* o *Arenal:* era cosa acabada en *al*. Por san Hermógenes bendito, debía buscar a Ibraim, pedirle perdón de las injurias, y recoger de su boca la exacta dirección de la difunta incógnita. ¿Pero qué noticias iba a pedirle a una pobre muerta? ¿Y quién le aseguraba que los adláteres, el de la policía, las mujeres malas, no tirarían a sostenerle en el engaño, a embarullarle más, y acabar de volverle loco?

Con estas dudas angustiosas llegó a Genieys, y agotadas sus fuerzas se arrojó en el lecho; no tenía ganas de comer: ningún alimento pasaría por su abrasado, seco y amarguísimo gaznate. No quería más que dormir, olvidar...

Calpena, que, según le dijo el mozo, había ido a las siete, marchándose después de tomar un copioso desayuno, volvió a casa por la tarde, y le acompañó largas horas. A ratos lloraba el buen presbítero, sin que su amigo obtuviese de él explicaciones sobre los motivos de su pena. A los dos días recobraba la tranquilidad externa; pero su cabeza sufría extraños accidentes, pérdida repentina de la memoria, seguida del fenómeno contrario, esto es, extraordinaria viveza de los recuerdos. Fue Iglesias a visitarle, y se alarmó del lastimoso estado cerebral de su amigo; y como notara que no se le atendía en la fonda con el esmero que su delicada salud requería, propuso llevársele otra vez a la casa de Méndez, lo que realizó aquella misma noche sin aguardar a que el enfermo lo decidiera. Pagada la fonda con los cortos dineros que a Hillo le quedaban, fue trasladado a su antiguo hospedaje, adonde le siguió también Calpena.

—Amigo Nicomedes —le dijo don Pedro una noche, hallándose solos, el clérigo en su lecho, el otro sentado, leyéndole periódicos—. Si usted no se enfada, le diré que no me interesa nada de eso que cuentan los papeles. Ahórrese el trabajo de leer en alta voz, y lea para sí, que yo me estaré aquí calladito, pensando en mis cosas.

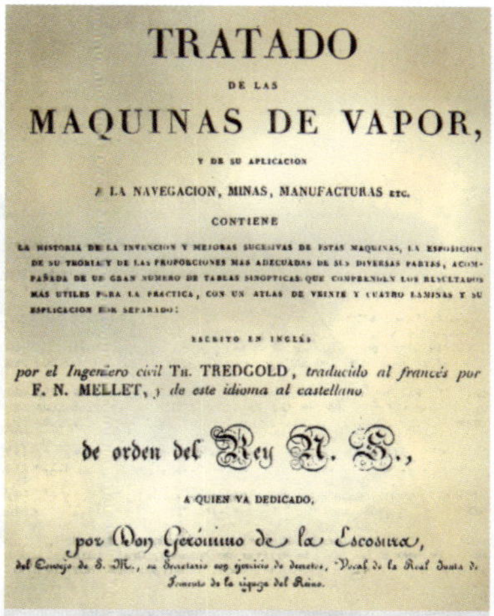
TRATADO

DE LAS

MAQUINAS DE VAPOR,

Y DE SU APLICACION

A LA NAVEGACION, MINAS, MANUFACTURAS ETC.

CONTIENE

LA HISTORIA DE LA INVENCION Y MEJORAS SUCESIVAS DE ESTAS MAQUINAS, LA ESPOSICION DE SU TEORIA Y DE LAS PROPORCIONES MAS ADECUADAS DE SUS DIVERSAS PARTES, ACOMPAÑADA DE UN GRAN NUMERO DE TABLAS SINOPTICAS QUE COMPRENDEN LOS RESULTADOS MAS UTILES PARA LA PRACTICA, CON UN ATLAS DE VEINTE Y CUATRO LAMINAS Y SU ESPLICACION POR SEPARADO:

ESCRITO EN INGLÉS

por el Ingeniero civil TH. TREDGOLD, *traducido al francés por* F. N. MELLET, *y de este idioma al castellano*

de orden del Rey N. S.,

A QUIEN VA DEDICADO,

por Don Gerónimo de la Escosura,

del Consejo de S. M., su Secretario con ejercicio de decretos, Vocal de la Real Junta de Fomento de la riqueza del Reino.

TRATADO DE LAS MÁQUINAS DE VAPOR dedicado a Jerónimo de la Escosura por Th. Tredgold.

HISTORIADOR Y LINGÜISTA

Escritor nacido en Oviedo en 1772, Jerónimo de la Escosura con 16 años de edad ingresó en el ejército, sentando plaza de cadete en el regimiento de Asturias. En la guerra del Rosellón fue galardonado con varias cruces al mérito y con el grado de capitán. Se retiró algún tiempo a Sevilla y desempeñó el cargo de presidente en la Junta de Fomento y Riqueza del Reino, junto al de censor de teatros. Escribió varios compendios de historia sobre Roma, Grecia y España, trabajos por los que ingresó en las Academias de Historia y de la Lengua. Escribió algunos poemas en bable y tradujo obras de carácter científico, como el *Tratado de las máquinas de vapor* (1827), del ingeniero Tredgold. Su nombre figuró en el *Catálogo de Autoridades de la Lengua*. Murió en 1855 en Madrid.

UN ABANICO DE LUJO ENTRE UN MONTÓN DE OBJETOS. Pedro Hillo pidió a Ibraim que le describiera el abanico que había visto entre el conjunto de cosas de valor. Era una pieza primorosa, con el varillaje de nácar y figuras pintadas, digno de ser exhibido en el mejor de los museos. En definitiva una auténtica joya. (Abanico con dibujo de la Plaza Mayor de Madrid. Museo Municipal. Madrid).

—Precisamente, amigo Hillo, leo en alta voz para distraerle de esos pensamientos que le traen tan extenuado. Es preciso que usted se ponga en cura resueltamente.

—A eso voy, y de eso trato. Esta noche pensaba pedirle a usted un favor, en asunto pertinente a mi salud.

—Dígalo pronto, y si es cosa que está en mis facultades, delo por hecho.

—Pues usted, hombre de relaciones, conocerá a los señores de la Junta de Beneficencia. ¿No son éstos los que han de dar licencia para entrar en las casas de orates?

—Seguramente. ¿Tiene usted que visitar a algún pariente o amigo que esté encerrado en el Nuncio de Toledo, o en Zaragoza?

—Pregunto si hay que dirigirse a esos señores solicitando el ingreso de un enfermo de enajenación.

—En efecto: los individuos de la Junta, previo informe de profesores de Medicina, dan la cédula de ingreso.

—Pues consígame al instante una cédula.

—¿Tiene usted pariente o amigo que se halle en ese triste caso?

—Tengo un amigo íntimo, sí señor; tan íntimo, que usa mi nombre y apellido. El loco que deseo encerrar soy yo mismo, caro don Nicomedes, y dese usted prisa, porque los dineros se me acaban; yo no tengo ya posibles ni de dónde me vengan... y como me siento rematado, en ninguna parte estaré mejor que en el Nuncio de Toledo.

Trató el bueno de Iglesias de apartarle de sus melancolías con festivas bromas; pero Hillo se confirmó más en ellas, añadiendo estas alarmantes expresiones:

—Sí, lo digo a boca llena: estoy más perdido que don Quijote, y que cuantos locos hicieron disparates y simplezas en el mundo. Figúrese usted si lo sabré yo, que a todas horas no hago más que contemplar el barullo de mis ideas, los extraños sentimientos de que me veo acometido. Yo mismo he llegado a tomarme miedo, y quiero que me encierren, sí, señor, que me encierren y me aíslen...

—Don Pedro, ningún loco discurre así sobre su propio desvarío. Pues no me lo diga mucho, porque doy en sospechar si estaré yo también trastornado.

—Cuidado, amigo, que así empecé yo —dijo don Pedro incorporándose en el lecho bruscamente, y mirando a su amigo con refulgentes ojos—. Y no crea que soy tan pacífico; no se fíe usted de mi natural tranquilidad y manso... no, no, no se fíe. Que también me dan terribles arrechuchos, y se me mete en el magín la convicción de que no soy sacerdote, sino caballero, desfacedor de agravios, como quien dice; y cuando me da esa tremolina, hago y digo atrocidades sin número. Desafío a todo el que se me pone por delante, y me siento con ánimo de comerme a bocados al que no diga y confiese...

Oyendo esto, y viendo cómo braceaba el clérigo al decirlo, Iglesias tuvo miedo y retiró hacia atrás la silla en que se sentaba.

—Confío en que su amistad y sentimientos humanitarios —agregó Hillo, calmada su excitación—, le inducirán a dar los pasos convenientes para meterme en el Nuncio, antes hoy que mañana. Temo empeorar, ponerme más perdido... ¿Con que lo toma como cosa suya? Crea usted que se lo agradezco, y desde mi encierro pediré al Señor que no siga usted mi camino.

—Hombre, no... allá me espere usted largo tiempo —dijo Nicomedes tomándolo a broma; pero con la pulga en el oído, más inquieto de lo que parecía.

Viéndole tranquilo, Iglesias le manifestó que él se sentía también un poco trastornado por la maldita política. No sabía ya qué camino tomar, ni a qué aldabas agarrarse, porque ni los caminos conocidos ya le llevaban a ninguna parte, ni las aldabas, repicadas con furor, le abrían ninguna puerta. Su juego de acogerse a Mendizábal, casi en el suelo ya, no parecía resultarle eficaz, porque don Juan de Dios, en su orgullo, acababa de manifestar el deseo de *caer solo,* sin solicitar colchones ni paracaídas del partido en que militaba. No quería que los *santones* le echaran una mano, ni que le recibieran en las suyas las sociedades secretas.

VIÉNDOLE TRANQUILO, IGLESIAS LE MANIFESTÓ QUE ÉL SE SENTÍA TAMBIÉN UN POCO TRASTORNADO POR LA MALDITA POLÍTICA

—¿Sabe usted, amigo don Pedro, lo que ha dicho hoy en los pasillos del *Casón?* Yo mismo se lo oí. «Me voy a una casita que tengo a noventa millas de Londres, y allí me estaré con mi familia, *viendo la marcha de las cosas de este país...*». Y luego en otro corrillo le dijo al propio Argüelles: «Sé vivir con *ochocientos reales mensuales* en Londres, con mi familia, y vivir feliz. Traje mucho, y nada me llevo. Que ustedes se diviertan».

—Gran filosofía es esa. El señor don Juan Álvarez merece toda mi admiración.

—Se retira... al menos así lo asegura. Y henos aquí abandonados, los que no hemos querido hacer causa común con el *santonismo*.

—De modo que ahora se encuentra usted como el alma de Garibay —dijo don Pedro con una risa atronadora que puso muy en cuidado a su compañero de casa—. Pues decídase de una vez, Iglesias, y véngase conmigo.

—¿A dónde?

—Al Nuncio de Toledo. Allá estaremos tan ricamente, y nos contaremos uno a otro nuestras cuitas: yo le diré por qué peno, y usted me hará la historia de sus desairadas tentativas. Créame no se puede luchar con el destino, y el mío, como el de usted, es no llegar nunca... Hemos nacido con desgracia: la obstinación en esta desigual batalla nos ha trastornado la ca-

TOLEDO: LA CAPITAL DEL «SANTONISMO». Pedro Hillo pretendía hablar con el nuncio de Toledo para solicitar plaza en un convento o monasterio y recuperar así las tareas religiosas que había abandonado para meterse en «caballerías impropias de la milicia cristiana». *(Vista de la catedral de Toledo,* por Villaamil. Colección particular).

beza. Aún estamos a tiempo, señor don Nicomedes; vámonos, encerrémonos antes de que salgamos por las calles tirando piedras. Corremos el peligro de hacer una barbaridad inesperadamente, y si no coincidimos en la ocasión de hacerla, es fácil que nos enchiqueren por separado, a mí en una parte, a usted en otra, y en este caso no hallaremos en la compañía el consuelo que deseamos.

Al siguiente día repitió Hillo su cantilena del Nuncio de Toledo, ya con verdadera reiteración monomaníaca, lo que puso en mayores cuidados a Iglesias. Conceptuando peligroso contrariarle, le aseguró que ya había pedido la recomendación para ingresar los dos en cualquier casa de orates; y a este propósito dijo don Pedro cosas tan oportunas y juiciosas, que Nicomedes hubo de enmendar su opinión respecto a él, teniéndole por la misma cordura.

—A usted y a mí, señor de Iglesias, nos pasan tantas desventuras por habernos salido de nuestra jurisdicción, del terreno en que por nacimiento, por naturales gustos y por ley del tiempo y de la vida debimos permanecer. En vez de mantenernos en jurisdicción, nos hemos ido por los cerros de Úbeda, y hemos aquí desorientados, *huidos,* en una palabra, sin saber qué rumbo tomar, pues ya no hay fin seguro para nosotros, como no sea el de la perdición. Yo, presbítero, me salí de mi terreno, arrastrado por un noble afán del bien, eso sí; y aquí me tiene usted castigado por Dios, que no ha visto con buenos ojos el abandono de mis deberes eclesiásticos, por meterme en caballerías impropias de la milicia cristiana a que pertenezco. Verdad que mi conciencia no me arguye ningún pecado grave; pero en religión, como en moral, no sólo es menester ser bueno, sino parecerlo, y yo no parezco un buen sacerdote. La nobleza de los fines que me arrastraron a esta vida de sobresalto, no me exime de responsabilidad ante el clero; no señor, no me exime, y hoy todo mi afán es volver humilde y sumiso al rebaño eclesiástico, prosternarme ante el Sacramento y elevar a Dios mi alma, haciéndome digno de celebrar nuevamente el Santo Sacrificio... Pues expresada mi situación, voy a la de usted, que estimo muy semejante a la mía, aunque a primera vista no lo parezca. Por lanzarse a este vértigo de la política, donde esperaba satisfacer legítimas ambiciones, abandonó usted el bienestar y la paz rústica de su casa manchega; dio usted de lado a sus padres y hermanos, y trocó la tranquilidad obscura y modesta por los afanes ruidosos. Reconozco que sus aspiraciones eran rectas y nobles: servir al país, ilustrarle; aspiraba usted a manifestar en las Cortes sus ideas y el fruto de sus estudios a desempeñar un Ministerio, cosas muy santas y muy buenas... Empezó mi hombre su campaña con entusiasmo y brío, metiéndose en todo, huroneando en el periodismo, cultivando amistades; sin sentirlo se fue metiendo en intrigas de mala ley, porque es la política un terreno movedizo y desigual, y andando por ella, ya se pone el pie en firme, ya se hunde en ciénagas malsanas. Cuando ha querido recordar, ya estaba el hombre metido hasta el cuello. Quizás por su misma inquietud, por el afán de llegar pronto, se ha perdido en estos laberintos, y ahora los esfuerzos para salir le meten en mayor confusión y en más cenagosos atolladeros... Trajo usted con sus aspiraciones legítimas una dosis no corta de soberbia, amigo mío, y por querer sentar plaza en los altos puestos, como a su parecer le correspondía, despreció los secundarios que se le ofrecieron, y ahora se dará con un canto en los pechos si obtener puede un destinillo de tercero o cuarto orden. No ha sabido usted esperar; ha olvidado aquel sabio precepto que se atribuye al último Rey: *vísteme despacio, que estoy de prisa;* y por vestirse atropelladamente se ha puesto el chaleco donde debió estar la camisa, y la camisa en la cabeza a guisa de turbante. Está usted hecho un mamarracho.

Sonreía Iglesias oyendo este retrato, en el cual vio la destreza del pintor, y alentándole a seguir, continuó el clérigo de este modo:

—Compare usted esta tracamundana en que ahora se encuentra, abandonado de sus amigos, y sin saber a qué santos o *santones* encomendarse, con la paz y la dulce *mediócritas* de su casa. En su querido Daimiel dejó usted padres y hermanos labradores; su hacienda bastaba para sostén de la familia, y con el trabajo de todos podía ser aumentada. Vino y pan abundantes, caza de lagunas, caza de jarales le sustentaban, ofreciéndole los esparcimientos y el saludable ejercicio del campo. Todo lo dejó usted por venir a quitarle motas a don Martín de los Heros, o a ver escupir por el colmillo a Ramoncito Narváez. De éstos esperaba usted la ínsula que ambicionó su compatriota Sancho Panza, y la ínsula no parece, y don Martín, don Juan de Dios, don Salustiano, don Javier, don Francisco y don Fermín no hacen más que marearle y traerle de Herodes a Pilatos con una soga al pescuezo. Y en tanto su familia, según usted mismo me ha contado, yo no lo invento, se ha cargado de deudas para sostenerle aquí, siempre en espera de que llegue carta con la feliz nueva de que el señorito es procurador, ministro o por lo menos director de Rentas, y lo que llega es la requisitoria angustiosa del madrileño, pidiendo más dinero, más, porque la vida de la corte es cara, y no se pescan truchas a bragas enjutas; que si buena cartera se ha de ganar, buenos cuartos le cuestan las apariencias y ostentaciones que trae consigo la posición política. Total, que los viejos no saben ya qué hacer para el sostenimiento en Madrid del hijo *que va para gobernador,* y ya no tienen tierras que empeñar, ni granos que vender, ni tinajas de vino que malbaratar, y su único recurso será desprenderse de la camisa que llevan puesta para atender al grande hombre. ¿Es esto cierto, sí o no? ¿No estaría usted mejor allá, muy tranquilito en su labranza, comiendo buenas sopas de ajo y suculentas migas, harto más sabrosas ¡ay! que los bodrios indecentes que le da Genieys cuando usted convida o le convidan sus amigotes? Allá no le dirían que es un Mirabeau en agraz, ni que tiene el cuerpo lleno de *espíritu del siglo,* ni le meterían en la cabeza tanto viento y hojarasca; pero viviría usted en paz con Dios y con los hombres, y sería usted un hijo ejemplar y un buen padre de familia... pues usted me ha contado, yo no lo in-

TODO LO DEJÓ USTED POR VENIR A QUITARLE MOTAS A DON MARTÍN DE LOS HEROS, O A VER ESCUPIR POR EL COLMILLO A RAMONCITO NARVÁEZ

vento, que le tenían preparado el ayuntarle... repito que no lo invento... con una hija de ricos labradores, *alta de pechos y ademán brioso,* como Dulcinea; y usted despreció el partido, porque la lozana joven comía cebolla cruda... ¡vaya una tontería!... Y no es sino que al niño se le metió en la cabeza que aquí estaban las hijas de duques y marqueses esperándole para darle su blanca mano, y ambicionaba el trato social muy fino, las etiquetas y bobadas cortesanas... Confiésemelo: ¿era como lo digo?... Pues la moza de allá se casó con otro, y ha parido dos hijos ya, como terneros... yo no lo invento, y es feliz, y usted anda por aquí con la cabeza a pájaros, buscando un acomodo que no encuentra, ni en lo social, ni en lo político, ni en nada, ea. De buena gana, si pudiera volver los hechos al punto de lo pasado, y desandarlo todo, renegaría el buen Iglesias de su vida de estos años, amando lo que despreció, y amparándose a lo que antes tan mal le parecía. Hoy le viniera bien poder cambiar la fragancia de droguería que usan estas damiselas enfermizas, como disimulo de las pestilencias de la civilización, por aquel tufillo de cebolla, compañero de la salud del alma y del cuerpo. ¿Verdad que desharía usted la tela del tiempo, amigo Nicomedes, y la volvería a tejer con la urdimbre aquélla... y con la labradora de la Mancha?

PUES LA MOZA DE ALLÁ SE CASÓ CON OTRO, Y HA PARIDO DOS HIJOS YA, COMO TERNEROS...

XII

Iglesias se reía, ocultando con el humorismo su tristeza.

—¿No nos vendría bien a los dos —prosiguió el presbítero—, volver a nuestra jurisdicción, yo a mi clerecía y al humilde magisterio de retórica, usted a la paz de su Daimiel? Diría usted con el gran poeta:

¡Oh campo, oh monte, oh río,
oh secreto seguro deleitoso!
Roto casi el navío,
a vuestro almo reposo
huyo de aqueste mar tempestuoso.

Y a mí me tocaría decir con el mismo poeta, volviendo la espalda al tráfago social:

No condeno del mundo
la máquina, pues es de Dios hechura:
en sus abusos fundo
la presente escritura,
cuya verdad el campo me asegura.

Interrumpió esta grata y al propio tiempo triste conferencia, la llegada de una esquela para don Pedro, la cual bruscamente llevó la atención de entrambos a negocio de mayor interés. La letra del sobrescrito revelaba la mano de Calpena. Hillo se puso de veinticinco colores previendo una nueva desdicha que llorar, y rogó a Nicomedes que leyese, pues él sentía gran debilidad de vista y de cerebro. Iglesias leyó:

«Amado clérigo, mi dulce amigo, perdóname si me ausento sin despedirme. La despedida sería harto penosa, y en ella, si mi locura se viera combatida por tu razón, todos los esfuerzos de esta serían inútiles, y prefiero que mi desobediencia no vaya precedida de una discusión inútil. Me voy. ¿A dónde? Ya te lo diré. He averiguado dónde está el único fin de mi vida, y tras ese fin sin fin corre mi destino ciego... Nunca te olvida tu *Fernando*».

—Y con su poquito de culteranismo —dijo Iglesias dejando la carta sobre la mesa—. Ese chico está más trastornado que nosotros.

—¡El romanticismo, el gran monstruo, es la tromba que a todos nos arrastra! —exclamó don Pedro dando un gran suspiro—. Bien, hijo, bien: la noticia no me coge de nuevas. Me lo temía. El destino sobre todo... Arrojémonos a los profundos abismos, pues así lo quiere Dios... Dios, sí, que obra suya es el romanticismo, como lo es la vida clásica... Bien, hijo, bien: vete en busca de tu ídolo, y que Dios te ampare y te guíe por ese despeñadero. Y bien mirado, si eres nacido de *esa,* vale más que huyas y desaparezcas... Deshonra por deshonra, no sé con cuál me quede... Pero si me engañó el maldito gitano, si no es *esa,* sino *aquella*... Dios decidirá de tu suerte y de la mía. Venga la luz, y cualquiera forma que traiga la verdad, admitámosla y acatémosla.

Poco después manifestó deseos de vestirse y echarse a la calle: sentía vivas ganas de dar un paseo. No se brindó Nicomedes a acompañarle, porque tenía que acudir al trajín político, ver a *Salustiano,* recorrer tres o cuatro redacciones, los dos Estamentos y otros lugares donde hervía la actualidad, y había que comerla calentita. Era hombre que cuando estaba dos horas sin politiquear no vivía, le faltaba el aire respirable: tan profundamente metido en el alma tenía el nefando vicio. Se fue, mientras el otro se vestía presuroso, ávido de rodar por esos mundos en busca de la puerta de su porvenir, que ni cerrada ni abierta encontraba ya. Ocurrió en aquellos días la caída de Mendizábal, suceso que no se efectuó sin estruendo. Aunque en Palacio le tenían sentenciado desde marzo, y estaba hecha ya la cama para Istúriz, se esperó una coyuntura decorosa, la propuesta de nombramientos militares para las Inspecciones de Milicias, Infantería y Artillería. Desconforme Su Majestad con los ministros, puso a estos en el caso ineludible de presentar sus dimisiones. Mendizábal soltó la caña del timón, que había tenido en su mano durante siete meses, y empuñola Istúriz, cuya vida ministerial había de ser aún más corta.

POCO DESPUÉS MANIFESTÓ DESEOS DE VESTIRSE Y ECHARSE A LA CALLE: SENTÍA VIVAS GANAS DE DAR UN PASEO

Así hemos venido todo el siglo, navegando con sinnúmero de patrones, y así ha corrido el barco por un mar siempre proceloso, a punto de estrellarse más de una vez; anegado siempre, rara vez con bonanzas, y corriendo iguales peligros con tiempo duro y en las calmas chichas. Es una nave esta que por su mala construcción no va nunca a donde debe ir: los remiendos de velamen y de toda la obra muerta y viva de costados no mejoran sus condiciones marineras, pues el defecto capital está en la quilla, y mientras no se emprenda la reforma por lo hondo, construyendo de nuevo todo el casco, no hay esperanzas de próspera navegación. Las cuadrillas de tripulantes que en ella entran y salen se ocupan más del repuesto de víveres que del buen orden y acierto en las maniobras. Muchos pasan el viaje tumbados a la bartola, y otros se cuidan, más que del aparejo, de quitar y poner lindas banderas. Son, digan lo que quieran, inexpertos marinos: valiera más que se emborracharan, como los ingleses, y que borrachos perdidos supieran dirigir la embarcación. Los más se marean, y la horrorosa molestia del mar la combaten comiendo; algunos, desde la borda, se entretienen en pescar. Todos hablan sin término, en la falsa creencia de que la palabra es viento que hace andar la nave. Esta obedece tan mal, que a las veces el timonel quiere hacerla virar a babor y la condenada se va sobre estribor. De donde resulta ¡ay! que la dejan ir a donde las olas, el viento y los discursos quieren llevarla.

Aquella noche hubo en los clubs grande algarada. En el Estamento mismo, no faltó quien propusiera *destronar a la Reina* sin pérdida de tiempo, y *crear una Regencia de otro sexo*. Las logias ardían; los círculos de la Milicia Nacional eran verdaderos volcanes; el nuevo Gobierno, apoyado en la guarnición, tomó sus medidas para reprimir cualquier algarada, y preparaba el decreto para disolver las Cortes, elegidas el mes anterior. ¡Y hasta otra!

En casa de Seoane, a donde fue Nicomedes por la noche, vio éste a Mendizábal, que recibía parabienes por su caída. La adulación de unos, la cariñosa amistad de otros, quería pintarle su muerte como su mejor vida, su batacazo político como un éxito evidente. Iglesias no vaciló en felicitarle también, augurándole una resurrección como la del Fénix; pero el despedido ministro no daba gran valor a estos consuelos, y se aferraba más a la idea de abandonar un terreno en el cual no sabía moverse con desembarazo. Entre otras cosas, dijo estas palabras, que como textuales se copian aquí: «Yo no soy hombre de partido; la prueba es que el que se decía mi partido me ha abandonado: ¿y por qué? Porque he sido y soy y seré independiente: ésta es mi gloria».

LOS CONSERVADORES pretendían un hombre en la Regencia. La caída de Mendizábal dejó al descubierto la corona y el nuevo Gobierno tomó medidas para evitar la revolución que destronara a la reina María Cristina. Con ayuda de la Milicia Nacional, la situación quedó controlada temporalmente. *(María Cristina de Borbón*. Grabado de época. Museo Municipal. Madrid).

Y en un grupo que se formó después, agregándose varias señoras, repitió el grande hombre lo de los *ochocientos reales* que le bastaban para vivir con su familia en el *cottage* que poseía a noventa millas de Londres. También dijo esto, que es histórico y consta como en escritura: «Si tuve ambición de ser Ministro, ya lo fui; y si hacemos el inventario, me parece que estamos mejor que lo estábamos cuando me hice cargo, en septiembre. Conmigo traje mucho; conmigo no llevaré nada más que ojos para llorar la desgracia de mi inocente familia, a quien por la cuarta vez he arrebatado cuanto le pertenecía. Mis enemigos me llaman honrado y patriota, y esto no es flojo consuelo. Conserve yo tales motes, y todo lo demás nada me importa».

Hablando con el propio Nicomedes y con Olózaga, que vaticinaban una trifulca próxima, y con ella la segura rehabilitación del partido de Mendizábal y su nuevo llamamiento al poder, se mostró escéptico, desilusionado, sin entusiasmo por los pronunciamientos y sediciones, y sin malditas ganas de volver a empuñar el timón de bajel tan desconcertado y peligroso. «Siempre que mi patria me llamó —dijo, y esto es también textual—, me encontró. Nada quise, nada recibí, nada recibiré. Tengo parientes aptos para los empleos públicos: no los han obtenido; y para que no me llamen descastado, les formé un capital de mi pensión por lo que me pedían. En mi retiro, en mi rincón seré siempre feliz, y podré decir: *Hice lo que pude, lo que debí; nada le he costado a mi patria*».

PENSANDO EN SU FAMA, EN LA GLORIA QUE AMBICIONABA, NO VIO MUY CLARO SU NOMBRE EN LAS DORADAS PÁGINAS DE LA HISTORIA

A la una próximamente se retiró a su casa, cuya escalera subió meditabundo, triste. Su amor propio se resentía de la conmoción del porrazo. Creíase capaz aún de grandes cosas, y el no poder realizarlas, ni siquiera emprenderlas, le inspiraba coraje de sí mismo y lástima de la nación que tal hombre se perdía. Reconociendo sus errores, sus inexperiencias, de unos y otras se lamentaba en el sombrío examen de su caída. ¡Oh, si se pudiera empezar de nuevo!... Pensando en su fama, en la gloria que ambicionaba, no vio muy claro su nombre en las doradas páginas de la Historia. Pensó también en las calumnias con que le había obsequiado el vano vulgo antes de su fracaso, y se dijo: «A estas horas no habrá un solo español que crea que entro en mi casa con las manos absolutamente limpias... Por Dios que tan limpias las habrá, pero más no». Al verle salir de casa de Seoane, Joaquín María López había hecho con cuatro palabras el exacto retrato del ministro de la Desamortización: *«Alma candorosa y apasionada, cabeza fecunda en recursos, corazón a la vez de héroe y de niño»*.

Traspasada la puerta de su morada, recibió, como una onda salutífera, el embate de calor doméstico. Niños, mujeres, salían a su encuentro, personas queridas, deudos y parientes. Entre la turbamulta distinguió una modesta figura, un anciano, que en último término permanecía, medroso de avanzar a saludarle: era Milagro. Al reconocerle, no sin dificultad, pues no había exceso de luz en el recibimiento, don Juan de Dios expresó contrariedad y lástima...

—¡Por Dios, Milagro, usted aquí todavía! Cuando le dije que se pasara por mi casa esta noche y me aguardase en ella, no contaba con esta inesperada cena en casa de Seoane. Dispénseme, amigo mío. Le he dado a usted un plantón horroroso.

—No importa, señor —dijo Milagro humilde y atento—. Mucho gusto en servirle.

—¿Desde qué hora está usted aquí?

—Desde las ocho, señor.

—¡Y es la una! Carambo... Dispénseme.

—No importa, señor...

—Carambo, es usted el empleado *no importa*.

—Dice bien vuecencia: ése es mi lema... Las infinitas cesantías que he padecido me han obligado a adoptar esa fórmula de resignación.

—Pues ahora... Cuando las barbas de tu vecino veas arder...

—Sí, señor: ya... ya he puesto las mías de remojo.

—Será ministro de mi ramo el señor Aguirre Solarte, buena persona... Agárrese usted como pueda... Bueno, pues no quiero detenerle más. Un momento, señor Milagro.

Hízole pasar a su despacho, y en pie los dos, el caído ministro dijo al vacilante funcionario:

—Pues le he mandado venir a usted porque pienso utilizar sus servicios en trabajos que preparo para la defensa de mi gestión ministerial, si, como presumo, soy atacado y acusado con mala fe... Y por de pronto, antes de encargarle las copias de estados y documentos que tengo ya en casa, me hará usted un favor de otra índole.

—Vuecencia me tiene a su disposición para todo.

—¿Conoce usted a ese Maturana, diamantista que fue de Palacio?...

—Es grande amigo mío.

—Perito en alhajas, tasador, comerciante...

—Y hombre de gran conocimiento en todo lo concerniente a pedrería y metales preciosos... muy relacionado con la Grandeza, con los marchantes extranjeros... Trabajó treinta y tantos años para la Casa Real.

CON ESTO QUEDÓ DESPACHADO EL BUEN DON JOSÉ. AL DESPEDIRLE, DON JUAN ÁLVAREZ MENDIZÁBAL LE VIO CON PENA SALIR...

—Y le despidieron el año 14 por afrancesado, por amigo de Godoy... no sé por qué ni me importa. Vamos al caso. Puesto que es tan amigo de usted, búsquele mañana mismo. Le dice usted que Mendizábal desea hablarle... tener con él una conferencia...

Dicho esto, el ex ministro permaneció un momento taciturno, fija la mirada en el suelo, oprimiéndose con dos dedos el labio inferior...

—Conferencia, sí... que hablaremos detenidamente de un asunto...

—Bien, señor. Mañana, de nueve a diez, estaré en su casa.

—Y si accede, como creo, me le trae usted... No saldré de aquí hasta las doce.

Con esto quedó despachado el buen don José. Al despedirle, don Juan Álvarez Mendizábal le vio con pena salir... Era el Ministerio, la poltrona, la oficina, el diario trajín político, que cesaban, se perdían en una triste lontananza absorbidos por el pasado. Suspiró don Juan... ¡Carambo, qué importaba! Mejor: salía del país y entraba en la familia.

XIII

Ya cargaba don Javier Istúriz, en medio de un gran barullo, la cruz de la Presidencia Ministerial, llevando por Cirineos a don Ángel de Saavedra y a don Antonio Alcalá Galiano, cuando el gran Nicomedes Iglesias, que ningún sendero veía para sus ambiciones fuera de la travesura revolucionaria, extremaba la oposición al Gobierno en la prensa y en las logias, con la añadidura de su hablar malévolo en cafés y tertulias, que era la peor y más terrible arma. Una tarde del florido mayo le encontramos en *Solís,* perorando con todo el veneno del mundo, en la mesa del rincón, al frente de una pandilla de desocupados, de los que matan las horas arreglando el país entre terrones de azúcar y copitas de aguardiente. Asistían al sacro colegio, entre otros puntos, Eleuterio Fonsagrada, un amigote suyo sargento de la Guardia Real, cuyo nombre no hace al caso, y el tísico Serrano, que amenazado de cesantía, llamaba a Cachán con dos tejas. Menos pesimista en lo tocante a su enfermedad, porque los aires primaverales le habían remendado el destruido pecho, se forjaba la ilusión de seguir viviendo; pretendía nada menos que ascender, tener dinero, darse buena vida; y si esto no podía ser, vinieran pronto las catástrofes a hacer tabla rasa de todo. Que su cadáver y el del país, su pobreza y la de la nación, tuvieran una sola inmensísima tumba. Los tiros de aquel destacamento de patriotas, después de hacer gran destrozo en las cabezas ministeriales, apuntaban a más altas cabezas.

—Me parece —dijo Iglesias, medio ronco ya de tanto vociferar—, que esa buena señora tendrá que volverse pronto a su pueblo, a esa Parténope con que nos han mareado los poetas.

—En ese caso —indicó Serrano, más ronco todavía que su compañero—, ¿conservaremos la Regencia una, o estableceremos la trina?

—Tan torcidas pueden venir las cosas —afirmó Iglesias dando a sus palabras una intención profética y misteriosa—, que ni Regencia necesitemos. ¿Quién sabe lo que puede sobrevenir? Tales disparates hacen en *Palacio* y tan ciegos están *allí,* que los cálculos y previsiones de los más expertos fallan... Esto es ya una casa de locos. ¿A dónde vamos? La honda no sabe a dónde irá a parar la piedra.

—Pues todavía falta lo mejor. Resueltamente deja el mando del Norte el general Córdova —dijo Fonsagrada—. ¿A quién nombrarán?

—A cualquiera —indicó Iglesias—. Para lo que ha de hacer, lo mismo da Pedro que Juan. Esta guerra no se acaba ya por los procedimientos comunes. Puesto que no tenemos un Hoche...

El auditorio se quedó suspenso: ninguno de los presentes sabía quién era Hoche...

—Mientras no se haga un escarmiento como el de la Vendée, nada se conseguirá por las armas. Tendrán que partir a España en dos reinos, quedando para los liberales, o sea para la *angélica,* los estados de Getafe y Alcorcón.

—Madrid —dijo Serrano con humorismo catarral, echando luengas babas—, se constituirá en República de Capricornio, bajo la presidencia de mi coronado jefe don Eduardo de Oliván e Iznardi...

—¿Y ése, no quedará cesante?

—¡Hombre! ¡Qué cosas tiene Iglesias! ¡Cesante el esposo putativo de la de Oliván! Buena se armaba; sí señor, buena, buena, como dice Miguelito. Ésa, sin ser de Parténope, tiene más poder que la señora de Muñoz, y como se le atufaran las narices, como le dejaran cesante a su Eduardito, crujía el Estatuto y se tambaleaba el trono angélico... Ya lo verán ustedes: no pasan tres días sin que el señor Aguirre Solarte le dé un ascenso al primer manso de Madrid. Ya sabrá ella manejar el tinglado. No hay cambio de situación sin que Eduardito dé un paso adelante en su carrera. Tiene la Historia Contemporánea claramente escrita en su cabeza, como los ciervos llevan la cifra de su edad en cada rama... pues...

¡Hombre! ¡Qué cosas tiene Iglesias! ¡Cesante el esposo putativo de la de Oliván! Buena se armaba

Echose a reír la pandilla, y Nicomedes afirmó que los tiempos eran desastrosos, que todo anunciaba próximos cataclismos.

—Lo que ocurre en todos los órdenes contradice la verdad y la lógica. La realidad es más peregrina que las invenciones de los poetas.

Trocádose han las cosas de manera
que nos parece fábula la Historia.

—Pues espérense ustedes un poco —dijo el de la Guardia, no Fonsagrada, sino el otro cuyo nombre no hace al caso—, que ahora va a venir lo más gordo.

—¿Qué? —preguntaron todos ávidos de mayores desatinos, de mayores calamidades públicas y privadas.

—Pues que se están preparando los datos para demostrar que la señora doña Cristina... chitón, que esto es muy delicado... que la señora doña Cristina, no contenta con los dinerales que le dejó *Narizotas,* y queriendo meterse en mayores negocios de minas de carbón y saneamiento de marismas, ha hecho pacotilla de todas las alhajas de la Corona, para venderlas. Y que no era floja cantidad de pedrerías la que guardaban en Palacio los Reyes, desde el que rabió: cientos de miles de diamantes, cientos de miles de esmeraldas, celemines de perlas, entre las cuales había una grandísima, que Felipe IV llevaba en el sombrero, y había costado una fortuna.

—Algo de eso oímos anoche en *Tepa* —dijo otro, anónimo también, pues el mismo Iglesias no sabía cómo se llamaba, ex ejecutor de apremios, encausado tres veces—. Y a lo que parece, el señor Aguado, don Alejandrón no ha venido a otra cosa que al negocio ese de las alhajas.

Ese perro de Aguirre Solarte declara en este papelejo inmundo que el Estado no necesita de mis servicios...

—Se asegura que el tal Aguado viene a establecer, con dinero de la Reina, una línea de barcos de humo, digo, de vapor.

—Pues yo, francamente —declaró Iglesias, alardeando siempre de autoridad—, sin defender a doña Cristina del cargo de allegadora, sostengo que eso de las alhajas es paparrucha. ¡Si todo el tesoro de Palacio se lo llevó Murat!

—Así lo han dicho para despistar a los incautos. Murat afanó lo que pudo; pero se dejó lo mejor. En fin, ustedes lo verán.

—¿Y podrá probarse...?

—En ello andan. No están los palillos en malas manos.

Presentose en esto don José del Milagro con cara tan mustia, que daba lástima verle. Al llegar a la mesa, dejó sobre ella un fajo de papelotes que bajo el brazo traía, y se limpió fatigado el sudor de la calva.

—¿Qué traes, Milagrito? —le dijo uno de los tertulios, que con él tenía confianza—. ¿Por qué tan patibulario?

—No es preciso que nos lo cuente —indicó Nicomedes—, pues el pobre trae escrita en su cara la sentencia fatal.

—¡Cesante! —exclamó Serrano, lívido, esputando.

—Hoy, señores, hoy —manifestó Milagro lúgubremente—, al llegar a mi oficina... ya me lo anunciaba el corazón... me encontré el jicarazo. Ese perro de Aguirre Solarte declara en este papelejo inmundo que el Estado no necesita de mis servicios... ¿Saben ustedes a quién le dan el triste hueso que yo roía? Pues al niño mayor de Oliván. ¡Válgame Dios, qué familia ésa!

—Si apenas le apunta el bozo.

—Pero le apuntan los botones en la frente —dijo Serrano.

—¡Luego se espantarán de que haya revoluciones!

—Y de que arda Madrid.

—Y de que reviente España como un polvorín, harta de estas vergüenzas y de tanta injusticia.

—Pueden creerlo —agregó otro, que no bajaba el embozo de la capa, muerto de frío en pleno mayo—; la Milicia está que trina.

—La desarmarán, hombre —dijo Iglesias con amargura pesimista—. Si ya hemos visto para lo que sirve la Milicia: para formar en las *Minervas* y hacer tonterías.

—¡Desarmarla!... ¿A que no se atreven?

—¡Pues no se han de atrever! Y el día en que toquen a desarmar, veremos a los bravos milicianos escondiéndose en las carboneras de sus cocinas o entre las faldas de sus mujeres... Ya pasaron los tiempos de la vergüenza miliciana. Ya no hay un don Benigno Cordero, comerciante de encajes, que con un puñado de valientes sacuda el polvo a toda una Guardia Real en el Arco de Boteros.

—Poco a poco —dijo el sargento incógnito—, no se permiten alusiones *maquiavélicas*... La Guardia de hoy no es como la de ayer, *órgano* del despotismo. Hoy la Guardia es o será *órgano* del pueblo...

—De Móstoles querrá usted decir.

—Digo y repito que el Segundo Regimiento, por lo menos, no *rendirá parias* al absolutismo.

—¡Hombre, *parias...!*

—En el Segundo Regimiento, que es el más ilustrado, reina un espíritu...

—¿Cómo es ese espíritu? —dijo Serrano—. No será el *espíritu del siglo,* que ése lo tienen cogido los moderados.

—Un espíritu... muy bueno.

—Entonces será el de vino, que es el mejor que se conoce.

Como recayese otra vez la conversación en lo de las alhajas de la Corona, tomó la palabra Milagro para expresar una opinión, según dijo, de autoridad irrebatible. La *señora* era inocente de la sustracción y venta de pedrerías de Palacio, y las acusaciones que en tal sentido se le hacían enteramente gratuitas y mentirosas. ¿Quién probaba esto? Quien tenía medios sobrados de conocimiento para demostrar que el verdadero y único afanador de aquellos tesoros fue el *señor don Joaquín Murat,* General de mamelucos y después Rey de Nápoles. Y por de pronto no decía más, aunque algo más sabía: la discreción, la confianza que en él habían puesto personas ilustres, le vedaban entrar en pormenores de asunto tan delicado.

—¿Es cierto, Milagrito —le preguntó el que más familiarmente le trataba—, que le estás ayudando a *don Juan y Medio* a escribir la defensa de los planes que no realizó?

—Yo no pico tan alto. El señor Mendizábal me ha encargado ciertos

ISTÚRIZ FUE NOMBRADO PRESIDENTE del Consejo de Gobierno gracias al apoyo de Alcalá Galiano y el duque de Rivas. Una de sus decisiones comprometidas fue la revisión del Estatuto Real, lo que provocó una revolución interna, su inmediata destitución y el exilio en Inglaterra. *(Francisco Javier de Istúriz.* Grabado de época. Museo Romántico. Madrid).

EVARISTO SAN MIGUEL Grabado del siglo XIX.

EVARISTO SAN MIGUEL, MILITAR Y LIBERAL

Nacido en Gijón 1785, tomó parte en las batallas de Cabezón y Rioseco durante la Guerra de la Independencia, pero cayó prisionero y fue encarcelado en Francia hasta 1814. Fue amigo de Riego, con él participó en la sublevación de 1820 y en su honor compuso la letra del famoso himno. Fundó el periódico *El Espectador* en 1821, se enfrentó a los Cien Mil Hijos de San Luis y el general Mina le nombró jefe del Estado Mayor. En la primera guerra carlista fue destinado al ejército del norte y participó en los combates de Mendigorría y Arcos en 1836. Ese mismo año marchó a Madrid como diputado por Oviedo, ayudó a redactar la Constitución de 1837 y fundó el Colegio General Militar. Tras la caída de Espartero se dedicó a la literatura. Murió en Madrid en 1862.

trabajillos; pero yo no le escribo su *Defensa:* en todo caso, lo que haré será ponerla en limpio... Y ya que hablamos de don Juan de Dios, diré a usted que la mayor de las infamias es sostener y propalar, como hacen por ahí más de cuatro deslenguados, que el señor ex ministro ha movido este zafarrancho de las alhajas palatinas para vengarse de quien tan sin razón le ha despedido del Gobierno...

—Pues la cosa es muy lógica —apuntó Iglesias—: don Juan debe tomar el desquite... Yo en su lugar...

—Usted en su lugar no lo haría, señor don Nicomedes —afirmó Milagro con gran entereza, dando porrazos sobre el papelorio que tenía en la mesa—; porque es usted caballero, ni más ni menos que don Juan Álvarez Mendizábal, y aquí estoy yo para sostener, como lo sostengo, que don Juan Álvarez no es el que ha levantado esta polvareda contra la gobernadora, sino el que se propone arrojar sobre el susodicho polvo un gran jarro de agua. Sí, señores y amigos: ese grande hombre, esa alma nobilísima, le dirá pronto a Su Majestad: «No te apures, hija, que yo, yo, el caído, el despedido, me dispongo a demostrar al mundo que no tienes arte ni parte en esa distracción de las piedras finas de tus mayores. Estate descuidada, que yo pago de este modo los agravios que recibo. Yo, Juan Álvarez y Méndez, caballero que tiene la verdad por Dulcinea, yo, yo... yo lo demostraré».

Decía esto Milagro con grande vehemencia, dándose un fuerte golpe en la caja del pecho cada vez que pronunciaba un *yo*. Después le ofrecieron un vaso de agua, y apagó, bebiéndolo sin respirar, el volcán de indignación que en su seno ardía.

—No me parece inverosímil —dijo Iglesias— lo que Milagro nos cuenta. Mendizábal será lo que se quiera: un loco, un arbitrista, un hombre de triquiñuelas y de golpes de efecto... pero le tengo por la persona más decente que ha calentado una poltrona ministerial... Por lo que usted nos dice, amigo don José, don Juan le amparará en su cesantía encargándole trabajillos...

—Espero que Su Excelencia no me abandonará. Con eso y mis traducciones daré de comer al ganado de casa. Vean lo que acaba de entregarme el editor don Tomás Jordán para que se lo traduzca: *El último Abencerraje* y las *Cartas persianas*. También llevo números de *El almacén universal*, para traducir articulitos de relleno, que me toma el amigo Mesonero para su *Semanario,* sin perjuicio de las leyendas caballerescas que pienso escribir para el mismo, género que gusta mucho. Ya tengo los *Infantes de Lara* y *La peña de los*

Enamorados... Haré tres o cuatro docenas; todo de asunto español, romántico, pero con buen fin.

—Sí —dijo Serrano—: todo torreones, reinas enamoradas, alguno que otro moro, y luego el indispensable laúd, que lo lleva y lo tañe un individuo que en los grabados nos pintan con medias muy ceñidas y unos zapatos de larguísima punta... Señores, yo pregunto cómo se podía andar por los caminos con semejante calzado...

En las convulsiones de la tos que le ahogaba, seguía diciendo:

—Me pongo furioso, furioso... cuando me quieren hacer creer que hubo hombres... ¡qué barbaridad!... hombres que andaban en tal facha por los caminos... Mentira, mentira todo... Me ahogo... ¡y con laúd a cuestas!...

—Pero, Serranito —le dijo Iglesias, zumbón—, ¿qué nos importa que en la *Edad Media* usaran, para andar de viaje, zapatillas puntiagudas? ¿O es usted de los que no creen en los *siglos medios?* Pues mire, aquí viene Ibraim, morisco auténtico, trasconejado...

—Es un caso de *metempsicosis,* como dice Juanito Donoso.

—Creo yo que éste era uno de los que acarreaban ladrillo para la construcción de la Giralda.

—Hombre, no: era la acémila que llevaba los trastos de san Fernando y el cofre de doña Berenguela, cuando iban de viaje... Chitón, que ya le tenemos encima.

XIV

Acercábase Ibraim a la mesa, diciendo: «*Cabayeros...*», y al instante empezaban todos a divertirse con su credulidad y falta de seso, encajándole bolas terribles, que ningún estómago, como no fuera el del proceroso castrense, habría podido digerir. Muestra de paparruchas: Aquella misma tarde había junta de rabadanes de la Milicia para acordar el momento preciso de echarse a la calle toda la fuerza popular, proclamando la *Niña bonita,* o sea la Constitución del 12, *el mejor de los códigos*... Ya estaban de acuerdo Quesada, Van Halen, Rodil, el duque de Almodóvar, el de Ahumada y otros generales para secundar el movimiento, fraternizando tropa y milicianos... Se le daría el canuto a doña María Cristina, constituyendo, no Regencia triple, sino Directorio, formado por don Evaristo San Miguel, Palafox y el divino Argüelles. Luego sería nombrado Palafox *Primer Cónsul*... Del general Córdova decíase que se había pasado a don Carlos con parte de su Estado Mayor. Olózaga formaría el primer Ministerio del Directorio, con don Eduardo Oliván de Ministro de Hacienda, y el Infante don Francisco, de Marina... La Guardia Real se llamaría en lo sucesivo *la Guardia amarilla,* uniformándose de este color... Y el rudo capellán tragaba, tragaba, salvo en los casos de excesiva magnitud del notición que se le quería injerir. Después él, llevando la información a otros círculos, lo trabucaba todo, y hacía unos pistos que corrían por Madrid y llenaban de confusión a los ciudadanos pacíficos. En el fondo no era mal hombre; a su amigo don Pedro no le guardaba rencor por la violenta escena y acometida de marras. Siempre que iba a la *mesa de Solís* preguntaba a Iglesias con vivo interés por el señor de *Jiyo*.

La Guardia Real se llamaría en lo sucesivo *la Guardia amarilla,* uniformándose de este color...

FRANCISCO DE PAULA, UN INFANTE LIBERAL

Francisco de Paula Antonio de Borbón y Borbón-Parma, infante de España, hijo menor de Carlos IV y de la reina Maria Luisa de Parma, nació en el Real Sitio de Aranjuez (Madrid) el 10 de marzo de 1794. Ostentó el título de duque de Cádiz y desde pequeño fue objeto, al igual que su hermana María Isabel, de murmuraciones y cotilleos dentro de la corte por su parecido físico con Manuel Godoy, favorito de la reina. En 1802 fue investido Caballero del Orden del Toisón de Oro. Tras las abdicaciones de Carlos IV y Fernando VII en Bayona en el año 1808, acompañó a sus padres a Fontainebleau, Marsella y Roma. Con su salida del Palacio Real protagonizó involuntariamente el levantamiento del dos de mayo contra las tropas francesas, marcando así el inicio de la Guerra de la Independencia. Durante su estancia en Roma ingresó en la comunidad religiosa recibiendo órdenes menores y vistiendo hábito todos los días; sin embargo, y a pesar de la oposición de sus padres, el infante deseaba colgarlos para regresar a Madrid e incorporarse cuanto antes a la vida militar. Finalmente, y tras muchas cartas escritas a su hermano Fernando VII, este decidió permitir su regreso a condición de que pasara un año visitando distintas cortes europeas; así conoció París, Bruselas, Ámsterdam, Frankfurt, Berlín, Dresde y Viena, donde acudió a numerosos actos culturales. A su regreso a España en 1817, el Rey le nombró capitán general de los reales ejércitos españoles y consiliario de la Real Academia de Bellas Artes de San Fernando. El 20 de junio de 1818 ingresó en la Real Sociedad Económica Matritense de Amigos del País y fue nombrado Hermano Mayor de la Real Maestranza de Caballería de Zaragoza, cargo que ocupó desde 1819 hasta 1865.

En 1819 contrajo matrimonio con María Luisa Carlota de Borbón. Durante la primera guerra carlista mantuvo contacto con personalidades de los sectores más progresistas y liberales del momento. Con el inicio de la Década Moderada del reinado de Isabel II en 1844, aconsejó a su sobrina que creara un gabinete progresista, ante lo cual el gobierno moderado ordenó la salida del infante y su familia del país, al que no regresó hasta 1850. Un año más tarde volvió a casarse, esta vez con Teresa Arredondo, duquesa de San Ricardo, de cuya unión nació en 1852 Ricardo María de Borbón y Arredondo. Francisco de Paula falleció en Madrid el 13 de agosto de 1865.

FRANCISCO DE PAULA ANTONIO DE BORBÓN, por Vicente López. Academia de San Fernando. Madrid.

Éste no aparecía ya por los cafés; pasaba el tiempo en casa, revisando las cartas de la incógnita, y poniéndolas por orden de fechas en paquetitos cruzados con balduque, o bien se iba despacio, solito, por las afueras, meditando en su triste suerte. Sus noches eran casi siempre malas, y las pasaba de claro en claro, sin poder conciliar el sueño. Padecía de un mal que tiene su denominación retórica, como achaque de poetas y de los héroes trágicos y épicos, y consiste en la presencia de personajes imaginarios que hablan, sombras de entes que han existido, y que vuelven a este mundo a manifestar algo de interés para los vivos. A tal forma de personificación llaman los eruditos *idolopeya*. Comúnmente, a don Pedro se le aparecía la incógnita en forma cadavérica, que dejaba entrever su hermosura, y se ponía a decirle cosas... «Me he muerto... ¿No ves que soy difunta?... ¡En buena te he metido, pobre capellán de secano!... Bien hubiera querido evitarlo; pero como me morí tan de repente... ya ves... No puede una dejar de morirse cuando Dios lo dispone... Hice un gran esfuerzo por vivir un poco más, anhelando decirte lo que debía, y librar tu alma de tan grande zozobra, pobre clérigo; pero no pude... y me morí pensando en ti y en él... ¡Pobre Fernando!, ¿qué hará?... Me maldice... Mi alma no halla la paz; la muerte no me ha dado el descanso... Horrible pena, ansiedad sin nombre me hacen insensible a las llamas del Purgatorio. No me duelen las quemaduras: me duele la conciencia... Pedro Hillo, perdóname...». Recitado este parlamento u otro no menos espeluznante, la sombra se iba por donde había venido, y don Pedro se cubría la cabeza con la sábana, tratando de evitar la repetición de la *idolopeya*.

SUS NOCHES ERAN CASI SIEMPRE MALAS, Y LAS PASABA DE CLARO EN CLARO, SIN PODER CONCILIAR EL SUEÑO

Por fin ¡alabado sea Dios! cuando él menos lo pensaba, tuvieron término feliz las angustias del bendito sacerdote, víctima de su inmensa bondad. La misma tarde en que ocurría la escena de café que poco antes se ha referido, quiso espaciar su ánimo don Pedro, y tiró hacia el Campo de Guardias, en cuya aridez esteparia estuvo dando vueltas y más vueltas como una media hora, deletreando los cardos y yerbecillas petisecas del suelo, hasta que sintió un deseo, una indefinible comezón de volverse a Madrid y a su casa. Ya caía la tarde cuando entraba por la Puerta de Fuencarral. En la calle del mismo nombre detúvose para comprar papel de cartas, pues tenía propósito de reanudar la comunicación epistolar con los parientes que le quedaban en Zamora; compró asimismo una cajita de obleas, y avivó después el paso hacia su domicilio, pensando en que para distraerse y evitar las *idolopeyas* se pasaría la mayor parte de la noche escribiendo.

Pues, señor: llega mi hombre a la casa de Méndez, y al abrirle la puerta, Delfinita le da el jicarazo:

—¡Vaya unas horas de venir! Aquí ha tenido usted una señora esperándole toda la tarde.

El estupor de don Pedro fue tal, que se le atragantó la palabra. Creía soñar. Añadió la chica nuevas explicaciones, conduciéndole a su cuarto, pues el pobre clérigo no sabía por dónde andaba y se daba de hocicos contra las paredes.

—¡Una señora!... ¿De qué clase?... ¿Gran señora... mujer... criada?

—Bien vestida... muy decente. Madre dice que parece criada de personas muy principales. Cansada de esperar se ha ido, dejando una carta. Mañana volverá por la contestación.

—¡Una carta!... Delfinita de mi alma, no bromees... Por Dios, una luz... ¿Dónde está esa carta?... yo no la veo... no veo...

Entró en el cuarto doña Cayetana, con el quinqué encendido. *Fiat lux*. ¡Dios poderoso! Cuando don Pedro cogió con mano trémula la carta y vio en el sobrescrito la tan conocida y deseada letra de la incógnita, a punto estuvo de perder el conocimiento. Se dejó caer en una silla. En sus oídos zumbaba la campana gorda de Toledo.

—Hijo, no se asuste... —le dijo la patrona—. Le daré una tacita de caldo.

Por señas, pues hablar no podía, díjoles don Pedro que no quería caldo, sino que le dejaran solo con su carta, con su quinqué encendido, con su sensación hondísima de terror, de júbilo, no sabía de qué... Salieron las hembras, y lo primero que hizo el hombre, la carta sin abrir en su mano fría, fue recoger su espíritu y dar gracias a Dios... Era su letra, su letra, aunque un poco insegura; era ella misma, la divinidad, que o no se había muerto o resucitaba en forma epistolar... ¡Ay! ¡ay!... ¿qué sería, qué diría... qué...? Veámoslo.

«Señor don Pedro, mi grande y fiel amigo: No me he muerto, no... Pero si así lo ha creído usted, ¡qué poco ¡Jesús mío! ha faltado para que acierte!... He pisado el negro umbral; he visto la inmensidad eterna... Dios no me dejó dar el último paso, y quiso que atrás me volviera: me mandó vivir algo más, no sé cuánto... presumo que no será mucho... Me sacramentaron... por muerta me tuvieron. No duró menos de tres horas aquel simulacro de muerte. Sospecho que me amortajaron... Volví a este mundo: me encontré de súbito en la compañía de mis penas, por lo que conocí que vivía...

»Notará usted que mi pulso flaquea. Con gran esfuerzo puedo escribir esta, que no será larga, no. Diré no más que lo muy preciso... Manifestado el motivo de mi largo silencio, no necesitaría pedir a usted perdón. No obstante, lo pido. Considero lo que habrá sufrido usted, pobrecito capellán mío, y el sobresalto, la incertidumbre de su alma generosa. Creo yo que me han vuelto a la vida mi ansiedad, el deseo ardiente de hablar con usted, de hablar de Fernando, de proseguir mirando por él y luchando por recobrarle. ¿Le recobraremos? ¡Ay, mi pena es muy honda!... Pienso que ya no le veré más, que ha huido de nosotros para siempre, que se va, que se nos pierde en el torbellino de sus pasiones exaltadas... Quizás tengo yo la culpa, y esto me quita todo consuelo. Quizás mi intransigencia y excesivo rigor le alejan de mí... y no puedo, no puedo resignarme a ello... Al borde del sepulcro, sintiéndome ligada a la vida por un solo pensamiento, vi claramente mi error, y juré enmendarlo en cuanto pudiera. Transijo... cedo... cedemos y transigimos, señor capellán. ¡Deshonor, rebajamiento, palabras vanas! Lo que importa es que Fernando viva; que esté, ya que no conmigo, cerca de mí; que yo le sienta próximo; que pueda dirigirle; que yo alimente mi cariño diciéndole lo que se me ocurra, aunque él no me haga caso. Comprenderá usted, señor don Pedro, la formidable razón de este anhelo mío. Nunca quise expresar mis sentimientos con explícita frase: dejándolos velados, como mi persona, me parecía que eran *más míos*... no sé si me explico bien. Pero ya no, ya no más misterios inútiles... ya me estorba la discreción, la delicadeza me es odiosa. Aunque la perspicacia de usted me ha cogido la delantera, yo quiero decirle lo que ya sabe, y así mi pobre alma se descarga de un insoportable peso. Fernando es mi hijo. . Y esto que escribo quisiera que él lo leyese, y a él mismo se lo escribiría gozosa, añadiendo: "Hijo de mi alma, perdóname. Reconozco tu independencia; acato tu libre albedrío. Tus amores no me gustan, pero los respeto. Acabemos esta horrenda lucha. Dime tus condiciones, y nos entenderemos".

NOTARÁ USTED QUE MI PULSO FLAQUEA. CON GRAN ESFUERZO PUEDO ESCRIBIR ESTA, QUE NO SERÁ LARGA, NO. DIRÉ NO MÁS QUE LO MUY PRECISO...

»¿Qué le parece a usted, mi buen amigo? No estoy para más luchas. Viviré corto tiempo. Depongo mi orgullo, ridiculeces, artificios de clase y de nacimiento, cuyo valor es nulo ante la Naturaleza, ante los afectos elementales. Me resta poca vida. En esta poca vida quiero tener un día, un solo día inefable: aquel en que yo pueda decir a mi Fernando lo que soy para él. Su

MADRID, CAPITAL DEL ROMANTICISMO. Aunque los conservadores culpaban de todos los males de la sociedad a los románticos, la vida cotidiana continuaba su curso. Se decía que Espronceda llenaba la cabeza de pájaros a la juventud con versos estrambóticos y deprimentes. Galdós comparó sus poemas con las locuras de Don Quijote. *(Puerta de San Vicente*, por Fernando Brambila. Ministerio de Hacienda. Madrid).

corazón es noble. Tiene a quien salir. Confío que él hará muy dulce y bello ese día, ese gran día, después del cual pocos han de quedarme.

»¿Y dónde está? ¿A dónde ha ido a parar esa criatura, arrastrada de su vértigo y demencia? Mis noticias son vagas, incompletas; no me fío: no me inspiran los informadores que ahora me sirven la confianza de los que en otros días me comunicaban hasta el respirar de mi querido Fernando... Lo que sí tengo por indudable es que partió de Madrid el día 14 en la diligencia de Valladolid y Burgos. Antes de salir de aquí escribió a su amigote Escosura, que ha vuelto al servicio activo en el ejército de Córdova. Debo rectificar lo que dije en nuestra anterior campaña, respecto al oficialete de Artillería, y al apoyo y protección que daba a las locuras de Fernando. Un error de información me hizo atribuir a don Patricio la culpa de otro tarambana, amigo de los dos, y no menos desordenado en su vida. Espronceda, el poeta de las pasiones violentas, de los ayes de desesperación, cantor de piratas, corsarios y ladrones, fue quien alentó a Fernando a la rebeldía, enseñándole la teoría y práctica de los raptos de muchachas. El que de niño ya conspiraba, fundando los *Numantinos*, sociedad de jacobinismo infantil; el que en unión de otros chicuelos mal educados escandalizó a Madrid con la llamada *Partida del Trueno,* que se divertía en apalear, romper cristales y cometer mil desafueros, no podía inspirar cosa buena a ese ángel echado a perder. ¡Con tal maestro, qué había de hacer Fernando!

»Me consta de un modo indudable que Espronceda le ha incitado a correr tras de la chica de Negretti, calentándole los cascos con la poética al uso, que es en aquellas cabezas destornilladas lo que los libros de caballerías en la del pobre don Quijote. Esto de romper todo vínculo social; esto de despreciar toda conveniencia por satisfacer anhelos del alma soñadora; esto de querer traernos a la vida presente los hechos de generaciones medio salvajes, falaz armazón de dramas y poemas; esto de tomar en serio los delirios de los poetas del día para quienes la vida no es más que una visión de lo pasado, es muy del carácter de Espronceda, a quien yo metería de buena gana en una casa de orates. Su simpatía por Fernando se funda en la comunidad de errores, pues también Espronceda está enfermo de pasión insana, y corre tras de una *Aura* que conoció en Lisboa cuando estuvo emigrado. Por último, mi señor don Pedro, el endiablado cantor de aventureros, cosacos y otras gentes de mal vivir, ha facilitado a Fernando su viaje al norte, poniéndole en relaciones con un sujeto de historia, que va también hacia allá con fines que ignoro, aunque me da en la nariz que son políticos. Es el tal un sujeto llamado Rapella, natural de Palermo, que hace años andaba por Argel, ejerciendo la medicina; casó allá con una española; vino a Madrid, donde se estableció como cambiante, logrando injerirse en Palacio y ser honrado por Su Majestad con diferentes comisiones, entre ellas la de traer y llevar recados a Nápoles. Él fue quien acompañó a la princesa que vino a casarse con don Sebastián. Pero en lo que más se ha lucido el hombre ha sido en tender hábilmente los hilos de la intriga que ha dado en tierra con nuestro bonísimo Mendizábal. El siciliano servía de correo de gabinete entre Istúriz y la Reina, y todas las noches iba al Pardo secretamente, no siempre solo, pues el mismo Istúriz u otros le acompañaron más de una vez. El viaje de este pájaro al norte paréceme a mí que significa una nueva y desesperada tentativa para el arreglo con don Carlos, mediante un convenio de familia o pastel dinástico, que aún no ha sido puesto al horno y ya huele a quemado. Allá veremos.

»Pues bien, mi querido y respetable Hillo: en compañía de ese intrigante y correveidile salió Fernando de Madrid. Como Rapella lleva salvo-conducto, podrán penetrar en el campo faccioso, en el campo cristino, y donde quieran. ¡Qué cosas vemos en nuestra bendita nación! Ignoro si ese descarriado hijo intimará verdaderamente con su acompañante: me figuro que no, por más que cerca de él desempeña las funciones de secretario, o quizás las de escudero. Esto me enloquece... ¿Y aún no abrirá los ojos nuestro pobre Telémaco?

PERO MI VOLUNTAD SE SOBREPONE A MI EXTREMADA LANGUIDEZ. DESPUÉS DE ESTA VALENTÍA, ESTOY MÁS SOSEGADA

»Ya no puedo más. El esfuerzo que he tenido que hacer para escribir esta, sólo Dios lo sabe. Pero mi voluntad se sobrepone a mi extremada languidez. Después de esta valentía, estoy más sosegada. No, ya no le impulsaré a usted a nuevas aventuras, mi pobre Hillo; ya no comprometeré más su buen nombre, su decoro. Han cambiado las cosas. Transigimos, y ya no es ocasión de decir a nuestro Mentor que se lance por senderos tenebrosos tras de su discípulo. Basta, basta de locuras. Pero si no hemos de perseguirle, pensaremos en averiguar su paradero, para que usted, con su dulce voz de amigo le diga: "Ven, hijo, ven: todo se te perdona y todo se te permite". Y como esto hemos de concertarlo juntos, se acabó el incógnito: me quito la careta. La invisible, la escondida tutora se revela por fin. El misterio es ya imposible. Mi revelación, eso sí, permanecerá como un hecho absolutamente reservado, secreta inteligencia entre usted y yo; no necesito de su juramento para saber que puedo contar con su incondicional lealtad en este punto.

»La persona que lleva esta carta es de mi confianza. Me traerá esta noche su respuesta; todo lo que usted quiera escribirme. Presumo no serán pocas las cosillas que tiene que contarme. No haga usted preguntas de ninguna clase a la intermediaria, porque es la discreción misma, y ya sabe que su única misión es llevar y traer los recados que se le confíen. Por ella sabrá usted el día y ocasión en que ha de verme para que hablemos y dispongamos todo lo que nos dé la gana. Sólo espero a reponerme un poco, dos o tres días no más. Me siento muy fatigada; vivo de milagro... Que me escriba, señor capellán; que me diga usted muchas cosas, muchas, aunque sea para reñirme. Adiós, hasta luego».

Leyó de nuevo la carta don Pedro, más que gozoso alborozado; y aunque la carta no aclaraba por completo las dudas respecto a la condición social de la mascarita, la promesa que esta le hacía de quitarse el velo, que así ocultaba su rostro como su personalidad, motivo era de satisfacción y júbilo. Sin acordarse de comer ni parar mientes en que para este fin capital le había ya llamado dos veces Delfinita, no pensó más que en escribir a la *velada,* pareciéndole poco el papel que al volver a casa se le había ocurrido comprar. «¡Vaya, que no ha sido esta mala corazonada! —se decía sonriente, preparándose de tintero y pluma—. ¿Por qué me dio aquel súpito de comprar papel?... ¿Por escribir a los primos? No, no, no era esto: tres veces les he escrito, y no me han contestado esos tunantes... Fue que yo barruntaba... Lo presentía dudándolo; lo creía temeroso de equivocarme... ¿Qué voz secreta me dijo en la calle de Fuencarral que esta noche necesitaría escribir?... ¿Qué travieso geniecillo...? ¡Oh, no hablemos de geniecillos los que creemos en el Espíritu Santo!».

DETUVIÉRONSE ALLÍ CON EL DOBLE OBJETO DE TOMAR ALGÚN DESCANSO Y DE PROCURARSE MEDIOS DE PROSEGUIR SU CAMINATA

XV

Es ahora forzoso que así el que lee como el que escribe corran en seguimiento del llamado Rapella con toda la celeridad que los medios de locomoción de aquellos calamitosos tiempos permitan. Ello es que como el tal siciliano, argelino, o lo que fuese, y las personas que le acompañan hacia el norte nos han tomado la delantera en estos endiablados caminos, no hallaremos galeras bastante veloces ni postas bastante rápidas para darles alcance, como es nuestro deseo, en los llanos de Castilla. ¡Y gracias que a todo tirar y a todo correr, reventando un pobre rucio con alas, degenerada descendencia del Pegaso, podemos cazarles en un poblado llamado Gamarra, radicante a corta distancia, por el norte, de la nobilísima ciudad de Vitoria! Gran dicha fue para los que les perseguíamos que en aquel lugar se detuviesen los viajeros, pues de continuar su camino con la atroz arrancada que traían de Madrid, no les cogiéramos en toda la vida. Recorrido en diligencia el largo trayecto desde Madrid a Burgos, siguieron hasta Miranda en postas que pudieron conseguir con gran dispendio; de allí en carromato hasta la Puebla de Arganzón, donde alquilaron caballerías para llegar a Vitoria, y sin entrar en la ciudad, escabulléndose por las Brígidas y todo el contorno de Poniente, fueron a coger el camino de Bilbao, hasta dar con sus molidos huesos en Gamarra Mayor. Detuviéronse allí con el doble objeto de tomar algún descanso y de procurarse medios de proseguir su caminata, la cual no podía ser ni cómoda ni divertida, metiéndose, como era su propósito, en un país en armas, en el cráter mismo de la espantosa guerra civil.

El parador propiamente dicho hallábase ocupado en aquellos días por portugueses de la legión mandada por D'Antas; los viajeros hubieron de albergarse en una casa próxima, casi llena también de soldados lusitanos y españoles, con mayor número de caballerías que de personas. Instalados sin ninguna comodidad, el furibundo apetito les sazonaba la mala comida, y el cansancio les hacía llevaderas las fementidas camas. Allí se les dijo que el país venía padeciendo desde el año 34 la continua invasión militar, alternando facciosos con isabelinos. Toda la Llanada estaba perdida, la labranza muerta, los ganados dispersos; el invierno había sido muy crudo; el deshielo de las grandes nevadas aumentaba extraordinariamente el caudal de los ríos, y al humilde Zadorra se le habían hinchado de tal modo las narices, que ningún cristiano se atreviera con él para vadearlo. Corría ya la segunda quincena de mayo, y aún había copiosa nieve en los altos de San Adrián y la Borunda.

De tres personas no más constaba la caravana que hemos venido persiguiendo, y era jefe o capitán de ella un sujeto espigado y enjuto, en quien podría verse la reproducción exacta de don Quijote, quitando a éste diez años, dándole un poco más de carnes, y una ligera mano de belleza y frescura en el rostro. Pero si en la figura recordaba al hidalgo cervantino, en la palabra, dulcificada por el acento italiano, se perdía toda semejanza, y más aún en la expresión y modales, pues aunque de perfecta educación y notable finura, el personaje poseía todas estas prendas sin entonarlas con la gravedad ceremoniosa del gran caballero de la Mancha. El primer rasgo de carácter que sorprendía el observador en el aventurero Aníbal Rapella, al echarle la vista encima en su alojamiento de Gamarra Mayor, era la presunción, el cuidado de su persona. Llevaba infaliblemente consigo una cajita con los avíos y menjurjes de la decoración capilar y facial, y ya le cogiera la mañana navegando con mal tiempo en un falucho entre África y Europa, ya en la breve parada de diligencia o carromato, rodando por inhospitalarias tierras, nunca dejaba de consagrar a su *toalleta* una horita larga, cuando menos media hora, en casos de premura. A esta devoción del buen ver unía el siciliano el orgullo de una salud de hierro, de la que hacía continuo alarde, y el apostolado de ciertos preceptos higiénicos que entonces ofrecían novedad. Así, en aquella fría mañana de mayo, entre siete y ocho, le vemos en mangas de camisa, al aire libre, lavoteándose con agua fría en un artesón que pudo procurarse. Y entre la admiración y risa de los que le contemplaban, sostenía, tiritando, que aquello era el puntal de la vida. Lo que hizo después, metido en su aposento, cuya puerta no se cerraba y cuya ventana tenía los cristales rotos, debió de ser largo y prolijo, porque el hombre quedó fresco, refulgente, afeitado con gran esmero, limpio y oloroso; su largo bigote relucía totalmente negro, y en la ropa no se veía una mota. Aún no había terminado, cuando se le presentó el que llamaremos segundo de la caravana, español y navarro, natural de Ablitas, que sólo se parecía al escudero de don Quijote en llamarse Sancho (de apellido, no de nombre: Ecequiel Sancho), sujeto de mediana estatura y complexión recia, amarilla la tez, ojos verdosos, y el pelo en escobillón. Habíale mandado el señor con un recado que, por la razón que traía, debió de resultar infructuoso.

PERO SI EN LA FIGURA RECORDABA AL HIDALGO CERVANTINO, EN LA PALABRA, DULCIFICADA POR EL ACENTO ITALIANO

—No está el brigadier. Después de recorrer una por una las casas del pueblo, me ha dicho persona verídica que la brigada que manda ese señor no está ya en el ejército del Norte, sino en el de Aragón.

—La brigada podrá estar en otra parte; pero Narváez puede haber quedado mandando otra división. Al menos así se decía en Madrid.

1835 - 1837

Lusos y británicos apoyan al bando liberal

Ambos países envían tropas a España y ayudan económicamente a la regente

La Cuádruple Alianza

En 1834, el Gobierno liberal español se incorpora a la Cuádruple Alianza junto a Francia, Portugal y Gran Bretaña. Estas potencias ayudan económicamente a la regente María Cristina, quien a partir de 1835 exige a ingleses y potugueses mayor apoyo militar, como el que ya suministraba Francia

Intervención militar

Finalmente, el gobierno británico forma en junio de 1835 un cuerpo de voluntarios que intervendría en España: la Legión Auxiliar. En agosto de ese año ya estaba en España todo el contingente: 10.000 hombres mandados por el general Lacy Evans

En 1835, la Reina lusa María Gloria envía a España a la **División Auxiliar Portuguesa**, formada por 6.000 hombres, devolviendo a la regente española el apoyo que ésta le había prestado durante la guerra civil de su país

El regreso a casa

Los soldados británicos y portugueses abandonan el país en julio de 1837. Los ingleses se marchan de España desencantados, tras sufrir un aprovisionamiento desastroso y continuos retrasos en los salarios. Además, dejan a sus espaldas a 2.500 compatriotas muertos -la mayoría a causa de las enfermedades-. No obstante, 1.700 ingleses se quedan a las órdenes del coronel O´Conell, formando la llamada Nueva Legión

FUENTE: "La Primera Guerra Carlista", César Alcalá **Doc.:** Rubén González **ALBERTO J. SILVA**

—En Madrid dirán lo que quieran; pero el señor don Ramón María Narváez no está aquí, porque está en Aragón, a no ser que pueda un hombre estar mismamente en dos partes del mundo, Aragón y la Llanada de Álava.

—¡Cuerpo de tal, sí!... como tú, que estás al propio tiempo aquí y en Babia... ¿Quién te ha dado esos informes?

—Un señor coronel a quien conozco desde que él tenía diez años. Serví en su casa: su madre gran señora; sus hermanos guapísimos. Como hijos de militar, arrimados a la milicia... La señora me regañaba porque en los ratos libres nos poníamos todos, niños y criados, a jugar a los soldaditos. A este le quise más que a ninguno, y el día que salí de la casa lloraba el pobrecico... yo también lloré, porque le quería. Era un ángel... La señora nos hacía rezar el rosario de rodillas, y él se ponía junto a mí, haciéndome garatusas... Pues como iba contando, todos los hermanos siguieron la carrera militar... este...

ISTÚRIZ ENVIÓ MISIVAS SECRETAS A DON CARLOS DE BORBÓN. Una de las cartas la llevó un espía siciliano llamado Rapella, al que la policía isabelina trato de interceptar en el norte antes de que cumpliera su misión. La diligencia de los perseguidores de Rapella partió de Madrid hacia Burgos, y desde allí continuaron hacia Vitoria y Bilbao a lomos de caballerías para ganar tiempo. *(Salida de la diligencia en la calle de Toledo.* Dibujo de José Vallejo).

—¿Quién es?... ¡Acaba de una vez, condenado! —exclamó Rapella dando una patada—. Aburres al Verbo Divino con tus historias.

—A eso iba.

—Quién es, te pregunto.

—Don Leopoldo O'Donnell.

—Acabáramos.

—Decía que todos los hermanos, respirando como la madre por el absolutismo, se han ido a la facción; este es el único que ha dicho: «¡Pues libertad, ea!», y ahí le tiene usted con veintiséis años y ya coronel, propuesto para brigadier. ¡Me da un gozo cuando le veo!... Oiga usted: a los once años ingresó en el *Imperial Alejandro;* a los quince era la misma formalidad, tan gallardo con su uniformito...

—Basta... ¡Si no quiero cuentos, Sancho; si me apestan tus historias! ¿Dónde y cuándo has visto a O'Donnell? Te advierto que es amigo mío; luego nos hemos de ver, y si me cuentas algún embuste o le has contado a él alguna inconveniencia, ten por seguro que lo he de saber.

—Le encontré no hace un cuarto de hora, cuando volvía yo para acá, después de despernarme por todo el pueblo. Salía de su hospedaje, dos casas más arriba, con cuatro oficiales de su regimiento...

—¿Manda Gerona?

—Gerona, sí señor. Por cierto que el año 34, siendo Leopoldito segundo comandante de la Guardia...

—¡Que no quiero historias, que no quiero historias! —gritó Rapella fuera de sí, esgrimiendo unas pinzas con que se arrancaba algunos pelos que asomaban en su nariz—. Adelante... A lo que te pregunto.

—Pues iba diciendo que en cuanto le vi, me fui derecho a él... ¡Qué sorpresa, qué alegría! Claro que me reconoció, y dijo: «¡Sancho!», así, con... con confianza... y yo dije: «Niño mío, mi don Leopoldito...» así, con... con tristeza, porque me acordaba de aquellos tiempos felices, que ya no volverán... Me acordaba de cuando su mamá, aquella respetabilísima y santa señora...

—Sancho, que te pego.

—Voy... voy... Pues hablamos un ratito... le dije que venía al servicio de un señor diplomático...

—Muy bien.

—Y él se admiró... y luego... nada... Notando yo que quería seguir hablando con sus compañeros, de cosas del servicio, me despedí, y cuando le besaba la mano tuve el buen acuerdo de preguntar por el señor brigadier Narváez, y me dijo lo que consta.

—Vamos, hombre, gracias a Dios que dejas a un lado la paja y vienes al grano. Pues mira, Sancho, corre al instante en seguimiento del coronel de *Gerona,* y el mismo recado que te di para Narváez se lo encajas a él. ¿Has perdido la boleta con mi nombre?... Ahí la tienes: bien... Pues vas, le sueltas la boleta y le dices que deseo hablarle; que me señale, hora y sitio... ¿estás? Corre, Sancho amigo, que necesitamos ganar horas, minutos...

Salió Sancho presuroso, y el señor Rapella, abreviando los últimos trámites de su complejo tocador, dio golpes con los nudillos en una puerta próxima, diciendo a gritos

—Fernando, hijo, ¿duermes todavía?

Como no recibiera contestación, empujó las mal ajustadas tablas que componían la puerta, y penetró en un camaranchón que recibía la claridad de un tragaluz del tamaño de medio pliego de papel. Allí, entre arcones cubiertos de polvo, sacos de paja y viejos instrumentos de labranza, yacía durmiendo bajo una manta, Fernando Calpena, el cual, si despertó a las voces que daba su amigo, hubo de tardar algún tiempo en vencer el embrutecimiento que un profundo dormir en cuerpo tan cansando producía. Viéndole desperezarse, Rapella le dijo:

JUAN DE LA PEZUELA, CONDE DE CHESTE. Academia Sevillana de Buenas Letras.

MILITAR Y LITERATO

Juan de la Pezuela y Ceballos, conde de Cheste, fue militar, político y literato. Era hijo del virrey del Perú Joaquín de la Pezuela. Nació en Lima en 1809 e ingresó en el ejército en 1830. Combatió durante la primera guerra carlista en el bando cristino y participó en la conspiración moderada de octubre de 1841. Fue diputado a Cortes en 1843 y ministro de Marina, Comercio y Ultramar en 1846. En 1849 fue enviado a América, primero a Puerto Rico y después a Cuba, como jefe del ejército español. De regreso en España fue capitán general de Cataluña y senador. Como literato destacó por sus traducciones de autores clásicos, como Dante o Camoens, del cual tradujo al castellano *Os Lusíadas*, y escribió poemas como *El cerco de Zamora* y la comedia *Las gracias de la vejez.*

—Levántate pronto, y vístete y arréglate. ¿Conoces tú a O'Donnell?

—¿Enrique?

—No: Leopoldo.

—No le conozco. A su hermano sí: en Madrid le dejamos.

—Porque verás: tropezamos con un grave inconveniente. Mi íntimo amigo Ramón Narváez, con quien yo contaba para que nos proporcionase caballos, no está ya en este ejército. Yo, la verdad, aunque traigo carta para Córdova, no me atrevo a presentarme en el Cuartel General en estas circunstancias... En el momento de iniciarse un movimiento de avance hacia las líneas de Arlabán, no me parece oportuno dar a conocer que vamos al Cuartel de don Carlos.

Mi íntimo amigo Ramón Narváez, con quien yo contaba para que nos proporcionase caballos, no está ya en este ejército

—Sí: podrían creer que llevábamos noticias de los movimientos del ejército cristino —dijo Calpena sacudiendo la pereza—. ¿Y en efecto, se mueve Córdova?... Yo creí que soñaba, oyendo desde antes del alba cornetas y tambores... Soñé, ¡qué desatino! que debajo de mi jergón se estaba dando la batalla de Bailén, y que no la ganaba Castaños, sino Mendizábal. Ya ve usted qué desatino...

—Intentaré entenderme con O'Donnell: le trato poco; es muy frío; parece un reverendo inglés. ¿Y a quién conoces tú en el ejército?

—A muchos. Pero con encontrar a Patricio de la Escosura, tendremos lo que queramos.

—Facilillo es hoy cogerle. *¡mali pri mia!* —dijo Rapella, lanzando una exclamación siciliana—. Ya siento que no entráramos en Vitoria.

—Si el ejército se pone en marcha, será como buscar una aguja en un pajar. ¡Fuera pereza!... ¡Ah! También conozco a Juanito Pezuela y a Ros de Olano.

—Pues anda, hijo, anda, y mientras tú brujuleas por un lado, yo procuraré conquistar la fría voluntad del coronel de *Gerona,* y buscaré a Malibrán, grande amigo mío, y a Pepe Concha. También está en el Cuartel Real Mariano Girón, el hermano del duque de Osuna; a los dos les trato... Pero no es prudente que nos vayamos tan a fondo. Procurémonos tres caballerías, aunque sean de desecho, y escapemos hoy mismo por el camino de Villarreal, donde, según lo que allí nos digan, tomaremos la dirección más expedita para colarnos pronto en la mismísima Corte del señor pretendiente.

XVI

Arreglose Fernando a toda prisa, chapuzándose en agua fría, que el mismo Rapella con todo su empaque, le trajo en un cubo, y al cuarto de hora ya corrían los dos por las calles del pueblo, inquiriendo y tomando lenguas en busca de estos o los otros amigos. El don Leopoldo recibió al italiano en medio de la calle con glacial cortesía, y a las primeras de cambio, hubo de oponer a su pretensión reparos y dificultades que equivalían a una cortante negativa. Así lo comprendió el otro, y como hombre agudísimo, de larga vista social, no insistió, absteniéndose al propio tiempo de preguntar cosa alguna que trascendiese a movimientos de tropas. Con astuta diplomacia, no ocultó al coronel que llevaba al Cuartel de don Carlos una misión reservada cerca del Infante don Sebastián Gabriel:

—Arreglos de familia, ciertas negociaciones, ¿me entiende usted? para las cuales llevo poderes de Su Majestad el Rey de las Dos Sicilias, de la princesa Carolina... y de otras elevadísimas personas... asunto que, si bien de carácter doméstico, podría influir grandemente en la cosa pública, en la guerra, en la paz...

Oyó estas historias don Leopoldo con flemática atención, sin demostrar un interés muy vivo en tales componendas. Era un chicarrón de alta estatura y de cabellos de oro, bigote escaso, azules ojos de mirar sereno y dulce; fisonomía impasible, estatuaria, a prueba de emociones; para todos los casos, alegres o adversos, tenía la misma sonrisa tenue, delicada, como de finísima burla a estilo anglosajón. Despidiose, al fin, cortésmente del estirado Rapella, dejándole en extremo descorazonado. ¡Ah, si estuviera allí Narváez, aquel temperamento ardiente, imperioso, altanero, gran servidor de sus amigos! Para las situaciones de grande apremio, había puesto Dios en el mundo a los andaluces, con toda la vehemencia de sus afectos y todo el fuego de su torera sangre.

Más suerte tuvo don Fernando, que a fuerza de huronear, metiéndose en los grupos de oficiales que a lo largo de la carretera encontraba, dio al fin con Ros de Olano, que a caballo venía con Pepe Cotoner. Grande y placentera fue la sorpresa de los simpáticos jóvenes al encontrarse en el propio teatro de la guerra a un disperso amigo de Madrid, con quien habían alternado *en los dorados salones,* como solía decirse. Los interrogatorios fueron festivos y breves por una y otra parte, pues no era ocasión de entretenerse en extensos relatos. Formuló Calpena la pretensión suya y de su compañero Rapella, a quien de nombre conocían los otros por la fama de su metimiento en Palacio, y no respondieron dando esperanzas de una fácil solución. Cuando les notificó que iban al Cuartel de don Carlos, mostraron inquietud y asombro; pero Fernando se apresuró a quitar por su parte todo matiz político a tan desatinado viaje, diciéndoles:

—El objeto de mi compañero es un asunto de la Familia Real, cosas del rey de Nápoles y del infante don Sebastián; el objeto mío es apoderarme, por la fuerza o por la astucia, como pueda, de una mujer, de mi novia, que me ha sido robada infamemente. Es huérfana, señores: ¡cuidado!; se la disputo a un tutor, como en las comedias que ya están pasadas de moda.

Acogida fue tal revelación con grandes risotadas, y para predisponerles más a su favor, encareció Calpena los peligros el dramático misterio de la aventura que emprendía sin auxilio de nadie, y en la cual, puesta resueltamente toda su voluntad, no veía más que dos términos: la victoria o la muerte. Imaginaciones lozanas, espíritus juveniles y entusiastas, que adoraban el bien y la belleza, Ros y Cotoner manifestaron a Fernando una simpatía ardorosa, y a este, que no a otro resorte, debieron los expedicionarios la solución de la dificultad en que les puso la ausencia del brigadier don Ramón Narváez.

LOS INTERROGATORIOS FUERON FESTIVOS Y BREVES POR UNA Y OTRA PARTE, PUES NO ERA OCASIÓN DE ENTRETENERSE EN EXTENSOS RELATOS

A la hora y media de este coloquio de Calpena con sus amigos en medio del camino, él a pie, los otros a caballo, recibieron los viajeros dos magníficos jamelgos cojitrancos y un mulo lleno de mataduras, que les parecieron bajados del cielo, y las más gallardas cabalgaduras que habían visto en su vida. No quisieron entretenerse allí, temerosos de que se las quitaran, y tomando a toda prisa un par de bocados y algunos tragos de vino, picaron espuela por el camino de Villarreal; Rapella y Fernando caballeros en los rocines; Sancho, con las maletas en el matalón.

Mientras estuvieron a la vista del pueblo no iban muy tranquilos, y arrimaban espuela y látigo a las caballerías para ponerse pronto a la mayor distancia; después aflojaron, porque

«Lugar abundante en colinas». Ese es el significado en castellano del topónimo vasco Oñate, una de las pocas villas del País Vasco en los cuales el carlismo reunió sus Juntas de Señorío para hacer valer el deseado poder real. Situada a medio camino entre San Sebastián, Bilbao y Vitoria, fue elegida por el pretendiente don Carlos como capital y cuartel general de sus tropas entre 1835 y 1839.

OÑATE, LA CAPITAL DE UNA CORTE SIN RESIDENCIA FIJA

La corte del pretendiente carlista no tuvo un emplazamiento fijo. La situación de guerra obligaba a constantes desplazamientos por los territorios afines para evitar caer en poder del enemigo, lo que impidió establecer una capital estable. La zona de itinerancia preferente fue el interior del País Vasco y Navarra, territorios sobre los que el control de los carlistas fue más continuado. La costa vasca y las capitales eran de predominio liberal, pero el interior y las poblaciones menores se decantaban por el pretendiente. La movilidad del Rey, de su corte y del ejército implicó también la movilidad constante de los órganos e instituciones de gobierno de los carlistas. Algunos de estos organismos tenían su sede oficial en alguna población concreta, la mayor parte en Vergara, salvo la Secretaría de Guerra, que se asentaba en Zumárraga, y el Tribunal Supremo de Justicia, que se instaló primero en Estella y después en Oñate. Pese a ello, el pretendiente al trono llegó a disponer incluso de un periódico oficial en el que firmaba con la fórmula: «Yo el rey». Cuestión aparte son las funciones de estas instituciones, ya que los carlistas, firmes defensores del absolutismo real, no admitían la existencia de ministerios según el modelo liberal. Para el carlismo el único gobernante legítimo era el Rey, que se apoyaba para su acción de gobierno en las Juntas de Señorío y en las Diputaciones, que velaban por el mantenimiento de la tradición, constituían el contrapeso del poder del monarca y ejercían la administración efectiva de sus respectivos territorios. Las secretarías no pasaban de ser meras auxiliares cuya función era aconsejar al Rey, nunca imponer sus criterios. La única población que pudo considerarse capital carlista fue Oñate entre 1835 y 1839. Durante estos periodos la villa se convirtió en el cuartel general del pretendiente y en el refugio de las tropas carlistas. Ni Espartero ni los generales que le sucedieron pudieron conquistar la población, que se convirtió, para el imaginario colectivo, en el símbolo de la lucha tradicionalista. Estaba situada la villa a medio camino entre Bilbao, San Sebastián y Vitoria, era una de las pocas villas de señorío del País Vasco. En euskera, Oñate significa: *lugar abundante en colinas*, lo que describe con exactitud el paisaje que la rodea. Los oñatiarras fueron tradicionalmente levantiscos y en la historia quedó el recuerdo de sus enfrentamientos contra los señores de la zona Vélez y Guevara. Protagonizaron revueltas para reclamar mayores libertades, reivindicaciones que se mantuvieron siglo tras siglo a pesar de los repetidos fracasos. La villa presenta una considerable riqueza arquitectónica en la que se cruzan gran variedad de estilos artísticos: el gótico de las casas-torre, las construcciones renacentistas y las iglesias barrocas. Los elementos más destacados son el monasterio de Bidaurreta y la plaza de Santa Marina. El monasterio de Bidaurreta es un edificio del siglo XVI que posee elementos góticos, renacentistas y mudéjares. Su iglesia contiene doscientas dieciocho sepulturas que guardan los restos de los miembros de las principales familias de Oñate durante siglos. La plaza de Santa Marina, por su parte, fue levantada en sucesivas fases entre el siglo XVI y el XIX y constituye un notable conjunto de palacios barrocos como los de Madinabeitia y Baruekua y casas decimonónicas como la de Moyua. Otra construcción destacada es la Universidad de Oñati o de *Sancti Spiritus*, concebida y costeada por el obispo oñatiarra Rodrigo Mercado de Zuazola, humanista del Renacimiento. La Universidad desarrolló su actividad entre 1542 y 1901 y en sus aulas se impartieron los grados de Teología, Cánones, Leyes y Medicina. La fachada principal tiene semejanzas con la del convento de las Dueñas de Salamanca, obra de Gil de Hontañón. Destaca por su claustro interior de doble arquería, por los artesonados mudéjares de Gibaja y por el retablo plateresco de la capilla.

La relevancia de Oñate, durante la primera guerra carlista, recayó en ser el lugar donde se puso fin al enfrentamiento con la firma del convenio que lleva su nombre el 29 de agosto de 1839, y que fue ratificado dos días después por los generales carlistas Simón de Torre y Urbiztondo y el liberal Espartero con el «Abrazo de Vergara» entre Maroto y Espartero.

UNIVERSIDAD DE OÑATE. Y firma del convenio que puso fin a la guerra carlista en agosto de 1839. Biblioteca Nacional. Madrid.

harto les significaban las pobres bestias que por su edad y achaques no estaban ellas para largos trotes. En todo el día, nada les aconteció digno de referirse. A la caída de la tarde, merendaron de los abastecimientos que el precavido Sancho había cuidado de recoger en el parador, y a eso de las siete les dieron el alto las avanzadas carlistas. Como iban con toda seguridad, pues Rapella llevaba pasaportes y salvo—conductos expedidos por quien podía hacerlo, y además cartas para Villarreal, Guergué y otros a quienes personalmente conocía, nadie les molestó, y siguiendo hacia el interior del Estado faccioso, franquearon, con ayuda de un guía del país, un alto monte hasta dar en un caserío próximo a Arechavaleta, donde se aposentaron y durmieron unas tres horas. Al siguiente día continuaron su marcha por laderas pobladas de bosque, hasta salvar la divisoria entre los ríos Deva y Aránzazu por Beloña, y a media tarde vieron bajo sus pies las torres y chapiteles de la noble Oñate, en la cual hicieron su triunfal entrada a punto de las seis.

Me da en la nariz que son de la familia del entusiasta, del generoso conde Roberto de Custine

Como a tal hora volvían a sus viviendas innumerables paseantes, la entrada de los tres viajeros en la capital del absolutismo por la calle *Zarra* fue objeto de gran curiosidad y sensación. Los grupos de clérigos y señorones se paraban a contemplarles; los chiquillos corrían tras ellos; en ventanas y balcones asomaban las mujeres sus lindas caras. El tipo de caballero noble que a Rapella distinguía, la juvenil elegancia de Calpena, motivo fueron de comentarios, que corrían de boca en boca con la rápida transmisión propia del ambiente social de un pueblo aislado en que moran la ambición y la ansiedad. Favorables a los viajeros eran las opiniones que a su vista se formulaban aquí y allá, y el que menos les tenía por aristócratas castellanos o andaluces que venían a rendir pleito homenaje a la Majestad del rey legítimo. Los más avisados creyéronles extranjeros, plenipotenciarios de alguna de las cortes del norte, que llegaban con mensajes y quizás con dinero.

—Para mí —decía apoyándose en su bastón de puño de oro el señor don Francisco Bruno Esteban, canónigo dignidad de Osma y Teniente Vicario general castrense—, vienen de parte del Rey de Prusia, y traerán un par de millones cuando menos, que de este envío y de tal plenipotencia hubo noticias no hace dos semanas.

—No hay nada de millones ni de prusianos —afirmó el Ordenador, jefe de la Hacienda militar y civil, señor Labandero—. Si acaso, traerán buenas palabras... Me da en la nariz que son de la familia del entusiasta, del generoso conde Roberto de Custine. ¿No notan ustedes el tipo de caballeros a la antigua?

—Ya lo hemos notado —dijo el orondo don Tiburcio Eguiluz, superintendente general de Vigilancia Pública—. Para mí, no es otro que el vizconde de la Rochefoucauld Jaquelin.

—Hombre, me parece que está usted soñando, señor don Tiburcio.

—Ya veremos quién sueña...

Por indicación de Sancho, que conocía la localidad, apeáronse junto al Ayuntamiento, a la entrada de la calle *Barria,* frente a la iglesia de San Miguel, la mayor y principal del pueblo. Allí les era fácil tomar lenguas de la mejor posada para los señores y de un parador para las caballerías. Viéronse al punto rodeados de diversa gente. Militares, paisanos, viejos, chiquillos y algunos clerizontes, se abalanzaban a ellos deseosos de servirles con la tradicional afabilidad vascongada. Sin que lo preguntaran, se les indicó el palacio de Artazcos, residencia de Su Majestad, quien aquel día se encontraba en Elorrio. Al oír esto, mostrose Rapella muy contrariado; pero habiéndole dicho los circunstantes que Su Alteza el infante don Sebastián permanecía en la villa y que residía en la Universidad, exclamó gozoso y enfático el siciliano:

—No podía Su Alteza, mi grande amigo, albergarse más que en el propio templo de la sabiduría.

Resolvió entonces entrar en una tienda de licores y pasteles que vio en el costado de la plaza, sin que le moviera otro propósito que librarse del enjambre de curiosos impertinentes y de chiquillos pegajosos, y allá se colaron también dos señores capellanes, extremando su cortesía.

—El mayor obsequio que pueden hacerme los que tan atentos se muestran, es llevar al Serenísimo señor Infante un aviso de mi parte. Basta con decirle que ha llegado su amigo Rapella y que desea pasar a ver a Su Alteza en cuanto este se digne señalar hora para recibirle.

No habían transcurrido quince minutos cuando a sus oídos llegaba esta grata respuesta:

—Su Alteza acaba de entrar de paseo, y dice que le espera a usted ahora mismo.

—Ya sabía yo —dijo reventando de satisfacción el siciliano y dándose un tono tremendo entre aquella gente—, ya sabía yo que me recibiría sin pérdida de tiempo. Tú, Fernando, espérame aquí. Si Su Alteza me convida a cenar, como espero, te mandaré recado. Entre tanto, busca por ahí, en lugar céntrico, un buen alojamiento para los tres.

Y partió al instante con un capellán por cada lado y detrás un reguero de gente diversa. En la puerta de la repostería dieron a Calpena razón de un alojamiento próximo, añadiendo que tenían que resignarse a vivir con alguna estrechez por estar Oñate lleno de gente forastera, con tanto empleado y tanto señor de oficina. Más que en la comodidad del pupilaje, el pensamiento de Calpena se fijaba tenaz en el capital asunto que embargaba su ánimo, y al punto empezó a formular preguntas:

El otro, en quien ya la voz hueca manifestaba el paso de niño a hombre, estudiaba para cura

—¿Conocen ustedes a un señor don Ildefonso Negretti, que ha venido a la contrata de armas y municiones?

—¿Cómo dice usted...? ¿Negretti? El nombre no me suena. ¡Vienen tantos, unos a proponer pólvoras, otros armas, otros provisiones de boca! ¿Es por casualidad francés?

—No, pero quizás lo parezca. Ha venido con él una sobrina, hermosa joven, morena.

—Ya sé quién es: bajito, la ceja corrida; mira un poco torcido. Trae consigo una vieja y una señorita que parece tísica.

—¡Tísica! No puede ser, a menos que... —dijo Fernando en la mayor confusión—. A ver, denme las señas de esa enferma. Puede una salud robusta desmejorarse rápidamente con los malos tratos.

—Una damita flaca —dijéronle en vasco mal castellanizado—, con el pelo de color de cola de buey.

—No, no es esa... En fin: llévenme, si gustan, al alojamiento que crean mejor, y ya emprenderé mis indagaciones con toda calma.

Dos angelones como de doce a catorce años, guapines, rubios, cuyos rostros infantiles mostraban ya la seriedad y aplomo de la raza, le guiaron a la posada, de la cual era patrona la madre de uno de ellos, el más tierno, de aficiones militares, según contó a Calpena. El otro, en quien ya la voz hueca manifestaba el paso de niño a hombre, estudiaba para cura, y por de pronto, aprendía música con su padre, organista de la Iglesia Mayor, y cantaba con él en las funciones. Hallábase la hospedería en una calle estrecha que pone en comunicación la *Barria* con la de Santa María, y sale frente al torreón viejo del palaciote de Artazcos, morada del rey absoluto. Buena era ciertamente la tal casa; mas en días de tanta aglomeración resultaba estrecha, incómoda, y los huéspedes vivían en ella como sardinas en banasta, acomodándose cuatro en estancias donde tres no habrían tenido suficiente holgura. A Calpena le metieron en una alcoba donde moraban dos señores: un capellán nombrado Ibarburu, que del servicio castrense pasó a desempeñar la secretaría del *Despacho de Gracia y Justicia,* y un teniente coronel, impedido de una mano, que prestaba servicio burocrático en la *Junta Provisional Consultiva de Guerra;* llamábase Cerio, y era hombre muy vehemente, la pura pólvora, de un optimismo delirante. Con ambos trabó conversación y amistad Calpena en cuanto se instaló, y en la cena, servida a punto de las ocho, con lentitud y apreturas, por ser corta la mesa para veinte que a ella se sentaban, oyó mil noticiones y el animadísimo platicar de toda aquella gente. Entre los comensales descollaba como número uno de los habladores el tal don Ceferino Ibarburu, y metían bastante bulla don Teodoro Gelos, médico de cámara, vocal de la *Junta Superior Gubernativa de Medicina y Cirugía del Ejército;* don Juan Francisco de Ochoa, intendente, y el señor Sureda, gentilhombre de Palacio.

EL ALTO DE ARLABÁN, PUNTO ESTRATÉGICO para cristinos y carlistas. El general Córdova se propuso ganarlo a las tropas de don Carlos, pero la posición había sido fortificada, el ataque resultó sangriento y casi inexpugnable. (*Acción de Arlabán*. Grabado de época. Colección particular. Madrid).

—¡Menuda paliza se habrán llevado a estas horas! —dijo Cerio, el incorregible soñador de triunfos—. Y si no se la han ganado todavía, se la ganarán mañana.

—¡Vaya con las gracias que quiere hacer el señor de Córdova! —dijo Ibarburu—. ¿Pues no se le ocurre al niño querer tomar las alturas de Arlabán?

Una carcajada burlona corrió de boca en boca por toda la mesa, y el señor Gelos, que se preciaba de táctico, aseguró que las alturas de Arlabán no las tomarían los cristinos ni con doscientos mil hombres.

—La desgracia que tuvimos en enero en aquellas posiciones, cuando las ocupó Narváez, fue por sorpresa...

—Como que entonces no nos cuidábamos de aquella posición —indicó el Intendente—, y ahora la hemos fortificado. Es un hueso muy duro, donde se dejarán los dientes esos señores si intentan roerlo.

—Pero hablamos aquí sin conocimiento de causa —dijo Ibarburu emprendiéndola con las habichuelas—. ¿Quién asegura que los cristinos van contra Arlabán? Entiendo que el objeto de Cordovita es una simple demostración militar hacia la Borunda. Este caballero *(señalando a Calpena),* que acaba de llegar de Vitoria, nos dirá si las tropas enemigas se dirigían hacia la Barranca o hacia las lomas de San Adrián.

Declaró Fernando que a su paso por Vitoria, él y sus compañeros de viaje habían notado movimiento de tropas, sin poder precisar qué posiciones tomaban los cristinos ni a qué lugares, para él desconocidos, se dirigían.

—¿Pero el señor viene de Castilla? —dijo el gentilhombre Sureda mirándole con su lente, pues era algo cegato, de formas corteses y un tanto atildadas, calvo, muy limpio, prototipo de figura palatina para desempeñar un papel decorativo junto a los candelabros y mesas barrocas—. Yo entendí que estos señores diplomáticos venían de Francia, y me dijeron que traían la estafeta de Viena y Berlín. Dispense usted. No es que yo pretenda saber cuál es su misión. Ya sé que el otro señor ha sido invitado por Su Alteza.

—Es, según oí —apuntó Ibarburu—, napolitano, persona ilustradísima, que en Madrid ayudaba al señor Infante en sus investigaciones arqueológicas.

A todo asintió Calpena con medias palabras. De pronto, el médico Gelos, con notoria grosería, se dejó decir:

—¿Y qué...? ¿Nos traen ustedes *conquibus?* Porque para palabras bonitas, excusaban de venir... Dispense... aquí somos muy francotes. Hace tiempo nos están mareando con el empréstito de Turín, que hoy que mañana... Pero el tiempo

DON CARLOS AL FRENTE DE LA EXPEDICIÓN REAL. Grabado de época. Biblioteca Nacional. Madrid.

LA EXPEDICIÓN REAL PARA TOMAR MADRID

Tras el fracaso de la toma de Bilbao, los carlistas intentaron extender la guerra por toda la Península mediante expediciones ofensivas. La más importante fue la Expedición Real de marzo de 1837, cuyo objetivo era la conquista de Madrid. Partió de Estella con unos 11.000 hombres y consiguió varias victorias, pero la falta de alimentos y la mala organización provocaron que cundiera el desánimo entre la tropa. En Guissona, el 13 de junio, no lograron sofocar el ataque cristino y tras perder más de 1.000 hombres se declararon en retirada. Atravesaron el Ebro y se dirigieron a Levante abriéndose así camino a Madrid. Cuando llegaron a las puertas de la capital, el ejército cristino les estaba esperando y sin ni siquiera intentar el asalto tuvieron que regresar al País Vasco.

pasa, y *la mosca* no parece. Cuando vuelva usted a las Cortes de Europa, señor mío, bien puede decir a esos caballeros que ya basta de protección platónica; que aquí luchamos por la causa de todas las Potencias, por los Tronos legítimos, contra las revoluciones y el jacobinismo, y que deben ayudar a nuestro excelso rey, no con *metáforas* floridas, sino con metálicas razones... *por cuanto vos contribuisteis*... pues así venceremos más pronto... Digo más pronto, porque de todos modos, tarde o temprano, la victoria es segura. Está decretada por el Altísimo, y a donde no lleguen las valientes tropas de Su Majestad, llegará la intercesión de nuestra Generalísima invencible, la Virgen de los Dolores.

XVII

De aquel inoportuno y desconsiderado Gelos se contaba que había sido barbero, luego maestro de cirugía menor, pasando a titularse doctor en Medicina por una serie de transiciones lentas. No carecía de habilidad empírica; teníale el rey por un sabio, y puso en sus manos la asistencia de los heridos de su ejército: fue de los enviados desde Durango a la cura de Zumalacárregui, que resultó indocta, tardía, funesta. Distinguíase Gelos en el Real de don Carlos por sus opiniones intransigentes; militaba con rabioso entusiasmo en el partido zaguero, arrimado a las violencias absolutistas, a la cacería y exterminio de liberales, partido en quien la barbarie no era inferior a la candidez. Llamábanse los tales *netos, puros,* y su ridículo y brutal fanatismo ocasionó el *menoscabo y vuelco* de la Causa, como diría el historiador Mor de Fuentes. Entre los netos y las principales figuras del ejército Real latía una guerra honda, que se manifestaba en la superficie con el tiroteo continuo de acusaciones solapadas. Los valientes jefes de división, sucesores de Zumalacárregui, detestaban a la camarilla, haciéndola responsable de todas las desdichas. En cambio, los puros, en cuyo negro enjambre descollaba la frailuna personalidad de don Juan Echevarría, tenían por traidores a Villarreal, Gómez, Zaratiegui, soldados valientes que habían ganado palmo a palmo el terreno donde Carlos V pretendía establecer un ridículo simulacro de organización política y administrativa. Era un Estado de papel, compuesto de denominaciones enfáticas, burocracia sin materia administrable, palaciegos sin palacio, intendencias sin dinero, ministros con las carteras y las cabezas totalmente vacías.

EN LA *POSADA DE IRIARTE,* QUE ASÍ LLAMABAN AL HOSPEDAJE DE CALPENA, MARCÁBANSE CLARAMENTE LOS DOS PARTIDOS

En la *posada de Iriarte,* que así llamaban al hospedaje de Calpena, marcábanse claramente los dos partidos, pues si Gelos y Ochoa se preciaban de facciosos a machamartillo, Sureda, Cerio, el mismo Ibarburu y la mayoría de los demás huéspedes no veían con buenos ojos la insolente preponderancia clerical; reconocían la lealtad y bravura de los militares, y mostrándose devotos de la Virgen, y asistiendo con edificación a todas las funciones de iglesia a que les llevaba la santurrona piedad del rey, fiaban, más que en los rezos y letanías, en el poder de las armas, en el eficaz aprovisionamiento de las tropas, en la política seria, dirigida con templanza y arte mundano. A menudo, en las conversaciones de la mesa salían a relucir estas diferencias, atemperándose los disputadores al tono forzosamente grave y al matiz opaco de aquella sociedad, donde eran mal mirados los que hablaban demasiado fuerte, y tachados de masones los que proferían palabrotas picantes.

—Si el señor Gelos me lo permite —dijo con exquisita finura el palaciego Sureda, echando vinagre en su plato de judías verdes—, indicaré que de los empréstitos y de levantar fondos en el extranjero se cuidará nuestro gran Ministro don Juan Bautista Erro, que para algo le ha traído de Londres Su Majestad.

—Me aseguró ayer el señor obispo de León —manifestó Ibarburu, impaciente ya por meter su cucharada—, que el ministro trae planes sublimes. Su Ilustrísima y don Juan vinieron juntos hasta la frontera... Es indudable que al salir de Londres dejó el señor Erro ultimado un empréstito de algunos milloncitos de libras esterlinas, *vulgo* monedas de oro de a cinco pesos. No nos saldrá éste grilla, como les salió a los cristinos el tal don Juan Mendizábal, que se vino también de Londres con mucho viento en la cabeza, y luego... ¿qué? Miseria, el inicuo despojo del clero regular, que es un robo, señores; es como sacarle a uno el reloj del bolsillo...

Es indudable que al salir de Londres dejó el señor Erro ultimado un empréstito de algunos milloncitos de libras esterlinas

—Yo me alegro, sí señor, me alegro —dijo el señor Gelos, congestionado de tanto comer, y aflojándose el dogal que la servilleta le hacía en el cuello—. Ese escandaloso robo será la mecha que ponga fuego a la mina. Los cristinos, en su satánica demencia, desafían a Dios... ¡le meten la mano en el bolsillo a Dios, señores, para quitarle lo que pertenece a la santa Iglesia!... Me alegro, sí, me alegro, para que vean, para que aprendan los que aún no están convencidos... Hablando de esto, decíame esta tarde el señor Echevarría: es lo único que faltaba para que Dios y la Virgen Santísima estuviesen de nuestra parte... Pues qué, todos esos caudales, ¿de quién son sino de nuestra Generala? La piedad se los dio, el Infierno se los quita. Bien, bien: esto nos favorece. ¡Imagínense ustedes la cólera de Dios cuando haya visto!... ¡Están locos, locos!... y nosotros más locos todavía, si no nos aprovechamos de estos desaciertos del masonismo, abandonando los enjuagues y paños calientes, para marchar decididos al exterminio de la impiedad, de la revolución.

—Muy bien: así habla un devoto fiel de la Religión y el Trono —dijo, al extremo de la mesa, uno que se ocupaba en partir nueces para sí y los inmediatos, y era un antiguo guerrillero cojo, empleado en la Superintendencia de Vigilancia Pública.

—Yo no me meto en dibujos —declaró Cerio, comiendo también nueces, único postre que había—, ni entiendo de si se deben llevar las cosas por lo blando o por lo duro. No pienso más que en el pie de paliza que a estas horas habrá dado Villarreal a Cordobita.

—¿Pero se ha roto el fuego ya? No hemos oído tiros.

—Yo, sí. Esta tarde, viniendo de paseo por el camino de Aránzazu, oíamos un espantoso tiroteo. Y unos viejos que bajaban del monte nos dijeron que ayer rompió el fuego la división de Espartero contra el castillo de Guevara, y que a la primera embestida quedaron patas arriba como unos dos mil cristinos; que uno de los muertos es O'Donnell, coronel del regimiento de *Gerona,* del cual sólo han quedado doce hombres.

—Me parece, señor don Matías, que no está usted bueno.

—Hombre, quién sabe, quién sabe... ¿Y dice usted que unos viejos que venían...?

—De San Adrián, a donde fueron a retirar cuatro vacas. Pues sí: Ribero, con su división, atacó por Zuazo de Salvatierra, y toda la caballería que llevaba se precipitó en un barranco, donde ya pueden ustedes figurarse cómo quedaría. Desde aquí estoy viendo yo el montón de huesos de hombres y caballos.

—¡Bonito montón! también nosotros lo vemos, amigo Urra.

EL ASALTO A LA POSICIÓN DE ARLABÁN era temido por los carlistas, a pesar del refuerzo fortificado. En la corte corrieron rumores de que las tropas cristinas atacarían el reducto con el fin de asestar un golpe mortal a los enemigos de la Reina. *(Húsares de Arlabán*. Museo Histórico Militar. San Sebastián).

—No reírse, señores, no reírse —dijo con gravedad el intendente señor Ochoa—, que bien puede ser verdad lo que nos cuenta el amigo Urra.

—Y aún se ha dicho más —prosiguió don Matías—. Unas mujeres que venían de Ulibarri Gamboa contaron que reventó un cañón y mató a Córdova, entrándole un casco por semejante parte, con perdón...

—También cae dentro de la jurisdicción de lo posible —dijo don Teodoro Gelos—; pero hasta que no venga el parte, pongamos en cuarentena rigurosa todos esos barrancos llenos de caballería muerta, y esos cañones que se hacen añicos tan oportunamente... Como yo soy de los que creen en la Providencia... ¡y lo digo muy alto!... en la justicia divina... no me río de esas noticias... las oigo y espero.

El tal don Matías Urra, infeliz veterano del absolutismo, había comenzado su carrera gloriosa en la Regencia de Urgel y en el servicio privado del barón de Eroles. Emigrado a Francia, volvió a su tierra en calidad de ayuda de cámara del conde Penne de Villemur, el cual le tomó grande afición por su lealtad y esmero en el servicio. Deseando asegurarle un porvenir decoroso, le colocó, siendo ministro de la Guerra de don Carlos, en una humilde posición de Provisiones Militares. Poco después, el señor Arias Teijeiro, prendado de su fidelidad, se le llevó a Gracia y Justicia como auxiliar de Secretaría, cargo puramente nominal, pues le ocupaban en diversos menesteres; tan pronto se le veía en *Correos,* como en la Comisaría de Vigilancia, siempre leal, atento a lo que se le ordenaba, celosísimo por la causa del rey y la religión. Queríale todo el mundo en la llamada Corte, y no por humildes eran menos apreciados sus servicios. Hombre sencillísimo, sin pretensiones, con tanta fe en la Causa como en Dios, distinguíase por su actividad en la transmisión de todas las gratas mentiras que eran el consuelo de la *ojalatería* facciosa. No tenía familia, ni más amor que el rey, por quien habría dado cien veces su inútil vida. A más de poner en circulación mañana y tarde las nuevas fresquecitas de descalabros cristinos, del pánico que reinaba en Madrid, de la figura de la gobernadora, se había constituido en *avisador* de todos los triduos, novenas, funciones mayores, rosarios y demás religiosos actos que en las iglesias y oratorios de Oñate se celebraban, para edificación de las almas y alimento de las esperanzas políticas. El bueno de Urra informaba puntualmente, preguntáranle o no; y dotado de actividad prodigiosa, iba de casa en casa anunciando: «esta noche Desagravios en San Miguel; mañana trisagio en las Franciscanas; en Santa Marina completas y salve, y en Bidaurreta manifiesto y sermón del padre Prepósito de San Agustín...».

Continuó picando la conversación en el candente asunto de la embestida de los cristinos a las posiciones de Arlabán, que unos tenían por cierto y otros no, y al fin, hartos de judías, huevos cocidos, pescado en salmuera y nueces, empezaron a desfilar: los más impacientes y activos resolvieron no acostarse sin ver confirmadas o desmentidas las noticias guerreras que corrían, y para esto no había cosa mejor que dirigirse a los *centros,* donde seguramente habrían llegado partes.

—Yo me voy a *Guerra* —dijo uno—, que algo sabrán allí.

—Y yo, a Palacio —declaró Sureda—; entro de guardia esta noche.

—Pues yo —manifestó Ibarburu con retintín—, me voy a *Gracia y Justicia,* donde tenemos multitud de asuntos al despacho, y francamente, ni el señor Arias Teijeiro ni yo gustamos de que se aglomeren los negocios.

Gelos se fue a la tertulia del señor Echevarría, al extremo de calle *Barria,* y Matías Urra no se acostaba sin meter sus narices en la botica, primero, y después en casa del señor vicario, su grande amigo.

Retirose Calpena contento a su dormitorio, porque el trato de aquellos señores, en general afables y comunicativos, dábale esperanzas del pronto esclarecimiento de su magno asunto, y fijándose especialmente en Urra, en quien vio un eficaz correveidile, sabedor de cuanto en el pueblo ocurría, se propuso utilizar con maña su oficiosa complacencia. Rendido de sueño, se acostó pensando que tal vez estaba muy cerca de Aura. Bien podía ser que la enamorada doncella se encontrase a la otra parte de aquel tabique o pared a que su lecho tocaba... Bien podía ser, señor; y si no era tanta la proximidad, en otro cualquier sitio de la población o de los caseríos del valle se encontraría. Ya la estaba viendo; la sentía respirar, la alcanzaba con su mano... Quedose dormido con esta idea, y toda la noche se la pasó en un sueño, del cual le sacó Rapella muy de mañana tirándole de una oreja.

RENDIDO DE SUEÑO, SE ACOSTÓ PENSANDO QUE TAL VEZ ESTABA MUY CERCA DE AURA

—Levántate —le dijo—, que es tarde y tenemos que hablar. Su Alteza me hizo el honor de invitarme a su mesa. Llegué muy tarde a la posada. Quisieron acomodarme aquí, en catre de tijera; pero yo, por estar solo, he preferido un camaranchón alto donde guardan las ristras de cebollas... Para poder uno arreglarse y hacerse la *toilette,* es indispensable una habitación independiente, por pequeña y mala que sea.

Notó Fernando, incorporándose para vestirse, que su amigo y jefe estaba ya perfectamente revocado en rostro, cabellera y bigotes, bien cepillado de ropa, limpio y oloroso. Se había sentado a los pies de la cama, por no hallar silla disponible. Ibarburu, en planta desde el amanecer, tomaba su chocolate en el comedor próximo. Cerio dormía entapujado con la sábana, y roncaba.

—¿Y qué tal? —le preguntó Calpena saltando del lecho—. ¿Cómo andamos de negociaciones?

—Chitón. Vístete, arréglate, y en la calle hablaremos. Yo me bajo, que tengo que dar órdenes a Sancho. Te espero en el pórtico de la iglesia. Ponte tu mejor ropa: vas a venir conmigo a ver al Infante, que desea conocerte.

Antes de veinte minutos se reunían Rapella y Fernando en el pórtico de San Miguel y lo primero que hicieron fue entrar a oír misa.

—Aquí, amigo mío —dijo el siciliano—, hay que atemperarse a las costumbres y a la atmósfera levítica del pueblo. Oigamos misa devotamente, y si cuadra oír dos, no será malo.

¡Miren qué casualidad! Por entrar en la iglesia, se les apareció Urra ofreciéndoles el agua bendita. Calpena se alegró de verle, y afectuosamente le preguntó:

ANTES DE VEINTE MINUTOS SE REUNÍAN RAPELLA Y FERNANDO EN EL PÓRTICO DE SAN MIGUEL Y LO PRIMERO QUE HICIERON FUE ENTRAR A OÍR MISA

—¿Se alcanza esta, amigo don Matías?

—Ya no... —respondió el vejete, deshaciéndose en amabilidad—. Pero entren los señores en la capilla del Sagrario y aguarden un poquito, que va a salir la del señor padre Prepósito.

Oyeron su misa con gran recogimiento, y a la salida volvieron a encontrarse a Urra, que les embistió amabilísimo: «¿No se quedan los señores a misa mayor?

—Hoy no podemos —dijo Rapella—. Nos aguarda el Infante, y quizás tengamos que ir antes de mediodía a Elorrio a presentarnos a Su Majestad.

—Su Majestad viene esta tarde. Por si no lo sabían, lo advierto a los señores. También les digo que para confesar, la mejor hora es entre nueve y diez. Ahora, ya ven los señores cómo están estos confesonarios. Hoy se nos ha venido junta toda la oficialidad de Artillería, que comulgará después en la tercera misa del Sagrario... Hasta más ver. Al señor Infante le hallarán ahora en misa.

Salieron, y por hacer tiempo hasta la hora de visitar al Infante y poder charlar a gusto, fuéronse a recorrer el pueblo, que en su pequeñez ofrece bastante interés, por la grandeza y hermosura de sus edificios públicos y particulares. Pasaron por delante de *Palacio,* subieron por la calle de Santa María hasta el camino de Legaspia, donde echaron un vistazo al convento de Bidaurreta, contemporáneo de doña Juana la Loca; bajáronse luego hacia San Antón, y cortando las calles *Zarra* y su paralela *Ikasola Kalea,* fueron a parar junto al río, no lejos del gallardísimo edificio de la Universidad. En el curso de este largo paseo, sin que nadie pudiera oírle, Rapella expresó a su compañero la pena que sentía por el resultado escaso, más bien nulo, que en la primera entrevista con el Infante habían tenido sus negociaciones.

—Has de saber, y esto es reservadísimo, Fernando, que el tal don Sebastián no se da a partido. Creían allá que con ofrecerle dignidades y honores se le ganaba, y todos nos hemos equivocado de medio a medio. Y no son flojas prebendas las que desprecia o afecta despreciar: Capitán general del ejército español, reposición en el Priorato de San Juan de Jerusalén, categoría de Infante de España con renta fija de medio millón de reales, cesión del Real Sitio de Aranjuez para su residencia y acomodo de museos y colecciones, con la Flamenca y demás... Ya se ve: ha jurado odio eterno a la Reina Gobernadora, y estos rencores personales son difíciles de reducir. Los que tratábamos al Infante en Madrid por los años del 31 al 33, le teníamos por inclinado al liberalismo templado. Yo frecuentaba su cuarto, con Martínez de la

Rosa, con el matemático Vallejo y el humanista Tordera. Veíamos que la ilustración y el trato de los sabios podían en el Príncipe más que la tradicional intransigencia borbónica. Créelo, resplandecía *el espíritu del siglo* en derredor suyo, y poco adelantaba su madre, la Princesa de Beira, queriendo rodearle de tinieblas... Juró a Isabel, como sabes; todos le teníamos por un decidido campeón de la *angélica* reina, cuando de la noche a la mañana, por piques o disensiones que permanecen veladas en el arcano de la intimidad doméstica, se nos tuerce el buen Infante, prendándose locamente de las ideas absolutistas... Para mí, y esto es reservado, Fernando, reservadísimo, para mí el cambiazo de este caballero ilustre data de los días que precedieron al casamiento secreto de la Reina con Muñoz. No vio don Sebastián en los preliminares de este suceso toda la dignidad, todo el decoro que debe acompañar a los actos, a las pasiones mismas de las testas coronadas, y...

—Oí contar... éstas son hablillas de logias y clubs, que quizás no tengan fundamento... pues oí decir que el Serenísimo don Sebastián, príncipe ilustrado, artista, matemático, políglota, reúne a estas prendas una mediana ambición... lo que no tiene nada de particular, pues quien mucho vale, mucho alienta... y debemos presumir que su ambición no se limitaría a los honores del Infantazgo... soñaba con la Regencia.

—¡Qué disparate! Nunca le pasó a don Sebastián por la cabeza tal pensamiento.

—Perdone usted... debieron pasarle ese y otros, si no cuando la muerte del Rey, algún tiempo después... ¿me entiende usted?... Al tener noticia del noviazgo, llamémoslo así, de la Reina con Muñoz...

—El Infante se puso furioso...

—O se alegró... lo humano es que se alegrara, porque el matrimonio morganático, en rigor de ley, debía inutilizar a doña Cristina para la Regencia.

—Patraña...

—O realidad. Yo me agarro a la filosofía de la historia, y reconstruyo con elementos humanos un personaje obscuro. El Príncipe se alegró, diciendo para su sayo: Reina casada, Regenta eliminada. Pero la Gobernadora fue más lista; no declaró oficialmente sus nupcias; se entendió con Roma... manda sus hijos a criar al campo. Ni siquiera figuran sus alumbramientos en el registro de la Facultad de Palacio. En la *Gaceta*, y dentro de las leyes del reino, es tan viuda de Fernando VII como lo era el 30 de septiembre de 1833, a las veinticuatro horas de expirar el padre de Isabel II. De modo que

LA REINA CRISTINA se casó en secreto con Fernando Muñoz, un soldado de la Guardia de Corps de origen humilde que formaba parte de su escolta. Lo conoció en el parque del Retiro de Madrid mientras prestaba un servicio de escolta, y tres meses después de la muerte de Fernando VII contrajeron matrimonio en la intimidad. (*Fernando Muñoz*. Museo del Ejército. Toledo).

su amigo de usted se vio totalmente chasqueado, y es cosa muy natural y muy humana, que cae también dentro de la filosofía de la historia, que un Príncipe, en tal situación de amargura y desengaño, se encariñe con el absolutismo y se lance a pelear por él.

—No conoces a Su Alteza, carísimo, como le conozco yo, ni estás al tanto de los acontecimientos. Déjame que te explique...

—¿Para qué? Doy por verídico lo que usted piensa y quiere contarme, y retiro mi hipótesis, querido Rapella... no es más que una hipótesis. ¿Qué nos importa, ni qué le importa a nadie que don Sebastián ambicionara la Regencia? ¡Si no se la han de dar, ni a nosotros han de darnos nada tampoco por averiguarlo!... Y a propósito, me ha dicho usted que me lleva a presencia de ese señor Serenísimo, y a eso, ilustre Rapella, tengo que oponer una resistencia heroica, porque yo no he venido aquí a ver príncipes más o menos serenos, ni a ocuparme de nada que no sea el interés grande, para mí inmenso, que me ha traído a estas tierras. ¿Qué trato hicimos en Madrid cuando nos reunimos para emprender este viaje? Pues se convino en que yo no le estorbaría a usted en sus negociaciones, y que usted me ayudaría en las mías todo lo que pudiese. ¿Fue eso lo tratado?

YO TE RESPONDO DE QUE ANTES DE TRES DÍAS, SI ANDAN POR AQUÍ EL TÍO DE SU SOBRINA Y LA SOBRINA DE SU TÍO, LES ENCONTRAMOS

XVIII

Eso fue lo convenido y lo cumplo lealmente —prosiguió el siciliano—. ¡Que si te ayudo! ¿Y si yo te dijera que ya no estoy tan ignorante como tú de la presa que perseguimos?

—¿Sabe usted algo? Por Dios, dígamelo, dígamelo pronto.

—Calma, que estas cosas son delicadas... Déjalo, déjalo de mi cuenta... ¿Pero tú sabes con quién hablas? ¿Te has enterado de que tu amigo Rapella es perro viejo en aventuras de amor? ¿Sabes que tiene sobre su conciencia de galán empecatado media docena de duelos con maridos celosos, burlas sin fin de padres severos o tutores ruines, y como unos diez raptos, dos de los cuales han sido del género novelesco, con escalamiento nocturno, incendio, pistoletazo y fuga a uña de caballo con la hembra a la grupa?

—Eso habrá sido en Sicilia, donde la vida romántica es cosa corriente.

—Eso ha sido en Italia, en España, también en Argel, con la circunstancia agravante del uso de cimitarra y del trato con eunucos y demás gentuza de serrallo. El caso tuyo es una simpleza, una comedia de principiante. Yo te respondo de que antes de tres días, si andan por aquí el tío de su sobrina y la sobrina de su tío, les encontramos, les sorprendemos y cargamos con la niña en pleno Estado absolutista y patriarcal, burlando tíos, clérigos, monjas, alcaldes, justicias, pues en ninguna parte son más fáciles las burlas que en estas sociedades rigoristas, donde se alambica la moral y se extreman las precauciones... ¿Me aseguras tú que la niña desea que la robes, que preferirá escaparse contigo a permanecer bajo el poder de su guardián? ¿Estás seguro de eso?

—Como de mi propia vida.

—¿Es ella valiente, de estas que corren tras el amor, como la mariposa tras de la luz, y que prefieren la quemadura y la muerte al aburrimiento de una vida regular?

—Es animosa, corazón grande, imaginación viva.

—Conozco el género. Pierde cuidado, niño.

—Pero dígame si ha podido averiguar...

—Cállate ahora. Pon tu asunto en mis manos.

—No puedo traspasar mi iniciativa. Si no me dice usted pronto lo que sepa, no le acompaño a la visita del Infante.

—Pues tú te lo pierdes, carísimo; porque si no me acompañas a la visita no te diré nada, y tardarás sabe Dios cuánto tiempo en averiguar lo que quizás sepamos dentro de media hora.

Calpena se paró en mitad de la calle para mirar fijamente la cara del italiano, que resplandecía de malicia, de doblez; cara de intrigante de oficio, curtido en enredos políticos de camarilla y en tramoyas mujeriles y palaciegas. Su fino sonreír dejaba entrever a Fernando un mundo de historias y una rutinaria destreza en artes que no se practican a la luz del día. Por un momento sintió desprecio del italiano, después miedo. Comprendiendo al fin la inconveniencia de huir de su lado en tal ocasión y en circunstancias tales, determinó seguir el impulso adquirido, hasta ver en qué paraban aquellos misterios. «Pero yo quiero que me diga usted con sinceridad: ¿qué tengo yo que pintar en el palacio de Su Alteza, ni en que bodegón hemos comido juntos ese señor y yo?

—Es sencillísimo. Su Alteza me preguntó: «Y ese joven que ha venido contigo, ¿quién es?». Contesté la verdad: que eres un chico de gran familia, instruidísimo, de una educación perfecta, así en lo moral como en lo intelectual... que posees el latín como Tito Livio y Cicerón, y eres consumado humanista...

—Eh... ¿qué bromas son ésas? Me ha puesto usted en ridículo.

—Que sabes también el griego...

—Hombre, no.

—Algo de griego, le dije... que posees vastísimos conocimientos en Historia y Arqueología.

—¡Ya escampa!

NO IMITEMOS AL PUEBLO, EL GRAN INOCENTE, EL ETERNO BOBO DEL MUNDO CIVILIZADO, EL POLICHINELA SOBRE CUYA JOROBA RECAEN TODOS LOS PALOS

—Hijo mío, la verdad es una diosa muy bonita, que reside en el cielo, y como allá la obligan a estar siempre en cueros, nunca desciende a nuestra pobre Tierra... es muy vergonzosa. Adorámosla como ideal; pero...

—Pero la realidad nos impone la idolatría del mentir, ¿no es eso?

—Sí, porque siendo mentiroso cuanto nos rodea, si blasonamos de verdaderos, o nos encierran por locos o nos apalean a cada triquitraque. Falso es todo lo que ves, carísimo, y en esta Corte diminuta no hallarás más verdad que en la grande de Madrid; farsa es la religiosidad de la mayoría de estos cortesanos; hipócrita la creencia en el derecho divino de este pobre Rey de comedia; engañoso el entusiasmo de los que mangonean en el ejército y en las oficinas. Sólo es verídico el pueblo en su ignorancia y candidez; por eso es el burro de las cargas. Él lo hace todo: él pelea, él paga los gastos de la campaña, él muere, él se pudre en la miseria, para que estos fantasmones vivan y satisfagan sus apetitos de mando y riquezas. No imitemos al pueblo, el gran inocente, el eterno bobo del mundo civilizado, el polichinela sobre cuya joroba recaen todos los palos. Y pues hemos de comer y de vivir y abrirnos paso en el tumulto de esta mascarada, pongámonos la careta. Dime, simple, ¿piensas que la empresa de arrebatar a la mujer que amas es realizable con los procederes de la verdad?

—Eso no...

—Pues entonces déjate conducir. Silencio y entremos a saludar al Infante.

A este punto llegaban ante el grandioso edificio de la Universidad, fundación del oñatiense don Rodrigo de Mercado, obispo de Ávila. Calpena se detuvo a contemplar la mole gallarda, la elegancia de sus contrafuertes, exornados de exquisita labor plateresca. La acción del tiempo y de la humedad, desgastando aquella hermosa pieza arquitectónica, dábale una pátina musgosa, y espiritualizaba la morbidez pagana de sus líneas. En el portalón había guardia, por estar destinado el edificio, en aquel lastimoso imperio de Marte, a cuartel y oficinas militares. Soldados, oficiales de diversa graduación sin más distintivo que la espada, entraban y salían, y no faltaban los grupos de mujeres y chicos que acuden al reclamo de la milicia activa. En dos de las crujías del claustro bajo, divididas por endebles tabiques, se habían instalado dependencias, designadas sobre las puertas con toscos letreros.

ERA DON SEBASTIÁN DE ESTATURA MEDIANA, TIRANDO A CORTA, DE POCAS CARNES, EL ROSTRO GRAVE Y DESAPACIBLE

En el claustro alto veíanse también rótulos indicadores de los diferentes ramos del organismo militar, a excepción de la crujía de Poniente, separada de las demás por una cancela provisional, con mampara. Por allí se entraba a la rectoral y biblioteca, y a la residencia del Príncipe. Un portero anciano, con casaca amarilla, les introdujo al instante en la biblioteca, donde comúnmente recibía Su Alteza las visitas. Era don Sebastián de estatura mediana, tirando a corta, de pocas carnes, el rostro grave y desapacible, con un poco de estrabismo en los ojos, bien afeitado, el cabello compuesto al uso con un poquito de melena ahuecada sobre las orejas, y la raya al lado izquierdo del cráneo. Si vulgarísimo era por su figura, no así por sus modales, de exquisita distinción: digno sin altanería, accesible, cariñoso, conservando siempre la superior postura. Sabía ser Infante de España; sabía sostener su papel de ilustrado, peregrino papel en príncipes, y aun engalanarse con la flor de la modestia, que tan difícilmente se cría en la seca atmósfera de la adulación. Muy grata fue para Calpena la amabilidad con que don Sebastián Gabriel le recibió. Aunque Su Alteza disponía de poco tiempo, les mandó sentarse junto a una mesa atestada de mapas y librotes voluminosos.

—Ya me ha dicho Rapella lo mucho que usted vale. Siento que su venida a esta ciudad haya sido en ocasión tan impropia para platicar de cosas de arte, lenguas y literatura. También yo tengo mis aficiones; pero la guerra ¡ay! y esta situación de continua inestabilidad, me privan de consagrarme a mis estudios favoritos. Confío en que vendrán tiempos mejores; ya iremos a Madrid, y allí, con toda calma... ¿Verdad, amigo Rapella, que iremos pronto a Madrid? ¿Qué piensa usted?

—Señor —dijo el siciliano inclinándose respetuoso—, puesto que Vuestra Alteza anhela volver allá, sólo debo manifestarle que Madrid echa siempre de menos al mantenedor entusiasta de las artes y las letras.

—El señor Calpena —indicó el Príncipe con gracia— no cree que vayamos pronto a Madrid; estima en poco la *causa* que aquí defendemos. Se lo conozco en la cara. Naturalmente, tiene sus ideas, sus preocupaciones; trae todo el barullo liberal metido en la cabeza.

—Señor —replicó Fernando con firmeza—, puedo asegurar a Su Alteza que más de una vez, no sólo aquí, sino en Madrid, he considerado posible y probable que la *causa,* por una serie de victorias decisivas, vea pronto expedito el camino de la capital de la Nación.

—De eso se trata... —dijo el Príncipe con orgullo, y variando al instante de tema, por ser muy de personas reales el hacer grata la conversación cambiándola oportunamente, prosiguió así—: Ya sé que es usted un gran latino.

—Señor, Rapella me quiere tanto, que abulta espantosamente mis pobres méritos.

—Yo también he tenido mis aficiones latinas, y cuando disponía de tiempo y de tranquilidad, los clásicos eran mi delicia. No crea usted, también me permití ciertos atrevimientos; traduje la elegía de Propercio *Ad amicum*...

—Sí, sí... la conozco. Es una en que se queja de que le han robado a su amada, y llora y se desespera. Si no recuerdo mal, empieza así:

Eripitur nobis jam pridem cara puella.

—Justo; y luego dice:

Et tu me lacrymas fundere, amice, vetas...

—¡Ah, Propercio me encanta! También yo, con la presunción, con la audacia que dan los quince años, me metí a traductor... Sí señor: traduje en verso libre la elegía *Hora mortis incerta*.

—¡Oh, sí! —exclamó don Sebastián con júbilo—. Es preciosísima. Comienza:

At vos incertam mortales funeris horam
Quœritis, et qua sit mors aditura via...

Aún repitió media docena más de versos, gozoso de mostrar su buena memoria, y después, cambiando el tono entusiasta por el quejumbroso, continuó:

—Ya ve usted si es triste abandonar los ocios dulcísimos de la buena literatura por esta actividad ansiosa, a que obligan los asuntos de un Estado incipiente, de un Estado en el cual tenemos que crearlo todo, y por el estruendo de la guerra, que siempre es cruel y bárbara aunque sea gloriosa... Desde que llegué a este país, no he podido abrir un libro de los que han sido, en épocas más bonancibles, mi mayor deleite. Encargado por Su Majestad de organizar las Maestranzas de Artillería y de Ingenieros, y de atender a las mil dificultades que ocurren a cada paso por falta de utensilios, de material, de personal idóneo, me paso la vida en un trabajo azaroso, no siempre coronado por el éxito. Verdad que me ayudan hombres inteligentísimos; pero el entendimiento nos da ideas, no la materia para traducirlas en hechos. Hemos podido, a fuerza de tenacidad y de maña, establecer la fabricación de cureñas y montajes; hemos fundido algunas piezas... En fin, no estoy quejoso, y la historia dirá con qué pobres elementos hemos realizado trabajos tan difíciles. Asombra el considerar lo que pueden la inteligencia y la fe, ¿por qué no decirlo? la fe de estos dignísimos oficiales, ayudada por la terquedad vizcaína. Con la fe hemos hecho algo que si no es mover las montañas, se le parece mucho.

SÍ, SÍ... LA CONOZCO. ES UNA EN QUE SE QUEJA DE QUE LE HAN ROBADO A SU AMADA, Y LLORA Y SE DESESPERA

—Y entiendo —agregó Rapella con oficiosidad—, que en los proyectiles de obuses no tiene este ejército nada que envidiar al cristino.

—Algo hemos adelantado, gracias a las nuevas máquinas que nos ha traído Negretti...

Lo que siguió no pudo oírlo Calpena; fue un murmullo, dominado por la sonora y vibrante voz, que aun después de salir de los labios del Príncipe continuaba sonando con estruendo:

¡Negretti! Era como un trueno... Tal fue la impresión recibida, que el joven no paró mientes en que proseguían conversando el Infante y Rapella. ¿De qué hablaban?... No lo sabía, ni se curaba más que de aquel Negretti que en sus oídos retumbaba.

—¿Es usted aficionado a estas materias, a la balística, a la fundición de metales?

—Sí, señor —replicó el joven impulsado de su gozo ardiente y del deseo de seguir tratando aquel tema antes de que Su Alteza pasase a otro—. Soy muy aficionado.

Turbose un instante. Comprendiendo al punto que un mentir descarado podría infundir sospechas, se apresuró a *ponerse en la rectitud,* como diría Hillo.

—Dispense Vuestra Alteza mi distracción... quise decir: aficionado a Propercio.

En efecto: nada más imprudente que mostrar interés y conocimiento en las materias científicas de la Maestranza. Sobre que todo engaño de esta naturaleza sería pronto descubierto, aconsejaba la más vulgar discreción aparecer indiferente a tales trabajos, que sin duda se hacían con cuidadosa reserva, recatándolos de la mirada de gentes extrañas y forasteras.

—Soy enteramente lego, señor —repitió Fernando—, en cosas de milicia y de ciencia militar.

Y Rapella con seguro instinto acudió a reforzar esta idea, diciendo:

—Tenemos aquí a un hombre que desde niño ha ejercitado sus facultades en los estudios históricos y literarios, y fuera de ellos es un ángel de inocencia. Me permitiré hacer una observación. Su carácter altivo y la independencia de que goza son causa de que no haya ocupado aún en la esfera escolástica del Reino la posición que le corresponde... Sí, sí, querido Calpena, hago traición a tu modestia, manifestando a Su Alteza que acaricias la ilusión de desempeñar en este apartado pueblo, tan propicio al estudio, el noble ministerio de la enseñanza... No te atreves a decirlo; pero yo sé que ésa es tu idea... Te encanta este honrado país, te empujan hacia acá tus hábitos metódicos, tu carácter apacible; te solicita desde aquí ¿por qué no decirlo de una vez? la atracción que ejercen sobre tu espíritu las ideas de estos ilustres señores y el régimen absoluto. Conocedor de tus pensamientos, porque poseo tu confianza, quiero ser tu órgano de expresión; la facultad de la franqueza que te falta, yo la suplo con mi atrevimiento... Sí, sí, Serenísimo Señor, este joven sería feliz consagrando su vida y su talento a las tareas de la enseñanza en cualquier localidad de la nueva Monarquía... Pues él no lo dice, lo digo yo, que le quiero como a un hermano, y no deseo más que su bien.

TENEMOS AQUÍ A UN HOMBRE QUE DESDE NIÑO HA EJERCITADO SUS FACULTADES EN LOS ESTUDIOS HISTÓRICOS Y LITERARIOS

Si a las primeras palabras del siciliano, Calpena vacilaba entre el asombro y la ira, por tan audaz mentir, antes de que Rapella terminase, ya pudo ver Fernando que aquel giro no era descabellado, y podía servir a la buena terminación de su asunto. Con la mirada y una leve sonrisa, prestó asentimiento a la declaración de su amigo, que obtuvo del Infante esta velada respuesta:

—Mucho me congratulo de las felices disposiciones y de los deseos de este joven, y por mi parte no he de oponerme a que los realice. Pero le advierto que no soy yo quien ha de decidirlo, pues ello incumbe al señor obispo de León, encargado de la Enseñanza. Para ejercer el profesorado en esta Universidad, la ley exige condiciones que sin duda podrá llenar cumplidamente el señor Calpena, aptitudes y conocimientos bien probados, pruebas también de piedad y de pureza de costumbres. Toda precaución es poca en las circunstancias de un Estado nuevo que quiere ser de todo en todo contrario al Estado caduco y corrompido que tenemos enfrente, y por eso se han establecido los ejercicios de reválida.

CARLISTA POR ODIO. El infante don Sebastián, paladín de la causa carlista, había jurado fidelidad a Isabel II, pero tras el matrimonio de la reina Cristina con Fernando Muñoz puso sus armas a disposición de don Carlos, quien le nombró general en jefe de su ejército. Su decisión fue más por odio hacia la Regente que por el deseo de apoyar al pretendiente a la corona. (*El infante don Sebastián*, por Manuel Miranda. Colección particular).

Diciendo esto, Su Alteza se levantó, señal de haber terminado la visita.

—Dispénsenme —les dijo alargándoles la mano, que Rapella besó—. Hoy es día de acontecimientos graves. Es seguro que han atacado nuestras posiciones por San Adrián. Desde muy temprano se oye tiroteo muy vivo...

Y no acababa de decirlo cuando entraron presurosos dos señores, uno de ellos Cerio, el otro un ayudante de González Moreno: traían noticias, que comunicaron a Su Alteza sin que Rapella y su amigo pudieran enterarse. Las noticias no debían de ser muy buenas, a juzgar por la cara que puso don Sebastián al oírles. Volviose luego a los visitantes, con cierta premura, como queriendo significarles de una manera delicada que tomaran la puerta.

—No debemos entretener más tiempo a Vuestra Alteza —dijo Rapella.

Y el Príncipe:

—Nos veremos otra vez... Ya sabe el señor... Reválida para la incorporación de grados, pruebas de piedad... juramento de defender el misterio de la Inmaculada Concepción, de condenar la impía doctrina del regicidio, la absurda soberanía del pueblo, el filosofismo anárquico... juramento de no pertenecer ni haber pertenecido a ninguna sociedad secreta... en fin, vea la *Gaceta,* decreto del 9 de abril... Adiós, señores...

XIX

Observaron al salir a la calle grupos de presurosa gente que iba de una parte a otra. Por las palabras sueltas que oían, coligieron que no lejos de Oñate, en las alturas que dominan el valle de Aránzazu, se estaban batiendo cristinos y facciosos. En la plaza eran más compactos los grupos, y de ellos se destacaban clérigos y militares que acudían a *Palacio* y a la Universidad en busca de noticias. No querían hablar Rapella y Fernando de lo que les incumbía hasta no encontrar un sitio solitario; con feliz acuerdo metiéronse en la iglesia, donde había terminado el culto de la mañana, y recorriéndola, como que admiraban los retablos, la espaciosa nave y la capilla en que reposan *los restos* del fundador de la Universidad, sin más testigos que algunas señoras y ancianos entregados a sus rezos y meditaciones, charlaron cuanto quisieron, *sotto voce,* cuidando de disimular al paso de algún sacristán o clérigo rezagado.

NO QUERÍAN HABLAR RAPELLA Y FERNANDO DE LO QUE LES INCUMBÍA HASTA NO ENCONTRAR UN SITIO SOLITARIO

—A lo que parece, se están batiendo ahí arriba —dijo Rapella—. ¡Qué bien me vendría que se llevaran estos caballeros una paliza fenomenal! Confío mucho en Córdova y su gente.

—Yo también. ¡Pero si les pegan y se ven obligados a salir de Oñate...!

—Mejor. Derrotados y fugitivos entrarán en negociaciones más fácilmente que envalentonados y triunfantes. ¡Duro en ellos!

—Pues si en mi mano estuviera, yo detendría en este momento la espada de Córdova. Me conviene el *statu quo* para las averiguaciones que pienso emprender esta tarde misma: si está Negretti aquí; si le acompañan su mujer y su sobrina; si no le acompañan; si ha dejado la familia en otra parte; si ha depositado a la sobrina en algún convento...

—Calla, hombre, calla. ¡Si te enterarás al fin de quien es Rapella!... ¡Si cuando tú vas a un punto ya estoy yo de vuelta! Todo eso que quieres saber, ya lo sé yo... ¿Por quién me tomas? ¡A fe que tengo bonito genio para estar tanto tiempo ignorante de lo que interesa a mis amigos!

La aproximación de un sacerdote que se detuvo en medio de la nave mirándoles atentamente, les obligó a callar.

—¿Quieres saberlo? —prosiguió el siciliano, libre ya del importuno clérigo—. Pues déjame terminar lo que diciendo venía. Para tu asunto es indiferente que evacuen o no evacuen la gloriosa villa de Oñate, porque... vamos, aplacaré tu curiosidad: Negretti está aquí; tu niña, no... Ya te contaré cómo lo supe.

—Cuéntemelo usted ahora.

—Silencio, que nos mira aquel tío gordo que parece un fraile vestido de paisano. Conviene que nos arrodillemos y hagamos como que rezamos un poco... Mucho cuidado con esta gente.

—No me tenga usted en esta ansiedad —dijo Fernando de rodillas, persignándose.

—Repito que para tu asunto es indiferente —prosiguió Rapella dándose golpes de pecho—, y para el mío de gran interés que les arreen a estos caballeros una paliza muy gorda. No encuentro en don Sebastián las blanduras que yo creía: la amistad y el cariño que en Madrid me manifestaba se recatan ahora, se revisten, como si dijéramos, de una capa de desconfianza. Su ambición, que es grande y legítima, no se rinde a los reclamos de allá mientras de este lado tenga flores el árbol de la esperanza. Venga un cierzo que arranque toda la flor del árbol, y la ambición del Príncipe no será tan arisca... Pero yo no he venido aquí a negociar sólo con don Sebastián Gabriel. Traigo otro grande embuchado para su tío, el Rey absolutísimo, de quien no sacaré jugo mientras esté boyante y entero. Pero si sufre un descalabro y le cojo por ahí, con las manos en la cabeza, entre el barullo de sus soldados fugitivos, cree que se le aplacarán los humos. La Santísima Virgen, su inspiradora y Generala, ha de aconsejarle que me oiga, y que acceda a lo que le propondré... Esto es más que reservado, y no esperes que te lo diga.

—Ni me importa saberlo. Lo que ha de decirme usted pronto...

—Voy... Pues supe que Negretti está en la Maestranza por el señor Roa, secretario de Su Alteza, con quien hablé anoche más de una hora de cosas de Madrid, de Oñate y de medio mundo. Aquí, sobre todo, hay materia larga para la historia y la chismografía. Dos partidos que se aborrecen cordialmente, que sin cesar se vituperan, se calumnian, tirándose al degüello, minan el suelo del flamante Estado absolutista, y el mejor día vendrá el terremoto que todo lo convierta en ruinas. Pero vuelvo a tu asunto.

—Por Dios, sí... me tiene usted en ascuas. ¿De modo que el señor Negretti está en la Maestranza?

—Y la Maestranza en la planta baja de la Universidad. Hemos pasado junto a esta oficina cuando subíamos a ver al Infante.

—¡Ay! ya me lo dijo el corazón... Allí trabaja Negretti, allí estudia. ¿Acaso vive allí?

—Eso no lo sé. Lo que sí puedo asegurarte es que tu niña no está en Oñate. No se separa de ella la mujer de Negretti, que es una vascongada como un castillo. Hasta hace unos días hallábanse en Durango; pero tu Aura se puso malucha, calenturas leves, anginas, no sé qué, y su tía se la llevó a un pueblo de la costa.

—¿Cuál? ¿Qué pueblo es ese?

—El nombre no me lo dijo Roa; pero lo sabremos, descuida.

—Salgamos de aquí. Me ahogo en esta iglesia.

Echaron un vistazo al claustro y salieron por él a la calle, Rapella deseando noticias; Fernando ávido de aire, de ver cielo y luz. La opresión de su pecho no le dejaba respirar. Halláronse en aquella parte de la plaza donde está cubierto el río, el cual corre un buen trecho por cauce abovedado, metiéndose por debajo del claustro de la parroquia. En los pórticos de esta, y en el ángulo que forma con la mole del claustro, hallaron mucha gente, grupos en que se condensaba la ansiedad, la avidez de noticias. Allí, mirando a *Palacio,* residencia del Rey (en aquel día ausente), mirando al Ayuntamiento, donde estaban el *Principal,* el Estado Mayor y además la oficina del llamado *Ministerio Universal,* los pobres *ojalateros* ponían su alma en el suceso del día. En el centro del más nutrido grupo un clérigo alto y bastote exclamaba, abriendo los brazos:

ECHARON UN VISTAZO AL CLAUSTRO Y SALIERON POR ÉL A LA CALLE, RAPELLA DESEANDO NOTICIAS; FERNANDO ÁVIDO DE AIRE, DE VER CIELO Y LUZ

—¡Si no puede ser, Señor, si no puede ser! Conozco aquel terreno palmo a palmo. Conozco las fortificaciones de Arlabán como si las hubiera parido, y declaro que son intomables.

—Eso mismo sostengo yo —dijo otro en quien reconoció Calpena a uno de los huéspedes de su posada—. Si la acción ha sido en Salvatierra, ¿cómo es posible que los nuestros hayan dejado desamparado San Adrián?... No puede ser, no puede ser.

—Para mí —apuntó un tercero, que era el mismísimo señor Modet, personaje en otros días de gran valimiento, entonces en desgracia—, de lo que ha tratado Córdova es de apo-

POR FIN, ARLABÁN CAYÓ en manos de los cristinos mandados por el coronel Narváez. Aunque los carlistas consideraban que la posición era intomable, el 16 de enero de 1836 los soldados de la Reina alcanzaron la cima del monte. Narváez, que resultó herido, tuvo una actuación heroica. *(Narváez trasladado por sus soldados*. Grabado en *La Estafeta de Palacio).*

derarse del castillo de Guevara. Por aquella parte sonaba el gran cañoneo. Llevaban tren de batir.

—¡Pero si acaban de decirnos... y esto es para volverse uno loco... que Espartero marchaba a las diez de Salvatierra hacia acá, como en dirección de Elguea! No puede ser, no puede ser».

Y con el *no puede ser* lo arreglaban todo. Metiéndose Rapella en el grupo con la oficiosidad urbana que sabía gastar como nadie, les dijo:

—Permítanme una observación, señores... y esto no es discurrir por conjeturas; es fijar los hechos, hechos indudables que yo he visto. Vengo de los altos de Aloña, y puedo asegurar que se distinguen perfectamente los batallones de Su Majestad corriéndose desde San Adrián hacia Poniente. ¿No es lógico ver en este hecho una hábil estratagema de Villarreal para caer sobre la retaguardia del enemigo y destrozarla?

—Cabalmente: tal era mi idea —dijo muy orgulloso el clérigo, que no era otro que el propio Echevarría, alma del partido neto—. Y si Villarreal no ha hecho eso, ¿de qué nos sirve? ¿De qué le ha servido la escuela de don Tomás? No basta decir: «Me bato, soy valiente». Un general en jefe es una cabeza, señores, una cabeza que a cada momento debe inventar algún ardid para engañar al enemigo.

Y un señorete pequeñín, agobiado bajo el peso de un disforme sombrero de copa, sujeto de circunstancias que desempeñaba en Gracia y Justicia el negociado de *Títulos del Reino,* expresó con biliosa amargura una triste opinión:

—¡Pero si aquí no tenemos cabezas, en lo militar se entiende!... ¡Si las que parecen llenas las guardamos en casa para simiente, y mandamos a la guerra las vacías!

—Prudencia, amigo Barbáchano, y vámonos en busca de la puchera, que es hora. Esta tarde sabremos la verdad, y Dios y la Virgen nos la deparen buena.

Saludáronse, y disuelto el grupo, Rapella y Fernando se fueron a comer a la posada. En la mesa no se hablaba más que del militar suceso, que cada cual arreglaba a su gusto, tirando siempre a la favorable. El bueno de Urra llegó hasta el delirio.

—Puedo asegurar como si lo hubiera visto, señores, que esta mañana, a eso de las ocho, Espartero iba en desorden hacia Ulibarri Gamboa, perseguido por Simón de la Torre... Y me consta también, ¡oído! me consta, que el *Requeté* embistió sólo a cuatro batallones, matando todo lo que quiso, y que quedó sobre el campo un O'Donnell, coronel de *Gerona,* y la flor de la oficialidad cristina...

No producían los optimismos de Urra, expresados con vivísima fe, el entusiasmo de otros días, pues por entre las encontradas noticias y opiniones flotaba en el espíritu de todos una sombra negra, el presentimiento de un revés, cuya importancia no podía calcularse aún. Gelos, bilioso y cejijunto, había perdido el apetito, mostraba desconfianza de Villarreal, y no se recataba de sostener que fue gran disparate quitar el mando a Eguía, cuyo único defecto era el carácter arrebatado, las palabras violentas. ¡Caramelos! que blasfemase alguna vez, bregando con soldados, no quería decir que fuese descreído. Al contrario, era hombre muy pío, soldado de Dios, incapaz de transigir con la revolución usurpadora. De otros no se podía decir lo mismo, y... más valía callar.

Hizo gala el señor Rapella, en todo el curso de la comida, de su exquisita urbanidad, y para cada uno de los comensales tuvo una frase grata. Manifestó que se abstenía delicadamente, porque así se lo ordenaba su carácter diplomático, de expresar opiniones de *política interior* y del *giro de la campaña,* aunque *hacía votos* porque el Altísimo bendijera las armas de Carlos V. Buscó y halló coyuntura para deslizar en la conversación algunas ideas que enaltecieran su personalidad a los ojos de aquellos inocentes funcionarios de un reino ilusorio. Véase la muestra:

—Créanlo ustedes: *en el extranjero,* todas las miradas están fijas en este naciente Reino... Si algo vale mi opinión, no esperen ustedes gran cosa de Roma. ¡Roma, señores...! la conozco bien... Roma es Roma, la ca-

EL NEGOCIADOR DE LA TORRE

El general carlista Simón de la Torre, antiguo guardia del Rey y compañero del también general Bruno Villarreal, participó en la primera guerra carlista al lado del pretendiente don Carlos. Formó parte de la Expedición Real de 1837, dirigida por el infante don Sebastián, que se terminó con la retirada ante Madrid. Como consecuencia de los hechos fue confinado por Carlos María Isidro. En 1839, repuesto en el mando y al frente de la división carlista de Vizcaya, presionó al general Maroto para que negociase con Espartero. Llegó a visitar al general liberal en Durango para ofrecerle la entrega de sus fuerzas. El 29 de agosto de 1839 acudió con el también general carlista Urbiztondo, en calidad de representantes de Maroto, a firmar con Espartero el Convenio de Oñate que puso fin a la guerra y que fue ratificado por el abrazo de Vergara entre Maroto y Espartero el 31 de agosto.

SIMÓN DE LA TORRE. Colección particular.

DOS LEGIONES EXTRANJERAS EN LA PRIMERA GUERRA CARLISTA

Tras la firma de la Cuádruple Alianza en 1834, el gobierno liberal solicitó a Inglaterra y Francia que enviaran tropas para luchar contra los carlistas. Ambos países se mostraron reticentes y prefirieron enviar tropas voluntarias antes que soldados del ejército regular. Las elegidas fueron la Legión Extranjera Francesa, unos cinco mil hombres que desembarcaron en Tarragona en agosto de 1835, y la Legión Auxiliar Británica de diez mil, que desembarcó en San Sebastián. El primer batallón llegó a la ciudad en julio de 1835 bajo el mando del general sir George Lacy Evans, que a su vez se puso bajo las órdenes de Luis Fernández de Córdova. La respuesta carlista a la participación extranjera en la guerra fue un decreto firmado en Durango por el pretendiente al trono por el que se advertía de que todos los británicos y franceses que luchaban en el bando liberal y que fueran capturados serían pasados por las armas. La Legión Auxiliar Británica tras el desembarco fue situada por Fernández de Córdova en Vitoria en diciembre de 1835. El invierno fue muy duro en la ciudad, lo que provocó la muerte de más de ochocientos ingleses, la mayoría por enfermedad. En mayo de 1836, la legión regresó a San Sebastián y se enfrentó a los carlistas que la sitiaban, y pocos días después conquistaron el puerto de Pasajes. Participaron también en la batalla por la ruptura del cerco de Bilbao a las órdenes de Espartero. En marzo de 1837 sufrieron la mayor derrota de la guerra en Oriamendi contra las tropas del infante don Sebastián. Sin embargo, en mayo de ese mismo año, aprovechando la marcha de la Expedición Real, conquistaron las poblaciones situadas entre San Sebastián y el Bidasoa e Irún, que ofreció una feroz resistencia y fue saqueada. Los miembros de la Legión Británica se habían comprometido a cumplir dos años de servicio, pero la guerra fue tan exigente que en el verano de 1837 la mayor parte de los voluntarios decidió abandonar el servicio. A la dureza de la guerra se añadieron los graves problemas de abastecimiento y los retrasos en el cobro de sus pagas. Incluso Lacy decidió abandonar. Solo 1.700 se quedaron a las órdenes del coronel O'Conell, que constituyó la llamada Nueva Legión. En septiembre, más de cien ingleses perdieron la vida en Andoain y O'Conell decidió disolver la Nueva Legión.

INFANTERÍA INGLESA durante la primera Guerra Carlista. Grabado de la época.

beza del orbe católico... pero por lo mismo, por su misión universal y divina, no puede volver la espalda resueltamente a un Estado establecido... ¿De Viena y Berlín qué he de decirles? Es un asunto éste del cual me permitirán que no diga nada. Turín y Nápoles son amigos leales, y harán todo lo que puedan... Pero con quien hay que tener mucho cuidado es con Londres, con ese *Saint James* astuto, cuyo poder en el concierto europeo es indudable. Ya sabrán ustedes que a Canning le ha sabido mal el decreto de Su Majestad Católica contra los extranjeros que sirven en el ejército cristino. Este decreto inhumano no puede ser grato a la Inglaterra; esperamos que el rey don Carlos acuerde su revocación; de eso se trata... Su Majestad, que es un entendimiento luminoso, se hará cargo de las razones que se le exponen.

Y cuando le incitaban a ser más explícito, más se complacía en dejarles a media miel. Urra y los dos que a su lado machacaban nueces, le oían con la boca abierta. Gelos, que siempre desentonaba, salió por este registro: «Demos un par de golpes buenos con las armas; inspire la Virgen a nuestros caudillos; únase la espada de San Miguel a la de estos valientes, y me río yo de Vienas y Berlines, y de todas esas Cortes que tan mal nos agradecen la gran obra, emprendida por nuestro Rey, de aplastar la serpiente de la revolución europea. Porque aquí, para que usted lo sepa y pueda decirlo por esos mundos, estamos combatiendo contra el filosofismo, y una de dos: o perecemos todos, o el filosofismo y el ateísmo no levantan más la cabeza.

SEÑORES, SU MAJESTAD EL REY ENTRA EN OÑATE. YA VIENE COMO A DOS TIROS DE FUSIL DE GOLIBÁN

—¿Y tendremos el gusto de verle a usted muchos días en Oñate, señor de Rapella? —le preguntó Sureda rivalizando en finura con el siciliano.

—¡Ah, oh...! No depende de mí el permanecer mucho tiempo en residencia tan grata... Si Su Majestad viene esta tarde, y tengo mañana el honor de ser recibido... no sé... tal vez... Mejor que nadie comprende usted que no puedo precisar si Su Majestad me retendrá algunos días, o se servirá despedirme mañana mismo».

Una voz tonante gritó en la puerta del comedor:

—Señores, Su Majestad el Rey entra en Oñate. Ya viene como a dos tiros de fusil de Golibán.

Tumulto, levantamiento general, golpeteo de innumerables patas de silla:

—¡A esperar al Rey, a recibir y aclamar al Soberano! —gritaron a una.

Y el comedor se quedó vacío, el no muy limpio mantel, lleno de migas y cáscaras de nueces. El pájaro del reloj, asomándose a la ventanita y haciendo sus cortesías, cantó las dos.

XX

El esquilón de la ermita del Santo Cristo, situada al extremo del pueblo por el camino de San Prudencio, fue el primer bronce que anunció la llegada del Rey, y bien pronto a su alegre clamor se unieron las campanas de la parroquia de San Miguel, de las monjitas de Santa Ana y de los frailes de Bidaurreta, de San Antón y Santa Marina. La gente corría presurosa hacia la plaza y calle *Zarra,* por donde necesariamente había de entrar, y aunque le estaban viendo de continuo, ni de verle ni de aclamarle se cansaban los buenos oñatienses, que tenían la dicha, la gloria más bien, de ser convecinos del representante del Trono legítimo y de la santa Religión. Le querían de veras, sin conocerle más que como se conoce a las imágenes de iglesia, que no hablan ni se mueven, pues si hablasen, quizás muchas de ellas no tendrían tantos devotos.

Allá corrieron también Rapella y Fernando, metiéndose entre el gentío que aguardaba en la plaza el paso del Rey de Oñate, y, colocados en el mejor sitio, viéronle pasar caballero en un alazán de mediano pelo, llevando a su derecha al infante don Sebastián, que había salido a encontrarle; a su izquierda a González Moreno; detrás la turbamulta del Estado Mayor: ayudantes, asesor general, mayordomo de Palacio, y otros que iban vestidos de paisano con sombrero de copa. Don Carlos vestía de capitán general, con sombrero de tres picos, sin más insignia que la cruz de Carlos III. Era el único faccioso que por razón de su alta categoría no usaba boina. Aclamado por el pueblo con gritos castellanos y vascuences, que se mezclaban formando una algarabía discorde, saludaba con la afabilidad fría y austera que contribuía no poco a fortalecer su prestigio ante aquella raza creyente, grave. Al satisfacer su curiosidad, tuvo también Fernando la satisfacción de que el personaje resultara como él se lo figuraba; que es un gusto sorprender en la realidad un reflejo de nuestras ideas. Vio, pues, Calpena en la encarnación del absolutismo el tipo que se había forjado en su mente; la cara de Fernando VII con menos nariz, más quijada, el labio grueso, bigote y patillas cortas, la mirada fría y obscura, de las que no penetran ni alumbran, señal de entendimientos apagados. Bien podía expresar la mandíbula del Rey, más larga que saliente, la terquedad, que hacía las veces de voluntad firme, y su mirar vago el fatalismo religioso, que ocupaba el lugar de las ideas. La prolongación del maxilar hacía muy desapacible el soberano rostro, sin llegar a la fealdad que al de su hermano daba la trompa que tenía por nariz. Uno y otro eran diestros jinetes; se asemejaban asimismo en la desmedida soberbia y en la contumacia de sus creencias acerca del derecho divino, como enviados al mundo para oprimir a estos desgraciados pueblos.

DON CARLOS VESTÍA DE CAPITÁN GENERAL, CON SOMBRERO DE TRES PICOS, SIN MÁS INSIGNIA QUE LA CRUZ DE CARLOS III

Hizo Calpena mental paralelo entre su tocayo *Narizotas* y el llamado *Pretendiente,* llegando a la conclusión triste de que si hubiera un infierno especial para los reyes, en el más calentito rescoldo de este *tártaro* regio debían purgar sus pecados contra la humanidad estos dos señores, que simbolizando la misma idea, por la supuesta ley de sus derechos mataron o dejaron matar tal número de españoles, que con los huesos de aquellos nobles muertos, víctimas unos de su ciego fanatismo, inmolados otros por el deber o en matanzas y represalias feroces, se podría formar una pira tan alta como el Moncayo. En todos los países, la fuerza de una idea o la ambición de un hombre han determinado enormes sacrificios de la vida de nuestros semejantes; pero nunca, ni aun en las fieras dictaduras de América, se han visto la guerra y la política tan odiosa y estúpidamente confabuladas con la muerte. La historia de las persecuciones del 14 al 20, de la reacción del 24, de las campañas apostólicas y realistas, así como del recíproco exterminio de españoles en la guerra dinástica hasta el Convenio de Vergara, causan dolor y espanto, por el contraste que ofrece la grandeza de tan extraordinario derroche de vidas con la pequeñez de las personas en cuyo nombre moría o se dejaba matar ciegamente lo más florido de la nación.

Considerados en lo moral, grande era la diferencia entre Fernando y Carlos, pues la bajeza y sentimientos innobles de aquel no tuvieron imitación en su hermano, varón puro y honrado, con toda la probidad posible dentro de aquella artificial realeza y de la superstición de

TODOS CONTRA EL GOBIERNO

Entre septiembre de 1833 y los sucesos de La Granja de agosto de 1836 se sucedieron un buen número de gobiernos que no consiguieron la estabilidad necesaria para asentarse en el poder. Cea Bermúdez, el conde de Toreno y Mendizábal estuvieron al frente de gabinetes de escasa duración. Mendizábal había conseguido apaciguar las revueltas de 1835 gracias a su promesa de reformar el Estatuto Real de 1834, pero dimitió el 14 de mayo de 1836.

El nuevo gobierno, de corte moderado, estaba dirigido por Francisco Javier de Istúriz, pero como no contaba con los apoyos suficientes tuvo que disolver las Cortes, lo que provocó una nueva oleada de motines populares en favor de la reimplantación de la Constitución de 1812. El malestar y la agitación se extendieron. Se crearon juntas provinciales que proclamaron la Constitución al tiempo que pedían su reforma: el 25 de julio estalló una sublevación en Málaga que terminó con la muerte de los gobernadores civil y militar; el 26 se creó una junta de gobierno y se proclamó la Constitución de 1812; el 29 Cádiz se sumó a la rebelión y en los días siguientes lo hicieron Sevilla, Granada y Córdoba. Desde Andalucía, el alzamiento se extendió por Aragón, Extremadura, Levante y Cataluña, de forma que a mediados de mes en las principales ciudades del país se habían creado juntas mientras que en el norte proseguía la guerra contra los carlistas. Según el historiador Flórez, la situación en agosto era crítica: «A esta fecha no había ya en el reino una sola provincia que no se hubiera declarado independiente del gobierno, el cual, según la expresión usada entonces, veía reducidos sus dominios a los límites que marca la simple vista desde la torre de Santa Cruz de Madrid». Finalmente, el 12 de agosto la sublevación llegó al real sitio de La Granja, donde se hallaban reunidas las Cortes; se amotinaron los sargentos de la Guardia Real, y exigieron la reinstauración de la Constitución de 1812.

La consecuencia de todos estos levantamientos fue el restablecimiento de un sistema constitucional liberal. La regenta María Cristina restableció por decreto la libertad de prensa, la supresión del diezmo eclesiástico y la legislación municipal liberal de 1823, y se inició la redacción de una nueva Constitución.

ISABEL II CON LA CONSTITUCIÓN DE 1836. Grabado de época. Colección particular.

CARLOS DE BORBÓN o el símbolo del absolutismo. Sus ideas estaban aferradas al pasado, basadas en los principios de la fe, el honor y la conciencia. Galdós le presenta como: «Varón puro y honrado, con toda la probidad posible dentro de aquella artificial realeza y de la superstición de la soberanía providencial». *(Retrato de don Carlos.* Museo de Recuerdos Históricos Carlistas. Sangüesa).

soberanía providencial. Trasladados los dos a la vida privada, donde no pudieran llamarnos *vasallos* ni suponerse reyes cogiditos de la mano de Dios, Fernando hubiera sido siempre un mal hombre; don Carlos un hombre de bien, sin pena ni gloria. En inteligencia, allá se iban, ganando Fernando a su hermano, si no en ideas propiamente tales, en marrullerías y artes de la vida práctica. Las ideas de don Carlos eran pocas, tenaces, agarradas al magín duro, como el molusco a la roca, con el conglutinante del formulismo religioso, que en su espíritu tenía todo el vigor de la fe. De la piedad de Fernando no había mucho que fiar, como fundada en su propia conveniencia; la de don Carlos se manifestaba en santurronerías sin substancia, propias de viejas histéricas, más que en actos de elevado cristianismo. En sus reveses políticos, no supo Fernando conservarse tan entero como cuando ejercía de tiranuelo, comiéndose los niños crudos; don Carlos mantuvo su dignidad en el ostracismo y en la mala ventura, y acabó sus días amado de los que le habían servido. Fernando se compuso de manera que, al morir, los enemigos le aborrecían tanto como le despreciaban los amigos.

Entró el Rey en Palacio, la casa-solar de los Artazcos, en la plaza, haciendo esquina con la calle de Santa María, no lejos del trinquete o juego de pelota. Era un bello edificio señorial, del mejor estilo del país, con airosos contrafuertes terminados en pináculos. Allí le esperaban don Juan Bautista Erro y el improvisado personal de dignatarios políticos y palatinos. El gentío continuaba dando vivas a la Religión, al Ejército y al Rey; pero éste no se asomó al balcón, sin duda que graves asuntos le solicitaron desde el instante de su llegada. Vio Calpena que no cesaba de entrar y salir gente de viso, presurosa, y en la calle se acentuaba la ansiedad por las noticias de Arlabán. A media tarde, las impresiones no eran ya muy optimistas, salvo en aquellos que no se convencían nunca, resistiendo heroicos a toda realidad desfavorable.

Salió de Palacio don Juan Bautista Erro con cara mustia, incapaz de disimular las malas nuevas que traía, y al punto fue rodeado por los curiosos. Calpena se introdujo lo más cerca posible, y le oyó decir:

—Nada, señores, no hay que apurarse, pues no se acaba el mundo por un revés pasajero. La acción sigue, y esperamos que Villarreal tome el desquite mañana mismo.

Y se abrió paso con esfuerzo de sus brazos vigorosos. Calpena le observó bien, admirando su alta estatura, no inferior a la de Mendizábal; como éste bien parecido, de edad poco más o menos la misma, vestido con cierto esmero inglés. Como los liberales a don Juan Álvarez, los facciosos habían traído de Londres al señor Erro, movidos de su fama de gran rentista, y entró el hombre en el Real de don Carlos prometiendo atar los perros con longanizas, terminar la guerra en seis meses, como el otro, y sacar dinero de debajo de las piedras. Luego resultó que todo era ensueños, cuentas galanas, humo... Acompañado de su secretario el capellán Ibarburu, salió también el señor Arias Teijeiro, hombre vulgar y antipático, que improvisándose faccioso después de haber jurado a Isabel y hecho en Madrid aspavientos de liberalismo, había ganado el corazón de don Carlos y era en su Corte uno de los más furibundos *ojalateros*. Descollaba por querer meter en todo el formalismo burocrático, por el flujo de dar y quitar empleos, y fue una de las más inútiles y maléficas yerbas que crecían en el campo de la facción, estorbando allí donde no podían hacer daño. Pasó muy estirado y cejijunto entre la multitud, negándose a satisfacer la natural ansia de los vasallos del *Pretendiente;* pero menos discreto Ibarburu, que en ningún caso desmentía su índole locuaz, formó corro al instante para decir *ore rotundo:*

—Señores, hay que tener calma y no ver un descalabro en lo que es pura y simplemente... una fase, una peripecia de la acción, que no ha terminado todavía. Ya vendrá esta noche el conocimiento total de la batalla, que ha sido, que es, mejor dicho, empeñadísima, desarrollándose en una extensión de muchas leguas. Lo que puedo asegurar, pues de ello se tiene noticia exacta, es que las bajas de los cristinos han sido horrorosas... horrorosas.

▶ UNA BATALLA CRUEL

El 16 de julio de 1835 en Mendigorría, en las proximidades de Navarra, se enfrentaron los generales en jefe de los ejércitos carlista y cristino, Vicente González Moreno y Luis Fernández de Córdova. Ambos acababan de ser ascendidos y necesitaban hacer una demostración de fuerza que consolidara su posición. González Moreno reunió a la mayor parte de sus tropas, unos 24.000 hombres, frente a unos 36.000 liberales. El general Moreno se apostó en los alrededores de Mendigorría y alojó al pretendiente en la villa. Fernández de Córdova ordenó atacar a Espartero por el ala izquierda y él mismo dirigió el ataque de la columna frontal. A pesar de la resistencia inicial, los carlistas terminaron por huir en medio de una gran confusión. Solo gracias al brigadier Villarreal, que se distinguió en la defensa de la retaguardia mientras el ejército carlista se retiraba, consiguió don Carlos escapar indemne. En la batalla murieron unos 15.000 soldados carlistas y mil cristinos.

ACCIÓN DE MENDIGORRÍA, por Manuel Miranda. Museo Histórico Militar. San Sebastián.

—¡Horrorosas! —repitieron los del corrillo, y la palabra resonó extendiéndose y atenuándose con la distancia, como la onda en la superficie del agua.

—Tengamos calma; confiemos en la pericia de nuestros generales... y sobre todo, hay que confiar siempre en la protección del Cielo, que no nos abandona, que no puede abandonarnos, porque somos la fe, la razón, el derecho, la justicia, la honradez... ¡Pues estaría bueno que el Cielo, la suma Sabiduría, diera la victoria al filosofismo, a la usurpación, a las *ateas discordias!*... No puede ser. Repitamos todos que no puede ser.

Y se conformaron por el pronto, repitiendo como papagayos que no podía ser y que no podía ser. Otro de los que abandonaron a media tarde la regia morada fue don Rafael Maroto, figura de primera magnitud en el carlismo, que abrazó con ardor desde los primeros días del cisma dinástico. Había ingresado en la facción con el grado de teniente general; gozaba fama de ilustración, de práctica guerrera; pero la inquina que cordialmente le profesaba González Moreno, el brazo derecho y el seso militar de don Carlos, no le había permitido lucir, como pudiera, sus excelsas cualidades. La malquerencia entre Maroto y González Moreno era vieja en el estadillo absolutista, y en su cuenta se podían cargar casi todos los atascos y tropiezos de la Causa. Uno y otro tenían sus pandillitas o taifas que fomentaban aquella discordia, lanzándose fieros dardos de calumnia y dicterios crueles; pero Moreno llevaba la inmensa ventaja de haberle ganado al otro la delantera en la confianza lela del Rey, quien no respiraba sin previa consulta con su jefe de Estado Mayor. Ni la paliza que el tal Moreno se ganó en Mendigorría, ni otros muchos descalabros que en acciones parciales sufrió, ni los odios que despertaba en el ejército, movieron a don Carlos a retirarle su gracia. No tiene esto más explicación que la recóndita simpatía o afinidad que establece la Naturaleza entre dos grandes ineptitudes, como entre dos inteligencias superiores. La nulidad de Moreno y la de don Carlos se compenetraban. Uno y otro, formando una sola ceguera, desconocieron a Zumalacárregui; metiéronle en aquel desastroso empeño de Bilbao, donde perdió la vida el primero y único capitán del absolutismo. La página histórica que ha dado más celebridad a González Moreno fue la trampa que armó a Torrijos en Málaga para fusilarle impía y cobardemente con sus desgraciados compañeros. Si don Carlos no veía estos borrones, ¿qué había de ver el pobre señor?

SOLTÓ DON RAFAEL MAROTO DOS O TRES *VOQUIBLES* MUY DE TIERRA CASTELLANA, CON LO CUAL, SI NO ESCLARECÍA EL ASUNTO, EXPRESABA SU INDIGNACIÓN

Pues salió, como se cuenta, el señor Maroto de la real audiencia y del consejo, presidido por Su Majestad, que acababa de celebrar la *Junta Provisional Consultiva de Guerra* (que tales retumbancias denominativas eran alegría y entretenimiento del flamante Estado), y le rodearon al punto amigos y prosélitos, ávidos de oír su parecer:

—¿Y qué han acordado ustedes? ¿Se puede saber? —le preguntó el señor Ochoa, Intendente general.

—¡Hombre, qué pregunta!... Están ustedes en Babia —replicó Maroto, que era de boca un poco libre—. Naturalmente, hemos acordado que somos todos unos imbéciles. Siempre que nos reunimos acordamos lo mismo.

—Y de Arlabán ¿qué?

Soltó don Rafael Maroto dos o tres *voquibles* muy de tierra castellana, con lo cual, si no esclarecía el asunto, expresaba su indignación. Tenía fama de mal hablado el general, costumbre muy conforme con la rudeza militar y con el ajetreo de mandar tropa. Don Carlos no le perdonó nunca que en una ocasión de gran aprieto, atravesando los dos de incógnito una fragosa sierra en Portugal, largase en su presencia una señora interjección, tan rotunda como expresiva, que hirió las timoratas orejas del protegido de la Virgen. Y tan no se lo perdonó, que desde entonces hubo de caer Maroto en desgracia; mas no le sirvió de lección, porque rara vez hablaba sin remachar su discurso con aquellos clavos de acero de la elocuencia familiar española.

—¿De Arlabán, qué quieren que diga? ¡porra! No podía suceder más que lo que ha sucedido. ¿Qué se puede esperar, ¡porra! de la dirección que da a la guerra ese rocín? ¡Porra!

—Pero si dicen que la acción no ha concluido, que todavía...

—Que todavía falta...

—Sí, falta la más negra, ¡porra, contraporra!

—Ha sido una peripecia.

—Sí, sí, buena peripecia nos dé Dios ¡porra! Ha sido... aquí en secreto, aquí en gran confianza, una paliza tremenda, una carrera en pelo como la de Mendigorría... ¡Si no podía ser de otra manera!... si lo vengo diciendo...

Desde las lomas que cercan a Oñate, así como de las torres de las iglesias y de los tejados de algunas casas, se veía perfectamente esta posición

—Pero todavía... podría ser que nos rehiciéramos.

—Sí, sí; para rehacernos está el tiempo. Lo que pueden ustedes rehacer es la maleta, ¡porra! porque o yo me engaño mucho, o esta noche se plantan aquí.

—¿Quién?

—Córdova... Espartero... qué sé yo.

Y se fue a su alojamiento, seguido de su comparsa que aún no se cansaba de oírle. Era don Rafael Maroto de buena presencia, gallardo, casi atildado, de palabra expresiva y amena conversación, en la que no era fácil separar la frase feliz del abusivo adorno de *porras* y *contra-porras*.

XXI

Avanzada la tarde, se fue generalizando en el pueblo la triste idea de la necesidad de la evacuación. Con un movimiento admirable, nuevo testimonio de las grandes dotes tácticas del insigne Córdova, secundadas por los generales de división Espartero y Ribero, el ejército cristino habíase posesionado con relativa facilidad de las formidables alturas del puerto de Arlabán, y era dueño de las sierras de Elguea y del monte de San Adrián, que cae sobre Aránzazu. Desde las lomas que cercan a Oñate, así como de las torres de las iglesias y de los tejados de algunas casas, se veía perfectamente esta posición, ocupada ya por las tropas de la Reina. A poco que estas se dejaron caer, ¡adiós Corte de Carlos V, adiós capital del flamante Estado *absolutamente absoluto!* Y no había tiempo que perder. Antes de media noche era forzoso que escapasen del pueblo, en busca de lugar seguro, el Rey con toda su alta y baja servidumbre, el *Ministerio Universal* con sus dependencias, las secretarías llamadas *Ministerios* con sus respectivas cáfilas de empleados, el *Estado Mayor,* todos los ramos y ramilletes de *Guerra,* la *Superintendencia de Vigilancia Pública,* la *Junta Superior Gubernativa de Medicina y Cirugía,* las diferentes *Intendencias, Contadurías* y *Pagadurías,* la *Maestranza,* etcétera, etc. con todo el papelorio, que en el poco tiempo de existencia formaba ya una costra formidable, y el balduque, los tinteros, las obleas, los polvos de secar, y todo, Señor, todo, pues con ser aquello un Reino en miniatura, abultaba ya casi tanto como la mitad o los dos tercios de un reino grande.

Y si no era floja impedimenta la caravana eclesiástica que llevaban por do quiera, capellanes sinnúmero, familiares del Obispo de León y de otros reverendos, confesores, ministros de la Generalísima, la caterva militar y palatina la superaba, pues había *Guardias de honor* de infantería y caballería para la Real persona, y un cuerpecito de *Guardias de Corps,* que no tenía más objeto que custodiar y hacer los honores debidos al estandarte de la Virgen de los Dolores, que don Carlos llevaba por delante en sus frecuentes correrías de soberano caracol, siempre con el trono a cuestas... No se veían más que señores que desalados corrían a las oficinas, a empaquetar legajos, y después a sus casas, con medio palmo de lengua fuera, a guardar las casacas, el que las tenía, y los trapitos de ceremonia.

—He de intentar colarme en Palacio, ofreciendo mis servicios al Infante —dijo Rapella a su amigo, contemplando el inmenso trasiego de gente presurosa entre Artazcos y el *Principal*—. Y como estamos en peligro de quedarnos sin caballerías, porque los prófugos echarán mano de todas las que hay en el pueblo, conviene que mientras yo busco por aquí quien me introduzca, vayas tú a prevenir a Sancho para que dé un pienso a nuestros animales, y ensille y disponga todo, que el golpe bueno es salir antes que nadie, y agregarnos por el camino a la comitiva del Rey o de don Sebastián.

Cuando esto decía vieron salir de palacio un grupo, en el cual el siciliano reconoció a su amigo Roa, secretario del Infante, y se fue derecho a él. Era un señor de hermosa presencia, mejor vestido que el Príncipe su amo, y de trato afable y meloso. Hablaban rápidamente de lo difícil que era en momentos tan críticos obtener audiencia del Rey o del Infante, cuando se aproximaron otras personas que azoradas y medrosas hablaban de preparativos de marcha. Del Ayuntamiento salió un nuevo grupo. El señor Roa, que continuaba en medio de la calle charlando con Rapella y Fernando, dijo:

—¿No me preguntaba usted anoche por Negretti, el mecánico de la Maestranza? Aquí viene. Fíjense: es aquel de alta estatura, moreno, con boina azul y chaquetón de pana.

No necesitó más Calpena para poner toda su vista y toda su alma en el pelotón que del Ayuntamiento acababa de salir. Las señas que daba Roa no permitían confusión, pues Negretti descollaba en el grupo con su gallardía escueta de ciprés, alto, derecho y obscuro. Calpena le miró; en aquel punto desaparecieron de su mente la Corte, Oñate, Rapella, el carlismo y cuanto le rodeaba. No vio más que al hombre corpulento, fornido, de morena tez; no vio más que el rostro meridional, tostado, casi ennegrecido por el cálido resplandor de la fragua. Representaba unos cuarenta y cinco años; era su cuerpo de Hércules, su hermosa cara, de matiz pizarroso en la piel del bigote y barba, afeitados con esmero; la expresión grave, los ojos dulces. Sus facciones delataban la raza, la incomparable estirpe de que era ejemplar perfecto la hermosísima Aurora. Por todo esto y por otros sentimientos que de súbito asaltaron a Calpena, el Negretti que de lejos veía le fue simpático. Fijose más en él, aproximándose, y Negretti también le miraba. Como si esta mirada fuese chispa eléctrica, sintió el joven un terrible sacudimiento dentro de sí, y sin encomendarse a Dios ni al diablo, movido de irresistible impulso, se fue derecho a él y, descubriéndose cortésmente, le dijo:

HABLABAN RÁPIDAMENTE DE LO DIFÍCIL QUE ERA EN MOMENTOS TAN CRÍTICOS OBTENER AUDIENCIA DEL REY O DEL INFANTE

—Es usted el señor Negretti...

—Servidor —replicó el atleta llevándose la mano a la boina con militar saludo—. Y usted es el señor de Calpena. Le he conocido no sé en qué, pues es la primera vez que tengo el gusto de verle... Corazonada... En la manera de mirarme usted le he conocido. Y como el señor

TRANQUILIDAD EN MEDIO DE LA GUERRA. Aurora residía en Bermeo junto a su madre. La familia buscó un lugar tranquilo donde refugiarse, a pesar de que toda la región estaba amenazada por la guerra. Los aires de la costa le aliviaron de la delicada salud que arrastraba desde su salida de Madrid. *(Vista de la costa guipuzcoana en San Juan de Luz.* Litografía del siglo XIX).

Roa me dijo esta mañana que dos caballeros de Madrid preguntaban con interés por mí y por mi sobrina...

—¡Aura! —exclamó Calpena tan turbado que no sabía por dónde empezar—. Aurora...

—Sí, ya sé, ya sé... Hace usted bien en hablar conmigo, y en venir a nosotros por el camino derecho, porque yo no me como la gente; soy hombre razonable y sé ponerme en lo natural. Venga usted conmigo si quiere que hablemos un rato, que el tiempo apremia, y tengo que prepararme.

—Ya sé que la familia —dijo Calpena empezando a recobrar el aliento—, está en un pueblo de la costa.

—Sí señor... Como siempre me pongo en lo mejor, ese es mi natural, le supongo a usted con intenciones honradas y de caballero. Dígolo, porque si viniera con propósito de burlarme y de hacernos algún paso de comedia, ya puede volverse por donde ha venido, porque soy hombre que no se deja embromar. En el poco tiempo que lleva Aurora al lado nuestro, le hemos tomado mi mujer y yo gran cariño. La queremos ya como si fuera nuestra hija...

Algo quiso decir Fernando; pero Negretti le tapó la boca con un gesto, queriendo abreviar, y prosiguió:

—Ya sabemos la historia. Con lágrimas y suspiros nos ha contado la niña que le quiere a usted; que no puede querer a otro... Está bien, muy bien... Ahora, en pocas palabras, señor mío, le manifestaré mi opinión. Si yo llego a entender que es usted digno de ella, no me opongo, ni Prudencia, mi esposa, se opondrá tampoco. Demuéstreme el señor Calpena que es un joven de familia cristiana y limpia; vea yo que por su honradez, por su seriedad, por sus

La burguesía surge como la clase social protagonista del siglo XIX, y lo hace al hilo de los avances industriales y comerciales. Las regiones que mayor desarrollo experimentaron durante ese período fueron el País Vasco y Cataluña y sus habituales centros de reunión fueron los liceos, ateneos, círculos industriales y casinos.

UNA NUEVA SOCIEDAD, UNOS NUEVOS CENTROS DE REUNIÓN

A lo largo del siglo XIX se instaló en la sociedad una nueva clase en el poder, la burguesía. Con ella, la sociedad estamental dio paso a una estructura social basada en el dinero y no ya en la posesión de la tierra, la sociedad de clases, regida en este siglo por la burguesía industrial y financiera. La nueva sociedad industrial se basaba en la igualdad jurídica ante la ley, aunque existían fuertes diferencias entre los propietarios y los que carecían de medios económicos. Se consolidó un nuevo modelo familiar en el que el matrimonio se retrasó hasta los veinticinco o treinta años y se impuso la estructura nuclear. La sociedad entró en un proceso de alfabetización. El desarrollo de actividades industriales y comerciales cada vez más complejas, relacionadas con la burocracia y la gestión de las fábricas, hizo necesario formar a trabajadores con un mayor grado de capacitación. Buena parte de la población aprendió a leer y escribir, aunque la enseñanza secundaria y la universitaria siguió estando reservada a las familias pudientes, y se impusieron nuevas formas de relacionarse socialmente en lugares como los cafés, los casinos y los clubes, que se convirtieron en los lugares de encuentro.

La clase social preponderante necesitaba de un lugar de reunión que le fuera propio, un edificio que reflejara su nueva condición. Ese edificio fue el casino. Aunque aparecieron en el siglo XVIII, en el siglo XIX proliferaron por doquier y adquirieron gran relevancia. En las ciudades la burguesía se agrupó en sociedades llamadas círculos industriales o económicos, liceos, ateneos o casinos. Eran lugares de encuentro de comerciantes, industriales y gentes de profesiones liberales que acudían a ellos diariamente para mantener una tertulia, leer la prensa, jugar al tresillo o al billar y tomar un refrigerio en compañía de los amigos. Las ciudades pequeñas solían contar con uno, pero en las grandes, como Barcelona, había hasta siete. Allí donde la burguesía se hallaba más desarrollada estas sociedades tenían mayor poder e influencia, especialmente en el País Vasco y en Cataluña. Madrid solo contaba en esta época con cuatro. Físicamente, los casinos eran edificios muy notables que manifestaban el poder económico de los nuevos dirigentes, aunque sus características concretas varían según el estilo arquitectónico preponderante en la época de su construcción, y muchos aprovecharon la remodelación de las ciudades para erigirse en lugares privilegiados en los nuevos barrios. Cada casino tenía sus propias normas y sus propias cuotas, que los socios debían asumir para poder ingresar en la sociedad que lo acogía. Pero los casinos también eran el centro de la vida social y celebraban bailes, fiestas y puestas de largo, conciertos y las principales ceremonias locales. Escritores, artistas, periodistas, políticos, científicos, artesanos, comerciantes y financieros lo convirtieron en su segundo hogar. Los casinos y las sociedades recreativas eran, salvo estas excepciones festivas, un territorio exclusivamente masculino, pues las mujeres se reunían en las casas o en las iglesias.

El 16 de enero de 1837 abrió sus puertas el primer casino de Madrid en el número 2 de la calle de la Visitación, en unas dependencias del piso principal del Café del Sólito. Era una asociación de recreo y descanso para gente selecta. En 1840 el casino se trasladó a la vecina calle del Príncipe, junto al Teatro de la Comedia, y puesto que el número de sus miembros no cesaba de crecer, pronto se mudó nuevamente a la Carrera de San Jerónimo. Cada socio debía abonar anualmente 400 reales de cuota y el edificio contaba con lujosos salones y mobiliario y una fonda que funcionaba a cualquier hora del día o de la noche. También ofrecía servicios de peluquería, biblioteca o carruajes. Pronto dejó de ser el único casino de Madrid cuando se crearon el Casino de Autores Dramáticos, el Círculo de Comercio y el de Juventud.

La principal diferencia entre estos y los liceos y ateneos recaía en que los casinos constituían un lugar de entretenimiento más mundano, frente a los liceos, que asumían un papel cultural con actividades relacionadas con la pintura, la escultura, el teatro o la música. Los ateneos, en cambio, eran sociedades de discusión política.

CASINO DE LA REINA. Grabado de época del Museo de Municipal. Madrid. Y *Lectura del noticiario*, por Jiménez Aranda.

circunstancias, es merecedor de tal joya, y ya estamos en vías de acomodarnos. Si me sale con la gaita de que es poeta o de estos que no tienen más oficio que escribir en papeles, no hemos hecho nada, señor. Curaremos a la niña de su mal de amores, lo que podrá ser difícil, pero no imposible, y a rey muerto, rey puesto.

Nuevamente quiso hablar Calpena; pero el otro le cortó por segunda vez la palabra con estas:

ESTÁ BIEN; PERO DEBO ASEGURARLE A MI VEZ QUE NO HAY PARA LLEGAR A ELLA MÁS QUE UN CAMINO, Y EN ESTE CAMINO ESTOY YO

—Poetas y emborronadores de papel no queremos en casa. ¿Es usted por casualidad propietario?

—No señor.

—¿Es usted abogado? ¿Tiene alguna carrera?

—No señor.

—Empleado quizás...

—Lo he sido. Puedo volver a serlo.

—Los empleados tampoco nos gustan. Pero, en fin, ya que no tiene usted carrera, de algo sabrá, siquiera sea un oficio... Me consta, por lo que relata la niña, que en Madrid pasaba usted por hombre de gran inteligencia... y no sé por qué se me figura que en esto no va Aurorita descaminada. La cara del señor Calpena, sus ojos, me revelan entendimiento...

—No creo carecer de facultades para cualquier profesión u oficio a que me dedique.

—¿Sabe usted matemáticas?

—Muy poco.

—¿Latín?

—Eso sí... y humanidades.

—Algo es algo... En fin, señor mío, le acojo con benevolencia; pero no le abro mis brazos todavía; le mantengo a distancia. Ya ve que no soy tirano, y si usted ha venido con la idea de representar aquí un paso de teatro quitándome a la niña con burla o con violencia, no es flojo el chasco que se lleva.

—No vacilo en confesar a usted —dijo Calpena en un arranque de sinceridad— que he venido con esas ideas; pero la presencia de usted, sus palabras, su persona misma y modo de ser me han desconcertado radicalmente... Hállome aturdido, sin saber qué pensar ni qué decir... Pero desde luego le aseguro, señor mío, que por nada del mundo he de renunciar al amor de Aura, y que hacia ella he de ir por el camino que crea más corto. Si éste es el camino de la paz, mejor; por él iré.

—Está bien; pero debo asegurarle a mi vez que no hay para llegar a ella más que un camino, y en este camino estoy yo, Ildefonso Negretti; está también mi esposa. Ya ve que soy benévolo, que le hablo con lealtad, y de mi lealtad quiero darle aún mayor prueba diciéndole que Aurora reside con mi mujer en la villa de Bermeo; la he mandado a un puerto de mar, no sólo por ser aquel uno de los lugares más tranquilos dentro del país en guerra, sino porque espero que los aires de la costa han de probar bien a su salud, bastante delicada desde que salimos de Madrid. Viven mi mujer y mi sobrina en Bermeo, *Barrencalle, núm. 2*. Le digo a usted la dirección de mi casa para que vea que no le temo, que confío en que ha de responder con su lealtad a la mía.

—*Barrencalle, 2* —repitió Fernando, que habría querido ir allá de un vuelo.

—No le doy las señas para que vaya allá, sino para que sabiéndolas se abstenga de ir, entendiendo que no es mi gusto que vaya, ¿estamos? No me alborote usted a la niña, ni me le encienda la imaginación, que con un soplo, como usted sabe, se convierte de rescoldo suave en horno de ferrería; no me trastorne aquella pobre alma, que fácilmente salta del sueño al delirio y de la ilusión a la locura, ni me dispare aquellos nervios que mi mujer y yo, a fuerza de dulzura y paciencia, hemos conseguido contener y amansar. No, no. Tengamos la fiesta en paz. Si se planta el novio en Bermeo sin mi permiso, fíjese bien, sin mi permiso, pues hablo como padre de Aurora, perdemos las amistades y no hay nada de lo dicho. Por lo que valga, sepa que en la casa de allá no están las mujeres solas; en ella viven también dos fieras en figura de hombres: mi cuñado Hilario, capitán de barco, y un primo suyo, que también es de mar; excelentes personas, bravos y fieles, que no han de consentir ningún desmán en aquella honrada vivienda.

Por tercera vez quiso Calpena decir algo; pero el hercúleo Negretti, que tenía prisa, no le dejó tomar resuello:

—Aguárdese un poco, y concluimos. Ya he dicho antes que no soy tirano, y que acostumbro a ponerme en lo natural. Sé lo que son jóvenes; yo he sido algo joven, yo también he probado el amor, y no desconozco lo que puede en nuestra alma. Sabedor de todo esto, y siendo además hombre honrado y buen cristiano, le digo al señor don Fernando que no me opongo, no señor, no me opongo a que ame a la niña, ni a que se case con ella. Pero he de advertirle que perlas como esta sobrina no están ahí para el primero que llega. Sobre lo que ella vale, está lo que posee, lo que ganó honradamente mi pobre hermano Jenaro, y si todo eso, la niña y su capital, han de ser para usted, no es mucho pedir que me demuestre ser merecedor de bienes tan grandes. ¿Es esto claro, es esto real, es esto noble?

—Sí, sí, sí —afirmó Calpena con efusión estrechándole la mano—. En un momento me ha conquistado usted, me ha hecho suyo, que es el verdadero camino, bien lo veo, para ser de ella.

—Pues no necesitamos hablar más por ahora. Antes de ir a Bermeo irá usted a donde yo esté... y estaré con la Corte, pues no puedo apartarme del servicio de Maestranza en el Real de don Carlos. Hable usted conmigo, entendiendo que para ganar aquella plaza, tiene que ganar antes los baluartes que la rodean y defienden, y esos baluartes véalos en mí. Yo soy la muralla. Póngame usted sitio, y por los medios que emplee para conquistarme, sabré yo si debo o no debo rendirme. Por de pronto escribiré a la niña, diciéndole que he visto a su galán, para que esté tranquila... Conque...

—¿Pero qué, nos separamos ya? —dijo Fernando con ansiedad, sintiendo que el tal Negretti se le metía en el corazón.

—Sí señor. Yo tengo que preparar la salida del material, salvo lo que por su peso es forzoso dejar aquí. Me parece que ya hemos parlado todo lo substancial. Ya sabe dónde me encontrará.

PUES SEPARÉMONOS; PERO NO SIN DECIRLE QUE, CONTRA LO QUE ESPERABA, HALLO EN USTED LA SUMA LEALTAD Y LA HOMBRÍA DE BIEN MÁS PURA

—Pues separémonos; pero no sin decirle que, contra lo que esperaba, hallo en usted la suma lealtad y la hombría de bien más pura. Yo me lo figuraba un monstruo, un tirano, el mayor y más fiero enemigo de mi persona y de mi felicidad; pero ya veo...

—Adiós, adiós... Me esperan. Vea usted; allí me están llamando... Hasta que nos veamos; lo dicho, dicho... Adiós.

Y se metió corriendo en la Universidad, donde multitud de personas, unas de tipo militar, otras de obreros, le aguardaban inquietas. Calpena le seguía con sus ojos. ¡Y cuán solo y triste se quedó al verle desaparecer! En aquel momento ya obscurecía... Lloviznaba... ¡Qué triste anochecer!

Espacios para el ocio

Los casinos se ponen de moda

Las salas de juego comienzan a extenderse por todo el país a partir de 1837

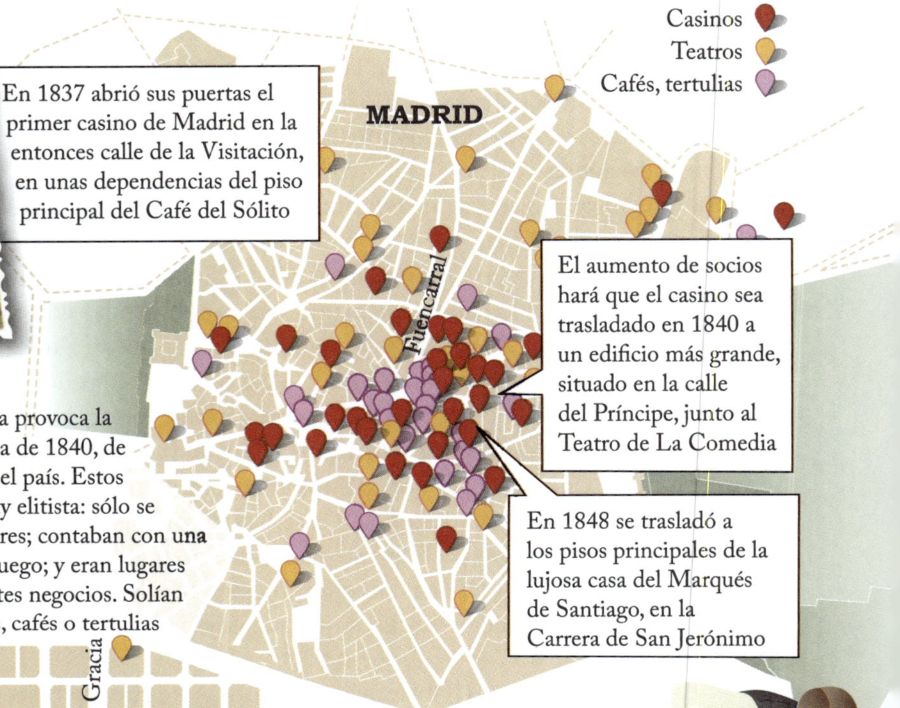

El crecimiento de la burguesía provoca la aparición, a partir de la década de 1840, de multitud de casinos por todo el país. Estos lugares tenían un carácter muy elitista: sólo se permitía el acceso a los hombres; contaban con una sala de lectura y un salón de juego; y eran lugares idóneos para cerrar importantes negocios. Solían estar situados cerca de teatros, cafés o tertulias

Billar español

Solía jugarse a carambola o a tres bandas. Era un juego muy popular, tanto dentro como fuera de España

FUENTE: "Grandes casinos de España", Asociación Empresarial Española de Casinos de Juego

La expansión de los casinos

A mediados de siglo ya funcionaban por toda la Península más de 60 casinos. Estos establecimientos eran financiados por sus socios, quienes solían pagar unas mensualidades bastante elevadas para el manteni-miento del mobiliario y del personal. Entre las clases populares, las **verbenas** tenían una función semejante a la de los casinos

Gran Casino de San Sebastián
Se inauguró a finales de siglo, convirtiéndose en uno de los más prestigiosos del país

4
JUGADORES

Lansquenet

Es un juego de envite y azar -también conocido como 'sacanete'- en el que se juntan y mezclan hasta seis barajas inglesas. Después de cortar, el banquero descubre una carta -que será la suya- y la coloca a la izquierda; descubre otra -que sirve para los puntos- y la pone a la derecha-. Después, sigue descubriendo cartas hasta que a algún jugador le toca un naipe que ya ha salido antes. En ese momento el jugador pierde y la partida termina

3
JUGADORES

Tresillo

Se jugaba con la tradicional baraja española de 40 naipes. Cada jugador recibía nueve cartas y tenía que elegir un palo de triunfo para cada mano. Ganaba el lance el jugador que tuviera el mayor número de 'bazas'

Documentación: Malva Rico

ÀNGELS SOLER

XXII

Como chorro de agua fría derramado en un brasero, fue la presencia y dichos de Negretti en el espíritu de Calpena, que vio de súbito convertido en cenizas mojadas todo aquel fuego que encendía su voluntad; y el drama romántico que el niño se traía, con violencias y fuertes emociones, con su rapto correspondiente, quizás con cuchilladas y tiros, se trocó en comedia casera. Verdad que ésta era de las buenas, de las mejores, según se anunciaba; mas, por el pronto, hubo desilusión, enfriamiento repentino, caída de las alturas, y esto siempre duele. Un rato estuvo el joven como atontado: casi, casi llegó a parecerle fantástica la aparición de Negretti, y sus palabras fingimiento del propio tímpano que las oyera. Por real lo tuvo reflexionando en ello, y reconoció gozoso que el tío de su amada era una gran persona, sus palabras sinceras y honradas, en armonía perfecta con la noble expresión de su rostro. ¡Vaya con los cambiazos del destino! ¡El enemigo, el tirano, el ogro, convertíase, como por magia, en un ser bondadoso, de ideas severas, eso sí, pero sanas! ¡Y con qué firmeza de padre tutelar le había planteado la cuestión de sus relaciones con Aura! ¡Con qué gracia y donosura había desbaratado el romántico artificio, como Don Quijote, acuchillando el retablo de maese Pedro! ¡Y cuán hábilmente, entre las ruinas del cartón pintado, había puesto el cimiento angular de la vida razonable, discreta, lógica, como Dios y la ley quieren y formulan! Era el tal don Ildefonso todo un hombre, y no había más remedio que bajar la cabeza ante su voluntad, juntamente rigorista y protectora, aceptando los procedimientos pacíficos que proponía, los cuales significaban decencia, lógica y facilidad.

DIO VUELTAS FERNANDO POR FRENTE A LA UNIVERSIDAD, SIN HACERSE CARGO DE LO QUE A SU ALREDEDOR OCURRÍA; TAN METIDO ESTABA DENTRO DE SÍ

Dio vueltas Fernando por frente a la Universidad, sin hacerse cargo de lo que a su alrededor ocurría; tan metido estaba dentro de sí. Pasado un rato, y obligado por la llovizna a guarecerse bajo un alero, empezó a ver lo inmediato y circunstancial. «¿Qué tenía yo que hacer, señor? —se dijo—. ¡Ah! ya me acuerdo: me mandó *ese* que buscase a Sancho y le mandara preparar las caballerías». Hallábase al decir esto entre la Universidad y el edificio destinado a hospital. A dos pasos de allí, en *Ikasola kalea,* estaba el parador donde a la sazón debía de encontrarse Sancho; pero no acertaba con él: la noche se había echado encima, obscurísima, y la gente afanosa que por todas partes bullía le estorbaba el paso. En la puerta posterior de la Universidad había lo menos diez carros cargando pesados objetos, y en la Caridad, por un portalón de la huerta, sacaban enfermos en camillas. El tumulto era grande; alumbraban estas operaciones farolillos mustios, y el vocerío en vascuence o mal castellano mareaba la cabeza más firme.

Trató Calpena de abrirse paso hacia el parador, y preguntando a éste y al otro pudo enterarse de que los jamelgos del señor Sancho habían sido embargados para el transporte de los heridos que bajaban de San Adrián. Pensó dar conocimiento al gran Rapella de estas novedades, que sin duda imposibilitarían la partida; ¿pero dónde demonios estaba el siciliano? Desde que se le apareció Negretti en la plaza, habíale perdido de vista. Si había logrado meterse en Palacio, y se agregaba a la comitiva de don Sebastián, ¿cómo se las compondrían Sancho y Calpena para seguirle, no disponiendo de caballos? En fin, Dios diría. Llenose de paciencia el aburrido joven y continuó buscando al escudero. De pronto, vio que los hombres y mujeres que antes se agolpaban junto a la Universidad, corrían hacia la plaza gritando: «¡Ya vienen, ya vienen!...». Pudo creer el forastero por un momento que los que venían eran los cristinos victoriosos, posesionándose, con la brutalidad del vencedor, de la villa y Corte indefensas. Pero no; los que venían eran dos batallones facciosos, el *Requeté* y el 2.º de Guipúzcoa, que se retiraban con mediano orden delante del enemigo, trayendo muchos heridos, hambre, cansancio, ira, y la tristeza del vencimiento. Bajaban por el camino de Aránzazu, rotas las filas, presurosos. Calpena les vio entrar en el pueblo por la calle de Santa María: ante el Palacio del Rey, dieron algunos vivas con voz apagada y ronca, y pararon luego en la plaza, en medio de una gran confusión. Oyó los gritos de los jefes, queriendo ordenar las secciones, para repartirles pan y vino, y en tanto las mujeres se abalanzaban llorosas a los carros del 2.º de Guipúzcoa, reconociendo a los heridos, llamándoles por sus nombres, reconociendo también a los vivos y abrazándoles, si les encontraban. Era un lastimoso espectáculo que oprimía el corazón, tanto dolor de una parte, de otra tanta abnegación y entereza, y afligía considerar el enorme, inútil sacrificio que todas aquellas penas y virtudes representaban.

En los balcones de Artazcos se veían luces. Quién decía que Carlos V estaba cenando sus alubias y su sopita de ajo con un poco de vino, para emprender la marcha inmediatamente

EL SANTUARIO, ARRASADO

Situado en la falda del Aloña, en el municipio guipuzcoano de Oñate, fue erigido donde, según la tradición, el pastor Rodrigo de Balzátegui encontró en el año 1469 la imagen gótica de la Virgen sobre un espinar. Los religiosos de la orden de la Merced se encargaron de atenderlo y comenzaron a levantar un nuevo edificio que no llegaron a concluir debido a las condiciones climáticas y a lo abrupto del terreno. Los monjes franciscanos reanudaron las obras y las concluyeron en 1514. A lo largo de su historia el santuario sufrió varios incendios: el primero, en 1611, destruyó la iglesia; el segundo, en 1621, arrasó de nuevo el edificio, y el tercero fue ordenado el 19 de agosto de 1834 por el gobierno cristino como represalia contra los carlistas. Los monjes salvaron la imagen de la Virgen, que fue trasladada al convento de Vidaurreta de Oñate hasta 1846, año en el que regresó a su emplazamiento original, ahora convertido en basílica. En 1880 se llevó a cabo una importante restauración, con la construcción de quince capillas a lo largo del trayecto hasta Oñate. En 1889 comenzaron las reformas del interior de la iglesia que finalizaron en 1892. El santuario es el centro de peregrinación al que acuden los devotos para venerar a la patrona de Guipúzcoa.

SANTUARIO DE ARÁNZAZU. Altar Mayor. Archivo Espasa.

hacia San Prudencio; quién que había cenado y estaba rezando el rosario con su alta y baja servidumbre y los señores ministros; y esto lo decían con veneración, con el interés que inspira la persona más amada. En aquel barullo acertó Calpena a encontrar al chicuelo organista que le había guiado a la casa de huéspedes el día anterior, y le cogió del brazo, preguntándole:

—¿Has visto, por casualidad, al señor diplomático que ayer llegó conmigo?

Replicó el chico negativamente, y al punto agregose otro bigardón afirmando que el *caballero flaco* había salido de Palacio con el señor Urra y el señor Echevarría, dirigiéndose al Ayuntamiento, donde se disponían caballos y coches para el séquito del Rey. De Sancho dijeron que creían haberle visto en la Caridad ayudando a la saca de los enfermos que debían marchar, y allá corrió Fernando con el organista, que oficioso se prestó a ser su escudero.

Nuevamente fue acometido Calpena, en ocasión de tanto apuro, del recuerdo de Negretti: «¡Qué bueno sería —pensaba— que nos encontrásemos ahora y lograra yo que me llevase consigo en los carros de la Maestranza!». Con estas ideas se entremezcló la consideración del cambiazo súbito que le marcaba su destino, y al decir Destino daba este nombre indebidamente al soberano gobierno de Dios, que dispone a veces, según su alta voluntad, todo lo contrario de lo que propone nuestra pequeñez ignorante y ciega. Bastaron unos minutos de coloquio con persona que trataba por primera vez, para ver alterado totalmente el rumbo de sus caminos, vueltas del revés sus ideas, y en la esfera de su voluntad sustituidas unas energías por otras. ¡Cuán lejos estaba el soñador Fernando de que su destino, Dios mejor dicho, le preparaba desviaciones más radicales y sorprendentes!

Entró con su ayudante en el patio grande de la Caridad, donde vieron algunos enfermos medianamente acondicionados en camillas para partir con la Corte. Eran soldados, oficiales, paisanos, víctimas de la guerra dinástica. Familia o amigos cuidaban de su transporte, y no había ya más dificultad que encontrar músculos vigorosos que cargaran las camillas por lo menos hasta San Prudencio. Los que se hallaban en mejor disposición se acomodaron en los carros de la Maestranza, entre bombas, cartuchería y maquinaria, y algunos fueron llevados a la plaza para agregarse a la impedimenta del *Requeté* o del 2.º de Guipúzcoa. Recorrieron todo el patio en busca de Sancho, y en una de estas vueltas Calpena se sintió cogido de la esclavina de su abrigo; volviose, y vio a una mujer lacrimosa que, cruzadas las manos y mirándole con vivísima ansiedad de postulante, como los que apremiados por la miseria imploran la caridad pública, le dijo:

—Señor mío, caballero... no me negará usted que lo es, porque el que ha nacido caballero no lo puede negar... Si es usted tan noble y piadoso como me ha parecido, me atrevo a pedirle que ampare a una familia desgraciada...

Hizo ademán Calpena de sacar limosna, y ella, retirando su mano, prosiguió:

—No, no; la caridad que pido no es esa; pido su auxilio para salir de aquí, para proteger la vida de mi padre...

—Señora —dijo Fernando cortés y compasivo—, mucho siento no poder ampararla... Soy forastero, no conozco a nadie, y busco también quien me facilite la salida. Perdóneme usted... no puedo...

SEÑORA, MUCHO SIENTO NO PODER AMPARARLA... SOY FORASTERO, NO CONOZCO A NADIE, Y BUSCO TAMBIÉN QUIEN ME FACILITE LA SALIDA

Se alejó; pero no había dado diez pasos cuando sintió en su corazón el golpetazo de la piedad, en su garganta el ahogo de la conciencia que se rebela contra el egoísmo, y volvió hacia la mujer, que arrimada al muro, lloraba sin consuelo.

LA TOMA DE BILBAO supuso un cambio drástico en la guerra. La capital vizcaína fue el objetivo principal de las tropas liberales, por lo que la lucha fue muy cruenta. Ambos bandos eran conscientes de que la balanza se inclinaría de uno u otro lado después de esa batalla, como realmente sucedió. *(Encuentro entre carlistas y cristinos*, por Manuel Miranda. Grabado de época. Colección privada).

—Bueno —le dijo—, veamos en qué puedo servirla. No llore y explíqueme... Difícilmente podré yo...

—No me equivoqué —replicó ella—, al pensar que es usted persona hidalga. Entre tantos indiferentes o despiadados, sólo en usted, cuando le vi pasar, vi la esperanza.

—¿Pero qué puedo hacer? Soy forastero...

—Yo también. Tanto usted como yo somos aquí gente extraña, enemiga quizás al sentir de ellos... Bien se ve que no es usted de esta tierra...

—En efecto.

—Ni faccioso quizás. ¿Y qué? También hay en la facción caballeros, y usted lo es.

—De tal me precio... Pero... dígame... Lo primero: ¿quién es usted, qué clase de socorro desea?

—Ya sabrá quien soy, quiénes somos, pues conmigo está mi hermanita, más pequeña que yo. Por el momento, y en este grave apuro, sólo digo que tenemos aquí a nuestro padre enfermo, y queremos llevárnosle, huir, escapar de esta casa y de este pueblo. La vida de mi padre corre peligro... Moriremos nosotros con él antes que abandonarle... ¿Podremos salir aprovechando esta desbandada?

—Perdóneme... No acabo de enterarme. Su padre de usted ¿dónde está?

—Arriba...

—¿Quién es?

—Don Alonso de Castro—Amézaga, persona de gran posición y nobleza, natural de La Guardia, prisionero, enfermo, condenado a muerte un día, y al siguiente indultado por la piedad de Carlos V; aborrecido del pueblo oñatiense, y de las tropas y servidores de este Rey, de quien no quiero decir nada malo. Observe usted que no digo nada malo.

Lo que observó Calpena, en ocasión que los farolillos movibles alumbraban el rostro de la pobre señora, fue que a ésta le cuadraba más bien la denominación de moza o señorita. A obscuras y desfigurada por el llanto, habíala creído mujer del pueblo, joven.

—Soy una persona decente —dijo la llorona, comprendiendo que Calpena rectificaba su primer juicio—. Aunque me ve usted en este abandono de vestir, motivado por los trabajos que nos impone nuestra desgracia, mi hermana y yo somos dos señoritas de una familia rica y noble. Cómo hemos venido aquí, cómo nos encontramos prisioneras con mi padre, secuestradas propiamente por nuestro amor filial, sin amparo, sin consuelo, es cosa muy larga de contar. ¿Será usted bastante discreto para no pedirme ahora más explicaciones, y bastante generoso para prestarme, como caballero, antes que se las dé, su apoyo y protección?

PERO EN AQUEL PUNTO PASÓ UN FRAILE QUE LLEVABA FAROL; A LA LUZ DE ÉSTE VIO EL ROSTRO DE LA QUE SE HABÍA LLAMADO *DAMITA*

—Sí, sí... Veamos.

—No tardará usted en conocer por qué circunstancias y casos tan peregrinos se encuentran aquí dos damitas muy principales al cuidado de un noble señor a quien sus entusiasmos locos han traído a esta terrible situación.

—Ya voy comprendiendo... Pues apela usted a mi caballerosidad, yo le aseguro que no ha llamado a la puerta del egoísmo... Señora, en lo que de mí dependa... Y ahora, ya que me ha dicho usted el nombre de su desgraciado padre, dígame el suyo.

—¿El mío? Me llamo Demetria... Mi hermana es Gracia, y sólo tiene catorce años. Yo he cumplido veinte.

—¡Veinte años! —exclamó Calpena—, ¡y a los veinte años, en posición decente, encontrarse aquí... así...!

Por un momento dudó Fernando. Pero en aquel punto pasó un fraile que llevaba farol; a la luz de éste vio el rostro de la que se había llamado *damita,* en el cual efectivamente se revelaban, sin que pudiera decir cómo, la principalidad y la buena educación. ¿Era bella? A la fugaz claridad del farol pareciole insignificante. Pero acertó a pasar otra linterna, y la luz de ésta pintó la cara de Demetria con formas y matices que se aproximaban a una mediana hermosura.

—Quedamos en que Dios me ha deparado un caballero. Se lo pedí con toda el alma —declaró la joven mostrando su espíritu, gallardo y animoso, ya que no su semblante, que continuaba desvanecido en la penumbra—. Vamos, suba usted conmigo.

—Si el caballero que Dios concede a usted soy yo, señora —dijo Calpena con no menos gallardía—, sepa que cuando se trata de amparar al desvalido no conozco el miedo. Adelante, pues, y Dios sea con nosotros.

XXIII

Subieron a punto que bajaban hombres y mujeres; pero nadie reparó en ellos: cada cual iba derecho a su asunto sin cuidarse del prójimo. En un cuarto mísero, lleno de trastos, el primero que a mano derecha se encontraba, entraron Demetria y su protector, seguidos del chicuelo organista, a quien Fernando mandó retirarse. En la galería había luz: abriendo la puerta de la estancia se podía ver a medias el interior de ésta. Demetria entró dando albricias:

—Ya tenemos quien nos salve. Nuestro salvador aquí está: no le conozco; pero no importa. Dios me le ha deparado.

No distinguía Calpena la figura del don Alonso, que yacía taciturno sobre un montón de esteras liadas. Destacose la figura de Gracia, delicada, esbeltísima, bañado también en lágrimas el rostro, y saliendo a la puerta, expresó su turbación en estos términos:

—¿Y el señor sabe quiénes somos?... ¿Le has dicho...?

—En este cuarto —dijo la hermana mayor—, dormíamos nosotras. Cuando se empezó a decir que la Corte evacuaba la ciudad, no pensamos más que en la manera más fácil y pronta de escapar de aquí. Felizmente, señor... Pero no estará de más que me diga usted su nombre, y así nos entenderemos mejor... Pues sí, señor don Fernando... felizmente, los celadores y enfermeros no hicieron ningún caso de mi padre, y cuando empezaban a sacar heridos, echáronle de la cama y de la sala...

—Como a un perro —añadió la otra niña con rabiosa aflicción.

—¿Qué hacemos ahora? Incapaces nosotras de determinar nada, nos entregamos a la voluntad y a la iniciativa de usted.

—¿Hay algún peligro en que su señor padre salga públicamente... por entre el vecindario?

—Sí, señor: lo hay, puede haberlo... porque... verá usted...

En esto llegó arriba presuroso el organista con la nueva feliz de que el señor Sancho había parecido y estaba en el patio. Rogó Calpena a las niñas que aguardasen un momento mientras bajaba en busca de quien podía prestarle eficaz ayuda en aquel empeño. Presurosa salió Demetria a la escalera para decirle: «Por Dios, no tarde usted mucho. Si usted no volviera o tardara, nos moriríamos de pena.

—Esté tranquila. Volveré al instante.

—¿Cómo demostrarle que no es conveniente exponer a mi padre a que le vean paisanos y soldados de Oñate en las calles del pueblo? Necesitaría contar a usted una parte larguísima de esta triste historia para que lo comprendiese bien. Pero usted, sin explicaciones, me creerá... me creerá sin pruebas. ¿Verdad, señor don Fernando?

—Creo... sí... —afirmó Calpena; y al decirlo, mirándola de abajo arriba, pues ella se paraba en los escalones más altos y él descendía lentamente, vio en sus ojos algo que le infundía ciega fe. Demetria, bien lo observó entonces, era de estatura más que mediana, esbelta y de admirable conformación de cuerpo y talle.

En los últimos peldaños de la escalera le cogió Sancho, endilgándole apremiantes órdenes de su señor:

—Don Aníbal se va con el Infante. Me dice que a usted le acomodará en un birlocho de los señores eclesiásticos, donde irán apretaditos, y a mí en una mula de los mismos, a la grupa del fraile de menos libras. Me dice que...

—¿Más todavía?

—Que recojamos del alojamiento sus pistolas, el abrigo de monte, la gorra de ídem, y las demás prendas que allí tienen los señores, y que con todas estas cosas y nuestras personas nos dejemos caer por el Ayuntamiento, donde él se encuentra con el señor Erro y otros principales de acá.

En esto llegó arriba presuroso el organista con la nueva feliz de que el señor Sancho había parecido y estaba en el patio

No necesitó Calpena saber más para concebir con rápido pensamiento un plan y ponerlo en ejecución con voluntad decidida, en la cual no cabían dudas ni vacilaciones.

—Aguárdame aquí: tardaré un cuarto de hora todo lo más. Si no te encuentro cuando vuelva, Sancho, te aseguro que me la pagas. Obedéceme, o sabrás quién soy. Aquí... no te muevas... te necesito. Un cuarto de hora...

Corrió a la calle; veinte minutos después hallábase de vuelta, trayendo las pistolas y dos capotones de viaje, uno de los cuales a Rapella pertenecía. El motivo de haber tardado un poco más de lo presupuesto fue que al salir de casa de Iriarte, recogidos los bártulos y pagado el hospedaje, encontró interceptado el paso por la comitiva del Rey. Iba Carlos V en su coche, tirado por tres poderosas mulas. Aun en tan desairada y triste ocasión, el pueblo le aclamaba, adorando más bien la idea que la persona, a la cual no veía. Con lentitud atravesó el carruaje la plaza, llena de tropa, y entró en la calle *Zarra,* seguido de otros coches y de innumerables jinetes, entre los cuales descollaba por su militar arrogancia la guardia de honor del estandarte de la Generalísima. Lloviznaba otra vez, y las mujeres se echaban una enagua por la cabeza: los soldados aguantaban impávidos la lluvia como poco antes habían resistido las balas. El tambor sonaba en las calles lejanas, aproximándose por esta parte, alejándose y perdiéndose por la otra. En los corrillos que a su paso encontraba, oyó Calpena un alarmante rumor. Venían, venían los cristinos por San Adrián abajo... ya estaban cerca de Aránzazu... Antes de amanecer ocuparían la ciudad... ¡Pobre Oñate, pobres casas, infelices mujeres!

—¿Y la caja del señor y el estuche, afeites y pinturas del señor don Aníbal?... —preguntó Sancho, quedándose como en éxtasis.

—Sube conmigo, y cállate la boca —dijo Calpena entregándole todo lo que había traído, menos las pistolas—. El estuche se lo he mandado al Ayuntamiento con la criada de Iriarte. A nosotros no nos hace falta, porque no nos pintamos. Lo que pudiéramos necesitar, aquí lo tengo ya. Vamos, arriba pronto.

Demetria le salió al encuentro gozosa, cruzando las manos como quien da gracias a Dios. Ya estaba medio muerta de ansiedad, sospechando que su protector no volvería.

—Me detuve, señora doña Demetria, viendo pasar al Rey, que ya va camino de San Prudencio y Vergara... Y dicen por ahí que vienen tropas de Oraa a ocupar el pueblo. ¿Esto nos favorece o nos perjudica?

—¡Nos favorece! —exclamó la joven volviendo a cruzar las manos y elevándolas al cielo—. ¡Dios mío, si fuera verdad...! Pero no perdamos tiempo, señor don Fernando... ¿Qué tal está de gente la calle?

DEMETRIA LE SALIÓ AL ENCUENTRO GOZOSA, CRUZANDO LAS MANOS COMO QUIEN DA GRACIAS A DIOS

—Por aquí escasea ya; en la plaza un gentío inmenso... Vea usted este abrigo largo. Se lo pondremos a su señor padre. Es de un amigo mío que se va con la Corte.

—¿Qué trae ahí? pistolas... ¡Ah! Parece que ha leído usted mis pensamientos, señor de Calpena, o que viene inspirado por Dios. Ya pensé yo que debía usted llevar armas por lo que pueda ocurrir.

—Nos defenderemos si es preciso. ¿Hay alguien aquí que nos estorbe la salida?

—Puede ser... no sé. En la confusión de este momento angustioso para el pueblo, saldremos, o intentaremos salir después de encomendarnos a Dios fervorosamente.

Entró Calpena en la estancia precedido por Demetria y seguido de Sancho. En el suelo había un farol. Don Alonso se había puesto en pie; miraba con espantados ojos a los dos hombres. Era un señor de tipo militar, grave, hermoso, tan horriblemente demacrado, que representaba sesenta años no contando más que cuarenta y siete.

DON CARLOS FUE DERROTADO EN OÑATE y huyó hacia Vergara. Aquella noche lluviosa, dolorosa y con mucha tensión, la guardia del pretendiente galopó abriendo paso a los coches de la comitiva. Los látigos estallaban en el silencio, y aun sabiendo que se batía en retirada, las gentes aclamaban al rey carlista a su paso. *(Salida de don Carlos de Oñate.* Litografía de época. Museo de San Telmo. San Sebastián).

—Son amigos —le dijo Demetria acariciándole—, amigos de los buenos, que nos acompañarán fuera de aquí hasta donde queramos; hasta nuestra casa. ¿Verdad, señores, que nos acompañarán?

—Amigos —balbució el enfermo con torpísima voz, sin quitar de ellos sus atónitos ojos—. ¿De qué tierra...?

—De la nuestra, de allá... Vamos, vamos pronto. Póngase el abriguito que le ha traído este buen señor, y arrópese bien, y cálese la capucha, que hace mucho frío... Así, así... ¿Ve qué bien está?

Calpena se ciñó el cinto de las pistolas. En aquel momento entró una vieja, que presurosa recogió del suelo el farol, diciendo en voz muy baja:

—Ocasión como ésta para salir, en toda la noche hallarán. ¡Ánimo y afuera! Abierto todo... Corpas y Berastegui han ido corriendo a la plaza.

—Este buen señor —indicó Calpena viendo que don Alonso se movía con notoria dificultad—, ¿está paralítico?

—Le llevaremos entre todos —dijo la niña mayor, angustiada.

—Sancho —ordenó don Fernando a su escudero en tono que no admitía réplica—, tú que eres fuerte, cógele en brazos. Afuera todo el mundo... Demetria, agárrese usted de mi abrigo por este lado... Gracia, por la izquierda. Déjenme los brazos libres... Buena mujer, haga el favor de llevar este lío de ropa, que es mucho peso para la niña. Yo, con mis dos mujeres, delante; sígueme tú, Sancho, con el señor a cuestas... Vamos. Derechos a la salida por la puerta principal. Y luego todo el mundo a la derecha lo más vivamente posible hasta coger el puente y ponernos al otro lado del río. ¡Dios sea con nosotros! Saldremos sin tropiezo, y al que quiera detenernos no le doy tiempo a respirar.

Salieron en el orden dispuesto, con vivo paso, sin mirar a nadie. Por fortuna, en el patio había poca gente. Sentía Fernando el temblor de las dos muchachas, cada una por un lado, y su ardimiento varonil se centuplicaba entre aquellos dos miedos femeninos... Todo fue muy bien hasta que, franqueada la puerta y torciendo hacia el río, pasaban frente a la Universidad. Dos galeras paradas en medio de la calle obligáronles a un largo rodeo, y en esto se les plantaron delante dos hombres, con boina blanca *(chapelchuris),* que parecían servidores de alguna ambulancia:

—Eh, ¿qué es eso, a dónde van estos pájaros?... Atrás —dijo uno de ellos revelando en la pureza del habla que no era vascongado.

Salieron en el orden dispuesto, con vivo paso, sin mirar a nadie. Por fortuna, en el patio había poca gente

Sin contestarle, Calpena le dio un empujón, diciendo a su escudero:

—¡Vivo, Sancho, vivo!

—¡Atrás! ¿quién es usted? —gritó el otro *chapelchuri,* cortándole el paso.

Fernando le apuntó a la cara diciendo

—¿Que quién soy? Vas a verlo. Un hombre que te dejará seco ahora mismo, si le estorbas el paso...

Y como los otros retrocedieron, más sorprendidos que atemorizados, añadió en el mismo tono:

—Animales, ¿no veis que acompaño a dos señoras? ¿De qué tierra sois, que no respetáis a las damas?...

—*Semos* de Cascante. ¿Y qué?

—Pues yo soy de *Cascón*. ¡Paso! No somos ladrones... No nos llevamos nada que no sea nuestro.

—*Pensemos* que venían de la cárcel.

—Abur, amigos... —dijo Calpena avivando el paso, siempre con la impedimenta de las dos aterradas niñas a un lado y otro—. El que quiera media onza, venga por ella; el que quiera una bala, también...

Y diciéndolo llegaron al puente, y pasáronlo a escape, sin mirar atrás. Las señoritas, adquiriendo por el miedo mismo súbita ligereza, no corrían, volaban, y Fernando con ellas. Sancho, con supremo esfuerzo de sus aceradas piernas, se puso prontamente a mayor distancia. La vieja que cargaba el lío de ropa fue la más rezagada; pero llegó la pobre, renqueando, sin tropiezo alguno.

—Si esos brutos —dijo Calpena cuando pudieron tomar aliento—, vienen acá, que escojan entre una buena recompensa por ayudarnos y un par de tiros bien certeros por perseguirnos.

—Señor, no hay que temer —dijo sofocado el escudero, dejando en el suelo a don Alonso—. Esos mostrencos son de Cascante, media legua de mi pueblo, que es Ablitas. Les conozco: están en la facción por compromiso. Son de los que llaman *pasados,* y sirven por los nueve cuartos. Si vienen, con una buena propina le servirán a usted de cabeza.

—No, no; más vale que no vengan. No quiero nada de Oñate, y menos de *chaquelchuris* o *chapeles* del infierno. Alejémonos un poco más, y luego tomaremos algún descanso. Ánimo, señoras, que ya estamos fuera. Y tú, Sancho, imita, hasta donde puedas, al bravo Esain, *el burro de don Carlos*. Sólo que nuestro pobre don Alonso pesa menos que el Rey absoluto. Adelante. Esta buena señora hará el favor de llevar su carga un poquito mas lejos. Allí se ve una luz. ¿Qué es aquello? ¿Hacia dónde vamos?

—Es la ermita del Santo Ángel de la Guardia —indicó la vieja.

—Él nos favorezca y nos acompañe —dijo Demetria más animosa, haciendo la señal de la cruz.

—El señor Echevarría ha mandado que se alumbre la imagen toda la noche.

—¡Qué previsión la del señor confesor del Rey! esa luz piadosa nos guía en esta obscuridad —dijo Calpena—. Creo que nadie nos sigue... ¡Eh! Sancho, párate un poco. Cruzamos un camino. ¿Hacia dónde se va por aquí?

—Tirando a la izquierda, vamos a Lamiátegui.

—¿Es camino contrario al que lleva la Corte?

—Sí, señor; podremos, faldeando el monte Aloña, subirnos hacia Aránzazu...

—Eso, eso —dijo Demetria prontamente—. Aránzazu... Aránzazu es nuestro camino...

XXIV

Dispuso el jefe de la expedición dirigirse al barrio de Lamiátegui, donde se procurarían medios para alejarse de la villa con más presteza y comodidad. Continuaron su marcha silenciosos, y llegado que hubieron cerca de las primeras casas de la anteiglesia, arrimáronse a un humilladero que les pareció lugar muy apropiado para descansar y orientarse. Puesto en pie don Alonso, sostenido por sus dos hijas, mirábales a todos uno por uno con ojos de sorpresa y terror.

—¿Dónde está Oñate? —preguntó con ronca voz y mayor espanto en su mirada.

Los cuatro a un tiempo señalaron hacia donde se veían las mortecinas luces de la villa entre montes y espesuras borrosas... y le hicieron notar el triste son de tambores que hacia aquella parte se oía. Encarose don Alonso, erguido y fiero, con el espacio obscuro salpicado de luces, y cual si estuviera delante de una persona, blandió su bastón, exclamando:

Los cuatro a un tiempo señalaron hacia donde se veían las mortecinas luces de la villa entre montes y espesuras borrosas...

—¡Ca... nallas, lad...!

No pudo concluir: su lengua era como un trapo, y sus esfuerzos por hacerla funcionar no producían más que sordos mugidos. Volvió a gritar:

—¡Ca... nallas!

Y lo que no pudo decir con la boca, decíalo con el bastón, pues más de cinco minutos estuvo apaleando la atmósfera, hasta que sus hijas, haciéndole sentar en el sitio que escogieron como menos incómodo, trataron de sosegarle con palabras cariñosas.

—Sí, sí —dijo Demetria mirando a la villa e increpándola con más amargura que furor—: te hemos maldecido, Oñate; hemos llorado sobre ti más de lo que pudieran llorar por sus pecados todas las generaciones que en ti han vivido. Si logramos perderte de vista para siempre, sólo te decimos: Oñate, quédate con Dios.

En tanto Calpena daba estas órdenes a Sancho, acompañadas del dinero preciso:

—Necesitamos a todo trance víveres y un carro del país. Este pobre señor no puede moverse; ya lo ves. En caballería, si alguna se encontrara, tampoco podríamos llevarle. Busca por las casas de Lamiátegui un carro de bueyes, y lo tratas sin reparar en precio. De paso que haces esta diligencia, te traes la comida que encuentres, y un par de botellas de vino, todo bien acondicionado en una cesta. ¡Figúrate qué noche nos espera si nos lanzamos por esos caminos llevando a cuestas a don Alonso, con estas pobres niñas hambrientas y nosotros desfallecidos! Si tuviéramos la suerte de que bajaran tropas cristinas a ocupar a Oñate, menos mal. Pero me temo que no nos caerá esa breva... Anda, hijo, no perdamos tiempo. Toma más dinero si quieres, y tráeme lo que te digo.

—Un carro si lo hay, que no lo habrá... y víveres si los encuentro, que los encontraré... pero no querrán dármelos. Bueno.

—Anda, y no seas agorero... Ya oíste que las señoritas quieren llegar hasta Aránzazu. Tratas el carro; si te preguntan qué clase de pasajeros han de ocuparlo, dices que peregrinos... que un enfermo... que un monje... en fin, di lo que quieras. A tu talento y agudeza lo fío... Vete volando.

Partió el escudero con más diligencia que confianza, desesperanzado de hallar lo que deseaban los fugitivos, y estos aguardaron su vuelta sentados al abrigo del humilladero. Don Alonso, arropado por la vieja, reclinó su cabeza sobre el hombro de Gracia, que le mimaba y arrullaba como a un niño. A la izquierda de este grupo, Demetria y Fernando permanecían en silencio, hasta que la joven lo rompió con estas o parecidas expresiones:

—Aprovecho este descanso, señor mío, para dar a usted noticia de las infelices personas a quienes concede hidalgamente su protección sin conocerlas. Si en todo caso merecería usted nuestra gratitud, amparándonos sin conocernos merece reconocimiento más grande, de esos que nunca pueden extinguirse. Sabrá usted, ante todo, que somos de La Guardia, villa de Álava, tan famosa por su antigüedad como por la riqueza que le dan sus campos de viñedo y sembradura; sepa también que mi padre, a quien ve usted en estado tan lastimoso es uno de los señores de más ilustre abolengo

DEDICADOS AL CAMPO. Desde antaño cuidaban los viñedos, los lagares y las bodegas. La familia de Demetria era originaria de la villa alavesa de La Guardia, famosa por su antigüedad y por la riqueza de sus viñedos. (*Paisaje vasco*, por Darío Regoyos. Museo de San Telmo. San Sebastián).

en el país, y que a su nobleza corresponde un rico mayorazgo, que se extiende por las mejores tierras de Paganos y El Ciego. No estará de más decirle también que en nuestra familia no sólo es tradicional la nobleza, sino la virtud, y que tuvimos y conservamos, y Dios quiera que siempre nos dure, el respeto y el amor de nuestros deudos y convecinos. Perdió mi padre a su esposa, nuestra querida madre, el año 33, y fue tan extremado nuestro duelo que no creíamos que el tiempo nos pudiera consolar de aquella desgracia, porque... ¡ay! no tiene usted idea de lo que valía mi madre, en quien la virtud y la suma discreción se juntaban, persona única, sin semejante, y tan hermosa además, para que nada le faltara, que a nosotras nos parecía tener en casa a la Virgen Santísima, así como veíamos en mi padre al primer caballero del mundo. Sólo me falta decirle, para darle a conocer la familia, que mis padres no tuvieron hijos varones, y que su única descendencia son estas dos pobres niñas, mujer y niña más bien, que hoy tiene usted bajo su amparo.

DISTRACCIÓN ÚNICA O DESCANSO DE SUS QUEHACERES ERA LA CAZA, POR LA QUE TENÍA VERDADERO DELIRIO

Fernando la oía con toda su alma, y ella, tomado aliento, prosiguió así:

—La ocupación constante de mi padre, desde los tiempos que yo puedo recordar, fue siempre el gobierno de su casa y hacienda, la dirección de la labranza, en que empleaba, y empleamos aún, muchos caseros y servidores, el cuidado de los lagares y bodegas, de donde salen los más afamados, los más ricos vinos de aquella tierra. Distracción única o descanso de sus quehaceres era la caza, por la que tenía verdadero delirio. Su colección de escopetas y otros arreos era la envidia de todos los aficionados de la villa, y sus perros no conocían rivales. Salía mi buen padre con sus amigos, y se pasaba días enteros en aquel ejercicio saludable, del cual volvía siempre gozoso, pensando en nuevas campañas contra los pobres conejos o contra las perdices que en la Sonsierra tanto abundan. La vida, como usted ve, no podía ser más placentera en mi casa; los días se sucedían felices, empleados unos tras otros en el trabajo productivo y sin afanes, como de familia rica a quien todo le sobra, en socorrer a los necesitados, y en los deberes religiosos, que entre nosotros se han cumplido siempre con puntualidad y hasta con rigidez. Toda esta paz la trastornó la muerte de mi madre, ocurrida el 29 de septiembre del 33, de una enfermedad que empezó sin inspirar cuidado, hasta que hubo de complicarse con un fuerte mal de corazón; y acometida de síncopes, en uno de ellos se nos quedó, y la perdimos, y Dios se llevó ¡ay! en un momento toda la felicidad de mi casa. Fíjese usted, señor, en la coincidencia de que perdimos a mi madre el día mismo del fallecimiento del rey don Fernando VII, a quien tengo por causante de los males que nos ocurren, no sólo a nosotras, sino a toda España; hombre funesto, del cual no puedo decir, por estar en el otro mundo, sino que le perdone Dios el mal que ha hecho... Si se cansa usted de oírme, callaré, señor don Fernando.

—No, hija mía, no; estoy encantado. Siga usted. Ya noté la coincidencia al oír la fecha. Con efecto: ese tiranuelo ha dejado a su patria una herencia lamentable, la espantosa guerra, estas discordias que hacen y harán de España por mucho tiempo un inmenso manicomio suelto. A ver: dígame ahora cómo pudo influir la muerte del Rey en las desventuras de su familia.

—Pues como ha influido en las de toda la Nación, no sólo la muerte, sino la vida de aquel Rey que no supo gobernar en paz en sus Estados, teniendo, como tuvo, medios de sobra para hacerlo, sólo con apoyarse en el cariño que le tenían los pueblos cuando vino de Francia. ¿Es esto un disparate?

—¿Qué ha de ser, Demetria? No es sino una observación muy atinada, que revela su buen juicio y superior talento. Adelante. La muerte del Rey desató el Infierno, y su padre de usted, que hasta entonces había sido un señor muy pacífico, atentó a sus intereses, se dejó tentar de uno de los partidos, de una de las banderías en que se dividió la Nación... ¿Es esto?

—Parece que me adivina usted. Es eso mismo, señor don Fernando. Mi padre, que jamás había parado mientes en la política, pues ni aun el año 20, según oí contar, tomó partido por nadie, en cuanto se quedó viudo, por influencia quizás de la soledad y tristeza, varió completamente de costumbres y aficiones, desviándose hasta de su placer favorito, la caza. En aquellos días, La Guardia era un torbellino de pasiones y entusiasmos por ésta o la otra causa, por estos o los otros derechos malditos, y mi padre fue arrastrado en aquellos oleajes, alzando bandera por la Reina niña con tanta fe, con tanto calor, que nos puso en gran desasosiego a mi hermana y a mí... porque ha de saber usted que en la villa andaban a tiros cada lunes y cada martes por un *Quítame allá un Carlos* o un *Ponme acá una Isabel*. ¡No puede usted figurarse qué alborotos, qué trapisondas, qué sustos...! Siempre había sido mi padre aficionado a las buenas lecturas, y por las noches, en las veladas de invierno, se recreaba en su escogida biblioteca, y a mi madre y a nosotras nos leía pasajes entretenidos de viajes, novelas, o de historias muy interesantes. Pero desde que le tocó la demencia política, ¿usted sabe los libros y papeles que entraban en casa? Tres veces por semana nos traía el bagajero de Vitoria un fajo así, de folletos y periódicos, todos echando chispas, vomitando veneno. Y con los papelotes chicos venían después carros cargados de Enciclopedias, de obras como misales, que trataban de libertad y cortes, de revoluciones y demonios coronados. En fin, que mi padre se pasaba los días y las noches devorando todo aquel fárrago, o discutiendo de política con los amigos que iban a darle tertulia, y de tanto leer y de tanto pensar en aquellos maldecidos negocios, se fue poniendo como Don Quijote con los libros de caballería, enteramente perdido de la cabeza, sin hablar de cosa alguna que no fuera aquel cansado tema, y llegando hasta creer que Dios le mandaba realizar no sé qué hazañas fabulosas, por las cuales reinaría en España y en todo el mundo la Dulcinea que adoraba... Advierta usted que la Dulcinea de mi buen padre era la Libertad, esa señora hermosísima, según dicen, pero que a mí me parece tan imaginaria como la del Toboso; vamos, que no existe más que en la voluntad de los caballeros que la han tomado por divisa y bandera de sus aventuras.

MI PADRE, ERRE QUE ERRE EN SU POLÍTICA, SOÑANDO DESPIERTO, INVENTANDO CONSTITUCIONES, LEYES, Y ECHANDO DISCURSOS DE CORTES Y EMBAJADAS

Pausa. Fernando reía.

—Pero qué, ¿se ríe usted?

—Sí señora: tiene usted muchísima gracia. Adelante.

—Pues a tal extremo llegó su desatino, que abandonó por completo los asuntos de su casa, y la labranza, y las bodegas, y tuve yo que entrar a gobernarlo todo, lo que no me fue difícil, por los ejemplos que había visto en mi madre y en él. Me puse al frente de la casa; me entendí con los caseros, pastores y criados, y gracias a esto se pudo evitar el trastorno grande que se nos venía encima. Mi padre, erre que erre en su política, soñando despierto, inventando constituciones, leyes, y echando discursos de Cortes y embajadas. Mi hermana y yo, asistidas de un tío de mi madre, cura párroco del pueblo, ideamos quemarle un día todos los libros y papeles, y tapiarle la puerta de su librería; pero no nos atrevimos, temiendo que con esto se entristeciera demasiado y cayese en locuras más peligrosas. Estalló luego la guerra civil, y no quiero decirle a usted cómo se ponía cuando le contaban las batallas y encuentros de cristinos y facciosos... Nuestra pobre villa fue de las primeras que sufrieron la calamidad de la guerra. Un día se nos entraban allí los liberales, otro los carlistas. Tan pronto estábamos bajo el poder de Córdova o Rodil como bajo el de Zumalacárregui, y en uno y otro poder las bodegas y los graneros pagaban el gasto. ¡Qué días, señor, qué meses angustiosos! Felizmente, llevamos algún tiempo bajo la dominación cristina, y ojalá no tuviéramos allí más peripecias.

—Hasta ahora —dijo Fernando—, no veo en el buen don Alonso más que un entusiasmo platónico. Sin duda se lanzó después a empresas de acción...

—¡Ay, cómo lo acierta usted!... Pues sí, sin decirnos nada, antes bien, llevando sus propósitos con gran reserva, organizó una partida volante en la cual entraron algunos caseros de nuestras tierras, y dos o tres cabezas ligeras de la villa, gente toda muy al caso para cualquier barbaridad: valientes, cazadores que conocían palmo a palmo toda la Sonsierra. Una mañana, callandito, salieron por la puerta del corral, y ya tiene usted a mi padre dispuesto a romper una lanza por Isabel II, y a comerse crudos a todos los malandrines del otro bando.

—Ya... y le derrotaron, y...

—¡Quia! Espérese un poco... Ahora no ha sido usted muy buen adivino. Lo que hizo fue dar un palizón tremendo a la partida de un guerrillero que llaman Lucus, matándole seis hom-

EL SAQUEO, FUENTE DE ABASTECIMIENTO

La primera guerra carlista abundó en matanzas y saqueos cometidos por ambos bandos. A la dureza propia de la guerra se unía su carácter de enfrentamiento civil, lo que provocaba venganzas y matanzas encaminadas a aterrorizar al enemigo. En los primeros momentos del conflicto el general Zumalacárregui adoptó tácticas de saqueo y guerrilla para hacerse con el control del territorio y abastecerse de armas, municiones y alimentos. En el País Vasco y Navarra las tropas carlistas entraban y salían de las poblaciones a su antojo, ejecutando requisas, saqueos o robos ante los que las poblaciones se hallaban indefensas. Los municipios habían de hacer frente además a los impuestos extraordinarios y a los decretos de suministro obligatorio que imponían tanto la junta gubernativa carlista como el gobierno isabelino. Los saqueos derivaban con frecuencia en bandolerismo, producto de la miseria, el hambre y la violencia. Tanto soldados como campesinos, acosados por la necesidad, se convirtieron en bandoleros y se dedicaron al robo, secuestro y pillaje como forma de subsistencia. Solían colaborar con los ejércitos, pero con frecuencia actuaban sin ningún control, ya fuera carlista o liberal. La frecuencia y la envergadura de algunos ataques generó un sentimiento de desprotección e inseguridad en los pueblos y provocó gravísimas consecuencias económicas.

ALEGORÍA DE LA PRIMERA GUERRA CARLISTA. Grabado de época. Colección particular.

LA CIUDAD DE VITORIA FUE BASTIÓN LIBERAL en el país carlista. El general Córdova tuvo su cuartel en esa capital y desde allí organizó los movimientos de sus tropas hacia el norte. *(Vista de Vitoria,* por David Roberts).

bres y cogiéndole no sé cuántos prisioneros... A los dos días se batió con la vanguardia de no sé qué tropa carlista, y también les dio un revolcón muy grande...

—¡Vamos!

—¡Como que Oraa le felicitó delante de las tropas, y Córdova le dio una cruz! ¡Vaya! ¿Pues usted qué se creía? Siguió guerreando por esos montes, sacudiendo de firme a las partidas que encontraba, hasta que le hirieron en la cabeza y volvió a casa muy alicaído. Sus compañeros de hazañas se dispersaron, no quedándole más que dos: un tal Polación y José Díaz, que le llevaron a La Guardia. Desde entonces se nos volvió taciturno, desconfiado, de genio regañón; y aunque curó de su herida, quedó muy propenso a padecer desvaríos, a veces accesos de furor. Tomamos cuantas precauciones puede usted imaginar para retenerle y apartarle de aventuras tan peligrosas, hasta que llegó un día funestísimo en que se alborotó la villa por una cuestión entre alojados del general Oraa y algunos vecinos del pueblo. Hubo tiros, sustos, carreras, un infernal barullo. En esta confusión, mi desgraciado padre saltó por la ventana de la bodega; uniéronsele dos de su anterior partida, el tal José Díaz y otro muy pendenciero a quien llaman *Puche,* escaparon a la sierra los tres solitos, a caballo, y de allí se fueron al Cuartel General de

Córdova. Sin duda esperaban encontrar otros desalmados que se les agregaran; tal vez soñaban que el jefe del ejército les daría soldados, para con ellos y el ardimiento que los tres llevaban en su alma, conquistar medio mundo. Ante esta nueva desdicha no pude contenerme; no vi más solución que correr yo misma en busca de mi padre, y traérmele. Mi genio es vivo, mis resoluciones prontas. Cuando se me ocurre una idea que creo salvadora, me persuado de que Dios la inspira. Pensado y hecho. Mandé preparar un coche... Mi hermana no quiso separarse de mí, y abrazándose a mi cuello, me pidió llorando que fuésemos juntas; cedí... salimos una tarde acompañadas de dos criados de casa, de mi absoluta confianza, y a todo escape nos dirigimos a Vitoria. Mi pensamiento era suplicar al General que ordenase a mi padre la vuelta a La Guardia, negándole todo auxilio de guerra... No creía yo difícil obtener esto. En Vitoria contábamos con la ayuda de familias que nos aprecian... Todo lo vi fácil, todo realizado prontamente, conforme a mi deseo... Iba, pues, alentada por el amor filial, por el recuerdo de mi madre, por la satisfacción de ver representados en mí los sentimientos de la familia, el honor y la respetabilidad de nuestro nombre, y no bien llegamos a Vitoria...

Aquí fue interrumpida la historia por la llegada de Sancho.

XXV

El cual con cara gozosa dio cuenta de haber reunido algunas vituallas, que fue sacando ordenadamente de una cesta:

—Cuatro quesitos, dos botellas de vino, tres panes de a dos libras, docena y media de sardinas saladas, que, si a usted les parece, las tiraremos, pues ésta no es buena comida para señores, y menos en viaje... cuatro bizcochos de Oñate más viejos que mi abuelo... pero, en fin, valen, y nueces. Ya ve usted cuántas. Las he probado, y más de la mitad salen fallidas. Del carro le diré que al fin encontré uno pequeño; pero quieren, por la subida hasta Aránzazu, onza y media, y además que el señor responda de la pareja, abonando su valor, si la secuestran carlistas o isabelinos. Esto es un abuso...

EN EL TIEMPO QUE DURÓ LA SEGUNDA AUSENCIA DEL BUEN SANCHO, SIGUIÓ LA DAMISELA SU INTERESANTE RELACIÓN

—Mayor abuso es que nos quedemos aquí toda la noche, o que tengamos que subir a pie, llevando en brazos al señor don Alonso. Anda y cierra trato en seguida, por lo que quieran, y venga pronto... Cuídate de que le unten bien los ejes para que no chille, pues no tiene gracia ir cantando por esos valles... y haces que pongan un buen fondo de yerba seca, para que podamos llevar al enfermo acostado. Supongo que el carro tendrá toldo. Si no, que se lo pongan, y si no quieren ponérselo, no por eso deje de venir, que a mal tiempo, buena cara... Si de paso encuentras algo más de bucólica, venga, cueste lo que cueste. Deja aquí la cesta, y llévate las sardinas para tirarlas, si no quieres comértelas. No te entretengas, que es tarde.

En el tiempo que duró la segunda ausencia del buen Sancho, siguió la damisela su interesante relación. En Vitoria no hallaron a su padre; el general en jefe, a quien se presentó Demetria, le dijo que el señor de Castro campaba por sus respetos sin sujeción a ninguna disciplina, y que le mandaría preso y bien custodiado a su pueblo si se le traían. De las familias que en la ciudad conocía sólo encontró a dos señoras de Armendáriz, viejas, y a otro vejestorio incapaz, el conde de Samaniego, arqueólogo y numismático, por el cual supo que don Alonso había ido hacia Salvatierra, ganoso de gloria. Corrieron allá las dos muchachas, a quienes el cariño filial daba extraordinario valor y alientos. En Salvatierra les dijo persona bien informada que el incansable paladín cristino, con sus dos compañeros y otros tres que se le agregaron, había partido hacia Galarreta, lugar que se halla en la falda de una sierra muy áspera, y a la cual no podía subir el coche, por la ruindad de aquellos pedregosos caminos. Viéronse allí abandonadas de Dios y de los hombres; mas ni en tan terrible desamparo se abatió el corazón de la animosa doncella, que resolvió seguir adelante en su empresa nobilísima, desafiando todas las inclemencias y obstáculos que la Naturaleza y la Humanidad le ofrecían. Gracia, agobiada de cansancio, no hacía más que llorar; Demetria, ya que no acobardada, afligida de la tribulación de su hermanita, llegó a sentir vacilación y dudas: uno de los criados aconsejó la retirada, el otro, seguir adelante. Hallábanse en estas angustiosas deliberaciones, cuando unos soldados trajeron la noticia de que el señor don Alonso y su gente habían tenido un desgraciado encuentro con facciosos en el Puerto de Arrida, con pérdida de los dos tercios de su cuadrilla, o sea cuatro hombres, quedando el jefe desmontado y gravemente herido sobre el campo, mas no prisionero, porque pudo ir por su pie a una venta próxima, donde le ampararon, y allí le habían dejado ellos, tendido en un pajar, con la cabeza vendada, y hecho todo una lástima.

NO NECESITÓ SABER MÁS LA TEMERARIA JOVEN PARA DECIDIRSE, Y ALLÁ SE FUERON LOS CUATRO MONTE ARRIBA

No necesitó saber más la temeraria joven para decidirse, y allá se fueron los cuatro monte arriba, encomendándose a Dios y a la Virgen, único amparo que podían esperar en aquellas soledades. Ni los temores de encontrar facciosos arredraban a Demetria, pues creía, juzgando la voluntad de los demás por la suya generosa, que con exponerles el objeto de su peregrinación, no sólo no recibiría de ellos ningún daño, sino que quizás la favorecerían. Después de un fatigoso caminar toda la noche y parte de la mañana, llegaron a la venta de Arrida, donde les esperaban nuevo desengaño y tribulaciones mayores que las pasadas. A media noche había pasado por allí una avanzada carlista, y descubierto don Alonso, por los gritos que daba en su desbordada locura, se le llevaron prisionero a Oñate: de sus dos comilitones, el uno logró escapar saliéndose al tejado; el otro, prisionero iba también con su señor.

Ya en este punto las cosas, y presentando tan mal cariz la continuación del viaje, que exigía penetrar resueltamente en el terreno de la facción, los dos criados votaron por el retroceso. Gracia lloraba, asegurando que no se separaría de su hermanita, y ésta declaró que aunque supiera que en ello se jugaba la vida, había de intentar rescatar a su padre de las autoridades facciosas, presentándose a cabecillas o generales, al Rey mismo si necesario fuese. Dijo a sus criados que se volvieran si tenían miedo, y ellos ¿qué habían de hacer más que seguirlas hasta el fin del mundo? Adelante, pues. No habían andado media legua, cuando encontraron al compañero de don Alonso que había logrado escapar de la venta, el cual venía tan azorado y temeroso que daba compasión verle; además, herido, con un brazo atravesado por bala de fusil, desangrándose. Contó el infeliz peripecias que partían el corazón: el señor don Alonso estaba completamente ido del cerebro. Su tema no era ya combatir en el campo, donde creía haber alcanzado tantas victorias. Precisamente, cuando le sorprendió la avanzada que le deshizo, dejándole tendido en un zarzal, iba con una idea desatinada, que sus amigos no podían quitarle de la cabeza. Se proponía presentarse a don Carlos y retarle a desafío para decidir en juicio de Dios, peleando con toda lealtad, la grave cuestión que motivaba la guerra. De este modo, según él discurría con su trastornado entendimiento, se pondrían en claro los disputados derechos al Trono de España. El duelo había de ser a muerte, en campo abierto, a caballo los dos paladines, delante de los testigos que una y otra parte designaran. Todo esto lo decía con gritos desaforados, y cuando se hallaba en el pajar, los facciosos que entraron en la venta no le habrían descubierto, a no ser por las tremendas voces que daba proponiendo a don Carlos, como si delante le tuviera, el singular combate en que había de decidirse la suerte de España. Terminó su relato *Puche,* que éste era su nombre, diciendo que ya no podía resistir ni el dolor de sus heridas ni el hambre y sed que le devoraban, por lo cual no podía volverse en compañía de las señoritas. Buscaba una cabaña de pastores en que guarecerse, para sanar o morirse. Don Alonso, con José Díaz, que también iba prisionero, debía de estar ya más abajo de Aránzazu, camino de Oñate. Demetria socorrió al desgraciado *Puche* con dinero, y siguieron adelante, siempre con la idea consoladora de que Dios en trance tan terrible no les abandonaría.

En este punto de la historia, llegó Sancho con cuatro bizcochones más y unas ciruelas pasas, y tras él vino el carro, que Fernando y Demetria vieron con grande alegría, como si les mandara el cielo un barco encantado, o el mágico clavileño de Don Quijote. Sin perder tiempo acomodaron a don Alonso sobre la yerba olorosa y le cubrieron con el capote de Rapella, poniéndole por almohada el lío de ropa: el pobre señor dejábase tratar como cuerpo muerto; les miraba atónito y no profería una palabra. Tratose luego de si Sancho les acompañaba o no, y las razones que dio éste a Fernando le convencieron de que debía volverse a Oñate y partir en pos de su amo. Urgía dar al siciliano alguna explicación de aquellos inesperados sucesos, y del secuestro de su gabán. Seguramente lo aprobaría, pues era hombre que se pirraba por las aventuras, por todo lo que fuera intervención de lo inesperado y sorprendente en las cosas de la vida. Entregó Fernando al escudero un bolsillo con onzas, propiedad de don Aníbal, cogiendo algunas para agregarlas a lo suyo, por si le hacían falta en aquella empresa, y le despidió con estas razones:

—Le dices que yo, de hoy a mañana, en cuanto deje a esta desgraciada familia en lugar seguro, de donde pueda volver a su casa, no pararé hasta reunirme con él y con la Corte y séquito del señor Pretendiente.

En este punto de la historia, llegó Sancho con cuatro bizcochones más y unas ciruelas pasas

Saludó Sancho a las señoritas, deseándoles un buen viaje y el feliz cumplimiento de sus deseos, y despidiose también la vieja con expresiones de cariño; Demetria y Gracia subieron al carro, y éste emprendió su marcha lenta y sin chillidos por las cuestas de Aloña. Lo primero que hizo Calpena fue invitar a las niñas a una frugal cena, y ellas, que con las esperanzas se veían ya menos agobiadas de su tristeza, no se hicieron de rogar; partido el pan, dieron a su libertador una rebanada y medio quesito, pues a él tampoco le venía mal hacer por la vida. Comiendo se arrimó al boyero para trabar conversación con él y sondearle, pues de su lealtad y buena disposición dependía el éxito del viaje. Era un vejete forzudo y de pocas palabras, que hablaba medianamente el castellano; llamábase Gainza y no parecía mal hombre; comentando la guerra, expresó la idea de que el país estaba ya harto de tanta trapisonda, esquilmado por las sacas continuas de mozos, forrajes, pan y contribuciones. Lo que el país ansiaba era: o que don Carlos se sentase en el *Trono de todo el Reino,* o que se entendiese con su cuñada para reinar los dos *apareados*. No desagradó a Fernando esta actitud, y sin mostrarse amigo ni enemigo de la Causa, le recomendó que llevase su carro por los caminos que creyera menos frecuentados de tropas, así facciosas como cristinas, añadiendo que le recompensaría con toda largueza si lograba llevar salvas hasta la sierra a las dos niñas y a su padre enfermo, el cual era un señor muy pudiente que había venido a Oñate enviado por el Rey de Francia para tratar con don Carlos de asuntos *católicos,* y habiendo cogido un aire de perlesía, iba en busca de unos afamados médicos de Vitoria que curaban este mal con aguas frías y calientes. A esto dijo Gainza, picando sus bueyes, que él había oído algo de curar el *paralís* con *chorros físicos y destemplados*.

—¿Querrá usted creer, don Fernando —dijo Demetria a su caballero de a pie, cuando éste acomodó su paso al del carro, apoyando la mano en el tablón zaguero—; querrá usted creer que esto poquito que hemos cenado nos ha sabido a gloria? Hacía tiempo que no conocíamos lo que era apetito, substancia ni sabor de nada. Comíamos amargura y bebíamos nuestras lágrimas.

A ESTO DIJO GAINZA, PICANDO SUS BUEYES, QUE ÉL HABÍA OÍDO ALGO DE CURAR EL *PARALÍS* CON *CHORROS FÍSICOS Y DESTEMPLADOS*

—Los quesitos son muy buenos, ¿verdad, don Fernando? —dijo Gracia—. Y los bizcochos, aunque saben a viejo, no están mal... Lo peor es que las hormigas se me suben por la cara y quieren comerme a mí.

—Ahora que están ustedes tranquilas, todo les sabe bien...

—¡Ay! ¿Ya cree usted que no debemos temer nada? Muy pronto lo dice, don Fernando. Yo no estoy tranquila. Lo dice usted por animarnos, y nosotros se lo agradecemos mucho... Mi hermana y yo, mientras usted hablaba con el viejo del carro, decíamos que si no es por usted no salimos nunca de aquel infierno... Verdaderamente, señor, no vale con decirle que nuestra gratitud será eterna, pues ni con eternidades se paga este inmenso beneficio.

—¡Oh, por Dios, no dé usted valor a un acto tan sencillo, tan elemental...! El cumplimiento de un deber no merece alabanzas.

—Ahora se hace usted el chiquito... No, no, que bien grande se nos ha mostrado. ¡Sabe Dios lo que significa para usted el sacrificio de su tiempo; sabe Dios los perjuicios que le traerá su buena obra! ¿Y quién me asegura que no le llamaban a usted a otra parte, esta noche misma, afecciones, compromisos sagrados, qué sé yo...?

—¡Oh, para todo hay tiempo! Lo principal, que era sacarlas a ustedes de su cautiverio, ya está hecho. Pero aún falta un poquito, Demetria. Veremos si de aquí al día...

—No me asuste usted. ¿Nos abandonará Dios después de habernos amparado? No, no lo creo. El corazón me dice que triunfaremos, gracias a usted, a su firme voluntad y corazón valiente.

—¡Ay! —dijo Gracia temerosa, sacando la cabeza fuera del toldo para observar el país que atravesaban—. Me parece que fue aquí...

—No, mujer, fue más arriba, mucho más arriba... No me lo recuerdes, que pierdo otra vez los ánimos y se me renueva el terror de aquella noche...

—¿Qué...? ¿Les pasó algo en estas soledades cuando bajaban hacia Oñate?

—¡Ay, si aún no le he contado todo! ¡Si nos han pasado cosas terribles, señor don Fernando! Aún no sabe usted lo mejor, digo, lo peor de aquel tristísimo caminar en busca de mi padre... No, no fue por aquí Gracia; fue en un lugar muy feo y desolado, donde hay cavernas y abismos espantosos... ¿En qué quedamos de mi relación?

—Cuando se encontraron con *Puche,* y le socorrió usted...

DE SOLDADOS A BANDIDOS. Varias partidas de carlistas actuaron como los bandoleros. Se apostaban en los caminos y asaltaban a los coches de viajeros para obtener dinero, joyas, armas, animales y cualquier objeto de valor. Un grupo de soldados, al mando de un teniente, asaltó el coche de Aurora a la entrada de Oñate. *(Grupo de bandidos en el monte,* por Leonardo Alenza. Museo Romántico. Madrid).

XXVI

Y seguimos, sí... Pues ahora es cuando empiezan los grandes desastres. Poco después de medio día, tuvimos un encuentro con soldados facciosos, que nos dieron el alto. Afortunadamente, el teniente que les mandaba, alto, delgadito, era todo un caballero; yo me arrodillé delante de él, y le pedí por Dios que no nos mataran, contándole después lo mejor que pude el objeto de nuestro viaje. El hombre se portó hidalgamente. Siento no recordar su nombre, pues si al fin nos salvamos, quisiera expresarle mi gratitud. Tratonos con miramiento; nos dio agua, pues ya estábamos muertas de sed, y no contento con esto, nos acompañó un buen trecho, diciéndonos palabras consoladoras... Pero ¡ay! algunas horas después, ya cerrada la noche, que era de las más obscuras, nos salen unos tíos, ¡ay, qué gente, señor don Fernando, qué modales, qué voces, qué aspecto más de bandoleros que de tropa regular! A lo primero que dije, tratando de interesarles en favor mío, contestaron con injurias soeces. Uno de mis criados no supo contener su coraje; pero antes de que pudiera hacer uso de las pistolas que llevaba, le dispararon un tiro de fusil, que por fortuna no le ocasionó más que una herida leve en el brazo. Nosotras nos pusimos a chillar pidiendo misericordia, y el jefe, o más bien capitán de ladrones, ordenó que no se nos hiciera daño alguno, siempre que los dos hombres entregaran sus armas y se dieran prisioneros. Ofuscada yo, vacilante, aturdida, creí que las mejores razones para convencer a aquellos cafres eran las onzas de oro, y saqué una culebrina que llevaba en el pecho. Nunca tal hiciera, pues sin aguardar a que yo les diese lo que me parecía sobrado para comprar su benevolencia y el paso franco que deseábamos, me quitaron todo el dinero, y nos llevaron presas... ¡Ay, qué paso, señor mío, qué horas de angustia por aquellos senderos pavorosos, entre bayonetas y trabucos, como criminales... las personas honradas y buenas conducidas ignominiosamente por los salteadores de caminos!... Mi hermana y yo, enlazaditas del brazo, obligadas a llevar el paso presuroso de aquellas bestias con humana figura, rezábamos; todo el camino lo pasamos rezando, hasta que al amanecer de Dios, amanecer más triste que la más negra noche, entrábamos por la plaza de Oñate, y caíamos muertas de cansancio en las baldosas de la casa de Ayuntamiento, en una cuadra lóbrega, donde nos encerraron como a fieras dañinas... ¡Ay, no puedo seguir contando, porque se me nubla la esperanza, la alegría de esta escapatoria!... Luego seguiré... ¿En dónde estamos? ¿Hemos avanzado mucho? ¿Traspasaremos la cordillera antes de rayar el día?... ¿No nos saldrá otra partidita de realistas salteadores?...

MI HERMANA Y YO, ENLAZADITAS DEL BRAZO, OBLIGADAS A LLEVAR EL PASO PRESUROSO DE AQUELLAS BESTIAS CON HUMANA FIGURA

Agotó Fernando los recursos de su palabra para darle alientos y desvanecer sus inquietudes, demostrándole, hasta donde esto demostrarse puede, que así como los males vienen siempre encadenados, tirando unos de otros, al iniciarse el bien vienen asimismo de reata y en creciente progresión los sucesos favorables. La ley de este fenómeno se esconde a nuestra penetración; pero su existencia misteriosa revélase a todo el que sabe vivir por duplicado, esto es: viviendo y observando la vida... En esto la pobre Gracia, rindiendo al cansancio su endeble naturaleza, se quedó dormidita, reclinada junto al cuerpo de su padre, que reposaba en un tranquilo sueño. Manteníase Demetria muy despabilada, insensible a la fatiga, atenta a los accidentes del país agreste, a los ruidos próximos y luces lejanas, y por más que Fernando al descanso la incitaba, no pudo obtener que se reclinara para descabezar un sueñecito. Transcurrido un rato sin que ninguno de los dos hablase, dijo Demetria:

—Voy completamente entumecida, y no puedo entrar en calor. Si a usted le parece, bajaré; necesito ejercicio.

Parado un momento el carro, se apeó de un brinco la viajera, y siguieron ella y Fernando a pie larguísimo trecho, a ratos delante de los bueyes, a ratos detrás.

—¿De modo que los cuatro quedaron presos en el Ayuntamiento? —preguntó Calpena deseando conocer todas las desventuras de sus protegidas.

—No señor; a mi hermana y a mí nos llevaron en seguida a la Caridad, por no haber en Oñate cárcel de mujeres, y nos pusieron en aquel cuartito donde usted nos ha visto. Los dos criados quedaron allá. El paso de nuestra separación fue por demás doloroso, como comprenderá usted; al vernos apartadas de nuestros leales servidores, el cielo se nos caía encima. Florencio y Sabas fueron conducidos al día siguiente a Tolosa, donde los carlistas organizan un batallón con los penados, prófugos y toda la gente advenediza que cae en su poder, así extranjeros como castellanos, sin diferencias de edades ni talla. Eso he podido averiguar, pues a mis dos servidores nos les he vuelto a ver ni he sabido nada de ellos... ¿Ve usted cuánta desdicha? ¿No era esto para desesperarse y desear la muerte? ¡Y con tantos golpes, nosotras siem-

CÁRCELES DE MUJERES

La delincuencia femenina siempre fue un asunto de segundo orden, tanto por su escaso volumen como por la naturaleza de la mayor parte de delitos, más relacionados con la moral sexual que con conductas antisociales. Por ello las prisiones para mujeres eran inexistentes y las cárceles comunes no disponían de celdas diferenciadas para ellas. Los espacios de reclusión habitual eran los monasterios y conventos, los beaterios y las casas de arrepentidas, más dirigidas a acoger descarriadas, adúlteras y mendigas que delincuentes. De hecho, la prisión como pena no apareció hasta el siglo XVIII.

En 1604 la monja Magdalena de San Jerónimo creó en Valladolid la Casa de Probación, primera «casa de galeras», como se las conoció después debido a que su rígida disciplina recordaba a la pena de galeras que se aplicaba a los hombres. Estaba destinada a acoger a mujeres vagantes, ladronas, alcahuetas y otros delitos. En estos centros eran recluidas, se les rapaba el pelo, alimentaba con pan y agua y se les aplicaban duros castigos corporales. La vigilancia estrecha y la disciplina estricta buscaban reformar el comportamiento de las acogidas para transformarlas en mujeres virtuosas. En el siglo XIX las casas de galeras fueron suprimidas y sustituidas por casas de corrección. La Dirección General de Presidios asumió la dirección de todos los centros, incluidos los de mujeres, y aprobó el «Reglamento para las casas de corrección del Reino» en junio de 1847. En el mantenimiento de las reclusas colaboraban órdenes religiosas como las Adoratrices o las Oblatas del Santísimo Redentor.

Otro tipo de establecimientos destinados al confinamiento de mujeres decentes eran las casas de reclusión como la de San Nicolás de Bari, fundada en la calle Atocha de Madrid en 1691. En él las féminas estaban al cuidado de las religiosas. Una vez entraban no se les permitía salir hasta tomar los votos religiosos o contraer matrimonio. Pero también solía haber estancias temporales para las enviadas por sus familiares como castigo por su comportamiento.

MUJERES EN LA CÁRCEL, por Eugenio Lucas. Museo del Prado. Madrid.

pre confiadas en Dios, sacando de nuestra propia tribulación energía para salvarnos y salvar a nuestro infeliz padre! Cualquiera se habría rendido a la adversidad, viéndose como yo me veía, presa y sin ningún amparo, en pueblo desconocido, donde todos eran enemigos, y nos habían tomado por mujeres malas, de esas que merodean en los ejércitos de uno otro bando. ¿Cómo disipar esta mala idea? ¿Cómo hacerles comprender quiénes éramos y quién era mi padre? ¿Creerá usted que pasaron dos días sin tener conocimiento de la suerte del infeliz prisionero, casi convencidas ya de que nos le habían fusilado?

—Es verdaderamente horrible —dijo Fernando con inmensa compasión—. ¿Pero no contaba usted con algún conocimiento, con relaciones en ese maldito pueblo?

—Verá usted: En aquel conflicto, teníamos puesta toda nuestra esperanza en un señor, que sabíamos ocupaba en la Corte de este Rey una elevada posición: don Fructuoso Arespacochaga... ¿Le conoce usted?

—No señora. Entre las personas que he visto aquí no recuerdo a ese sujeto.

—¡Cómo le había de ver, si no está! Pues mis carceleros, gente mala y suspicaz, después de un día de lucha, me permitieron escribir a don Fructuoso. Es el tal de Vergara, si mal no recuerdo; solía pasar temporadas en La Guardia, donde tenía intereses; mi padre y él se hicieron muy amigos, y juntos iban de caza. Creía yo que con decirle mi nombre y el de mi padre bastaba para que tuvieran término pronto y feliz las calamidades que nos afligían. La ansiedad con que esperábamos la vuelta del que llevó la carta ya puede usted figurársela. Cada vez que sentíamos pasos en la escalera creíamos que subía don Fructuoso. ¡Ay, qué dolor, qué abatimiento cuando nos llevaron la noticia de que le habían mandado a Viena o qué sé yo a dónde, con una misión diplomática!... ¿Le parece a usted?... ¡Misión diplomática! Hasta los gatos quieren zapatos.

—Pero, por Dios, ¿no quedaba en Oñate alguien de la familia de ese don Fructuoso?

—Sí, señor... por lo cual verá usted que no estábamos enteramente dejadas de la mano de Dios. Mi carta fue a parar a manos de un señor Ibarburu...

No sé qué es peor, Demetria —dijo Fernando nervioso—, si tratar con bandidos o con fatuos, intrigantes, como ese clérigo

—¿Clérigo?...

—Y empleado en lo que llaman aquí el ramo de... no sé qué.

—De Gracia y Justicia... Le conozco: hemos sido compañeros de vivienda. Es un capellán joven, con gafas, hablador, bastante fatuo.

—El mismo, sí señor: muy redicho, de una amabilidad empalagosa, de estos que se oyen y se felicitan cuando hablan... Pues fue el capellán a vernos, y nos dijo que, encargado por don Fructuoso de todos los asuntos de este, deseaba servirnos en lo que de él dependiera, siempre que no le pidiésemos cosa alguna en detrimento de la santísima causa que defendía. Con todas estas rimbombancias y otras que no recuerdo nos hablaba el señor aquel, más fino que cariñoso, dejando entrever su egoísmo en sus actos de cortesía.

—No sé qué es peor, Demetria —dijo Fernando nervioso—, si tratar con bandidos o con fatuos, intrigantes, como ese clérigo.

—¡Ay!, no diga usted eso, no: que el señor capellán, con toda su vanidad seca, nos sirvió. Gracias a él logramos ver a mi padre, tenerle a nuestro lado. Pudo hacer más de lo que hizo; pero hizo bastante: por mediación de él, Dios, si no puso fin a nuestras desgracias, las alivió, quitándoles crudeza. ¡Ay, sí! Mucho tenemos que agradecer al señor Ibarburu, por cuyo valimiento en la Corte alcancé la altísima honra ¡pásmese usted! de ser recibida en audiencia por Su Majestad el Rey don Carlos V... ¿Qué? ¿se ríe usted?... ¡Pero si las cosas que nos han pasado, todo en el breve término de dos semanas, pues no ha transcurrido más tiempo desde que salimos de casa, son tales, que con ellas se podría escribir un libro!... Sucesos tristes, tristísimos, enlazados y contrapuestos con lances graciosos; horrores y tragedias por un lado; mil ridiculeces por otro: todo esto ha sido mi vida en tan breve tiempo. A usted le habrá pasado, leyendo libros de entretenimiento, que todo le parece mentira, exageración de los que escriben tales obras; y recreándose en aquellos lances tan bien urdidos, no les da crédito... Yo he pensado lo mismo; pero ya no, ya no; creeré cuanto lea, y aún me parecerá pálido todo el cúmulo de desdichas y calamidades entretejidas que a veces nos ponen, para cautivar nuestra atención y hacernos sufrir y gozar, los autores de novelas. No, no: ya sé yo que la vida sabe más que los autores, y lo inventa mejor, y más doloroso, más intrincado, y con más sorpresas y novedades.

—Muy bien. La realidad tiene más talento que los poetas.

—Y más... ¿cómo dicen?

—Más inspiración.

SÍ, PADRECITO QUERIDO, A CASA... ME PARECE QUE YA ES TIEMPO. ¡AY, CASA QUERIDA! AHORA... A DORMIR OTRO POQUITÍN

Oyeron voces, y la inquietud les cortó el sabroso diálogo. Pero los que venían eran gente de paz: dos muchachos y una vieja que bajaban con leña. Interrogados en vascuence por Gainza acerca del avance de las tropas de Córdova, respondieron los leñadores que no habían visto sombra de cristinos en aquellas cañadas. Por referencia de unos carboneros sabían que más arriba de Aránzazu, como a dos tiros de fusil, la partida carlista de *Basurde* se había tiroteado al anochecer con las avanzadas de Espartero, teniendo la partida que correrse hacia la sierra de Elguea. Y nada más. Buenas noches.

—Verá usted —dijo Demetria a Fernando—, cómo no nos amanece sin algún mal encuentro, que sería la segunda parte de aquel famoso que le he contado a usted. Si Dios dispone que cuando creemos tocar la salvación, perezcamos, cúmplase su santa voluntad.

Para despejar de temores aquel noble espíritu, Calpena se mostró alegre, confiado, asegurando que el reciente triunfo de Córdova habría limpiado de facciosos el país que recorrían. Como soplaba un airecillo picante, y andado había ya más de un cuarto de legua a pie por suelo tan desigual, Demetria volvió al carro, encontrando a su hermana como un tronco, y a su padre despierto. Ocasión era, pues, de darle algún alimento. Fernando mandó parar. Incorporaron al enfermo; diéronle pedacitos de pan, queso y bizcocho, que comió con ansia, y encima traguitos de vino. Dejábase manejar don Alonso sin oponer resistencia a nada de lo que con él hacían, como hombre que ya hubiera entregado a la Muerte la mayor parte de su ser, y paladeando el vino que su hija en un vaso le ponía en los labios, decía cada vez que tomaba resuello:

—¡A casa!

—Sí, padrecito querido, a casa... Me parece que ya es tiempo. ¡Ay, casa querida! Ahora... a dormir otro poquitín.

Y tendido nuevamente en su lecho de yerba, zarandeado por los traqueteos del vehículo, siguió repitiendo: «¡A casa!...». No decía más, ni sabía decir otra cosa, porque la parálisis le iba quitando gradualmente, por zonas, sus energías y facultades, ideas, memoria, palabras; de estas quedábanle ya muy pocas. Observando que a cada instante ladeaba la cabeza a una parte y otra, y que se llevaba al pecho la única mano de que disponía, su hija, inquieta, le preguntó si sentía alguna molestia o dolor. Él denegó con la cabeza, respondiendo tan sólo:

—A casa...

Enero y mayo de 1836

Los carlistas defienden el Puerto de Arlabán

Las dos intentonas liberales de ocupar esta estratégica zona fueron rechazadas

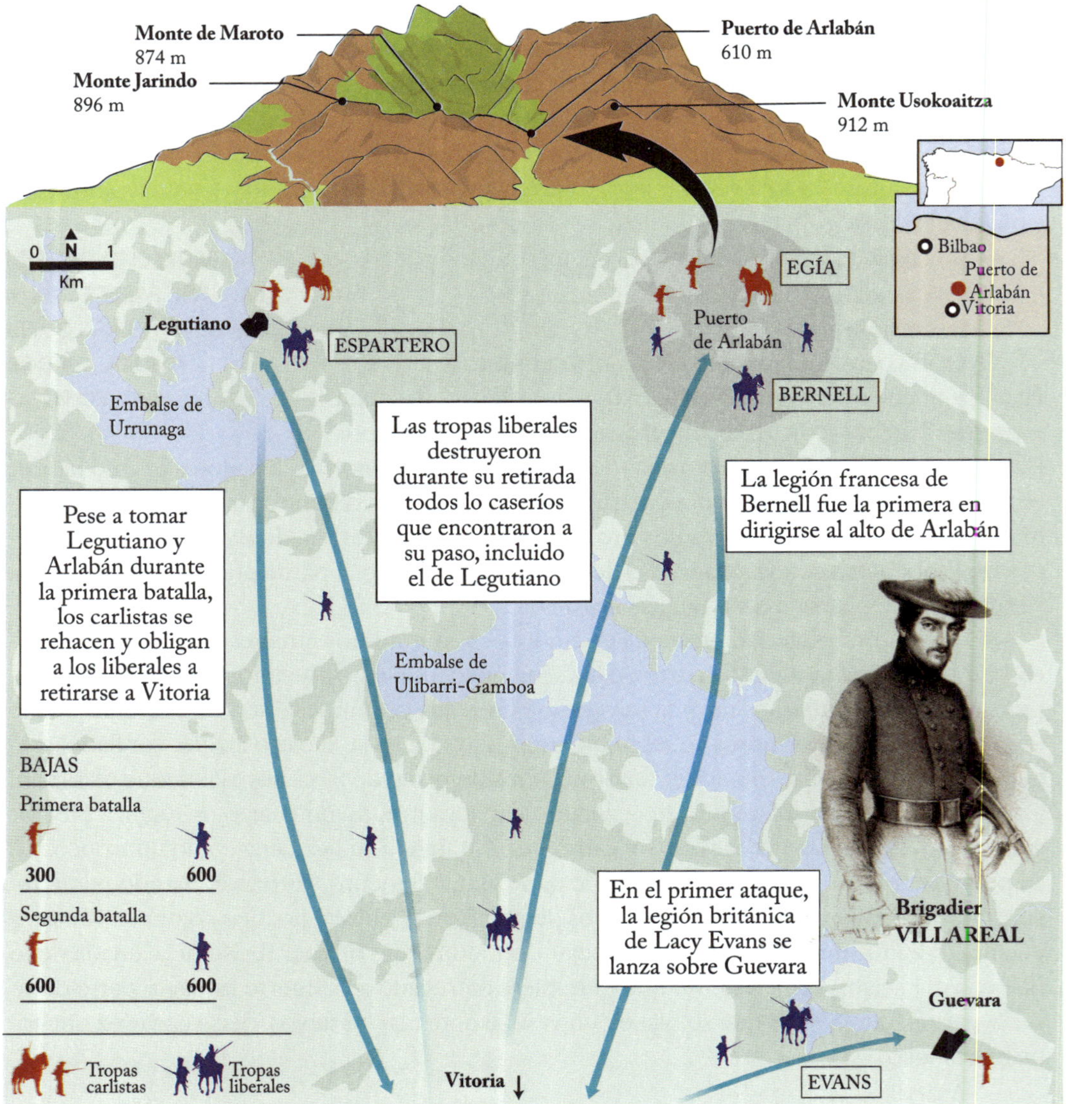

Primer intento (16 - 18/1/1836)

El general liberal Fernández de Córdova parte desde Vitoria con la intención de tomar el Puerto de Arlabán, punto estratégico para la defensa de la capital alavesa. Los liberales se dividen en tres flancos: Lacy Evans (derecha), Espartero (izquierda) y Bernell (centro). Durante dos días, sus ataques fueron repelidos por las tropas del carlista Egía

Segunda tentativa (22 - 26/5/1836)

Fernández de Córdova intenta nuevamente tomar la zona. Con unos efectivos similares a los del anterior asalto, liberales y carlistas protagonizan una cruenta batalla que duró cuatro días y en la que ambos ejércitos avanzaban para después retroceder. La habilidad del brigadier carlista Bruno Villarreal obligará a los liberales a retirarse definitivamente

FUENTE: "La Primera Guerra Carlista", César Alcalá **Doc.:** Rubén González **XAVI ISERN**

Luego pareció más sosegado; cerró los ojos.

—Duérmase, padrecito, descanse. Ya somos felices... ya hemos salido de aquel purgatorio.

Inmóvil, aletargado, aún dijo tres veces:

—¡A casa!

XXVII

Condolíase Demetria de que su caballero salvador tuviese que echarse a pechos, a pie, los empinados y ásperos vericuetos por donde iban, sin tomarse ningún descanso ni dormir siquiera un par de horas; pero Fernando le aseguró estar muy acostumbrado a pasar malos días y peores noches, encareciendo la urgencia de ganar tiempo y zafarse pronto de la peligrosa divisoria entre la España de don Carlos y la de Isabel. Reanudó entonces Demetria la historia de sus *dos semanas,* refiriendo que la causa de que el señor Ibarburu no pudiese resolver el conflicto de la familia de Castro fue una inesperada complicación, que parecía obra del mismo demonio. Por aquellos días fue descubierto un complot para matar a don Carlos. Un desalmado catalán que había pertenecido a la Compañía de Jesús, de la cual le expulsaron en 1819, que después sirvió en el ejército carlista, y fue condenado a muerte por intento de vender al enemigo una compañía, logrando salvar la pelleja con una audaz escapatoria, entró en Guipúzcoa por Alsasua, con dos mujeres jóvenes que vendían baratijas. Proponíase quitar de en medio a don Carlos. Delatado y cogido cerca de Oñate, le llevaron codo con codo a la cárcel de Vergara, y se empezó a formar una causa en que los señores del Consejo de Guerra quisieron sin duda lucirse, complicando en ella a toda persona desconocida que a la sazón aportara por allí. La coincidencia diabólica de que el presunto asesino se llamase Juan Díaz, y José Díaz el compañero de don Alonso; la también endiablada circunstancia de que este, en su triste locura, no hablase más que de resolver la cuestión dinástica, cuerpo a cuerpo, entre él y don Carlos, en el campo del honor, fue parte a que metieran al pobre don Alonso y al cuitado de Díaz en aquel embrollo, no pudiendo eximirse de culpabilidad las pobres niñas, como hijas del Castro, *según declaración propia,* y sobrinas, *según indicios,* del Díaz. Gracias que el señor Ibarburu, única persona que las amparaba, no creía en tal complicidad, y cediendo a los ruegos de la valerosa joven, gestionó que don Carlos la concediese el honor de recibirla en audiencia.

Aconsejó a Demetria que tanto ella como su hermana confesasen y comulgasen en la capilla de la Caridad

Dos días fueron empleados en este negocio, desplegando Ibarburu toda la solicitud que su egoísmo le permitía. Aconsejó a Demetria que tanto ella como su hermana confesasen y comulgasen en la capilla de la Caridad, pues les convenía dar público testimonio de su catolicismo y devoción, encomendándose además a la Virgen de los Dolores, abogada de los que sufren persecución de la justicia, patrona santísima de la Causa y Generala de sus ejércitos. Insistía Ibarburu en recomendar esta demostración religiosa, porque Su Majestad, monarca muy atento a las conciencias de sus vasallos, se enteraba de quien cumplía y quién no cumplía con Dios en el naciente Reino. Gozosas se apresuraron las dos niñas a seguir el consejo

LAS CÁRCELES CARLISTAS estaban plagadas de liberales. Don Carlos y su Estado Mayor decidían la suerte de los detenidos en juicios rápidos y sin garantías. Demetria le pidió al pretendiente que intercediera para que su padre fuese trasladado a una prisión donde pudieran atenderle debido a su estado mental. (*Interior de prisión,* por Piranesi. Kunstalle. Hamburgo).

del capellán, en lo cual satisfacían un deseo vivísimo de sus piadosos corazones, y al día siguiente fue Demetria a la audiencia, el alma llena de zozobra, avergonzada del deterioro en que se hallaba su traje, sin recursos para vestirse como le correspondía por su posición. A pesar de esto, rechazó la oferta que le hizo una señora presa de facilitarle un vestido de merino azul, pues prefería ir mal a ponerse ropa prestada.

—¡Ay, qué cosas, qué incidentes, señor don Fernando! La pobre señora se empeñó en peinarme a la moda y en ponerme sus peinetas, y no sabe usted el trabajo que me costó evitarlo sin que se ofendiera.

Recibió don Carlos a Demetria momentos antes de salir para Elorrio. Hallábanse junto a él en la Real Cámara (una sala destartalada, muy fea, con cortinas amarillas y unos cuadros grandes de pasajes de la Biblia), dos señores muy estirados, uno de los cuales entendió Demetria que era el señor Erro; el otro, eclesiástico rudo y agreste, como un tronco sin descortezar, debía de ser el señor Echevarría; mal gesto, ojos suspicaces. Más que su turbación pudo en el ánimo de Demetria el grave anhelo que llevaba a *las gradas del Trono,* el martirio de su padre inocente, y arrodillándose delante de la pretendida Realeza, expuso con claridad y modestia su cuita. Don Carlos, en pie, la mandó levantarse, dándole a besar su Real mano, y se mostró benigno, sin abandonar la tiesura y frialdad de rostro estatuario que le caracterizaban. Hombre de buenos sentimientos en lo que no tocara a sus derechos y pretensiones, los manifestaba con austeridad, parco en palabras cariñosas:

—Ya se dispuso —dijo—, la suspensión de la sentencia, y hoy he mandado que el preso sea trasladado de la Cárcel a la Caridad, donde podrán cuidarle sus hijas. Su estado mental exige asistencia médica... Pero no estará libre de responsabilidad hasta que informen los facultativos acerca de si es o no fingida su locura, que todo puede ser...». Atreviose la joven a exponer tímidamente una opinión respecto al carácter de su padre, refractario a la mentira. Pero Carlos V, oyéndola con benevolencia, agregó que no insistiera sobre aquel punto, pues harto había conseguido, y, ante todo, él tenía que cuidar de que se cumplieran las leyes. En esto de cumplir las leyes puso un acento de convicción honrada, candorosa, señal de que estaba el buen señor con las leyes como chiquillo con zapatos nuevos, cosa muy natural en estos reinados de creación repentina. Y no hubo más: salió Demetria, si no enteramente satisfecha, consolada en su grande aflicción. Aquella misma tarde tuvieron las niñas de Castro el inmenso gozo de abrazar a su padre.

—Pero, ¡ay!, señor don Fernando: nuestro gozo fue muy incompleto, muy amargado por la realidad, pues aquel hombre que estrechábamos en nuestros brazos, que besábamos con delirio, no era ya más que una sombra de nuestro padre. Un ataque de perlesía que en la prisión le dio, no sabemos en qué fecha, le tenía como usted le ve, sin vida más que en la mitad de su cuerpo, y esa tan débil y mermada, que tememos llegue a extinguirse cuando menos se piense: la inteligencia limitada a un corto espacio de ideas; estas muy apagadas; la palabra balbuciente, reducida a unos cuantos términos que repite sin cesar. ¡Dios mío, qué lastimoso cuadro! ¿Y será posible que Dios nos conceda, siquiera como compensación de tan atroz martirio, que logremos con nuestros cuidados, ya que no volverle la salud y la vida, al menos mejorarle, conservarle algún tiempo para nosotras, para su familia y para sus amigos?

—Sí, Demetria —afirmó Fernando sin creer lo que decía—: el hogar propio, el ambiente doméstico, hacen prodigios en estas dolencias. Tenga usted esperanza, convénzase de que Dios le ha de conceder al fin muchos bienes en desquite de tantos males... que parecen injustos, arrojados sobre estas cabezas inocentes... Dígame usted otra cosa: ¿y Díaz?

—A ese infeliz no le han soltado. En la cárcel está, según dicen, *a las resultas,* y sabe Dios hasta cuándo durará su martirio.

—Con tiempo y buenas relaciones, créalo usted, gestionaremos para que le den libertad... Supongo, Demetria, que con el último pasaje de su historia ha puesto usted punto final a sus desdichas...

—¡Oh, no, todavía hay más, mucho más! No sigo por no cansarle, que esto ha de agobiar el espíritu del que lo oye, como agobia el de quien lo recuerda. No me pida usted más tristezas... Procuremos confortar nuestras almas con la esperanza; olvidemos... miremos al mañana, pensando que el mañana será hermoso... ¿Qué hora es?

—La una.

—¡Oh!, pronto será de día... En esta temporada tristísima, he aprendido, con ayuda de los insomnios, a leer en el cielo la hora en que principia el día. A las tres y media ya clarea el horizonte; a las dos cantarán los gallitos, y luego de tres a cuatro. Por aquí no hay gallitos que le digan a una la hora.

—Más adelante los oiremos; descuide usted. Paréceme, Demetria, que tiene usted un sueño que no se lo merece. Recline la cabeza en el toldo, y duerma un poquito. Yo voy al cuidado de todo.

A ESE INFELIZ NO LE HAN SOLTADO. EN LA CÁRCEL ESTÁ, SEGÚN DICEN, A LAS RESULTAS, Y SABE DIOS HASTA CUÁNDO DURARÁ SU MARTIRIO

—Sí que intentaré descabezar un sueñecito; pero si canta algún gallo, despiérteme: quiero oírlo.

—Bueno, bueno; a dormir hasta que cante el gallo.

Durmiose Demetria profundamente, y a la media hora despertó Gracia sobresaltada. Creyó Fernando que la oía llorar, que la oía quejarse. Acercose.

—Gracia, ¿qué ocurre, qué le pasa a usted?

—¿Dónde está mi hermana? —dijo la pequeña con gran azoramiento y aflicción—. Padre está muy malo... ¿En dónde está mi padre?

ANTONIO GARCÍA GUTIÉRREZ. Litografía del siglo XIX. Museo Romántico. Madrid.

UN ESCRITOR DE ÉXITO

Antonio García Gutiérrez, oriundo de Chiclana, nació en julio de 1813. A pesar de su origen humilde, estudió Medicina en la Universidad de Cádiz. Tras la muerte del Rey se fue a vivir a Madrid, donde conoció a Larra y Espronceda y comenzó a trabajar como redactor, pero el inicio de la guerra civil le animó a alistarse voluntario contra el ejército cristino. En 1836 estrenó la obra *El Trovador*, que después fue llevada a la ópera por Verdi y que se convirtió en un gran éxito. En 1844 emigró a Cuba y a México, donde permaneció seis años, y en 1861, de regreso en España, fue elegido miembro de la Real Academia. Sus obras más relevantes fueron: *El paje*, *El rey monje*, *El encubierto de Valencia*, *Simón Bocanegra*, *El duende de Valladolid* y *Venganza catalana*.

—Pero si ahí le tiene usted dormidito, y tan sosegado.

—No... le toco y no le siento... Yo he visto a mi padre muy malo, yo le he sentido decirnos adiós.

—Vamos, un mal sueño, Gracia, una pesadilla. Dormía usted con una postura muy molesta.

Despertó a las voces la otra hermana, y con aquel terror que la costumbre de sus desventuras solía dar a su acento en ocasiones críticas, preguntó qué ocurría: ¿Venían ladrones, partida volante, carceleros del Rey?

—Padre está muy malo —dijo Gracia llorando—. He visto que está muy malo... Yo me creía dormida; yo no sé si estaba despierta... pero padre no puede mirarnos ya. .

—¿Cómo habías de ver en esta obscuridad? Por Dios, me pones en zozobra —dijo Demetria, acudiendo a examinar al enfermo y acariciándole el rostro.

En esto don Alonso movió ligeramente la cabeza, y sin abrir los ojos pronunció bien claro y distinto su invariable tema:

—¡A casa!

—¿Ves, Gracia, cómo no hay ninguna novedad? Pero no estoy tranquila, no sé por qué... Paréceme que se enfría un poco. Arropémosle mejor. Quítate de ahí, Gracia, pásate a este lado... ¡Ay! con estos balances, no podemos. Fernando, hágame el favor de mandar parar un momento... Yo me paso ahí, me siento en la delantera, de modo que pueda poner sobre mí la cabeza de padre... Pásate tú aquí... ¡Ay, canta un gallito!... Don Fernando, ¿lo ha oído usted?... ¡Que me gusta!... Son las dos.

XXVIII

Colocáronse las dos señoritas en la disposición ordenada por Demetria, y emprendida de nuevo la marcha, no recobró la valerosa doncella su tranquilidad. Oía la respiración de su padre más bronca que de ordinario, como si sufriera presión muy fuerte o cerramiento de la garganta.

—¡A casa, sí, a casita! —le dijo, para animarle.

Y no obteniendo contestación, añadió:

—Padrecito, le vamos a dar una sopita en vino; mandaré parar para que la tome con descanso... ¿Quiere que le incorporemos? Se aburre, ¿no es verdad? de tanto tiempo tendido a lo largo. ¿Se atrevería mi padrecito a fumarse un cigarro, que le encendería este caballero que nos acompaña, que nos guía, que nos ha sacado de la cautividad de Oñate?

Don Alonso no se movía ni daba acuerdo de sí. Esperó Demetria un ratito más, y de pronto se oyó como un gran suspiro, que al salir a los labios permitió la articulación tenue del invariable «a casa».

En los breves ratos en que la atención de Calpena quedaba libre del cuidado de las simpáticas niñas y de su infeliz padre, se abstraía, metiéndose en la contemplación de sus propias tristezas. Veía la gallarda figura de Negretti; oía su palabra severa y franca; las calles y casas de Bermeo tomaban apariencias de realidad en su mente, y allá, en los cantiles batidos por el oleaje cantábrico, se le representaba de continuo la persona de Aura, melancólica, como imagen de la Poesía osiánica, que une sus lamentos al mugido de las tempestades. Guardada en su alma, como en el sagrario la custodia, la pasión de Aura, le tributaba culto respetuoso y mudo, anhelando acercarse pronto al objeto de su devoción, y verlo y adorarlo, aunque se interpusieran cristales tan opacos como el señor Negretti y su esposa doña Prudencia. En esto pensaba, cuando sintió rebullicio en el carro. Gracia chillaba, Demetria dijo con voz angustiosa:

—Don Fernando, por Dios, venga usted...

Parados los bueyes, Calpena subió; mas en la obscuridad no pudo hacerse cargo de nada. Demetria decía que el enfermo había perdido el habla en absoluto, pues notó en él esfuerzos inútiles para articular alguna palabra. Gracia, besando el frío rostro de don Alonso, decía:

—Yo te aseguro que así, puestas cara con cara, le oí decir: «a casa»; pero tan bajito lo dijo, que nadie más que yo pudo oírlo.

—Mi padre está muy malo, mi padre se muere —dijo Demetria con la entereza que le daba el hábito del infortunio—. Don Fernando, haga usted el favor, tómele el pulso; yo no se lo encuentro. ¡Dios mío, esta obscuridad! ¿En dónde estamos? ¿Hay cerca de aquí alguna casa donde puedan prestarnos socorro?

Buscó Fernando inútilmente señales de vida en las dos manos del señor de Castro, y no las encontró. En sus sienes no percibió ni un vago latido.

YO TE ASEGURO QUE ASÍ, PUESTAS CARA CON CARA, LE OÍ DECIR: «A CASA»; PERO TAN BAJITO LO DIJO, QUE NADIE MÁS QUE YO PUDO OÍRLO

—¿Y el corazón? —dijo ansiosa la hija mayor.

Pensó el joven engañarla; pero ¿a qué tales supercherías en situación como aquella, excepcional, de las que reclaman verdad y valor? Los consuelos caritativos habían de ser tan poco duraderos, que valía más afrontar la dolorosa certidumbre.

—Pues... el corazón... la verdad, no lo siento... ¡Carretero! ¿Dónde estamos? ¿Hemos pasado de Aránzazu?

Dijo el guipuzcoano que el Monasterio quedaba allá, a la izquierda, pues había tomado por un atajo para cortar camino y evitar el paso por lugares poblados...

—¿No hay allí monjes?

—¡Qué ha de haber, señor! No hay más que ruinas. Hace dos años, el general Rodil, cuando vino a Oñate con tantos miles de hombres, cogió presos a los frailes y mandó pegar fuego al convento. Yo le vi arder por los cuatro costados.

Diciendo esto, oyose el canto de un gallo hacia la parte donde el carretero señalaba las ruinas.

—Pero ahí vive gente... Oiga usted... canta un gallo... y otro.

—Sí señor, gente hay: pastores y carboneros miserables de estos montes, que en las ruinas han hecho sus albergues al amparo de los muros que quedan, y aprovechando las bóvedas que no se han caído.

Como añadiese que en un par de leguas a la redonda no había pueblo, ni aldea, ni más viviendas que las de los infelices que se aposentaban en Aránzazu, mandó Calpena guiar hasta el destruido convento. La noche cerrada, el húmedo frío, la aflictiva situación de los viajeros, con la inmensidad obscura delante de sí y la muerte entre sus brazos, eran para humillar los ánimos más valerosos. Acertado fue dirigirse en busca de seres humanos, aunque estos fueran los más pobres y humildes: alguna puerta hospitalaria se les abriría; verían rostros compasivos... En aquel trayecto, más que ninguno lento y fatigante, pues el carro no pudo descender sino dando un largo rodeo por sendas inverosímiles, las niñas lloraban silenciosas, encalmadas en la hondura de su pena con resignación sublime. Si Gracia manifestó esperanzas, Demetria no, afirmándose en la seguridad de que Dios les mandaba apurar hasta el fin las amargas heces del cáliz. Fernando no les decía nada. ¡Ni qué había de decirles! Aseguró Gainza, cuando ya estaban cerca, que los habitantes de las ruinas abandonaban sus madrigueras antes del día para ir al trabajo. Por fin detúvose el carro ante la masa negra del incendiado monasterio: no se sentía ruido alguno que anunciase la proximidad de seres vivos, como no fuese el cantar de gallo, que resonaba dentro de los muros. El único consuelo que Calpena pudo dar a las pobres niñas fue anunciarles el día, y como si quisiera apresurar el amanecer con su deseo, aseguro que se iniciaba por Oriente la dulce claridad del alba.

Lo mismo que había dicho antes, repitiolo el joven con mayor vehemencia, y no tardó en oír palabras de consuelo

Gainza y don Fernando dieron fuertísimos golpes en el portalón que delante tenían, sin que nadie respondiera, ni se oyese rumor alguno. La parada junto a las ruinas en espera de alma cristiana a quien pedir socorro, fue un siglo para el caballero y las dos damitas. Estas rezaban atribuladas, y con más dolor que miedo contemplaban el misterio inmenso de la muerte, explorando con los ojos del espíritu los espacios que tras ese misterio señala la convicción... Por fin, al apremiante llamar de los viajeros, respondió una voz cascada y lúgubre. Poco después se abrió la puerta. Dirigiose Calpena al que abría, anciano de alta estatura, venerable, hermoso, vestido con pobreza, pero sin andrajos, y en pocas palabras elocuentes le informó del doloroso caso que motivaba la petición de auxilio tan a deshora. El viejo entendía el castellano, pero no lo hablaba. Ayudado por el carretero, logró que se enterara Fernando de estas sinceras manifestaciones: él era muy pobre, y no podía ofrecer a los viajeros más que un rincón del claustro en que con vigas medio quemadas y pedazos de cascote se había compuesto un humildísimo albergue donde vivía con su mujer. Pero en el mismo claustro había viviendas mejores, y hasta cómodas, habitadas por familias menos pobres que el que hablaba, y allí seguramente podrían encontrar los señores su remedio. En esto apareció una mujer con un farol, que no fue poca suerte para Calpena, pues no sabía por dónde andaba en aquella lobreguez, y tras la mujer presentose un hombre, no tan viejo como el anterior, con un capote por la cabeza, figura que al pronto imponía miedo. Lo mismo que había dicho antes, repitiolo el joven con mayor vehemencia, y no tardó en oír palabras de consuelo. Ofreciéronle aquellos desdichados cuanto tenían, y le mostraron su casita, hábilmente construida en el coro bajo de la iglesia, la única parte del edificio totalmente respetada por la catástrofe. Al punto salió Fernando a comunicar a las pobres viajeras su hallazgo y el plan que imaginó rápidamente ante los apuros de aquel caso inaudito.

—Demetria, lo más urgente es que ustedes entren, y descansen y se repongan de tanta ansiedad y pena tan grande. Hay aquí gentes bondadosas, caritativas, que no desean más que amparar a los desgraciados. Adentro pues, y mientras ustedes se tranquilizan, estos buenos amigos y yo veremos qué remedios debemos aplicar a don Alonso.

Oyó esto Demetria con el respeto que su favorecedor le merecía; mas no hizo ademán de moverse del lado de don Alonso, pues aunque tenía el convencimiento de que era cadáver, hay lazos que ni en las ocasiones de necesidad suma pueden romperse fácilmente.

—No quisiéramos separarnos de nuestro pobre padre; pero pues usted lo cree preciso, y así nos lo manda, obedecemos, que aquí no hay más voluntad que la de nuestro salvador.

A pesar de esta demostración, costó trabajo sacarlas del carro. Abrazadas al inanimado cuerpo, no se hartaban de besarle.

EN ESTO SALIERON DE UN CUCHITRIL PRÓXIMO DOS PRECIOSAS CHICUELAS QUE SE BRINDARON A SERVIR A LAS SEÑORITAS EN TODO LO QUE SE LES MANDASE

—Vamos. Yo acompaño a ustedes, y luego me vuelvo aquí —dijo Fernando por decir algo; que en tal situación no hay frase que sea oportuna, ni consuelo que no resulte una tontería. Gracia se desmayó al bajar, y en brazos hubo de llevarla Gainza; Demetria, agarrándose con mano convulsa al abrigo de su libertador, y apretándose el pañuelo contra la boca, le seguía con paso lento. De este modo entraron en el claustro, y precedidos de la mujer que alumbraba, llegaron a la vivienda labrada en el coro, la cual en su pobreza, no carecía de acomodo. Los vetustos muebles revelaban en sus remiendos y composturas una mano habilidosa.

Lo primero que hizo Demetria al entrar en aquel tugurio, fue ponerse a rezar de rodillas sobre un ruedo de estera, y lo mismo hizo Gracia, cuando volvió de su desvanecimiento.

Sí, sí —les dijo Calpena—, recen un ratito. Aunque no lo parece, aquí están en la iglesia. Vean estos machones de sillería gótica. Por allí aparecen los pies de un santo, y en aquella otra parte asoma una cabeza con nimbo.

En esto salieron de un cuchitril próximo dos preciosas chicuelas que se brindaron a servir a las señoritas en todo lo que se les mandase. Llegaron luego otros vecinos, un matrimonio joven, dos viejas muy despabiladas, y todos se mostraron sinceramente caritativos, misericordiosos.

Cuando ya aclaraba el día, salió Fernando acompañado del dueño de la covacha, hombre obsequioso, alavés fronterizo de Burgos, que hablaba perfectamente el castellano, y mostraba conocimiento práctico de mil cosas diversas. Examinaron el cuerpo del infeliz don Alonso; reuniose allí todo el vecindario con el propio objeto; de la inspección de unos y otros resultó la tristísima verdad de que el señor estaba muerto, y la opinión de que el fallecimiento había ocurrido dos o tres horas antes. Sin ninguna duda respecto a la muerte, lo primero en que pensó Fernando fue en disponer que se diese a las niñas algún alimento, y ofreciendo recompensar con largueza los servicios que en tan crítica situación se les prestaran, mandó a sus aposentadores encender lumbre y preparar lo que tuviesen, con la mayor prontitud posible. Entró de nuevo en la casucha, donde pensaba que era indispensable su presencia. Aunque Demetria, perdida toda esperanza, se abrazaba a la resignación, le miró a la cara, atenta a las impresiones de él para modificar o sostener las suyas. Pero el rostro del caballero sólo expresaba un dolor calmoso.

—No necesita usted decirnos que somos huérfanas... Ya lo sabemos... Pero aunque lo sepamos y usted nos lo diga, yo lo dudo... no puedo creerlo... no, no es verdad: mi padre vive.

Y se lanzó como una loca fuera del cuarto, antes que pudieran sujetarla. Juzgó Calpena inconveniente que por sí misma se cerciorase de la tremenda verdad, y corrió tras ella; no quería llevarla, y la llevó, sintiéndose sin autoridad para impedir escena tan aflictiva. Tuvo ánimo Demetria para examinar el rostro del que fue don Alonso, para besarle una y mil veces cara y manos, y no perdió el conocimiento ni la firmeza de su alma, hecha sin duda para los grandes empeños de la vida. Con dificultad apartáronla del carro, que había venido a ser lecho fúnebre, y volvió por su pie al mísero albergue donde había dejado a su hermana, vencida del dolor...

—Somos huérfanas —le dijo, abrazándose las dos estrechamente—; somos huérfanas, Dios no ha querido que entremos en casa con nuestro padre.

Ninguno de los presentes dejó de poner de su parte cuanto le inspiraba la compasión para calmar tanta pena. Palabras tiernas, ofrecimientos de proporcionar a las señoritas descanso, comodidad, alguna distracción, todo lo agotaron aquellos infelices. Reunido lo mejor de cada casa, arreglaron dos camas bastante bien apañaditas para que las huérfanas descansen.

—Al entrar aquí —le dijo Fernando a Demetria—, aseguró usted que me obedecería. ¿No fue así? Pues bien, empiezo a usar la autoridad que se ha dignado darme, y con ella dispongo que no se ocupen ustedes más que de reparar sus fuerzas en la medida que sea posible. Yo me encargo de todo, y sabré cumplir cuanto me ordenan la ley de Dios y la conciencia de mi deber.

—Sé que mejor que nosotras mismas sabrá usted disponer lo que aún falta. No es fácil que descansemos; sí lo es que tengamos confianza plena en la disposición, en la inagotable caridad de nuestro salvador.

—No merezco ese nombre. Soy su criado: en esta ocasión me glorío de serlo, y en ello tengo mucha honra.

—Criado, nunca. Mirándole como amigo, como protector de mi familia en tan terrible ocasión, estas pobres huérfanas ruegan a usted que se sirva dar cumplimiento a las resoluciones que voy a manifestarle. Dios ha querido afligirnos hasta el extremo de arrebatarnos la vida de nuestro padre en lugar tan desamparado. Ni hemos podido disponer de un médico que le asistiera moribundo, ni muerto, podemos tributar a sus pobres restos la asistencia religiosa. No hay aquí, ni en los contornos, sacerdote alguno, y mi buen padre ha de ser sepultado sin las oraciones de la Iglesia, que no faltan al último de los mendigos. Imposible también llevarle con nosotras, por la larga distancia y por dificultades materiales superiores a nuestro deseo. Por tanto, es nuestra voluntad que se dé tierra a mi padre a la hora que usted disponga y en el lugar que designe, que bien podrá ser la cripta o panteón de los frailes de este monasterio. Bien señalado por usted el lugar de la sepultura, nosotras nos cuidaremos, en el plazo consentido por las leyes, de trasladar estos queridos restos al enterramiento de la familia en La Guardia. Asimismo hacemos voto solemne de socorrer a las humildes personas que nos han dado asilo y amparo en trance tan horrible. Dios ha querido que nuestro padre, en vida poderoso y rico, haya terminado sus días en medio de los seres más pobres, entre los pequeños, entre los desgraciados; que en su muerte no reciba honores mundanos ni religiosos; que su sepultura sea la misma humildad, la suma pobreza. Así acaban las grandezas humanas, y con estas lecciones nos dice el Señor que no somos nada. Pues bien:

DIOS HA QUERIDO AFLIGIRNOS HASTA EL EXTREMO DE ARREBATARNOS LA VIDA DE NUESTRO PADRE EN LUGAR TAN DESAMPARADO

LA ESPAÑA FORAL, BALUARTE Y CAMPO DE BATALLA DEL CARLISMO

El fenómeno carlista tuvo más fuerza en las regiones de tradición foral, firmes defensoras de su autonomía administrativa y de una estructura organizativa tradicional. El País Vasco, Navarra, Aragón, Cataluña y Valencia se convirtieron en los principales campos de batalla de estas guerras debido a que los carlistas enarbolaron la bandera de la defensa de los fueros frente al centralismo de los liberales. Más que la legitimidad o no de la opción sucesoria, muchos brindaron su apoyo al pretendiente don Carlos porque reconoció la validez de los usos y costumbres históricos casi desde el principio del conflicto. Esa postura le sirvió para atraerse muchos adeptos. La conciencia foral era muy fuerte allá donde más tiempo se habían mantenido las libertades locales como en los territorios de la antigua corona de Aragón y especialmente en las regiones más afectadas por la política centralizadora de los Borbones, caso de Cataluña, que había combatido con firmeza en la Guerra de Sucesión de principios del siglo XVIII y cuyos fueros habían sido abolidos por los Decretos de Nueva Planta de Felipe V. La llegada de los liberales al poder supuso para estas regiones la supresión de las cortes regionales y de lo que quedaba de su autonomía. La estructura tradicional fue sustituida por una organización administrativa provincial de nuevo cuño que se encontró con la oposición de amplios sectores de la población. Navarra dejaba de ser un reino gobernado por un virrey para convertirse en una provincia más.

Carlos María Isidro era por tanto visto por los pueblos forales como una figura paternalista, bondadosa y severa al tiempo, que hundía sus raíces en una concepción medieval del poder real que les era muy afín. Pero don Carlos no mencionó la cuestión de los fueros hasta que regresó a España en 1834 procedente de Gran Bretaña. Hasta ese momento se limitaba a defender sus derechos sucesorios y a hacer bandera de la religión católica. En marzo de 1834, ya en España, escribió a Zumalacárregui: «Vosotros sabéis lo que conviene a esas provincias en el orden civil y administrativo. Sentado sobre mi solio he de conservar sus fueros».

16832

FUEROS

DEL REYNO DE NAVARRA,

DESDE SU CREACION, HASTA SU FELIZ UNION CON EL DE CASTILLA.

CON LAS LICENCIAS NECESARIAS:

EN PAMPLONA, POR LONGAS, AÑO DE 1815.

FUEROS DEL REINO DE NAVARRA.
Pamplona, 1815.
Palacio del Senado.
Madrid.

no por vanidad, sino por efusión de nuestras almas, mi hermana y yo ofrecemos que si llegamos a La Guardia con vida y salud, estos pobres, a cuya cristiandad confiamos el cuerpo de nuestro padre, serán socorridos en lo que les reste de vida. El que hoy viva de limosna, no tendrá que pedirla más. Nosotras les agregamos a nuestra familia, y cuidaremos de que tengan pan y vivienda segura. Estos son los honores fúnebres que las pobres huérfanas tributan al noble caballero cristiano don Alonso de Castro-Amézaga.

XXIX

Oyeron todos los presentes con emoción muy viva las sentidas demostraciones de la infeliz doncella, y don Fernando se cuidó de rodear a las que llamaba sus amas de las comodidades posibles en la morada de los *Peciñas,* que éste era el nombre de los carboneros dueños de aquel escondrijo. Confinándolas dentro de él, sin permitirles salir, para obligarlas más al reposo, se ocupó en disponer, de acuerdo con los habitantes de las ruinas, el sepelio de don Alonso, el cual se efectuó por la tarde en la cripta que bajo la iglesia servía de enterramiento a los franciscanos. En espíritu asistieron Demetria y Gracia a estos actos, tan penetrados de ellos como si los vieran con sus ojos, y tan confiadas en Don Fernando para tan tristes diligencias como en persona de la familia. Por la noche les fue servida una pobre cena; tratando de la continuación del viaje, manifestó Demetria que por su gusto se detendría un día más en las ruinas, como un tributo de presencia a las caras cenizas de don Alonso, y el caballero lo aprobó sin reparo, pues así era mayor el descanso de las huérfanas. Dos días pasaron allí, y a la segunda noche se dispuso todo para continuar de madrugada. Gainza recibió de Calpena aumento de lo estipulado, comprometiéndose a llevarles hasta el primer puesto de tropas cristinas. La despedida fue tiernísima, y los pobres habitantes de los tugurios les vieron partir con duelo y emoción. A Gracia la venció la pena; a Demetria no, porque los repetidos sufrimientos habíanla enseñado a soportar con cristiana entereza los males que humanamente no tenían remedio.

OYERON TODOS LOS PRESENTES CON EMOCIÓN MUY VIVA LAS SENTIDAS DEMOSTRACIONES DE LA INFELIZ DONCELLA

Despejose el cielo a poco de amanecer, anunciándoles un buen día de viaje. Instaba Demetria a su caballero libertador a que entrase también en el carro; pero él no quiso, por ser más propio y galante ir fuera, y por no mermar el espacio que las niñas necesitaban para su comodidad. Suponiendo que toda la cordillera estaría ocupada por soldados de Isabel II, deliberaron acerca del camino más corto para ponerse en salvo, y como opinase el boyero que debían picar hacia la venta de Arrida, se acordó tomar aquella dirección, aunque el nombre de la maldita venta fue un mal presagio para las huérfanas, que no podían olvidar las tristísimas ocurrencias de su viaje de ida. Transcurrió toda la mañana sin ninguna novedad. Admiraban los grandiosos espectáculos que a una parte y otra les ofrecía la ingente cordillera, los inaccesibles picachos, los abismos insondables. El sendero se escurría tímidamente al pie de las eminencias y al borde de las simas, evitando el caer en estas, deslizándose como reptil por las angosturas. Gracias al conocimiento de Gainza y a la pausa cautelosa con que andaban los bueyes, pudieron franquear los peligros de la montaña sin perecer en ellos.

LAS RUINAS POR VIVIENDA. Lo que quedaba del convento de Aránzazu daba cobijo a los pobres. Bajo las piedras del viejo monasterio, deshecho por los incendios y por el abandono, vivían algunas familias que con pedazos de cascotes y vigas habían construido chabolas en el claustro. Fernando Calpena les pidió albergue y le ofrecieron cuanto tenían. *(Ruinas de un convento,* por Robert Hubert. Colección particular).

Hacia el mediodía hicieron alto en un abrigo para comer del repuesto que les habían dado los pobres, y emprendida la marcha charlaron de diferentes cosas. No queriendo Demetria volver sobre las desdichas pasadas, por no entristecer su espíritu más de lo que estaba, dijo a su libertador:

—Cuando nos hallemos completamente tranquilas contaré a usted la última parte de nuestro cautiverio, que es la peor y más dolorosa. Bástele ahora saber que, cuando mi padre fue conducido desde su prisión a la Caridad, quisieron matarle en medio de la calle. Pueblo y soldadesca le acosaban maldiciéndole... Y después, en la Caridad, ¡ay!... Los dos últimos días fueron terribles. En la propia sala de los enfermos, un herido gravísimo, delirante, saltó furioso de su lecho para lanzarse sobre mi padre... No teniendo armas para herirle, le mordió... ¡Dios mío, qué terrible escena!... Un señor Corpas, guardián o administrador de la casa, nos trataba con grosería y crueldad. Decíanos a cada instante que a mi padre no le valdría su fingida locura para librarse de un tremendo castigo por desafiar al Rey, y qué sé yo... No, no quiero recordarlo. Hay penas que con gozo conservamos en nuestra memoria; otras piden olvido, olvido.

En estas y otras conversaciones llegaron a un punto desde donde divisaban inmenso horizonte. Comenzaba el descenso, y a las plantas de los viajeros se desarrollaban en inmenso paisaje los rápidos declives, las corrientes y barranqueras que caían hacia el Sur en busca del cauce del Zadorra. De pronto paró el carro, y Gainza dijo a Calpena:

—Señor, por aquella loma... mire, por aquí, enfilando estas encinas... vienen hombres armados.

—¿Distingue usted desde aquí si son cristinos o facciosos?

Mientras las dos niñas, muertas de miedo, se encomendaban a la Misericordia Divina, Fernando y el boyero se apartaron un poco para explorar el peligro, y, en efecto, vieron unos seis hombres, con escopetas, que avanzaban subiendo, como a distancia de tiro de fusil.

—Parécenme facciosos —dijo Calpena—. Sean lo que fueren, adelante, y no entiendan que les tenemos miedo.

Tranquilizó como pudo a las damas, y siguieron. En las revueltas del camino, los escopeteros desaparecían y volvían a presentarse, cada vez más cerca. Por último, cuando estuvieron al habla se adelantó Fernando, viendo que también del grupo se destacaba uno, al modo de parlamentario.

Las primeras palabras fueron:

—¡Alto. Viva Carlos V!

Y Fernando respondió:

—Viva quien usted quiera; pero no nos estorbe el paso, que nosotros somos gente de paz... Vean ustedes: dos señoras y yo que las acompaño. Vamos a Salvatierra para asuntos

'EL ARTISTA', PRIMERA REVISTA ESPAÑOLA ILUSTRADA

La primera publicación periódica ilustrada en España salió en 1835, en pleno romanticismo. Estaba inspirada en la parisina *L'Artiste*, de la que copió el título, el diseño y el formato. Salió el 4 de enero de 1835, editada por el escritor Eugenio Ochoa y el pintor Federico de Madrazo, con una presentación muy cuidada de 12 páginas por número. Los textos literarios y artísticos fueron firmados por autores de prestigio, entre ellos José Zorrilla, José de Espronceda, Patricio de la Escosura, Santiago Masarnau, Ventura de la Vega, Jacinto Salas, Mariano Roca de Togores, Nicomedes Pastor Díaz y Joaquín Francisco Pacheco. Se publicaron 65 números ilustrados con viñetas y con excelentes litografías dedicadas a tipos y monumentos, en su mayoría obra de Valentín Carderera y José Madrazo, director del Real Establecimiento Litográfico, donde se estampaban los grabados para los libros del momento y donde se imprimió gran parte de la ilustración de la revista. En la presentación del primer número se indicaba el objetivo de *El Artista:* «No es otro que el de hacer populares entre los españoles los nombres de muchos grandes ingenios, gloria de nuestra patria, que solo son conocidos por un corto número de personas y por los artistas extranjeros que con harta frecuencia se engalanan con sus despojos».

ILUSTRACIÓN DE FEDERICO MADRAZO para la revista *El Artista,* 1836.

de familia. Si cobra usted peaje, porque así se lo ordenan, estoy dispuesto a pagarlo. Pero no me pida que detenga mi viaje, porque esto no puede ser.

—Ya, ya veo las mujeres —dijo el escopetero, un mocetón guapo, de marcial apostura, que por el habla parecía vasco—. No estorbo el viaje, no molestaré a las señoras ni tampoco al caballero. Pero necesitamos los bueyes. Vengan pronto los bueyes.

Puso el grito en el cielo el dueño de los pacíficos animales, soltando una retahíla en vascuence, colérico y fuera de sí, y el otro le contestó lo mismo. El *gurri gurri* llegó a tomar tonos tan violentos, que poco faltó para que vinieran a las manos. Y mientras Gracia y Demetria chillaban: «Sí, sí, que se lleven los bueyes... seguiremos a pie; don Fernando, diga usted que sí». Calpena contestó a la intimación que no podía dar la pareja porque no era suya; que daría, en todo caso, una cantidad por peaje, siempre que no se les molestara más, y se retirara la *fuerza* que a corta distancia permanecía arma al brazo, en actitud no muy tranquilizadora. Y el bárbaro insistía:

CIEGO DE CORAJE YA, CALPENA REQUIRIÓ SU PISTOLA Y LE SOLTÓ UN TIRO A BOCA DE JARRO, SIN DARLE TIEMPO A HACER USO DEL FUSIL

—Los bueyes, vengan pronto los bueyes —haciendo ademán de desuncirlos para llevárselos.

En esto se oyeron disparos a la parte de una profunda encañada que desde allí no se veía, por interponerse formidables peñas, y lo mismo fue oírlos, que se demudó el que parecía capitán de aquellos desalmados. Miró hacia donde estaban los suyos; les gritó en vascuence; los de abajo, antes de contestarle, apretaron a correr, no sin dirigir miradas de zozobra hacia la encañada por donde sonaron los tiros. Uno de ellos, más valeroso que sus compañeros, les abandonó en la veloz fuga y subió como en ayuda del jefe. Este vociferaba, incitándole a correr más ligero, y luego se volvía para repetir nervioso y hostil su intimación:

—¡Los bueyes, pronto, los bueyes!

Ciego de coraje ya, Calpena requirió su pistola y le soltó un tiro a boca de jarro, sin darle tiempo a hacer uso del fusil; vaciló el escopetero, braceando y echando maldiciones por aquella boca, y Gainza, más pronto que el rayo, le quitó el arma, y empuñándola vigorosamente por el cañón le estampó la culata sobre el cráneo con tan rápido acierto, que el hombre cayó como tronco al borde del camino. Y mientras el boyero con ferocidad trataba de rematarle, Fernando gritaba al otro:

—Ven, ven pronto tú también, canalla; aquí te espero.

Debió el segundo escopetero comprender con seguro instinto que venían mal dadas, y que estaba expuesto a caer en peores peligros si no escurría el bulto, porque apretó a correr como un gamo en demanda de sus compañeros. Estos se detuvieron en un cerro frontero al camino, separado de éste por profundo barranco, y al amparo de las peñas hicieron una descarga cerrada, último escarceo de su frustrada escaramuza. El boyero seguía machacando al otro con la escopeta y con piedras de gran calibre. Hasta que corrió don Fernando a comunicar su victoria a las dos niñas, que de rodillas en el carro llamaban en su ayuda a todas las Vírgenes y Santos de la corte celestial, no se hizo cargo de que estaba herido. En la descarga que hicieron aquellos tunantes, le habían metido una bala en la pierna derecha

—Ya no hay miedo; nos hemos salvado... Gracias a Dios y a que está próximo un destacamento de tropas, hemos puesto en fuga a esos bribones. Si nos cogen solos, nos quedamos sin bueyes... Gainza, adelante... vámonos. Por aquí, a la revuelta, vienen cristinos... ¡Viva Isabel II!... Avancemos un poco para encontrarles pronto... ¡Ay! me han herido esos perros...

—¡Herido! ¡Jesús me valga! —exclamó Gracia.

—¡Herido! ¡Santo Dios, qué desdicha!...

Y las dos quisieron echarse del carro.

—¡Si no ha sido nada!... ¿A ver?... Aquí, más abajo de la rodilla. Me duele y no me duele... No, no bajen ustedes que seguimos... No es nada; ya ven, puedo andar...

Y antes de que el armatoste anduviera veinte varas, cojeaba Fernando horriblemente.

—No puedo, no puedo andar —dijo—. Pero no es nada, nada; no hay que asustarse, niñas... Para, para, que voy a subir.

XXX

A los cinco minutos encontraron la tropa isabelina, mandada por un capitán, que fue como ver abiertas las puertas del Cielo. En un instante, cambiadas rápidamente las informaciones de unos y otros, tuvieron todos noticia exacta de lo ocurrido, y el capitán felicitó a don Fernando por su comportamiento en el lance con el jefe de la partida.

—Ha sido terrible —dijo Demetria—; nuestro caballero se portó como un héroe.

—No haga usted caso; salimos del conflicto como pudimos, por pura chiripa... Hay cuartos de hora felices, como los hay desgraciados, y este mío no ha sido de los mejores, porque me atizaron una bala... aquí... en esta pierna.

—No hay que apurarse —dijo el capitán—; le curaremos para que continúe su viaje sin molestia. Aquí tengo un muchacho que le hará a usted la primera cura.

Era el capitán un mozo de lo más vivo y simpático que se pudiera imaginar, mediana estatura, rostro agraciadísimo y sonriente, edad poco más o menos la de Calpena. Este no cesaba de mirarle queriendo reconocerle:

—Sí, sí —dijo acudiendo a la memoria del otro para avivar la suya—; yo le conozco a usted, mi capitán, yo le he visto, yo le he hablado, pero no puedo recordar...

—Eso mismo pensaba yo en este momento.

—Usted es...

MI MADRE TIENE UNA TERTULIA A QUE CONCURREN PERSONAS MUY DISTINGUIDAS, Y USTED FUE UNA NOCHE LLEVADO POR MIGUEL DE LOS SANTOS

—Francisco Serrano Domínguez, para servir a usted y a estas señoritas... Nos hemos visto no hace mucho, allá por febrero debió de ser, en casa de mi madre, en Madrid. Mi madre tiene una tertulia a que concurren personas muy distinguidas, y usted fue una noche llevado por Miguel de los Santos.

—¡Oh, sí, ya!... ¡Pues poco que hablamos aquella noche! Fernando Calpena, para servirle. Deme usted esos cinco, señor Serrano, y hágame el favor de mandar a su médico, o al albéitar si lo trae, que me mire esta pierna y me ponga algo que aplaque los dolores que empiezo a sentir.

—Al momento. Esperad un poco.

Y cuando le vieron alejarse, las dos niñas, consternadas, trataron de curar a su libertador. Mientras Gracia cortaba el pantalón hasta descubrir el sitio del balazo, Demetria reunía todos los pañuelos que llevaban para improvisar un vendaje conveniente. Volvió a la sazón Serrano muy satisfecho: venía de ver el cadáver del escopetero, y dijo a Calpena:

EL CARRUAJE ASALTADO. Los escopeteros carlistas pretendían que les entregara los bueyes de la carreta, pero Calpena se enfrentó a ellos matando a uno y poniendo en fuga al otro. Al poco llegó un destacamento de cristinos al mando de un capitán, quien le felicitó por su comportamiento heroico. (*Convoy isabelino*. Grabado del siglo XIX. Colección particular).

—No sabe usted bien el servicio que nos ha hecho librándonos de ese bandido, el más malo, el más sagaz de cuantos andan por aquí. Merece usted que se le proponga para una cruz.

—Pues si buena cruz hemos ganado, buen balazo nos cuesta.

—Eso no vale nada. Yo llevo ya cinco en diferentes partes de mi cuerpo, y ya ve usted... Con suerte, siempre con suerte. A ver, Roldán, ven acá; examina esta herida y dinos que no es de cuidado. ¡Ay de ti si te equivocas! Luego le curas de primera intención para que pueda llegar a Salvatierra, donde hallará médicos de sobra.

El llamado Roldán, que era un sargento practicante, dijo que estaba dentro la bala, y que no le parecía la herida peligrosa, por no *interesar* la rodilla. Si el señor no sentía dolores muy vivos, era que la bala no había tocado el hueso. No cuadraba más tratamiento que vendarle, aplicada una unturilla que ellos traían, y después que cuidara el herido de evitar todo movimiento.

—Pues me divierto —dijo Fernando—. Ya no puedo andar. Pero, en fin, sea lo que Dios quiera, y cúmplase el destino que está marcado a cada criatura.

Y mientras Roldán, asistido de las dos doncellas, le curaba, Serrano le informó de la gran victoria que habían alcanzado días antes con la ocupación de San Adrián, añadiendo que no bajaron a Oñate porque el General no lo estimaba práctico ni provechoso, y prefería conservar aquellas posiciones y tener asegurada la comunicación con Vitoria y Alsasua. Hablando de sus propios servicios en la campaña, declaró Serrano que se sentía con alientos para tomar parte en mil y un combates y avanzar en su carrera. No conocía el miedo; confiaba salir salvo de todos los encuentros; le enardecía el ruido de los combates, le embriagaba el olor de la pólvora. Había venido días antes del ejército de Aragón, donde servía a las órdenes de Palarea, y aunque sus deseos eran permanecer en el Norte, porque allí se presentaban más ocasiones de lucimiento militar que en ningún otro campo, pronto tendría que marchar a Barcelona, donde le reclamaba por ayudante su padre, el Mariscal de Campo Serrano y Cuenca. Allá no faltarían quizás ocasiones de entrar en fuego, que era su delicia; y bien seguro de que las balas no le tocaban, permitíase jugar al heroísmo, en lo que no había ningún mérito.

—¡Qué gracioso es este capitán, y qué buen genio el suyo para la guerra! —dijo Demetria cuando se quedaron solos.

SOBRE LAS DIEZ DE LA NOCHE LLEGARON A SALVATIERRA: CALPENA IBA INTRANQUILO, UN POCO FEBRIL, EMPEZANDO A SENTIR MOLESTIA EN SU HERIDA

—¡Y qué guapo es, y qué ojos tan pillines los suyos! —observó Gracia.

Convencido el jefe de la fuerza cristina de que no podía dar alcance a la partida facciosa, resolvió volver a Salvatierra. Los soldados se entretuvieron en arrojar al fondo del barranco el cadáver del jefe de los escopeteros, al cual llamaban *Basurde,* que es *Jabalí* en lengua euskara. Para los viajeros fue motivo de alegría que Serrano no continuase la persecución, porque así tendrían custodia militar hasta Salvatierra, con lo que podían darse por definitivamente salvados y libres de todo peligro. Marcharon, pues, hacia abajo, precedidos de un coro de soldados que alegremente cantaban, llevando *al estribo* al capitán, que obsequioso daba conversación a las damas. La tristeza de éstas era honda, no sólo por haberse dejado en Aránzazu la mitad de su alma, sino por aquel funesto accidente de la herida de Calpena, que les aguaba el contento de su salvación. Toda aquella tarde la pasaron bien: a Fernando le molestaba poco la pierna agujereada; los tres comieron algo de los fiambres exquisitos que Serrano les dio, y bebieron en vaso de metal un poquito de ron, mezclado con agua de los cristalinos manantiales que encontraban al paso.

Sobre las diez de la noche llegaron a Salvatierra: Calpena iba intranquilo, un poco febril, empezando a sentir molestia en su herida. No quisieron las niñas aceptar el estrecho alojamiento que Serrano les ofreció, prefiriendo aguardar dentro del carro el próximo día. Ya Demetria no temía nada: en Salvatierra encontraría conocimientos, recursos para trasladarse a su casa con toda comodidad. Su mayor pena era la incertidumbre respecto al estado de su libertador, que no le parecía favorable, a pesar de los esfuerzos con que él disimulaba los agudos dolores que hacia media noche le atormentaron. Apenas despuntó el día, partió la joven, acompañada de Gainza, en busca de los señores que allí conocía, y no tardó en volver gozosa con un séquito de cuatro personas, que no deseaban más que ocasiones de servirla. Supo entonces que dos días antes habían pasado por allí, camino de San Adrián, tres criados de la casa y varios deudos y amigos, desalados, buscando a las señoritas y al señor don Alonso. Habíanse repartido por diferentes senderos, y alguno de ellos no pensaba parar hasta Oñate.

No quiso la valerosa y avisada joven perder el tiempo en inútiles referencias, y dada cuenta de la pérdida lastimosa de su buen padre, requirió a los señores de Guinea (que tal era el nombre de aquellos sujetos, acomodado labrador el uno, el otro extractor de maderas), para que le proporcionasen inmediatamente: primero, el mejor médico que hubiese en la villa; después un buen coche, y si no lo había, una cómoda galera para continuar el viaje; todo ello acompañado del dinero que las ricas huérfanas necesitaban hasta llegar a La Guardia. Esta última petición fue prontamente y con creces satisfecha. Facilísimo estimaron también lo del médico, pues había físicos de tropa excelentes, y en cuanto a vehículo, que era lo difícil, ofrecieron revolver el pueblo y sus alrededores hasta lograr lo que la señorita deseaba.

—Oiga usted, Demetria —dijo Fernando cuando los tres se quedaron nuevamente solos—. De mí no hay para qué ocuparse ya. Puesto que se encuentran ustedes en lugar seguro, donde les sobran medios para volver a su casa sin ningún peligro, deben ustedes partir sin pérdida de tiempo, y dejarme aquí, que ya me arreglaré yo con mis amigos del ejército, para que me proporcionen un alojamiento donde me cure de este maldito balazo que ha venido a trastornar todos mis planes.

—Al pedirme que le abandonemos —replicó Demetria con gravedad—, hallándose enfermo, y enfermo por nosotras, pues recibió la herida en nuestra defensa, me pide usted la cosa más contraria a los sentimientos de mi hermana y míos... ¡Abandonarle, habiendo recibido de usted la salvación, la vida!... porque allí nos habríamos muerto de terror, si usted no nos saca... No, don Fernando, lo que usted propone no puede ser: o lo ha dicho por probarnos, o le trastorna el delirio, en cuyo caso, estando usted peor, no seríamos quien somos si le abandonásemos. Quiero demostrarle que en mi raza no existe ni puede existir la ingratitud.

—Nada de lo que usted dice me sorprende, pues en el corto tiempo de nuestro trato, he podido conocer cuánta bondad y nobleza atesora su alma. Pero yo debo advertirle que me precisa seguir rumbo distinto del que usted lleva. Me llaman a otra parte deberes sagrados, afecciones tan hondas, tan estimulantes como las que la llaman a usted a su casa. Póngase en lo razonable y...

No se habló más. Hizo el médico la cura, y proveyó a Demetria de bálsamo para tres días

—Me pongo en la razón misma, y le contesto que cuando esté bueno tomará el rumbo que quiera; pero ¿a dónde va en tal estado el pobrecito don Fernando, cojo, sin poderse valer? Si le dejamos a usted, de aquí no podrá moverse en algún tiempo, que esa cura es lenta, si ha de hacerse bien y sin complicaciones... Y no hablemos más por ahora, que ya viene el buen Guinea con un señor que debe de ser el médico militar. De lo que diga depende lo que resolvamos, lo que yo resuelva, pues ahora se han trocado los papeles, amiguito. Ya no es usted el jefe de la expedición. Yo he tomado el mando, y a usted toca obedecerme.

Minucioso fue el examen facultativo. Demetria y el físico sostuvieron breve diálogo:

—¿La bala?

—Evidentemente no está dentro. En la región superior de la pantorrilla se ve el rasgón de la salida.

—¿Es grave la herida?

—No, no. La gravedad resultaría si el señor no se sometiese a un absoluto reposo.

—¿Cuánto tiempo?

—Un mes.

—Bien. ¿Y qué hay que hacer ahora?

—Aplicarle un vendaje que yo prepararé; renovar cada seis horas la planchuela de Bálsamo Samaritano. Permanecer acostado y con buen abrigo en todo el cuerpo.

—Perfectamente. ¿Puede el herido hacer un viaje, en coche, con toda comodidad?

—Sin duda, observando lo que prescribo: la renovación de la planchuela, el abrigo y la quietud posible dentro de un coche o galera bien acondicionada, que vaya al paso.

No se habló más. Hizo el médico la cura, y proveyó a Demetria de bálsamo para tres días. Al ver partir al físico, Gracia rompió en joviales demostraciones de afecto hacia su libertador, diciéndole:

—Ahora, señor don Fernandito, se ha fastidiado usted, y no tiene más remedio que ser nuestro prisionero.

LLEGÓ HERIDO HASTA LA GUARDIA. Calpena, el protagonista de Galdós, maltrecho por el disparo que el soldado carlista le había dado en una pierna, se dirigió a la villa alavesa de La Guardia, donde Demetria y su hermana poseían varias fincas y una casa para atenderle. (*Paisaje alavés*, por Darío Regoyos. Museo Reina Sofía. Madrid).

—Nos le llevamos encantado —dijo Demetria, que en aquel punto recibió la noticia de tener dispuesta una hermosa galera—; encantadito en una jaula, como llevaron a Don Quijote a su pueblo.

—¿Pero de veras —dijo Fernando con extrañeza matizada de susto—, me llevan ustedes a La Guardia?

—¡Pues estaría bueno que no! ¿Al hombre que nos ha salvado la vida, habíamos de dejarle en manos mercenarias, en un pueblo como este, donde los accidentes de la guerra podrían ponerle en la necesidad de huir con su patita coja? No señor; por ley de Dios estamos obligadas a pagar a usted sus beneficios, si no en la misma moneda, porque no la tenemos, en otra de un valor aproximado. A nuestra casa se viene usted calladito, y no se moverá de ella hasta que recobre la salud. Sano y bueno nos envió Dios el caballero que le pedíamos; sano y bueno deseamos devolvérselo. Y no hay más que hablar ni que discutir. Yo sé lo que dispongo; ya que no otras cualidades, tengo la de hacerme cargo fácilmente de mis obligaciones. Ahora el señor don Fernando calla y obedece, que bien sumisas y obedientes hemos sido nosotras cuando era él quien mandaba.

Algo contestó Calpena; pero sus razonamientos resultaban débiles ante la poderosa dialéctica de la huérfana de Castro. ¿A dónde iba, herido y expuesto a una inflamación de consecuencias mortales? Obligado al reposo, ¿dónde estaría como bajo la tutela y cuidado de las personas que le debían eterna gratitud? El destino, Dios, mejor dicho, le presentaba su abrumadora sentencia revestida de una lógica soberana, y torciéndole sus caminos, mientras él lanzaba todo su espíritu con irresistible querencia hacia el Norte, le decía: «¿Al norte? pues yo mando que al Sur, y al Sur has de ir por el derecho carril que te trazo». Conformábase el hombre, no sin interiores refunfuños, y pensaba que, si no el corazón, la pierna derecha había de agradecer aquel mandato inflexible de la Divina Voluntad.

Mientras Demetria, con actividad prodigiosa en que revelaba sus dotes de gobierno, preparaba el viaje, arreglando el interior de la galera con los mayores refinamientos de comodidad, el pobre cojo, viéndola ir y venir tan dispuesta, no pudo menos de admirar en ella un raro prodigio de la voluntad humana. Al propio tiempo creía que si la discreción se encarnara en algún ser de los que andan por la tierra, no podía tomar otro cuerpo que el de la doncella mayor de Castro. Desde que llegó a Salvatierra se había transformado; ya su mirada no expresaba el sobresalto y la fatiga; ya despedían sus ojos el rayo que determina la acción; ya no era la mujercita encogida y trémula de la Caridad de Oñate; era la señora que campaba y disponía, con medios para ello, en su terreno propio; su mal vestir no desvirtuaba la gallardía de su cuerpo, reflejo de la resolución y aplomo de su alma. Más agraciada que bella, sin ser una hermosura lo parecía casi siempre, sobre todo cuando daba órdenes a los inferiores, cuando expresaba su pensamiento con aquella sencillez persuasiva que no admitía controversia. Su frente serena y pura, su boca un poco grande, pero fresca y llena de gracias, componían admirablemente su rostro. El cabello advirtió Calpena que era castaño, abundantísimo; no pudiendo en aquel trajín peinarse a su gusto, se lo arreglaba de cualquier modo, cruzándose en derredor de la cabeza, a la buena de Dios, las apretadas trenzas. Gracia era más bonita; temple delicado, de esos que son infantiles aun después de pasada la tierna edad; quejumbrosa, paliducha, un poco lánguida, las manos no pequeñas, el cuerpo escueto, el cabello del propio color castaño, mas no tan fuerte como el de su hermana, blanca la dentadura, pero de un conjunto menos simétrico, la mirada dulce, amorosa, pasiva...

XXXI

Por lo que veo —se decía Fernando haciendo análisis de su propia existencia—, mi destino es sucumbir siempre a las *tiranías cariñosas*. Quiero tener acción propia y no puedo... Pero ya la tendré, que esto no ha de durar. Un mes ha dicho el físico. Pues no está mal que me cure y recobre el uso de mis dos piernas... Porque, lo que dice Demetria: ¿a dónde demonios voy así? Estoy inútil, estoy inválido... ¡Pícaro destino!... ¡Imposibilitarme cuando más necesito de toda mi energía, de mi fuerza corporal!... A estas horas el señor Negretti habrá escrito a Aura diciéndole que me ha visto... ¿Y qué pensará Aura de mí si transcurre mucho tiempo sin noticias...? En la primera parada que hagamos escribiré a don Ildefonso... Pero sabe Dios si recibirá la carta... Dudo que haya correos regulares entre este país y la Corte trashumante... Veremos, me informaré. Y adelante, cúmplase el destino... Nuestras pobres vidas obedecen a un gobierno superior y como dice Miguel de los Santos, nada podemos contra la soberana disposición que nos arroja al Sur como pelota cuando queremos ir al norte... ¡Felices los pájaros, que van a donde quieren...!».

GRACIA ERA MÁS BONITA; TEMPLE DELICADO, DE ESOS QUE SON INFANTILES AUN DESPUÉS DE PASADA LA TIERNA EDAD

No eran aún las diez, cuando ya Demetria había dispuesto con primor minucioso la galera destinada a Fernando. Excelentes colchones y almohadas, mantas de abrigo, cortinas que por ambas bocas del toldo resguardaran del frío el interior, nada faltaba. Mirando también a la decencia, determinó que el herido fuese solo en la galera mayor, arreglándose las dos hermanas en otra más pequeña, tampoco desprovista de comodidades. En la pequeña metieron varias cestas con víveres y bebidas, lo mejor que se pudo encontrar en el pueblo. Como tenía la mayorazga barro a mano, de nada quiso privarse, y el viaje había de ser como a personas tan principales correspondía. Pensó tomar dos mozos de la servidumbre del señor Guinea, que les acompañarían en todo el camino: uno para que fuese al cuidado de don Fernando en el primer vehículo, y otro al de ellas en el segundo; pero poco antes de partir presentose uno de los criados de Castro que habían salido a buscarlas, de lo que se alegraron y se entristecieron las dos niñas, porque el gozo de verle se amargaba con la pena de notificarle la pérdida del amo y señor de todos, don Alonso. Lloraron un poquito las huérfanas y su servidor, que se llamaba Bernardo, mozo muy despierto que valía por dos, y no faltando ya nada, dio la señora orden de partir. Despidiose el carretero de Lamiátegui, no sin que mediara una breve querella entre Fernando y Demetria sobre cuál de los dos le pagaba. Pero la de Castro cedió sin mostrarse obstinada, dejando al caballero todo el goce de su delicadeza. Bueyes tiraban de las galeras, por no haber animales de paso más vivo, lo que en realidad no era desventajoso, porque con el lento andar de los rumiantes iba más reposado el herido, y lo que perdían en tiempo ganaríanlo en comodidad. Salió Serrano a despedirles, acompañado de otro oficial, como él guapín, simpático, con ricitos sobre la blanca frente, y al presentarle añadió:

—Dice Alaminos (tal era el nombre del camarada) que han venido al Cuartel General cartas para usted, señor Calpena.

—Venían dirigidas a Fernando de Córdova, el hermano del General en jefe. Pero ha salido para Madrid, y las ha dejado no sé si a Echagüe o a Pepe Concha, para que las entregaran a usted si venía por aquí. Ayer hablaban de esto.

PERO LA DE CASTRO CEDIÓ SIN MOSTRARSE OBSTINADA, DEJANDO AL CABALLERO TODO EL GOCE DE SU DELICADEZA

—¿Es cierto que el General ha ido a Madrid?

—Sí, señor; ayer ha salido de Vitoria con su hermano y sus ayudantes, Casasola, Mariano Girón y el príncipe de Anglona. Pero volverá pronto. Ya digo: Fernando Córdova habló delante de mí a Pepe Concha de dejarle las cartas que recibió para usted; pero como luego se trató de si Concha iba también a Madrid o se quedaba, me parece que debe de tenerlas Echagüe, porque le oí que se ofreció a desempeñar este encargo.

—Echagüe manda los *chapelgorris*.

—Justamente; y hoy está en la división de Espartero. Ayer le vi en Vitoria, donde permanecerá unos días restableciéndose de sus heridas.

—Pues tanto al señor Serrano como al señor Alaminos —dijo Demetria—, les suplico yo que cuiden de que esas cartas no se extravíen.

—¡Oh!, sí yo averiguaré quién las tiene...

—Y yo.

—Y lo demás es muy fácil. Que envíen las cartas a La Guardia, a casa de esta servidora de ustedes.

—Allá irán. Queda de nuestra cuenta. Cumpliremos, señora.

—Y nos reiteramos *humildes súbditos..., a los reales pies de Vuestra Majestad...*

Con esto apretáronse todos las manos, picaron los mayorales, y las galeras emprendieron su marcha pausada por la calle principal del pueblo, hasta salir al camino que atraviesa el ameno valle del Zadorra. No habían traspasado aún las últimas casas, cuando se les agregaron otra vez Serrano y Alaminos a caballo, y fueron dando parola a las niñas larguísimo trecho. Nada les ocurrió en el resto del día, transcurrido felizmente, ni en el curso del viaje sobrevino ningún accidente desgraciado. Todo era, pues, bonanza, y por añadidura, el tiempo primaveral les favorecía grandemente. Sin detenerse en Vitoria más que para dar corto descanso a los bueyes, continuaron en dirección del Condado de Treviño, y cuanto más avanzaban hacia el Sur, más risueño se les presentaba el paisaje y más lisonjero todo. Al aproximarse a Peñacerrada, empezaron a encontrar las huérfanas personas conocidas: aquí pastores de la casa de Castro; allá, campesinas y labriegos, algún cura; de todos recibían noticias de la ansiedad que reinaba por la ausencia de las niñas, y a todos las daban de sus trabajos y penalidades, así como de la muerte de don Alonso. Menos de dos días duró el plácido viaje, pues habiendo salido de Salvatierra un sábado antes de mediodía, pasaban la sierra de Toloño al amanecer del lunes, y entraban en la feraz campiña de Paganos a punto de las ocho. Allí fueron tantos los encuentros de amigos y deudos, servidores, aldeanos, diversa gente del pueblo campestre, que hubieron de parar las galeras para dar espacio y tiempo a tanto saludo, a tantos plácemes y pésames, al incansable besuqueo en las manos de las dos señoritas, que lloraban de gratitud y emoción.

Era un gozo verle dar abrazos y besos a Demetria y Gracia, como si quisiera comérselas

El mozo que iba al servicio de don Fernando, sin apartarse de su lado, le dijo:

—¿Ve usted este término con *tantisma* viña, que parece la gloria de Dios? ¿Ve usted aquellos trigos en que ahora juega el viento, y ya los pone verdes, ya amarillos? ¿Ve usted aquel prado y aquel monte con tantas ovejas? Pues todo es de las señoritas... Sí, señor; son más ricas que el *Putosín,* y a cuenta que ahora no han de faltarles novios.

Admiró Fernando la belleza de los campos feraces, inundados de sol, y celebró mucho, en su mente, que todo aquello perteneciese a quien por sus altas prendas merecía cuantos bienes hay en la tierra. Y no pudieron recrearse sus ojos en tanta belleza, porque sentía en su pierna herida tirantez horrible, y de rato en rato punzadas acerbas, que acrecían con el afán de disimularlas para que no se alarmasen sus bienhechoras. Con esto y con la pena de verse extraviado de su natural camino, su alma sobrenadaba en ondas melancólicas. Verdaderamente, era un prisionero que ya podía dar gracias a Dios por haber caído en tales manos: admiraba a sus tiranas; teníalas por hermosa hechura de Dios; pero no concluía de conformarse con aquel giro que a sus planes daba el destino... ¡Todo por una bala miserable! Si él estuviera bueno, ya habría revuelto toda Guipúzcoa, Vizcaya entera, en busca del bien de su vida... Pero ¿qué había de hacer? Paciencia. Dios manda, y en su nombre, en tal ocasión, las niñas de Castro-Amézaga. Contrariado y triste ¡ay! no podía menos de bendecirlas.

A la salida de Paganos llegose al convoy un anciano cura, que venía por la carretera adelante con balandrán y gorro negro, bastoneando fuerte. Era un gozo verle dar abrazos y besos a Demetria y Gracia, como si quisiera comérselas: tan grande cariño les tenía el pobre viejo. Ya se sabía en La Guardia, por un propio que mandaron de Peñacerrada, el gran acontecimiento de la vuelta de las niñas, salvadas milagrosamente por un cristiano, noble y animoso caballero; sabíase también el desgraciado fin de don Alonso a mitad del camino de salvación, y uno y otro suceso fue motivo para que el bendito cura estuviera unos diez minutos empapando en lágrimas su luengo pañuelo de yerbas.

—¡Ay, hijas, qué días hemos pasado, sin saber de vosotras, maldiciendo la hora en que tuvisteis la temeridad increíble de lanzaros por esos mundos en busca del pobre Alonso; pidiendo a Dios que no os perdierais, que no os mataran, que volvieseis sanas y salvas a vuestra casita, y a los brazos amantes de este viejo que os adora, y al pueblo que también os quiere y os estima como a hijas predilectas!... Pero ya estáis aquí. ¡La Virgen Santísima, a quien después de vuestra partida rezamos todas las tardes Salve solemne, no nos ha concedido todo lo que le pedíamos, puesto que no traéis a vuestro padre; pero nos ha concedido mucho, sí, remucho (vuelta a los besos y a la emisión de lágrimas y babas), porque os ha traído a vosotras, cielos míos, perlas de la casa y del mundo!

Informado por las niñas de que su generoso salvador, instrumento en aquel caso de la Divina Voluntad, era el viajero ocupante del otro carro; sabedor asimismo de que la herida que le postraba había sido alcanzada en terrible lid por defenderlas, corrió allá entusiasmado el buen cura, y quitándose el gorro, húmedo aún el rostro del llanto que vertía, le dijo:

—Señor mío, este pobre viejo desea el honor de estrechar la mano del noble caballero a quien debemos el rescate de estos ángeles. No sabe usted el bien que ha hecho, señor. Dios se lo premiará como mejor le convenga... Aquí me tiene usted a su servicio, aunque nada valgo... José María de Navarridas, cura párroco de Santa María... tío carnal de la madre de estas dos perlas... ¡Bendito sea mil veces el que nos ha devuelto nuestro tesoro, y corónele Dios de gloria, rodéele de bienaventuranzas por su obra hermosísima!

Respondió Calpena mostrándose avergonzado de tales elogios, a lo que dijo el párroco con muy buen juicio que la modestia siempre ha sido inseparable del verdadero mérito. Cuando se ponían de nuevo en marcha, llegaron dos mujeres que hartaron también de besos a las niñas, y don José María, por no recargar la segunda galera, se subió a la de don Fernando, diciendo a voces:

—Chicas, yo me subo aquí a dar palique a este caballero, que parece va un poco triste. Seguid vosotras con esas.

Y después de informarse de las circunstancias y proceso de la herida, y de aventurar un favorable pronóstico, asegurando que sólo con el buen trato, la dulce quietud y el rico vinito de la tierra se curaría en un periquete, repitió la cantilena del criado:

—¿Ve usted esta inmensa campiña?... ¡Qué hermoso viñedo, qué gloria de Dios! ¿Ve usted aquellos trigos que parecen un mar con sus olas y su vaivén? Pues todo es de estos ángeles... ¡Pobre Alonso! Ya venía el infeliz tan trastornado, que no podía parar en bien... ¿Le parece a usted? ¡Desafiar a Carlos V!... Luego la temeridad de estas muchachas... ¡Lo que bregué con Demetria para quitarle de la cabeza la idea de ese viaje! «Pero, tío, si no vamos más que hasta Salvatierra, donde de fijo le encontraremos». Y ya ve usted... Lo que pasa... que un poquito más allá, que otro poquito... y a Oñate. ¡Jesús mío, nada menos que a Oñate se fueron, como unas bobas!... Pues si Dios no les depara esta buena alma, este brazo valeroso, no sé qué habría sido de mis pobres ángeles... ¡Ay, chiquillas, de buena habéis escapado! Bien os lo dije cuando salisteis: «Demetria, mira lo que haces». Pero ya habrá usted conocido que esta niña mayor es una voluntad de hierro, dispuesta como ella sola, tenaz en sus empeños, y cuando dice "por aquí voy", ya pueden todos echarse a temblar.

SEÑOR MÍO, ESTE POBRE VIEJO DESEA EL HONOR DE ESTRECHAR LA MANO DEL NOBLE CABALLERO A QUIEN DEBEMOS EL RESCATE DE ESTOS ÁNGELES

No habían andado quince minutos, cuando aparecieron nuevos amigos, el cirujano don Segundo Crispijana, dos señores de capa, mujeres, y detrás medio pueblo. Omítense por fastidiosas las escenas de besuqueo y lágrimas. El don Segundo, señorete de rebajada estatura, cara redonda con sotabarba, la nariz decorada con dos verrugas, los ojuelos muy perspicaces, edad como de sesenta años bien llevados, se llegó a la galera de Fernando, después del saludo a las señoras, y empezó a funcionar facultativamente a la primera insinuación.

—Eso no es nada. En cuanto lleguemos se dará un vistazo... Cuestión de un poco de reposo... ¿Y qué, duele? Tirantez de la piel, afectando hasta los músculos del tobillo... Perfectamente. ¿Qué médico le vio a usted en Salvatierra? ¿Aseguró que había salido la bala?... Eso lo veremos... calma... lo veremos... ¿Conque... duele?

—Sí, señor; no puedo ocultarlo ya... Me duele, ¡ay!, horrorosamente.

—Pues no lo disimule, caray... Chille todo lo que le salga de dentro.

Todo esto lo vio Fernando, mientras le bajaban en volandas de la galera, pues él no podía moverse

—No señor, no chillo..., le aseguro a usted que no chillo... Sé sufrir; sé comerme mis dolores... No quiero que las señoritas se alarmen..., se disgusten.

—Ya estamos en casa. Vea usted la ilustre villa de La Guardia.

Mirando por la delantera, vio Fernando una ciudad medieval, en lo alto de una escueta colina elíptica, rodeada de almenados muros con gallardos torreones. De entre aquella cintura de piedra se destacaba el caserío en agrupación cónica, con el remate de un castillo, torres, esbeltos campanarios, techumbres de peregrina forma. La vista de la ciudad fantástica, que surgía del suelo más bien como un hermoso embuste de la Leyenda o del Teatro que como una verdad de la Historia, embelesó los sentidos del pobre viajero, amortiguando por un instante sus dolores.

XXXII

Entraron por la puerta de Paganos, al oeste de la población, con lento andar por causa de la pendiente y del gentío que en torno a las galeras se agolpaba, y dieron fondo, no lejos de la puerta, en la señorial casa de Castro-Amézaga, la cual con sus anejos le pareció a Fernando tan grande como una mediana ciudad. Al gran patio principal, en cuyo fondo arrancaba la escalera, acudieron diferentes personas, muchedumbre de criadas, familias pobres, familias ricas, que aguardaban a las viajeras: los unos, para darles el parabién y el pésame, las otras, para besuquearlas; y en medio del tumulto salieron también tres, cuatro, seis o más perros de diferentes castas, cazadores los más, que armaron terrible algazara de ladridos, brincos y demostraciones de alegría. Para todos tuvieron caricias las huérfanas llorosas, principalmente para dos magníficos galgos, favoritos de don Alonso, los cuales no las dejaban dar un paso, echándoles sus patas al pecho y lamiéndoles las manos.

Todo esto lo vio Fernando, mientras le bajaban en volandas de la galera, pues él no podía moverse, y le subían cuidadosamente dos robustos criados, bajo la inspección del señor cura, que puso sus cinco sentidos en tan delicada operación. Sin duda porque su estado febril le agrandaba los objetos, a Calpena se le representaba la casa con dimensiones colosales, como de castillo o alcázar de reyes; los corredores que daban vuelta al primer patio, en forma claustral, no se acababan nunca; las habitaciones por donde le pasaron eran inmensas cuadras de elevado techo; todo grandísimo, todo limpio y respirando bienestar y opulencia; mucho nogal obscuro y brillante; los pisos de baldosines rojos bien bruñidos; las paredes, o blancas como la pura cal, o pintadas con festones y guirnaldas al temple; aquí cortinas de damasco; allá mu-

selinas tiesas; severa elegancia, riqueza de pueblo y acumulación de cosas pasadas, con escasas novedades y desprecio de las modas.

Lo primero de que se ocupó la familia fue de preparar el lecho en que debía descansar el herido, en uno de los más claros y hermosos aposentos de la casa. Era el tal mueble imitación de un navío de tres puentes, el *Santísima Trinidad* de los lechos, con cabeceras de nogal, popa y proa, en las cuales el tallado adorno de patos o cisnes completaba la semejanza con los artefactos destinados a la navegación. Bien abarrotada de mullidos colchones y con su cobertor de damasco rojo, era una cama olímpica. No bien acostaron a don Fernando y repararon sus fuerzas con caldo y vino, le tomó de su cuenta el señor Crispijana, que por orden expresa de las señoritas querían proceder sin pérdida de tiempo al examen y cura de la herida. Poseía don Segundo gran conocimiento y práctica en achaques de traumatismo, y no tardó en dominar

UNA RECIA MANSIÓN MEDIEVAL. La casona de Demetria era una mansión medieval. La villa de La Guardia conservaba el encanto de tiempos pasados, con torres elegantes, esbeltos campanarios, almenas de piedra y rincones de leyenda. Galdós describe el interior de las casas en estos términos: «Severa elegancia, riqueza de pueblo y acumulación de cosas pasadas, con escasas novedades y desprecio de las modas». *(Casa de un hidalgo,* por J. Taylor y R. Smith. Museo de San Telmo. San Sebastián).

con ojo certero el caso que allí se le presentaba. Positivamente, la bala no había quedado dentro: en el lado interno de la pierna se veía el punto de salida más grande que el de entrada, mediando un conducto bastante extenso, sin tocar el hueso. La articulación estaba completamente indemne. Las molestias que sentía don Fernando y las que sentiría después, eran motivadas por el flemón que se le formaba, complicación harto frecuente en esta clase de heridas. El caso, sencillísimo, no ofrecía peligro alguno, y don Segundo lo había tratado mil veces con feliz éxito en su vida profesional. El tratamiento que comúnmente practicaba era el de las incisiones o desbridamientos, si el flemón venía difuso, sistema que le había enseñado su maestro el afanado cirujano de Torrecilla don Ángel Asuero. Por de pronto, quietud y cataplasmas.

Descansó Calpena sus huesos en aquel lecho magnífico, mas no pudo conciliar un sueño reparador, porque la agudeza de sus dolores no le dejaba dormir sino a ratitos; por la noche tuvo fiebre intensa; su turbado cerebro se atormentaba con la idea de reposar en un panteón de damasco encarnado. La profusión de esta rica tela en colcha, almohadones y cortinas le colmaba de inquietud y ansiedad. En la estancia había dos o tres arcas de nogal, sillones de vaqueta claveteados, y un cuadro de San Francisco en éxtasis que le infundía pavor... reinaba en la casa silencio sepulcral, turbado tan sólo por lejanos ladridos de perros. Por la mañana, el criado que entró a llevarle el desayuno le enteró de que allí se comía cinco veces al día, empezando por el chocolate, acompañado de bollitos hechos en casa y de fruta de sartén. No tardó en presentarse Gracia, a quien Calpena encontró completamente transformada, vestidita según su clase, muy graciosa y elegante dentro de la modestia campesina y de los rigores del luto. Iba la niña dispuesta a estar en su compañía todo el tiempo que fuese menester, sin molestarle: le daría conversación si ésta le agradaba, y le leería si la lectura no le causaba enojos. En la casa había muchos y buenos libros.

Agradecido a tantas bondades, Fernando preguntó por Demetria, de la cual dijo su hermana que vendría a visitar al enfermo cuando le diesen respiro las distintas tareas que embargaban absolutamente su persona durante la mañana, pues todo el trajín de casa tan grande estaba debajo de su jurisdicción y cuidado. Entretanto, Gracia abrió las maderas de la ventana que caía frente al lecho por la fachada sur de la casa, y don Fernando pudo admirar el grandioso paisaje de la sierra de Cameros por aquella parte. El sol, que inundaba montes y llanuras, penetró también en la estancia, rehaciendo el abatido ánimo del enfermo, quien no pudo menos de ver en Gracia un ángel que le llevaba la luz y la vida.

Entre la lectura y la conversación, Fernando optó por esta, gozando extraordinariamente con lo que la niña le contaba del pueblo y de la familia. Como durante la ausencia de las huérfanas no iban los trabajos de labranza y gobierno doméstico con la debida regularidad, y estaban las cuentas atrasadas y muchas cosas sin hacer, Demetria daba ejemplo con su diligencia y actividad al escuadrón de servidores de ambos sexos. En planta desde antes de amanecer, y consagrada la primera hora de la mañana al aseo de su persona, recorrió luego las varias dependencias de la casa, dando sus disposiciones y previniendo las diversas faenas del día. Esto lo hacía la niña mayor desde que, por muerte de su madre, se hizo cargo de las llaves y tomó el mando doméstico, en el cual no mostraba menos desenvoltura y facultades que aquella. La dolencia del padre la obligó a dar extensión a su autoridad; no tuvo más remedio que encargarse de dirigir y administrar la labranza, de atender a los ganados, al laboreo de montes, explotación de leñas, y todas las demás faenas que abarcaba la extensa propiedad del opulento mayorazgo. La cooperación de servidores y mayordomos antiguos le facilitó los conocimientos necesarios para el manejo de tan grandes intereses y a los pocos meses de tener bajo su mano la cuantiosa hacienda de Castro-Amézaga, ya sabía más que todos. Habíala dotado Dios de un sentido práctico que ya lo quisieran muchos hombres para sí, y de la facultad de ver claro y pronto en los asuntos más complejos. Era un portento Demetria, y a todo atender sabía sin embarullarse, siendo tal su método, que siempre le sobraba algún ratito para labores y cuidados que más pertenecían a la presunción que a la utilidad. Todo esto lo explicaba Gracia con ingenua admiración de su hermanita, declarándose incapaz de imitarla, y desprovista de aquel saber práctico hasta cierto punto vulgar. Fernando se deleitaba oyéndola, pues aunque había estimado a Demetria como una hembra superior, nunca pensó que sus méritos y aptitudes llegaran a un grado tan excelso.

EN PLANTA DESDE ANTES DE AMANECER, Y CONSAGRADA LA PRIMERA HORA DE LA MAÑANA AL ASEO DE SU PERSONA

—Mi hermana —prosiguió la niña en su relato—, tiene el don de hacerlo todo bien y pronto, sin ruido. A sus órdenes, los mozos y criadas parece que tienen cuatro manos en vez de dos, y entre tanto trajín, no oirá usted una voz más alta que otra. Grandes y chicos en su obligación, y adelante. Hoy es día de los de más faena: tenemos amasijo y horno, porque en casa se hace todas las semanas el pan para los pastores y para los trabajadores del campo. Se les reparte en hogazas de cinco libras... En el patio grande, donde está el horno, había usted de ver a mi hermana al amanecer de Dios, mirando si miden bien las cantidades de harina y moyuelo, inspeccionando a los amasadores, y vigilando las cochuras. Luego viene el reparto de hogazas: primero los pastores; siguen los peones de Paganos, y después los de Samaniego. Mi hermana les lleva sus cuentas de pan, y de las ollas de habas que se les van entregando. Y al mismo tiempo que hace todo esto, la tiene usted disponiendo lo de cocina y despensa, dando las órdenes para lo que hemos de comer cada día, y para el sustento del sinnúmero de criados de esta casa. Más tarde la verá usted atareada con lo de bodegas: el vino que sale, el que hay que mandar a los alambiques porque se ha torcido; ordenar las cuentas de los marchantes, que unos pagan al contado, otros conforme van cobrando por los pueblos; ver si se necesitan cubas nuevas o adobar las antiguas; oír a los campesinos que calculan si la cosecha del año será tanto más cuanto, y si se necesitarán más o menos cubas... Pues las cuentas del trigo que sale de nuestros graneros, por ventas, del que se lleva al molino para el gasto de casa, de la cebada que consumen nuestras mulas y del sobrante que vendemos, la obliga a llenar de números unos grandes librotes. Por la noche vienen los arrendatarios, los caseros, y la enteran de cómo está el campo. Se decide entre ellos y el ama si es conveniente un riego más en las huertas, si tal o cual tierra necesita otra cava, si se dejan descansar estos tableros o los otros, si sembramos garbanzos o habas, o si metemos o no metemos el ganado en tal pieza para que estercole... Pues no le quiero decir a usted cuando vienen las grandes labores, la siega, la vendimia, o la trasquila de las ovejas... Entonces mi hermana se multiplica; tan engolfada la ve usted en su trabajo, que de nadie hace caso, y no hay que hablarle más que de fanegas de trigo, de cubas de mosto o de vellones de lana...

VESTÍA DEMETRIA DE LUTO, SIN AFECTACIÓN DE ELEGANCIA, SENCILLÍSIMO TRAJE CASERO, Y CON EL BLANCO DELANTAL

Interrumpió en este punto el poema doméstico trazado por Gracia la entrada de la heroína, en quien vio Fernando una transformación radical. Entre la muchacha encogidita, de dudosa hermosura, desfigurada por el miedo, la angustia y el mal vestir, a la mujer gallardísima, en quien la serenidad era una gracia más y la confianza en sí misma una real belleza, belleza y gracia que a las de su rostro se añadían para darle una armonía seductora, había tanta diferencia como de la obscura noche al día claro. Vestía Demetria de luto, sin afectación de elegancia, sencillísimo traje casero, y con el blanco delantal, que al modo de escapulario le caía desde el pecho hasta los pies, habría parecido una guapa monjita si no tuviera lo que es raro ver en monjas: talle, cintura y formas corporales superiores. Reparó Calpena en el donaire con que se peinaba, recogiendo sus trenzas copiosas en copete de tres potencias; reparó también su limpieza ideal, su aire señoril, la gravedad y el reposo que se pintaban en su frente marmórea, la penetración de su mirada, al propio tiempo dulce y picaresca sin malicia, la frescura de su boca grande; todo, Señor, todo lo reparó, y porque nada se le quedara, fijose en los manojos de llaves de diversos tamaños que pendían de su cintura.

—Aquí estábamos hablando horrores de usted, Demetria —le dijo Fernando, mientras observaba lo que se indica—. Ya sé que está usted muy atareada, que no tiene un momento de reposo.

—¡Ay, don Fernando!... lo corriente, lo de todos los días, y nada más. Parece que no, y cuando falto de aquí no van las cosas como debieran. Por esto ha de dispensarme que no le

EL TIEMPO PASÓ ENTRE LA LECTURA Y LA CONVERSACIÓN. Calpena fue curando la herida de la pierna que le había producido el escopetero, y para evitar comentarios maledicentes sobre la estancia de un hombre en la casa de dos muchachas solteras, el cura del pueblo y su hermana se fueron a vivir con ellos. (*La lectura*, por Gillray. Grabado de la época).

acompañe. Gracia, que no tiene nada que hacer, se encarga de entretenerle para que no se aburra. ¡Ay, si supiera usted qué pena me da verle así!... ¡Y que eso le haya pasado por nosotras!... ¡Que se vea usted privado de acudir a sus negocios! En fin, Dios lo ha querido así... no hay más remedio que conformarse... Pero me ha dicho don Segundo que la herida es leve; que todo se reduce a que se resigne usted a ser nuestro prisionero unos cuantos días, quizás mes y medio.

—¡Bendita cárcel y benditas carceleras! —exclamó Fernando con tanta admiración hacia las niñas como agradecimiento a sus bondades—. Lo que usted dice: Dios lo ha querido así. Sea lo que Dios quiere.

—Pensemos en que lo bueno y lo malo que nos envía es lo que nos conviene.

—Justo... Y vivamos siempre contentos, sin incomodarnos por nada de lo que nos pasa.

—Salvo alguna vez que otra. Mire usted: aquí donde usted me ve, hoy tengo mal humor, estoy enojada...

—¿Por qué, Demetria? ¿Qué le pasa a usted?

—Que en el tiempo que hemos estado fuera se me han muerto tres gallinas... ¡Mire usted qué contratiempo!...

—Sí que lo es... Pues mire usted, lo siento yo también.

—Las tres más bonitas, las más ponedoras que tenía.

—¡Qué lástima!

—No, no se ría... A pesar de estas bajas comerá usted huevos bien frescos. No hay que apurarse... Pero me estoy entreteniendo aquí como una tonta. Dispénseme, don Fernando. Hasta ahora.

Viéndola salir tan dispuesta, tan dueña de sí y en pleno dominio de su misión doméstica y social, cayó Fernando en tristes meditaciones, y después de reconocer cuán grandes prodigios hace la Naturaleza, dio en considerar los contrastes que la fecundidad de esa universal madre nos ofrece. «¡Espantosa desigualdad! —se dijo—. Veo a esta mujer tan útil, tan activa, repartiendo alegrías en torno suyo y aumentando el bienestar humano. Luego miro para dentro de mí y observo mi inutilidad, mi insuficiencia. Necesito de estos ejemplos para cerciorarme de que no sirvo para nada, de que no soy nada, de que mi existencia es absolutamente estéril... al menos hasta ahora... He aquí un hombre sin carrera, sin profesión, que no sabe cómo vive hoy ni cómo vivirá mañana... un hombre que todo lo espera del acaso, que apoya sus cálculos en lo desconocido... un hombre que desconoce el trabajo, y que no da señales de vida en la sociedad más que para perturbarla».

XXXIII

Acrecieron las molestias del herido en los días subsiguientes, manifestándose fiebre intensa y aumento de la hinchazón, que hacia la región femoral se corría. Noches malísimas pasó, y sus ánimos se abatieron grandemente. A la semana de estar allí, habiéndose iniciado la supuración, practicó el cirujano los desbridamientos con tanta habilidad y destreza, que el enfermo no tardó en sentir alivio. Como entonces no se usaban anestésicos, hubo de soportar Fernando el acerbo dolor que con sus cuchilladas le producía don Segundo; pero trincaba bien los dientes y no exhalaba una queja, como varón cristiano y animoso.

Durante aquella semana tristísima, tuvo horas de verdadero aniquilamiento, en las cuales no era un ser de este mundo, sino un soñador, un delirante que moraba en negros y lejanos espacios. Apenas podía fijar la atención en lo que su ángel guardián, la encantadora Gracia, le contaba. Demetria subía todos los días a verle; pero sólo permanecía breves instantes, por causa de sus quehaceres. En cambio le acompañaba el buen don José María de Navarridas, que se había instalado en la casa de Castro con su hermana doña María Tirgo. El motivo de este traslado de vivienda lo supo Fernando cuando se serenaron sus espíritus con la mejoría de la pierna. Fue que al llegar las niñas con su caballero libertador, surgieron en la familia dudas acerca de la conveniencia de aposentarle en la propia casa. Al discutirse punto tan delicado, los tíos plantearon la cuestión en estos términos: dos niñas solas, solteras, hospedan en su morada a un caballero joven, soltero también... Esto podía dar lugar a necias interpretaciones en el pueblo, aunque la fama de discreción, pureza y honestidad de las huérfanas sería de fijo un valladar contra la suspicacia maliciosa. La respetabilidad de la casa era reconocida y acatada por todo el vecindario; mas no convenía exponerla a menoscabo, siquiera éste fuese por una inocente contravención de las reglas sociales. Demetria manifestó con firmeza que la gratitud exigía que las dos hermanas cuidasen por sí mismas al que había contraído tan grave dolencia por defenderlas y salvarlas; que ella, firme en su conciencia, tan segura de su honradez como de que la opinión del pueblo ni un momento se pronunciaría en contra suya, no estimaba indecoroso alojar al herido en su propia casa; pero si sus buenos tíos opinaban de otro modo, ella se sometería gustosa a lo que resolviesen. La hermana del párroco, doña María Navarridas, viuda, designada comúnmente con el apellido de su difunto esposo (Tirgo), señora excelente, bondadosa, discreta, algo cominera, bonita en su vejez como una Santa Ana, opinó que no desmerecía la demostración de agradecimiento llevándose a don Fernando a la casa del cura, donde estaría como en la gloria. Reconociendo lo acertado de estas razones, en principio, Demetria les opuso un argumento que echó por tierra la firme dialéctica de los tíos venerables.

DURANTE AQUELLA SEMANA TRISTÍSIMA, TUVO HORAS DE VERDADERO ANIQUILAMIENTO, EN LAS CUALES NO ERA UN SER DE ESTE MUNDO

—Efectivamente —dijo— don Fernando estará muy bien en la rectoral, asistido con esmero, ¿quién lo duda? pero como tendrá tan cerca las campanas de la parroquia, y estas no cesan de tocar a todas las horas del día y de echar al viento repiques estrepitosos, el pobrecito no podrá descansar ni un momento. ¡Buena le espera con aquel toca-que-toca continuo en los mismos oídos!

—Tiene razón la chica —dijo don José María, dándose una fuerte palmada en la rodilla y levantándose airoso—. Ea, ya tengo la solución... Puesto que Demetria, con su raro entendimiento, nos ha hecho ver esa gravísima contra de las campanas, no irá, no, el enfermo a donde carecería de la tranquilidad y silencio que exige su estado, y para obviar el inconveniente de que se trata, yo y tú, María, nos venimos a vivir aquí, mientras aquí more el caballero a quien todos debemos eterna gratitud. De este modo, con nuestra garantía ante el pueblo, no hay, no puede haber ni asomos de duda en lo que toca al buen parecer, al decoro de las niñas.

Pareciole muy bien a doña María Tirgo esta fórmula, que ponía en salvo las conveniencias sociales, y aquella misma tarde se mudaron, con grandísima complacencia de las huérfanas, que así gozaban de la continua presencia de sus amados tíos.

A la guardia que hacía Gracia en el cuarto del enfermo, se agregó desde el segundo día el bondadoso párroco, que sabía distraer a Calpena sin molestarle con habladurías importunas. ¡Y con qué esmero, con qué solicitud y cariño le cuidaban todos! No harían más por un hermano querido ni por su propio padre. ¡Vaya unos calditos substanciosos que le daban! ¡Y qué vinitos puros, confortativos, de antiguas cosechas, elegidos con esmero por el propio don José María en las ricas bodegas de Castro! Como durante las dos semanas primeras de su encantamento la inapetencia de Fernando era absoluta, Demetria y doña María Tirgo, maestra en artes culinarias, no hacían más que discurrir platitos substanciosos, agradables y que no cargasen el estómago, a ver si así le devolvían las ganas de comer. La impresión del joven era estar encantado en el más bello alcázar de Jauja y servido por hadas o serafines. A la hermana mayor la veía poco, mejor dicho, no la veía lo bastante para darle gracias por tan delicadas atenciones, y como se quejara de ello un día, Navarridas le dijo:

A LA GUARDIA QUE HACÍA GRACIA EN EL CUARTO DEL ENFERMO, SE AGREGÓ DESDE EL SEGUNDO DÍA EL BONDADOSO PÁRROCO

—A Demetria hemos de dejarla en sus ocupaciones de gobierno. Es una niña esa que tiene dentro de sí todos los dones del Espíritu Santo. Para mí está de non en el mundo: yo no he visto otro caso, ni creo que lo haya. Por más que usted discurra no hallará una virtud que ella no posea ni un mérito que no sea suyo.

Así lo reconoció Calpena, y no habían pasado diez minutos, cuando entraba Demetria con un pliego en la mano, el cual mostró al enfermo desde la puerta, diciéndole:

—¿Se acuerda, don Fernando, de que los oficiales Serrano y Alaminos nos dijeron que habían llegado al Cuartel General cartas para usted? Pues temiéndome yo que aquellos loquinarios no se cuidarían del encargo que les hicimos, mandé un propio a Vitoria por las cartas, y aquí las tiene usted.

Algo se afectó Fernando al ver las cartas, que seguramente eran de Madrid: el sobrescrito era letra de Hillo.

—Gracia, si me hiciera el favor de abrirlas... o usted, señor don José María, y decirme dónde están fechadas y quién las firma. Supongo que serán largas, y no tengo ahora la cabeza en disposición de leer mucho.

Abiertas las cartas por el señor cura, éste leyó en una: *La Granja, 30 de mayo;* y en otra: *La Granja, 8 de junio*. La firma en ambas decía: «Tu cariñoso amigo y capellán— *Pedro Hillo*».

Guardó el enfermo bajo su almohada las cartas con intención de irlas leyendo a ratos, y no cesaba de pensar a qué habría ido a La Granja el bueno de Hillo. Un parrafito ahora, otro después, llegó al total conocimiento del contenido de ambas epístolas. La síntesis de ello era que la señora incógnita, a la sazón residente en San Ildefonso, había llamado al clérigo para conferenciar con él. No decía claramente si la dama se había descubierto o no; pero de algunas expresiones de don Pedro se desprendía que entre el Mentor y la deidad no había ya ningún velo. Lo que mayormente sorprendió a Calpena, causándole alegría, era que la incógnita

Diciembre de 1835 - Mayo de 1836

San Sebastián también resiste

La capital donostiarra logra rechazar cinco meses de asedio carlista

3/12/1835	5/5/1836	28/5 y 5/6 de 1836
Las tropas carlistas del general Sagastibeltza ponen sitio a San Sebastián con el objetivo de tomar su primera gran plaza y asegurar las comunicaciones en el Cantábrico. El liberal Fernández de Córdova decide no intervenir en la zona, convencido de que los carlistas no podrán romper el cerco de la ciudad	Tras cuatro meses de asedio, las autoridades donostiarras solicitan ayuda a Fernández de Córdova, quien envía un destacamento de la Legión Auxiliar Británica del general Lacy Evans. Ingleses y liberales arrollan a los carlistas, que huyen a refugiarse a Oriamendi	Tras la anterior derrota, los carlistas intentaron recuperar las posiciones perdidas. El 28 de mayo y el 5 de junio atacan la línea formada sobre el río Urumea en dirección a Astigarraga, pero en ambas ocasiones fueron rechazados por los legionarios británicos

FUENTE: "La Primera Guerra Carlista", Alfonso Bullón **Doc.:** Juan Miguel Revilla **XAVI ISERN**

tirana se inclinaba a la transacción. Por conducto de Hillo incitábale a declarar su paradero, ofreciéndole respetarle en sus amores, y repitiendo una de las fórmulas de avenencia empleadas por la misteriosa entidad en sus cartas de Madrid: «Tus amores no me gustan; pero acato los hechos consumados». Ignorante de su residencia, dirigía las cartas a los amigos de él en el Cuartel general, con la esperanza de que a sus manos llegasen, y por duplicado las enviaba también a personas conocidas del interior de Guipúzcoa y Vizcaya, entre ellas, al propio don Juan Bautista Erro, Ministro universal de don Carlos. Por uno u otro conducto esperaba establecer la comunicación. Insistía don Pedro con verdadera pesadez en que Fernando, si recibía las cartas, le escribiese al punto a La Granja, declarando su residencia (con señas bien explícitas), a fin de poder remitirle con toda prontitud el dinero que necesitase y nuevas expresiones de la tolerancia de la incógnita en la delicada cuestión de amores. Por un lado, se alegraba Calpena de estas noticias; por otro, se entristecía, pues continuaba bajo el despótico poder de persona desconocida, y aunque algo se iba transparentando el carácter de tal despotismo, quería el joven mayor esclarecimiento de aquella obscura faz de su vida. Por de pronto, era gran ventaja que no existiese ya la formidable oposición al inquebrantable propósito de recobrar a Aura y hacerla suya, el cual llenaba su corazón y su voluntad, sin que lo amenguara lo más mínimo su encantamento en la dorada Jauja.

Cuando pudo manejar la pluma sirviole Gracia los avíos necesarios, y escribió a Hillo notificándole simplemente dónde se encontraba, sin más explicaciones. Al propio tiempo escribió también a Negretti, dándole conocimiento del accidente que le imposibilitaba de ir a tratar con él de sus honrados fines, y dirigió la carta a Durango, donde le dijeron que a la sazón residían don Carlos y don Sebastián.

Aunque la mejoría era franca a fines de junio, todavía tenía para un rato, pues persistía algo de inflamación, que exigió nuevo desbridamiento. A principios de julio empezó a recobrar el apetito y a reponerse de su grande extenuación. El pobrecillo, con tan larga inmovilidad, y con las intensas fiebres y dolorosos insomnios que sufrido había, estaba en los puros huesos: su cara era toda ojos, y en estos todo espíritu. Al recobrar las ganitas de comer, extremaron Demetria y doña María Tirgo sus habilidades culinarias para ofrecerle sabrosos manjares en cantidad discreta. En cada una de las cinco comidas que se hacían en aquella Jauja, preparaba Demetria alguna sorpresa para su enfermo. No hay que hablar de la abundancia, que en tal casa era como un continuo chorro vivificante de los múltiples dones de la Naturaleza. Allí, las carnes suculentas de cabrito y carnero; allí, la caza de monte y la pesca de río; allí, las riquísimas verduras y las frutas tempranas; allí, los sabrosos esquilmos del cerdo; allí, la miel, la monjil repostería, formaban como una caudalosa corriente entre la Naturaleza y el estómago, entre el divino crear y el humano digerir, corriente que por la variedad de sus dones no permitía el cansancio. Bien decía don José María, paladeando su vinito:

AUNQUE LA MEJORÍA ERA FRANCA A FINES DE JUNIO, TODAVÍA TENÍA PARA UN RATO, PUES PERSISTÍA ALGO DE INFLAMACIÓN

—En esta tierra de bendición, señor don Fernando, el que se muere es porque quiere.

Empezaban a hacer por la vida a las siete de la mañana, con el rico soconusco de la tarea que labraba en casa el mejor chocolatero de la villa, y lo acompañaban de unos bollos en que lucían su primor doña María Tirgo y las cocineras de ambas familias. A las nueve se servía la sopita de ajo con chorizo, infalible tentempié en aquella hora, y ya estaban todos como un reloj hasta las doce en punto, en que se servía la comida con todo el ceremonial de rúbrica. Rompía plaza la sopa dorada, de pan, bastante a matar el hambre de los menos favorecidos por la fortuna, y luego entraba el cocido... ¡Compadre, vaya un cocido! La carne de cebón y los aditamentos cerdosos dábanle poder para resucitar un muerto; tras él llegaba la verdura exquisita, con su indispensable oreja, y *ainda mais,* morcilla. De principio, entraban los pollos asados bien doraditos, tiernos, o los barbos del río, o la enroscada anguila; y de postre, el dulce de cabello (también hecho en casa o mandado por las monjas), el mostillo, las nueces, el queso (también de casa), la miel, el sinfín de frutas espléndidas que recreaban el gusto, la vista y el olfato... y, por último, la indispensable copita de anís. A las cuatro sentíanse ya desfallecidos, y por vía de sostén tomaban otra vez chocolate con los correspondientes bollitos. Gracias a esto podían tirar hasta la cena, a las ocho en punto, empezando por la ensalada cruda, como aperitivo, siguiendo las sopas de ajo con chorizo, los huevos pasados; luego la chuletilla de cordero, la trucha frita, el plato de guisantes, judías verdes o tirabeques, y, por fin, la compota... ésta no podía faltar, como tampoco un plato de leche, sin contar la interminable tanda de golosinas... y otra vez la copita de anís, que tan bien ayuda la digestión...

¿QUÉ CASA ERA AQUELLA DONDE MORABA? ¿POR QUÉ DECÍA QUE NO PODRÍA SALIR EN DOS MESES? ¿ACASO ESTABA ENFERMO, HERIDO?

A Fernando servíanle en su cuarto, en una mesita con mantelería limpia como el oro, que junto a su cama ponían, y así estuvo comiendo hasta muy avanzado julio, en que don Segundo le permitía levantarse algunos ratos; pero sin andar ni moverse del aposento. Con el trato continuo, Gracia, que le acompañaba y le servía gozosa, tomó la confianza de tutearle. Comúnmente le llevaba noticias de las cositas buenas que su hermana y la tía estaban haciendo para él.

«Hoy te van a poner unos pescaditos al horno, que te vas a chupar los dedos».

Otra vez entraba con un par de palomos muertos:

—¿Ves esto? —le decía—: pues te los van a poner con arroz. Toca, mira qué pechugas...

O bien entraba con cestas de frutas riquísimas, acabadas de traer de las huertas de Paganos, peras de a cuarterón, manzanas fragantes, cerezas gordas, y se las mostraba, enardeciendo su abundancia y hermosura.

—De todo has de probar hoy, Fernandito. Demetria ha dicho que te haga comer un poquito de cada cosa, para que veas todo lo bueno que crían nuestras tierras.

—Sí, hija mía, sí —respondía Fernando, no tan alegre como debiera—: ya veo, ya veo que Dios os ha dado muchos, muchísimos bienes; pero con ser tantos, no llegan a lo que vosotras merecéis.

XXXIV

Un mes largo tardó en llegar nueva carta de Hillo, sin duda porque los correos en tiempo tan desdichado no iban y venían con la debida regularidad. Manifestaba el buen capellán inquietud por no haber dado Fernando en su breve carta las explicaciones que se le pidieron. ¿Qué casa era aquella donde moraba? ¿Por qué decía que no podría salir en dos meses? ¿Acaso estaba enfermo, herido? ¿Entre qué gentes o con qué familia vivía? De todo esto se esperaban pronto informes detallados. Por el pronto se le remitían 20 onzas por un oficial de Ingenieros que iba a Vitoria. Cuidárase él de recogerlas en dicho pueblo por persona de confianza. Aguardó Fernando a recibir el dinero para contestar, y en esto se pa-

saron otros quince días, pues el propio que se envió tras el oficial portador de las onzas, no dio con él sino después de muchas vueltas de una parte a otra. En agosto se recibió nueva epístola de Hillo, en ocasión que Fernando, convaleciente ya, había dejado el lecho y podía pasearse por la habitación agarrado al brazo de Gracia o al de don José María. Continuaba el buen Mentor en la Granja, y hablando en nombre y por encargo de la próvida divinidad, anunciaba a Telémaco que ésta le escribiría directamente de asuntos interesantísimos. De quien Fernando no tuvo carta ni noticia, fue de Negretti, lo que le causaba grande zozobra. ¡Qué habría ocurrido, Santo Dios! No veía las santas horas de recobrar su salud para correr hacia el país vasco, pues tanto tiempo sin saber de Aura en extremo le afligía. Su encantamiento le pesaba, era ya una monótona esclavitud; deseaba que el día último de su prisión llegase, sin dejar por esto de rendir a la gran Demetria, su nueva tirana, los homenajes que por su virtud, su gracia y adorables prendas merecía.

LA NOTICIA DE LA SUBLEVACIÓN de los sargentos de La Granja corrió como la pólvora. El rumor era que la guarnición del real sitio pretendía que la Reina proclamara la Constitución de 1812. El asesinato del general Quesada por una multitud enfebrecida y las tensiones internas del ejército hacían presagiar una revolución. *(Palacio de La Granja*. Grabado del siglo XIX. Museo Romántico. Madrid).

Avanzado agosto, llegó carta de la incógnita, que no contenía revelación alguna de lo que Fernando quería saber. Era el mismo estilo de antes, la misma voz dulce y un tanto burlona debajo de la careta. Le expresaba cariñosamente la idea de transacción; le permitía encenderse y achicharrarse en el amor de Aura; llevaba con paciencia hasta que la hiciera su esposa; rogábale que no dilatase su vuelta a Madrid, donde se le arreglaría una posición en armonía con sus méritos, abriéndole camino brillante en la política; para hacerle el paladar a los sainetes (en el doble sentido de esta palabra) de la vida pública, le refería sucesos graves ocurridos en la Villa y Corte por aquellos días, y presagiaba que en San Ildefonso no irían las cosas por los caminos derechos. Una carta de Hillo, dos o tres días después, terminaba con un alarmante párrafo: «En este momento me dicen que se ha sublevado la Guardia Real, de guarnición en este Real Sitio, y que los sargentos se dirigen a Palacio a pedir a Su Majestad que restablezca, proclame y jure la Constitución del 12... ¡Dios nos tenga de su mano!».

El mismo día en que tales nuevas recibía don Fernando, y más aún al siguiente, corrieron por el pueblo rumores de serios trastornos políticos en Madrid y en la Granja. Los amigos de la casa de Castro, sabedores de que el huésped de ella se carteaba con personajes del Real Sitio, acudieron allá por noticias frescas. ¡Válgame Dios, qué especiotas corrían de boca en boca entre el vecindario! Al coronel que allí mandaba la fuerza cristina dijéronle que los sargentos habían atropellado a la Reina, llevándola presa al cuartel, porque se negaba a jurar *la Niña bonita*. En Madrid, los milicianos sublevados habían cometido mil tropelías, asesinando generales y ministros. Total: que se venía encima una revolución tan terrible y sangrienta como la francesa.

Mostroles don Fernando el conciso párrafo del clérigo; pero bien pronto pudo satisfacer la curiosidad de sus convecinos, porque recibió segunda carta de la incógnita, en que le refería con preciosos pormenores la inaudita trapisonda de la Granja, como persona que todo lo presenciara. Era, pues, aquel relato la misma verdad, una página histórica, fresca, real, viva.

LOS COMENTARIOS QUE HICIERON EL CORONEL, EL ALCALDE Y OTRAS PERSONAS DE VISO QUE VISITABAN AL HUÉSPED DE CASTRO, ERAN MUY PESIMISTAS

—Nada, señores —dijo don Fernando a los notables del pueblo que invadieron su cuarto en busca de noticias—, no ha ocurrido nada: ello ha sido un nuevo trámite de la revolución española que venimos elaborando entre todos desde el año 12. El caso es sencillísimo, propiamente español, producto de casos anteriores, engendro de nuestro carácter. La novedad bien a la vista está: lo que otras veces han hecho los oficiales de mediana y alta graduación, lo han hecho ahora los sargentos de la Guardia Real. Es la obra del pueblo, el cual, entre nosotros, no sabe actuar por sí, y se infiltra en las clases militares para dar forma, realidad tangible a sus ideas. Cómo ha podido suceder que el espíritu popular, encarnado en la humanidad de cuatro sargentos, haya sabido burlar la vigilancia de los guardianes de la Corte y sobreponerse a toda disciplina hasta llegar a la Reina; cómo han tenido los tales sargentos energía y discreción bastantes, pues todo se necesita, para imponer a la gobernadora nada menos que el cambio de Constitución, es cosa muy compleja, de la cual no he podido aún hacerme cargo. La carta que he recibido es extensísima; ya ven: seis pliegos de letra menuda. He pasado la vista rápidamente por algunos párrafos; cuando despacio la lea y la relea, daré a ustedes noticia circunstanciada del suceso tal como me lo cuenta, con pelos y señales, un testigo presencial.

Los comentarios que hicieron el coronel, el alcalde y otras personas de viso que visitaban al huésped de Castro, eran muy pesimistas. Vista la trifulca de la Granja desde tan lejos, resultaba la impresión de que el mundo se venía abajo; de que España se acababa, con aquel vilipendio de la autoridad real, pisoteada por cuatro sargentos que probablemente estarían borrachos. A esto dijo Calpena que no traería el tal suceso revolucionario más catástrofes que las usuales y corrientes: el cambio de empleados, el desconcierto de todo, la continuación de la guerra. Era la enfermedad general, ya crónica, que se agravaba. Mas no por ello moría el enfermo: España tenía fibra y agallas para resistir tanta calamidad; su sobriedad de mendigo le garantizaba la existencia; su pasividad fatalista le permitía seguir arrastrándose y dando tumbos, hasta que vinieran hombres y tiempos mejores, los cuales... ¡ay! también podría suceder que no vinieran. En esto llegaban diariamente a La Guardia pormenores de lo ocurrido y papeles que lo traían todo muy bien parlado. Pero nada era tan sincero, tan profundamente humano y vivo como el cuadro descrito con femenino análisis y observación exquisita por la se-

EL TRÁGICO FINAL DEL GENERAL QUESADA

El militar absolutista Vicente Jenaro de Quesada tuvo que huir a Francia tras el triunfo del golpe militar de Riego en 1820. Durante esta etapa conspiró con la Regencia de Urgel y se unió a las partidas realistas del norte de la península; por ello cuando los Cien Mil Hijos de San Luis entraron en España en 1823 asumió el mando del ejército de Navarra en apoyo de la invasión. Durante la década ominosa ejerció varios puestos de responsabilidad militar. Sin embargo, su intransigencia realista fue atemperándose, de forma que cuando murió el Rey y se instauró la regencia de María Cristina decidió apoyar a Isabel. Participó en la primera guerra carlista del lado liberal como jefe del ejército del Norte y batió con dureza a Tomás de Zumalacárregui, pero fracasó en su intento de atraerse al general carlista con la promesa de que no habría represalias si se pasaba al bando cristino. Sustituido al frente de las tropas por Rodil en junio de 1834, regresó a Madrid, se hizo cargo de la capitanía general de Castilla y expulsó a los carlistas hacia Portugal, hazaña que le fue recompensada con el marquesado de Moncayo y el nombramiento de comandante general de infantería de la Guardia Real.
En agosto de 1835 el general Quesada se enfrentó a un levantamiento de las milicias urbanas en Madrid y consiguió que los alzados depusieran su actitud. El 17 de julio de 1836 la población de Madrid salió a festejar el resultado de las elecciones, pero Quesada, temiéndose una nueva algarada, ordenó a las tropas una dura represión. Un mes después se produjo la sublevación de La Granja, pero esta vez el general no consiguió detener la rebelión. Tuvo que huir de Madrid y fue perseguido por sus propios hombres, que le detuvieron cuando llegaba a Hortaleza. Quedó preso allí mientras los desórdenes se extendían por la ciudad y muchos ministros se vieron obligados a huir o a esconderse. Tres días después, el 15 de agosto de 1836, una multitud enardecida lo reconoció como el responsable de la represión de julio, lo sacó de la prisión y lo descuartizó.

EL GENERAL JENARO QUESADA. Grabado de la época. Biblioteca Nacional. Madrid.

ñora incógnita, el cual no cabe en estas páginas por su excesiva extensión. Podrá leerlo en otras quien tenga en igual grado la curiosidad y la paciencia.

Entró Demetria a ver a don Fernando, aplaudiendo la gallardía con que se determinaba a dar solito algunos pasos con la ayuda de su bastón, y le dijo gozosa:

—Por dos motivos estoy alegre hoy: el primero es que me ha dicho don Segundo que pronto será usted dado de alta. ¡Cuánto ha pasado, pobrecito, en esta esclavitud! Ya sé lo que me dirá: que le hemos tratado muy bien. ¡Pues no faltaba otra cosa! Eso del buen trato no hay que decirlo, porque es verdad y porque no tiene ningún mérito: el cumplimiento de un deber, sin hacer nada extraordinario, no merece elogios.

—¿Y el otro motivo de alegría se puede saber?

—Que han vuelto los dos criados que fueron con nosotras a Oñate, y quedaron presos en la cárcel cuando a nosotras nos llevaron a la Caridad. ¡Pobrecillos, qué gozo he tenido al verles! Les llevaron a Vergara; después a Tolosa; de allí pudieron escaparse a Francia, donde se embarcaron para Santoña... Ya no pueden tardar los que fueron a llevar nuestra ofrenda a los infelices que nos dieron socorro en las ruinas de Aránzazu... De quien no hemos tenido noticia es del pobre Díaz. ¿Qué habrá sido de él? ¿Le habrán matado; estará preso aún?

LES LLEVARON A VERGARA; DESPUÉS A TOLOSA; DE ALLÍ PUDIERON ESCAPARSE A FRANCIA, DONDE SE EMBARCARON PARA SANTOÑA...

—Escribiremos a mi amigo el señor Rapella, para que gestione la libertad de Díaz mientras llega la ocasión de que pueda hacerlo yo mismo. En cuanto me asegure en la convalecencia, señora castellana de este noble castillo, me voy a Guipúzcoa y Vizcaya.

—Ya sé, ya sé que en Bermeo está su novia. Me lo ha contado el tío, con quien tiene usted sus confianzas —dijo Demetria con toda la serenidad del mundo—. Permita Dios que se le allanen a usted todos los caminos; que llegue a donde quiere llegar... y encuentre a su novia buena de salud, firme de voluntad, siempre amante y fiel... Quiera Dios que esa señora nos perdone este secuestro de su galán; que no haya sufrido con harta crudeza el mal de impaciencia; que sepa ser constante en los afectos fuerte en la adversidad... Porque fíjese usted bien, fuerte en las bienandanzas lo es cualquiera; pero fuerte en el infortunio, en las largas ausencias, eso ya es harina de otro costal, eso sí que es mérito, señor don Fernando... Ea, no quiero cansarle; me llaman abajo para medir la hornada de mañana. Hasta ahora...

Y dio media vuelta para marcharse.

—Eh..., señora castellana, no sea usted tan ejecutiva. Con sus hornadas y sus continuos quehaceres, ha olvidado usted mis encargos. Le he pedido que mande venir sastre o costurera que me haga la ropa que necesito... ¿O es que he de marcharme así, como un triste estudiante que no lleva más que lo puesto?

—Ya he mandado recado a quien le hará la ropita... El ejecutivo es usted, que no quiere más sino que le sirvan geniecillos, hadas y qué sé yo... Eso; lo de los cuentos de niños: dar una patadita, y ya está aquí el duende que dice: «Pide por esa boca».

—Aquí no hay más hada, ni más duende, ni más genio que usted... Genio, sí, y noto que lo va echando malo. De ayer a hoy me ha reñido usted tres veces.

—Sí, señor, y le riño la cuarta... por impaciente... No parece sino que le tratamos tan mal aquí. Pues sepa usted, señor fuguilla, que la opinión de don Segundo es que aún debe estarse quietecito otro mes, pues si se lanza por esos caminos a caballo o en una carreta, está muy expuesto a una recaída, sí señor, y a que empeore la pierna, sí señor, y la otra pierna, y la cabeza... sí señor... Ea, ya no riño más; y aunque usted no quiera, me voy.

Quedose Calpena meditabundo, pensando en su partida, que con ardor deseaba, aunque presumía que no podría efectuarla sin pesadumbre. Por su mente fecundísima pasó una idea. ¡Vaya una idea! La formulaba de este modo: «Quisiera tener un amigo muy íntimo, uno de esos amigos que son como hermanos, uno de esos amigos a quienes amamos entrañablemente... Y mi mayor gozo sería que este amigo se hiciera amar de Demetria y que él la amase a ella, cosa en verdad facilísima. ¡Qué gusto verles casados, ver a mi amigo compartiendo con ella el gobierno de esta gran casa!... ¡Ah, se me olvidaba! es preciso, indispensable, que el amigo tenga patrimonio para poder realizar decorosamente la feliz coyunda... ¿Pero dónde voy yo a buscar este amigo, dónde? Si al menos tuviera yo familia, quizás lo encontraría entre mis parientes... ¡Vaya con el tesoro que se llevaba el tal!... Pues he de buscarlo en cuanto me vea libre, he de buscarlo, sí... Feliz yo que ya tengo resuelto el problema de amor; que no sé, ni quiero, ni puedo desviarme de la línea trazada por mi destino. Al extremo de acá de esta línea, estoy yo; al otro extremo la verdadera castellana de los alcázares del Cielo, Aura divina, Aura humana, Aura total. Hacia ella me voy pronto, y por el camino, por todos mis caminos, buscaré el amigo, el hermano que necesito para Demetria...

QUEDOSE CALPENA MEDITABUNDO, PENSANDO EN SU PARTIDA, QUE CON ARDOR DESEABA, AUNQUE PRESUMÍA QUE NO PODRÍA EFECTUARLA SIN PESADUMBRE

Esto pensó, y solicitado luego de la curiosidad, se puso a leer la extensísima carta, que contenía una prolija narración política, páginas llenas de vida y color. Atenta a la variedad, como grande artista, entreveraba los relatos de motines y trastornos con párrafos cariñosos, íntimos, o apreciaciones burlescas de la corte y de la sociedad que la rodeaba... Volvía luego a la pintura de escenas, ora cuartelescas, ora palatinas, conjunción absurda de la grosería popular y del regio orgullo, en aquel caso desvirtuado por el miedo y la debilidad. Por transiciones bruscas, la emprendía después con su protegido, riñéndole amorosa, señalándole los caminos para recobrar su gracia; consintiéndole sus locuras, siempre que no rebasaran de cierta medida prudencial; y, entre otros conceptos tan delicados como ingeniosos, le decía: «Esa casa donde estás, ¿qué casa es?... ¿Con quién vives? ¿Has encontrado a tu Aura? ¿La tienes contigo?... No; si no te riño. Quiérela: te lo permito... ¡Viva don Fernando y viva con su *pepita,* digo, con su Aurita!... Pero has de contármelo todo; no me ocultes por modestia lo bueno que haces, ni por miedo a mi severidad me ocultes lo malo... ¡Dichosa severidad! Cansada del sinnúmero de medicinas que he tomado para calmar mis penas, probé la indulgencia, y no me va mal con esta droga... Tontín, ¿no sabes? Entre el bueno de Hillo y yo hemos descubierto a una pobre señora que te quiere con delirio, sin haberte tratado nunca, y esto es lo más raro. ¡Lo que te pierdes! Pues te diré: esa tu enamorada no te ha visto de cerca más que una vez, ¡y tan de cerca! De esto hace hoy, fíjate en la fecha de mi carta, veintitrés años justos y cabales... Rabia, que no te digo más».

FIN DE
DE OÑATE A LA GRANJA

BATALLA DE LUCHANA, 24 de diciembre de 1836. Grabado del siglo XIX.

EPISODIO 24

LUCHANA

BALDOMERO ESPARTERO. Grabado del siglo XIX. Colección particular.

I

En mi carta de ayer —decía la señora incógnita con fecha 14 de agosto— te referí que nuestro buen Hillo me mandó recado al mediodía, recomendándome que no saliese a paseo por el pueblo, ni aun por los jardines, porque corrían voces de que los soldados y clases del Cuarto de la Guardia, los de la Real Provincial y los granaderos de a caballo, andaban soliviantados, y se temía que nos dieran un día de jarana, cuando no de luto y desórdenes sangrientos. Naturalmente, hice todo lo contrario de lo que nuestro sabio Mentor con notoria prudencia me aconsejaba: salí de paseo con dos amigos, señora y caballero, prolongándose la caminata más que de costumbre, y no exagero si te digo que anduvimos cerca de un cuarto de legua por el camino de Balsaín; luego atravesamos todo el pueblo, llegando hasta más allá del Pajarón, y nos volvimos a casita con un si es no es de desconsuelo, pues no vimos turbas sediciosas, ni soldadesca desenfrenada, ni cosa alguna fuera de lo vulgar y corriente. El drama callejero, *género histórico* en España, que deseábamos ver no sin sobresalto en nuestra viva curiosidad, permanecía entre bastidores, en ensayo tal vez. Sus autores, temerosos de una silba, no se atrevían a mandar alzar el telón.

»Por mi parte, te aseguro que no sentía miedo; mis acompañantes sí: sólo con la idea de que la revolución anunciada no pasase de comedia, se atrevían a presenciarla. Y comedia tenía que ser en la presunción de todos, pues de los jefes, del Comandante general del Real Sitio, Conde de San Román, nada debía temerse, conocida de todo el mundo su adhesión a la Reina y a Istúriz; de los jefes tampoco, que eran *lo mejor de cada casa*. Las clases y tropa no son capaces de escribir por sí solas una página de la Historia de España, y el día en que la escribieran, ¡ay!, veríamos, a más de la mala gramática de hoy, una ortografía detestable.

»Al pasar por el teatro nos hizo reír el título de la comedia anunciada: *A las diez de la noche, o los síntomas de una conjuración*. En las puertas del Café del teatro vimos paisanos y sargentos en grupos muy animados, y por las palabras sueltas que al paso hirieron nuestros oídos, comprendimos que hablaban de política. Luego nos dijo Pepito Urbistondo, a quien encontramos junto a la Comandancia, que las clases de toda la guarnición estaban incomodadas porque el general había prohibido, bajo graves penas, cantar canciones patrióticas, y mandado que las bandas y músicas no tocasen otras marchas que las de ordenanza. A este Pepe Urbistondo no le conoces: ha venido no hace un mes del ejército de Aragón; es valiente y audaz en la guerra; en los saraos de Madrid el primero y más arrojado bailarín de gavotas y mazurcas; buen chico, sólo que tartamudea un poco, y empalaga un mucho con sus alardes de finura, a veces sin venir a cuento. Hoy le tienes aquí de ayudante de San Román, y es el que anima con sus donaires los corros que diariamente, mañana y tarde, se forman en las *Tres Gracias* o en *An-*

drómeda... Pues sigo diciéndote que la noticia comunicada por Pepito del mal humor de los señores cabos y sargentos, no nos causó grande inquietud. Pero luego nos encontramos al canónigo de la Colegiata, don Blas de Torres, que nos puso en cuidado refiriéndonos lo que había ocurrido momentos antes, en el acto de la *lista*. Después de la música, y cuando ya la tropa formaba para volver al cuartel, el tambor mayor mandó a la banda tocar la marcha granadera. Obedecieron los tambores; pero no los pífanos, que salieron por el himno de Riego, resultando un guirigay de mil demonios, efecto de la discordancia entre músicas tan diferentes. El comandante, volado, mandó callar la banda, y la tropa se dirigió al cuartel al son de sus propias pisadas. La vimos pasar. Era una escena triste, lúgubre. No sé por qué me impresionó aquel marchar de los soldados sin ningún son de música o ruido militar. Me fijé en las caras de muchos, y no eran, no, las habituales caras de soldados españoles, siempre alegres. Cuando entrábamos en casa de mis amigos, volvimos a encontrar a Urbistondo, y nos dijo que, al llegar al cuartel, el comandante había mandado arrestar a toda la banda; que al tambor mayor, a quien se atribuía connivencia con los desentonados pífanos, le habían metido en un calabozo. La oficialidad recibió orden de permanecer en el cuartel toda la noche, y se prohibió que salieran los sargentos. Cuando nos daba Pepito estos informes, ya casi anochecía; los paseantes de los jardines volvían presurosos a sus casas; notábase en algunos aprensión, recelo; de la sierra bajaba un airecillo sutil, que nos hacía echar de menos los abrigos. Yo mandé a casa por el mío: la persona que me lo trajo, traía también un billete en que se me instaba, mejor dicho, en que se me hacía el honor de llamarme a Palacio... Yo tiritaba; me había enfriado un poco al volver de paseo: creo que contribuyó a ello el ver aquellos soldados tan tristes, marchando sin tambores ni cornetas... Aplacé la visita a Palacio para después de comer; pero luego vino un recadito más apremiante, verbal, y tomando el brazo del digno caballero que lo había llevado, me fui allá. Quién me llamó de Palacio, no puedo decírtelo, niño, ni hay para qué.

LA REINITA ISABEL DISCURRE COMO UNA MUJERCITA; LUISA FERNANDA LE GANA EN FORMALIDAD

»Creí encontrar alarma en la morada real, pero me equivoqué... ¡en tantas cosas nos equivocamos! Sabían todo lo ocurrido en el cuartel del Pajarón y en la lista; tenían noticia de la descompuesta actitud de los sargentos en el Café del Teatro, donde suelen reunirse; de la llegada de paisanos de Madrid, siniestros pajarracos que anuncian las tempestades políticas; mas no por eso habían perdido la tranquilidad y confianza. No debo ocultarte que yo había recibido de la Villa y Corte informes preciosos de lo que piensan y dicen ciertas personas de las que influyen en la cosa pública, lo mismo cuando están en candelero que cuando están caídas. Alguien se enteró de que yo tenía tales referencias y quiso oírlas de mis propios labios. De lo que yo sabía, comuniqué lo que estimaba prudente y oportuno en las circunstancias actuales, lo que a mi parecer podría ser de utilidad y enseñanza para la persona que me interrogaba; lo demás me lo callé. ¿No te parece que hice bien? Ya veo que afirmas. Me gusta que opines en todo como yo.

»Pues verás: pasé un rato muy agradable con las niñas cuando las acostaban. La reinita Isabel discurre como una mujercita; Luisa Fernanda le gana en formalidad. Es grave la pequeñuela, y en su corta edad parece sentir y comprender ya que tanto ella como su hermanita son personajes históricos, y que están llamadas a desempeñar primeros papeles en la escena del mundo. Isabel despunta por su inteligencia: cuentan de ella salidas y réplicas verdaderamente prodigiosas. Ya conoce por sus nombres a todos los palaciegos y a muchos generales; distingue los cuerpos y armas del ejército por los uniformes, y los grados y empleos de los oficiales por los galones y charreteras. La cronología de los reyes, desde los Católicos para acá

LA MARCHA GRANADERA

El origen del himno nacional español procede de una marcha militar del siglo XVIII conocida como la marcha granadera o marcha real española. El motivo por el que fue seleccionada esta composición como símbolo musical del país se diluye en el tiempo. Diferentes fuentes historiográficas manifestaron que, por deseo expreso de Carlos III, se decidió que el ejército español imitara al modelo militar prusiano, para lo que se envió al país centroeuropeo un comisionado que estudiara su composición y tácticas de combate. El emisario elegido fue el conde de Aranda, futuro primer ministro de Carlos IV. Según Aranda, el mismo Federico II *El Grande*, rey de Prusia, le confesó que la base táctica de su ejército estaba fundamentada en el libro español del marqués de Santa Cruz de Marcenado titulado *Consideraciones militares*. Se dice que al despedirse el rey del conde de Aranda le ofreció como presente para su homónimo Carlos III la partitura de una marcha militar que había sido compuesta en honor a su propia figura. Cuando el monarca español recibió el obsequio musical, decidió convertirla, por decreto del 3 de abril de 1770, en la marcha real española, denominada así porque se tocaba exclusivamente en honor de los reyes y príncipes de Asturias. Otras fuentes bibliográficas establecieron el origen del himno en un toque militar llamado marcha granadera, cuyas partituras aparecen recogidas en el *Libro de ordenanza de los toques militares de la infantería española* de 1761, y de la cual se desconoce el nombre del autor. Coincide esta teoría con la anterior en que fue el rey Carlos III el que la declaró marcha de honor, pero el 3 de septiembre de 1770 y no el 3 de abril. Consolidándose con el tiempo, y gracias al enraizamiento que tuvo en el pueblo español, como himno nacional sin que para ello hiciera falta una declaración por escrito o un decreto real. Lo común en todas las fuentes es que en 1870, promovido por el general Prim, se convocó un concurso para seleccionar un himno nacional expresamente compuesto para ello, pero de las 447 propuestas que se presentaron ninguna satisfizo al jurado y se decidió mantener el toque militar de 1770 como himno patrio.

TAMBORES DEL REGIMIENTO DE GRANADEROS. Colección particular.

la sabe de corrido, y en etiqueta suele dar opiniones saladísimas, que revelan su agudeza y disposición. Es muy juguetona, demasiado, según dicen algunos, para reina. Pero esto es una tontería, porque los niños ¿qué han de hacer más que enredar? Nuestra *angélica Isabel,* a quien aclaman pueblo y ejército como la esperanza de la patria, se iría gustosa, si la dejaran, a jugar a la calle con las chiquillas pobres. Dios la bendiga. Si esa guerra tiene el término que deseamos y el don Carlos se queda como el gallo de Morón, veremos a Isabel en el Trono, digo, la verás tú, que yo no pienso vivir tanto.

»No sé por qué me figuro que la juguetona y despabilada Isabel ha de ser una gran Reina, como la primera de su nombre. El toque está en que sepan rodearla, en sus primeros años de reinado, de personas buenas, de severo trato y rectitud, de conocimiento en los negocios de Estado, pues no siendo así, ¿qué ha de hacer la pobre niña? Ni con las dotes más excelsas que Dios pone en la voluntad y en la inteligencia de sus criaturas, podría desenvolverse Isabelita en medio del desconcierto de un país que todavía anda buscando la mejor de las Constituciones posibles, y que no parece dispuesto a dejarse gobernar con sosiego hasta que no la encuentre; de un país que todavía emplea como principal resorte político el entusiasmo, cosa muy buena para hacer revoluciones cuando estas vienen a cuento, mas no para gobernar a los pueblos... En fin, no quiero que me llames fastidiosa, y suspendo aquí mis acerbos juicios acerca de un país que todavía ha de tardar siglos en curarse de sus hábitos sentimentales... Con que ya ves lo que le espera a la pobre niña, mayormente si la dejan sola y no cuidan de poner a su lado quien la guíe y aconseje. Quiera Dios que mis recelos sean infundados, y que Isabel reine sin tropiezos, y haga feliz, poderosa y rica a esta pobrecita nación. Yo no he de ver su reinado, y si es próspero y grande, eso me pierdo. Lo que en la Historia resulte de la preciosa niña, a quien he dado tantos besos esta noche, tú me lo contarás cuando nos veamos en el otro mundo.

»Bueno; pues sabrás que al salir del cuarto de las niñas, me dieron la noticia de que cuatro compañías de la Guardia Real Provincial, alojadas en el Pajarón, se habían sublevado. Me lo dijo una dama en quien el ingenio corre parejas con la edad (uno y otra son grandes), y sin duda porque su conocimiento práctico de la historia del siglo la familiariza con los motines, no acompañó la noticia de demostraciones de sobresalto. Ya no era joven cuando el tumulto de Aranjuez, en marzo del año 8, que presenció y refiere con todos sus pelos y señales. ¡Con que figúrate si habiendo visto desde la barrera aquella función y todas las que han venido después, estará curada de espanto la pobre señora! "No se asuste usted —me dijo—. No será de cuidado: todo quedará reducido a que nos machaquen los oídos con el *himno,* y a que pidan quitar el Estatuto u otra majadería semejante. Yo, a ser la Reina, no vacilaría en variar el nombre de la primera ley del Estado, pues esto ni da ni quita poder... Estos pobres liberales son unas criaturas que se pasan la vida mudando motes y letreros, sin reparar en que varían los nombres, y las cosas son siempre las mismas. Ahora les da por jugar a las Constitucioncitas... ¡qué inocentes!... Yo me río... En fin, veremos en qué para esto. No le arriendo la ganancia al amigo Istúriz".

CON QUE YA VES LO QUE LE ESPERA A LA POBRE NIÑA, MAYORMENTE SI LA DEJAN SOLA Y NO CUIDAN DE PONER A SU LADO QUIEN LA GUÍE Y ACONSEJE

»Respondile que no podía yo participar de su tranquilidad, y hallándome bastante desfallecida y con un poquito de susto en mi pobre espíritu, le rogué que mandase me dieran una taza de caldo. "Pediré otra para mí, y además dos copitas de Jerez con sus bizcochos correspondientes, porque, amiga mía, no puedo avenirme a esta novísima costumbre de comer a las tres y cenar a las once de la noche... costumbres napolitanas deben de ser éstas... Y además, como podría suceder que en noche de revolución no haya la debida puntualidad en la hora de la cena, bueno es que nos preparemos para los ayunos que nos depare Dios de aquí a mañana. Y si a usted le parece, mandaremos que nos sirvan algún fiambre o una perita en dulce...".

»A todas estas, notamos entrada y salida de militares, vimos caras de sobresalto; mas ningún rumor desusado se oía por la parte del pueblo. Cuando mi amiga y yo estábamos en el comedor chico haciendo por la vida, nos dijo el mayordomo de semana, todo trémulo y asustadico, que se había cerrado la puerta de hierro que comunica con la población, trayendo las llaves a Palacio; pero se temía que los sublevados de fuera violentarían la puerta de la verja con ayuda de los sublevados de dentro. "¡Los de dentro! —exclamó mi amiga—. ¿Según eso, los del Cuarto Regimiento también...? Era natural. Ya lo tendrían bien amasado entre todos". Añadió el informante que el jefe de Provinciales y parte de la oficialidad trataban de contener el movimiento con exhortaciones y buenos consejos; pero se dudaba que lo consiguiesen. Aún quedaba la esperanza de que los Guardias de Corps se mantuviesen fieles a la disciplina, y en este caso, andarían a tiros unos contra otros. A esto, dijimos las dos señoras que no, no... de ninguna manera... nada de tiros ni matarse, no, no... Que se avinieran todos, y a la buena de Dios; que si ello quedaba en un cambio de Gobierno, con himno a pasto, proclamas, *entusiasmo* y un gracioso cubileteo de Constituciones, nos dábamos por satisfechas... Sobre todo, lo que hubiera de venir, viniera pronto, para poder cenar, aunque fuese un poquito tarde, y dormir tranquilamente.

AL VOLVER A LA ANTECÁMARA, YA SENTIMOS EXTRAORDINARIO RUIDO AL EXTERIOR, Y EN PALACIO TURBACIÓN, PERPLEJIDAD, AZORAMIENTO, MIEDO

»Al volver a la antecámara, ya sentimos extraordinario ruido al exterior, y en Palacio turbación, perplejidad, azoramiento, miedo».

II

Por aquí, por aquí —nos dijeron señalando las salas cuyos balcones dan a la plazuela llamada *la Cacharrería,* y allá nos fuimos mi amiga y yo, deseosas de ver y gozar las escenas que se preparaban, presumiendo, no sé por qué, que estas no habían de ser tumultuosas, ni menos sangrientas. Sonaron algunos tiros ¡ay qué miedo!; advirtieron por allí que eran disparados al aire, más en son de fiesta que de hostilidad, y el murmullo de voces que subía de la plazoleta no parecía en verdad resuello de revolución, sino más bien algo del *¡ah, ah!* con que en los teatros imitan torpemente el bramido de las multitudes furiosas. La noche no era muy clara. Desde los balcones, atisbando tras de los cristales, distinguíamos el hormigueo de bultos obscuros moviéndose sin cesar, brillo fugaz de objetos metálicos, bayonetas, cañones de fusil, chapas de morriones, charreteras. Se intentaba, sin duda, la formación ordenada, y no era fácil lograr tal intento. En los vivas, que a poco de llegar los sublevados a la plazuela empezaron a oírse, alternaba la Reina con la Libertad, uno y otro grito proferidos con igual ardor, de lo que deducíamos que nuestras vidas, así como las de las reinas, no corrían peligro alguno. Revolución que aclama a las personas que encarnan la autoridad, no viene con mal vino. "Puede que ahora —observó mi amiga— salgan esos infelices con que han armado toda esta tremolina para pedir aumento de paga, lo que me parece muy justo, porque ya sabrá usted que ya no les dan más que nueve cuartos, de los cuales ocho son para el rancho. Reconozcamos que el soldado español es la virtud misma, pues *por un cuarto* diario consagra a la patria su existencia, *por un cuarto* se somete a los rigores de la disciplina, *por un cuarto* nos custodia y nos defiende hasta dejarse matar. No creo que en ningún país exista abnegación más barata. Pero ya verá usted cómo estos desdichados vienen pidiendo algo que no les importa, algo que no ha de remediar su pobreza. Verá usted cómo se descuelgan reclamando más libertad... libertad que no ha de hacerles a ellos más libres, ni tampoco menos pobres. Alguno habrá quizás entre ellos que crea que la Constitución del 12 les va a dar cuarto y medio".

»Otra dama que se nos agregó, esposa de un general que ha hecho su brillante carrera hollando alfombras palatinas (no te digo su nombre: es feíta la pobre; tan poco agraciada, que todo el mundo cree que tiene talento... y el mundo se equivoca), nos aseguró que el escándalo que presenciábamos era obra del masonismo; que los soldados de la Guardia no entendían de Constituciones, ni sabían si la libertad se comía con cuchara o con tenedor, y que se sublevaban porque las logias les habían repartido dinero. Cuatro días antes habían llegado de Madrid doce mil duros... Mi amiga la interrumpió para decirle que no creía en esos viajes de las talegas. Yo fui de la misma opinión. Pero ella insistió, asegurando lo de los miles como si los hubiera contado. Lo sabía por la doncella de una camarista, que tenía un novio cabo de Provinciales. El domingo anterior habían salido de paseo, y él la convidó a merendar en la Boca del Asno, y le mostró piezas columnarias, de ésas que tienen dos globos y el letrero que dice *más allá*... Dijo a esto mi amiga, revistiendo su socarronería de exquisitas formas, que con tales señas no podía ponerse en duda la venalidad de los sargentos sediciosos, y yo me vi precisada a expresar la misma opinión, añadiendo que en ningún caso es conveniente que las logias tengan dinero. Las tres hubimos de maravillarnos de que, poseyendo el Rey y la Grandeza los mayores caudales de la Nación, sean todas las revoluciones contrarias a la Monarquía y a la Aristocracia. Por fuerza tiene que haber gran cantidad de moneda oculta, repartida en muchos poquitos entre la masa enorme de gentes ordinarias, obscuras y aun descamisadas que hormiguean en ciudades y aldeas.

EL DOMINGO ANTERIOR HABÍAN SALIDO DE PASEO, Y ÉL LA CONVIDÓ A MERENDAR EN LA BOCA DEL ASNO

»Bruscamente apartaron nuestra atención de estas filosofías a lo mujeril, el aumento de ruido en la plaza y en la entrada de Palacio, la estrepitosa sonoridad del himno de Riego, cantado por mil voces, y el movimiento que advertimos hacia la escalera principal. Pronto vimos que subían los jefes de las compañías sublevadas. San Román y el duque de Alagón salieron a recibirles. No olvidaré nunca el breve, picante diálogo entre los generales palatinos y los jefes que tan desairado papel representaban en aquella comedia. "¡Pero ustedes...!". "¡Mi general, nosotros...!", y no decían más. Escribían un poquito de historia con estas palabras premiosas, acompañadas de un expresivo encoger de hombros. Uno de ellos pudo al fin explicarse con más claras razones: "Nosotros no nos sublevamos... los sargentos de todos los cuerpos son los que se sublevan... ¿Qué habíamos de hacer? Hemos tenido que seguirles para evitar el derramamiento de sangre". Y Alagón repetía: "¡Pero ustedes!...". "Mi general —se aventuró a decir el comandante de Provinciales—, creemos que dejándonos llevar de esta corriente irresistible, prestaremos un servicio a la Reina... Sin nosotros, sabe Dios a dónde llegaría el movimiento...".

LA GUARNICIÓN DE LA GRANJA pidió a la Reina que restituyera la Constitución de 1812. Los soldados del palacio, y en su nombre tres sargentos, solicitaron audiencia para hablar con la reina Cristina. Asistieron a la reunión el duque de Alagón, el general San Román, el ministro Barrio Ayuso, el marqués de Cerralbo y el alcalde de La Granja. (*Revista de las tropas por la Reina regente*. Litografía de Alaminos. Siglo XIX. Museo Municipal. Madrid).

»San Román, pálido, dando pataditas, estampa viva del azoramiento y la perplejidad, creyendo que era su deber incomodarse para decir las cosas más sencillas, desplegó toda su cólera en estas palabras: "Pues ahora van ustedes a manifestar a la Reina... eso, eso... a explicarle las causas del escándalo... y eso... eso... que ustedes se han dejado llevar, se han dejado traer, para evitar mayores males... y eso... el derramamiento de sangre".

»Más sereno Alagón, como hombre de trastienda y con más conchas que un galápago, les invitó a pasar a la presencia de Su Majestad, con el fin de darle conocimiento de lo ocurrido y de reiterarle su firme lealtad y adhesión. Adentro fueron todos, y los de fuera seguían desgañitándose con el himno, cual si lo hubieran aprendido en viernes. Poco duró la conferencia de los jefes con la Gobernadora. Al verles salir, acompañados de un conde y un duque, no pudimos menos de observar que si ridícula era la situación de la oficialidad dejándose mover de la indisciplina de los inferiores, más ridículamente desprestigiados resultaban los generales, cuyo papel quedaba reducido al de introductores de las embajadas que los sediciosos enviaban a la Reina.

»"Que suba una comisión, una comisión de las clases... —decía San Román—: veremos qué piden... Que suban seis". Opinó Alagón que era excesivo este número. Bastaba, según él, que subieran uno de Provinciales y otro de la Guardia... todo lo más tres: un tercero por los granaderos de Caballería... En esto reclamaron a mi amiga de parte de la Reina. A mí se me llamó poco después, y entré con otras dos señoras en el comedor pequeño, donde estaba Su Majestad disponiéndose a cenar antes de recibir a la comisión de los amotinados. No podía disimular la ilustre señora su turbación, su miedo ante aquel problema que el pueblo le planteaba, y que tenía que resolver pronto y con entereza, sin que la ayudaran ministros ni próceres. Creo que desde las tremendas noches de septiembre del 32, en aquel mismo palacio, cuando se vio sola junto al Rey moribundo, y enfrente la intriga de los apostólicos, no se ha visto doña María Cristina en trance tan apretado como el de agosto del año que corre. Quería comer, y lo dejaba por hablar y hacer preguntas atropelladas; queriendo decir algo importante, interrumpía los conceptos para comer precipitadamente sin saber lo que comía. Probó de una sopa, picó de un asado, tomaba la cuchara cuando debía coger el tenedor... Y en su exquisita amabilidad y hábito de corte, para todos tuvo una palabra grata, equivocando personas y nombres: eso ni qué decir tiene. Advertí su rostro un poco arrebatado; a cada instante se pasaba la mano por la frente... ¡y qué frente aquella más bonita!... o miraba en derredor, fijándose, más que en las personas, en los huecos que estas dejaban al moverse. ¿Qué buscaba? Sin duda lo que no tenía ni podía tener: un hombre, un Rey.

NI AUN EN AQUEL CASO SE ECLIPSABA LA SONRISA IDEAL DE MARÍA CRISTINA; SONRISA QUE ERA COMO UN ASTRO SIEMPRE LUMINOSO EN MEDIO DE TALES TRISTEZAS

»Vestía la Reina de blanco con sencillez soberana. Ordinariamente Su Majestad come muy bien. Aquella noche, un tanto tempestuosa para la Corona, la inapetencia, la nerviosa ansiedad del primer tripulante del bajel del Estado, revelaban que no era insensible al malestar del mareo. Verdad que los tumbos del barquito eran horrorosos: la caña del timón había venido a ser irrisoria, como la que le pusieron a Cristo en su santa mano. Tan turbada estaba la Señora, que nos preguntó muy sorprendida que por qué no cenábamos, sin reparar que no cenábamos porque no nos servían. La servían a ella sola. Pronto echó de ver su inadvertencia, lo que fue causa de endulzar con un poco de risa forzada los amargores de la situación. Algo dijo la Reina, no lo entendí bien, de que luego cenaríamos chicos y grandes con formalidad, si la revolución nos dejaba llegar a media noche con vida; y de aquí tomaron pie los presentes para bromear un poco, mientras seguía por dentro de cada uno la tumultuosa procesión. Ni aun en aquel caso se eclipsaba la sonrisa ideal de María Cristina; sonrisa que era como un astro siempre luminoso en medio de tales tristezas. Los hoyuelos lindísimos de su cara, el repliegue de aquella boca, no tienen semejante, ni creo exista en humanos rostros un anzuelo tan bien cebado para pescar corazones. Cuantos españoles han visto a esta Reina se sienten dominados por su atractiva belleza. Es, creo yo, entre todas las testas coronadas, la única que posee el secreto del estilo gracioso, con preferencia al grave, para la expresión de la majestad.

»Como anunciara el duque que los sublevados habían elegido ya su comisión, y que ésta esperaba la venia de la Soberana para presentarse a ella, se discutió en qué departamento de Palacio se recibiría tan singular embajada. No por humillar a los sargentos, sino por alejarse lo más posible de las estancias donde se sentía el temeroso bullicio militar y el insufrible sonsonete del himno, dispuso la Reina recibir a la comisión en una de las salas del archivo, que están en la parte del norte, lo más desamparado, triste y recogido de la casa. Te daré una idea de la estancia en que se efectuó el imponente careo entre pueblo y Rey, que, según dicen, ha de cambiar la faz del país... (Puede que varíe la cara nacional; el alma poco variará...) Es el archivo una pieza larguísima, como de doce varas, con la mitad de anchura, rodeada toda de armarios de madera rotulados, que supongo estarán llenos de papeles del Patrimonio, los cuales tengo para mí que no servirán para nada. El cielo raso del techo se ha caído en algunas partes, mostrando la armadura y tillado; el suelo está cubierto por esteras de las más ordinarias. Los muebles son una mesa de nogal y otra de mármol, arrimada a un lado como un trasto que estorbaba en otra parte y lo han metido allí, donde también estorba. Elegida esta pieza para parlamentar la Corona y la Revolución, llevaron un sitial para la Reina, dos grandes candelabros con bujías, y creo que nada más. Pusieron guardias de Alabarderos en todo el trayecto desde la escalera hasta el archivo; en la puerta de éste dos guardias de Corps, y un número grande de ellos en la pieza inmediata. Preparado todo, se dijo a la plebe armada que podía pasar.

»Formaban la diputación de los sublevados dos sargentos. El soldado que entró con ellos creímos que venía representando la clase de tropa; después supimos que, movido de la curiosidad, la cual debía de ser en él tan grande como su frescura, se había colado, agregándose a los sargentos sin que nadie le dijera nada. Así andaban las cosas aquella noche. En la escalera les recibieron el duque de Alagón y el general San Román, que después de mandarles dejar las armas, les echaron la correspondiente exhortación a la prudencia, no como autoridades inflexibles, sino como compañeros, pues se había borrado toda jerarquía, aunque los signos de estas permanecieran adornando las personas, sin más valor que el que podrían tener los botones y ojales de la ropa. Dijéronles que miraran bien lo que decían ante la augusta persona de la Reina; que doblaran ante ella la rodilla y le besaran la mano respetuosamente, y que si Su Majestad, siempre bondadosa, les recomendaba que se retiraran a sus cuarteles, lo hicieran calladitos y sin ningún alboroto. A esto dijo uno de los sargentos con bastante firmeza: "Mi general, si no hemos de poder manifestar a la Señora las causas de esta revolución y lo que pide España, excusado es que entremos". A este golpetazo de lógica, nada pudo contestar el jefe de la guarnición. El duque añadió: "Sí, sí, entrad... Su Majestad quiere veros y que le digáis las razones de haber dado vosotros este paso, sin que nadie os lo mandara... Entraréis; ¡pero cuidado, cuidado...! No nos deis una noche de vergüenza, ni nos pongáis en el caso de...". Lo demás no se oía... Precedidos de los generales, acompañados, escoltados más bien por los jefes de Provinciales y de la Guardia, avanzaron de sala en sala los dos sargentos y el soldado intruso. El nombre de éste no lo supimos; los de los sargentos nos los dijeron ellos mismos a la salida: el uno se llama Alejandro Gómez y tiene veintidós años; el otro Juan Lucas y dos años más de edad. Ya ves qué pronto y con qué poco trabajo han entrado en la Historia estos dos caballeros: ¡Alejandro Gómez, Juan Lucas! ¿Qué significa esto?, te pregunto yo. ¿Cómo se entra en la Historia? Y tú me responderás que en la Historia, como en todas partes donde hay puertas, gateras o ventanillos, se entra... entrando».

SU MAJESTAD QUIERE VEROS Y QUE LE DIGÁIS LAS RAZONES DE HABER DADO VOSOTROS ESTE PASO, SIN QUE NADIE OS LO MANDARA...

MANUEL BARRIO AYUSO, por Teófilo Puebla. Congreso de los Diputados. Madrid.

MANUEL BARRIO AYUSO, UN BASTIÓN LIBERAL

Nació en Casajeros, Soria, en 1786, en el seno de una familia acomodada. Estudió Filosofía y Letras en la Universidad de Osma y Teología en Salamanca. Firme defensor del liberalismo, participó en la Guerra de la Independencia y se significó en el Trienio Constitucional, por lo que en 1823, tras la restauración absolutista, perdió la cátedra que desempeñaba en la universidad. En 1834 fue elegido diputado a Cortes por Soria. Ministro de Gracia y Justicia en el gobierno presidido por Istúriz, se hallaba en el Real Sitio de La Granja cuando se produjo la sublevación de los sargentos de 1836 que impuso a la regente María Cristina el reconocimiento de la Constitución de 1812. En 1844 fue nombrado senador por la provincia de Soria. Falleció en Murcia el 23 de noviembre de 1850.

III

Cuando llegaron a lo que en aquel caso era sala de embajadores, los tres emisarios de la Revolución iban tan azorados y temerosos, que se habrían alegrado, creo yo, de que les mandaran volver a la plazuela. El lujo de Palacio, para ellos sorprendente, desconocido; las personas graves, de alta representación social, que a su paso veían; la idea de encontrarse pronto frente a la Majestad representada en la hermosa Reina, toda gentileza, elegancia, superioridad por dondequiera que se la mirase, les abrumaba, les hacía temblar como reos míseros. Te aseguro que el soldado tenía cara de tonto; pero que no lo era, bien lo probaba su audacia. Y no hubo entre los palaciegos que les recibían o entre los jefes que les acompañaban uno a quien se le ocurriera decir: "Pero tú, soldadillo, ¿qué tienes que hacer aquí? ¿Quién te ha llamado, quién te ha dado poderes para llegar en comisión nada menos que al pie del Trono?". Esto te probará cuán azorados andaban aquella noche los grandes y los medianos. La ola que subió tan súbitamente les privaba de todo sentido.

»De los sargentos, el Gómez era sin duda el más despabilado: arrogante muchacho, de color moreno encendido, vivos los ojos. Lucas parecía menos listo. Miraba al suelo: su papel político le agobiaba como un remordimiento. Por fin, entraron en el archivo silenciosos. Y al ver a la Reina, rodeada de tantas personas de categoría y de la alta servidumbre, quedáronse como encandilados, tan cohibidos los pobres, que sus jefes tuvieron que cogerles del brazo para hacerles avanzar a lo largo de la sala. Detrás y a los lados del sillón regio estaban el señor Barrio Ayuso, ministro de Gracia y Justicia; el marqués de Cerralbo, el alcalde de La Granja, señor Ayzaga, y varias damas. San Román y Alagón se situaron a derecha e izquierda de Su Majestad. Hincaron la rodilla los tres representantes de la Revolución y besaron la mano de la gobernadora, que desde aquel instante pareció recobrar su serenidad. Abriendo camino a las explicaciones, la Reina les electrizó con la sonrisa primero, y después con estas cariñosas palabras: "Hijos míos, ¿qué tenéis?, ¿qué queréis?, ¿qué os sucede?...". La contestación de ellos tardó un mediano rato, que a todos pareció larguísimo. Los sargentos se miraban uno a otro, como diciéndose: "Habla tú"; pero ninguno de los dos rompía. Tuvo la Reina que repetir su pregunta, y al fin, el comandante de Provinciales mandó al Gómez con gesto imperioso que contestase. En voz muy baja, balbuciente, rectificándose a cada sílaba, dijo el sargento algo muy extraño, que no parecía tener congruencia con la pregunta. Interpretando las cortadas expresiones del joven militar, como se interpreta una borrosa inscripción, o como se lee una carta rota, cuyos pedazos no están completos, resultaba poco más o menos el siguiente concepto: "Señora, lo que nosotros pedimos a Vuestra Majestad es que conceda a la Nación *aquello*... *aquello* por que nos hemos batido en el norte durante tres años, *aquello* por que han perecido la mayor parte de nuestros compañeros".

»La Reina interpretó al instante en el sentido más conforme con sus ideas las inciertas demostraciones del militar, que, en su rudeza, quería ser delicado evitando la palabra poco grata a los reyes, y el pobrecillo no tenía bastante dominio del lenguaje para poder emplear eufemismos hipócritas. Pues bien: la señora Reina se aprovechó de la turbación del soldado para sostener que *aquello* era ni más ni menos que los legítimos derechos de su hija la Reina de las Españas doña Isabel II.

»Vimos entonces en el rostro del sargento la rápida iluminación que da el hallazgo del concepto apropiado a las ideas que se quieren expresar. "Sí, Señora —dijo—: nos hemos batido por los legítimos derechos de nuestra Reina; pero también creíamos que peleábamos por la Libertad". Viendo la gobernadora que no le valía la evasiva, extremó su bondad para decir: "Sí, hijos míos: por la Libertad, por la Libertad". Animándose Gómez con su primer éxito, se atrevió a responder: "De la Libertad se habla mucho; pero no veo yo que la tengamos". Expresó entonces la Reina una idea de las que más han usado y manoseado los *estatuistas*: Libertad es que tengan fuerza las leyes; que se respete y obedezca a las autoridades constituidas. Al oír esto, despabilose súbitamente el sargento, y en tono decidido, dueño ya de su palabra y de su asunto, salió con esta retahíla que habría sido fácil ajustar a la música del himno famoso: "Entonces, Señora, no será Libertad el oponerse a la voluntad de todas las provincias para que se *ponga* la Constitución; no será Libertad el desarme de la Milicia Nacional en todos los puntos donde está pronunciada; ni la persecución de liberales, como está sucediendo hoy mismo en Madrid; ni será tampoco Libertad el que vayan al norte comisionados a proponer arreglos y tratos con los facciosos para concluir la guerra".

YA NOTABAN TODOS QUE EL SARGENTITO NO SE MORDÍA LA LENGUA. SAN ROMÁN ESTABA DE VEINTICINCO COLORES, Y ALAGÓN DE UNO SOLO

»Iba tomando un carácter poco grato la conferencia, que casi picaba en disputa, y la Reina, un tanto nerviosa, la exacerbó asegurando que lo dicho por Gómez no tenía nada que ver con la dichosa Libertad, y que por su parte desconocía las persecuciones de liberales y los pronunciamientos de la Milicia Nacional. Ya notaban todos que el sargentito no se mordía la lengua. San Román estaba de veinticinco colores, y Alagón de uno solo: su palidez era intensa, su silencio absoluto. Gómez no perdía ripio: allí fue contando por los dedos las capitales pronunciadas, particularizando a Zaragoza, y, por último, se dejó decir que si Su Majestad no sabía lo que pasaba en el Reino, era porque le ocultaban la verdad. ¡Amigo, ésta fue la gorda! Sonó un murmullo en toda la sala. La Reina dejó de sonreír; el ilustre concurso estimaba irreverente y absurda la conferencia, que únicamente el miedo podía consentir. ¿Y quién era el guapo que la suspendía? ¿Quién mandaba a los sargentos retirarse con las compañías al cuartel? No había más remedio que hacer de tripas corazón. Los sublevados tenían la fuerza: cuanto miraban delante de ellos no era más que una debilidad ostentosa. Creciéndose más a cada instante, el sargento de veintidós años declaró respetuosamente, en nombre de sus compañeros, y juzgándose intérprete de miles y aun de millones de españoles, que para devolver la tranquilidad a España y evitar el derramamiento de sangre, *se hacía indispensable* que Su Majestad

LA FIDELIDAD DEL MARQUÉS DE CERRALBO

Desde que en 1533 se creara el marquesado de Cerralbo y en 1870 se le otorgara el grado de grande de España a sus poseedores, muchos han sido los nobles ligados a la historia de la corona, como fue el caso de la dinastía Aguilera. Uno de sus miembros más ilustres fue Fernando de Aguilera Contreras, hijo de Manuel Isidoro de Aguilera, y encargado de acompañar a la princesa María Josefa Amalia, en calidad de embajador extraordinario español, desde Sajonia hasta Madrid para el casamiento con Fernando VII el 20 de octubre de 1819. Por su buena labor y fidelidad al Rey y a su heredera Isabel II, se le otorgaron varios títulos, grandezas y señoríos, entre ellos el Toisón de Oro y la Gran Cruz de Carlos III. Ocupó el cargo de jefe político de Madrid y tomó medidas acordes con su ideología absolutista, entre ellas la clausura de los locales de las sociedades patrióticas y los cafés de *Malta* y *La Fontana de Oro* por el bando publicado el 30 de diciembre de 1820. Ejerció además de ballestero mayor de la Reina y presidió el Consejo de las Órdenes.

mandase publicar el Código constitucional del 12, pues no era otro el motivo de la insurrección.

»Tragando un poquito de saliva, quiso probar la gobernadora los efectos de su graciosa sonrisa para reducir y aniquilar a su contrario, el cual, si nada representaba por sí, por la masa humana que tenía detrás adquiría proporciones gigantescas. "¿Pero tú conoces la Constitución del 12? ¿La has leído?", le dijo; y él contestó impávido que en ella había aprendido a leer. Prodújose en todos los presentes un movimiento de sorpresa, de hilaridad, y la Reina mandó traer el libro de la Constitución. No fue preciso salir de la estancia, pues ya lo tenían allí preparado. El señor Barrio Ayuso, ministro de Gracia y Justicia, era de los que creían que aquella grave situación se dominaba con triquiñuelas, y entre él y la Reina habían armado una: la oportunidad de ponerla en práctica no tardó en llegar. Abrió María Cristina el venerable librote, y leyó el art. 192, que previene han de ser tres o cinco los Regentes. "¡Según eso —exclamó Su Majestad—, sois vosotros lo que queréis traer a Don Carlos al Trono! *(Asombro e indignación de los sublevados.)* Sí, vosotros, pues por esta Constitución no puedo ser yo la Regente del Reino ni tutora de mis hijas, y eso por vosotros, que tantas pruebas me habéis dado de adhesión".

»El efecto de este argumento fue desastroso en los inocentes revolucionarios, y las caras de triunfo que ponían los palaciegos al oír a su Señora acabaron de desconcertarles. Miráronse por segunda vez uno y otro sargento, como diciéndose: "ahora sí que estamos lucidos", y el señor Barrio Ayuso, reventando de vanagloria por el éxito de su pasmosa zancadilla, reforzó las palabras de la Soberana con otras hinchadas y obscuras, de jurisprudencia constituyente, con las cuales creía llevar a su último extremo la confusión y apabullo de los sublevados. El alcalde, señor Ayzaga, que en el curso de la conferencia había demostrado su parcialidad, apoyando con mímica expresiva cuanto decía una de las partes, y poniendo morros de burla y menosprecio siempre que hablaba Gómez, se creció con el triunfo de la Reina, y quiso acabar de hundir a la desdichada comisión, interrogando al pobrecito soldado que en ella desempeñaba un papel mudo, pues aún no se le había oído el metal de voz... "Y tú, vamos a ver —le preguntó, entre las risas de los circunstantes—, ¿qué razones tienes para querer la Constitución del 12?". Como el soldado, estupefacto y hecho un poste, no contestara, repitió el otro la carga. "Te pregunto, fíjate bien, que por qué te gusta a ti la Constitución". El soldado miró al techo, como los chicos que no se saben la lección, y respondió al fin con no poco trabajo: "La quiero, la queremos... porque es mejor".

12 de agosto de 1836

Los sargentos se amotinan en La Granja

Militares progresistas exigen a la regente la vuelta a la Constitución de 1812

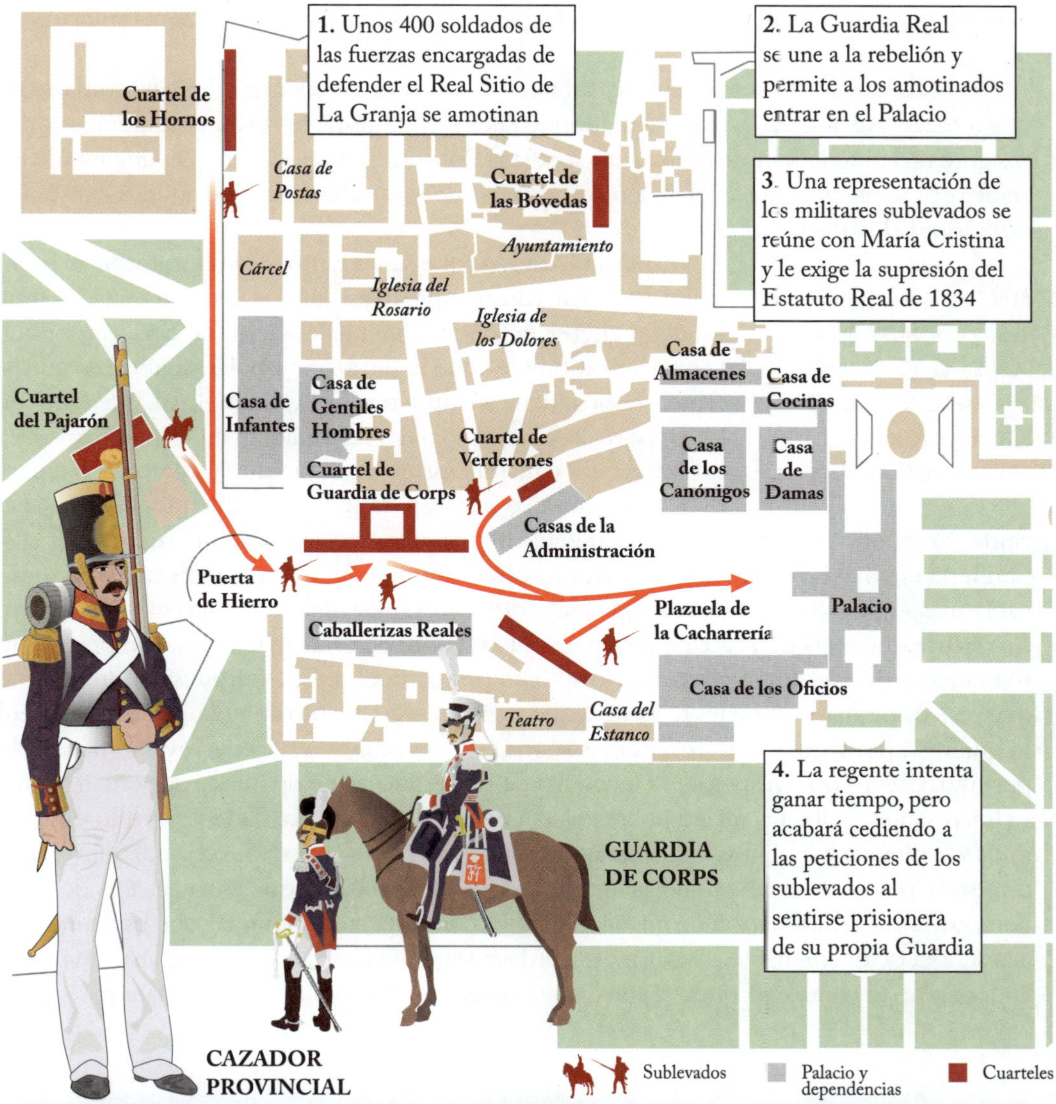

Julio de 1836

El 25 de julio se produce un motín en Málaga: los gobernadores civil y militar son asesinados y se forma una junta de gobierno que proclama la Constitución de 1812. La revuelta se extiende por toda Adalucía y por Zaragoza, Valencia y Barcelona

Agosto de 1836

Al descontento popular se le une el de muchos militares que critican la política represiva de los moderados y exigen un gobierno de corte progresista. Al levantamiento militar en La Granja se unen otras revueltas en distintas zonas del país. La regente María Cristina acepta las exigencias de los amotinados y pide que las Cortes se reúnan a la mayor brevedad posible para ratificar la Constitución de 1812 o redactar otra de nuevo cuño

FUENTE: "El liberalismo en España: una antología", Dalmacio Negro **Doc.:** Cintia Blanco **XAVI ISERN**

»Ya iba picando en sainete la histórica escena: la inocencia del soldadillo había puesto fin a toda seriedad, y de ello se aprovechó el alcalde para estrecharle y confundir más a sus compañeros de armas. "Pero, hombre, explícate mejor: di a Su Majestad en qué te fundas para creer que esa Constitución que ahora defiendes es mejor que otra cualquiera". Tanto le apremiaron, que el pobre chico se arrancó con sus razones. "Pues yo no sé... lo que sé es que el año 20, en mi pueblo, que es la Coruña, para servirles, estaba libre la sal *(Risas.)* y libre el tabaco".

»Y con estas candideces se regocijaban más los primates allí congregados sin acordarse de que a pocos pasos de la estancia real, donde tales simplezas oían, se apiñaba inquieta y displicente una muchedumbre armada que pedía la Constitución del 12, sin que ninguno de los sediciosos supiera justificar su deseo con razones de más substancia que aquella expresada por el soldado: *que era mejor*.

ES MUY TRISTE NO TENER PADRES, ¿VERDAD? MIRA TÚ, POR ESTO SÓLO, POR SER HUÉRFANA TU NOVIA, HE PRINCIPIADO YO A ENCARIÑARME CON ELLA

»Explícame esto, tú que sabes tanto. ¿Cómo se forma el sentimiento popular, casi siempre irresistible? ¿Quién enseña a las multitudes a querer ardientemente una cosa, sin saber decir por qué la quieren? ¿Cómo es que la sinrazón popular, cuando es persistente y honda, tiene siempre razón? Explícamelo tú, que sabes de estas cosas... Pero no: ahora no me expliques nada, porque no tendría yo cabeza para enterarme de tu sabiduría, como no la tengo, ni ojos, ni tampoco mano, para seguir escribiendo. El sueño me rinde. No puedo más. Me permitirás que termine aquí esta carta, y no me reñirás por suspenderla en lo más interesante. Mañana seguiré, tontín; mejor dicho, empezaré otra, pues ésta quiero que salga en el correo que parte del Real Sitio al amanecer. Mas no la terminaré sin decirte que en la presente confirmo y ratifico cuanto en otras te manifesté respecto a mi tolerancia y deseos de transacción. No sólo no pongo ya el veto a tu frenesí amoroso, sino que para evitar mayores males te incito a que vayas en seguimiento de tu Aura. Sí, niño, sí: ¿tú lo quieres?, pues sea. Como reventarías si no la encontraras y la hicieras tuya, tómala, te lo permito. Quiero que despejes esa incógnita de tu destino. Si he de decirte la verdad, ya me va interesando también a mí esa pobre joven, tan traída y llevada por parientes y tutores, oprimida y explotada por gentes mercenarias. Es muy triste no tener padres, ¿verdad? Mira tú, por esto sólo, por ser huérfana tu novia, he principiado yo a encariñarme con ella. Y es de poco tiempo acá la transformación de mis sentimientos con respecto a tu Aura. Debo esta mudanza a la señora de que te hablé... ¿ya no te acuerdas?, la que te ha visto y no te ha visto; la que te conoce y no te conoce, la que... Vamos, niño, tengo mucho sueño. Hasta mañana».

IV

En qué habíamos quedado? —decía la dama invisible en su carta del 15 de agosto—. ¡Ah!, ya recuerdo. Quedaron cual atontados palominos los tres individuos que representaban a la Revolución. El Gómez, no obstante, se rehízo y sacó de su cacumen un argumento que revelaba mayor agudeza de la que esperaban Reina y cortesanos. Asimilándose con rápido instinto las marrullerías del Ministro allí presente, propuso que se mandase

POR FIN, DE MADRUGADA LA REGENTE CEDE. A las tres de la mañana firmó la reina María Cristina el decreto mandando promulgar la Constitución. La Guardia Real fue aclamada en el patio de palacio y el general San Román se encargó de que no se alterara el orden. En el acto de la jura el grito fue unánime: ¡Viva Isabel II y la Constitución! *(Vista de Segovia* por A. Guesdon. *L'Espagne à vol d'oiseau.* Siglo XIX).

publicar la Constitución con la cláusula de que quedase en vigor toda ella, menos el artículo referente a la Regencia. A esto replicaron que no era posible extender el decreto sin que se reuniera el Ministerio para refrendarlo. Ante obstáculo tan insuperable, la única solución era que los sublevados se fueran calladitos al cuartel, con el mayor orden, satisfechos con la promesa que les hacía la señora de presentar en la próxima reunión de Cortes un proyecto de Constitución, que había de ser muy buena, mejor todavía que la de Cádiz.

»Conformes en ello los tres militares, dudaban que sus compañeros se aplacaran con tal expediente, y no querían volver a la plazuela temerosos de ser mal recibidos. Entablose una discusión larguísima y fastidiosa entre el ministro, el alcalde, Alagón y San Román de una parte, y de otra, el sargento Gómez, pues Lucas no hacía más que asentir con cabezadas a cuanto el otro decía, y el soldadillo había renunciado cuerdamente al uso de la palabra... Por último, los señores primates, maestros en pastelería sublime, que era su única ciencia, discurrieron amansar la fiera con una Real orden en que la gobernadora manifestaba al general San Román su voluntad de adoptar nueva Constitución con el concurso de las Cortes. Allí mismo la redactaron, y a los sargentos, crédulos y respetuosos, no les pareció mal. Así lo manifestó Gómez, añadiendo la duda de que con tal emoliente se diesen por satisfechos los sublevados. Pronto lo sabrían, pues con la venia de Su Majestad bajaban a manifestar a sus compañeros el resultado de la *junta,* en la que se habían empleado tres horas: ya era más de la una cuando salieron a la *Cacharrería,* donde impacientes aguardaban pueblo y tropa, roncos ya de cantar el himno. Al punto, según oí contar, fueron rodeados de sargentos y oficiales que ansiosos les preguntaban si traían ya el decretito firmado por *el Ama*. La noticia de que no traían más que una Real orden dilatoria, les sacó de quicio. San Román mandó dar un toque de atención, y obtenido el silencio preparose a leer el *papel mojado,* empleando antes como vendaje el recurso de los vivas. ¡Viva la Reina! ¡Viva la guarnición de La Granja! ¡Vivan los vencedores de Mendigorría! Las contestaciones fueron calurosas, y el general creyó dominar la situación. Arrancose a leer, y no bien hubo llegado a la mitad del documento, oyó un murmullo, y luego el grito de *¡Fuera!, ¡fuera!* En fin, que el hombre no tuvo más remedio que guardar su papelito; y como sonaran disparos al aire, dio media vuelta y se metió en Palacio.

»Todo lo que fuera ocurría repercutió bien pronto en las apartadas estancias donde aguardaba María Cristina, desesperanzada ya de que el conflicto se arreglase fácilmente con arbitrios engañosos y evasivas oficinescas. Sin ejército ni Gobierno que apoyaran su dignidad y sus prerrogativas, no tuvo más remedio que darse por vencida, y contestando con desdeñoso gesto a los palaciegos que aún veían términos de acomodo, ordenó que volviese a subir la comisión de sublevados. Sin duda pensaba que los primates que en tal trance la habían puesto con su abandono y desgobierno, merecían la bofetada que el pueblo les daba con la blanca y blanda mano de su hermosa Reina. Adelante, pues, con el pueblo, que era en suma el burro de las cargas, el sostén de cuanto allí existía, el defensor de los derechos dinásticos, el único guerrero que guerreaba, el único político que dirigía, con rudeza y desatino, eso sí, pero con fuerza. ¡Viva la fuerza, sea la que fuere!, debió de decir para sus adentros la graciosa dama, que plebe y Trono no habían de reñir por una Constitución de más o de menos.

»Aquí lo tienes ya bien explicado todo. Subieron los sargentos, cerca ya de las dos de la madrugada, y manifestado por ellos que la guarnición no se satisfacía con la Real orden, se pensó en extender el decreto. El alcalde, señor Ayzaga, que no cabía en sí de mal humor y despecho, fue encargado por la Reina de redactarlo. Nada de esto presencié yo: me lo contó mi amiga en la antecámara, donde nos habíamos refugiado, rendidas de fatiga y de hambre, todas las personas que ya no tenían alientos para presenciar la fastidiosa escena histórica. Considerábamos que la página era interesante; pero ya nos aburría y deseábamos volver la hoja.

EL ALCALDE, SEÑOR AYZAGA, QUE NO CABÍA EN SÍ DE MAL HUMOR Y DESPECHO, FUE ENCARGADO POR LA REINA DE REDACTARLO

»Allí nos dio un poco de parola don Fernando Muñoz, que se mostró indignado, primero contra la Guardia, después contra el Gobierno, por no haber previsto suceso tan escandaloso. Ya él se había quejado de que la guarnición del Real Sitio era escasa, y hecho ver al Ministro que estaba maleada por las logias: a esto nos permitimos oponer una observación que me parece irrebatible. Si hubieran mandado más tropa al Real Sitio, la Revolución se habría hecho quizás con mayor escándalo y transgresión más violenta de la disciplina. Después de todo, no habían pasado las cosas tan mal: "¡Ay, mi señor don Fernando! —le dijo mi amiga, demostrando su profundo conocimiento de España y de los españoles—, dé usted gracias a Dios por haber tenido aquí tan sólo a la Guardia Real, que con otros cuerpos, más tocados del maleficio revolucionario, no sabemos lo que habría ocurrido. Lo que había de acontecer, acontece con el menor daño posible. Y si no, vea usted cómo está Madrid, enteramente entregado a la anarquía. Barricadas, tumultos, muertes, atropellos. Pues aquí, donde parece que se desenlaza el drama, todo queda reducido a una revolución *di camera,* ni más ni menos. Con una escenita de ópera cómica, hemos transformado la política, nos hemos divertido un poco con las gansadas del soldado intruso, y hemos visto que la Monarquía no ha perdido el respeto del Ejército. ¡Ay de nosotros, el día en que ese respeto falte!". No se dio a partido tu tocayo con estas razones, y agregó que la revolución *di camera* no podía formar estado, como hecha por sorpresa, violentando el ánimo de la señora;

que nada adelantarían los sublevados del Real Sitio si en Madrid se mantenía el Gobierno *en sus trece*. Órdenes se habían dado ya para que resistiera Quesada a todo trance el empuje de las turbas, ya fueran de milicianos, ya de plebe turbulenta, y Quesada era hombre con quien no se jugaba. Ya le conocían los patriotas: de él se esperaba el triunfo de la legalidad, de los buenos principios de gobierno. Si el pueblo quería nueva Constitución, manifestáralo por las vías derechas, por sus representantes naturales. Tanto mi amiga como yo creímos oportuno expresar nuestra conformidad con estas rutinas, puesto que de rutinas vivimos todos, cada cual en su esfera, y los reyes más que nadie.

»Las tres eran ya cuando firmó doña María Cristina el decreto mandando promulgar el *divino Código,* y se retiró a sus habitaciones, dándonos las buenas noches con amable sonrisa. Llegó la hora de que celebráramos la feliz terminación del conflicto, comiendo alguna cosa, y así lo hicimos. Mi amiga me ofreció aposentarme, pues no era prudente que saliéramos tan a deshora los que vivíamos fuera de Palacio. A las cuatro todo estaba en silencio, y la tropa se había retirado a sus cuarteles. Contáronnos al siguiente día que al bajar de nuevo San Román con el decreto, los sublevados prorrumpieron en vivas y mueras, estos últimos dirigidos principalmente contra la camarilla, sin mencionar a nadie. Algunos dudaban que fuese auténtica la firma de la gobernadora; pero les tranquilizó sobre este punto un tal Higinio García, escribiente de San Román, el cual *dio fe* de que no había engañifa en la firma y rúbrica de Su Majestad. Agregose Higinio a los sublevados. Resultó que también era sargento, y desde aquella ocasión ha continuado funcionando como uno de tantos cabezas de motín. Me dicen que fue con veinte soldados y un oficial a Segovia *para hacer allí el pronunciamiento*. Todos estos trámites son fastidiosos, ¿verdad? Las juntas, la proclamación, los actos de entusiasmo con lápida de mal pintado lienzo; la continua y mareante cancamurria del himno, quizás con alguna estrofa y estribillo nuevos, debidos al numen de cualquier patriota versificador; los abrazos en medio de la calle; las congratulaciones de los ilusos que creen entramos en una era de felicidad: todo esto aburre, y si pudiéramos escondernos en el último rincón de España para no verlo ni oírlo, ¡qué bien estaríamos!

LAS TRES ERAN YA CUANDO FIRMÓ DOÑA MARÍA CRISTINA EL DECRETO MANDANDO PROMULGAR EL *DIVINO CÓDIGO*

»Consecuencia de aquella mala noche en Palacio, viendo cómo se escribe, mejor dicho, cómo se hace la historia, fue un dolor de cabeza que ayer y hoy me ha retenido en casa sin poder dar mi paseo de costumbre. Desde mi balcón vi anteayer la jura en la plaza, con asistencia de toda la guarnición de gran gala, y mucho paisanaje, prodigando unos y otros, pueblo y tropa, las demostraciones de júbilo. Creo yo que la política no se hace con sentimientos, sino con virtudes, y como no tenemos éstas, poco adelantamos. El acto de la jura fue muy vistoso, con profusión de damasco rojo y amarillo en el adorno del tablado que se armó frente al Ayuntamiento. En esto llevamos ventaja a Madrid, donde no se ven más que percales indecentes para festejar los grandes sucesos. Tocó la música el himno, *por variar,* y los vivas atronaron el espacio cuando se descubrió la lápida, en cuya pintura puso sus cinco sentidos un tal Monje, encargado en el teatro de aviar las luces y de embadurnar los telones. Esmerose el hombre en la artística obra, poniéndole unos veteados que imitan mármoles con gran propiedad; en la línea inferior hay un león amarillo muy incomodado, con una garra en la bandera española, otra en una rama de laurel, y la feroz vista clavada en el libro de la Constitución, como si lo estuviera leyendo y enterándose bien de lo que dice para contárselo a la leona. En medio campean las letras "¡Viva Isabel II y la Constitución!". ¡Con qué gana daban los vivas

▶ LEKAROZ, OTRO TRISTE SUCESO

Navarra fue uno de los principales teatros de operaciones de la primera guerra carlista. Sirvió durante la contienda como escenario de combates y sus habitantes lucharon en el frente y sufrieron las cargas impositivas de la Junta Gubernativa Carlista. En Navarra se produjeron episodios desdichados que marcaron el rumbo de la guerra, como los sucesos de Lekaroz de 1835. Es una villa navarra situada en la falda del monte Legate, en la comarca del Baztán. Habitada desde la prehistoria, de lo que dan testimonio varios dólmenes megalíticos en sus cercanías, la villa está encaramada sobre el valle de Olabidea, una zona húmeda y verde de colinas, pastos y campos de cultivo que linda con el boscoso señorío de Bertiz.

La guerra carlista marcó la historia del pueblo cuando el general Espoz y Mina, frustrado por los repetidos fracasos frente a los combatientes carlistas, llegó a Lekaroz en marzo de 1835 en busca de unos cañones que los seguidores de don Carlos habían ocultado en las cercanías de la población. Los lekaroztarras no se mostraron dispuestos a cooperar. Ocultaron información tanto del paradero de los cañones como de los guerrilleros carlistas que operaban en la zona y se negaron a toda forma de colaboración. Ezpoz y Mina se exasperó. Su situación militar no era buena, la artillería enemiga hostigaba sus posiciones y los constantes reveses que padecía le animaron a dar un escarmiento ejemplar. Ordenó el fusilamiento de una treintena de hombres, todos los que se habían negado a informarle, y que se incendiara la población.

Lekaroz quedó calcinado, solo la iglesia de San Bartolomé y tres casas se salvaron del fuego. A los pocos días, el general dimitió de su cargo. El pueblo fue reconstruido. Una de sus nuevas señas de identidad es el colegio de Lekaroz, que los capuchinos fundaron a finales del siglo XIX y que tenía por misión convertirse en un «seminario seráfico capuchino para las misiones de España y Ultramar». El centro impartió estudios de bachiller y comercio hasta que fue reconvertido en instituto oficial de la comarca en la década de 1980.

COLEGIO de Nuestra Señora del Buen Consejo en Lekaroz.

y con qué ardor eran contestados por la multitud! Gritaban hasta los chiquillos, y las nodrizas, y las criadas de servir. ¿Qué pensarán de todo esto? Allí queda la lápida, que ya hoy empieza a tener buches, y se ven hincharse y deprimirse con el viento los mármoles que en ella figuró el artista. Pronto las lluvias otoñales la pondrán hecha una sopa, y el león se convertirá en perro de aguas, y el libro de la Constitución quedará totalmente inservible. Durante el invierno colgarán jirones descoloridos, y quizás encuentren abrigo los pobres pájaros bajo el lienzo roto, y allí fabricarán sus industriosos nidos, para que no pueda decirse que todo aquel aparato es enteramente inútil.

»Tu amigo Hillo fue ayer a Madrid, por acuerdo mío, con objeto de agenciar algo que a ti se refiere. No te digo lo que es, ni hay para qué decirlo por ahora. Desde allá te escribirá tu Mentor, que no desea otra cosa que servirte y hacerte grata la vida. Por su gusto iría contigo; pero yo no le dejo por ahora. Tu carta última me informa de que estás bien de la herida, y de que ésta no inspiró nunca ningún cuidado; dices que te asisten los mismos ángeles... Necesito más pormenores. Cuéntale a don Pedro lo que él y yo ignoramos, pues no ha de faltarte tiempo para escribir, a no ser que con tantos mimos y con ese sibaritismo en que vives se te haya embotado la voluntad.

NO TE MARAVILLES DE ESTO: VIVIMOS EN EL PAÍS DE LAS RECOMENDACIONES Y DEL FAVOR PERSONAL

»Quedamos en que te traes a tu Aura. Falta sólo que te la den. Como eres tan poco comunicativo, no sé si te agradaría que alguien hablase de este asunto al señor Mendizábal. Explícate, hombre; habla: pide por esa boca. ¿También te enfadas porque cambio ahora los papeles, trocándome de tirana en sierva? ¡Si ahora eres tú el tiranuelo!

»Ya principian a decir que Córdova no vuelve al norte. Cualquiera que sea su sucesor, llámese Oraa, Rodil o Espartero, tendrás una eficaz recomendación para que te den todo el auxilio que necesites en tus románticas empresas. No te maravilles de esto: vivimos en el país de las recomendaciones y del favor personal. La amistad es aquí la suprema razón de la existencia, así en lo grande como en lo pequeño, así en lo individual como en lo colectivo... Y este descubrimiento, ¿no vale nada? Es verdad, ¿sí o no? ¿Qué tienes que decir?».

V

Conforme leía, Calpena daba cuenta a los visitantes de la casa de Castro de lo substancial de estas cartas, o sea de aquella parte que era o había de ser histórica. Reuníanse allí por la noche media docena de personas de lo más granadito del pueblo, y charlaban de política, inclinándose los más a los temperamentos medios o incoloros. El general lamento era que España tenía todo lo bueno que Dios crió, menos gobernantes que supieran su obligación, resultando que con unos y otros siempre estábamos lo mismo. Alguno de los tertulianos respiraba por el régimen absoluto, pero en la forma antigua, patriarcal, no con las ferocidades que se traían los adeptos de don Carlos, y dos tan sólo, menos aún, uno y medio casi, eran resueltamente liberales, también con mesura y templanza, renegando del faroleo continuo de la Milicia nacional y de los desafueros de las logias. Excusado es decir que todos los concurrentes a la plácida reunión poseían bienes raíces, y aun adquirirían muchos más cuando pasara el escrúpulo de comprar las fincas de los conventos. Aburríase Fernando en la tal tertulia de medias tintas, de una opacidad tristísima en las ideas, y si no estuvieran allí Demetria y Gracia, le sería intolerable la sociedad de aquellos señores tan bien entonados. Más grato que la tertulia había venido a ser para él rezar el rosario con las niñas, doña María Tirgo, don José y la servidumbre. Rezando, su mente vagaba por ideales esferas, donde veía resplandores místicos o profanos, a veces filosóficos, y hermosas imágenes, todo más bello que las opiniones grises y deslucidas de los notables de La Guardia.

Pasada la Virgen de Agosto (fecha de la fiesta y feria del pueblo, que aquel año, por motivo de la guerra, fue de muy escaso lucimiento), pudo Calpena salir a la calle, cojeando un poco. Don José María le acompañaba casi siempre, y le mostraba lo notable de la villa, dándole frecuentes descansos, ora en la botica de Montenegro, ora en la tienda de Sacristán, para concluir en la iglesia, en la cual le fue enseñando todo lo que en ella había: altares, cuadros, sepulcros, ropas y vasos sagrados. Tan minuciosa prolijidad empleaba en la descripción y en la historia de cada objeto, que fueron precisas cinco largas tardes para que don Fernando se enterase de todo. Ni en la Catedral de Toledo ni en San Pedro de Roma tardara más un *cicerone* de conciencia en mostrar antiguas riquezas. Y eso que las obras de arte de la parroquia de La Guardia no eran cosa del otro jueves. La última tarde, cuando Calpena no ignoraba ningún detalle cronológico ni artístico, y conocía los santos de todos los altares como a personas de su intimidad, le metió don José en la sacristía, y obsequiándole con vino blanco y bizcochos, se dispuso a comunicarle cosas de la mayor importancia.

NI EN LA CATEDRAL DE TOLEDO NI EN SAN PEDRO DE ROMA TARDARA MÁS UN *CICERONE* DE CONCIENCIA EN MOSTRAR ANTIGUAS RIQUEZAS

—Aquí solitos, señor don Fernando —le dijo, sentados ambos en viejísimos sillones de cuero—, quiero poner en su conocimiento un delicado asunto referente a la casa de Castro, y no sólo me mueve a ello el deseo, casi estoy por decir la obligación, de enterarle de tal asunto, sino mi propósito... yo soy así... mi propósito de consultarle acerca del mismo.

—¿De qué se trata, señor don José María? —dijo Calpena, comenzando a asustarse por el tonillo misterioso que tomaba el clérigo—. ¿Qué ocurre?

—No ocurre nada de particular, señor mío —replicó Navarridas aproximando más su sillón—: el caso es sencillísimo, aunque nuevo en esta juvenil generación de la familia de Castro. Tratamos de casar a Demetria.

—¡Ah!..., no creía, no sabía... no sospechaba —dijo balbuciente el joven, mirando a un lienzo antiquísimo, colgado en la pared frontera, y en el cual, entre las negruras del óleo secular, se distinguía la cara de un santo de sexo indefinido—. Es muy natural... sí, señor... casar a Demetria.

—Ya ve usted. Mi hermana y yo venimos poniendo en ello de un mes acá nuestros cinco sentidos, que son diez sentidos... La chica anda ya en los veintiún años. Es, como usted sabe, una rica mayorazga, la más rica de este término. Conviene, pues, buscarle marido; pues aunque ella no necesita de ayuda de varón para el gobierno de su hacienda, no es bien que la poseedora de estos estados permanezca soltera. Para la felicidad de ella, para su equilibrio, vamos al decir, así como para lustre de su nombre y de su casa, conviene que la niña tenga esposo. ¿No piensa usted lo mismo?

—Exactamente lo mismo —respondió el joven, que volvió a mirar al santo; y ya en aquel punto, o porque entrase más luz, o porque sus ojos se habituasen a la penumbra, ello es que le pareció mujer, es decir, santa y bonita.

—Celebro que sea usted de mi parecer. Pues un mes llevamos María y yo en este negocio, y creo que nos aproximamos a un resultado felicísimo, pues el punto delicado de la elección de esposo está casi resuelto.

—¿Y quién es... ¿se puede saber?... quién es el venturoso mortal a quien se cree digno de poseer tal joya?

—Tiene usted razón: joya es de gran precio la niña, y mucho tiene que valer el que se la lleve... Ahí estaba la dificultad: elegir un hombre que si no igualase en prendas a Demetria, se le aproximara; vamos, que fuera de lo más selecto entre los jóvenes del día. Pues sí, señor: hemos encontrado ese *rara avis*.

—¿Puedo saber quién es? ¿Acaso le conozco?

—Espérese usted un poco. Como me consta el interés vivísimo con que usted mira cuanto a mis sobrinas se refiere; como no puedo olvidar que ha sido usted el espíritu valiente que las redimió de aquel endiablado cautiverio de Oñate; como sé todo esto...

TIENE USTED RAZÓN: JOYA ES DE GRAN PRECIO LA NIÑA, Y MUCHO TIENE QUE VALER EL QUE SE LA LLEVE...

—Acabe usted por Dios.

—Como sé todo esto, y me consta la gratitud que las niñas le tienen y lo mucho que estiman su caballerosidad, su hidalguía, su... en fin, que usted debe saberlo antes que nadie. Pero el asunto es reservado; queda entre los dos... Pues decía... ya... a ello voy; decía que después de mucho discurrir mi hermana y yo, y de pasar revista a los linajes y circunstancias de todas las casas ilustres de veinte leguas a la redonda... mi hermana... para que usted lo sepa... es muy fuerte en linajes y en historias de familias... decía que al fin nos fijamos en la noble casa de Idiáquez. ¿La conoce usted?

—No, señor... ese apellido me suena... pero no... no conozco.

—Los Idiáquez son una rama de la antiquísima casa de Lazcano, que viene a enlazarse por sucesivos entroncamientos con los Palafox y con los Gurreas de Aragón, de la estirpe del Rey Católico; con los Borjas y Pignatellis, con los...

—Pero en puridad, señor don José María, ¿quién es el novio?

—El novio, señor mío, es y no puede ser otro que don Rodrigo de Urdaneta Idiáquez, Conde de Saviñán y de Villarroya de la Sierra, el cual tiene su casa señorial en la renombrada villa de Cintruénigo; hijo de don Fadrique, o don Federico, lo mismo da, de Urdaneta, ya difunto, y de doña Juana Teresa de Idiáquez y demás hierbas, pues si fuera a designar todos los apellidos, no acabaría en media semana.

—Bien; me parece muy bien—, dijo Calpena, volviendo a mirar la pintura, que ya no le pareció santa, sino santo, y bastante feo. Fijándose más, vio que a los pies tenía una corona, como si la despreciara, y en la mano una calavera, que antes le había parecido un queso con ojos.

—Como usted comprende —añadió con gravedad don José María—, teniendo en cuenta todas las partes del individuo, no hemos reparado principalmente en su alcurnia, que es altísima, ni en su lúcida riqueza, sino en sus virtudes, las cuales son tantas, al decir de la fama, que no hay lenguas que puedan elogiarle como se merece. Su edad es de veintiséis años, su presencia gallardísima, su rostro hermoso, espejo de un alma noble, sus acciones señoriles, su lenguaje comedido y muy galán... en fin, que parece haber venido al mundo adrede para emparejar con esta sin par niña, cuyos méritos conoce usted. Hace días que María y yo, por medio de una discretísima correspondencia, venimos tratando de este matrimonio, que esperamos bendecirá Dios, concediéndole numerosa prole.

—Según eso —dijo Fernando sin ocultar su asombro—, ¿no conocen ustedes al candidato?

—Le conocemos y no le conocemos. El año 21 ó 22, con ocasión del destierro de don Beltrán de Urdaneta... ¿No ha oído usted nombrar a don Beltrán de Urdaneta?

—¡Yo qué he de oír nombrar a ese señor!

—Pues es en estas tierras más conocido que la ruda. Decía que con motivo de su destierro por trapisondas políticas, residió aquí la familia como unos ocho meses. Rodriguito era entonces un chiquillo precioso: diez u once años todo lo más. Demetria tenía seis, si mal no recuerdo. Las dos familias intimaron: el niño y la niña no se separaban en todo el día, fraternizando en sus juegos infantiles. Recuerdo que en aquella Navidad les hice un nacimiento en la misma habitación donde usted mora. Lo que yo gozaba con ellos no es fácil imaginarlo. Desde entonces, me dio el corazón que aquellos dos seres tan graciosos y angelicales habían de juntarse, con el tiempo, en santa coyunda. Don Beltrán, abuelo de Rodrigo, y don Fadrique, su padre, salían con Alonso a cacerías interminables. Verdad que desde entonces no hemos vuelto a verles; pero mi hermana, que entabló cordial amistad con doña Juana Teresa de Idiáquez, ha seguido sosteniendo con ella correspondencia tirada; mi cuñado Anselmo de Tirgo tuvo en arrendamiento, por no sé cuántos años, la propiedad de los Urdanetas que llaman *Mojón de los tres Reyes,* y fue de los que ayudaron a desempeñar la casa, que vino muy a menos por las imprevisiones y larguezas desmedidas de don Beltrán.

DESDE ENTONCES, ME DIO EL CORAZÓN QUE AQUELLOS DOS SERES TAN GRACIOSOS Y ANGELICALES HABÍAN DE JUNTARSE, CON EL TIEMPO, EN SANTA COYUNDA

—Y Demetria, ¿tampoco ha vuelto a ver al don Rodrigo desde que jugaban juntos y usted les hacía los belenes?

—No han vuelto a verse, no señor.

—¿Y se ha enterado de que quieren ustedes casarla?

—Se lo hemos dicho, naturalmente; y como es tan discreta y sesuda, nos ha contestado que agradecía mucho el interés que tomábamos por ella; que, en efecto, tiene noticia de las virtudes y méritos del señor don Rodrigo, y que accederá a ser su esposa, si, después de tratarle en esta edad del discernimiento, le encuentra digno de concederle, con su mano, su corazón.

—Muy bien contestado, señor don José. En todo revela su entendimiento superior.

—Los informes que tenemos del ilustre joven, fidedignos, tomados en fuentes diversas, convienen en que es un dechado de grandes y nobles cualidades; perfecto caballero, que cuida de conservar intacta la dignidad de sus mayores; de tan intachable conducta en lo moral, que nadie podría echarle en cara ni aun aquellas transgresiones leves que tan disculpables son en la juventud; grave en su trato, en su lenguaje comedido, llano con los humildes, digno entre los poderosos sus iguales, formal en sus tratos, esclavo de su palabra, señor en sus actos todos; enemigo de juegos y pasatiempos que no conducen más que al pecado; desconocedor de todos los vicios, amante de todas las virtudes...

—Diga usted de una vez que es santo y acabará más pronto.

—Pues nos han contado de él rasgos que casi elevan su virtud a la categoría de santidad, sí, señor. Para poder restaurar la hacienda de Idiáquez, que, como antes he dicho, quedó maltrecha con los despilfarros del don Beltrán y del don Fadrique, nuestro Rodrigo se consagró en cuerpo y alma a la práctica del orden, de la regularidad administrativa, imponiéndose a la edad de veintiún años una economía implacable, que no sólo significaba la privación de todos los goces de la juventud, sino que le imponía una estrechez de vida más propia de padres del yermo que de caballeros de este siglo. ¡Mire usted que es virtud!

OCUPADAS EN LA LABRANZA. Demetria y Gracia se ocupaban de las labores del campo. Alrededor de la casona cultivaban cebada y la trilla había terminado. La cosecha no fue grande, pero la calidad del grano, excelente, así como el forraje. (*Paisaje vasco cerca de los Pirineos*. Grabado del siglo XIX).

—O necesidad... según como estuvieran las cosas.

—Virtud, digo, porque no era para tanto, señor mío. Verdad que en esto le ayudaba su madre doña Juana Teresa. Esta sí que es una santa. Ella fue quien le enseñó la economía prodigiosa, gracias a la cual han sacado adelante los intereses, conservando casi todos los bienes raíces. Otro rasgo de virtud es que jamás se le ha oído a don Rodrigo una palabra mal sonante, pues hasta para reñir a un criado que falta a su obligación, emplea formas corteses. Sus pensamientos son siempre limpios; su vida de una pureza ejemplar. Actos de religiosidad y cristianismo se cuentan de él a millares, señalándose principalmente por el rigor piadoso con que ayuna toda la Cuaresma, sin hacer gala de ello, y por su devoción a la Virgen... En el gobierno de su hacienda, lleva las cuentas de frutos y gastos con una prolijidad minuciosa, de modo que no se le escapa un maravedí, y en la casa, con tal sistema, todo marcha a maravilla... Con que vea usted por qué caminos de Dios vienen a unirse los que atesoran las mismas cualidades. ¿Qué ha de resultar de esto, señor don Fernando, más que la misma perfección, y por ende la felicidad suprema?

—Pues si me permite usted una observación, señor don José María, y me promete tenerla por sincera y leal, allá va. Si el don Rodrigo es tal y como usted me lo pinta; si hay completa fidelidad en ese retrato, yo me atrevo a declarar, porque así lo pienso, que Demetria no ha de gustar de su novio cuando le trate.

—¡Por Dios, señor don Fernando...!

—Esta es mi opinión, señor de Navarridas. Apréciela usted como quiera. Puede que me equivoque; puede resultar que el don Rodrigo no sea enteramente igual al retrato que usted por referencias hace, pues no le trata hoy ni le ha visto desde que él era niño. Y también digo que si, retocando la pintura, le quita usted algunas de esas virtudes eminentes, tal vez sea más grato a la niña.

—¿Qué dice usted...? ¿Más grato a la niña cuanto menos virtuoso...?

—No depende el atractivo personal de las virtudes exclusivamente, señor mío. Claro que las virtudes algo significan; pero no son ellas solas las que hacen al hombre agradable, propicio al amor. No sé si me explico bien. Usted es un santo. Si este grave asunto se ha de decidir entre santos, tendré que inhibirme, porque yo no lo soy. Sujeto a las debilidades humanas, creo poder juzgar de cosas de amor, de simpatía, mejor que usted. Y perdóneme esta franqueza, mi buen amigo.

DENTRO DE POCO TIEMPO SERÁN LAS VISTAS, PUES AQUÍ HA DE VENIR EL DON RODRIGO CON SU MADRE Y SU ABUELO DON BELTRÁN

—Sí que le perdono... usted me confunde. Tengo al señor Calpena en gran estimación y le coloco entre los primeros caballeros del mundo, conocedor de la sociedad y del corazón humano... Por lo que usted me ha contado, poniendo en mí su confianza, sé que tiene motivos para dar lecciones al más pintado en lo tocante a los afectos entre hombre y mujer. Puede que esté en lo cierto... Pero como nada ha de hacerse sin que preceda el trato de los novios, y mi sobrina, según su gusto y parecer, es la que ha de decidirlo en definitiva, esperemos. Dentro de poco tiempo serán las vistas, pues aquí ha de venir el don Rodrigo con su madre y su abuelo don Beltrán, y entonces se sabrá si...

—Todo eso me lo contará usted, porque yo he de marcharme pronto. Mis asuntos apremian, y no estaré en La Guardia cuando se celebren las vistas, precursoras de esto que parece matrimonio de reyes.

—¡Sí que lo parece!... ja, ja... —dijo gozoso Navarridas— Aquí tenemos nuevo ejemplo del casorio de Isabel de Castilla con Fernando de Aragón. Veremos unidas dos casas poderosas, Castro-Idiáquez o Idiáquez-Castro... *Tanto monta*.

VI

En esto entró doña María Tirgo, que había pasado toda la tarde con otras amigas suyas en el camarín de la Virgen, desnudando a ésta de las ropas de gran gala que le pusieron para la fiesta, y vistiéndola con el manto y túnica que usaría la señora hasta el Adviento. No bien entró la dama, la informó su hermano de lo que acababa de revelar al amigo de la casa; y como añadiese nuevas observaciones laudatorias de la parentela ilustre de los Idiáquez y Urdanetas, tuvo que corregirle doña María, mostrando tanta suficiencia como fácil memoria:

—Por Dios, José María, todo lo trabucas. El entronque de don Rodrigo con los Iraetas no es por los Idiáquez, sino por los Asos de Sobremonte, que proceden de una sobrina carnal del propio San Ignacio de Loyola. Los Garros, que también tienen parentesco con los Tirgos, son los que enlazan la rama de los Idiáquez con los Javierres y los Aragón, por el casamiento de doña Justa de Garro Idiáquez con don Alonso de Gurrea, de donde vinieron Mariquita y Luisita, una de las cuales casó con don Calixto de Borja, biznieto de un hermano del siervo de Dios, San Francisco. Siempre confundes esta familia con los Palafox, que son de otra cepa. Doña Juana Teresa es Palafox por su madre, no Gurrea, prima hermana de los Marqueses de Lazán. Ya sabes que Pepito, el de Robustiana Palafox, casó con una señora de los Gonzagas de Italia, prima segunda del glorioso San Luis; y la Rosita... ¿te acuerdas de Rosita, la de Alcanadre, que tuvo aquel pleito famoso con los Tirgos? Pues la Rosita era viuda de un Pignatelli; casó después con Jacinto Palafox, sobrino del padrastro de su primer marido, y en terceras nupcias con Gurrea y Azlor, emparentado con la casa de Aragón...

—Yo no sé cómo mi hermana —dijo festivamente don José María— tiene cabeza para desenmarañar esa madeja de entronques y parentescos... Pero dejemos esto para otra ocasión, y vámonos a casa, que las niñas nos estarán esperando.

Salieron de la iglesia, agregándose en la puerta las dos señoras que con doña María habían vestido a la Virgen, y tomaron por calles y plazuelas la dirección del palacio de Castro-Amézaga, marchando delante Navarridas con las de Álava (que así se llamaban las señoras, primas o sobrinas en tercer grado del célebre general de Marina de aquel nombre), y detrás Calpena con doña María.

—No debe usted darse por entendido con las niñas de este negocio del casamiento. A Demetria le hemos dicho que nadie sabe una palabra de nuestro plan. A usted le parece bien, seguramente. Como mi hermano está un poco ido de memoria, habrá olvidado decir a usted que don Rodrigo es caballero del hábito de Santiago. Pero no le elegimos por eso, ni por los dos condados, sino por sus virtudes, ¡ah!... Según me ha dicho Demetria, usted nos deja pronto. Quiera Dios que cuando vuelva por aquí les encuentre casados.

Creyó entender Calpena, por el tonillo de doña María, que no deseaba la permanencia del huésped en la casa mucho tiempo más, y se apresuró a darle gusto, diciendo que, por lo apremiante de sus quehaceres, pensaba partir dentro de dos o tres días.

—Sí, sí, no sería prudente ni delicado retenerle a usted. Lo que yo digo: por más que no lo manifieste, se comprende que está aburrido en este poblacho, donde no hay sociedad para una persona como usted, tan alta, acostumbrada a las pompas de la Corte y al trato de otra clase de gente.

Replicó Fernando que el trato de las familias de Castro y de Navarridas era para él gratísimo, y aseguró que no había conocido nunca sociedad mejor.

YA SABES QUE PEPITO, EL DE ROBUSTIANA PALAFOX, CASÓ CON UNA SEÑORA DE LOS GONZAGAS DE ITALIA, PRIMA SEGUNDA DEL GLORIOSO SAN LUIS

—Vamos —dijo doña María presumiendo de agudeza— no se nos haga usted el chiquito. ¡Si de nada le vale a usted ocultarnos su condición elevadísima! Yo estoy en el secreto, porque lo que saben las sobrinas lo sé yo... No nos engaña el señor don Fernando con su modestia.

—Me confunde usted, señora, suponiendo que soy lo que no soy.

—Cuando salía usted herido de Salvatierra, en la galera, y venían detrás mis dos sobrinas en otro carro, bien se acordará... se agregaron dándoles escolta, dos oficialillos muy simpáticos, Serrano y Alaminos (mi memoria prodigiosa me permite recordar los nombres). Pues Alaminos y Serrano, charlando con las niñas, les dijeron que, según la pública voz, es usted de un origen muy encumbrado. Las razones que tendrá para no revelar ese origen, usted las sabrá. Sólo digo que esas cosas no pueden ocultarse, sobre todo a las personas de fino olfato, como una servidora de usted. La sangre, la cuna, la educación saltan siempre a la vista, señor mío, y en usted está el mejor ejemplo de lo que digo, pues en su conducta, en su menor palabra, en su mirar, en el gesto más insignificante, se conoce que viene usted de muy alto... No, no, si no le pido revelaciones... Cada cual sabe lo que debe callar...

No quiso Fernando entrar en largas discusiones con la dama, y creyó más discreto dejarla en aquel error, que tal vez no lo sería. Si él no sabía nada, lo más prudente era callarse siempre que tal tema le tocaran. En el gran patio de la casa encontraron a Demetria y Gracia con varias señoras amigas, tomando la fresca: Gracia y otras de menor edad jugaban a las cuatro esquinas. La mayorazga, sentada en el carro de las personas graves, que acababan de tomar chocolate, no quitaba los ojos de la puerta, esperando ver entrar a cada instante a sus tíos con don Fernando. Algo se habló de labores de campo, por iniciativa de las señoras de Álava, propietarias muy fuertes; Demetria dijo que ya había concluido de trillar las cebadas, y que la cosecha era mediana en cantidad, pero el grano superior. En éstas y otras conversaciones se hizo de noche; retiráronse las amigas; a poco de subir don Fernando a su cuarto, entraron Demetria y doña María Tirgo, y la primera empezó a reñirle porque se había vuelto muy correntón, y no hacía caso de las advertencias de don Segundo.

NO QUISO FERNANDO ENTRAR EN LARGAS DISCUSIONES CON LA DAMA, Y CREYÓ MÁS DISCRETO DEJARLA EN AQUEL ERROR

—¡Pero si ya está bien! —dijo la de Tirgo—. No le riñas, hija, que harta paciencia ha tenido el pobre. Mira que aguantarse tres meses y días en este lugarón, entre gentes rústicas... sí, hija, pongámonos en lo justo; no le des vueltas: somos rústicas, y el señor don Fernando está acostumbrado a una sociedad más refinada que la nuestra.

—No, si no digo nada. Comprendo que debe marcharse... Y a propósito: aquí tiene ya su ropita, don Fernando. Va usted a salir de aquí hecho un señorito de pueblo. ¡Y que no se reirán poco de usted cuando le vean tan elegantón! Van a creer que este corte es de la moda de Londres, y preguntarán: ¿pero qué tijeras son ésas, hombre, que te han cortado esas prendas admirables?

Fernando se reía mirando la ropa, y ella continuaba sus donosas chanzas:

—Ya, ya va usted bien apañadito. Le van a tomar por un alumno del Semanario de Tarazona que vuelve de vacaciones.

—Pues la ropa, búrlese usted todo lo que quiera, parece muy bien cortada. Mañana me la pondré para que usted la vea, y quizás varíe de parecer.

—Sí, sí; lo mismito que la que dejó usted en Madrid. Lástima que no le hayan hecho también fraque las sastras de acá, para que lo luzca en las recepciones palaciegas cuando vuelva a la corte... ¡Ah, qué cabeza!, se me olvidaba lo principal. Ha venido esta tarde en busca de usted un capitán de Infantería, que ha llegado de Madrid.

—¿Cómo se llama? ¿Trae cartas?

—No me dijo su nombre. Le trae a usted otras veinte onzas, y carta. Las pataconas no ha querido dejarlas. Díjome que volvería; la carta aquí está.

—¡Pero si en el tiempo que lleva en casa, ya es la tercera vez que le mandan veinte onzas! —exclamó doña María Tirgo—. ¡Ay!, en cuanto coja aire por esos mundos, adiós mi dinero. Bien, hijo, bien: no se prive usted de ningún gusto de los que dan tono a la verdadera grandeza; derroche y triunfe, que por lo visto hay por allá una mina inagotable.

—Sí, señora, inagotable —afirmó Calpena, siguiendo el bromazo, que para las damas no lo era—: soy muy rico, soy muy grande, soy el niño mimado del destino...

—No; no lo tome a broma —dijo Demetria—. Muy grande, sí, y nosotras unas pobres palurdas; pero es al propio tiempo tan delicado, que no nos deja conocer la diferencia entre usted y nosotras: diferencia por la clase, por la educación, por la ilustración...

—Si eso me lo dijera otra persona, crea usted no se lo perdonaría. Pero usted está autorizada para todo, hasta para llamarme fatuo, que fatuidad grande sería en mí creer en esa desigualdad.

—Pues me callo, señor... En fin, no le quitemos tiempo, que querrá leer la carta de su amigo.

—La leeré después.

—No, ahora, que nosotras nos vamos. Y si no ha de venir a rezar el rosario, dígalo para no esperarle.

—¡Pues no he de ir! ¡Y poco que me gusta a mí rezar el rosario con la familia!

—Pero que no pase lo de la otra noche —indicó Demetria entre severa y jovial, delicada fusión de tan distintos matices en las luces de sus ojos.

—¿Qué pasó la otra noche?

—Pues nada en gracia de Dios. Que dijo que iba al rosario, y nosotras allá esperándole un cuarto de hora, con el primer Padrenuestro en la boca.

—Pues vamos ahora mismo. Después leeré la carta.

—No, no —dijo doña María cogiendo por un brazo a su sobrina y llevándosela—. Déjale, déjale... No le marees.

—Voy en seguida.

Pasó rápidamente la vista don Fernando por la carta de Hillo, enterándose de lo más substancial, con ánimo de leerla entera después del rosario y la cena. Así lo hizo. Al acostarse, tuvo conocimiento de todo lo que el buen presbítero le decía, y que en extracto a continuación se refiere:

«Aquí me tienes desde el 14 que vine a ciertas comisiones y encarguillos de la *Gobernadora* (no me refiero a nuestra Soberana, hija de Partenope, sino a la reina sin corona que a ti y a mí nos gobierna, y bien puedes dar gracias a Dios de que así sea), los cuales aún no han tenido cumplimiento por lo trastornado que está todo en

EL GOBIERNO PERDIÓ EL PRINCIPIO DE AUTORIDAD. Los sucesos de La Granja ensombrecieron aún más la situación política. La Milicia Nacional había sido desarmada y el ministro de la Guerra negoció con los sargentos sublevados una salida airosa para no perder credibilidad ante el pueblo. (Soldados de la Milicia Urbana de Madrid. Biblioteca Nacional).

El general carlista Rafael Maroto inició su carrera militar en la Guerra de las Naranjas, la expedición que Manuel Godoy llevó a cabo contra Portugal. Participó después en distintos episodios de la Guerra de Independencia española y en los levantamientos de las colonias americanas, pero fracasó en todas sus acciones militares. Partidario de don Carlos, fue nombrado general en jefe del ejército del Norte y el 31 de agosto de 1839 firmó el acuerdo de Vergara.

► EL GENERAL MAROTO, DE AMÉRICA AL CARLISMO Y VUELTA A AMÉRICA

Rafael Maroto Isern, jefe del ejército carlista, nació en Lorca, Murcia, en 1783. Era hijo del capitán Rafael Maroto y de Margarita Isern. Su primera experiencia bélica se produjo en la Guerra de las Naranjas, contra Portugal. Después luchó en la Guerra de Independencia, participó en la batalla de Tudela en 1808 y en el sitio de Zaragoza de 1809, donde resultó herido por una bala de fusil. Cuando la ciudad capituló fue hecho prisionero por los franceses, pero consiguió fugarse. Por sus hazañas en Zaragoza fue declarado «benemérito de la patria en grado heroico y eminente» y en 1812 fue apresado de nuevo tras la capitulación de Valencia, pero huyó. Tras el regreso de Fernando VII fue destinado a América para combatir los intentos de emancipación de las colonias españolas. Recaló en el virreinato del Perú para enfrentarse a los independentistas en Chile. En Santiago conoció a Antonia Cortés, perteneciente a una rica familia chilena, con la que se casó en 1815. El 12 de febrero de 1817 hizo frente al general argentino José de San Martín y al chileno Bernardo O'Higgins en la batalla de Chacabuco, pero su ejército fue aplastado debido a un error táctico achacable a Maroto: la mala elección de sus posiciones. Logró escapar gracias a la velocidad de su caballo, aunque resultó herido en la retirada. Fue destinado a Cuzco como comandante general de la provincia de Charcas, en el alto Perú, y allí le sorprendió el pronunciamiento de Riego y la recuperación de la Constitución de 1812. En 1825, como mariscal de campo, fue nombrado gobernador de Puno. Poco después Ayacucho firmó la capitulación y Maroto se vio obligado a regresar a España. Él y su familia embarcaron en la fragata *Hernestine*, que arribó a Francia en el verano de 1825. Tras su regreso a España pasó por diversos destinos militares en Asturias, Pamplona y Madrid y en 1832 fue nombrado comandante general de Toledo, pero renunció al puesto en octubre de ese año porque ya había tomado la decisión de seguir a Carlos María Isidro, al que consideraba un hombre religioso y experimentado que convenía a España más que una reina niña y una dudosa regencia. En 1833 fue acusado de sublevarse contra el Gobierno y encarcelado. La prisión duró ocho meses y le supuso una gran penuria, pues enfermó y quedó casi ciego. Finalmente, cuando iba a ser trasladado a Ceuta, consiguió escapar y huir a Portugal con la ayuda de unos contrabandistas. Allí se puso a disposición de don Carlos y en 1834 le acompañó a Gran Bretaña, pero regresaron a España al poco tiempo, en el mes de julio, al comenzar la primera guerra carlista. El pretendiente le tenía en gran estima y trató de darle un mando de responsabilidad, pero Maroto encontró la oposición de Zumalacárregui. Durante esta etapa el general se granjeó el respeto de los soldados por su carácter serio y reservado. En 1835 fue nombrado comandante general de Vizcaya y puso sitio a Bilbao. Allí se enfrentó a Espartero, al que obligó a retirarse en los altos de Arrigorriaga, pero las rivalidades entre los generales carlistas impidieron finalmente la toma de la ciudad y terminó siendo sustituido por el brigadier Sarasa. En 1836 fue destinado a Cataluña como comandante general. En octubre de ese año, tras sufrir una importante derrota, marchó a Francia y fijó su residencia en Burdeos. Carlos María Isidro de Borbón en cambio le nombró general en jefe del Ejército del Norte en junio de 1838. Su liderazgo fue muy protestado entre los carlistas tanto por la irregularidad de sus resultados militares como por su tendencia a negociar: había propuesto, entre otras cosas, liquidar la división de la familia real española casando al hijo mayor de don Carlos con la infanta Isabel. En 1839 Maroto descubrió una conspiración para acabar con su vida y reaccionó ordenando fusilar a los organizadores, los generales Pablo Sanz y Baeza, Juan Antonio Guergué y Francisco García, los oficiales Sanz e Ibáñez, el brigadier Carmona y el intendente Úriz. Don Carlos declinó toda responsabilidad en los hechos y declaró a Maroto traidor. Este se dio cuenta de que la guerra estaba perdida tras el fracaso de la Expedición Real a Madrid y decidió entonces entrevistarse con Espartero. El 31 de agosto de 1839, después de muchas negociaciones, firmó el Convenio de Vergara, por el que se ponía fin a la guerra. El acuerdo estipulaba que el gobierno confirmara los fueros de las provincias vascas y que los soldados carlistas se integraran en el ejército regular español, como así sucedió. Maroto incluso llegó a ser nombrado ministro del Tribunal de Guerra y Marina. En 1846 se retiró a Chile y murió en Valparaíso el 25 de agosto de 1853.

RAFAEL MAROTO. Óleo en el Museo del Ejército. Toledo. Y *La batalla de Chacabuco*, por Pedro Subercaseaux. Museo Histórico Nacional del Cabildo. Buenos Aires.

esta villa, a quien los retóricos llamamos *Ursaria,* y que debiera llamarse hoy *Babilonia la chica*. ¡Qué barullo, Dios mío, qué espantosa confusión, no diré de lenguas, pues todos hablan lo mismo, pero sí de ideas y de voluntades! Por la mañana andan a tiros milicianos y soldados; por la tarde salen cantando el himno. Los ministros, con su señor Istúriz al frente, no saben qué hacer. A La Granja, donde yo dejé la revolución bien guisada, acudió Méndez Vigo, ministro de la Guerra, con ánimo de sofocar el movimiento. No llevaba tropas: llevaba dinero, que es, según dicen, la *summa ratio* de estas subidas y bajadas de constituciones; pero nada pudo conseguir. Ahora me dicen que hoy ha vuelto su excelencia acompañado de los sargentos triunfadores; entró en Madrid el representante del ejército, llevando en su propio coche al sargento Gómez, uno de los héroes del día; ha sido un espectáculo edificante el paso del general por San Vicente y Caballerizas, hasta Ministerios, donde se han apeado. Si esto no es una casa de locos, no sé yo lo que es, mi querido Fernando.

NO LLEVABA TROPAS: LLEVABA DINERO, QUE ES, SEGÚN DICEN, LA *SUMMA RATIO* DE ESTAS SUBIDAS Y BAJADAS DE CONSTITUCIONES

»La Milicia Nacional, derrotada y desarmada en todas partes, conserva la posición que ganó en los Basilios, arrojando de allí a los *peseteros* que defendían el convento. El Gobierno, tan pronto se cree vencido y se dispone a sucumbir ante el magistral *engaño* de los sargentos, como se *encampana, escarba, humilla,* pretendiendo restablecer con un buen *hachazo* el principio de autoridad. Pero éste ¿dónde está? ¿Quién es el guapo que lo tiene? Si se confirma que Méndez Vigo y el señor Gómez, sargento de Provinciales, han traído del Real Sitio varios decretos firmados por la Reina destituyendo a no sé qué ministros y nombrando otros, ¿dónde se ha metido el principio de autoridad? ¿Lo tienen Gómez, Lucas y García, lo tienen las logias, o no lo tiene nadie? Me inclino a creer esto último... Y vamos a otra cosa, pues entiendo que más que las noticias de este inmenso Carnaval en que vivimos, te interesará saber que por el capitán don Teobaldo García (no tiene nada que ver con el esclarecido sargento del mismo nombre) te mando otras veinte onzas, por encargo de quien tiene esto y mucho más para subvenir a tus necesidades. Confiamos en que a la tolerancia de arriba corresponderás tú, desde tu posición inferior, con una conducta ajustada a la razón y a los buenos principios. No sabes tú bien lo que te perderías si así no lo hicieras. El sentido de tu última carta, aunque breve, substanciosa, me da esperanzas de que te veremos formal y comedido. Sientes el hastío de los actos irregulares; ansías la paz de la conciencia, el reposo del ánimo. Muy bien: ya estás en el buen camino...

»Se transige con Aura, a pesar del origen no muy ejemplar de tu dama. Pero no hemos de ahondar demasiado en los fundamentos de cosas y personas, porque haciéndolo, la vida sería imposible. Ello es que vivimos en plena revolución. En proceso revolucionario está la sociedad, y lo mismo puede decirse de las familias y de las personas. El pueblo va ganando la partida: hoy avanza un paso, mañana otro, y los viejos alcázares se desploman. La Nación transige con los sargentos, acepta de ellos *la traída de la Constitución*. Pidamos a Dios que no salgan luego los cabos trayéndonos otra. En tu esfera has hecho la revolución, y de arriba viene la soberana voz que te dice: "Paciencia; aceptemos los hechos consumados!. Recoge, pues, a tu Aura; pero no pienses en que se te ha de consentir otra cosa que el matrimonio religioso y legal. Revolucionarios somos; pero *no tan calvos,* amigo mío.

»Y cuanto más pronto decidas ese punto capital, mejor, querido Fernandito. Si, como dices, ya estás curado de tu herida, abandona las delicias de esa Capua, y vete a tu negocio. Con las onzas recibirás el salvo conducto, y en un paquete separado esta carta, y las dos que presentarás a don Juan Bautista Erro, el Mendizábal del absolutismo, y al general Maroto; ambos te facilitarán tus diligencias en el país carlista. Ya verás que son bastante expresivas. Me ha dicho hoy Iglesias que aquí se consigue todo con buenas amistades. Pero yo veo que el pobre poco adelanta con llamar amigos a las tres cuartas partes de los españoles; de donde colijo que el abuso de los bienes es siempre un mal muy grande. Me asegura Nicomedes, invariable en su inquietud y en el anhelo de nuevas posturas, que esta revolución sargentil es un modelo del género, pues ha realizado una eficaz y provechosa mudanza por los medios más breves y pacíficos, sin derramar sangre inocente. Cree él que las naciones extranjeras nos han de copiar esta receta sencilla y familiar de los pronunciamientos, que hace inútiles las altas jerarquías de la milicia y la política. Allá veremos.

SU MAJESTAD PARECÍA MUY SATISFECHA: LAS NIÑAS, MONÍSIMAS, SALUDABAN CON SUS ENGUANTADAS MANECITAS, Y EL PUEBLO TAN SATISFECHO

»Concluyo con una noticia que he adquirido esta tarde por feliz casualidad, pues tal ha sido mi encuentro con el señor Maturana cuando yo volvía de recoger las onzas. Sabrás, amado Telémaco, que don Ildefonso Negretti ha caído en desgracia en la Corte absolutista, por habérsele descubierto chicoleos epistolares con Mendizábal, a quien escribía cosas que no debieron ser del agrado de aquellos fantasmones. Interceptada la correspondencia por la Comisaría carlista de correos, fue reducido a prisión el culpable, y lo habría pasado muy mal sin la protección que le dispensa el infante don Sebastián. No pudo decirme Maturana dónde se encuentra hoy. Tú lo sabrás pronto.

»Viene el señor don Teobaldo a decirme que no sale hasta mañana, y aprovecho la dilación para endilgarte un par de pliegos más esta noche, con referencias del giro que van tomando estas humoradas del Carnaval político, y con algo de lo que a ti pueda interesarte—. *Vale*».

VII

Lo que te has perdido! —continuaba el buen clérigo—. No un día, sino dos, se ha retrasado en su marcha el señor don Teobaldo, lo que me permite notificarte que hoy tempranito hizo la Reina su entrada en Madrid. ¡Vaya una ovación! ¡Qué calurosos vítores, qué delirio, qué derroche de flores, todo al compás del himno! Lo presencié en Caballerizas, y te aseguro que me conmovió la sincera alegría popular. Todas aquellas mujeres, que como locas gritaban, ¿qué idea tendrán de la Constitución del año 12? Y si no tienen ninguna idea, un sentimiento ya tendrán; algo es algo. Ese sentimiento indefinido viene siendo la energía que mueve toda la máquina social y política; pero ¡ay!, andaremos mal si no se traduce pronto en ideas, en hechos pacíficos, pues no vive un país con el solo alimento de entusiasmos y cantatas. Hoy está todo Madrid *colgado,* que así expresamos el ornato de balcones con abigarrados lienzos, banderas, o colchas donde no hay otra cosa; y esta noche tendremos lo que llaman iluminación, que es un gran derroche de cabos de vela y lamparillas en los edificios públicos y particulares. Su Majestad parecía muy satisfecha: las niñas, monísimas, saludaban con sus enguantadas manecitas, y el pueblo tan satisfecho. He visto a muchos abrazarse en medio de la calle. Luego me dijeron que esperaban que bajara el pan, y que todos los empleos se darían a los que *profesan el patriotismo*. Pues aún falta lo mejor, chiquillo. Dos horas después de la entrada de la Reina, hicieron la suya los sublevados de La Granja, encarnación del principio de Libertad, ahora triunfante, y aquí fue el repetir las ovaciones con más ardor y franqueza, porque el respeto de los reyes siempre cohíbe un poco en la manifestación del júbilo. Uno de los corifeos, el Higinio García, venía a caballo detrás del general Rodil, con su uniforme tan majo que daba gusto verle. Oí decir que el caballo es prestado, y que él se ha erigido en plaza ecuestre, o en caballero del orden civil, sin que nadie se lo mande. Lo cierto es que su buena presencia, su vistoso uniforme, y la circunstancia de venir *a la verita* del general, como figura importante de la Milicia, le señalaron más a la admiración del pueblo, y para él fueron los grandes aplausos y los vivas más calurosos, tocándole menor parte al Alejandro Gómez, que marchaba en su puesto en la compañía de Provinciales. Oí decir en los corrillos que el autor de todo el fregado era Gómez, y que a él debía la patria regenerada mayor servicio que al Higinio; pero que éste sabía ponerse en lugar más visible, y apropiarse los plácemes y obsequios de que el otro era merecedor. Se aseguraba, como cosa hecha, que a los dos les van a nombrar comandantes del resguardo, sin darles ascenso en el cuerpo a que pertenecen, porque esto no ha parecido a todos muy regular. Ya ves que no carecen de modestia los pobres, y se contentan con bien poca cosa, pues si en proporción de lo que han hecho se les premiara, los dos a estas horas debieran ser ya generales. O hay lógica o no hay lógica, amigo mío. No me negarás que llevando las cosas con rigor, si por el criterio de la aplicación de la Ordenanza les corresponde la pena de muerte, por el de los hechos consumados les corresponde la gracia del generalato. Esto es claro como el agua.

UN RECIO ABSOLUTISTA

Juan Bautista Erro Azpiroz y Beloqui fue un político y estadista nacido en Andoain en 1774. Se formó en la Sociedad Económica Vascongada, fue superintendente de las minas de Almadén en 1802 y excavó a partir de 1803 las ruinas de Numancia, en Soria. En 1810 le eligieron diputado realista en Cádiz y presidente de la Junta Suprema de La Mancha. En 1817 fue jefe superior de la administración militar de Cataluña. Fue también miembro del gobierno absolutista provisional de Urgel y, al reimplantarse el absolutismo, ministro de Hacienda. Se exilió a Londres en 1833, donde conoció a Carlos María Isidro de Borbón, con el que regresó a España. Fue nombrado ministro universal con el encargo de enderezar su hacienda, pero fracasó en el empeño y fue destituido poco después. Responsable del empeño carlista en sitiar Bilbao en 1836, tras el Abrazo de Vergara se exilió a Francia. En 1806 publicó *Alfabeto de la lengua primitiva de España,* en el que sostenía que el alfabeto ibérico tiene su origen en el vasco, pero su obra fue muy criticada. Otras obras fueron: *Observaciones filosóficas a favor del alfabeto primitivo o respuesta apologética a la censura crítica del cura Montrienza* (1806) y *El mundo primitivo o examen filosófico de la antigüedad y cultura de la nación vascongada* (1815). Murió en Bayona en 1854.

JUAN BAUTISTA ERRO. Dibujo de Magües. Biblioteca Nacional. Madrid.

»En el trayecto por el interior de Madrid, pues fueron a parar al cuartel del Pósito, los vítores y palmas llegaban al delirio, y luego que quedaron francos de servicio Gómez, García y Lucas, cayeron sobre ellos bandadas de los patriotas más pudientes, y les convidaron a comer de fonda y a fumar buenos puros del estanco. Entre tanto, no quiero decirte la quina que habrán tragado a estas horas Istúriz, Galiano, Saavedra y los agarrados a ese Ministerio, que vino al mundo con la intriga que puso en el arroyo a nuestro bonísimo don Juan Álvarez. ¡Y que no echaban pocas roncas esos caballeros, ni se daban poco tono con su *suprema inteligencia!* Quisiera saber lo que piensa de todo esto tu amigo el señor Rapella, muñidor que fue del Gobierno de Istúriz, pues él llevaba y traía los recaditos al Pardo. Olózaga lo cuenta muy bien. Como que él descubrió el embuchado en la Puerta de Hierro, y por no escandalizar ni dar un mal rato a la Reina, taparon... Pero pronto se descubrió el pastel, y si una intriga de *opereta* derribó a Mendizábal para entronizar a su amigo Istúriz, éste cae a su vez ignominiosamente por un enredijo de *entremés con tonadilla*. La historia de España, que hasta hace poco gastaba el coturno trágico, paréceme que se aficiona a la comodidad de los zapatos de orillo, o al desgaire de la alpargata.

¡Y QUE NO ECHABAN POCAS RONCAS ESOS CABALLEROS, NI SE DABAN POCO TONO CON SU *SUPREMA INTELIGENCIA!*

»¿No sabes? Ya tenemos Ministerio nuevo. Don José María Calatrava lo preside, según acaba de decirme Nicomedes, que ha entrado como una exhalación, y volvió a salir como una centella. Díjome los nombres de los demás Ministros; pero se me han ido de la memoria. Paréceme recordar que en Gobernación entra Gil de la Cuadra, y en Guerra el general Rodil. De lo que estoy bien seguro es de que tenemos de capitán general de Madrid a don Antonio Seoane, en sustitución de Quesada, a quien los patriotas han tomado aborrecimiento, y le llaman *liberticida* y qué sé yo qué. Luego empezarán los cambios de personal. Nicomedes cuenta con que le harán jefe político. Espronceda ocupará un alto puesto, y tu antiguo jefe Oliván se ganará el ascenso que le corresponde en estos cambios revolucionarios, cuando vienen con mansedumbre. Te diré, además, que el bruto de Ibraim ha dado pruebas estos días de la elasticidad de su estómago de buitre, pues ha estado de servilleta prendida en todas las comilonas con que obsequia a los sargentos *libertadores* la dislocada juventud de *Tepa* o de las *Tres Cruces*. Y para señalarse más, después de hartarse bien, larga unos brindis hinchados y chabacanos, que son la risa de sus oyentes. Serrano el tísico los repite, y tan bien remeda la voz y el tonillo andaluz, que es morirse de risa. No creo, como consta en las *rapsodias ibraizantes* de Serrano, que el capellán comparase a Gómez con Julio César; sí creo la imagen de que la Constitución ha venido en un carro triunfal, de que tiraban Gómez y García, y lo de que la Constitución será en España el Cuerno de la Abundancia. De mí sé decirte que sólo siento ser sacerdote, porque mi estado religioso me impide atizar un par de morradas a ese ganso, por haberme dicho en abril último la mayor mentira que de humanos labios ha salido desde que hay mundo... Pues ayer tarde me aseguró que don José Landero y Corchado le ofrece una canonjía, y se me ha metido en la cabeza que se la van a dar. España está loca. Su manía consiste en hacer verosímil lo absurdo.

»Y la mía, querido Fernando, pues también yo estoy algo loco, es que regularices tu vida, y no nos des más sofoquinas. Si he de decirte la verdad, soy menos indulgente que la señora incógnita, y creo en conciencia que las transacciones y tolerancias deben limitarse a la autorización de tus amores, siempre que les des el giro matrimoñesco que exige el decoro. Si fuera yo el tirano, te fijaría un plazo para recobrar tu novia y unirte con ella en santa coyunda, dando

LA REINA ENTRÓ EN MADRID ENTRE VÍTORES. Los balcones se engalanaron y el clamor popular se transformó en patriotismo al conocer que María Cristina de Borbón había firmado el documento por el que se proclamaba la Constitución de 1812. *(Vista del palacio Real,* por Pharamond Blanchard. Museo Municipal. Madrid).

con esto por cerrado el ciclo de tus aventuras caballerescas, y obligándote a volver acá, donde hallarías casa y medios de vivir pacífica y holgadamente.

»No puedo ocultarte que mi mayor deseo es que la señora incógnita me mande a tu lado. Se lo he propuesto, y con mucha delicadeza me ha contestado negativamente. Te reproduciré sus propias palabras, que están bien fijas en mi memoria: "Quiero probar si ejerzo o no verdadera atracción sobre él; si mi autoridad, expresada con dulzura, es un lenguaje inteligible para su corazón. Como esta prueba no sería eficaz sin libertad, se la concedo y aguardo. Quiero que venga al bien, a la paz, a mi cariño, con espontaneidad y efusión; no atraído por maestros o empujado por rodrigones. El sistema de la vigilancia, del espionaje, de la previsión, me dio un resultado desastroso: ha sido la derrota del régimen absoluto. He de probar ahora el régimen contrario: la libertad. Triunfaré si consigo de su albedrío lo que no logré desplegando, al uso despótico, todo el lujo de medidas autoritarias y policiacas. No, no... Marchemos, como dijo el otro, por la senda constitucional. Yo legislo y no gobierno... Le marco a Fernando los caminos que creo conducentes a su felicidad, y cruzadita de brazos espero". ¿Qué te parece? Cuando esto me dijo, no pude menos de lanzar un "¡Viva la libertad!", con toda mi alma, y aun creo que canté un poco el himno.

GIL DE LA CUADRA, FIRME DEFENSOR DEL CONSTITUCIONALISMO

Ramón Gil de la Cuadra nació en Balmaseda, Vizcaya, en 1775. Se formó en un ambiente ilustrado. Estudió filosofía, humanidades, historia y ciencias naturales y viajó por América del Sur, Filipinas y la India inglesa para ampliar sus estudios e investigaciones. Firme defensor de los gobiernos constitucionales, fue nombrado ministro de Ultramar durante el Trienio Constitucional y volvió a América como miembro de la comisión encargada de establecer los límites entre las colonias españolas y las de Estados Unidos. Tras la caída del Gobierno en 1823, se vio obligado a exiliarse a Gran Bretaña durante la Década Ominosa. Tras la amnistía de 1832, regresó a España y tres años después, en septiembre de 1835, Álvarez Mendizábal le ofreció ocupar la cartera de Fomento, pero Gil de la Cuadra rechazó el cargo porque había acordado con sus compañeros de destierro, Argüelles, Galiano y Calatrava, que establecerían como condición para entrar en un gabinete ministerial el «restablecimiento inmediato de la Constitución de Cádiz para unir lo pasado a lo presente y rehabilitar la memoria de aquel régimen hundido con tanto oprobio. Convocados los diputados que formaban las Cortes de 1823 o haciéndose nuevas elecciones con arreglo a las disposiciones de aquel código político, se procedería a revisarlo y mejorarlo en virtud de la autorización que para ello contenía uno de sus artículos».

En el verano de 1836, tras unos meses convulsos en los que se sucedieron los gobiernos y las convocatorias de elecciones a Cortes, Gil de la Cuadra aceptó formar parte del gabinete que José María Calatrava formó en pleno proceso revolucionario para poner en vigor la Constitución de 1812 y comenzar el proceso de revisión que daría lugar a la Constitución de 1837. Ese año pasó al ministerio de Marina y Comercio y desempeñó el cargo de consejero de Estado. Fue también diputado y prócer del reino en diversas legislaturas. Una real orden de 30 de octubre de 1841 le nombró senador por la provincia de Tarragona. Murió en Madrid en 1860.

Gil de la Cuadra fue también un reconocido científico especializado en mineralogía y publicó las *Tablas comparativas de todas las sustancias metálicas para conocerlas y distinguirlas por medio de sus caracteres exteriores.*

ISABEL II CON LA CONSTITUCIÓN DE 1837. Grabado de época. Palacio del Senado. Madrid.

UNA VIDA AL SERVICIO DE LA LEY

Político liberal y jurisconsulto, José María Calatrava nació en Mérida, Badajoz, en 1781. Comenzó sus estudios en el seminario de la ciudad y después se trasladó a Sevilla para estudiar Derecho en su Universidad. Al terminar ejerció unos años como abogado en Badajoz, hasta que el estallido de la Revolución Francesa le llevó a alistarse como capitán de voluntarios y miembro de la Junta Suprema de Extremadura. El 23 de julio de 1810 fue nombrado diputado suplente por Extremadura y en noviembre de ese año logró el cargo en pleno derecho. Se adscribió al sector liberal y presentó un informe para la supresión de los mayorazgos. En 1811 fue designado vicepresidente de las Cortes, pero al producirse el regreso del rey Fernando VII y del absolutismo fue apresado y encarcelado en Melilla en 1814. Estuvo en prisión hasta la amnistía decretada por el gobierno liberal en 1820. Durante el Trienio Constitucional fue elegido otra vez diputado. Desempeñó el cargo de ministro de la Gobernación en 1822 y de ministro de Gracia y Justicia entre abril y agosto de 1823, como miembro del grupo de los exaltados. Calatrava también ejerció durante este periodo como magistrado del Tribunal Supremo y fue uno de los redactores del primer código penal español en 1822. El fin del Trienio Constitucional le obligó a exiliarse a Inglaterra con su hermano Ramón María de Calatrava y un nutrido grupo de liberales exaltados que se vieron forzados a dejar el país. Diez años después, tras la muerte de Fernando VII y la implantación de la regencia de María Cristina, regresó a España. El motín de La Granja de San Ildefonso, en agosto de 1836, le catapultó a la presidencia del Consejo de Ministros en sustitución de Francisco Javier de Istúriz. Para la reforma de la hacienda pública nombró como ministro a Mendizábal. La labor de Calatrava al frente del Gobierno se centró en la recuperación de las leyes y libertades constitucionales de 1812 y 1820, como la ley de ayuntamientos, el plan de estudios, el reglamento de beneficencia y la libertad de imprenta. Dimitió en 1837 en beneficio de Eusebio Bardají Azara. Presidió el Congreso de los Diputados en 1839 y el Tribunal Supremo en 1841, pero abandonó el cargo en 1843 para retirarse definitivamente de la vida pública. Murió en Madrid en 1847.

JOSÉ MARÍA CALATRAVA, por Antonio Gisbert. Palacio de las Cortes. Madrid.

»Pues bien, amadísimo Fernando: Pedro Hillo, tu mejor amigo, se permite decirte, por vía de consejo, que no abuses de la libertad. Aborda tu asunto por las vías derechas; preséntate al señor Negretti, y pídele a la niña; tómala, y vente corriendito para acá por el camino más corto y por los medios de locomoción más veloces. Créeme a mí... Tu viejo amigo no te engaña. Ya sabes, derecho al bulto, y *fijándote en la rectitud*. No hagas *pases de telón* ni *cambiados,* sino exclusivamente *naturales*.

»Vaya, ¿qué me das si te digo una cosa? Pues aunque no me des nada te la diré, para alumbrar con viva luz el camino que piensas seguir. Si te presentas al señor Negretti y le pides la niña como caballero leal, la niña es tuya... Ea, ya lo sabes. Cuando Hillo te lo dice, por algo será, tontín... Con que vete pronto en busca de tu desenlace, y no te pese encontrarlo desabrido y sin peripecias; que los dramas son muy bonitos en el teatro o en la Plaza de Toros; pero en la vida... líbrete Dios».

Reanudada la tarea epistolar por la noche, decía don Pedro:

«Hoy he tenido el honor de hablar con una persona dignísima, en un tiempo respetada y admirada por ti; después... ¡Ah!, pillo, ya me has comprendido; ya sabes que el sujeto a que me refiero es don Juan Álvarez Mendizábal. Le he visto hoy por tercera vez desde que estoy en Madrid. ¿Creerás que me ha llevado a su casa un asunto político? Nada de eso, chiquillo: hemos hablado de cosas privadas, sin perjuicio de tirar un par de chinas al Gobierno. Hombre más amable y servicial que este Don Juan de Dios, no creo que lo haya. Estoy contento de él. No creas, se acuerda de ti, y te tiene por muy despierto y simpático. ¿Qué tal? ¡Y luego dirás...!

ULTIMÁTUM: CUIDARÁS DE TENERME AL CORRIENTE DE LOS PUNTOS DONDE RESIDES, CAMINOS POR DONDE VAS, *ET RELIQUA*

»*Ultimátum:* cuidarás de tenerme al corriente de los puntos donde resides, caminos por donde vas, *et reliqua*. Esto es indispensable. Si el despotismo vive en las tinieblas, o sea en la ceguera de la opinión, la libertad requiere luz, mucha luz. Fuera misterios; el régimen pide que estén las ollas destapadas para saber lo que se guisa. Dos veces por semana me escribirás, dando cuenta de tus pasos y especificando los lugares a donde debo dirigirte mis cartas. Niño de mi corazón, que vuelvas pronto. Con el alma en un hilo, te espera tu viejo mentor. *Pedro Hillo*.

»*Epílogo:* —Corre la voz de que han asesinado al general Quesada. Ello ha sido en Hortaleza, donde buscó más bien descanso que escondite el animoso general vencido: averiguado su paradero por las turbas rencorosas, le acosaron hasta dar con él, matándole villanamente. ¡Y creíamos que la revolución *de opereta* venía embolada! Me cuenta Nicomedes que este crimen estúpido, inútil, indisculpable, perpetrado a sangre fría después de la fácil victoria del pueblo, es obra de una pandilla de *jamancios,* algunos de los cuales estaban en el Saladero cuando nos encerró allí la señora incógnita por nuestros pecados. Frecuentaban en noches de tumulto las reuniones de *Tepa*. Tú les conocerás. Lamentan hoy los revolucionarios que cuatro sinvergüenzas canallas hayan desvirtuado la bonita leyenda de este movimiento popular, que empezó con la tenacidad, hasta cierto punto simpática, de los urbanos, y concluyó con el audaz golpe, hasta cierto punto caballeresco, de los sargentos de la Guardia Real. Pero yo veo que si no hay función sin tarasca, no puede haber motín sin coces. Desconfía de la revolución que se pone guantes, porque entorpecida de las manos, te *acaricia* con las patas. Ea, no más. Adiós».

VIII

Esta y las anteriores cartas de tal modo perturbaron el espíritu del señor de Calpena, que no dormía con sosiego, asaltado de pensamientos contradictorios. No poco le inquietaba la noticia del disfavor de Negretti en la corte de Carlos, y como no había contestado el tal a tres cartas que Fernando le llevaba escritas durante su largo encantamiento en La Guardia, era lógico suponer que ya no estaba al servicio del Pretendiente. ¿A dónde se dirigiría para dar cumplimiento a la empresa en que no sólo su amor, sino su honor y su dignidad estaban empeñados? Este problema se le presentaba, pues, obscuro y dificultoso. Por otra parte, dábanle ánimo ciertas expresiones vagas de la incógnita, y las reticencias, algo menos nebulosas, del buen Hillo: indudablemente se había influido con Mendizábal para que éste recabara de Negretti el consentimiento, desenlace trivial de la comedia de costumbres moralizadoras. Las visitas de Hillo a don Juan Álvarez no podían tener otro objeto. Todos los caminos se le franqueaban al enamorado joven, y se le abrían las puertas de su ventura con áureas llaves; querían trocarle su drama emocional y caballeresco en cuento infantil, de esos en que sale un hada benéfica que en un dos por tres lo arregla todo graciosamente. ¡Fácil y cómodo final! Pero tanta dicha era por punzantes dudas acibarada. ¿Dónde estaba Negretti? Si Mendizábal sabía su residencia, ¿cómo Hillo no tuvo la previsión de averiguar dato tan importante para comunicarlo a su Telémaco? Y si don Juan Álvarez no lo sabía, ninguna eficacia podía tener su noble mediación.

Probablemente había desempeñado su comisión política, y vuéltose a Madrid, a Nápoles, o al quinto infierno

Analizando estas dificultades, pensaba en Rapella, que a fuer de intrigante y entrometido farsantón, habría sido el más útil guía en tal laberinto. Pero ignoraba el paradero del siciliano, a quien dos veces había escrito sin obtener respuesta. Probablemente había desempeñado su comisión política, y vuéltose a Madrid, a Nápoles, o al quinto infierno. En medio de estas confusiones, sentíase agitado el buen Calpena por un sentimiento de calidad desconocida, que despacito y por lentos avances se le iba metiendo en el corazón, en aquellas regiones de él que hasta entonces permanecieron vacías. ¿Qué podía ser más que el afecto puro y hondo de la señora incógnita que le llamaba, que le atraía, cual si le estuvieran tirando, tirando, de un hilo misterioso, el cual era más fuerte mientras en mayor tensión lo ponían? ¡Y qué instinto tan seguro el de la invisible al aplicar a su protegido el tratamiento de la libertad! Si por el sistema de la tiranía policíaca no logró hacerse querer, el nuevo régimen establecía la feliz concordia entre el pueblo y la autoridad, en cierto modo de derecho divino. Fernando la quería ya; pensaba en ella en sus insomnios; trataba de darle fisonomía y visible ser en su imaginación, y a ratos anhelaba ardientemente aproximarse a ella, maldiciendo airado la prolongación del misterio. ¿Por qué no se le revelaba de una vez para siempre? ¿Por qué ignoraba él lo que Hillo sin duda sabía ya? ¿Había alguna poderosa razón para perpetuar el juego de máscaras? ¿Se enojaría la divinidad si él resueltamente se aproximaba y con cariñosa mano arrancaba el velo? No: era lo más prudente dejar que la dama tapase y descubriese, según su deseo y conveniencia, pues la oportunidad de un acto de tal naturaleza sólo ella podía apreciarla. Lo que indudablemente persistía en el ánimo de Calpena, bien mirado el problema por todas sus facetas y aspectos diferentes, era la resolución de obedecer a su gobernadora en cuanto le ordenase; obediencia que debía de ser el signo más claro de gratitud por haber ella transigido en el magno negocio de los amores. Pues la Corona aceptaba lealmente el principio democrático, el pueblo sumiso celebraba firme y honrada alianza con el Trono. ¡Feliz concordia, que es el sueño de las naciones! En España no es sueño, es pesadilla, y al despertar de ella duelen los huesos.

Señaló por fin don Fernando, entrado septiembre, un día que debía ser término fatal de su encantamento, pues ya su vida en La Guardia no era descanso, sino ocio. Aún insistía Demetria en que no estaba bien curado de *su patita coja,* y le incitaba a esperar a la época de la vendimia; pero él, estimando delicadamente estas insinuaciones como dictadas de la cortesía, no se dio a partido, y dispuso todo para su marcha. Como nada debe ocultarse, sépase que recompensó a los servidores de la casa con tan desusada largueza, que por mucho tiempo perduró en La Guardia la fama de la generosidad del caballero don Fernando, a quien tenían por uno de los mayores potentados del mundo. A don José María de Navarridas dio también una buena pella para que la repartiese entre los pobres del pueblo, y tuvo además la feliz idea de hacer sus visitas a cada una de las casas que conocía, sin olvidar las más humildes, lo que acabó de fijar en el ánimo del vecindario la opinión de la hidalguía y verdadera grandeza del huésped de Castro.

Y se alegraba este de haber dispuesto tan en sazón su partida, porque según le dijo una tarde el cura, llevándole aparte con misterio, pronto debían llegar a La Guardia los Idiáquez y Urdanetas, hijo y madre, que venían a vistas con aparatoso séquito de criados. También vendría el abuelo paterno del don Rodrigo, don Beltrán de Urdaneta; pero este señor, muy anciano ya, aunque todavía templado y entero, no haría más que tornar descanso de un par de días en La Guardia, para seguir después hacia el valle de Mena, donde vivía su hija Valvanera, casada con uno de los ricos Maltranas, y madre de numerosa prole. No sentía malditas ganas Calpena de encontrarse con aquella familia, a pesar de la aureola de virtudes de que la rodeaba el bonísimo Navarridas, y se alegraba de llevar dirección contraria, para no topar con ellos en el camino. Venían de Oriente los Idiáquez, como los Reyes Magos, y él se iba hacia Miranda de Ebro (Occidente).

SEÑALÓ POR FIN DON FERNANDO, ENTRADO SEPTIEMBRE, UN DÍA QUE DEBÍA SER TÉRMINO FATAL DE SU ENCANTAMENTO

El día de la partida, avanzado ya septiembre, fue para todos muy triste. Habiendo determinado el viajero salir a la caída de la tarde, revelaron todos su pena a la hora de comer con una inapetencia desusada en aquella casa. Habían regalado las niñas a don Fernando un caballo hermoso, con los mejores arreos que daba de sí la industria del país; fineza que agradeció, como es de suponer, en tales circunstancias, prometiéndose corresponder a ella con otra superior en cuanto llegase a Madrid. Y como manifestara deseos de tomar a su servicio, para llevársele, al mozo de la casa de Castro llamado Sabas, uno de los que acompañaron a las niñas en el viaje a Oñate, accedió Demetria gozosa, y el hombre, ya maduro, de probada lealtad y diligencia, no vaciló en admitir la propuesta, pues no había para él mayor gusto que emplearse en el cuidado y servicio de tan noble caballero. Las cuatro serían cuando abandonó don Fernando la ilustre morada de Castro. Multitud de personas fueron a despedirle. Las niñas, con doña María Tirgo, don José Navarridas y el señor de Crispijana, bajaron de la villa al camino, y al llegar a éste se apeó don Fernando para seguir todos a pie un buen trecho, pues la tarde estaba fresca y convidaba a dar un paseíto. Hablaron, como es de rúbrica en estos casos, de la próxima vuelta.

—Ya, ya: ¡si seremos tan tontas que creamos que vuelve por aquí! Deseando está él perdernos de vista —decía Demetria.

Y Navarridas:

—No, mujer; no digas tal. ¿Pues no ha de volver? Me lo ha prometido, y las promesas de caballeros de esta calidad son como una escritura ante notario...

—Sí, sí, fíese usted de escrituras ni de promesas.

Y Gracia:

—También a mí me ha dado palabra de volver, y si no vuelve, no tiene él la culpa, sino la novia, que le atará a la pata de una silla.

Y doña María Tirgo:

—Dejadle, tontuelas, que ya sabrá él lo que tiene que hacer. Venga o no venga, cuando ande por esas cortes y en esas grandezas, se acordará de estas pobres aldeanas, que se han esmerado en hacerle la vida agradable.

Calpena sentía un nudo en su garganta; deseaba poner fin a la despedida, que se iba haciendo en extremo patética, y no sabía ya qué decir ni con qué tonos y actitudes expresar la emoción vivísima que le embargaba. Dio el alto don José María diciendo:

TAMBIÉN A MÍ ME HA DADO PALABRA DE VOLVER, Y SI NO VUELVE, NO TIENE ÉL LA CULPA, SINO LA NOVIA, QUE LE ATARÁ A LA PATA DE UNA SILLA

—Vaya; de aquí no pasamos.

Y el viajero apresuró la escena final. Dejose abrazar por el cura; apretó con efusión las manos de las niñas y de doña María, y añadiendo pocas y oportunas palabras, montó a caballo y se alejó al paso, volviendo atrás la vista. Gracia y don José María lloraban. Demetria, un tanto descolorida, conservaba su hermosa serenidad, mordiéndose los labios. Le vio alejarse con tristeza grave. Doña María agitaba su pañuelo.

Picaron espuelas amo y escudero, y al llegar a la vuelta del camino donde perderían de vista a la noble familia, se pararon para darle el último adiós. Las dos niñas y la señora azotaban el aire con sus pañuelos; Navarridas repetía estas demostraciones con su paraguas en una mano y el sombrero en la otra... Y ya no se vieron más.

A la hora y media de camino, don Fernando, que iba cabizbajo y melancólico, sintió un súbito anhelo de volver atrás. Tan repentino fue, y al propio tiempo tan vivo, que maquinalmente paró el caballo y preguntó a Sabas:

—¿Dónde estamos? ¿Cuánto hemos andado?

—Qué, señor, ¿se ha olvidado algo? ¿Tenemos que volvernos?

—No, es que... En efecto, se me olvidó algo; pero no me hace falta. Sigamos.

—Se está tan bien en la casa de Castro, señor, que siempre que uno sale, cree que se deja algo en ella. ¿Y qué es lo que se deja? La querencia, señor, la querencia de casa tan buena.

Permaneció don Fernando silencioso, y con igual economía de palabras continuó larguísimo trecho, hasta que, ya de noche, aproximándose a La Bastida, entablaron amo y escudero el siguiente diálogo:

—Bueno, Sabas: ya que se nos va pasando el amargor de la despedida... las despedidas ¡ay!, son siempre muy penosas, y más cuando uno se separa de personas tan buenas, tan puras, tan... en fin, ya que avanzamos en nuestro camino, y vuelven a posesionarse de esta cabeza mía los pensamientos que motivan mi viaje, te diré que me han movido a tomarte a mi servicio, además de tus buenas prendas, otras razones... No me entiendes. Recordarás que anoche, hablando tú y yo de la Corte carlista, donde padeciste cautiverio y mil penalidades, dijiste, entre otras cosas, ya terribles, ya joviales, algo que ha sido para mí la única luz que distingo en la obscuridad que me rodea.

—¿Qué dije, señor, que pueda ser luz de su merced? Ya no me acuerdo.

UNA LARGA Y AJETREADA VIDA

El político y escritor Alejandro Oliván y Borruel ha sido considerado por la historiografía como uno de los padres del Derecho Administrativo español. De tendencia moderada, sus mayores logros políticos los consiguió tras la muerte de Fernando VII y gracias al restablecimiento del sistema constitucional. Fue diputado por Huesca y subsecretario del ministerio de la Gobernación en 1836. Tuvo que huir tras la sublevación de los militares de Narváez en La Granja y no regresó hasta 1843, año en el que publicó *De la Administración Pública con relación a España*, una de sus obras más relevantes y la clave para su nombramiento como ministro de Marina en 1847.

Natural de Aso de Sobremonte, Huesca, nació en 1796. Inició su formación en París en el Colegio de Soréze, pero no pudo comenzar los estudios universitarios puesto que le sorprendió el estallido de la guerra contra los franceses. Se alistó como voluntario y alcanzó el grado de alférez por méritos en batalla, tras lo cual fue nombrado ministro de Guerra, tarea que alternó con el gusto por la creación literaria y la colaboración periodística. En 1823 tuvo que huir a Francia por la presión política a la que le sometieron los liberales, y a su regreso en 1825 fue encarcelado en Zaragoza acusado sin pruebas de afrancesado. Por todo ello decidió marchar a La Habana, todavía colonia española, donde realizó extraordinarios trabajos sobre la fabricación y el negocio del azúcar, por lo que fue nombrado miembro de la Junta de Información para Ultramar, cuya principal misión era la de establecer un nuevo régimen político y económico antillano y regular la cuestión de la esclavitud. Ocupó relevantes cargos en el Consejo de Indias, fue senador, presidió el Ateneo de Madrid, miembro de la Academia de la Lengua, de la de San Fernando y de las Ciencias y Políticas, presidente del Consejo Superior de Agricultura, de Instrucción Pública y de la Junta Consultiva de la Moneda. En el mundo de las letras destacó por la creación y dirección de los diarios *El Orden* y *El Semanario Industrial*, colaboró como redactor en *La Abeja* y publicó obras como *Manual de agricultura*, *Cartilla agraria*, *Tratado de aritmética*, *Manual de Economía política*. *Manual completo de lectura*, *Administración pública con relación a España*, *Ensayo imparcial sobre el gobierno de Fernando VII*, *De algunas locuciones viciosas en castellano* y *De la filosofía flamante*. Falleció en Madrid en 1878 tras una longeva vida política y literaria.

—Que el jueves llegaron de Vizcaya dos hombres, los cuales habían servido hasta el mes pasado en la Maestranza carlista; que el uno es compadre tuyo, y que marchó a un pueblecillo cerca de Miranda, de donde es natural. Aquí tienes la razón de que yo corra hacia Miranda. Necesito hablar con ese hombre esta noche misma, si es posible. Llévame allá, que para eso, y nada más que para eso, vienes conmigo.

—Verdad, señor: el que vino de allá, escapado, corrido, muerto de hambre, y sin ganas de volver, es Bonifacio Gay, primo y compadre mío, y ahora está con su familia en Leciñana del Camino, a legua y media de Miranda.

—Pues allá nos vamos.

—Si el señor tiene prisa, con seis horas de descanso en La Bastida será bastante para el ganado. Si salimos al alba, llegaremos a Miranda entre ocho y nueve. Tomamos un bocado, y a la hora de comer caemos en Leciñana.

—Perfectamente... ¿Estás bien seguro de que tu primo trabajaba en la Maestranza?

EL HERRERO, por Antonio Muñoz Degrain. Museo de Bellas Artes. Valencia.

EL OFICIO DE HERRERO

Entre los oficios populares de tradición estaba el de herrero. Eran artesanos que trabajaban el hierro, en una actividad que se confundía en parte con la de los cerrajeros, especializados en puertas, ventanas y sus complementos. Su papel en la guerra carlista fue fundamental, como indica el príncipe Lichnowsky en sus *Recuerdos* con la referencia a un herrero de Vitoria, establecido en Oñate, que fabricó cañones con herraduras forjadas a martillo. Trataban el hierro en grueso y en caliente mediante la forja, y sus especialidades eran las rejas de capillas, los transparentes, púlpitos, comulgatorios, aldabas para puertas y ventanas, cajas de coche, formones, estufas, muelles, llantas de ruedas, ejes de carros y aperos de labranza.

—Donde hacen las balas, sí, señor. Es herrero y fundidor, y entiende de toda suerte de artificios, verbigracia: norias, relojes, molinos y chocolateras. Diez meses se ha llevado trabajando para la facción, y visto que no había *de aquí,* y que sobre no pagarle le acusaban de masón, se escabulló y con mil trabajos pudo llegar a Salvatierra, de donde tomó el camino de su pueblo, pasando por La Guardia el jueves, como dije a su merced.

—Quisiera tener alas para llegar de un vuelo a ese lugar —dijo Fernando, picando espuelas—, pues cuando se me mete en el alma la curiosidad, no sé lo que es paciencia, y quisiera convertir las horas en minutos.

La conversación de los jinetes saltaba de tema en tema: la guerra, la paz, las cosechas, y fueron a parar al punto de partida de su jornada.

—¿Qué estarán haciendo ahora en la casa de Castro? Se habrán puesto a cenar. De seguro se preguntan unos a otros: —¿En dónde estarán ya don Fernando y Sabas? ¿Habrán llegado a La Bastida?...». «La vida no es más que esto, señor —dijo el escudero—, y ella y la muerte son lo mismo: unos se van y otros que se quedan... unos que vienen y otros que están, porque vinieron antes, los cuales un día les tocará también ser... *idos*. Todos, señor, fuimos *venidos* y seremos *idos*.

Nada les ocurrió en La Bastida, digno de referencia; nada tampoco en Miranda, a donde llegaron al siguiente día. Vieron mucha tropa ociosa; no había operaciones; el ejército del norte aguardaba que sus generales tuvieran un plan. Todo el interés de la guerra lo absorbían entonces las atrevidas expediciones de Gómez y de don Basilio. El primero se paseaba por las Castillas y Extremadura como por su casa, y el segundo regresaba a las Provincias después de haber asolado la Rioja, Soria, y corrídose por el riñón de Castilla hasta muy cerca de La Granja.

Sin detenerse en Miranda más que lo preciso para dar pienso y descanso a las caballerías, continuaron Calpena y Sabas su marcha, hasta parar en Leciñana del Camino, lugar mísero rodeado de arideces, no lejos del Ebro y al pie de la sierra de Turiso. Con tan buena suerte y tan a punto llegaron, que no hubo necesidad de indagaciones para encontrar al señor Gay, pues en las primeras casas del pueblo dieron con él, a la puerta de un herradero, en ocasión en que con otros hombrachos se ocupaba en calzar unos mulos.

—Bonifacio —le dijo su compadre, sin más ceremonia—, venimos en tu busca, porque este caballero noble quiere plática contigo.

Un tanto receloso y huraño en los primeros momentos, después franco y comunicativo, Gay, que era un hombre membrudo, como de cincuenta años, la cabeza blanqueada por canicie precoz, las manos ennegrecidas por la forja, dio los últimos martillazos en la pezuña del animal, y mandando traer un jarro de vino, entró con su compadre y el caballero en la única pieza vividera de la herrería. Atizándose tragos de mosto, respondió a las preguntas de Calpena con estas o parecidas expresiones.

IX

Que si conozco al señor Negretti!... ¡Si era yo el obrero que más quería don Ildefonso, y a don Ildefonso le quería yo como a mi padre, por más que seamos los dos de la misma edad, año más, año menos! Y no se hallará otro, lo digo yo, que mejor entienda de todas las mecánicas del mundo, así como no le hay de tanta conciencia para el trabajo, pues a cuanto sale de sus manos o de las manos que obedecen su idea, no hay que ponerle pero... Es lo que el señor dice: tal hombre no cuadra en el servicio de aquella gente y de aquel Gobierno tan eclesiástico. Tanto a él, como a todos los demás que no éramos de Guipúzcoa, nos traían entre ojos, y como por la influencia del *sacerdocio,* que allí siempre está de centinela, había entre nosotros tantos soplones y cuenteros, pronto empezaron a decir si don Ildefonso era masón *volterano,* que si no confesaba, que si tal... Hasta que un día, allá por julio, hallándonos en Durango, los mequetrefes de la Comisión que son los registradores de cartas, todos ellos muy aclerigados, legos de convento, mandaderos de monjas y *viceversa,* salieron con la gaita de que don Ildefonso se carteaba con ese ministro de Madrid que les ha limpiado a los frailes el santo pesebre... Justo, el señor Mendizábal. Resultado: que al maestro le llevaron preso a Tolosa, por delito que llaman de *ilesa majestad*. Salió a su defensa el infante don Sebastián, diciendo al Rey que cerraba la Maestranza si le quitaban al hombre que más valía en ella y que mejor hacía las cosas. Resultado: que le soltaron; pero no le dejaban vivir, y a donde quiera que iba le seguían dos o tres *iscariotes,* y el hombre andaba tan aburrido, que hasta perdió las ganas de comer. Por aquellos días nos pusieron un comandante nuevo de director de talleres. Era una acémila muy aclerigada, que no entendía jota de nuestro oficio. Había sido seminarista, ordenado de menores; después sirvió en las guerrillas de Guergué, y en la Corte tuvo padrinos de la camarilla frailuna que le hicieron capitán de golpe y porrazo; y como el Rey es así, que no ve más que por los ojos de cuatro cebones que están siempre gruñendo a su lado, aún pensaba que andaba corto en su carrera el tal Gorostia, en lengua de ellos *acebo,* y hágote comandante de ingenieros. Pues una mañana estábamos trabajando como locos para terminar unas granadas, cuando el tal comandante le dijo al maestro que aquello estaba mal: trabáronse de palabras, y don Ildefonso, que es hombre de malas pulgas, de mucho pundonor, y tiene las manos de hierro, de tanto andar con él, le arreó una bofetada tan tremenda que le puso patas arriba, echando espumarajos por la boca. No le quiero decir a vuecencia la que se armó. Resultado: que a don Ildefonso le metieron preso otra vez, y venga consejo de guerra, y vengan papeles... El hombre, cargado, dijo

SALIERON CON LA GAITA DE QUE DON ILDEFONSO SE CARTEABA CON ESE MINISTRO DE MADRID QUE LES HA LIMPIADO A LOS FRAILES EL SANTO PESEBRE...

que se marchaba, y que la culpa tenía él por haberse metido al servicio de cosa tan desatinada como es la facción...

»Pues hay más, señor. Luego empezaron a buscarnos camorra a mí y a otros dos castellanos. Que si éramos de la cáscara amarga, masones o perdularios ateos. Yo no hacía caso, y seguía en mi trabajo. Pero un día me acusó un chico de Eibar de que yo había dicho no sé qué cosa de la Virgen... de esas expresiones que uno suelta sin pensar, cuando no le sale bien un trabajo, o cuando a uno le salta una brasa a la cara y le quema... pues de esas cosas que se dicen: total, nada. ¿Pero Señor, yo, buen cristiano siempre, cómo había de hablar mal de la Virgen? Y aunque algo dijera, es un suponer, no por eso deja uno de ser apostólico romano, al igual de ellos. Siempre he sido devoto de Nuestra Señora. Aquí, colgada de mi pecho, llevo, mírela usía, la medalla de la Pilarica, que me puso mi madre... Pues nada, que allí salió el capataz, uno de Lezo, que le llaman Choriya, de esos que se comen los santos, y amenazándome con un martillo, dijo que yo merecía que me atravesaran la lengua con un clavo ardiendo, por haber hablado de *peinetas,* nombrando a la Virgen; y yo le respondí que las *peinetas* eran para él, y tres más. Resultado: que me castigaron, y vino un capellán a echarme predicaciones, y lo mandé también a donde me pareció. Por esto, y porque a uno no le pagaban, resolví marcharme, y una noche me escapé con otros dos mozos, que también son de acá. No más, no más facción. Buen chasco nos habíamos llevado, pues creíamos que allá ganaríamos un jornal lucido, por ser aquello Reino *pretendiente;* pero nos salió la cuenta fallida, porque allí no hay más que miseria, malos tratos y desconfianza de todo el que ha mamado leche castellana, como yo, que en tierra de Burgos, donde mismamente estampó sus patas el caballo de Santiago, vine al mundo. Resultado: que hemos vuelto acá sin un maravedí, ladrando de hambre, y ahora nos vemos en nuestra tierra mal mirados por haber servido a ese pavo acuático, que antes cegará que verse Rey de las Españas.

NO HE VUELTO A VER AL SEÑOR NEGRETTI, NI HE TENIDO DE ÉL MÁS NOTICIAS QUE LO QUE DECÍA ÉSTE O EL OTRO DE MIS COMPAÑEROS

»A eso voy, sí, señor... Ya, ya entiendo que lo que le interesa conocer es todo lo que yo sepa al tenor de la familia del señor Negretti. Voy a eso: bebamos otro poco, que esto da la vida. Una de las razones por que deseaba volverme a mi terreno, era el no ver tasado el vino, que allí se lo daban a uno por medida, y harto de agua, mientras que aquí lo bebemos de lo mejor sin pensar en que tiene fin... Pues voy a lo de la familia. Una sola vez vi a doña Prudencia y a la sobrina. ¡Carachis, qué guapa es; vaya un golpe de ojos! Oí decir que en Madrid un señor príncipe estuvo loco de amores por ella, y que los padres de él, por quitarle de que se casara, le encerraron en una torre, donde se arrancó la vida; que a ella, para que se le pasara la ilusión de su príncipe, la trajeron acá, y qué sé yo qué más historias... ¡Ah!, ya me acuerdo: que la niña, a quien llaman Doña Laura o cosa así, es rica, pues su padre le dejó mucha pedrería fina de diamantes y topacios amarillos; pero que tenía más *opulencia* el príncipe, su novio, el cual sólo en tierras había de heredar media España y una porción de islas de mar adentro. No sé, señor: cosas que dicen los criados, y que serán mentira, pienso yo... Vi a la tía y sobrina en Elorrio; luego se fueron a Bermeo, y ya no sé más sino que don Ildefonso iba allá los sábados para volverse los lunes. De su paradero hoy, no puedo decirle sino que cuando se retiró del servicio de la facción se fue a Bilbao, donde vive la familia de Prudencia. No he vuelto a ver al señor Negretti, ni he tenido de él más noticias que lo que decía éste o el otro de mis compañeros, hablar por hablar...

1835 - 1839

Los mercenarios belgas de la regente

Estas indisciplinadas tropas lucharon junto a liberales españoles y portugueses

Contrato por obra

Durante la guerra civil de Portugal (1828-1834), el bando liberal contrata los servicios de las tropas del coronel belga Borso di Carminati. Estas tropas trabajaban para quien les pagase, al margen de ideologías.

En septiembre de 1835, el presidente español Mendizábal decide contactar con estas unidades para contratarlas

Los mercenarios

Llegaron a España en 1835, agrupados en la unidad de los Granaderos de Oporto.

La unidad estaba formada por hombres de dudosa disciplina, reclutados entre las capas sociales más bajas

373 hombres

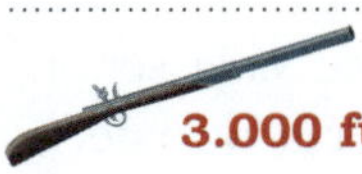

3.000 fusiles

En 1838 llegaron a alcanzar la cifra de

2.400 hombres

Una vez en España, quedaron integrados en la Brigada Auxiliar Portuguesa que luchó en las montañas catalanas

Sus uniformes

Los uniformes de las tropas ligeras que formaban la Legión Belga eran muy prácticos y de una apariencia moderna. Curiosamente, su vestimenta era mucho más adecuada para la guerra montañosa que la que vestía el propio ejército liberal español

Terminada la contienda, muchos mercenarios belgas se quedaron en España. Especialmente destacado fue el papel que jugó el coronel Borso di Carminati, quien se incorporó a la vida política española y fue fusilado en 1841 tras conspirar en Zaragoza contra la reina Isabel II

FUENTE: "La Primera Guerra Carlista", César Alcalá **Doc.:** Rubén González **MARCELO REGALADO**

—Haga usted memoria, señor Gay —dijo Fernando gozoso por lo que sabía, ansiando saber más—, y cuénteme todo lo que oyó, sin omitir nada, ni aun lo que charlaban sus compañeros sin conocimiento de causa, por presunciones o conjeturas.

—Ahora voy... Antes diré a usía una cosa que se me había olvidado. Por dos veces me preguntó el señor Negretti si yo conocía algún chico de confianza para mandarlo de propio, con carta de interés, a La Guardia, y yo le contesté que a ninguno conocía, como era la verdad. Digo esto, porque como el señor viene de La Guardia, y según parece ha estado allí tres meses largos, calculo yo si aquello que me preguntó el maestro tendría que ver con la persona de vuecencia.

—Indudablemente, el mensaje, carta, o recado era para mí; pero si al fin lo despachó Negretti, no llegó a La Guardia.

—No puedo asegurar a usía que don Ildefonso llegara a mandar el propio; pero se me antoja que sí, porque había en Durango un tuerto recadista que iba por los pueblos con un niño Jesús pidiendo para el santuario de Iciar, y en aquellos días le vimos vestido con la ropa vieja de Negretti, y nos dijo que iba a dar la vuelta de Álava con su santirulico; después no le vimos más.

—Tampoco pareció por allá ese mensajero. Siga, siga, que aún le queda mucho en la memoria.

—Sigo. Pues en Durango dijeron que doña Prudencia se veía y se deseaba para resguardar a la niña de tantísimo pretendiente como la acosaba, por el aquel de su hermosura... ¡Carape, qué boca de cielo, qué gancho! Un capitán de barco la vio, y quedó enamorado. Dos más de Bermeo, y un coronel carlista, la pidieron para esposa; pero ella diz que a ninguno hacía caso, motivado a que no podía echar de su pensamiento al príncipe difunto. De esto hablábamos los amigos de don Ildefonso, y uno de nuestra pandilla, llamado *Bachi guzur (Bautista el embustero),* chico de mucha idea, a quien da el naipe por inventar cosas, nos decía: «Yo me pienso que el príncipe no se ha muerto, y que a ella le han dicho la mentira de la defunción para desenamorarla, porque así conviene a la familia; y apostaría yo a que el serenísimo galán anda de la ceca a la meca disfrazado, buscándola, al modo de lo que pasa en las historias inventadas, que a mí me parecen verdad; y creo que nada de lo que rezan los libros es mentira, o que las mentiras son verdades que se miran por el revés». Nada, señor: con estas habladurías nos entreteníamos a la salida del trabajo, y uno decía peras, otro decía higos, y pasábamos el rato... En fin, señor, creo haber declarado a vuecencia todo lo que sé. Si algo más me viene a la memoria, se lo diré esta tarde, en el presupuesto de que no se vaya hasta la noche o hasta mañana.

DOS MÁS DE BERMEO, Y UN CORONEL CARLISTA, LA PIDIERON PARA ESPOSA; PERO ELLA DIZ QUE A NINGUNO HACÍA CASO

—Quisiera partir ahora mismo... yo soy así... ¿Cree usted que encontraré en Bilbao al señor Negretti?

—Seguro... Y si él no está, estará la familia, de contado. No tiene usía más que preguntar en Bilbao por la casa de los Arratias. Cualquier chico de las calles le dará razón. Es allí por la Ribera. No tiene pérdida.

—¿Y esos Arratias son...?

—Hermanos de doña Prudencia. Tienen barcos que andan en la mar.

—Vamos, son armadores.

—Y comerciantes, que traen del norte duelas, bacalao y toneles de una bebida que llaman *cerveza,* más amarga que los demonios; y arman también barcos chicos para *la pesquería del*

BERMEO, EL FINAL DEL VIAJE. Fernando Calpena se dirigió a Bermeo en busca de Aura. La zona era peligrosa para los viajeros, sobre todo en Trespaderne, donde las partidas asaltaban a los trajineros y robaban a los viajeros. (*Vista de Bermeo*, por José Benito Bikandi. Museo de Bellas Artes. Bilbao).

escabeche... Si no estuvieran allí don Ildefonso y su esposa y sobrina, los Arratias le darán razón cierta de dónde moran.

Consultado Gay acerca del camino más corto y más seguro para ir de Leciñana a la capital de Vizcaya, manifestó que aunque lo más derecho era tomar la vuelta de Orduña, no le aconsejaba tal camino, por estar toda aquella parte plagada de facciosos.

—Tú ya sabes —dijo a su compadre—. Te vas derechito por esta orilla del Ebro, hasta Trespaderne, y allí tiras para arriba, a esta mano. ¿Sabes la sierra del Gato? Pues la vas faldeando. Pasas por Cebolleros, Villacomparada y Villamezán, y ya estás en tierra de Mena. De allí a Valmaseda es como andar por una calle. Total, que puedes llevar a *vuecencia* en cuatro días, con descanso.

No paraba mientes en ningún peligro don Fernando, que sin oír otra voz que la de su esforzado corazón, ansiaba lanzarse hacia el cumplimiento y remate de la empresa, por tan desgraciados accidentes entorpecida. Su espíritu de nuevo se inflamaba en la querencia de los actos maravillosos, en todo aquello que rompiese los moldes de lo común. ¡A Bilbao por Aura! Tal era su divisa, y ya se le hacían lentas las horas, pausados los minutos que tardara en realizar algún descomunal esfuerzo por la idea y fines que tal emblema expresaba.

Ocurría esto un miércoles. El jueves por la noche entraban en Trespaderne, a punto que salía un destacamento de fuerzas cristinas, y no tardaron en informarse de que una partida que había bajado del puerto de los Tornos, y otra que anduvo por Peña Complacera, se juntaban en San Pelayo, punto muy principal del valle de Mena, para recorrer aquellos pueblos y llevarse cuanto encontraran. A todos los trajinantes que iban en tal derrotero encarecía el alcalde de Trespaderne la conveniencia de que se detuvieran dos o tres días hasta que la situación se despejase. Insistía Calpena en continuar al siguiente día su camino; pero tales razones le dio Sabas, apoyado muy cuerdamente por el alcalde, hombre tosco y de buen sentido, que hubo de resignarse, pataleando, a una corta espera, que aseguró no pasaría de veinticuatro horas. La realidad, no obstante, impuso mayor detención y hacer acopio de paciencia. El mesón o parador en que se habían instalado era de lo peor del género, similar de las famosas ventas manchegas: la única estancia que ofrecía relativa comodidad ocupábala Calpena; y no sabiendo éste qué hacer en el largo aburrimiento y plantón fastidioso, pidió tintero y pluma, pues desde que salió de La Guardia le había entrado una viva comezón de escribir. ¿A quién? A los tres puntos cardinales de su afecto: al norte, Negretti y Aura, los amigos de La Guardia al este, al sur los de Madrid. La náutica rosa de aquel corazón no tenía Occidente... Como la querencia del sur había tomado en él extraordinaria viveza, por el camino redactó mentalmente multitud de cartas dirigidas a la misteriosa deidad que le protegía haciéndole suyo en el presente y en el porvenir. En posesión ya de los avíos de escribir, se dijo, preparándose de papel: «Lo primero a *ella*...». Pero con toda su aplicación, no pudo pasar de la primera línea: «Mi señora desconocida...», fórmula que varió hasta lo infinito, sin encontrar la más apropiada. «Señora incógnita, mi muy amada protectora...». Y luego de encontrada la fórmula, ¿qué le diría? En estas perplejidades, mirando al papel, mordiendo las barbas de la pluma, encontrole Sabas, que subió a decirle presuroso:

EL MESÓN O PARADOR EN QUE SE HABÍAN INSTALADO ERA DE LO PEOR DEL GÉNERO, SIMILAR DE LAS FAMOSAS VENTAS MANCHEGAS

—Ahí está ese señor... Oiga las voces que da, y el ruido que arman sus criados y caballerías. Es el viejo Urdaneta, don Beltrán de Urdaneta, ¿sabe, señor?, el abuelo del don Rodrigo que esperaban en La Guardia con toda su familia... Verá qué viejo más salado. Va también hacia Mena, donde está su hija, casada con el mayorazgo de Maltrana.

X

Al demonio tú y don Beltrán! Me has asustado. Creí que se trataba de otra persona. ¡Si yo no conozco a ese viejo, ni le he visto en mi vida!

—Pues ahora tendrá por fuerza que verle y que tratarle, porque es parroquiano antiquísimo de este mesón, y en él para desde el siglo pasado, siempre que va y viene. Como el único cuarto decente es éste, él tiene costumbre de ocuparlo: el mesonero le ha dicho que se acomode aquí con el señor, que también es persona de la Grandeza de España.

—No quiero —dijo Calpena, a quien molestaba en aquella ocasión hacer conocimientos—. Me iré a un pajar, y que venga ese don Beltrán o don Cuerno a ocupar su aposento.

Y cuando se levantaba, decidido a escabullirse antes que el nuevo huésped llegara, ábrese la desvencijada puerta y penetra un simpático y noble anciano, de buena estatura, algo rendido al peso de la edad, de afable rostro y modales finísimos, revelando en todo el alto nacimiento y el refinado trato social.

—Perdone usted, señor mío, esta invasión de su aposento. La edad nos da privilegios bien tristes. No quiero, no, desalojarle... no faltaba más. Me atrevo a proponerle que, pues en nuestro *hotel* no hay más que una estancia, la compartamos los dos como buenos amigos. Ni usted me estorba, ni yo he de estorbarle; y sabiendo ya con quién he de vivir veinticuatro horas, sólo añado que es para mí gran satisfacción la compañía de persona tan principal.

Correspondiendo Fernando a la cortesanía del insinuante viejo, propuso retirarse dejándole toda la pieza, para mayor comodidad y desahogo; a lo que contestó don Beltrán que por ningún caso lo aceptaría.

—Respondo de que a poco que nos tratemos, mi compañía no ha de serle a usted desagradable, pues a mí, que hoy le veo por primera vez, me encanta ya la suya.

ME ATREVO A PROPONERLE QUE, PUES EN NUESTRO *HOTEL* NO HAY MÁS QUE UNA ESTANCIA, LA COMPARTAMOS LOS DOS COMO BUENOS AMIGOS

A un movimiento de sorpresa interrogativa del joven, dio respuesta con estas palabras:

—No nos conocemos y nos conocemos, señor de Calpena, porque ha de saber usted que vengo de La Guardia, donde he dejado a mi nuera y a mi nieto, y en las veinticuatro horas que allí me detuve, no han cesado aquellas buenas personas de hablarme de usted. El cura Navarridas y las niñas de Castro estiman a su huésped en todo lo que vale. Ya sé, ya sabemos todo... por qué serie de accidentes fue usted a parar allí, el servicio que prestó a las niñas, su conducta valerosa, gallarda... Y como al propio tiempo sé que don José María le habló a usted de mí, démonos por recíprocamente presentados, y tengámonos por amigos de larga fecha... digo, larga no, porque es usted casi un niño.

Decía esto, tomando asiento, después de despojarse de su abrigo de viaje. Sin dar tiempo a que Fernando le expresara su agrado por tantas amabilidades, le dijo, reparando en el papel y tintero:

—Si estaba usted escribiendo, puede seguir. Tome la silla, y pues no hay otra, yo me pasearé en el domicilio común mientras usted escribe.

—No, señor: sólo por matar mi aburrimiento pensé escribir... pero ahora que tengo compañía tan grata, quédese para mañana la escritura...

—Pues si usted no escribe, le propongo que nos vayamos a la cocina, donde tenemos un buen fuego, y estaremos muy bien. Siempre que paro aquí, me paso las horas junto al hogar, en compañía de estas gentes sencillas y honradas, y de los gatos y perros. Ya me conocen hasta los animales.

—También a mí me gusta engañar las horas en las cocinas de los pueblos, mirando las llamas del fogón, sintiendo el hervir de los pucheros, y echando un párrafo con los aldeanos. Vamos, vamos, señor don Beltrán.

—Deme usted el brazo, joven, que no me hace gracia, a mis años, tomar medida a estas desvencijadas escaleras. ¡Qué recuerdos tiene para mí esta casa! No le exagero a usted si le digo que he parado en ella unas sesenta veces. La primera, no hace nada de tiempo... el año 780, yendo con mi padre a una cacería, invitados por mi pariente el Condestable, el padre de Bernardino Frías, a quien usted conocerá; la segunda, cuando llevamos a mi hermana a profesar en las Franciscanas de Medina de Pomar; la tercera... ni me acuerdo ya. Por aquí pasé para llevar a mi hija Valvanera a sus bodas con Maltrana, y a casa de mi hija voy también ahora.

La fecha de aquel casamiento es de las que no se olvidan. En este parador, cuando íbamos a Villarcayo, nos dieron la noticia de la batalla de Bailén... En fin, pasé también el 28, huyendo de las bandas apostólicas, y había pasado el 23, por evitar un encuentro con las tropas de Angulema. Íbamos hacia la frontera Osuna y yo, el duque viejo (padre de estos chicos), Pedro Alcántara y Mariano, y tuvimos que dar un largo rodeo para tomar un barco que salía de Santoña, y nos llevó a La Rochelle... En fin, mi vida es muy larga, y en ella no faltan peripecias.

Tomaron posesión del mejor banco de la cocina, junto a la mesa de castaño, y don Beltrán anunció alegremente que había mandado asar un cordero y preparar ajilimójilis.

—Esta llaneza —dijo gozoso— me encanta; estas comidas elementales y primitivas son mi delicia. O esto, o los refinamientos de la cocina parisiense. Y en cuanto a la sociedad, o la más alta, o la de estos infelices, reforzada por los gatos y perros, que ya tiene usted aquí, buscando mis halagos.

En efecto: uno de los dos michos de la casa, se le había subido en el brazo, y el otro se rascaba contra sus piernas. Dos magníficos lebreles le hacían la guardia a un lado y otro de la silla.

—A mí, señor don Fernando —continuó—, no me dé usted términos medios. O los palacios resplandecientes de lujo, o esta humilde cocina. Y en cuestión de bello sexo, que siempre fue una de mis más caras aficiones, o las damas encopetadas, o estas gallardas bestias campesinas... Que nos traigan vino blanco, que aquí lo hay superior. Chica, llévate esto, y dile a Ginés que si no tiene vino blanco, que mande por él inmediatamente a casa de Sopelana.

—Lo hay, señor marqués —dijo la moza—, y ahora mesmito se lo traigo.

—Pues date prisa, que aunque no me atiendas a mí por viejo... (¿Tú sabes lo que dijo Carlos V... no este Carlos V, sino el otro?... Luego te lo diré...) Pues si a mí no me atiendes, porque soy un pobre vejestorio inservible, no harás lo mismo con este caballero tan guapo.

—A fe mía, que lleva usted bien sus años, señor don Beltrán —dijo Calpena—. Conserva usted su agilidad, su buen humor, con las prendas todas del caballero de raza.

En este parador, cuando íbamos a Villarcayo, nos dieron la noticia de la batalla de Bailén...

—¡Oh!, no, amigo mío: ya estoy muy acabado; ya no soy ni sombra de lo que fui. Verdad que no me falta la cabeza, y discurro como en mis mejores tiempos; pero la vista se me va. Hay días en que no veo tres sobre un burro, y si sigo así, pronto quedaré ciego. Esto me aflige, porque me he propuesto llegar a los noventa. Respecto de mi edad, habrá usted oído mil leyendas. Hay quien cree que he cumplido el siglo, y que me rebajo... Patraña: hace lo menos diez años que renuncié a ese inocente coquetismo.

—No representa usted —dijo Calpena queriendo halagarle— arriba de setenta... setenta y dos todo lo más.

—¡Ay, qué lisonjero y qué *bon enfant!* No, hijo... aumente usted un poquito, y llegue hasta los setenta y ocho. Sí señor: yo vine al mundo en la noble ciudad de Olite, en 1758. Eche usted una mirada a todo lo que comprende el espacio entre esa fecha y este pícaro 36. Sí señor, en 1758: le llevo once años a Napoleón y a Wellington, que nacieron el 69; Mozart era más viejo que yo en dos años, y Schiller un año más joven. Goya, mi amigo, el pintor celebérrimo, me llevaba doce años, y yo le llevo nueve a don Manuel Godoy. Como Napoleón, otras celebridades que ya se han muerto, Beethoven, Moratín, Talma, eran mucho más jóvenes que yo...

—¡Qué prodigiosa memoria!

—No diga usted memoria; diga usted años. Cuando uno va de capa caída, se entretiene en ajustar estas tristes cuentas, en comparar vejeces... Consolemos, yo mis cansados años,

UN OASIS EN MEDIO DEL CAMINO. Las posadas eran lugar seguro para los viajeros. Mesonero Romanos las consideraba el lugar ideal para los forasteros porque sus dueños daban bien de comer por un precio razonable y el servicio era completo. (*Una venta*, grabado del siglo XIX. Biblioteca Nacional. Madrid).

usted los suyos verdes, con este vinito blanco... ¡Ah, señor de Calpena!, habrá usted pasado en la casa de Castro una temporada agradabilísima...

Ponderó Fernando con frase entusiasta las excelencias de la vida en aquella señoril y opulenta mansión, y al panegírico que hizo de sus habitantes, asentía don Beltrán entornando los ojos y paladeando el vino.

—Sí, sí... las niñas son dos ángeles, Demetria un prodigio, Navarridas un santo, tan cariñoso, tan servicial... aunque a veces el exceso de su amabilidad resulta un poquitín enfadoso, ¿verdad? Y en cuanto a doña María Tirgo, que es otra santa, otro prodigio, otro ángel, no dudo que le habrá mareado a usted más de la cuenta, hablándole de linajes, su ciencia y su manía.

—Algo me hizo ver la señora de sus conocimientos genealógicos: por ella estoy bien enterado de la nobleza de los Urdanetas e Idiáquez. De los entronques con las primeras casas de Aragón y Navarra resulta que llevan ustedes sangre de mil y mil varones insignes y de santos gloriosos.

—Sí, sí: no falta parentela ilustre por los cuatro costados —dijo gravemente don Beltrán, con cierto desdén de buen tono hacia las humanas grandezas—. También nos vanagloriamos de que muchos de nuestra sangre estén en los altares... Y esta vena de la santidad no creo yo que se haya extinguido en mi familia.

—También supe por doña María y su hermano —prosiguió Calpena— el proyecto de enlazar familia tan ilustre con la también noble y poderosa de Castro-Amézaga, casando a su nieto de usted, el señor don Rodrigo, con ese espejo de las doncellas, Demetria, de quien sólo con nombrarla creo hacer el más cumplido elogio.

—Oh, sí: la niña es una monada, y da gusto verla jugando a la administración.

—Pues, por lo que me han dicho, para encontrar quien en virtudes y mérito pueda igualar a tal niña, han tenido que pedir un esposo a la casa de Idiáquez.

—Sí, sí... —murmuró don Beltrán indiferente, pensativo, dejando correr su mente por espacios distantes.

—Y sólo en ella se ha encontrado un varón digno de tal hembra.

—Sí, sí...

—No puede usted figurarse los encarecimientos que de su señor nieto de usted, don Rodrigo, me han hecho los hermanos Navarridas.

—Sí, sí... La fama no hay quien se la quite... Posee cualidades, indudablemente, grandes cualidades... ¿Qué duda tiene?... Juicioso, grave, reposado... cumplidor de todos los preceptos...

Grande fue la sorpresa de Calpena ante la frialdad de don Beltrán en aquel asunto, pues esperaba todo lo contrario: que al noble anciano se le caería la baba en demostración de su orgullo por ser dos veces padre del prodigioso marqués de Sariñán. Notó además en el buen señor contrariedad o disgusto, deseo de hablar de otra cosa. Su cara inteligente habíase alargado; parecía más viejo, por la desaparición de la sonrisa que le rejuvenecía. Dos suspiros hondos salieron de su pecho.

Sentíase Calpena devorado de abrasadora curiosidad, y anhelando satisfacerla, se dijo: «Aquí hay algún secreto, quizás discordias de familia. ¿Qué será? He de tirarle de la lengua a este vejete para poner a prueba su discreción». Pensando así, no cesaba de observar a Urdaneta, que en aquel instante hablaba paternalmente con un pobre aldeano. No había visto nunca Fernando rostro tan expresivo, de tanta movilidad y viveza, máscara de consumado histrión que *interpreta* las agudezas y marrullerías, así como las benevolencias seniles. De todo había en la cara de don Beltrán, finamente aristocrática, de líneas un tanto angulosas ya, por causa de la vejez. Calpena recordaba las imágenes que había visto de Voltaire, de Talleyrand, del abate L'Epée.

Las horas se deslizaron plácidas en la cocina, gozando don Beltrán las delicias de su popularidad en aquellas tierras. No cesaban de entrar aldeanos a saludarle, y él, dando a besar su mano, a todos les trataba con afabilidad exquisita de gran señor que sabe mantenerse en su puesto, mostrándose bondadoso y familiar con los humildes. Admiró Fernando la gracia y flexibilidad con que adaptaba su lenguaje al de aquellos infelices, y pudo observar que no era todo buenas palabras, pues cuando alguno de los visitantes se condolía de su precaria situación, echaba mano don Beltrán a su culebrina de seda verde, y allí era el salir de monedas. Para los chicos llevaba siempre provisión de cuartos, que profusamente repartía. A pesar de pertenecer el noble anciano a lo que podríamos llamar el *siglo de las tabaqueras,* no había gastado nunca rapé. El contemporáneo de Napoleón, de Haydn y de Luis XVIII, anticipándose al siglo siguiente, fumaba, y de su repuesto de buenos cigarros puros y de papel, liados en una vejiga olorosa, participaba todo el mundo, chicos y grandes. A este rumbo y gallardía, arte supremo de ser aristócrata en medio de la plebe, que poseen tan pocos, debía su popularidad en todo el país, desde Zaragoza a las Fuentes del Ebro, y desde el Pirineo al Moncayo.

LAS HORAS SE DESLIZARON PLÁCIDAS EN LA COCINA, GOZANDO DON BELTRÁN LAS DELICIAS DE SU POPULARIDAD EN AQUELLAS TIERRAS

Despachado entre nobles y villanos un sabroso cordero con ajilimójilis, trató Calpena de sonsacar a don Beltrán alguna revelación que aclarase el punto obscuro que aquél había creído ver en la familia de Idiáquez-Urdaneta; pero el sagaz viejo esquivaba el bulto, sin soltar prenda. Cuando subían a su aposento para recogerse, don Beltrán, apoyándose en el brazo de Calpena, dijo a éste:

—¡Ay, querido!, me acuerdo en este momento de que existe una razón poderosísima para que no durmamos los dos en el mismo cuarto. No se me había ocurrido antes... ¿No adivina usted lo que es?... Pues que ronco estrepitosamente... toco la trompa y el violín, imito el trueno y el gallo... según me han dicho, que yo no me oigo... y con mis ronquidos no podrá usted pegar los ojos en toda la noche.

Fernando le replicó que no le importaba, aunque, la verdad, no le hacía maldita la gracia la música, que con programa y todo le anunciaba su amigo.

—No, no —añadió este—, no consiento que duerma usted aquí. ¡Buena noche le voy a dar!... ¡Sabina, Gervasia, chicas!...

Acudieron a sus voces el mesonero y las mujeres de la casa, y don Beltrán, que allí no pedía, sino mandaba, les dijo:

—Chicas, dejad vuestra habitación a este caballero. Podéis, por una noche, dormir las muchachas con Sabina, y tú, Ginés, bien lo puedes pasar en la cuadra.

Accedieron aquellas pobres gentes a lo que el prócer disponía, y Urdaneta, mientras su paje le desnudaba, ya preparado el lecho con buen abrigo, bromeó con don Fernando:

NO SE ME HABÍA OCURRIDO ANTES... ¿NO ADIVINA USTED LO QUE ES?... PUES QUE RONCO ESTREPITOSAMENTE...

—La solución no ha podido ser más oportuna. Ventajas para mí: que no estaré cohibido y podré desplegar toda mi orquesta, seguro de no tener público. Ventajas para usted: que no oirá mis acordes, lo primero; lo segundo, que siendo a mi parecer sonámbula una de las mozas, la más bonita por cierto, es fácil que se le meta a usted en el cuarto a media noche... Vaya, divertirse... Querido, hasta mañana.

XI

Lo que menos pensaba don Fernando, al entrar en el cuarto que le dispusieron, era que aquella misma noche y por inesperado conducto había de conocer algunos hechos que le descifraban el enigma de la familia de Idiáquez.

—Señor —le dijo Sabas cuando entró a prestarle servicio de ayuda de cámara—, si no tiene mucho sueño le contaré los chismorreos de la casa de don Beltrán, que me ha estado refiriendo su espolique Tomé, el cual habla por siete, y se pirra para sacar a relucir las... cosas de sus amos.

—Cuéntamelo, por Dios, aunque ello sea tan largo que no acabes hasta mañana, y procura que nada se te olvide de esas hablillas de tu amigo, sin reparar que sean mentira o verdad.

—Pues sabrá su merced que este vejete salado y su nieto don Rodrigo están a matar. Don Beltrán ha sido toda su vida un disipador de lo suyo y de lo ajeno; como que no ha hecho más que divertirse y darse buena vida en los Parises y otras tierras de vicio. En cambio, su nieto ha salido tan allegador y de puño tan cerrado, que no hay más que pedir. Vea su merced trocados los papeles: el viejo pródigo y manirroto, como un muchacho que está en la edad del gas-

UN BUEN DESAYUNO. En la venta de Trespaderne desayunó Calpena chocolate. Las comidas del día eran cuatro: desayuno, almuerzo, merienda y cena. Ninguna se perdonaba, sobre todo en las posadas y ventas, donde abundaba el tocino, el aceite y el vino. (Cocina popular con un criado preparando chocolate. Cerámica de Manises. Museo de Artes Decorativas. Madrid).

tar; el chico agarrado a la cuenta y razón, como un viejo que mira por el orden y la hacienda. Me nacieron los dientes oyendo decir que don Beltrán ha sido y es el primer calavera del Reino, y que se ha pasado la vida en comilonas, cacerías, recreos y larguezas de príncipe, con mucho aquel de buenas mozas, y viajes para acá y para allá. El lujo de su casa y los trenes que tenía daban que hablar, señor. Verdad que otro más generoso y más galán no le hubo: él se divertía; pero lo pagaba bien. Y a su puerta no llegó ningún pobre que se fuera desconsolado. Semejante a don Beltrán en lo dadivoso, aunque menos caballero, fue su hijo don Federico, a quien llamaban *don Fatrique* o *don Futraque;* y entre uno y otro dejaron en los huesos la casa de Urdaneta, tan poderosa antes... la cual quedó hecha polvo; y con los restos de ella, y el caudal no grande, pero limpio, de los Idiáquez, ha podido doña Juana Teresa, marquesa de Sariñán, esposa del *don Futraque* y madre del don Rodrigo, amasar una fortunita, que es la que ogaño quieren hijo y madre librar de las manos pecadoras de este vejete... Desde la muerte del don Federico, la señora viuda y el marquesito ataron corto al abuelo. Éste rezongaba; ¿pero qué remedio tenía más que bajar la cabeza? Cada poco tiempo, gran pelotera en la familia, porque don Beltrán pedía ocho para sus necesidades y no le daban más que tres. Si corto le ató la señora, más corto hubo de atarle el nieto al llegar a la edad de gobierno, y al hacerse cargo de manejar el caudal. Cada día le daban a don Beltrán menos *de aquí,* y el pobre señor, con el aguijón de sus vicios rancios, trinaba y se le comían los demonios. Había venido a ser un niño, el niño de la casa, el señorito juguetón y travieso a quien se dan los domingos unas pesetillas mal contadas para que se divierta. A la postre, viendo que no podían hacer carrera de él, y que cuanto más le daban, más pedía, le privaron de emprender viajes, quitáronle coches y caballerías, y hasta le tasaron el tabaco... Tan desesperado se vio el niño anciano, que fue y quiso despeñarse por una gran sima que hay más allá de Cintruénigo; pero... lo dejó para otro día. Y también se fue una noche hacia el Ebro para darse un remojón; sólo que por estar el agua muy fría, no se determinó.

Lo demás que refirió Sabas, repitiendo los anales transmitidos por el cronista de la casa de Idiáquez, Tomé Torres, quedó bien presente en la memoria de Calpena, que con aquellas noticias se durmió, aplacada la sed de su curiosidad. Cuando se veía don Beltrán en extremas apreturas, porque sus proveedores le fiaban y no hallaba medio de pagar, tomaba dinero a préstamo, pues por artes del demonio su crédito era grande en aquellos pueblos, y la casa no tenía más remedio que pagar las deudas contraídas por el gran niño, para evitar desdoro y escándalos, resultando de aquí mayores disturbios entre los tres, abuelo, nuera y nieto. Últimamente, al tratarse en familia el magno asunto de la boda con la mayorazga de Castro, iniciado por doña María Tirgo, don Beltrán no intervino para nada. Mostrose después algo inclinado a la oposición; pero su nieto lo estimó como un artificio para obtener dinero, y se mantuvo en sus trece, dejando al anciano que saliese por donde le dictasen sus marrullerías. El venir a La Guardia con la familia, no fue por acompañarla en las vistas precursoras de matrimonio, ni por gusto de visitar a las niñas y a sus tíos, con quienes tuvo siempre amistad. Era que el noble Urdaneta, cuando los de Cintruénigo le sitiaban por hambre, arrancábase como los lobos en tiempo de nieve. Del primer tirón se iba a Villarcayo a que le sacase de apuros su hija Valvanera, esposa de un ricachón: allí pasar solía grandes temporadas explotando a su yerno, hasta que éste y la hija se cansaban, y con buenos modales le reexpedían para Cintruénigo.

Con su servidumbre salieron los tres de la casa señorial y tomaron el camino de La Guardia. Don Beltrán se había procurado algún dinero, no se sabe cómo, y llevaba su tren de costumbre: mula bien aparejada, los criados con las maletas, y cuanto pudiera necesitar un gran señor que viaja por recreo. En La Guardia hicieron alto los marqueses de Sariñán y el señor de Urdaneta, con el objeto que ya se sabe. Alojados en la Rectoral, no faltaron querellas entre el abuelo y el nieto por la eterna cuestión de ochavos; mas todo quedó en la familia, sin que Navarridas se enterara. Instaba éste a don Beltrán a que se quedase por lo menos una semana; pero el prócer, pretextando negocios apremiantes y el deseo ardiente de abrazar a su hija y nietos *de la otra banda,* dejó los ocios de La Guardia al día y medio de reposo. Cabalgando a los alcances de Calpena por los mismos caminos, reuniéronse en la venta de Trespaderne, donde ocurrió lo que referido queda hasta la noche en que mudaron de cuarto a Fernando para evitarle la desazón de los ronquidos. Durmió tranquilamente el joven, sin que turbase su sueño el sonambulismo de la moza bonita, como anunciado le había don Beltrán, y por la mañana, cuando Sabas le ayudaba a vestirse, entró Tomé Torres a decirle de parte de su señor que le esperaba para tomar juntos el desayuno.

TAN DESESPERADO SE VIO EL NIÑO ANCIANO, QUE FUE Y QUISO DESPEÑARSE POR UNA GRAN SIMA QUE HAY MÁS ALLÁ DE CINTRUÉNIGO

—¿Y para cuándo —dijo Calpena a su noble amigo, sentado frente a frente en la cocina, tomando chocolate—, para cuándo calcula usted que se verificará la boda?

—¿Qué boda?

—La de su nieto con Demetria. Supongo que de las vistas saldrá la conformidad de ambos...

—O no... ¿Usted qué sabe? Podría suceder que el trato determinara una repulsión, un antagonismo de caracteres... Perdóneme querido Calpena; pero no puedo ser más explícito. El respeto que debo a la familia me veda extenderme más en asunto tan delicado... Y si usted no se ofendiera, le diría que nuestra amistad es muy reciente para que pueda yo ponerle en autos de mis desavenencias con Rodrigo. Mi nieto y yo no congeniamos. Su carácter es radicalmente opuesto al mío... En cuanto a la boda, no pienso en intervenir para nada en ella. Allá se entiendan.

—¿Acaso teme usted que don Rodrigo no sea feliz?

—Quizás...; y puesto a temer, no estoy muy seguro de que Demetria alcance la felicidad al lado de mi virtuoso nieto.

—¡Oh!, eso es imposible.

—O es usted un inocente, querido Fernando, o se pasa de listo y pretende de mí que le diga lo que sabe mejor que yo.

—Don Beltrán, ignoro por qué me habla usted de ese modo.

—¿Quiere las cosas claras? Pues allá van las cosas claras. Me equivocaré mucho si no resultara el completo fracaso de los planes de doña María Tirgo. Soy perro viejo; conozco el mundo, y el corazón de las niñas casaderas no tiene para mí ningún secreto. El fracaso puede venir, o porque Demetria no guste de mi nieto, o porque esté enamorada de otra persona.

EL ESTADO COMIENZA A HACERSE CARGO DE LOS SERVICIOS SOCIALES

La beneficencia estuvo tradicionalmente ligada a la Iglesia, que se encargaba de la labor asistencial, lo que le permitía justificar las abundantes riquezas y donaciones que recibía. Los particulares, en especial la aristocracia, contribuían con fondos que cedían a la Iglesia o con la creación de instituciones de caridad, como hospitales o asilos, que ponían en manos de religiosos. Con la llegada de los Borbones al trono se inició un proceso general de centralización y reforzamiento del poder real, se crearon instituciones como la Real Junta General de Caridad o las diputaciones de barrio, que intentaban la secularización de la asistencia y mermaban la influencia de la Iglesia. Pero la fuente principal de financiación fue la caridad privada. En 1822, durante el Trienio Liberal, se promulgó la primera Ley General de Beneficencia, que sirvió de base a toda la legislación. Su importancia radica en que establecía el paso definitivo de la beneficencia a manos del Estado. Existían, en la percepción de la época, dos tipos de pobreza: la extrema o permanente, que afectaba a pobres, mendigos y desamparados, y la ocasional, formada por individuos que por enfermedad, accidente o edad se veían obligados a dejar de trabajar. La mentalidad burguesa del siglo XIX mezclaba en el tratamiento de la pobreza el paternalismo, el deseo de reinsertar al marginado y la pretensión de poner freno a la mendicidad. La ley de 1822 establecía la creación de juntas municipales de beneficencia.

—¡Oh, no creo...!

—Pues si es usted simple, yo no, a Dios gracias, y ahora sí que lo afirmo resueltamente. Demetria no puede elegir ya. Su corazón pertenece a otro.

—¡Don Beltrán...!

—¡Don Fernando! Advierta usted que habla con setenta y ocho años de experiencia, de observación y conocimiento de las humanas pasiones. Me basta una palabra, un gesto; me basta el tono, el acento de una frase, para comprender lo que pasa en el ánimo de quien la pronuncia... He pasado un día en la casa de Castro. Allí me contaron sucesos, escenas, lances, aventuras... las he oído de boca de Navarridas, que las reviste de su candor. Las he oído de boca de las niñas, que en ellas ponían su alma. No he necesitado más. Salí de La Guardia con la impresión de que Demetria espiritualmente no se pertenece. La pobre niña, sin darse cuenta de ello quizás, ha entregado sus pensamientos y su alma toda a un hombre que no es mi nieto... Ea, no digo más: es usted un gran tuno, si persiste en que yo le regale el oído con mis cuentos de viejo corrido. También usted corre que se las pela. A su edad, sabía yo lo mismo que sé ahora o poco menos... Y punto final. Hablemos de otra cosa.

—Hablemos de lo que usted quiera.

Trataron en seguida de la continuación del viaje. Calpena mostró gran impaciencia. Don Beltrán no tenía prisa. Su opinión era que esperaran tres días más, para ir más seguros. Como don Fernando manifestase el propósito de seguir solo, le dijo quejumbroso:

auxiliadas por las juntas parroquiales. Esto supuso la municipalización de la asistencia, algo inédito hasta el momento, aunque en la práctica siguieron siendo fundamentales las donaciones y la ayuda de los religiosos. La nueva moral burguesa propició la participación de las mujeres en juntas de damas que regían los destinos de algunos establecimientos, inclusas u hospitales. Las mujeres de la nobleza y la burguesía, dedicadas únicamente al ocio, pues para las tareas domésticas contaban con criados y amas de cría, se dedicaban con frecuencia a participar en instituciones de caridad. Solo en el segundo tercio del siglo XIX se produjo una paulatina secularización de la beneficencia en España. A lo largo del reinado de Isabel II se fue produciendo la sustitución de la caridad religiosa por la asistencia concebida como un servicio público, una más de las responsabilidades del Estado.

GRUPO DE POBRES en una casa de empeño. Grabado de El Museo Universal. Museo Municipal. Madrid.

—Lo siento en el alma, porque me inspira usted una gran simpatía. ¡Y yo que iba a proponerle que se pasara unos días en Villarcayo! Verá usted qué agradable familia la de Maltrana. Tengo dos nietas lindísimas.

—No puedo, señor don Beltrán; no puedo detenerme. Créame que lo siento.

—Sí, sí, ya recuerdo: me contó Navarridas que tiene usted su novia en Bermeo, o no sé dónde... que es un compromiso antiguo, un afecto hondo, un lazo indisoluble. ¿Qué es ello? Alguna pasión de estas que nos ha traído el romanticismo. Cuéntemelo usted todo. Siento que mis años, y más que mis años, esta ceguera maldita, me impidan acompañarle... asistirle como amigo, ver y admirar a su amada, que me figuro será muy bella.

—Todo cuanto usted imagine, señor don Beltrán, será pálido ante la realidad de esa hermosura pasmosa.

—Mire usted que yo he visto mucho... por delante de estos ojos, que ahora se empeñan en borrarme los objetos, han pasado bellezas verdaderamente soberanas, bellezas celestiales... sublimes.

—Con todo, si usted viera esta, declararía que antes no había visto nada.

—Hombre, es mucho decir... Me pica usted la curiosidad de un modo terrible.

Y al expresar esto, el rostro de don Beltrán se rejuvenecía: se le encandilaban los ojos, medio ciegos ya, y se le aguaban los labios.

—Lo que sí estimaré en grado sumo, recibiendo en ello la mejor prueba de su amistad, es que no nos separemos hasta Villarcayo.

—Si no se detiene usted mucho en el camino, para mí será gran satisfacción.

—Gracias... Y yo le compensaré a usted su esclavitud refiriéndole los motivos de mis discordias con Rodrigo de Urdaneta; seré más explícito en mis apreciaciones acerca del probable fracaso de las vistas de La Guardia; aventuraré algún consejo para que se aproveche de ese fracaso quien debe aprovecharse... ya usted me entiende... En fin, ¿se aviene usted a que vayamos juntos?

—Sí señor; pero no accedo a permanecer en Villarcayo más que horas.

—Bueno... ya se verá eso... Hoy pasaremos aquí el día tranquilamente, charlando de nuestras cosas. Pero, voto a Sanes, no sea usted tan callado, ni me reserve sus afectos, sus planes, sus pasiones con tan extremada discreción. La juventud se ha vuelto ahora más taciturna y sombría que la vejez. Volvamos a los tiempos clásicos, amigo Calpena, y pongamos todos los misterios del alma encima de una mesa y entre dos copas de buen vino.

Y YO LE COMPENSARÉ A USTED SU ESCLAVITUD REFIRIÉNDOLE LOS MOTIVOS DE MIS DISCORDIAS CON RODRIGO DE URDANETA

Propuso Calpena dar un paseo; pero como el cariz del tiempo anunciaba lluvia, quedáronse, después de una corta salida, al amor del fogón, en la cocina hospitalaria, acompañados de gatos y perros, viendo a Sabina y Gervasia mover cacharros y atizar la leña crujiente.

—Amigo mío —dijo don Beltrán, refrescando memorias de su mocedad borrascosa—, mi experiencia cree prestar a su juventud un gran servicio enseñándole con mi ejemplo a poner frenos a la imaginación, a no abandonar lo cierto por correr tras lo dudoso. ¿No me entiende? Pues oiga un poquito de historia personal mía, que se relaciona con la historia del mundo. El año 795 me fui a París en persecución de una hermosura sorprendente, de esas que parecen hechas por Dios para trastornar a la humanidad, para quitarnos el poquito seso que nos queda después de las revoluciones y degollinas que armamos por las ideas, por el pan o por el poder...

—Dispénseme, don Beltrán. Ha dicho usted el 95. Me había contado Navarridas que estuvo usted en París de secretario de la Embajada el 89, y que presenció parte de la Revolución francesa.

—Es verdad. Lo tomaré desde más arriba. Yo me casé el 87 con una ilustre dama, sobrina del duque de Granada de Ega; enviudé el 88, al mes de haber nacido mi único hijo Federico; deseando aventar mis penas, pedí a Aranda que me destinase a una Embajada, y en efecto, fui nombrado segundo Secretario de la de París. Todos los sucesos de la Revolución, desde los Estados Generales hasta junio del 91, en que el Rey fugitivo con su familia fue detenido en Varennes y llevado prisionero a París, los presencié. Retirose la Embajada, y casi todo el personal volvió a España, y en España y en mis Estados permanecí yo hasta el 95... Como no es mi objeto contarle a usted aquel incendio terrible, la Revolución, voy a mi cuento, y lo sigo repitiendo que el 95 me fui a París en persecución de una hermosura sobrehumana, a quien conocí en Zaragoza en casa de mis primos, los condes de Bureta.

HA DICHO USTED EL 95. ME HABÍA CONTADO NAVARRIDAS QUE ESTUVO USTED EN PARÍS DE SECRETARIO DE LA EMBAJADA EL 89

XII

Adelante. Loco de amor fue usted a París...

—En pleno Directorio, hijo mío. ¡Qué distinto de aquel París del 88, tan aristocrático, tan tónico y elegante, en medio de los sustos que ya ocasionaba la Revolución incipiente!... Pero ¡ay!, querido, se me ha olvidado un detalle, y tengo que volver un poquito atrás.

—Volvamos... Salió usted de Zaragoza...

—Despreciando un partido de segundas nupcias que me arregló mi buen padre...

—¿Y era hermosa, don Beltrán?

—Agradable, esbelta, mayorazga riquísima, de familia noble, bien educadita, hacendosa. En fin, una alhaja, querido, incomparable para una vida de descanso, de opulencia prosaica, con probabilidades de larga sucesión, y mucha labranza, recreos de campo y caza... Pero yo no estaba por la prosa. Mi padre quiso sujetarme. Yo me escapé a París, como digo, y aquí viene la moraleja...

—¿Tan pronto? Según eso, la hermosura ideal que usted perseguía...

—Era un fantasma, y los fantasmas hacen la gracia de no dejarse coger. A los tres meses de revolver todo París buscándola, pues la vida y las circunstancias especialísimas de aquella mujer la rodeaban de misterios, la encontré, sí... En una palabra: la que para mí más que mujer era una diosa, la que en España me juró amor eterno, se había casado con un jefe de policía, protegido de Barras.

—¡Demonio! Pues con la policía parisiense no jugaría usted, don Beltrán, si es que persistió en perseguir a la beldad fantástica.

—Persistí: soy navarro. Cultivando mis antiguas relaciones, y mariposeando de salón en salón, llegué a ser uno de los predilectos en el de Madame de Beauharnais. Por cierto que... No, no olvidaré la noche en que vi entrar por primera vez a un joven militar, melenudo y pálido, de menos que mediana estatura.

—Ya le veo, ya...

—Era un *chico que prometía*. Al poco tiempo, la dueña de la casa, que era una gran coqueta, para que usted lo sepa, una coqueta saladísima, y temible, atroz, enloqueció al *chico de Córcega*. Barras no influyó poco para que se casaran... Pues sigo mi cuento. Conté mi triste historia a Josefina, y Josefina se la contó a Napoleón. A poco de salir éste para mandar el ejército de Italia, la generala Bonaparte dio en protegerme, interesándose vivamente en mi causa amorosa. La hermosura fantástica no tardó en aparecer en los salones de Josefina.

—Y allí...

—Sí; pero ya el espectáculo del libertinaje parisién me había arrancado toda ilusión. La prodigiosa hermosura se me deshizo en humo... no sé cómo expresarlo. La sociedad del Directorio transformó completamente mis gustos. ¿Quiere usted que lo cuente todo? Pues Josefina me agradaba extraordinariamente, y acabó por enloquecerme.

—¿Y se atrevió usted, don Beltrán?

—¿Que si me atreví? A fe que era la niña asustadiza. Créalo usted: Napoleón era celosísimo, y algunos, no diré muchos, algunos motivos tenía para ser tan escamón... Y ya no le cuento nada más, porque es usted un niño, y los malos ejemplos no convienen a las imaginaciones juveniles, exaltadas. Basta, pues, basta...

—Corriente. Respeto sus escrúpulos. Pero debo decirle que la lección que ha querido darme no encaja en el caso mío: no hay paridad.

—Eso, usted lo verá... Mire, hijo, cuando el destino nos pone al pie de un árbol de buena sombra, cargado de fruto, y nos dice: «siéntate y come», es locura desobedecerle y lanzarse en busca de esos otros árboles fantásticos, estériles, que en vez de raíces tienen patas... y corren... Yo desobedecí a mi destino, y por aquella desobediencia no he tenido paz en mi larga vida. Créalo: donde no hay raíces, no hay paz. Ea, doblemos la hoja.

—Doblémosla. Un momento, don Beltrán... ¿Y no volvió usted a ver a Napoleón?

—Le vi entrar en París victorioso después de Austerlitz. Años después, cuando la guerra de España, volví allá con mi primo Pepe Villahermosa, con Lorenzo Pignatelli y otros. Era entonces embajador mi primo Diego Frías, que hizo entonces la tontería de afrancesarse. *don José I* le mandó allí representando a la España napoleónica... ¡triste papel! Gran empeño tuvo mi primo en presentarme al *chico de Córcega* en el apogeo de su grandeza. ¡Y yo le había conocido ciruelo, es decir, novio de la viudita Beauharnais!... Me resistí heroicamente a saludar al verdugo de mi patria.

EMPERATRIZ, NO LA VI NUNCA. DESPUÉS DEL DIVORCIO, QUE, ENTRE PARÉNTESIS, LE ESTUVO MUY BIEN EMPLEADO, FUI UN DÍA A LA MALMAISON A OFRECERLE MIS RESPETOS

—¿Y a Josefina?

—Emperatriz, no la vi nunca. Después del divorcio, que, entre paréntesis, le estuvo muy bien empleado, fui un día a la Malmaison a ofrecerle mis respetos. Pero no se dignó recibirme. Era muy lagarta. Murió a los tres meses de mi visita. Fui a su entierro.

Otras anécdotas de su borrascosa vida galante contó don Beltrán a su amigo, cuidando siempre en sus relatos de poner de relieve lo que sugiriese alguna enseñanza útil al joven Calpena, y esquivando los ejemplos de depravación o cinismo. Terminaban casi siempre las historias con sabios consejos, mandándole que aplicara a su gobierno ciertas enseñanzas, y que en otras pusiese todo su estudio en no tomarle por maestro, en hacer todo lo contrario de lo que el biógrafo de sí mismo había hecho. Así demostraba el señor de Urdaneta el afecto que con el trato continuo iba tomando a su compañero de viaje, y éste, quedándose a media miel en algunos pasajes interesantísimos de la vida del prócer libertino, agradecía el móvil honrado de las frecuentes omisiones históricas.

DON BELTRÁN VIVIÓ LA REVOLUCIÓN FRANCESA, en varias de sus etapas. Su destino como secretario en la embajada de París le permitió ser testigo del movimiento social que acabó con la tiranía y sentó las bases del progreso. *(Abolición de los privilegios.* Grabado francés de la época).

—No, hijo, no —le decía don Beltrán, al segundo día, permitiéndose ya tutearle—. Yo he hecho locuras, y no quiero que tú las hagas, no. Eres un chico excelente y muy agudo y entendido. Mereces una vida pacífica y ordenada, por más que sea obscura, y no una vida de ansiedades y tropezones como la mía. Placeres sin fin he gustado; pero grandes amarguras he tenido que tragarme, y heme aquí al fin de la vida, malquistado con mi descendencia... Esto es muy triste, Fernandito, y no lo deseo para ti.

Y cuando iban de camino (pues al fin se arrancaron del mesón de Trespaderne, después de dos y medio días de parada) platicando al paso de la pacífica mula de don Beltrán, repitió éste la parábola del árbol:

—No me cansaré de decírtelo, hijo. El que en su camino encuentra un árbol de grata sombra, cargado de fruto, es tonto de capirote si no se planta allí... Si lo desprecias y sigues andando, te expones a no encontrar más que paisajes fantásticos, efecto de eso que llaman miraje. Corres, corres... ¿y qué ves?... pues un magnífico plantío de cardos borriqueros.

En Villacomparada hicieron otra paradita, que hubo de ser más larga, porque el paso por Medina de Pomar era peligrosísimo. Renegaba Calpena de estos plantones, y a pesar del afecto que iba tomando al viejo, se proponía dejarle y partir solo, arrostrando con su criado los peligros de la facción. Mas Urdaneta, con el poder de su razonamiento, ya grave, ya jocoso, pero siempre sugestivo y cautivador, le aplacaba los fuegos, reteniéndole junto a sí. La confianza, que rápidamente crecía, le fue quitando los escrúpulos de descubrir sus interioridades domésticas, y por fin, una noche, hallándose en la cocina de Villacomparada, se arrancó a decir:

—Este nieto mío no sale a los Urdanetas, donde no hubo nunca roñicas. Su madre, que es noble por los Idiáquez, procede, por la línea materna, de los Rodríguez Almonte de Tarazona, que hicieron un gran capital con la usura, y dejaron fama por la miseria con que vivían. A estos sale mi nieto, en quien verás algo de lo que en la opinión corriente se llama virtud; cualidades buenas en principio, pero que dejan de serlo practicadas con abuso y aisladamente. Sabrás que mi nieto mostró desde chiquitín una extraordinaria capacidad para el arreglo: a los veinte años era un prodigio; a los veinticuatro una calamidad. Si le dejaran, arreglaría el cielo y la tierra, y pondría cuenta y razón hasta en los dones de la Naturaleza. Figúrate que tiene veintiséis años, y ya es calvo... sí, hijo mío: se le cae el pelo de tanto cavilar haciendo números, y enfilando largas baterías de reales y maravedises. Su calvicie procede también de la sordidez, de la sequedad del entendimiento, donde no han entrado más que los números. Su cabeza es hermosa; su rostro correctísimo, con una expresión glacial. La fantasía no existe en él. Es una máquina de hacer cuentas: no se tuerce, no imagina, no sueña, no teme, no desea... Dime: ¿en conciencia crees tú que el no tener ningún vicio equivale a tener todas las virtudes?

A ESTOS SALE MI NIETO, EN QUIEN VERÁS ALGO DE LO QUE EN LA OPINIÓN CORRIENTE SE LLAMA VIRTUD

—¡Oh!, no seguramente. Pero no me pida usted opinión sobre un personaje que no conozco, pues la pintura que usted me hace, con ser muy buena, es pintura, y entre un retrato y su original hay siempre un abismo.

—Es verdad. No quisiera yo decir nada malo de mi nieto... ¡Oh, no!... Quisiera decir mucho bueno... y lo diré, sí; te lo diré, aunque me violente un poco. Rodrigo administra su hacienda como un matemático. Rodrigo es religioso, devoto de la Virgen; cumple con la Iglesia; jamás ha salido de sus labios una blasfemia, ni una palabra mal sonante. Enredos de mujeres nunca los ha tenido... es la misma castidad. Rodrigo no ha tomado nunca nada que no sea suyo: sobre su conciencia no pesa un solo maravedí de propiedad ajena. Rodrigo no dice una mentira ni que le maten; no trasnocha, ni pierde el tiempo en vanas tertulias de holgazanes. Rodrigo no fuma; Rodrigo no bebe; Rodrigo no escandaliza... Con esta pintura, querido, creerás que mi nieto es un santo.

—¡Oh!, nunca. Veo cualidades negativas. Todo ser humano tiene su reverso.

—Y el reverso es muy feo... Si te empeñas en que yo desdore mi casa dándotelo a conocer, lo haré... Rodrigo desconoce la compasión; para él la caridad es muy semejante a las funciones administrativas, y se reduce a ir juntando ochavos toda la semana, para repartirlos metódicamente el sábado a los pobres que llaman a la puerta de la casa. ¿Quieres que me alabe un poco? No me gusta alabarme; pero lo haré para que me salga el argumento. Si tuviera yo en este instante las rentas que he perdonado a mis caseros cuando se veían apurados por las malas cosechas o por otra desgracia, ¡los pobres!, sería hoy el primer ricachón de España.

—¿Y su nieto de usted no ha perdonado nunca?

—¡Perdonar!... ¡Él! Primero se hunde el firmamento. En fin, querido, permíteme que no diga más. No es decoroso para mí sacar a pública vergüenza los defectos de personas de la familia. Yo he sido un disipador, un pródigo, lo reconozco; pero soy el jefe de una casa ilustre; soy un pobre viejo, un glorioso árbol caído, y merezco, si no que se me ame, al menos que se me respete. Juana Teresa me odia porque siempre he sabido ser noble, y ella no, porque los inferiores, los humildes me llaman a mí don Beltrán *el Grande,* y a ella *doña Urraca*. Es tan corta de alcances, que no ha enseñado a mi nieto más que tres cosas: rezar de carretilla, contar dinero y aborrecer a su abuelo... Dos años llevamos de guerra sorda: el pasado rumboso y el presente cominero son incompatibles. Entre la madre y el hijo, rivalizando los dos en crueldad y sordidez, me han reducido a una estrechez humillante... y lo peor es que ponen a prueba mi dignidad, obligándome a pedirles lo que necesito. De aquí las cuestiones, el choque inevitable entre mis apremios y sus negativas... entre mi carácter de noble en decadencia y el de ellos, plebe enriquecida... Yo no puedo menos de ser gran señor... Noble nací, noble moriré... ¿Ver yo una necesidad y no socorrerla? Imposible. ¿Escatimar yo las recompensas a quien me sirve? Imposible. Soy así; me glorío de serlo, y creo que mi piedad es el contrapeso de mis faltas. Me presentaré ante Dios, y le diré: «Señor, he sido un tal y un cual... pero vea Su Divina Majestad estas cositas buenas que aquí traigo en mi haber...». Yo, poniéndome en lo razonable, Fernandito, comprendo que se me tase, que se me sujete a cierta medida, ahora que soy viejo; pero no tanto, no. Ni paso porque mi nieto me trate con esa sequedad administrativa que me envenena la sangre, ni por que trastorne de un modo monstruoso la ley de naturaleza, tratándome como a un niño mal criado, y erigiéndose él en viejo autoritario. Esto es absurdo, esto es repugnante, esto clama al Cielo. ¡Yo un niño calavera... él un viejo regañón!... ¿Has visto...? Tanto él como *Doña Urraca* se me suben a las barbas, y me riñen con cierta suavidad más cargante aún que el desabrimiento, con cierta monita y caída de ojos propias de mojigatos... Un día se escandaliza mi nieto porque, no pudiendo desmentir mi natural obsequioso, digo cuatro chicoleos de buen tono a las muchachas bonitas que van a casa. Otro día se me remonta *doña Urraca* porque he ido tarde a misa, porque me escabullo a la salida de la procesión, o porque digo que nuestro capellán es un bendito alcornoque... Y luego me atacan los dos juntos, porque me quejo de la poca variedad de las comidas, o porque no se me dispone toda la ropa blanca que exige mi costumbre de mudarme diariamente; porque hablo de París, o porque sostengo que lo más bello que Dios ha creado es la mujer; porque me río de los que se mortifican y se

UNA NUEVA LACRA SOCIAL, LOS USUREROS. Muchas familias adineradas se aprovecharon de la necesidad de los pobres para hacer fortuna con los préstamos. El usurero formó parte del paisaje social de la España decimonónica. (*Casa de empeño*, por Thomas Reynolds Lamont. Colección particular).

dan disciplinazos, y sostengo que Dios no nos ha puesto en el mundo para que nos destrocemos las carnes, sino para que nos demos la mejor vida posible y seamos dichosos; porque doy mi ropa en mediano uso al veterinario, al maestro de escuela, o porque me miro un ratito al espejo; porque no quiero arrinconar los retratos de algunas hermosas damas que fueron mis amigas, o por otras mil y mil cosas inocentes, propias de mi edad, de mi hábito noble, de mi condición generosa... ¿Verdad, querido Fernandito, que soy muy desgraciado en mi vejez, y que merezco otra familia? ¡Ay... la entereza me falta!... Me siento decaer horriblemente; creo que el perder la vista es una forma física de la pérdida de la dignidad... Que me muera pronto es lo que me conviene. ¿Verdad que debo morirme, para no ser humillado, para no padecer...?

Terminó el pobre anciano sus quejas poseído de viva emoción, que se manifestaba en cortados suspiros, en la humedad de la nariz y de los ojos tiernos, la cual llegó a ser tanta, que hubo de acudir a ella con el pañuelo.

XIII

Vamos, don Beltrán, no se aflija —le decía el joven con sincera y honda lástima—. Sería usted muy desgraciado si fuera esa su única familia. Pero por dicha suya, tiene a su hija Valvanera...

—Sí, sí... es cierto... —murmuró don Beltrán sonándose fuerte—. Pero tampoco allá ¡ay!, faltan espinas... No es tanto como en Cintruénigo. Cree que Cintruénigo es para mí un Purgatorio anticipado, donde estoy pagando todas mis tropelías contra la moral, querido Fernando... Pero déjales, que también ellos purgarán sus crueldades conmigo... Sí, me las pagan, me las pagan, y pronto. Dios es justiciero, Dios es vengador, Dios da a cada uno su merecido. Me recreo en mi venganza, en el castigo divino... Tú lo has de ver; no quisiera morirme sin verlo...

—¿Y qué hemos de ver?

—¿No caes en ello? Pues las calabazas garrafales que le está preparando la mayorazga de Castro... La chica tiene entendimiento, sabe juzgar fríamente las cosas. Imposible que, después de tratarle un poco, deje de ver la sequedad de aquella alma, aquel villano egoísmo, aquella sordidez repugnante; y viendo esto, es imposible que le ame, mayormente cuando su voluntad se encariña con otro hombre, en verdad digno de ella. Demetria no es de estas que se alucinan: no se dejará coger, no, en las redes candorosas de doña María Tirgo, ni en las astutas trampas de mi *doña Urraca*... De modo que... figúrate mi alegrón si triunfamos... y triunfaremos... ¡Ah!, ese roñica ha entrado en La Guardia pensando que pronto meterá en sus baterías de números las rentas del mayorazgo de Castro-Amézaga... No es flojo chasco el que se llevará... ¡Ay!, si Dios me concede que vuelvan a Cintruénigo corridos, no me quedaré sin ir a presenciar espectáculo tan delicioso... Créelo: pensándolo, me rejuvenezco.

¿VERDAD, QUERIDO FERNANDITO, QUE SOY MUY DESGRACIADO EN MI VEJEZ, Y QUE MEREZCO OTRA FAMILIA?

A esta última parte de las quejas y resquemores de don Beltrán, no prestó Calpena toda su atención, porque le distraía un sujeto harto enigmático que momentos antes se había sentado junto al hogar, y no cesaba de mirarle con fijeza impertinente. No era la primera vez que le veía, pues al entrar en Villacomparada se les apareció por delante caballero en un gallardo burro; luego se puso a retaguardia, y fue siguiendo la caravana, acomodando al paso de ésta el andar de su pollino. No era el tal de aspecto desapacible, ni sus trazas las que suelen caracterizar a la gente sospechosa. Representaba veinticinco años lo más, y era su estatura garbosa y aventajada; su rostro más bien hermoso que feo, aunque ceñudo y lleno de obscuridades; su vestimenta y calzado de hombre rudo, huésped de las alturas pedregosas más que de los valles amenos: zamarra y botas altas, boina, todo de un gris terroso. Si llevaba armas, no se le veían. No hablaba con nadie; consumía fuertes raciones de carne y vino, y comiendo y bebiendo, o sin más ocupación que hurgar el fuego con su vara, empleaba casi todo el tiempo en mirar a don Fernando, haciéndole objeto de un enfadoso y cansado estudio. Naturalmente, viéndose tan mirado, Calpena le observaba también; y como nada advirtiese por donde pudiera descubrir el motivo de aquel examen descortés, aprovechó las cortas ausencias del sujeto para indagar quién era. Los mesoneros no supieron darle razón. Por el habla parecíales vizcaíno: si llevara armas, creerían que era cazador. No le habían oído hablar con nadie más que con el burro, al cual debía de querer como a hermano, pues a menudo daba una vueltecita por la cuadra para verle comer y acariciarle el lomo.

NO LE HABÍAN OÍDO HABLAR CON NADIE MÁS QUE CON EL BURRO, AL CUAL DEBÍA DE QUERER COMO A HERMANO

Por la noche, mientras cenaba, observó Calpena que el del asno, sentado a la mesa pequeña con otros dos, persistía en mirarle, como si le estuviera retratando. Ya le cargaba tanto aquel tipo, que estuvo a punto de acercarse a él y pedirle explicaciones. Pero consultado el caso con don Beltrán, advirtiole éste que lo más propio de personas principales era no parar mientes en tal hombre, ni cuidarse de él para nada.

—Porque ahora resultará que él puede quejarse de la misma impertinencia por parte tuya, pues mirando a ver si miran, ello es que los dos se provocan, y confunden en una sola necedad sus necedades respectivas. Cambiemos de asiento, y así le tendrás a la espalda... Pues a mí también me mira... Voy a echarle un saludo con la mano... ¿Sabes que más que de cazador tiene trazas de chalán o de tratante en caballerías? Verás cómo después de tanto mirar, se sale con la gaita de que le compremos su burro.

Al siguiente día, caminando los viajeros hacia la sierra, pues por alejarse de Medina de Pomar, donde andaban a tiros cristinos y facciosos, tuvieron que dar un largo rodeo, se les apareció de nuevo el caballero del borrico, que casi juntamente con ellos entraba en la venta de Villalomil.

—Oye —dijo Don Fernando a su criado—, hazme el favor de llegarte a ese hombre, y con cualquier pretexto averigua quién es, qué demonios busca por aquí, y cómo se llama; y si consigues entrar en confianza con él, le preguntas que por qué me mira.

Cuando cenaban los señores, entró Sabas a manifestar a su amo el resultado de sus investigaciones, el cual, contra su voluntad y diligencia, era enteramente nulo. Preguntado había, sí, todo cuanto preguntar puede un hombre que sabe su oficio de preguntón; pero el otro no respondía más que un marmolillo.

—Es mudo, señor.

Observó a esto Calpena que él le había oído hablar con su burro y con el mesonero de Villacomparada.

—Pues entonces, señor, sordo es —afirmó Sabas—: más gritos que yo le he dado, no le daría el pregonero de mi lugar, y no se enteraba ni chispa.

Riéronse, y no se habló más del asunto hasta dos días después, hallándose en los altos de Medina, con un tiempo horroroso de agua, viento y nieve, que les obligó a guarecerse en unas cabañas de Recuenco. Despejado un poco el cielo, aprovecharon una clara para seguir su camino en busca de mejor pueblo donde alojarse, y no habían andado media legua cuando divisaron burro y caballero, por vanguardia, saliendo de un bosque. Como a distancia de un tiro de fusil anduvo toda la tarde el desconocido, y al llegar al llano que hay cerca de Valmayor empezó a dar carreras muy lucidas de una parte a otra, cual si quisiera ofrecer a los caminantes una verdadera función de jineta borriquil. Admiraban aquellos las airosas carreras del asno, sus desplantes y corvetas, y celebraron la destreza con que lo manejaba su extravagante caballero. Más adelante viéronle parado junto a unos pastores. Como era indudable que hablaban, ya fuese con palabras, ya por señas, mandó don Fernando a su escudero que se adelantase para pedir informes de sujeto tan extraño.

—Y que le proponga que nos venda el burro —dijo don Beltrán—, que bien merece se le dé diploma de nobleza, elevándole a la categoría de caballo de orejas grandes.

Volvió Sabas al poco rato con las referencias que le dieron los pastores. No sabían más sino que el tal era bilbaíno y que solía venir por aquellas tierras a tratar de cortas de maderas para las ferrerías. A consecuencia de una enfermedad de la cabeza, se había quedado sordo; y aunque no era mudo, como lo decía todo en vascuence o en un castellano de perros, costaba Dios y ayuda entenderse con él. Le llamaban *Churi*.

Con esto, que no era poco, hubo de contentarse don Fernando, creyendo que el señor aquel no estaba bueno de la cabeza. En Valmayor encontraron los viajeros mejor acomodo, y no les vino mal, porque arreció el temporal de duro toda la noche, y fue una suerte que no les cogiera en despoblado. Tres o cuatro días tuvieron que permanecer allí, pues los caminos quedaron intransitables, y la glacial temperatura convidaba a no abandonar la proximidad del fogón. Reíase don Beltrán de ver a su amiguito tan descontento, y gozoso le decía:

—No te apures, hijo, que ya llegaremos, ya llegarás a donde te llama tu locura. Te advierto que no siempre estriba nuestra felicidad en llegar pronto a donde queremos ir, como dice un refrán; que yo sé por experiencia cuán venturoso es llegar tarde en multitud de casos, tarde, sí, y cuando ya las cosas no tienen remedio.

No sólo sentía Calpena contrariedad y disgusto por los entorpecimientos de su viaje, sino tristezas hondísimas, motivadas por causas que no sabía desentrañar. Encontrábase ya demasiado lejos de la señora invisible; veía muy agrandado el espacio entre su persona y la desconocida y amante deidad protectora. Tantos días sin saber de *allá* le inquietaban, le entristecían, ennegreciendo horrorosamente la impresión de su soledad en el mundo. Una noche de espantosa ventisca, aburrido y desalentado, sin que lograsen sacarle de su melancolía los cuentos galantes y las festivas anécdotas de don Beltrán, llegó hasta sentir miedo de seguir avanzando hacia Vizcaya. Casi delirante, pensó que debía volverse. ¿A dónde?, ¿a La Guardia, a Madrid? Ni él mismo podía determinar a dónde le llamaban sus recónditos anhelos. La mañana calmó su confusión, y despejado su cerebro, volvieron a dominar los antiguos planes y propósitos. Adelante, pues, con la orgullosa divisa: *A Bilbao por Aura*.

CON ESTO, QUE NO ERA POCO, HUBO DE CONTENTARSE DON FERNANDO, CREYENDO QUE EL SEÑOR AQUEL NO ESTABA BUENO DE LA CABEZA

Estaba de Dios que en vez de disminuir acreciesen los estorbos que así la Naturaleza como los hombres oponían al generoso anhelo de don Fernando, porque no bien abonanzó el tiempo y se secaron los caminos, viéronse detenidos los viajeros por un tropel de gente que

EL PUEBLO, CASTIGADO POR LA GUERRA. Cristinos y carlistas saquearon los pueblos en busca de alimentos con los que mantener a las tropas. La evacuación fue una constante, sobre todo en el norte y este de España, donde las mujeres y los niños vivieron el horror de la contienda, abandonando los lugares donde vivían y sus pertenencias. (*Campesinos evacuando un pueblo ante la llegada de los cristinos.* Biblioteca Nacional. Madrid).

en dirección opuesta corría: aldeanos, mujeres, familias enteras, con sus animales, carros, provisiones y aperos de labranza. Eran meneses fugitivos, que abandonaban sus hogares amenazados por la facción. El pánico de que venían poseídos no les permitía precisar las noticias que daban. A muchos interrogó don Beltrán, sin sacar en limpio más que el hecho indudable de que los carlistas ocupaban parte del valle de Mena, y seguían avanzando, como con intento de cruzar la provincia de Burgos. Quién afirmaba que componían la expedición seis batallones mandados por Zaratiegui, con muchos caballos y artillería; quién que eran la mitad de la mitad, pero los bastantes para asolar y revolver toda la comarca. Entre tanta gente, hubo algunos que conocían a don Beltrán, y le dijeron:

—Señor, vuélvase, y no piense en ir a Villarcayo. Su familia se ha refugiado en Espinosa de los Monteros.

No necesitó Urdaneta saber más para volver grupas, siguiéndole Calpena de malísimo talante. Desandado el camino, como a unas dos leguas encontraron tropas cristinas, las cuales les anunciaron que en Medina de Pomar no había ya facciosos, y que allí podían refugiarse con toda seguridad, añadiendo que no tardaría mucho la tropa liberal en despejar todo el valle de Mena hasta Valmaseda, guarneciendo el puerto de los Tornos y Sierra Salvada, a fin de cortar el paso del enemigo a la provincia de Burgos. Si intentara correrse por las Encartaciones hacia la de Santander, también se le pondrían buenas compuertas en Ramales y Guardamino. Con tantas contrariedades y las repetidas tomas de resignación, había llegado ya Calpena a un estoicismo torvo y displicente.

—¿Qué remedio tienes, hijo —le decía don Beltrán—, más que bajar la cabeza ante el destino, o hablando cristianamente, ante la voluntad de Dios? Bien podría suceder que esto que juzgas adverso fuera todo lo contrario: el principio de tu felicidad.

Y he aquí que Medina de Pomar, histórica villa, les recogió y agasajó rumbosa, pues allí tenía Urdaneta amigos y parientes; y no llevaban cinco días de aquella cómoda residencia, que para don Beltrán era un descanso y para Calpena una esclavitud, cuando vieron llegar buen golpe de tropas cristinas. Sucedíanse los batallones, que se iban escalonando en los pueblos del valle hasta Villasante; la división de Alaix llegó la primera, con numerosa caballería y trenes de batir; siguió la de Oraa, y, por fin, una tarde vieron llegar, con su lucido Estado Mayor al general en jefe del ejército del norte, don Baldomero Espartero, que se alojó en el Palacio del Condestable.

Sucedíanse los batallones, que se iban escalonando en los pueblos del valle hasta Villasante

—En todo ha de tener suerte este Baldomero —dijo don Beltrán a su amigo, a poco de verle pasar—. Por traer consigo todo lo bueno, hasta el buen tiempo trae. ¿Cuántos días llevábamos sin ver la cara del sol? Lo menos diez. Pues lo mismo es llegar mi hombre que se abre un gran boquete en la panzaburra de las nubes, y los rayos del sol salen a juguetear en los entorchados del afortunado caudillo. ¿No advertiste que cuando entraba en la plaza se despejó el cielo y nos vimos inundados de claridad y de un dulce calor? Pues es la suerte, hijo, la suerte de este hombre, que vino al mundo en el signo de *Piscis,* los Peces, por donde ha resultado que es un pescador formidable. Ya le tienes hecho un tenientazo general, y no por chiripa, sino ganando sus grados en acciones de guerra, batiéndose con arrojo y con éxito; y no es esto sólo, pues en aguas muy distintas de la milicia ha demostrado que es gran pescador. Aquí, donde me ves, soy su víctima, querido Fernando; víctima de la loca estrella de este hombre, que no pone mano en cosa alguna que no le colme de ventajas. ¿Quieres que te lo cuente? Antes de ir a visitarle... ya me vio al pasar... notarías que me saludó muy afable, sonriendo... pues antes de subir a su alojamiento, quiero satisfacer tu curiosidad, y al propio tiempo ofrecerte una saludable enseñanza que espero te sea provechosa... El año 26 vino Baldomero de América con reputación de valiente soldado, y le destinaron a Pamplona, donde yo residía entonces. Pronto nos hicimos amigos. Él y otros jefes militares, con diversos señores y señoritos de la aristocracia navarra, matábamos el ocio de la tediosa vida de aquella ciudad en la agradable mansión de un amigo nuestro, segundón de Ezpeleta, donde teníamos una trinca... hombres solos...

—Y allí se entretenían en verlas venir... pasatiempo muy de militares más o menos gloriosos, y de nobles más o menos arruinados.

—Tú lo has dicho. Ya me había prevenido Ezpeleta: «No juegues con ese *ayacucho,* que ha traído de América, con la pérdida de las colonias, una racha espantosa para perdernos a los de acá». Pero yo no hice caso. Dominado por el maldito vicio, una noche nos pusimos a matar el tiempo... En menos de dos horas y media me ganó cuatrocientas onzas... cuatrocientas onzas, querido Fernando, que todavía me están doliendo... Ya ves qué a pelo viene la moraleja. Hijo mío, no juegues, no te dejes dominar de ese vicio insano... Ten mucho cuidado con los héroes; que los afortunados en la guerra no lo son menos en el naipe.

XIV

Mi desgracia, lejos de enfriar la amistad con Baldomero, la hizo más firme y cordial. Y en vez de mostrarme vengativo, aproveché la ocasión que me presentó el acaso para prestar a mi desvalijador un gran servicio. Nada, que el *chico de Granátula* me debe su felicidad, la mayor y más bella victoria que ha ganado en el mundo. ¿Recuerdas el consejo que te he dado a ti? Pues hallándose Espartero en una situación de perplejidad semejante a la tuya, le dije: «Hijo mío, cuando encuentres un árbol de grata sombra y cargado de fruto, *etcétera, etcétera...*». Como tú, el buen *ayacucho* había encontrado el árbol, y como tú vacilaba, perdido el seso por una hermosura tras de la cual corría sin poder atraparla, una visión ideal... Pero yo, que gusto de encaminar a la juventud por las buenas vías que no supe seguir, no le dejaba de la mano, y en nuestros paseos por la Taconera, o charlando en la casa donde teníamos la timba, le enjaretaba a cada instante mi sermón fastidioso: «cuando encuentres un árbol, *etcétera...*». Pues el hombre, al contrario de lo que haces tú, se penetró de la sabiduría de mi consejo y se sentó a la sombra. El árbol riquísimo es Jacinta Sicilia, rica heredera de Logroño que se hallaba de temporada en Pamplona con su padre, grande amigo mío. Tuve la satisfacción de apadrinarla en su boda con Baldomero, lo que era un doble padrinazgo, porque la saqué de pila: es mi ahijada... Con que ya ves: pensé darte ahora una sola lección, y te he dado dos: la del juego y la del árbol. Mírate en ese espejo; mírate en ese general de fortuna, que hoy tiene cuanto puede apetecer un hombre: la gloria militar y la felicidad doméstica. ¡Qué mujer se ha llevado! No le echa Demetria el pie adelante en lo honrada y hacendosa, y en hermosura se queda a la zaga de Jacintita, que es, para que lo sepas, una preciosidad.

ESE GENERAL DE FORTUNA, QUE HOY TIENE CUANTO PUEDE APETECER UN HOMBRE: LA GLORIA MILITAR Y LA FELICIDAD DOMÉSTICA

—Contesto lo mismo que antes, señor don Beltrán... No hay paridad. Este don Baldomero es el hombre de la suerte...

—Nació en *Piscis:* por eso ha pescado.

—Pues yo debí nacer en *Escorpión,* signo de la desgracia: todo se me dispone al revés de como lo deseo.

—Ríete de cuentos. Es que haces siempre lo contrario de lo que ordena la lógica.

—Dígame: ¿le ordenaba a usted la lógica ponerse a jugar con Espartero?

—En el juego no hay lógica; no hay más que suerte. Y que Espartero la tenía favorable, no puede ponerse en duda. Oye este golpe que me ha contado él mismo. Hallábase prisionero en no sé qué plaza de América y a punto de ser fusilado, cuando por intercesión de una hermosa dama, a quien obsequiaba el gran Bolívar, consiguió que le perdonasen la vida. Escapó como pudo, y estando en Quilea, en espera de un buque que le trajese a España, encontrose mi hombre sin ropa, sin alhajas, sin dinero, en situación absolutamente precaria...

—¿Y qué?... ¿Le deparó Dios un árbol?

—Precisamente. Según ha contado más de una vez, encontró en su camino árboles grandísimos que le convidaban a ahorcarse... Pero no lo hizo... Dios le deparó un alemán, sí, un alemanote rico, que iba también buscando barco. Hospedáronse en un caserío, donde no había nada que comer. Buscando por aquí y por allí, encontraron una baraja, y por matar el tiempo y engañar el hambre se pusieron a jugar. ¡Cuando te digo que nació en *Piscis!...* En un par de horas, Espartero le ganó al alemán ¡diez y seis mil duros! Ya ves: ¿es eso suerte o lógica?

—Es lógica, porque al alemán le quedaría otro tanto, y bueno era partir para que el otro pobre se remediara.

—Puede que estés en lo cierto. En fin, me voy a darle un apretón de manos. Ya habrá pasado todo el barullo de la recepción de autoridades. Espérame aquí, que no pienso entretenerme mucho.

Fuese don Beltrán a visitar al general en jefe, y Calpena le aguardó en la plaza charlando con algunos oficiales que conocía. Enterose de que los carlistas se cernían sobre Bilbao, lo que le puso en grande inquietud, aunque sus amigos, con optimismo juvenil muy propio de la raza, aseguraban que sería cuestión de días el hacerles levantar el cerco. Espartero no se andaba en chiquitas: hombre de formidable empuje, poseía el don divino de infundir a las tropas su bravura y llevarlas como a rastras a la victoria. No era un general de estudio, sino de inspiración, chapado a la española, hombre de arranques, de *cosas,* con el corazón en la cabeza. Las propias ideas le expresó don Beltrán al regreso de su visita. Los facciosos se disponían a sitiar a Bilbao en toda regla, decididos a perecer o tomarla. Por segunda vez ponían sus ojos y su alma toda en la valerosa villa, esperando domarla al fin y hacerla suya. Pero el hueso era demasiado duro, y Espartero había jurado que allí se dejarían los dientes. Por de pronto tenía que atender a cortar los vuelos a los facciosos mandados por Sanz, que merodeaban ya en el valle de Mena y querían pasarse a Castilla la Vieja. Desbaratada la expedición, llevaría todo su ejército contra los sitiadores de Bilbao. Los elementos con que contaba eran el valor de sus tropas, su buena estrella y la ayuda de Dios.

FUESE DON BELTRÁN A VISITAR AL GENERAL EN JEFE, Y CALPENA LE AGUARDÓ EN LA PLAZA CHARLANDO CON ALGUNOS OFICIALES QUE CONOCÍA

—Después de lo que me ha dicho Baldomero —añadió don Beltrán—, conceptúo, querido Fernando, que no hay locura comparable a la tuya si te empeñas en ir a Bilbao.

—Pues téngame usted por rematado —replicó el joven—. Antes que los carlistas establezcan su línea, he de intentar penetrar en ese pueblo glorioso que ya rechazó un sitio formidable, y rechazará también el segundo... Emprenderé mi caminata hoy mismo; y si no puedo entrar por el valle de Mena, intentaré correrme a la parte de Santander para escurrirme por la costa.

—Por una y otra parte encontrarás peligros invencibles. Ya me aflige la pena, el presentimiento de que no volveré a verte, si persistes en tu disparatado empeño. Yo que tú, me agarraría a los faldones del afortunado general, y correría la suerte del ejército de la Reina. Si éste rompe el cerco, entraría con él, y si no, me quedaría tan fresco de esta otra parte, viendo venir los acontecimientos, que es la gran filosofía.

Objetó Fernando que aguardar a que Espartero entrase a socorrer la plaza, era diferir por tiempo indeterminado su empresa. Decíale el corazón que no debía perder ni un día ni una hora. Al juicioso consejo de que esperara siquiera los días necesarios para recoger en Villarcayo las cartas que de Madrid le escribirían, replicó que si Dios le favorecía en su empresa, tardaría poco en volver satisfecho y triunfante, y que entonces recogería las cartas. Estrechándole más, anunciole Urdaneta irremisible perdición si emprendía el viaje a caballo con su escudero, en el pergenio de señorito rico que viaja por recreo; y a esto contestó Fernando que él y su criado dejarían los caballos en Medina al cuidado de los servidores de don Beltrán, y emprenderían su caminata a pie, disfrazados magistralmente. Aún no había agotado el tenaz viejo sus argumentos, y por la noche, cenando, volvió a la carga con estas marrullerías:

La superioridad naval de los liberales

La marina gubernamental bloqueó el Cantábrico con el apoyo de Gran Bretaña

Marina liberal

Las precarias fuerzas cristinas se dividen en dos agrupaciones:

1. La misión de la primera consistió en bloquear la costa vasca
2. A partir de 1834 se proclama oficialmente el bloqueo marítimo entre el Cabo Finisterre y el río Bidasoa. El contingente de Vigo se dirige también a la costa vasca

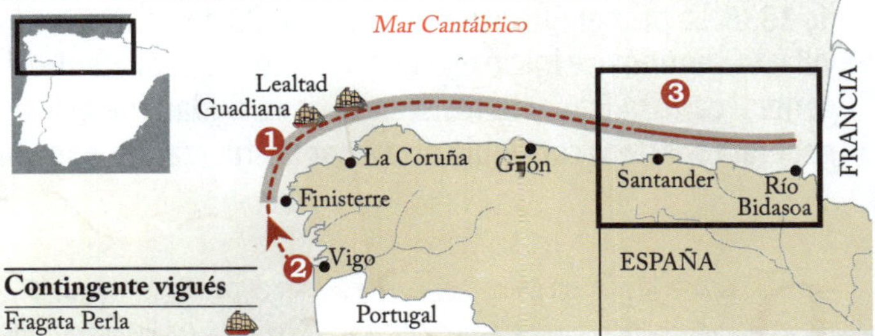

Contingente vigués
Fragata Perla
Bergantín Guadalete
Goleta Mahonesa
Nueva Marina

CLAVE
- Navíos españoles y británicos
- El bloqueo
- Puertos carlistas
- Vapores alquilados en Gran Bretaña

Bloqueo del Cantábrico

3. En 1834 termina de constituirse la División de Bloqueo del Cantábrico, cuyo mando tomó el brigadier Pérez del Camino

La guerra carlista supuso la primera participación de los modernos barcos de vapor en acciones bélicas en aguas españolas

En 1835 llega una flota inglesa al mando de John Hay. Con estos buques se pudo impedir que los carlistas enviaran armas y pescaran en los puertos bajo su dominio

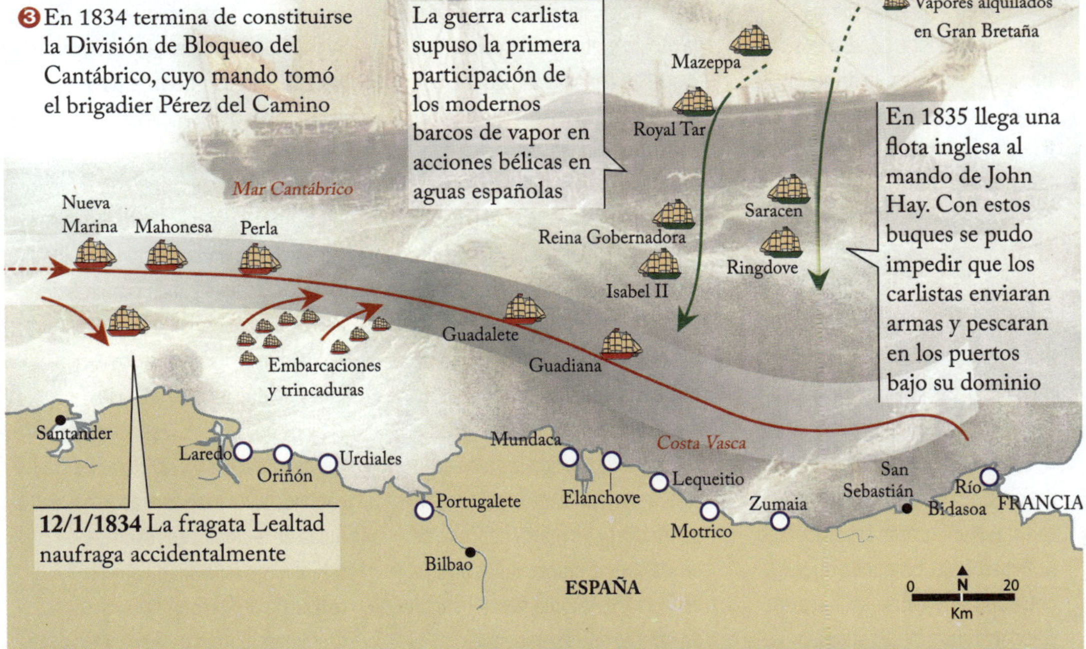

12/1/1834 La fragata Lealtad naufraga accidentalmente

Bando carlista

Los carlistas tenían lanchas y embarcaciones junto al Bidasoa para evitar el tráfico por la zona. Las únicas acciones ofensivas de los carlistas las realizaron particulares, que actuaban como corsarios

1835

Ante la llegada de apoyo británico al bando liberal, los carlistas intentan organizar sus lanchas y embarcaciones

14/9/1836

Don Carlos crea la Comandancia General de Marina, bajo el mando de Domingo Federici, para la vigilancia de las costas y el despacho de los asuntos marítimos. En realidad, carecía de elementos navales o fuerzas asignadas

FUENTE: "La Primera Guerra Carlista", Alfonso Bullón **Doc.:** Rubén González **SERGIO BRAGA/I+G**

LA RESISTENCIA DE LOS BILBAÍNOS: EL ASEDIO Y LAS FORTIFICACIONES

El segundo sitio de Bilbao se desarrolló en dos fases entre los meses de octubre y diciembre de 1836. La primera transcurrió del 23 al 28 de octubre y se logró levantar la ocupación de la villa. La segunda se inició el 5 de noviembre con el ataque de doce batallones al mando del general carlista Eguía. La resistencia de la ciudad fue gloriosa, hasta que el 24 de diciembre el general Espartero consiguió atravesar las fuerzas de don Carlos y liberarla.

Durante la primera guerra carlista, los bilbaínos fueron sometidos al asedio en dos ocasiones, la primera, por espacio de diez días, en junio de 1835, y la segunda de octubre a diciembre de 1836. En ambas el espíritu de resistencia de los ciudadanos, su alta moral de combate y su firme identificación con los preceptos liberales fueron decisivos para evitar la conquista de la ciudad. El segundo asedio se inició el 23 de octubre de 1836 con un ataque combinado sobre las fortificaciones que rodeaban la villa. El ayuntamiento se puso de acuerdo con la autoridad militar y la junta de armamento y se constituyó en sesión permanente mientras durara el sitio. Dos días después, el 25 de octubre, los carlistas comenzaron el bombardeo de Bilbao. El 26, pensando que la población se hallaba debilitada, los sitiadores lanzaron un ataque general, pero se encontraron con una fuerte resistencia de las tropas y de la Milicia Nacional, lo que les obligó a retroceder hasta sus posiciones iniciales. El día 27 se reanudaron los bombardeos. El 28 la junta de armamento decidió movilizar en la defensa a cuantas personas no fuesen aptas para el servicio de las armas y confiscar los bienes de todos los que se ausentasen sin autorización. Querían evitar la huida de los habitantes, pues muchos esperaban al amparo de la noche para deslizarse en barcas a través de la ría. Sin embargo, el mismo día 28 los carlistas comenzaron sorprendentemente a levantar el cerco de la ciudad, operación que prosiguió hasta el 30 de octubre.
Tras su marcha, los liberales entraron en Bilbao al mando del provincial de Toro, que había sido destacado por el brigadier Araoz para auxiliar a la población. La junta de armamento se quejó a la Reina del abandono en que el gobierno tenía a la ciudad y solicitó la reparación urgente de las fortificaciones, el incremento de la guarnición y un mayor depósito de provisiones. Durante varios días, la actividad de la junta fue frenética, en un intento desesperado por conseguir ayuda, especialmente de los diputados vascos en Madrid.
El 5 de noviembre doce batallones carlistas al mando del general Eguía volvieron a cercar la población. La primera acción fue un ataque simultáneo sobre los fuertes que rodeaban Bilbao y que constituían su sistema defensivo: el fuerte de Banderas, que permitía establecer comunicación con Portugalete a través del telégrafo óptico; el fuerte de Capuchinos y el fuerte de San Mamés. El general Espartero había ordenado la amplia fortificación de la plaza de Bilbao, así como también la de Durango y Guernica, para defenderlas de las incursiones carlistas.
La operación se desarrolló sin problemas y ese mismo día los carlistas ocuparon posiciones en los altos que rodean Bilbao, dominando así la ciudad. Sólo en el fuerte de San Agustín se atrincheraron los liberales, que resistieron hasta el 27 de noviembre. El segundo paso fue bloquear la ría y controlar los caminos para impedir el acceso o la huida de la ciudad. Los carlistas estaban convencidos de que la conquista de los fuertes iba a desmoralizar a la población, por lo que una vez conseguido su objetivo, el general Eguía envió un mensaje conminando a las autoridades a rendir las armas. La respuesta fue la expulsión de los emisarios y la advertencia de que también los sitiados reanudarían inmediatamente el fuego de

artillería. Comenzó así el segundo asedio de Bilbao. Durante los dos meses que duró, la población bilbaína atravesó por circunstancias muy diversas. La moral fue en general elevada, aunque hubo situaciones de gran tensión que estuvieron a punto de provocar enfrentamientos entre los ciudadanos. La primera cuestión que había que resolver era la del aprovisionamiento de municiones y comida. Los carlistas habían conseguido estrangular cualquier acceso del exterior, bien por mar, bien por los caminos que desde Vizcaya conducían a Bilbao. Al mismo tiempo, los bombardeos carlistas buscaban machacar los puntos clave de la ciudad para reducir al mínimo la moral. Los hornos de las panaderías eran un objetivo de primer orden para provocar desmoralización y extender el hambre. Las bombas tuvieron un efecto secundario no buscado: provocaban la muerte de muchos caballos. Ante la falta de carne, los caballos muertos por proyectiles eran descuartizados, y su carne vendida a doce cuartos la libra. Otro aspecto preocupante fue el de la higiene, pues su ausencia favorecía la aparición y transmisión de enfermedades. Debido al hacinamiento en los pisos inferiores de las viviendas, para evitar los bombardeos, la humedad causó estragos y provocó la extensión de enfermedades respiratorias. La falta de limpieza, la presencia de basuras y la proliferación de piojos, pulgas y ratas incrementaron la mortalidad. Tras la liberación por Espartero, que consiguió atravesar el cerco el día de Nochebuena de 1836, la villa fue considerada por su resistencia la insignia del liberalismo.

BATALLA DE LUCHANA, 24 de diciembre de 1836. Museo Municipal de San Telmo. San Sebastián.

—¿No sabes, Fernandito? Hablé de ti a Espartero, y me dijo que te conocía... No, no; no te conoce personalmente. Tanto él como Jacinta han recibido cartas de Madrid, rogándoles que se interesen por ti y que no te permitan hacer locuras. Esto sí que es raro. ¿Quién les ha escrito esas cartas? No ha querido decírmelo. Yo quedé en presentarte a él.

—A la vuelta, don Beltrán. Por más que usted crea lo contrario, volveré pronto. Al amanecer me pongo en camino. Pasado mañana estaremos Sabas y yo en Bilbao.

—Te apuesto lo que quieras a que no.

—Lo que usted quiera.

—Has dicho que me dejas tu caballo. Pues si antes de tres días estás de vuelta en el Cuartel General, pierdes.

—Y se queda usted con el caballo. Pongo cien onzas encima.

—Cierro.

—Cerrado. Y si dentro de ocho días estoy en el Cuartel General trayendo conmigo lo que voy a buscar, ¿qué me da usted?

LA HAZAÑA DE ESPARTERO EN BILBAO. Los liberales confiaban en que el general asaltara la villa para asestar un golpe en el corazón del carlismo. Cualquier sospecha de pertenecer a la causa isabelina se pagaba con la vida en la capital de Vizcaya. (*Baldomero Espartero*. Grabado de época coloreado).

—No puedo darte onzas, porque no las tengo. Tuyos son mis dos mejores caballos.

—Cerrado. ¿Gano también la apuesta en el caso de no traer conmigo lo que voy a buscar?

—¿La hembra...? No, no: si no la traes, pierdes. Venga la niña, pues no hay otra manera de acreditar que has entrado en Bilbao. A no ser que traigas su cabeza o siquiera su cabellera. Retratos no valen.

—Pues sostengo la apuesta. Tres días para volverme si no puedo entrar.

—Pongamos ocho días para el pro y para el contra. Si vuelves sin ella, pierdes. Si la traes, mis caballos son tuyos, y de añadidura seré tu padrino de boda, siempre y cuando tus ideas sean matrimoniales.

—Lo son... Ya verá qué árbol, don Beltrán.

—Árbol que va y viene, no tendrá muchas raíces.

—Lo veremos. Tenga presente que el padrinazgo es parte integrante de la apuesta.

—Que cerrada entre los dos es como escritura pública. Mis dos mejores caballos y padrino de boda. No hay más que hablar.

—Mi caballo y cien onzas encima.

—¡Cerrado!

A la mañana siguiente, hallándose Calpena con Sabas en un caserío próximo a Medina tratando de la adquisición de unos vestidos para disfrazarse, vieron al sordo que aparejaba su borrico majo para montar en él. Al verles llegar, dejó el animal atado a un árbol y entró presuroso en la casa; Sabas fue tras él, y le vio de rodillas junto a un arcón, muy atento a lo que con dificultad escribía con lápiz en un arrugado papel.

—Señor —dijo el escudero a su amo—, está haciendo palotes, y le cuesta, le cuesta, sin duda porque son palotes vascuences.

DISCUTIERON AMO Y CRIADO SI AQUELLA MISTERIOSA INDICACIÓN ERA DE AMIGO O DE ENEMIGO, INCLINÁNDOSE DON FERNANDO A LO PRIMERO

Al poco rato viéronle montar en su pollino y partir a la carrera sin mirar atrás. Una mujer se llegó a Calpena, y dándole un papel le dijo que *Churi* había dejado para él aquella escritura, la cual era tan tosca, que a duras penas pudo descifrar Fernando sus groseros trazos. Con dificultad pudo interpretar este concepto: *«Señor Don Fernando: bayga sarri sarri Bilbo»*.

—Ese tonto —dijo Calpena— me recomienda que vaya a Bilbao, y pronto, pronto, pues cosa de prontitud creo que significan las palabras *sarri, sarri*. Ha querido decírmelo en castellano; pero a la mitad le ha faltado la suficiencia.

Discutieron amo y criado si aquella misteriosa indicación era de amigo o de enemigo, inclinándose don Fernando a lo primero. Opinó Sabas que debían andarse con tiento en hacer caso de tal advertencia, que bien podía ser reclamo de ladrones o de facciosos para armarles una celada en las revueltas del camino. A esto hubo de objetar don Fernando que no sabía que en ningún tiempo empleasen los bandoleros tales añagazas. Obra de un pobre demente, más que de un malvado, era el tal papelejo, que ni le quitaba las ganas de ir a *Bilbo,* ni a darse prisa le estimulaba.

Cerca de Nestosa volvieron a encontrarle, sin que mediara entre unos y otros manifestación alguna, y más adelante, mucho más, próximos a Ontón, en la costa cantábrica, cuando se vieron detenidos por una imponente banda de carlistas, apareció de nuevo el sordo. A la ligereza de sus pies debieron Calpena y Sabas, con otros trajinantes que les acompañaban, salvar la pelleja en aquel conflicto, y mal lo hubieran pasado si no buscaran pronto refugio en una estrecha garganta por donde salieron a las Encartaciones. En su veloz huida pudo Sabas advertir que al sordo le quitaban el jumento. ¿Perdió también la vida? Esto no trataron de averiguarlo, atentos a poner en seguro la propia. Tenaz hasta la temeridad loca, intentó don Fernando tres días después atravesar la línea por Valmaseda, y allí, con mayor riesgo de perecer, hubo de darse por vencido, retrocediendo al valle de Mena con el pesar de ver frustrado su audacísimo intento.

—¡Cómo se va a reír mi amigo Urdaneta cuando nos vea llegar! —decía recorriendo con Sabas veredas y atajos, temerosos aún de ver salir tras de cada mata el odiado fusil del guerrillero carlista—. ¡Y cómo se alegrará de haberme ganado la apuesta, pícaro viejo!... ¿Querrás creer que no puedo apartar de mi pensamiento al maldito sordo? ¿Le mataron? ¿Pudiste observar si escapó como nosotros, o si acabaron allí sus correrías?

—Señor —dijo el escudero—, cuando le quitaron el pollino acometió a los facciosos. O es loco rematado, o más valiente que el Cid, pues solo la emprendió a patadas y mordiscos con un tropel de ellos. Juraría que en pelea tan desigual le vi caer patas arriba.

XV

Cierta era la anterior referencia. El desgraciado *Churi,* estimando más la posesión del asno que su propia existencia, embistió a los fieros enemigos que le arrebataron lo que más amaba en el mundo. Alguno de los facciosos le conocía, sin duda, e intercedió para que no le mataran. Le apalearon de lo lindo, dejándole, como observó Sabas, patas arriba. Pero en cuanto los carlistas se desocuparon de él, púsose patas abajo, todo magullado y con los huesos doloridos, y se dejó caer, o se deslizó gateando por un cantil hacia las rocas donde batía la mar brava, y allí estuvo escondido hasta que, asomando una y otra vez la cabeza entre peñas, adquirió la certidumbre de que los bárbaros iban lejos. Andando con los cuatro remos de costado por los cantos resbaladizos, más parecido a un enorme cangrejo que a un hombre, avanzó todo lo que pudo por la costa hacia el este, pues los carlistas habían seguido hacia Occidente. Le anocheció cerca de la rada de Berrón. Recogido al amanecer por una lancha de Plencia, desembarcó en Algorta, y de allí salvó en otra lancha la barra, desembarcando al fin sus pobres huesos a la siguiente noche obscura en el propio Desierto. Entró en Bilbao por su pie; en su casa le agasajaron sus primos, padre y tíos, que alarmados estaban ya por su demora, y el primer cuidado fue darle friegas con aguardiente en todo el cuerpo y meterle en la cama, donde sólo permaneció horas, porque su viveza era incompatible con el reposo, y no quería más que correr a enterarse de cuanto en la gloriosa villa ocurría. Era la casa una de las de la Ribera frente a la Merced, con tienda famosa de artículos de mar, bien provista de toda clase de aprestos para la navegación de vela. La muestra ostentaba una fragata bastante bien pintada al óleo, navegando a toda vela, sin añadidura de nombre alguno ni especificación de lo que allí se vendía. Los dueños vivían en el entresuelo: el piso bajo estaba ocupado totalmente por el género comercial, hierros, lonas, cabos, y mil objetos tan extraños de forma como de nombre, que la gente de tierra adentro habría creído caprichosos, fantásticos. El olor de alquitrán era como el alma del recinto; y tan connaturalizados con él se hallaban los habitantes de la casa, que les olía mal el aire libre cuando pasaban de la tienda a la calle.

RECOGIDO AL AMANECER POR UNA LANCHA DE PLENCIA, DESEMBARCÓ EN ALGORTA, Y DE ALLÍ SALVÓ EN OTRA LANCHA LA BARRA

Eran a la sazón dueños del establecimiento los hermanos Vicente, Sabino y Prudencia Arratia, hijos del difunto José María de Arratia, comerciante bilbaíno, que murió el 30, dejando un nombre intachable, y restos de una fortuna quebrantada por malos negocios. Cada uno de los tres hermanos necesita filiación propia, por ser los tres caracteres muy significados y castizos en aquella raza tan inteligente como trabajadora.

Valentín Arratia, el primogénito, con cincuenta y tres años el 36, era piloto de altura, y había pasado lo mejor de su vida *rompiendo mares* en América y en el norte. Mandó primero barco ajeno, después barco propio, del cual fue capitán y armador. El 28 se divorció de la mar salada para dedicarse al comercio de tablazón, que hubo de abandonar al principio de la guerra, refugiándose en el establecimiento paterno. Era hombre al propio tiempo duro y dulce, como el turrón de Alicante, aferrado a un corto número de ideas en el orden social y moral, y con gran caudal de ellas en todo lo referente a la náutica y gobierno de naves. Enviudó de su mujer el mismo año en que le hizo la cruz a la mar. Esta le dejó un reuma que le cogía todo el costado derecho, haciéndole andar escorado, y su esposa le dejó un hijo, que es el *Churi* del burro, y además una ferrería situada en Lupardo, barrio de Miravalles.

Prudencia, a quien se da el segundo lugar por respeto a la cronología, con cincuenta y un años el 36, casó en Eibar con un rico armero. Viuda a los tres años de matrimonio, contrajo segundas nupcias con Ildefonso Negretti, residiendo muchos años en Burdeos y Bayona. Esposa dos veces, nunca fue madre.

Sabino, el más joven de los tres hermanos, estuvo largo tiempo en desacuerdo con sus padres, por haberse casado a disgusto de ellos con una moza de Bermeo, hija de pescadores. Hechas las paces con la familia, vivió algunos años en Bilbao dedicado a la construcción de buques; era un habilísimo carpintero de ribera, y muy fuerte en arquitectura naval, que no aprendió por principios, sino por reglas y módulos de maestros empíricos. De su astillero salieron buques muy afamados, algunos tan veleros, que iban a parar a manos de los tratantes y cargadores de esclavos en el Golfo de Guinea. Era además buen mecánico en todo lo que se relacionaba con el arte naval, y muy entendido en la fundición y forja del hierro. Su mujer, que falleció del cólera, le dejó tres hijos: José, Martín y Zoilo, que el 36 eran unos tagarotes de veintitantos años, y no desmentían la cepa vigorosa de la familia ni su consistente devoción del trabajo.

Lo más admirable en los Arratias era la unión y concordia que entre ellos, desde la muerte del padre, reinaba, haciendo de los tres hermanos y de su prole una verdadera piña. Apretados uno contra otro, sin que ninguno mirase al interés individual, aplicándose todos con alma y vida al bien común, ofrecían gallardo ejemplo de la fuerza que, según el proverbio, es producto de la unión. Se agruparon, no sólo por virtud, sino por necesidad o espíritu de defensa, pues cuando perdieron a su padre, los negocios de éste iban de capa caída, y no se hallaban en situación más próspera los de cada uno de los hijos. Valentín había tenido desgracia en sus últimas expediciones comerciales, perdiendo en las del norte lo que había ganado en las de América. El bergantín *Aurra (el niño)* se le quedó en los hielos de Stettin, y sólo pudo salvar parte de la madera de que estaba cargado, el velamen y los instrumentos. La fragata *Victoriana*, construida por su hermano, fue vendida a desprecio para cumplir compromisos comerciales, resultado de una operación demasiado ambiciosa en cacaos de Carúpano y La Guayra. Quedábale después de estos desastres un capitalito que empleó en el comercio de maderas de Riga, el cual habría sido de seguros rendimientos si no viniera la guerra a entorpecer y paralizar las transacciones.

Por su parte, Sabino había tenido también reveses: el tráfico de pescado estaba muerto por la falta de comunicación con el interior, y la ferrería de su hermano, que a su cargo tomó, exigía para funcionar con fruto un gasto considerable, por hallarse en mal estado la turbina y toda la maquinaria. A ello se aplicó con ahínco; mas cuando pudo vencer las dificultades y empezó a trabajar, fue menester dar a los carlistas a bajo precio, por vía de canon, la mayor parte de los frutos de aquella industria. En tanto Negretti, que iba medianamente en la fabricación de armas, fue solicitado para poner sus grandes conocimientos mecánicos al servicio de la causa absolutista. Le repugnaba comprometer su apacible neutralidad política; pero de tal modo le deslumbraron con fantásticas promesas, que al fin cayó en la red, y se ajustó con los agentes de Carlos V, contando con la colaboración de su cuñado Sabino; más este, influido por los patriotas de Bilbao, se asustó y no quiso ir a Oñate. Trabajó Negretti solo, primero con éxito y valiosas recompensas; después con dificultades y contratiempos mil, hasta que le salieron envidiosos y enemigos en número alarmante, y acusado de masón, fue perseguido y encarcelado inicuamente.

VALENTÍN HABÍA TENIDO DESCRACIA EN SUS ÚLTIMAS EXPEDICIONES COMERCIALES, PERDIENDO EN LAS DEL NORTE LO QUE HABÍA GANADO EN LAS DE AMÉRICA

REUNIÓN DE JEFES Y OFICIALES EN CASTRO URDIALES. Los hombres de confianza de Espartero se reunieron en la orilla cántabra para organizar el ataque a Bilbao. Los carlistas fueron informados, pero la suerte estaba echada. (*Escuadrón de Álava,* por Manuel Miranda. Museo Histórico Militar. San Sebastián).

El fracaso de aquel trabajador tan inteligente como honrado, produjo verdadera consternación en la familia, y les movió más a todos a estrechar la piña o fraternal agrupación, así para ir a la conquista de la fortuna como para defenderse de la adversidad. Y conviene advertir, para mayor esclarecimiento de la eficacia de la trinca, que el esposo de Prudencia era para Valentín y Sabino tan hermano como la hermana misma; que a falta de hijos a quienes querer como tales, Ildefonso y Prudencia amaban a los de sus hermanos como si fueran de ellos, y que todos, tíos y sobrinos, hermanos y cuñado, padres e hijos, se confundían en un sentimiento amoroso, que era el aglutinante de aquella humana concentración de fuerzas.

Aunque ya se sabe también, bueno es repetir que antes de establecerse Negretti en el Real de don Carlos como maestro armero y constructor de proyectiles para la artillería, fue a Madrid llamado por un amigo a quien respetaba, y de aquel viaje se trajo una sobrinita, llamada Aurora, que confiaban a su tutela y protección. Sábese que mientras Ildefonso trabajaba en Oñate o Durango, la niña residía en Bermeo con su tía Prudencia, alternando en acompañarla Valentín, *Churi* y los hijos de Sabino. Alguien creerá que al agregar a la familia la persona de Aura, mujer de excepcional hermosura, de educación harto distinta de la de los Arratias, algo anárquica en sus pensamientos, antojadiza, nerviosa por todo extremo y poco dispuesta a la subordinación, se introducía en ella un principio disolvente, un disgregador poderoso. Así lo creyó Prudencia en los primeros días de su tutela, que fueron en verdad penosos por el desorden mental y el desenfreno imaginativo en que Aurorita se encontraba. Poco a poco se fue adaptando ésta al modo de ser de los Arratias, y la realidad, el roce continuo con los parientes de su tío, efectuaron en ella como una segunda educación. Algunas molestias ocasionó a Prudencia, en los comienzos de la temporada de Bermeo, el cuidado y disciplina de la joven, y no porque ésta hiciese o pensase cosas malas, sino porque todo lo que pensaba y hacía era extrañísimo, perteneciente a otro mundo, a otro planeta... También consideraba Prudencia como una calamidad no floja la belleza, no ya humana, sino divina, de la hija de Jenaro Negretti. Hermosuras tan extremadas, cuyo semejante se encontraba sólo en las pinturas, en las imágenes de santos, o en las estatuas mitológicas, eran, según ella, una aberración dentro de la humanidad. ¿A qué conducía, señor, que las mujeres fuesen tan rematadamente guapas, más que a producir mil quebrantos y desdichas? Cuantos hombres veían a la moza se volvían locos por ella. Un general carlista que la vio a las dos de la tarde, le escribió a las tres una carta amorosa, y a las cuatro fue a pedirla en matrimonio. Los muchachos no cesaban de rondarle la calle. Los más atrevidos acosábanla en el paseo con requiebros fastidiosos; otros disparaban contra la casa un fuego nutrido de cartitas y amorosos mensajes. Verdad que la hechicera niña, lejos de favorecer estas demostraciones, a todos ponía cara de pocos amigos, y fiel a la devoción sagrada de su amor primero y único, no hacía cosa alguna por donde se la pudiese acusar de liviandad, de inconstancia ni aun de coquetismo. Falta decir que Aura correspondió al cariño de sus tíos con una adhesión intensa, y aunque este sentimiento no llenaba ni con mucho el vacío de su alma, servíale de gran consuelo para soportar la dolorosa ausencia, forma sensible de la muerte, como ésta silenciosa, con lentitudes de tiempo que daban la impresión de la eternidad.

Sábese que mientras Ildefonso trabajaba en Oñate o Durango, la niña residía en Bermeo con su tía Prudencia

Desde los primeros días de convivencia, lo mismo Ildefonso que su mujer y los hermanos y sobrinos de esta, respetaron en Aura el conflicto misterioso que la joven se traía consigo, aquella pasión, aquel drama no bien conocido, y del cual el mismo Negretti no tenía más que vagas impresiones o referencias. La niña se había dejado en Madrid a su enamorado, que era un príncipe o cosa así; un joven a quien muchos tenían por hijo de potentado, quizás de un rey, quizás del propio Napoleón. La familia de este nobilísimo joven había gestionado la separación o el destierro de la enamorada. ¡Qué drama, qué hermosa poesía! Había, pues, traído la niña de Madrid su leyenda, y con ella un inmenso duelo, que respetaron con singular delicadeza los Negrettis y Arratias. Ninguno de ellos trató de desvirtuar la leyenda ni aplicar al dolor los emolientes vulgares. Nadie le dijo: «Olvida eso, que es un delirio, un sueño, una idea...».

XVI

Seguramente no se equivocaba la niña al pensar que gente mejor que aquella no existía en el mundo. ¡Qué diferencia de Jacoba! No podía desconocer que el cambio de tutela había sido felicísimo, aunque se hubiera efectuado en las circunstancias más tristes de su vida. Había pasado del infierno al cielo: verdad que era un cielo sin Dios, porque éste se le había quedado por allá, en regiones desconocidas, perdido en lontananzas tenebrosas. La temporada de Bermeo fue relativamente grata para la joven, porque allí recobró la salud y adquirió un gran amigo que le rehizo el alma, no combatiendo de frente su dolor, sino suavizándolo con tristezas calmantes, después con melancólicas dulzuras; arrullándola con acentos de vaga poesía; entreteniéndola con juegos y ejercicios muy saludables; templando sus nervios y regalando su imaginación con espectáculos plácidos o sublimes; asustándola a veces un poquito, como para fortificar su innata valentía: este amigo era el mar.

Instaladas en la casa de Sabino, fue a vivir con ellas Valentín. Los primos alternaban; no había igualdad en el turno, pues José abandonaba muy de tarde en tarde la ferrería, y Martín apenas se apartaba de la tienda, en la cual ninguno podía sustituirle sin quebranto. Los que más gozaron de los pasatiempos de la villa marítima fueron *Churi* y el hijo menor de Sabino, a quien pusieron Zoilo por su madre, Zoila Maruri. El hijo único de Valentín se llamaba lo mismo que su padre; mas todo el mundo le conocía por aquel apodo. Le vino del nombre de un balandro que tuvo su abuelo, en el cual pasó el chico toda su adolescencia, por desmedida afición a la mar. Fue bautizada la embarcación con el nombre de *Choria* (el pájaro) convertido por el uso popular y las bocas marineras en *Churi*. Era el chico de una rudeza tal, que no pudieron aplicarle a ninguna profesión ni oficio, y se pasaba la vida entre los *chochos* de la ría, remando en chalanas de cuatro tablas podridas, o lanzándose a prodigiosos ejercicios de natación. Resistía largas horas en el mar, braceando o tendido de espaldas; y cuando se ofrecía bucear, ninguno de aquellos vagabundos anfibios aguantaba más tiempo en las profundidades. Jamás se logró meter en la cabeza dura de *Churi* ni una fórmula aritmética ni un concepto gramatical. Toda su geografía estaba comprendida entre Machichaco y Quejo; toda su ciencia en el gobierno de una pequeña embarcación de vela, que manejaba con arte singular, gallardísimo, en días de nordeste frescachón. Taciturno y medio salvaje, su vocabulario era muy escaso; sus ideas no debían de ser luminosas ni abundantes, como no las guardara para mejor ocasión; su voluntad no tomaba otras formas que la de la contumacia en su vivir independiente, y la de una completa inacción en tierra firme. Viendo que no podían hacer carrera de él, la familia se resignó a dejarle en aquel salvajismo y rudeza, tratando de utilizarle en menesteres bajos de los buques de la casa cuando estos se hallaban en puerto. A los diez y ocho años contrajo unas calenturas tíficas que le tuvieron entre la vida y la muerte. Decían que ésta le tenía ya cogido, y creyéndole pez, le había soltado con media vida en alta mar. Al sanar había perdido el pelo y la memoria, quedándosele la cabeza como un cudón totalmente limpio, sin ninguna aspereza por fuera ni ideas por dentro. Recobrado el cabello al contacto del agua salada, contrajo nueva enfermedad del cerebro, y al término de ella encontrose con que le había vuelto la memoria y se le había quedado por allá un sentido. Su sordera era como la de una campana que pierde el badajo y cae en los hondos abismos del mar. *Churi* no volvió a oír ningún ruido.

LOS QUE MÁS GOZARON DE LOS PASATIEMPOS DE LA VILLA MARÍTIMA FUERON CHURI Y EL HIJO MENOR DE SABINO

Con el don de oír se le fue también la palabra; pero esto temporalmente, porque a los tres meses de quedarse como una tapia, empezó a sacar de su cabeza términos y frases vascuences. Diríase que pescaba con ganchos las voces una por una, extrayéndolas como restos de un naufragio. A duras penas reconstruyó una lenta y torpe expresión, mitad euskara mitad castellana, que usaba para comunicarse con el mundo, reforzándola con señales muy parecidas a las marítimas, y movimientos de maniobra velera, que él solo y sus compañeros de mar entendían.

Lo más extraño en *Churi* fue que la transformación traída por la sordera le hizo menos insociable; la familia pudo retenerle en la casa más tiempo, y aun emplearle en comisiones que nunca había querido desempeñar, como la estiba de maderas en el almacén, y el transporte de mena y carbón en Lupardo. Al año de la sordera, ya se pasaba *Churi* meses enteros sin salir a la mar y aun sin verla, y a los dos años había tomado tanto gusto a la ferrería, que no sabía salir de ella. De la índole de los trabajos que allí se hacían provino la mudanza de sus aficiones, el cambio de lo que hoy llamamos *sport* y entonces no tenía nombre: se aficionó locamente al balandro vivo de cuatro patas; y si el primer día que montó en él estuvo a punto de desnucarse, pronto su terquedad vizcaína venció los rudimentos de la equitación, y al poco tiempo era un centauro asnal. Varios jumentos tuvo, que vendía para comprar otro mejor, y en ellos hacía excursiones a los montes próximos y lejanos para tratar cortas de leña y partidas de carbón vegetal, alimento de la industria ferrera. De este modo el vagabundo había llegado a ser un brazo más, aunque el menos útil ciertamente, en aquella familia de obreros incansables.

PERO SU INTELIGENCIA, SU AMOR A LA FAMILIA Y EL DESEO DE SER HOMBRE Y DE GANARSE LA VIDA, LE MODERABAN EN AQUELLAS INFANTILES VAGANCIAS

También Zoilo había sido de niño aficionado a la mar, como *Churi*, y buceaba en la ría, y se iba lejos, mar afuera, con sus amigos, en una *zapatilla*, sin miedo a los peligros que en costa tan brava ofrece la Naturaleza. Pero su inteligencia, su amor a la familia y el deseo de ser hombre y de ganarse la vida, le moderaban en aquellas infantiles vagancias. Estudió algo de pilotaje; era aplicadillo y muy formal; practicó la carpintería de ribera con su padre; servía también para el comercio, y tenía mucho tesón, amor propio, vagas ambiciones de riqueza y poder. Sano y vigoroso, dotado de un temple acerado y de una naturaleza a prueba de inclemencias, no conocía el cansancio. A los veintidós años gustaba de mostrar su fuerza hercúlea en cuantas ocasiones se le presentaban. En el trinquete era un prodigio; en el trabajo del hierro no tenía igual. Su terquedad vizcaína tomaba en él a veces formas de una paciencia dulce, con la cual soportaba las más rudas tareas sin quejarse, siempre alegre y decidor. A su pujante vigor muscular correspondía su intachable conformación corpórea, de líneas estatuarias, y un rostro atezado, de serena expresión, toda lealtad y nobleza sin pulir. Cuando se reía, hacíalo con alma y vida, sacando enterito el corazón al semblante; no conocía ningún arte social de aquéllos que tienen por instrumento la palabra; no usaba el disimulo, ni las perífrasis, ni la ironía. Expresaba con bárbaro candor todo lo que le apuntaba la mente, siendo a veces tan cruda su sinceridad, que la familia tenía que reprenderle y hasta castigarle. En el ardor del trabajo del hierro sus negros ojos echaban chispas, y los resoplidos de su nariz, que se hinchaba respondiendo al énfasis interno, armonizaban con la música del fuego atacado por los chorros de aire. Tenía conciencia de su fuerza física, y ésta era su mayor gala; teníala también de su valor indomable, que también le enorgullecía; pero no sospechaba que era hermoso siempre, y más cuando tiznado y cubierto de sudor domaba la dureza de un metal menos consistente que su voluntad.

BILBAO, UN BALUARTE INEXPUGNABLE. La ciudad era un emporio de riqueza, con un puerto abierto al comercio y una actividad constante. La guerra carlista había sumido a sus habitantes en la tristeza. (*Vista de Bilbao desde Abando,* h. 1870. Pintura anónima).

Su tío Valentín le llevó a Bermeo para que estuviese al cuidado de la casa y de sus moradoras mientras él pasaba un par de días en Lupardo, y tanto Zoilo como *Churi,* que iba cuando le parecía y se marchaba sin despedirse, se lanzaron a divertimientos de mar. Ambos consideraban a la niña de Negretti como un ser superior, y sentían junto a ella cortedad y hasta miedo. En los primeros días, tuvo Aura más de un acceso nervioso con gran disloque muscular, llanto interminable, gemidos y otras manifestaciones de desorden cerebral o de histerismo. Los dos chicos, que no habían visto nada semejante en las muchachas que trataban, creían que era aquella dolencia signo de principalidad, achaque propio de los seres de exquisita y refinada complexión, y viéndola sufrir, casi la admiraban tanto como la compadecían. A las dos semanas de esto, y cuando Aurora se iba calmando, Zoilo la incitaba a salir con ellos a la mar, donde podría arrojar todas sus penas para que el agua y el viento se las comiesen. *Churi* no le decía nada: no hacía más que mirarla, sin hartarse nunca; la sordera le aumentaba el uso y los goces de la vista. Cuanto Aura decía producíale a Zoilo unos accesos de risa no menos bulliciosos que los traqueteos espasmódicos de la hermosa doncella. El otro no se reía nunca. Era por naturaleza refractario a la demostración facial del gozo del alma, y cuando lo sentía, expresábalo cantando, pero muy serio, y desentonando horrorosamente por la falta de oído.

Por nada del mundo dejaría Prudencia que Aura saliese a la mar con aquellos tarambanas. No, no: la niña se embarcaría (pasatiempo muy indicado para su salud) con el tío Valentín. Debe indicarse que Aura, al poco tiempo de residir en Bermeo, llamaba tíos a los hermanos de Prudencia, y a los cuatro muchachones, primos. Pues sí: el tío Valentín, que no quería más que complacerla, en cuanto vino de Lupardo preparó una lancha de las mejores, arreglándola de velamen y de todo lo preciso. Lo que gozó Aurorita en sus excursiones cantábricas, no es para dicho. Más intrépida que los marinos que dirigían la gallarda nave, cuando las mares gruesas con su hinchazón y el viento con su mugido les ordenaban volver, ella pedía que fuesen más allá, siempre más allá. Miraba el rostro impasible de Valentín, viejo amigote del Océano y de las tempestades, y como no advirtiera en él alteración, quería que el paseo se prolongase. Rara vez dejaba Valentín a su hijo la caña del timón no por falta de confianza, sino porque retirado de aquellas luchas y otras mayores, todavía gustaba de hacer gala de su pericia. Zoilo llevaba la escota. Entre los dos primos arriaban e izaban la vela en las bordadas, y si a la entrada del puerto era forzoso empuñar los remos, desplegaban en ruda competencia cada cual su vigor de puños, y callados bogaban, atentos a las órdenes del patrón, en quien veían un dominador infalible de todas las fierezas de la mar. Allí no se conocía el miedo: Aura, viéndoles tan animosos, tampoco temía nada. Un día de temporal duro habló Valentín, antes de decidirse al paseo, lenguaje de prudencia. No convenía salir. Asombrose Aura, y más aún al oír que los dos chicos apoyaban el dicho del veterano. Creyó que tenían miedo.

—Como es por recreo —indicó Zoilo—, y no por necesidad, hoy no salimos. Si padre te deja ir sola conmigo, te llevo... Yo te respondo de que nos mojaremos, pero no nos ahogaremos.

Claro que Valentín no había de permitir tan loca aventura. *Churi,* que falto de oído se enteraba de cuanto se hablaba, reprendió a su primo por fachendoso. No se atrevía, no, ni era hombre para tanto. Él sí se atrevía, y en embarcación pequeña, mejor: una mano en la caña y otra en la escota...

—Lo mismo lo hago yo —dijo Zoilo riendo—, y si quieren verlo...

Aura les aplacó cuando la cuestión iba rayando en disputa, proponiéndoles que el primer día que estuviera buena la barra saldrían los cuatro a pescar, a lo que asintió Valentín, mandando a Zoilo que preparase los mejores aparejos que en el pueblo, famoso por sus pesquerías, se pudieran encontrar. Pero aconteció que el primer día bueno hubo de salir Zoilo para Lupardo con un recado urgente, y no pudo el pobre chico disfrutar de los goces de la pesca, que fue un recreo divertidísimo para la niña. Al tercer día de este entretenimiento llegó Martín, el hijo segundo, que ordinariamente regentaba la tienda. Era el más afinadito de los tres; el que parecía más espiritual, sin duda porque no ostentaba formas atléticas, como José María y Zoilo, ni desarrollaba la muscular energía con la espléndida brutalidad de sus hermanos. Era, sin género de duda, el más civil, el que más se adaptaba a la vida urbana de la capital vizcaína por los vínculos de sociabilidad propios del comercio. Hablaba Martín castellano correctísimo, usando frases atildadas y finas, al uso corriente. De los tres, de los cuatro, contando con su primo, fue el que menos zapatos pudrió en playazos y arenales, el que menos tiempo conservó las manos callosas del ajetreo de los remos. Poseía bastante instrucción, distinguiéndose en todo lo comercial; hablaba unas miajas de inglés, y sabía las reglas usuales de la decencia y aun de la elegancia. En aquellos tiempos, la confraternidad de toda la juventud bilbaína era un hecho lisonjero, del cual tomó la villa su tesón incontrastable para resistir los asedios carlistas. El entusiasmo político la estrechó más, haciéndola invencible; el buen humor, propio de la raza, la refrescaba dándole más vida; el trabajo en la paz la vigorizaba, y el común esfuerzo en guerra la elevaba a superior virtud. Partícipe de los sentimientos que daban un vigor homogéneo a la juventud bilbaína, Martín Arratia se afilió en la Milicia Nacional desde el primer sitio, y aún continuaba satisfecho y confiado en aquel cuerpo, esperando que la patria, es decir, Bilbao, pidiera a sus hijos nuevos sacrificios para su defensa. Tal era Martín, pieza bien concertada en aquel formidable organismo comercial y guerrero que supo hacer de Bilbao un baluarte inexpugnable contra el absolutismo y un emporio de riqueza. Pasaba en la familia por el de más talento; en la villa le alababan tanto como merecía por sus excelentes prendas, y no hay para qué añadir que en el comercio se distinguía por su severa honradez, pues siendo general esta cualidad en tales tiempos y en tal raza, es ocioso señalarla y hacer de ella un rasgo característico.

MARTÍN ARRATIA SE AFILIÓ EN LA MILICIA NACIONAL DESDE EL PRIMER SITIO, Y AÚN CONTINUABA SATISFECHO Y CONFIADO EN AQUEL CUERPO

Dos días muy agradables pasó allí Martín, entretenido también en la pesca y en paseos por el mar, que le agradaban con buen tiempo. Aura se reía en sus barbas viéndole palidecer cuando eran fuertes las cabezadas de la lancha, y él, sin temor de parecer cobarde, aseguraba que cada día era más terrestre, añadiendo que en tierra no faltan ocasiones de mostrar un valor heroico. Si terribles son las olas embravecidas, no es menos pavoroso en ciertos casos el cumplimiento del deber, así en la guerra como en el comercio. Todo es navegar; todo es una continuada lucha, un gran derroche de esfuerzos, arte y valor para no ahogarse.

XVII

Aunque era Martín la misma sobriedad en los días laborables, cuando llegaba el domingo se le reconcentraban los comprimidos apetitos de toda la semana, y su estómago no tenía fondo. La jira campestre era su delicia, o la comilona en casa, con enorme consumo de merluza en salsa, escabeches y fritangas, de añadidura mariscos, angulas, y encima y en medio de todo tomas muy fuertes del chacolí de la tierra. El domingo que le cogió en Bermeo rindió el debido culto a Baco y a Ceres, con espanto y risa de Aura, que se asombraba de ver comer a sus primos, y de ver cuánto chacolí se atizaban sin emborracharse. Ya iba comprendiendo que no era buen bilbaíno el que no supiera banquetear en días festivos, después de haber sido la misma templanza en los de entre semana. Cada cosa en su tiempo: trabajaban con ahínco, hasta con hambre si era menester; pero en tocando a holgar, no había quien les aventajara: así reponían cuerpo y espíritu para volver con más ardor a la faena. Y estos ejemplos no fueron perdidos para la niña de Negretti, en quien se excitaba el apetito cuando sus primos tocaban a refectorio dominguero. También ella iba aprendiendo a comer fuerte y a empinar el codo, con lo que tomaba su faz un color luminoso que ya lo quisieran para los días de fiesta las ninfas de los sagrados bosques helénicos. Total: que con los comistrajes, los paseos marítimos y la vida plácida entre personas que se desvivían por distraerla, se le iban amansando a la enamorada joven las penas intensísimas de su alma. Se divertía viendo el gozo y voracidad de sus primos, que en tales jaranas se ponían como locos, hablando sin término y con donaire, pues el comer les inspiraba, les hacía ingeniosos, a ratos poetas. Y el cascado Valentín, con su medio siglo y su reuma que le hacía ir siempre de bolina, dejábase arrastrar también del vértigo juvenil: él había hecho lo mismo en su mocedad, y estaba dispuesto a repetirlo hasta llegar a la suma vejez, pues no sería buen bilbaíno si no hiciera en cualquier ocasión los honores debidos a un buen plato de bacalao con aquella salsa de bermellón y a una azumbre de chacolí de Somorrostro. Valentín reía con los demás, disparataba, hasta se permitía bailar en mangas de camisa, y hacer un gasto horroroso de vocablos vascuences, de exclamaciones y juramentos de mar. El alborozo de la familia se introducía en el alma de Aura, ensanchando sus pulmones y avivando su sangre. Iba tomando su rostro, por la exposición continua al sol y al aire, un tono tostado caliente, de *terracotta,* enteramente gitanesco. El negro rabioso del pelo armonizaba con la tez, de un bronceado finísimo con veladuras de rosa. Sus ojos eran una inmensa dulzura con llamaradas. El ejercicio había extremado la flexibilidad de su cuerpo, acentuando sus líneas incomparables, dando mayor delgadez a lo delgado, mayor turgencia a lo carnoso. Hasta la voz parecía más vibrante en las alegrías, más blanda y cariñosa en las tristezas... Un domingo en que Martín no estaba, hicieron tantas locuras *Churi* y Zoilo a competencia, que Valentín, a pesar de no encontrarse en disposición de severidad, hubo de llamarles al orden. *Churi* se subía a los árboles como un gato, y luego se tiraba de alturas increíbles; Zoilo le desafiaba a correr, y partían como exhalaciones; luego se enredaban en un partido de pelota, o en gimnasias rudas, dando vueltas de carnero, o saltando el uno a los hombros del otro y de los hombros a la cabeza. La de *Churi* parecía de piedra. Incitándole a divertirse con menos tosquedad, Valentín dijo a Aura:

DISPARATABA, HASTA SE PERMITÍA BAILAR EN MANGAS DE CAMISA, Y HACER UN GASTO HORROROSO DE VOCABLOS VASCUENCES, DE EXCLAMACIONES Y JURAMENTOS DE MAR

—¡Qué par de brutos! El mío es un modelo de barbarie, como ves; pero Zoilo no le va en zaga. Con todo, son dos criaturas; son buenos, inocentes, siempre listos para el trabajo. Mi hermano ha tenido suerte con sus tres hijos: cada uno en su género es una alhaja. Ya conoces a Martín, tan finito, tan caballero... chico de gran porvenir. José María vale lo que pesa, y este Zoilo, aunque abrutado como ves, no tiene pelo de tonto y sabe ganar el pan que come. Ninguno de ellos se queja, aunque les tengas trabajando seis semanas seguidas, sin ningún recreo. Vicios no los conocen... Mira ese par de angelones con qué juego tan primitivo se entretienen: así caen luego en la cama, como piedras. No remusgan en toda la noche. ¡Qué conciencias! Bendígales Dios. En sus cabezas no ha entrado nunca un mal pensamiento; no les oirás una palabra fea.

Esto no era rigorosamente exacto, porque en el ardor del pelotarismo y la gimnasia, las pronunciaban a cada instante sin reparar que les oían mujeres.

De pronto le dio a *Churi* la ventolera de tirarse al mar. Hallábanse en un patio emparrado, cerca de la dársena, y en tres minutos se fueron todos a la punta del muelle a ver nadar al sordo. Pronto se procuró éste traje de baño, el mejor posible, y se arrojó de cabeza, levantando un gran espumarajo. Salió a flor de agua muy lejos, y se le vio enfilar afuera y perderse en la inmensidad, braceando. La mar estaba serena, en pleamar viva, y daba gozo mirar en la escarpa del malecón el agua verde y profunda. Multitud de pilletes, desnudándose en las piedras más avanzadas de la escollera, se arrojaban al agua como Dios les echó al mundo; se veían luego sus cabezas, sus mofletes hinchados de soplar, y los cuatro remos en constante brega con el agua. Algunos salían tiritando y pasaban mil fatigas para enfundarse la camisa; otros, ya medio vestidos, se volvían a desnudar, por estímulos y competencias entre ellos, y se reñían por la palma de la habilidad natatoria, se pegaban, al vestirse, porque uno se había puesto los mojados calzones del otro. Aunque Prudencia había dicho a Zoilo que no nadara, porque estaba sudando y sofocadísimo, el chico se permitió en aquella ocasión desobedecerla, ganoso de no ser menos que su primo; y ansiando mostrar que éste no le aventajaba en resistencia de pulmones ni en fuerza de brazos, fue por un traje y vino ya en pergeño de bañista, con su formidable tórax y sus piernas estatuarias al aire. Aura y sus tíos no le vieron llegar. Arrancándose silencioso junto a ellos en el borde del abismo, se lanzó de golpe, describiendo una airosa curva en el aire hasta romper el agua con las manos enfiladas

LA VENDIMIA, por M. F. Moles. Museo de Sitges.

UNA BEBIDA TRADICIONAL

El chacolí, en eusquera *txakolina*, es una bebida alcohólica de sabor ácido, ligeramente carbonatada, producida a partir de uvas verdes y con una graduación alcohólica de entre 10 y 12 grados. Su elaboración se remonta a la Edad Media. El chacolí se producía en los caseríos de forma artesanal y se consumía escanciado como la sidra natura . La mayor parte de los viñedos del País Vasco son muy pequeños y se encuentran enclavados en las laderas bajas cercanas a la costa, en altitudes que rondan los 150 metros sobre el nivel del mar. Dos centros tradicionales de producción del chacolí son Bakio y Balmaseda. El sabor es fresco, ligeramente ácido y agradable al gusto, presenta un color amarillo pálido y su paladar posee intensos aromas a cítricos, hierbas y flores.

sobre la cabeza. Aura dio un grito al ver de súbito el rápido salto y la violenta caída del cuerpo, como si rompiera un cristal, levantando astillas mil, espumas y latigazos de agua que todo lo enturbiaron. La cortada superficie hervía y se llenaba de desgarrones blanquecinos.

—¡Qué susto me ha dado! —dijo Aura—. Este Zoilo es de la piel del diablo.

Y miraban al fondo sin ver nada. La pleamar era tan viva, que daba una profundidad de treinta pies.

—¡Pero no sale, no sale! —exclamó Aura, explorando la inmensidad líquida—; ¿o es que va a salir allá lejos, como *Churi?*

—No temas, que ya saldrá —dijo Valentín, sonriendo, y Prudencia lo mismo.

—Pero tarda mucho... ¿Cómo se puede estar tanto tiempo sin respirar? De pensarlo sólo siento yo una opresión...

Pasó tiempo. Imposible precisar los segundos...

Por fin distinguió Aura, en medio de la opacidad cristalina del agua, una forma movible, que a medida que subía se determinaba mejor. Era un cuerpo de verdosa blancura, con movimientos de rana. Avanzaba subiendo... hasta que asomó la cabeza de Zoilo, que soplaba y escupía. Brazos y piernas seguían moviéndose para mantener el cuerpo en postura casi vertical.

—No seas bestia; no te aguantes tanto —le dijo Valentín—. Podrías pasarlo mal.

POR FIN DISTINGUIÓ AURA, EN MEDIO DE LA OPACIDAD CRISTALINA DEL AGUA, UNA FORMA MOVIBLE, QUE A MEDIDA QUE SUBÍA SE DETERMINABA MEJOR

Volteando sobre la cintura, Zoilo se zambulló de nuevo. Se le vio descender con las zancas de rana funcionando hacia arriba pausadamente. El segundo cole fue más breve que el primero, y el tío, al verle salir, repitió sus gruñidos:

—Que no juegues, pedazo de atún. Ea, lárgate afuera con descanso a encontrar a *Churi,* que debe de estar de vuelta.

—No se le ve —dijo Aura—. Este ejercicio me pasma, me maravilla. Gran mérito es nadar así.

—Esto no es mérito —indicó Prudencia—. ¡Si desde que gatean se echan al agua estos diablillos! Ya el mar les conoce y hasta parece que se divierte con ellos sin hacerles daño.

—Y es la verdad —agregó Valentín—, que adquieren una fuerza y una robustez que en ningún otro ejercicio se logra, amén del valor, de la serenidad que nos vemos obligados a sacar de dentro. Todo lo que ves hacer a esos, lo he hecho yo cuando tenía su edad. Mi *Churi* es un verdadero pez; y en cuanto a Zoilo, no hay quien le saque ventaja en ningún elemento, porque en tierra es una fiera para el trabajo. Así tiene esa naturaleza que le asegura una vida de salud y de poder para las luchas por el pan. El día que este chico se case, ¡vaya unos hijos que traerá al mundo! Será una generación de Hércules chiquitos, que después serán Hércules grandullones...

—Ya no se ve a Zoilo —dijo Prudencia—: al menos, yo no le distingo.

—Ya parecerán los dos. Como se vayan muy lejos, no podrán volver tan pronto, porque la marea antes de media hora tirará para afuera, *Churi* es muy capaz de ir a tomar tierra en cualquier playazo y volverse a la noche, cuando suba el agua.

Mirando con ojo experto a la inmensidad, creyó distinguir un punto: era un nadador.

—Zoilo vuelve. Por mucho que presuma, no resiste como su primo. Ea, vámonos al pueblo.

A poco de regresar a casa la familia, entró Zoilo con la cara y manos extraordinariamente lavadas, húmeda la ropa de haberse vestido sin secarse el cuerpo. No podía ocultar su mal humor por no haber alcanzado a *Churi,* y si no siguió tras él, no fue por falta de poder para ello, sino por obedecer a la tía Prudencia y a la prima Aura, que le mandaron volver pronto.

En aquellos días anunció Negretti en una misma carta la toma de Arlabán por los cristinos, la salida de Oñate para Durango, y el encuentro con el señor de Calpena, noticia esta última que fue para la señorita como el estallar de un furibundo trueno. Quedose al oírla como atontada, y luego prorrumpió en llanto y alabanzas al Señor por haber escuchado su ruego. La fuerza del gozo le ponía triste, temerosa de que tanta ventura se desvaneciera súbitamente con nuevas desdichas. ¡Don Fernando en Oñate, a cuatro pasos de allí! ¿Vendría pronto? Seguramente era cuestión de un par de días. No tardó el mismo Ildefonso en referir de palabra todo lo que había escrito, añadiendo que el don Fernando le había parecido un caballero de excelente educación y sentimientos honrados.

Algo dijo después que enfrió el júbilo y los entusiasmos de la pobre joven: don Fernando, según informe del señor italiano que con él vino de Madrid, había ido hacia Vitoria la misma noche de la evacuación de Oñate, acompañando a unas muchachas y a un señor enfermo escapado del hospital. Lo natural y lógico era que volviese cuanto antes. Consternada se quedó Aura al saber esto, y mil cavilaciones lúgubres y conjeturas pesimistas la desvelaron aquella noche. ¿Por qué retrocedía Fernando cuando estaba tan cerca? ¿Qué mujeres eran las que acompañaba? ¿Y el enfermo quién sería? Se atormentaba imaginando sucesos absurdos, personas monstruosas; y comunicadas sus inquietudes a Prudencia, ésta le recomendaba, entre severa y burlona, que tuviese calma, pues la verdad de aquellas idas y venidas se sabría cuando llegase don Fernando... y si no venía pronto, sus fines no eran buenos, sus intenciones no eran limpias.

A solas Prudencia y su marido, desahogó aquella el mal humor que la noticia del encuentro con don Fernando le produjo. La repentina aparición del señorito de Madrid, cuando se creía que le habían llevado muy lejos los vientos del olvido, desbarataba sus planes de mujer práctica y allegadora. La señora de Negretti, que físicamente era corpulentísima, bigotuda, recia, de palabra viva y cortante, en lo espiritual atesoraba una voluntad firme, constancia en los afectos, más aún en los caprichos y manías; además un ardiente amor a la familia, y un sentido calculista y aritmético, que ya lo quisieran para los días de fiesta los Arratias masculinos. Desde que fue a sus manos la sobrinita de Ildefonso, pensó que aquella joya, en uno y otro sentido inapreciable, debía ser para la familia. ¿No era tristísimo que una niña tan bella, dueña de un capital no menos bonito, fuese pescada por un aristócrata madrileño, que quizás era un silbante, un hambrón, un mala cabeza? Cierto que Aurora tenía clavado muy en lo hondo el dardo de aquella pasión, y no era prudente arrancárselo tirando de él muy fuerte: lo mejor sería que el tal don Fernando se quedase para siempre en los limbos de la ausencia. El tiempo, gran milagrero, iría curando a la niña de afición tan desatinada, puro mimo, cosas de chicos, y despertaría en ella inclinación más conforme con su clase, nacida al calorcillo de la familia con quien moraba, y que la había hecho suya, rodeándola de cariños y atenciones.

LA MAQUINARIA DE PRUDENCIA ERA QUE AURORA Y SU CAPITALITO QUEDARAN DEFINITIVAMENTE EN CASA

No era la primera vez que Prudencia dejaba traslucir a Negretti la prodigiosa concepción de su genio doméstico. Aquella noche la reveló completa con cierto orgullo y vanagloria, como si se tratara de un invento mecánico, para mover mejor el ánimo de su marido, entusiasta de las invenciones. La maquinaria de Prudencia era que Aurora y su capitalito quedaran definitivamente en casa. Bien por ella y bien para la familia. Modo de conseguir esto: casarla con uno de los sobrinos. El más indicado para tal objeto era Martín, por su educación, por su finura, por la respetabilidad que iba adquiriendo en el comercio. Era la gala y la honra de los Arra-

DE OÑATE A VITORIA. Todos los movimientos de Fernando Calpena fueron recogidos en un informe por los espías carlistas, y se sospechaba por el hecho de haber retrocedido en el camino cuando su destino era Bilbao. *(Vista de Vitoria.* Grabado de Wilkinson. Colección particular).

tias, y uno de los jóvenes más guapos y decentitos que a la sazón había en Bilbao. Claro que esto no se haría forzando las voluntades, sino amañándolas con destreza hasta que ellas mismas quisieran acoplarse... Dejáranla a ella sola en el manejo de Aura; quitárase de en medio el fantasmón de Madrid, y ella respondía de que la niña habría de comprender bien pronto el mérito del primo, y todo iría como una seda.

Reconoció Negretti la bondad del invento de su mujer, y lo tuvo por cosa excelente; mas no veía manera de llevarlo de la teoría a la práctica, porque el amor de la niña era muy fuerte, y viniendo el galán con buen fin y propósitos de matrimonio, sería locura pensar en desunirles. Ni por todo el oro del mundo, ni por los intereses todos que hay de tejas abajo, haría él cosa contraria a lo que su conciencia, su idea firmísima del bien y del mal, le dictaban. Sólo resultaría práctico el invento en el caso de que el compromiso entre los amantes quedase desbaratado y nulo por sí mismo, por cosas de ellos, cualquier incidente o sesgo inopinado del drama de amor. Sin este desenlace previo él no haría nada por desviar las cosas de su dirección natural. Su conciencia antes que todo. Y lo que él no haría, no consentía tampoco que lo hiciera su mujer. Dejar a Dios lo que es del alma... ver venir serenamente los hechos humanos, mirando siempre a la verdad, a la rectitud.

Aunque Prudencia no practicaba el culto de la verdad con esta devoción suprema, que hacía de Negretti un carácter excepcional, no tuvo más remedio que acatar lo que él decía y ordenaba. Y pues don Fernando venía como primer ocupante, con indiscutible derecho, y Aura le esperaba y le quería, dejarles su bien, dejarles su paz.

—Ya sabes —le dijo Ildefonso al partir— que mi tema es: a cada uno lo suyo, y a Dios siempre lo divino.

XVIII

Zoilo y *Churi* se fueron a Lupardo, recorriendo el largo camino con la escasa comodidad que les ofrecía un solo burro para los dos. Aunque Zoilo llevaba siempre el salvoconducto que le permitía franquear sin tropiezo las regiones ocupadas por carlistas, la seguridad de aquel documento (amplio favor que Sabino Arratia debía a su grande amigo el cabecilla Sarasa) no era absoluta, y más de una vez hubieron de esquivar con grandes rodeos o veloces marchas el encuentro con la gente armada de Carlos V. Todo esto solía ser diversión para los dos muchachos, y motivo para desplegar en competencia su pasmosa agilidad y bravura. Alegres empezaban la caminata, y alegres la concluían. Llegó un tiempo ¡ay!, en que de sus caminatas debía decirse lo contrario: enojados y displicentes la comenzaban, furiosos la concluían.

Antes de la dichosa o infeliz (pues no era fácil discernirlo) aparición de Aura en la familia, Zoilo y *Churi* vivían unidos por una hermosísima fraternidad. Sus viajes eran un continuo juego con emulaciones que terminaban en bromas afectuosas; sus bienes terrenos, comida, moneda de plata o cobre, eran comunes, como las armas y herramientas; comían en el mismo plato, en el mismo vaso bebían, y se tumbaban en el mismo rincón de la choza donde les cogía la noche. Zoilo suplía en *Churi* la falta del oído, comunicándole con signos de su invención, sólo de ambos comprendidos, los hechos materiales más difíciles de exponer sin palabra, las cosas del espíritu que aun con la palabra son de dificilísima expresión. Se entendían con mugidos, con muecas y patadas, con grotescas contracciones faciales, con rápida telegrafía de manos y dedos.

Pero llegó el día fatal, y aquel amor recíproco trocose en recelo, y el libre lenguaje que los dos idearon para comunicarse su cariño, sólo sirvió para arrojarse el uno al otro centellas de rivalidad, dicterios y amenazas. La causa de éste que bien puede conceptuarse como uno de los mayores desórdenes de la Naturaleza, fue la presencia inopinada de una mujer en la familia. A las dos semanas de tal suceso, Zoilo y *Churi* dejaron de quererse. Como los dos disimulaban instintivamente ante la familia, la rivalidad que les desunía no se reveló hasta que se hallaron solos, camino de Lupardo. Iban por la cuesta de Unzaga: *Churi,* sombrío, taciturno; Zoilo, con alegría febril, cantando, divirtiéndose en pegar brincos para arrancar a tirones las ramas de los árboles. De pronto le cogió *Churi* por un brazo, y le dijo con desabrimiento, en vascuence:

—No me lo negarás: tú quieres a Aura... Aura te gusta, pillo.

Más sorprendido que asustado, respondió Zoilo que sí, y todo espontaneidad y efusión, agregó que Dios había pegado fuego a su alma, y que mientras podía conseguir que la prima le quisiese, se consolaba con amarla a su modo, pensando en ella siempre... diciéndole cosas de las que se piensan más que se dicen. ¿Cómo se había enterado el sordo de este secreto que la misma Aura no conocía? Era *Churi* un observador prodigioso; veía en la mirada, en el gesto, en los actos y en la abstención de los mismos, la verdad de los fenómenos del alma. Su penetración era el contrapeso de su sordera.

ANTES DE LA DICHOSA O INFELIZ APARICIÓN DE AURA EN LA FAMILIA, ZOILO Y *CHURI* VIVÍAN UNIDOS POR UNA HERMOSÍSIMA FRATERNIDAD

Allá se las compuso Zoilo como pudo para expresarle que no admitía su injerencia en aquel asunto; que él *(Churi)* no tenía nada que ver con que él (Zoilo) adorase a la niña por el aquel de adorarla, y que en las soledades de su conciencia se casase con ella, y fabricara su felicidad con suposiciones o cálculos de cabeza, con un tremendo fuego de amor en toda su alma...

—Lo que tú tienes que hacer —le dijo, expresando las ideas con lenguaje verdaderamente epiléptico— es no meterte en lo que no te importa. ¿Qué entiendes tú de esto? ¡Amarla tú! No puedes. Eres sordo, y ¿cómo va a querer Aura a un hombre que no oye?

Este argumento no tenía réplica, y *Churi* se lo tragó entre amarguras, quedándose un buen rato sin saber qué decir. De pronto saltó con una retahíla, acompañada también de gesticulación epiléptica, mezcla de torpes cláusulas castellanas y euskaras, que reducidas a un solo idioma eran así:

—Pues eso es un pecado muy grande, Zoilo, y ya verás cómo se ponen los tíos y los primos cuando lo sepan... Y aunque te volvieras otro de lo que eres, aunque Dios te diera un mundo de méritos, sin fin de cosas, Aura no te querría, porque ya tiene su corazón entregado a otro amor, a un novio más guapo y más fino que tú...

—¿Quién? —gritó Zoilo con furia, enarbolando una estaca que arrancado había de un árbol próximo.

Pues te diré una cosa para que se te quite la esperanza. La tía Prudencia, hace ascos al novio de Madrid y quiere que no venga

—*Madrilgo gizona* (el hombre de Madrid).

Lanzó Zoilo carcajada burlona, y doblando por la mitad la fuerte rama, como si fuese junco, sin cuidarse de que *Churi* entendiera o no lo que decía, hablando solo más bien, exclamó:

—*¡Madrilgo gizona!* Ese no viene, se ha muerto; y si vive y viene, ya verá Aura que debe quererme a mí, y no a él; y si así no lo hiciera, si se aferrara a querer al otro... entonces, ¡ah!, le mato, me mato... mato a todos, a ella, a mí, a ti...

Viendo tal decisión, aunque los términos en que Zoilo la expresara no le resultaban inteligibles, se recogió en la tristeza de su mente, en aquella bóveda sin ecos, pues el verbo humano sólo producía en ella sonidos ideales, y largo rato estuvo sin articular palabra, mientras el primo, que continuaba poseído de su furor de elocuencia, hablaba con los árboles: lo mismo podían ser para estos que para *Churi* sus ardientes expresiones.

—Mía, mía tiene que ser... para mí, para mí... o se sabrá quién es Zoilo. Aunque no le he dicho nada, conozco yo... esto se conoce... que sabe que la quiero; y yo sé que si ahora no me quiere ella, me querrá después, cuando vaya viendo... Pues cuando hay muchos en casa, al que más mira es a mí, y cuando dice algo que es de reír, me mira a ver si me ha hecho gracia... y a los demás no les mira... Y cuando llego, conozco yo que se alegra un tantico, y aunque a cada instante me llama bruto, lo dice como diciendo: «Bruto, te quiero... pues...».

—Ven acá —le dijo *Churi* tras largo rato de silencio—. Cuando los tíos y tus hermanos sepan eso, verás cómo no te perdonan la desvergüenza. Porque Aura espera que venga el de allá, y si no viniere, bien puedes estar seguro de que no será para ti... Yo no oigo, pero veo, y veo más que tú, y nada de lo que piensan nuestros tíos se me escapa... siento en mí los pasos que dan los sentires, los pensares de ellos cuando andan pasando por sus almas; lo siento todo, Zoilo; dentro de mí retumba... Pues te diré una cosa para que se te quite la esperanza. La tía Prudencia, que es la que manda en el tío Ildefonso, hace ascos al novio de Madrid y quiere que no venga, porque está en la idea de casar a la niña con tu hermano Martín, que es el señorito de la familia y el que vale más, porque nosotros, tú y yo, somos unos grandes gaznápiros, y él es fino, como quien dice, ilustrado. Pues sí; ésta es la idea de la tía Prudencia; yo se la he sacado por la manera como mira a Martín cuando viene, y por el modo de mirar a Aura cuando habla de tu hermano... ¿Y ahora qué dices, ganso? Porque a tu hermano no le has de matar... ¡Estaría bueno eso: matar a un hermano!... ¿Qué dices, qué piensas?

Zoilo no pensaba sino que el firmamento se le venía encima, y alzó las manos como para detenerlo antes que le aplastara.

—Eso no es verdad —dijo—; tú me engañas, *Churi;* tú eres un envidioso... Pero conmigo no juegas.

Momentos después, en gran abatimiento, lloraba como un niño. Puestos de nuevo en marcha, no hablaron más en todo el camino. Alojados en un caserío humilde, no se acostaron en el mismo montón de paja de maíz. Metiose *Churi* en el lugar más escondido, con la cabeza apoyada en un yugo, y allí se pasó la noche en triste monólogo, oyendo la respiración de su primo que profundamente dormía.

—Yo también la quiero —decía entre otros mil peregrinos conceptos—. ¿Cómo no, si es tan preciosa como los ángeles, o más?... ¡Que no me digan a mí de ángeles ni ángelas!... Donde está ella, que se quiten todos... ¿Pero qué caso ha de hacer de mí?... ¿Cómo ha de querer a un sordo... a quien no le oye su voz?... Pues si yo oyera, Dios, ¿quién me la quitaba? ¡Ay, no hay mujer bonita ni fea que quiera al hombre falto de oído!... pues aunque se puede ser buen marido sin oír nada, no quieren ellas, no quieren... y yo me pongo en lo justo... Pero si para mí no es, para este bestia de Zoilo tampoco... ¡Estaría bueno! ¿Qué ventaja me lleva mi primo? Que oye... ¿Y quién me asegura que a él no le falta también algo? ¡A saber!... Y si no le falta nada, le sobra fatuidad... No, no será suya, sino del caballero de Madrid... ¡Ojalá viniera mañana, para que se la llevara, y nos quitáramos todos de este suplicio!... ¡Cómo me reiría yo de este tontaina, fantasioso, fullero!... Echa roncas porque oye; que a lo demás no me gana, porque yo puedo más que él, y soy más valiente, y hasta más guapo... ¿Qué tiene Zoilo de más guapo que yo? Nada. Los ojos que le brillan... ¡Vaya una gracia! También me brillaban a mí antes de venirme el silencio... pero ahora... con el silencio, todo se le apaga a uno. Y Zoilo es un descarado que se está siempre riendo, enseñando los dientes... Pues eso no debe de gustarle a ninguna mujer... Que venga, que venga pronto ese caballero de Madrid... ¿Y el tal cómo será? Seguramente que silencioso no es... Pero será elegante, y tan fino, ¡arre allá!, que se meterá por los ojos de las mujeres... ¡Mundo maldito! Debiera uno morirse para no verte.

A los pocos días de esto, hallándose Zoilo en Lupardo y *Churi* en Bermeo, se enteró éste del encuentro del tío Ildefonso con Calpena, y le faltó tiempo para ir a contárselo a su rival. En aquel viaje llegó el pobre burro

LA SOCIEDAD MATRIARCAL en el País Vasco está representada en la obra de Galdós por la figura de la tía Prudencia, de quien escribe: «Pues te diré una cosa para que se te quite la esperanza. La tía Prudencia, que es la que manda en el tío Ildefonso...». *(Ciudadana de Bilbao.* Colección de Trajes de España. Biblioteca Nacional. Madrid).

lleno de mataduras; tanto le arreó el jinete para llegar pronto. Y llevando aparte a su primo, le soltó la tremenda noticia.

—Ya está; ya pareció... ya viene... ¿No caes en ello? Zopenco... *¡Madrilgo gizona!*... Habló con Ildefonso en Oñate... Ya viene..., mañana..., verás.

—Es mentira —replicó Zoilo blandiendo las tenazas—. No viene... Y si viene, sin ella se volverá. Juro que no se la lleva...

Al día siguiente fue *Churi* a las Encartaciones a contratar leña, y los dos primos estuvieron dos semanas sin verse. Pasó en este tiempo Zoilo algunos días en Bermeo, donde tuvo la satisfacción de ver que fallaban los anuncios de la próxima llegada del señor de Madrid, príncipe o archipámpano. Observó en Aura tristeza, duelo, reproducción de los arrechuchos nerviosos, y viéndola llorar se decía: «Llora, llora, que lo que es a ese no le verás más... Aquí está el hombre que ha de consolarte, tu Zoilo, a quien has de querer, porque él se lo merece... y si no, pruébalo y verás... Éste que te mira sin atreverse a decirte nada, por cortedad, te tiene guardado un amor como el de todos los corazones que hay en el universo... de todos juntos en uno. El corazón mío es de un tamaño como de aquí al sol, o un poco más allá, según voy viendo... Llora, llora, que tras mucho llorar, vendrá el olvidar... Con tanta lágrima se te lava el alma del amor viejo, y vendrás a tu Zoilo, a quien has de querer y adorar como él te adora y te quiere, que así lo manda la Divinidad».

AL DÍA SIGUIENTE FUE *CHURI* A LAS ENCARTACIONES A CONTRATAR LEÑA, Y LOS DOS PRIMOS ESTUVIERON DOS SEMANAS SIN VERSE

Tales eran sus mudas declaraciones siempre que junto a ella se veía. En esto llegaron las tristes noticias del disfavor de Negretti, de las acusaciones con que la ignorancia o la perfidia le denigraron, de su prisión y de la causa que por infidencia o masonismo le formaban. Fácilmente se comprenderá la desazón que estos hechos causaron a toda la familia, particularmente a Prudencia, que adoraba a su esposo. Valentín rugía de cólera, Sabino ponía el grito en el Cielo. Y ésta es la ocasión de referir que el buen Sabino era el único de los Arratias que sentía inclinaciones hacia el absolutismo, siquiera fuesen platónicas, determinadas por móviles religiosos más que políticos. Hombre piadoso, formulista y un tanto santurrón, disentía de su hermano Valentín, algo dañado de volterianismo, lo que no impedía que, profesadas una y otra opinión con tibieza y en el terreno ideológico, viviesen los dos en armonía perfecta, sin significarse públicamente por uno ni otro partido. Nunca llevó a mal Sabino que sus hijos perteneciesen a la Milicia Urbana, pues sus ideas retrógradas en ciertos y determinados puntos cedían ante la suprema devoción de la ciudadanía bilbaína. Pero si nadie podía tacharle de carlista, tampoco él podía negar sus grandes amistades en el campo enemigo, de las cuales supo obtener alguna ventaja para los negocios de la casa de Arratia. El comandante general de la división de Vizcaya, Sarasa, era su íntimo y cariñoso amigo desde la infancia, y amigos eran también Guergué, los coroneles Urréjola y Altolaguirre, el brigadier Tarragual, de la división navarra, y el jefe de la división cántabra, don Cástor Andéchaga. A estos conocimientos debía el paso franco por la zona comprendida entre Bilbao y Bermeo, y el favor inapreciable de que le permitieran trabajar en la ferrería de Lupardo, con la obligación de ceder a la Maestranza de Vizcaya cierta cantidad de hierro a precio bajo, forma indirecta de canon o impuesto de guerra.

Fiado en sus excelentes relaciones, corrió Sabino al interior del reino carlista, y ni en Durango, donde estaba el Rey, ni en Tolosa, donde sufría Negretti la prisión, pudo conseguir nada en pro de su hermano político, el cual no habría concluido en bien sin la decidida protección del ilustrado Príncipe don Sebastián. Y en tanto que esto ocurría, la familia continuaba agobiada de pesadumbres, pues para que nada faltase, ni parecía el don Fernando, ni de los motivos de su tardanza se tenía noticias, dando lugar este singularísimo caso a que se le creyera muerto en alguna escaramuza o lance de guerra. Mientras Aura languidecía, mostrándose al fin como fatigada de tan larga espera, con habilidad trataba su tía de infundirle el convencimiento de que el galán de Madrid había pasado a mejor vida, y era locura aguardarle más tiempo y subordinar una lozana juventud a las idas y venidas de un fantasma. Bien podía la niña excusarse de llorarle más, pues todo lo que suspirado había por la ausencia se le tomaría en cuenta por el fallecimiento. Que éste debió de ser glorioso no podía dudarse, siendo Calpena un noble caballero esclavo del honor. A pesar de que esto pensaba y decía, Prudencia, consecuente con su nombre, no se lanzaba a determinaciones radicales, y esperaba la eficaz ayuda del tiempo para proponer a su sobrina, resuelta y gozosa, los desposorios con Martín Arratia.

XIX

Que Zoilo estaba en sus glorias con el largo eclipse del caballero de Madrid, y que *Churi,* por el contrario, se daba a los demonios y habría corrido gozoso en su busca, no hay para qué decirlo. El primero, fiado en su buena estrella, alentado por la fe que le infundía su ardorosa pasión, creía firmemente que el caballero no vendría ya, sin meterse en cálculos y averiguaciones del por qué de tal ausencia; el segundo, nutriendo su credulidad en su malicia y en el odio al primo, siempre esperaba que *Madrilgo gizona* se aparecería, cuando menos se pensase, a reclamar lo suyo, y esta esperanza era el consuelo picante, amargo, de su existencia silenciosa.

Por fin, a mediados de agosto, comunicó Ildefonso que estaba libre; pero tan harto de la suspicacia, estrechez de miras e ingratitud de la sociedad del nuevo reino, que no deseaba más que perderla de vista. Como no creía prudente que su escapatoria terminase en Bermeo, ni esta villa era muy segura ya para la familia, por alcanzar también al buen Sabino las malquerencias y desconfianzas de los facciosos, ordenaba que se fuesen todos a la ferrería y en ella permanecieran hasta que otra cosa se determinara. En el acto se dispuso Prudencia a levantar el campo, pues ya le incomodaba la residencia de Bermeo, donde todo se volvía perseguir a la niña mozos y señoretes, y hasta vejestorios, con ridículas manifestaciones de amor, y una mañanita salió para Lupardo con Aura, Sabino y *Churi*. No se cansaba la buena señora de lamentar la desgracia de su marido en el servicio del Pretendiente, *lavándose las manos* al tratar de un asunto en que Negretti obró en absoluto desacuerdo con ella. Bien le había dicho y redicho que no accediera a las instancias con que los artilleros de Oñate asediaban su voluntad. Honrado y crédulo en demasía, Ildefonso había tomado en sentido recto las ofertas pomposas de aquellos señores, las cuales no eran más que cantos de sirena. ¿Qué resultó? Que el hombre se había matado a trabajar sin que parecieran por ninguna parte las villas y castillos que se le ofrecieron. Salía de la Corte de Carlos V, como había entrado, desnudo de

EN EL ACTO SE DISPUSO PRUDENCIA A LEVANTAR EL CAMPO, DONDE TODO SE VOLVÍA PERSEGUIR A LA NIÑA MOZOS Y SEÑORETES

todo capital, y además perdido en el concepto de los liberales. Bien caro pagaba su obstinación, y el desoír las advertencias de la mujer práctica, que siempre vio un señuelo falaz, una engañifa, en las galanas cuentas que se le ponían ante los ojos para deslumbrarle. ¡Perdido el trabajo de sus manos, perdido el fruto de su mente! Pero el sino de Ildefonso era sucumbir ante la maldad y el egoísmo, por ser excesivamente recto, confiado, esclavo de la conciencia hasta en las cosas nimias.

—Es un santo —decía Prudencia, terminando con un gran suspiro—, y yo, por más que he revuelto todo el Año Cristiano, buscando la santidad en la industria, no he podido encontrarla. De los conventos y de las soledades han salido todos aquellos benditos; ninguno de los talleres.

Llegaron a Lupardo con felicidad, lo que no era poca suerte, según estaba el país de soliviantado por la facción, y allí vio Aura escenario bien distinto del de Bermeo. Hecha a los grandiosos espectáculos marítimos, que favorecen las expansiones del alma, y estimulan el atrevido volar del pensamiento, la primera impresión de Aura fue de tristeza, como de caer en honda sima, y sentir sobre sí pesos enormes de tierra y cielo desplomados. La estrechez del valle le oprimía el corazón. ¡Qué diferencia de aquella inmensa lejanía de los horizontes oceánicos, que hacía casi realizable el ensueño de medir lo infinito! ¿Pues y la pureza de los aires, aquella frescura que con la intensidad de la luz inundaba cuerpo y alma? En el valle del Nervión pesaba la atmósfera, y las alturas verdes, las laderas cultivadas eran composturas mal hechas en la Naturaleza por el hombre, y arreglitos que la echaban a perder. Entre las dos vertientes, a la orilla del río entintado por la arcilla ferruginosa, se alzaba el edificio de la ferrería, roja de medio abajo, de medio arriba negra, despidiendo humo denso a todas horas; harto parecida a un monstruo iracundo, por su respiración cadenciosa y los ruidos espantables que acompañaban sus funciones: el bullicio medroso de la turbina en lo más hondo, el martilleo con estridores metálicos arriba, y el soplido ansioso del fuelle. Respiraba la ferrería, latía su sangre, daba puñetazos continuamente sobre la materia indomable. Así lo vio Aura en su viva imaginación.

¿PUES Y LA PUREZA DE LOS AIRES, AQUELLA FRESCURA QUE CON LA INTENSIDAD DE LA LUZ INUNDABA CUERPO Y ALMA?

La casa en que moraban los trabajadores era humilde, también roja y negra, sin más que lo preciso para que tuvieran breve descanso los duros huesos de aquellos atletas. Una alcoba pequeña que ocuparon las dos señoras; una grande, donde dormían todos los hombres; otra pieza donde comían, pagaban los jornales y hacían sus cuentas, eran las piezas altas. En las bajas, tenían la cocina, depósitos de leña y carbón vegetal; del lingote producido, enormes piezas dobladas por la mitad, y algunas formando lazos. Allí encontró Aura al mayor de los primos enteramente transformado, pues las dos veces que le vio en Bermeo iba vestido de señor con bastante desavío, y en Lupardo cubría todo su cuerpo con un largo camisón de lienzo veteado de negro y rojo, mena y humo, los brazos arremangados, los pies en almadreñas, la cabeza descubierta. Era el más alto de la familia, y el menos guapo de rostro, de pocas carnes, seco, acerado. Su rostro revelaba cansancio, resignación honda de todas las facultades ante la pesadumbre del deber, quizás desconfianza del éxito. Se parecía bastante a Zoilo, siendo éste hermoso, y José María no. Su actividad no era vertiginosa, como la de *Churi* y Zoilo, sino reflexiva, paciente, llegando hasta una tensión increíble.

Prefería Sabino el trabajo directivo al material; era menos forzudo que sus hijos, los cuales, a excepción de Martín, habían heredado de su madre Zoila Maruri la constitución hercú-

LAS CASAS DE PESCADORES DESTACABAN POR LOS COLORES NEGROS Y ROJOS. Las viviendas humildes tenían dos plantas; en la superior estaban las habitaciones, y en la inferior, el amplio espacio para la cocina, donde se guardaba la leña y el carbón. *(La vuelta de la pesca,* por Gutiérrez Solana).

lea. De esta señora se decía que si no la hubiera matado el cólera, habría vivido un siglo. Su madre y su abuela vivían aún, en Mundaca; contaba la primera ochenta años, y la segunda ciento dos. Pues sí: Sabino tenía especial acierto para organizar el trabajo de los demás, y daba sus órdenes de un modo paternal, persuasivo, sin gritos ni alboroto alguno. En cambio, Zoilo era todo viveza, todo ruido y alegría; desde el punto y hora en que Aura llegó a la ferrería, se multiplicaba en el trabajo, y redoblaba hasta lo increíble la cháchara y gorjeos de su alborozo juvenil. Coplas castellanas y vascuences salían sin cesar de sus labios; los rizos que ornaban su frente parecían, en manos del viento, aureola de salvajes crines. Su rostro era una paleta en que dominaban el rojo y el negro, mezclados y revueltos por el sudor copioso; la blancura de sus dientes y el carmín de sus labios brillaban con colorido picante en medio de tanta suciedad; sus manos tiznadas eran manos de un diablo que se ocupara en los menesteres más bajos del infierno; su gala era ser negro, y en los febriles accesos de júbilo cogía tizne con los dedos y se pintaba rayas en la frente y brazos. Renunciando a todo calzado, lo mismo chapoteaba en el fango que las lluvias acumulaban junto a los montones de mena, que en las verdosas aguas de la presa. Para secarse restregaba los pies en el polvo de carbón: hacía esto, según decía, para sacarse lustre a las botas. Iba de una parte a otra saltando, aunque transportara grandes pesos. Acudía más pronto que la vista a donde se le llamaba, sin repugnar ninguna faena por difícil y enojosa que fuese; su ardor era el asombro de todos, y no se le reñía más que por lo mucho que alborotaba y por sus expresiones incongruentes, pues no había que chillar tanto para hacer bien las cosas. Al llegar la hora de la comida y tomar su asiento en la humilde mesa sin manteles, hacía, sin melindres, desmedidos honores a la pitanza, con gran contentamiento de Aura, que gozaba y reía viéndole comer, por lo cual extremaba él su apetito sin incurrir en la fea glotonería. Después de la cena, Sabino les convocaba en torno suyo para rezar el rosario y dar gracias a Dios, con jaculatorias de su invención, por la salud que disfrutaba toda la familia, para pedirle que ésta recogiese el fruto de tanto trabajo, y que se acabara pronto la guerra. Terminadas las devociones, se acostaban todos. Zoilo tardaba en dormirse, porque su cerebro era una devanadera, en que sin cesar envolvía hilos interminables: amor, esperanzas, proyectos, palabras que pensaba decir a Aura, palabras que, a su parecer, ésta le diría. Cuando sentía que su padre y su hermano dormían, se echaba del camastro donde reposaba medio vestido, y se iba al otro lado de la habitación, acurrucándose junto a un tabique desnudo y frío. Allí se pasaba otro rato devanando sus hilos con la más pura espiritualidad, y antes de dormirse daba repetidos besos al tabique. Al otro lado, en la próxima estancia, dormía la niña bonita.

NINGÚN MAL PENSAMIENTO OBSCURECÍA EL CIELO PURÍSIMO DE AQUELLA PASIÓN, TODA NOBLEZA Y FRESCURA INFANTIL

Ningún mal pensamiento obscurecía el cielo purísimo de aquella pasión, toda nobleza y frescura infantil. Era Zoilo un hombre hecho y derecho, pues ya había cumplido veintidós años; pero su pasión le reverdecía la niñez con todas las candideces deliciosas de ésta, con sus ensueños y la facilidad increíble para ver trocadas en realidad las cosas más absurdas. No carecía de estudio su candorosa travesura, pues bien seguro estaba de que su ardor infatigable en el trabajo, su ligereza gimnástica, el comer mucho, el hablar cantando, el cantar riendo, y otras extravagancias, agradaban a la señora de sus pensamientos. En esto no se equivocaba. Con penetración de enamorado descubría en los ojos y en la sonrisa de Aura una complacencia y gusto muy singulares al verle hacer cosas tan contrarias a la compostura. Empleaba, pues, el chico un original resorte de agrado que podría muy bien llamarse la contra-coquetería, consistente en aplicar a su persona todas las reglas opuestas a las de la vulgar presunción. Adivinaba, veía, mejor dicho, que era más hermoso cuanto más libre en el vestir, dentro de la decencia, y que no le querían conforme al patrón de los señoritos atildados.

Más elegante sería cuanto más se pareciese al aire, a las olas, a los pájaros. Esto no lo razonaba, lo sentía, acariciando un vago propósito de dejar de ser pájaro y ola cuando las circunstancias le indujeran a ser hombre verdadero, y hasta hombre *fino,* si fuese menester.

El trabajo de la ferrería era muy duro: lo hacían exclusivamente José María, Zoilo, *Churi* y dos guipuzcoanos contratados: vestían todos, menos Zoilo, largos camisones de lienzo. El capataz o jefe de la tarea era designado con el nombre vasco de *arotza*. Llamábanse *fundidores* los que aplicaban el fuego a la primera materia para obtener el hierro, operación que se hacía en un hoyo revestido de ladrillo, donde metían el mineral y gran cantidad de carbón. Sabino, José María y uno de los guipuzcoanos eran muy expertos en apreciar el grado de ignición y el temple necesario. Cuando estaba el mineral al rojo, formando la pasta o *zamarra,* comenzaba el trabajo de forja, y allí era de ver el arte combinado de los *fundidores* y los llamados *tiradores,* que descargaban los martillazos sobre la pieza candente, puesta sobre un firme o yunque, que tenía por base estacas hincadas a gran profundidad. Un agujero daba entrada al aire que arrojaban pulmones mecánicos, movidos por la turbina. El martillo tenía por cabeza una masa formidable de hierro, y por mango un árbol enorme, horizontal cuando no funcionaba, articulado por su extremo. Un mecanismo rudimentario lo movía, manipulado por los *tiradores,* mientras los otros manejaban con grandes tenazas la *zamarra,* dándole las necesarias vueltas para recibir por una cara y otra el golpe... Las tremendas cabezadas del martillo batiendo la masa roja y blanda, iban limpiándola de escoria, y ajustando las moléculas de aquel hierro incomparable para todos los usos de la agricultura y de la industria. Zoilo y un guipuzcoano solían hacer de tiradores, mientras José María y el otro volteaban la pieza con las tenazas. El *prestador* era el obrero de menor categoría en la forja; sus funciones se concretaban a preparar la comida, amasar la borona y ponerla entre las planchas calientes, y al propio tiempo ayudaba a los demás a cargar el horno, llevando espuertas de mena. De *prestador* hacía comúnmente *Churi,* que guisaba muy bien, sin perjuicio de ayudar como el primero en el transporte del material y en dar fuego a la hornilla... Quemar mucha leña, atizar candela era su mayor goce.

XX

Comían ordinariamente caldos de habas secas con cecina, borona y buenos tragos de chacolí. Al comienzo de la campaña mataban una res, cuya carne salaban y ponían después al humo. En los días en que Prudencia y Aura aportaron por allí, mejoró un poco la mesa de los cíclopes de Lupardo, porque la señora de Negretti había llevado un par de cestos de provisiones, entre las cuales sobresalía por su magnificencia un pan de trigo de cuatro libras; lo demás era una gallina asada, patatas, fruta seca, huevos y pasta de tomate en botellas, de industria doméstica. Esto fue lo único que pudo traer de Bermeo, donde ya escaseaban las provisiones de un modo alarmante, pues los arrieros que llevaban pan de Vitoria una vez por semana, iban ya rara vez; sólo abundaba la merluza, que en aquella época del año, por preocupación incomprensible, era desestimada, y se vendía a ochavo la fibra. Prudencia había hecho un riquísimo escabeche, que llevaba en orzas grandes bien acondicionadas.

Con estas viandas, hubo proporción de celebrar en Lupardo verdaderos festines, de que participaban los guipuzcoanos, estimando estos como bocado exquisito el pan de trigo que no habían catado en meses, y que Prudencia repartía en discretas raciones. Y por contra, Aura gustaba con preferencia de los caldos de habas con cecina y de la borona; no hay que decir que Zoilo, por agradarla, consumía porciones monstruosas de aquel grosero alimento.

Hubiérale gustado a la niña bonita poner también sus manos en aquel rudo trabajo del hierro; pero como Prudencia la vigilaba, manteniéndola dentro de su jurisdicción de señorita fina, y no hallaba ocasión de echarse a la cabeza una pesada cesta de mena para descargarla en el horno, ya que no podía trabajar, se arrimaba lo más posible a la forja, sin miedo al calor intenso, sin reparar que se le sentaba en la piel del rostro el rojo polvillo del mineral. Si tuviera espejo, habríase visto trocada en figura egipcia, por el encendido color de cerámica que lucía como proyección de un incendio. Su belleza era entonces más para que la gozaran los dioses que los pobres humanos, estragados por el convencionalismo estético y las falsas artes de la presunción. Con el criterio vulgar de estas juzgaba Prudencia el nuevo cariz de su sobrina, diciéndole:

AL COMIENZO DE LA CAMPAÑA MATABAN UNA RES, CUYA CARNE SALABAN Y PONÍAN DESPUÉS AL HUMO

—¡Ay, hija, estás hecha una visión! Gracias que no hay aquí gente que te vea. ¡Lo que pareces con esa cara tan *abochornada!* ¡Cuándo querrá Dios que nos vayamos a Bilbao para que te adecentes!

No debía esperar mucho la señora para ver cumplidos sus deseos de adecentar a la niña, porque una tarde, cuando no llevaban cinco días de estancia en Lupardo, llegó Martín en un caballejo, y tuvo con su padre un vivo diálogo, del cual había de resultar la suspensión del trabajo de la ferrería.

—Padre —decía el joven, que a las primeras palabras planteó la cuestión—, esto no puede ser. En Bilbao nos critican porque mientras todas las ferrerías de Vizcaya suspenden, la nuestra sola trabaja. ¿Y por qué? Porque trabaja para ellos, para los carlistas, y de aquí sacan el material de guerra con que quieren asesinarnos. Esto no puede ser. Yo he corrido a avisarle para que se entere de lo que por allá dicen y piensan. Antes que le hagan parar a la fuerza, suspenda el trabajo por su determinación. Considere que somos bilbaínos y que tenemos que vivir con la opinión y con los sentimientos de nuestro querido pueblo.

Algo tuvo que remusgar Sabino; pero cedió al cabo ante los expresivos argumentos de Martín.

—Soy miliciano nacional; a gala tengo el pertenecer al cuerpo que defiende la sagrada villa, y no puedo en ningún caso discrepar del parecer de mis compañeros.

Lo mismo opinaba Valentín. No convenía, pues, a la familia, por la índole y el estado de sus negocios, divorciarse de la opinión del pueblo, donde dominaba el espíritu de resistencia implacable. Bilbao sería un montón de ruinas antes que consentir que pisara su suelo Carlos V. O morir todos, o defenderse hasta la desesperación. Ya era seguro que reunían sus batallones y se repostaban de artillería y balas para poner cerco a la capital, decididos a conseguir lo que no pudo Zumalacárregui. No dejaron de hacer su efecto en el ánimo de Sabino estas razones, pues si bien no sentía maldito entusiasmo por la causa liberal, érale imposible sustraerse a la solidaridad bilbaína, no sólo por amor al pueblo natal, sino por la influencia que sobre él ejer-

LAS FERRERÍAS DE BILBAO TRABAJABAN EN LA PRODUCCIÓN DE ARMAMENTO. Desde el comienzo de la guerra, las fábricas de hierro fueron destinadas a la producción de armas de todo tipo para abastecer al ejército carlista que operaba en el norte de España. (*Vista de Bilbao desde el camino de Bermeo,* por Blanche Hennbutte. Colección particular).

radiotelegrafía y mediaba para que el gasto total de las comunicaciones no superaran al año 100.000 francos de oro; no obstante, eran los propios países los que se pagaban estos servicios. En el caso de España, además de los convenios internacionales, las autoridades mantuvieron acuerdos paralelos con otros países por su relevancia internacional o por los vínculos históricos que les unía a ellos, como eran los casos de Inglaterra, por el enorme tráfico de telegramas que se producían a tres bandas España-Inglaterra-Gibraltar, y Francia y Portugal, por su condición de países fronterizos. En el segundo supuesto, relativo a la seguridad del Estado, se marcaron dos posibles contextos: periodos de paz y situaciones de guerra. En la primera circunstancia el batallón de telégrafos del cuerpo de ingenieros militares instalaría su propia red y su uso se limitaría a cuestiones puramente militares. En situaciones de guerra el servicio en campaña lo prestaría el mencionado batallón y la red permanente pasaría a manos del cuerpo de telégrafos del Estado. Lo que mayor regularización conllevó fue la utilización de las líneas en circunstancias de peligro, para ello se ordenó: «Cortar todas las líneas telegráficas que comuniquen con el Estado enemigo, cuidando, al hacerlo, que sea fácil su reparación en el caso de que el ejército tome ofensiva; vigilar escrupulosamente las comunicaciones telegráficas con los Estados neutrales, no dando curso a ningún despacho cifrado o redactado en idioma extranjero; levantar o cortar también los cables submarinos en las costas expuestas a desembarcos enemigos; intervenir en los cables submarinos que se conserven y pertenezcan a empresas particulares [...] para tener conocimiento de todo telegrama que llegue del exterior; y poner inmediatamente en conocimiento del general en jefe la menor sospecha que haga nacer cualquier telegrama recibido o que se presente para su transmisión». En el caso de que la guerra fuese ofensiva se colocarían redes de carácter permanente para así facilitar la posterior utilización y se restablecerían además las abandonadas; y si por el contrario las tropas se declaraban en retirada los operarios destruirían todas las líneas permanentes para dificultar las comunicaciones al enemigo. Estas y otras tantas medidas alusivas al funcionamiento y racionamiento del nuevo servicio fueron contempladas a lo largo de todo el siglo XIX por todos los gobiernos independientemente de su tendencia.

TORRE DEL TELÉGRAFO ÓPTICO Mathe en la Casa de Correos de Madrid, 1851, y telégrafo Breguet de 1844. Grabados del siglo XIX.

sola; y para colmo de fastidio, Martín podría verla a todas horas, y él no. Esto era en verdad peor que un castigo. Aura bajaría por las mañanas a la tienda, y como tenía tan bonita letra, puede que Martín la pusiera en el escritorio, a su lado, a copiar cartas y facturas, tocándose el codo de él con el de ella... No, no mil veces: esto no lo sufría. Como viera los codos juntos, de fijo haría cualquier barbaridad. Pensando estas tonterías se llevó casi toda la noche, y en lo más avanzado de ella, mientras su padre y su hermano dormían, calentó con sus besos el frío revoco del tabique. Efectuose al siguiente día tranquilamente el apagar de hornos, la recogida de herramientas, la disposición y arreglo de todo lo que había de quedar allí, el transporte del hierro elaborado, y en un carro que mandaron traer de Miravalles se trasladó a Bilbao toda la familia.

Resultó, ¡ay dolor!, lo que Zoilo temía: que desde la noche de llegada se vio la casa infestada de visitas, que acudían como las moscas; señoras y señoritas pegajosas que iban a picotear, a gulusmear, y a estarse las horas muertas en la sala. Las alabanzas a la bella sobrina eran entusiastas; los plácemes por tenerla allí, muy empalagosos. Zoilo hubiera cogido un zurriago y arrojado a la calle a todo aquel señorío importuno, que le quitaba a él su bien propio; pues con tanto mirar a la niña, y tanto sobarla y besuquearla, colmándola de lisonjas, se llevaban pegadas a las manos y a las bocas partículas de aquel ser divino. ¿Qué le importaba a nadie que Aura fuese un prodigio de hermosura? ¿Ni qué tenía que ver aquella gente curiosona, entrometida, con que fuese huérfana, prometida de un principillo, y qué sé yo qué? Ya se le iban atufando al hombre las narices, y le entraban ganas de demostrar a chicos y grandes que sólo a él le importaba la guapeza y demás méritos superiores de su prima... No poco se alegró de que no le confinaran en el almacén de Ripa, atestado de maderas, barriles de alquitrán y brea, pues si su padre le señaló un trabajo que allí le retenía algunas horas, las más del día estaba en la Ribera, ayudando a Martín en el trajín del despacho. Gracias a esto podía extasiarse en su divinidad, sin hartarse nunca. Si viéndola en el llano vestir de Bermeo y en el desgaire de Lupardo se había enamorado de ella como un tonto, en Bilbao, cuando se la vistieron de señorita para llevarla a misa o al visiteo, y con los trapitos de cristianar para presentarla en el Arenal, su tontería se trocó en locura, con hondos desvanecimientos y accesos de rabia.

RESULTÓ, ¡AY DOLOR!, LO QUE ZOILO TEMÍA: QUE DESDE LA NOCHE DE LLEGADA SE VIO LA CASA INFESTADA DE VISITAS

Efecto maravilloso y estupefaciente causó Aura en la juventud bilbaína, cuando hizo su primera salida con Prudencia y la señora y señoritas de Gaminde en el paseo del Arenal, pues si bien la fama había anticipado ya ponderaciones de tan singular belleza, la realidad empequeñeció la obra de la fama, al contrario de lo que en la mayoría de los casos sucede. Y aunque entonces, como ahora, la gallardía y hermosura mujeril eran cosa corriente en Bilbao, el tipo de Aura, su sencillez y majestad, las incomparables líneas de su cuerpo, su helénico perfil, y la expresión divinamente humana de sus ojos, fueron motivo de general admiración y embeleso. Mirábanla los hombres encandilados, turulatos los viejos, con asombro receloso las mujeres, y no se oían a su paso más que alabanzas. Si por una parte satisfacían a Zoilo tales demostraciones, por otra le mortificaban horriblemente, porque de tanto mirarla y alabarla resultaba que no era suya, sino del público. Rondando solo, separado de sus amigos, por los bordes del paseo, tomaba las vueltas a su prima y observaba de lejos la cara que ponían los jóvenes, así militares como paisanos, al pasar junto a ella; o bien iba detrás de los grupos de paseantes, tratando de escuchar lo que decían. Las exclamaciones «¡vaya una mujer!...», «es más de lo que dijeron...», «esto ya no es mujer, es diosa» eran como otros tantos estiletes que clavaban en su pecho. Si más que mujer era diosa, los malditos dioses no consentirían que hembra tan superior fuese para él... Y cuando pudo ver y oír que en un grupo de milicianos, donde iba su hermano Martín, felicitaban a éste por tener a tal beldad en su casa, y le daban bromitas, faltó poco para que la emprendiese a bofetada limpia con aquellos majaderos, desvergonzados... Nervioso y descompuesto, marchaba en una y otra dirección por el círculo más excéntrico del paseo, que era como el voltear de una noria, pensando que si hubiera pistolas de muchos tiros, y él poseyera arma tan prodigiosa, la emprendería bonitamente en aquella ocasión... ¿Cómo? Arreando un tiro ¡pim!, a todos los que al paso de Aura decían ¡ah!, ¡oh!... y otro tiro ¡pam!, a los que se permitieran comentarios de la hermosura, y qué sé yo qué... y otro y otro tiro ¡pim, pam!, a los graciosos y bromistas... ¡Hala!... ¡y que volvieran por otra!

XXI

No le fue muy fácil a la hermosa doncella adaptarse al nuevo molde de vida, y hacerse a tal ambiente; pero al fin hubo de rendirse al fuero de la necesidad y de la costumbre. La estrechez de la casa, un entresuelo sin luces en la parte interior, causábale opresión, angustia. Mejor respiraba en la tienda, aunque en ella dejaban poco desahogo los rollos de cabos, las piezas de lona, y los innumerables hierros de barco que por todas partes había. Pronto se familiarizó con el olor de alquitrán, y gustaba de bajar a la tienda, y de presenciar las animadas escenas de la venta y compra. El lenguaje marinero la encantaba, y la rudeza de aquellos rostros curtidos por el viento despertaba en ella simpatía y admiración. Llamada más de una vez por Martín para que le ayudase en el escritorio, descendía gozosa, y copiaba facturas y cartas; después divagaba por el local, enterándose de la extraña nomenclatura marítima. Las tardes de poco despacho, los dos dependientes, viejos navegantes desembarcados ya por inútiles, se esmeraban en darle lecciones. Aura les preguntaba: «¿para qué sirve esto?, ¿aquello para qué es?». Y ellos, bondadosos, respondían a todo, dándole una idea de las maniobras en que habían gastado sus mejores años.

NO HABÍA MÁS ESPACIO QUE EL PRECISO PARA REVOLVERSE CON ESTRECHEZ ENTRE LA MESA, CON CARPETA PARA DOS PERSONAS

El escritorio era un rincón de la tienda, separado de ésta por tabique de cristales, que en tal sitio debía llamarse propiamente *mamparo*. No había más espacio que el preciso para revolverse con estrechez entre la mesa, con carpeta para dos personas, y el estantillo de los libros. Dos taburetes, la menor cantidad de asiento posible, completaban el mueblaje. Lo demás del reducido garitón lo ocupaban estantes atestados de género, casi todo lo de pesca, paquetes de anzuelos, redes, plomos; en otra parte, piezas de lanilla para banderas, brochas, cepillos, defensas, y más arriba, pendientes del techo, bombillas de diferente forma, faroles de costado, etcétera.

Martín iba y venía del escritorio a la tienda por una puerta estrecha, no más holgada que las que suelen dar paso al camarote de un buque de mediana comodidad. Salvo a la hora en que le era forzoso escribir, recorría todo el local, desde la pieza grande, que daba a la calle, a la más interior, fin de una serie tortuosa de aposentos en que el olor del alquitrán y la obscuridad y falta de aire remedaban el ahogado recinto de la bodega de un barco. En lo más hondo estaban los barriles de brea en piedra, de alquitrán, los bloques de sebo; y a lo largo de las estancias, los rollos de jarcia formaban una estiba bien ordenada, como sillares de una serie de columnas, dejando para el paso un angosto callejón. Viendo cómo cortaban de los rollos pedazos de cuerda y cómo los pesaban y vendían, aprendió Aura los nombres de las diferentes piezas de cáñamo usadas en la navegación, y supo distinguir el calabrote y la guindaleza de la flechadura y cabo de acolladores. Todo lo preguntaba, y todo lo retenía en su prodigiosa memoria.

—¿Te gusta este comercio? —le preguntaba Martín, que buscaba la manera de echarle una flor, sin poder conseguirlo: tales eran su timidez y respeto.

Y ella respondía:

—Las cosas feas se vuelven bonitas cuando vamos aprendiendo a ver en ellas la utilidad. Esto que parece tan feo, va dejando de serlo a medida que entendemos para qué sirve. Mira tú: yo me he criado entre piedras preciosas. ¡Como que he jugado con ellas! ¿Pues creerás tú que ese comercio nunca me hizo gracia?».

—Como que es un comercio que sólo vive de la vanidad —dijo Martín, henchido de satisfacción—. Las piedras son objetos de puro lujo, y esto, Aura, esto es la vida, esto es el pan... Porque si no hubiera barcos, fíjate bien, prima, no habría comercio, y sin comercio no tendríamos ni camisa que ponernos, y viviríamos como los salvajes.

Cuando entraba Zoilo y la veía sentadita en el escritorio, junto a Martín, y él corrigiéndole las copias, para lo cual se acercaba demasiado, juntando casi cabeza con cabeza, el pobre chico no sabía lo que le pasaba. ¡Vaya que también esa!... ¡Y *dar la casualidad* de que aquel hombre fuera su hermano! Si no lo fuese, ya le habría enseñado a ponerse a la distancia que debe guardarse entre caballero y señora cuando no son novios. Por suerte de Zoilo, existía la guerra, que evidentemente le favorecía. La *casualidad* de que hubiese guerra tenía sobre las armas a la Milicia Urbana, y a cada momento, mañana o tarde, venía el ordenanza con avisos que hacían salir a Martín de estampía. «Don Martín, revista a las tres... Don Martín, a las dos ejercicio». Y primero faltaba una estrella del cielo que dejar el joven de acudir al llamamiento de la patria y de la libertad. Gracias a esto, Zoilo quedábase solito con Aura, y si había venta de cosas menudas, la enseñaba a despachar, o le daba previamente instrucciones para cuando viniese alguien en busca de agujas de coser lonas, de hierros para calafatear.

LAS COSAS FEAS SE VUELVEN BONITAS CUANDO VAMOS APRENDIENDO A VER EN ELLAS LA UTILIDAD

—¿Para qué sirve —le preguntaba ella— este zoquete redondo de madera con tres agujeros, que parece una cara con sus ojitos y abajo la boca?...

—Esto llamamos *bigota*, y sirve para las flechaduras de la jarcia.

Seguía una larga lección de aparejo, que comúnmente Aura no entendía. Ello es que, sin entenderlo bien, pedía la niña noticia de todo; y él, con seriedad científica, le explicaba la aplicación de las distintas clases de grilletes, guardacabos y demás hierros. Le mostraba un *rempujo* y la manera de usarlo para coser velas, y se lo ponía y sujetaba con la hebilla, para que se hiciera cargo de aquel *dedal de la palma de la mano;* la instruía en el modo de calafatear, metiendo en la unión de las tablas y apretándola bien con hierros, la filástica, que era la estopa de los cabos inútiles...

—Te enseñaré cómo se hace la filástica. Pero tus dedos son muy finos para esta operación. No, no: déjame a mí. No hay más que ir abriendo la estopa... Es muy fácil.

ENTRE LA AGRICULTURA Y LA PESCA, Aura soportó la guerra. La actividad comercial en la capital y en los pueblos de Vizcaya alivió del sufrimiento a los habitantes de la zona, y a las madres, de la espera de los hijos que combatían en uno y otro bando. *(Aldeanos de las cercanías de Bilbao.* Colección Trajes de España. Biblioteca Nacional. Madrid).

—¡Vaya, con todas las cosas que hay dentro de un barco! Me gustaría tener una fragata muy grande, muy grande.

—Y a mí. Para ir a ver tierras tú y yo... Y luego la traíamos llena de perlas y brillantes; cargada de piedras preciosas hasta las escotillas.

—¡Jesús qué disparate!

—Sí: de piedras preciosas, que, aun con ser tantas, serían pocas para adornar tu hermosura. Di que sí.

—¡Qué tonto!

—Es verdad. ¿Qué son las piedras? Morralla... Para adornarte a ti no hay más que el sol y las estrellas, con la luna en medio, y dos docenas de rayos por cada banda.

—¡María Santísima..., divino Dios!

—No hay más Dios divino, ni más divinidad que tú... Yo lo digo, y aquí estoy para sostenerlo...

Al fin se arrancó el hombre. Entre seria y festiva, Aura le contestaba riendo y volviendo la cabeza, burlándose un poco o asombrándose de su audacia.

—Pero, Zoilo, ¿estás loco?

—Sí, sí...; me da la gana de estar loco. Es mi gusto... Como lo será el morirme o matarme si tú no me quieres...

—Cállate, Zoilo... no bromees con eso... Cállate, que la tía baja... Me parece que la siento.

Lo que hacía Prudencia era llamarla desde lo alto de la estrechísima escalera, más bien escala de barco, que comunicaba la tienda con el entresuelo. «Voy, tía», gritaba Aura, mientras Zoilo, contento de haber roto el fuego, de haber puesto fin a un mutismo que le requemaba el alma, se decía: «Esta lagartona de mi tía Prudencia la manda abajo cuando está Martín, para que el otro le diga cosas, y la llama cuando yo estoy, para que yo no pueda decírselas... Ya le enseñaré yo a mi señora tía quién es Zoilo Arratia». Y se puso a medir brazas de cabos, que los dos dependientes iban pesando.

Sabino y su hijo mayor se pasaban casi todo el día en el almacén de Ripa, donde tenían gran cantidad de duela, magníficas tosas de caoba y cedro, y una regular partida de teca y riga que no lograban vender en aquellos calamitosos tiempos por estar encalmada la construcción de buques. Por la noche reuníanse todos en el entresuelo de la Ribera y cenaban juntos, comentando la guerra, llevando al seno de la laboriosa familia ecos de la opinión del pueblo respecto a la inminencia de un segundo sitio, más apretado que el primero. Valentín, Martín y Aura eran partidarios de la resistencia a todo trance, y confiaban en el éxito, movidos de la ardorosa fe bilbaína. Sabino y José María se hacían intérpretes de la minoría desconfiada y algo pesimista del vecindario. Temían que la villa tuviera que rendirse; no daban excesivo valor a las bravatas de los milicianos, ni estimaban posible que la guarnición escasa hiciese maravillas. Al primer partido, patriótico y entusiasta, se arrimó Zoilo, afirmando que quería derramar su sangre por Bilbao, y contribuir a la defensa con todos sus bríos. Apoyábanle unos, otros se reían, y Prudencia declaró, siempre dentro del sagaz criterio que le imponía su nombre, que la familia no debía significarse toda del lado isabelino, sino dividirse en las dos opiniones para estar a las resultas de los acontecimientos.

SABINO Y SU HIJO MAYOR SE PASABAN CASI TODO EL DÍA EN EL ALMACÉN DE RIPA, DONDE TENÍAN GRAN CANTIDAD DE DUELA

—Si todos —decía— nos vamos con la Libertad, ¡ay de nosotros en el caso de que venga la mala, y se vaya la Libertad a paseo y triunfe el obscurantismo!

Pero estas razones las rebatió con firme lógica y hasta con elocuencia, Valentín, sosteniendo que no era decoroso el doble juego, sino poner las dos velas a Dios y ninguna al diablo. Dios era la Libertad. De esta definición hubo de protestar Sabino, asentando que no había que mezclar a Dios en cosas de política. Que se juzgase conveniente defender la Libertad y el Trono de Isabel, muy santo y muy bueno; pero nada de meter a Dios en estos líos, porque Él no era constitucional ni realista, sino Dios a secas, y su divina voluntad era que no se derramase tan locamente sangre de cristianos.

En ello convinieron todos, como también en que si a Zoilo le pedía el cuerpo andar a tiros, se le procurase el ingreso en la Milicia Nacional. Con gran alegría acogió esta idea el interesado, y Aura, también gozosa, propuso que se comprara sin pérdida de tiempo la tela para el uniforme, y que una vez cortado por el sastre, ella lo cosería con sus propias manos, aunque tuviese que velar.

—Ya tenemos a Periquito hecho fraile —dijo Prudencia—. Coseremos pronto la ropita, para que pueda lucirla en la formación del domingo.

Aquella misma noche, andaba por el comedor y los pasillos con aire marcial. Sentía no tener listo su uniforme antes de que viniera *Churi*, el cual se había ido en su asno a sus acostumbradas exploraciones del país encartado o del valle de Mena, por puro vicio de independencia, más bien de vagancia, pues ya no había para qué traer leña y carbón. ¡Qué sorpresa le iba a dar, si cuando volviese le encontraba en todo el esplendor y magnificencia de su facha militar! ¡Y que no rabiaría poco al verle! Que rabiara, sí, y que se le llevasen los demonios, en castigo de las burradas que al partir le había dicho. De lo último que hablaron se copia lo menos violento, dejando intraducidas y al natural las locuciones del maligno sordo.

«ZOILO.— Estoy seguro de que me quiere... ya no pienso en matarme, sino en vivir, en hacer cosas de mucha dignidad, en aprender todo lo que no sé, en ser valiente, en portarme como un caballero.

CHURI.— *Patuo,* no *cuerras* tanto... por detrás el pingajo te cae.. ¡Qué *pamparria* tener tú!... Eso *dite,* pues.

ZOILO.— Hazte a un lado, zopenco.

CHURI.— *(Sin entenderle.) Príncipe arrecho* vendrá él, y casarse hará con ella, y más... Al *dimonio* tú aquí mismo, y más. Eso *dite,* pues... ¿Qué harás si la tía *Pudrencia* saberlo ella?... ¿para qué es desir? Murirte harás... Reírme yo... *dite* qué *patuo* eres, *patuo* y *parol*.

ZOILO.— Cállate... o verás.

CHURI.— Aura *sielo* es, y más... tú *sarama*... *Sarama* al *sielo* subirse no hará... Con escoba que te arrecojan...».

LOS CARLISTAS SE ATRINCHERARON EN ARTAGÁN. En el monte Archanda, sobre el camino de Bermeo, montaron los cañones a finales de octubre de 1836 para controlar Begoña y Achuri. Apenas faltaban dos meses para que acabara el año y Bilbao estaba amenazada por las tropas cristinas. *(Batallón de granaderos,* por Manuel Miranda. Museo Histórico Militar. San Sebastián).

EL DEFENSOR DE BILBAO

Miguel Arechavala y Villodas nació en 1775. Ingresó en las milicias civiles como subteniente en el año 1793, pero en 1799 pasó al cuerpo de Ingenieros. Participó en la campaña de Portugal de 1801, en 1803 fue destinado al Regimiento Real de Zapadores Minadores y al comenzar la Guerra de la Independencia se integró en el ejército de Extremadura, con el que participó en numerosas acciones bélicas. En Burgos consiguió frenar al enemigo, lo que dio tiempo al grueso del ejército a retirarse; por esta acción se le concedió la cruz de Primera Clase de San Fernando. Durante la primera guerra carlista formó parte del lado liberal en numerosas campañas militares, entre ellas las de los sitios de Bilbao, que le valieron por su valor la Cruz de Tercera Clase de San Fernando y su ascenso a mariscal de campo. Arechavala, que mandaba en la plaza de Larrinaga, fue elegido para la defensa de Bilbao por la comisión permanente de guerra reunida en San Nicolás. Fue nombrado Comerciante General de Vizcaya y se enfrentó al general carlista Zavala el 19 de agosto de 1838 en Munguía haciendo prisioneros a 14 soldados, entre ellos a un cadete hijo de Zavala. Murió en 1840.

Ingresó Zoilo en la Milicia; hizo solemne estreno de su uniforme, y el endiablado sordo no parecía. Quien llegó fue Negretti, en un estado moral lastimoso, herido de cruel desengaño, renegando de la hora en que puso su inteligencia al servicio de la *Pretensión*. Hombre de sinceridad, reconocía su error y se lamentaba honradamente de no haber seguido la opinión y consejos de su esposa. ¡Ay!, las mujeres suelen tener, en asuntos de negocios relacionados con la vida social, olfato más seguro y vista más penetrante que los hombres... Toda la familia se aplicó a consolarle desde el primer día, rodeándole de atenciones y cuidados, pues su salud, con tan graves quebrantos y sinsabores, se había resentido notablemente. Hablando a solas con Valentín del tristísimo pasado, del negro presente, y de las cerrazones del porvenir, le decía:

—Me siento tan abatido, tan descorazonado, que como no vengan estímulos de fuera de mí, dudo que pueda yo sacarlos de aquí dentro. Espero que pasen días, muchos días, a ver qué giro toma esta maldita guerra. Y también te aseguro que sólo he venido a Bilbao por tomar algún descanso, y por el gusto de pasar unos días con vosotros antes de irme a Francia. Aquí no me encuentro, querido Valentín; no me atrevo a salir a la calle, temeroso de que me echen en cara el haber traído acá pegadas a las manos las limaduras de la Maestranza de don Carlos. Me tendrán por enemigo, quizás por espía... No me conocen lo bastante para ver en mí al obrero neutral, que sirve donde le pagan. La realidad, las flaquezas humanas, me han hecho comprender que la neutralidad es imposible, y por ello no se acaba esta guerra... Tesón allá, tesón aquí... ¡Desdichado de aquel que, como yo, se ve cogido y aplastado entre los dos tesones!... ¡Ah!, vosotros, más felices que yo, podéis levantar una bandera, y defenderla, y hasta morir por ella... Yo no puedo... me he inutilizado para este partido y para el otro... Lo que sí te digo es que ya podéis prepararos bien, porque os van a sitiar, y con poderosos elementos. Nadie los conoce como yo... Os apretarán de firme, y como no venga un buen ejército a romper la línea de ellos, habréis de veros muy mal, pero muy mal, créelo. Si Bilbao no hace una hombrada, me parece que pronto seréis vasallos de Carlos V... Es triste; y si en mi mano tuviera yo el fuego del cielo, os lo daría para resistir. Por que... no soy vengativo, eso no, ni quiero el daño de nadie; pero a esos, ¡ah!, a esos les deseo que se les indigeste Bilbao, a ver si revientan de una vez.

Los anuncios de Negretti respecto a la inminencia del sitio, se confirmaron en los días siguientes. El 21 y 22 de octubre los carlistas abrían trincheras en Artagán. Al otro lado del monte Archanda, sobre el camino de Bermeo, tenían los cañones que habían de emplazar en diferentes puntos, para dominar Begoña y Achuri. Hacia Ollargan preparaban fuertes baterías contra San Mamés y la Concepción, y por Sodupe disponían los ataques a Burceña y el Desierto. La situación era, pues, gravísima. Desde las alturas de Santo Domingo y Archanda, por la orilla derecha del Nervión, y por la derecha desde las de Ollargan, los carlistas miraban a Bilbao en el fondo de la cazuela, y no tenían más que alargar la mano para coger el pobrecito *chimbo* y devorarlo.

LOS PUEBLOS VIVEN DEL SENTIMIENTO COLECTIVO, Y LOS BILBAÍNOS SUPIERON EN TAN SUPREMA OCASIÓN CULTIVARLO

Y mientras a la defensa se aprestaba, más parecía la capital de Vizcaya un pueblo en plena fiesta que un pueblo condenado a los horrores de la guerra de sitio: diríase que se habían propuesto los bilbaínos animarse unos a otros con enfáticos alardes de júbilo y desprecio del peligro. Su actividad en los preparativos cobraba nuevos alientos de aquel gozo común, de aquella confianza que o sentían o simulaban. Gran virtud es en estos casos la ficción de entereza. Los pueblos viven del sentimiento colectivo, y los bilbaínos supieron en tan suprema ocasión cultivarlo, creándose previamente la atmósfera en que debían consumar sus inauditas hazañas; atmósfera falsa, si se quiere, pero que los hechos, la constancia y tesón de aquel divino mentir convertirían luego en real y positiva. Y organizaban el éxito con prematuros alardes, sostenidos sin desmayo, como papeles de una comedia heroica. Los histriones dejarían de serlo a fuerza de fingir bien y de mostrarse alegres cuando la realidad les imponía la tristeza. Era un pueblo de imaginativos, y los imaginativos que proceden con intensidad en su labor psicológica, acaban por crear.

XXII

Bien se comprende que en esta organización previa del éxito por la fanática confianza del pueblo en sí mismo, tenían la mayor parte las mujeres, y entre estas, las jóvenes trabajaban más que las maduras en la composición de la atmósfera marcial. Las señoras y señoritas de la clase mayorazguil, las del patriciado comercial, las de menestrales y tenderos, eran la nube en que se formaban aquellos elementos de extraordinaria eficacia, de donde luego tomarían el rayo los hombres. El fuego lo hacían ellas. Ejemplo de esta elaboración de coraje ofrecía la hermosa Aura, que ligada ya por lazos de amistad con las niñas de Gaminde, con las de Orbegoso y otras de la villa, se pasaba todo el día picoteando en círculos femeniles acerca de lo que se hacía en las fortificaciones, de la distribución y destino de las piezas, de lo que hacía y pensaba el gobernador don Santos San Miguel, de lo que disponía el Ayuntamiento con los corregidores de Albia y Begoña, y comentando los planes del brigadier de ingenieros don Miguel de Arechavala, lo que preparaban la Junta de armamento y defensa, la Diputación y el verbo coronado. Todas ellas tenían el hermano, el primo, el novio, en la Milicia Urbana; los padres de unas pertenecían a la Junta de armamento; los de otras a la Diputación. Sabían, pues, todo lo que ocurría, y lo que no sabían lo inventaban, sin darse cuenta de su fecundísimo numen militar. Tan pronto se pasaba Aura la tarde en casa de las de

Gaminde, calle del Víctor, como en casa de las de Busturia (Artecalle), o bien asaltaban todas el domicilio de Arratia, y aquí y acullá, sus manecitas diligentes trabajaban sin descanso, con más gozo que en los aprestos de un baile, en la tarea lindísima de coser sacos de lienzo para los parapetos, en vaciar colchones para llenar sacas de lana, en disponer las camas para los hospitales de sangre, y en hacer hilas, aunque esto no les parecía lo más urgente, porque antes que hubiera heridos tenía que haber baluartes y defensas; y las banderas debían ser muy vistosas; y todo lo que significase triunfos de la Libertad y palos al carlismo había de obtener la preferencia; las hilas y vendajes, que los hiciera el enemigo, como más necesitado de tales remedios.

Zoilo, una vez metido de hoz y de coz en la vida militar, hizo nuevos conocimientos con señoritos de las primeras familias, y apretó más el lazo de sus antiguas amistades. Destinado a la cuarta compañía del primer batallón, eran sus compañeros inseparables Pepe Iturbide, hijo del polero que tenía taller de motones, patescas y cuadernales junto al almacén de los Arratias en Ripa, y Víctor Gaminde, hermano de las señoritas con quienes había hecho Aura tanta intimidad. Comúnmente iba con su amigo a casa de este, cuando quedaban francos de servicio, y allí se encontraba a su ídolo, que ansiosa le preguntaba:

—¿Dónde has estado hoy, primo? ¿Qué hay?, ¿qué has visto?... Cuéntanos.

—Pues por la mañana se ha trabajado en el fuerte del Morro, en Achuri, donde hemos puesto dos cañones más, y tres que había, cinco, que harán polvo todo el tinglado que están armando *ellos* más arriba. En Artagán tenemos cuatro piezas, di que cuatro infiernos, que arrasarán cuanto *ellos* se traigan por Santo Domingo y por Matalobos. Por la tarde hemos trabajado en San Agustín, donde hay una pieza de 36, más grande que este cuarto, y dos de 24, que da gusto verlas, y otras dos, y un obús que, cuando escupa, ya verán ellos lo que es canela. Dicen que mañana vamos a Sabalbide y a la batería de la *Reinaga,* donde pondremos sin fin de cañones que echarán el fuego más allá de Begoña. No deseo más que empezar para que vean cómo barremos para afuera. ¿Crees tú que no?

—Yo sí; yo creo que les barreréis, que no quedará uno para contarlo.

Y acompañándola después a casa, con su hermano José María y una señora tía de las de Gaminde, que iba a pasar un rato con Prudencia, de quien era amiga de la infancia, hablaron los dos cuanto quisieron, porque José y la señora mayor, que era muy pesada, iban detrás, y ellos con juvenil ligereza se adelantaron.

—Aura —dijo Zoilo con grave acento—, no quiero más sino que *den el primer toque,* para que veas tú de lo que soy capaz. ¿Qué tienes que decirme a esto?

—No digo nada, Zoilo. Yo quiero que seas valiente... Me gustaría mucho que te celebraran y te pusieran en las nubes.

—¿Y si me celebran y me ponen más arribita de las nubes?

—Me alegraré mucho, créelo.

—Yo quiero que se diga que el más valiente defensor de Bilbao es uno... uno que a ti te quiere, que te quiere más que a su propia vida... Y dirán: «¡Dichosa ella, que la quiere el más valiente de Bilbao!».

—Bien, *Zoiluchu*... Si me lo dicen, me alegraré... Falta que seas tan animoso de obra como de palabra.

YO QUIERO QUE SE DIGA QUE EL MÁS VALIENTE DEFENSOR DE BILBAO ES UNO... QUE TE QUIERE MÁS QUE A SU PROPIA VIDA...

—Tú lo verás... Di que empecemos pronto... Que haya tiros, que lluevan granadas y bombas deseo yo, y que tengamos que ir contra ellos a pecho descubierto... Ya me cansa tanto preparativo. Hacer fuego y atacar a la bayoneta, mándeme pronto... Lo mucho que te quiero me ha de salvar de la muerte. Con decir «Aura, mi Aura me favorezca», no habrá bala que se atreva conmigo... Pero si no me quieres, las balas no me respetarán; di que no.

—No seas tonto. ¿Qué tienen que ver las balas con el cariño?

—Sí tienen que ver, di que sí. Yo estoy seguro de que diciendo: «Aura me ama; atrás, fuego de pólvora», no he de tener ni un rasguño. Y si no lo crees, lo verás, y lo creerás. Quiéreme, y dime dónde hay siete mil serviles para ir solo contra ellos, solo yo.

—¡Jesús, qué locura!

—No, no te rías... Tú pídele a Dios y a la Virgen que empecemos de una vez... Que rompan ellos contra nosotros, que escupan, y ya subiremos nosotros a taparles las bocas y a meterles el hierro en las barrigas. Yo me consumo esperando, esperando. ¿Por qué no rompemos, con cien mil gaitas?

—Pues ya tengo curiosidad de saber en qué paran todas esas valentías tuyas. También quiero que rompan. Esto es hermoso. Un pueblo chiquito, metido en un hondo, defenderse contra tantos miles de hombres furiosos que le tiran desde las alturas. ¡Cosa magnífica, Zoilo; cosa sublime! Yo quiero verlo... ¿Me contarás todo lo que veas?

—Todo, todo te contaré, y tú me querrás, di que sí.

—No seas fastidioso... Ya sabes que no puede ser. Yo te quiero, porque eres mi primo; pero otra cosa no... Eres un buen chico, que puedes llegar a ser un gran hombre. ¿En qué serás gran hombre? Yo no lo sé: tal vez en el comercio, tal vez en la industria… ¿y quién dice que no lo serás en la milicia?

—Yo seré lo que tú me mandes. ¿Que me aplique a la milicia y que llegue a general, quieres tú?

—¡Jesús y María..., tan pronto!

—Si la guerra sigue, hazte cuenta... Yo seré lo que tú mandes; pero no me digas que no puedes quererme. Si me quieres, si me crees digno de tu amor, ¿por qué me lo niegas? ¡Buena tonta serías si me despreciaras a mí por uno que no ha de venir!

—Yo no te desprecio, *Zoiluchu*.

—Pues quiéreme... verás qué valiente... ¿Qué cosa levanta más al hombre que el valor?

MAPA DE ESTELLA. Atlas de Tomás López.

ESTELLA, CENTRO DEL CARLISMO

Tras la muerte de Fernando VII, Estella fue el epicentro de la primera guerra carlista. Los jefes navarros se reunieron allí el 5 de noviembre de 1833 en asamblea presidida por el coronel Francisco Iturralde, comandante de las tropas. Asistieron una treintena de militares que eligieron la Real Junta Gubernativa del Reino de Navarra. Diez días después, también en Estella, se constituyó la Real Junta y se procedió al nombramiento de Tomás de Zumalacárregui como comandante general del ejército. La ciudad también tuvo un papel protagonista en la tercera guerra carlista, entre 1872 y 1876, cuando se convirtió en capital y corte del pretendiente.

—Realmente... el valor es más que nada.

—Pues yo soy tuyo, y todo mi valor es tuyo, y lo que yo hiciere gloria tuya es, porque yo, si no te quisiera, sería muy cobarde, y me metería debajo de una mesa. Pero del quererte sale que yo desee subirme hasta las estrellas. Igualarme a ti, concédame Dios. Ya verás luego... Espera un poquito.

—No, si yo espero... Ya ves que me paso la vida esperando.

—Esperando por otro lado lo que no ha de venir... y aquí estoy yo para que no esperes más tiempo... Una batalla dame, y verás.

—¿Pero yo cómo te he de dar una batalla?

—Diciendo que me quieres. Se me ha metido en la cabeza que si me dices eso, en el momento de decírmelo estallarán en esos montes, y en aquellos, y en los de más allá, todos de una vez, *¡brmm!,* los cañones carlistas.

—¡Ave María Purísima!

NO PUDIERON DECIR MÁS. EN LA PUERTA DE LA TIENDA ENCONTRARON A MARTÍN, QUE LES DIO LA NOTICIA DE LA LLEGADA DE *CHURI*

—Sin pecado concebida. Lo que es natural, Aura, tiene que venir. Lo natural es que tú me quieras y que los carlistas ataquen.

—Claro; tú llamas natural a lo que deseas. Pues a mí todo lo que deseo se me vuelve sobrenatural.

—Porque no haces caso de mí, que soy lo natural, Aura; fíjate... ¿Pues qué soy yo más que lo natural?

No pudieron decir más. En la puerta de la tienda encontraron a Martín, que les dio la noticia de la llegada de *Churi,* magullado, hecho una lástima, y además sin burro. Le habían hecho acostar; pero al anochecer, cansado de estar en la cama, se lanzó a la calle, corriendo a curiosear en los puntos fortificados. Se anticipó la cena de Martín y Zoilo para que volvieran a sus puestos, el uno en el Morrillo, el otro en Solocoeche. Habría querido su padre que estuviesen en la misma compañía, a fin de que se prestaran auxilio en algún aprieto y cuidasen el uno del otro; pero no había podido ser. En la casa todo era tristeza. Sabino, que dirigía el rezo doméstico, agregó al rosario de costumbre infinidad de preces, recitadas unas, leídas otras devotamente, de rodillas, en un libro piadoso. Todo era por impetrar del Señor que pusiese fin a la guerra entre hermanos. Y tan largo fue el rezo, que cuando se pusieron a cenar ya estaban desfallecidos.

¡Terminar la guerra por intercesión divina! Ya, ya; bonita terminación se preparaba. A fe que soplaban vientos de paz. Desde el amanecer de Dios empezaron los carlistas a largar bombas y granadas sobre la pobre villa. La plaza les contestaba en toda la línea de fortificaciones, desde Achuri a San Agustín, y desde Ripa a San Francisco. El día fue de alarma, aunque no tanto como el siguiente. En casa de Arratia hallábanse solas las mujeres y Negretti, que forzosamente retenido en Bilbao por el sitio, no salía de casa, permaneciendo en un cuarto interior entregado a estudios y cálculos de mecánica. Algunas señoras de los pisos superiores bajaban al entresuelo, y cuando apretó el miedo, porque se dijo que habían caído bombas en la calle Somera y en Artecalle, bajáronse todas a la tienda, donde se creían más seguras. Ignorantes de lo que ocurría estuvieron hasta que, muy avanzada la noche, llegó Valentín a referirles que la defensa había sido brillante. Sabino había ido hacia Sabalbide, donde, según le dijeron, estaba Martín, y José María funcionaba en el Hospital de Sangre de la Concepción como individuo de la Junta de Socorro y Sanidad.

—¿Quién va ganando? —preguntó Negretti, que sólo por satisfacer esta curiosidad asomó a la puerta de su cuarto.

LA ARTILLERÍA FUE DECISIVA EN LA CONTIENDA CIVIL. La defensa de los valles desde las zonas escarpadas y los montes se realizó gracias a los cañones fabricados en las ferrerías del País Vasco. Todos los herreros fueron reclutados para colaborar con el ejército. (*Acción del puente de Castrejana*. Grabado de la época. Museo Romántico. Madrid).

—¡Hombre, qué pregunta!... Nosotros —dijo Valentín.

Ildefonso pareció complacido, y volvió a engolfarse en su tarea, mientras su cuñado explicaba a las mujeres de la casa y a las vecinas allí congregadas los combates de aquel día en los diferentes puntos de defensa. En todos demostraron los bilbaínos tanta serenidad como valor. Las bajas no eran muchas, y los serviles no habían avanzado un palmo de terreno.

El siguiente día fue de grande ansiedad para los vecinos de aquella parte de la Ribera, porque a las primeras horas de la mañana se procedió a levantar un parapeto y barricada en la esquina del teatro, y trajeron un cañón grandísimo para hacer fuego desde allí contra las posiciones carlistas de Uribarri. En medio de alegre bullanga y animación, lleváronse adelante los trabajos toda la mañana: chiquillos, viejos y algunas mujeres ayudaban a llenar sacos de tierra, mientras los soldados y milicianos desempedraban la calle. Todo se hizo rápidamente. Cuando empezaron a disparar, retumbaban los tiros en la casa de Arratia como si se viniera el mundo abajo. Guarecidas las mujeres en lo más hondo de la tienda, de allí no se movieron hasta que cesaron de oír disparos cercanos. Negretti continuaba en su aposento del entresuelo, paseándose inquieto y nervioso. Al oír un zambombazo decía: «¡Esa es buena... a ellos!...» y vuelta a revolverse y a suspirar fuerte, pasándose a cada instante la mano por la cabeza, a contrapelo, cual si quisiera hacer de ésta un perfecto escobillón. Su mujer quería llevarle a la tienda; pero se resistía, asegurando que la casa era sólida: lo más que podía ocurrir era que se hundiese el tejado. Dos días pasaron en esta situación, sin que ninguno de los Arratias pareciese por allí. Temían que Valentín, dejándose llevar de su temple fogoso, se lanzara al combate. Una vecina dijo que le había visto pasar al frente de una partida de paisanos que iban con picos y palas corriendo hacia el Arenal, donde también estaban emplazando piezas. Esta noticia las tranquilizó; y por la noche llegó Sabino ¡gracias a Dios!, con nuevas felices de todos menos de *Zoiluchu*. Valentín, después de haber trabajado como un negro, estaba en el Consulado, donde se reunía la Junta de armamento. José María había pasado del Hospital de Bilbao la Vieja al de Achuri; Martín quedaba en Solocoeche sano y salvo, y de Zoilo no se sabía nada. Probablemente continuaba en el fuerte de Mallona. A *Churi* le había encontrado trabajando en la barricada de la Cendeja.

VALENTÍN SE HABÍA LANZADO YA A UN FORMIDABLE ATAQUE CONTRA LA CENA, YA MEDIO FRÍA, QUE AURA PONÍA EN LA MESA

—¿Quién va ganando? —preguntó Negretti, entreabriendo la puerta de su escondrijo.

—*Estos* —replicó Sabino.

Y como en aquel punto entrara Valentín y oyese, subiendo la escalera, el *estos* pronunciado por su hermano, gritó con fuerza y entusiasmo:

—¡*Estos,* no; *nosotros,* nosotros!

Aunque a media noche llegó Martín con la referencia de que Zoilo estaba vivo y sano en el fuerte de Mallona, no acabaron de tranquilizarse, pues su hermano no le había visto... Venía el pobre muchacho fatigadísimo, desencajado; el pundonor, más que el marcial denuedo, le sostenía, aunque se hallaba dispuesto a volver a empezar en cuanto se lo ordenasen. Su lividez, el desmayo de su cuerpo aterido, el sobresalto de su mirar, pedían tregua para reponer la enorme dosis de coraje y entusiasmo gastada en las últimas lides.

—El deber, hijo, el deber ante todo —le dijo su padre, acariciando el libro de rezos.

—Cumplamos con lo que nos pide el honor de nuestro pueblo, y Dios dispondrá lo que nos convenga a todos. ¿Que dispone triunfar? Pues triunfaremos... ¿Que dispone morir? Pues muerte.

Valentín se había lanzado ya a un formidable ataque contra la cena, ya medio fría, que Aura ponía en la mesa. Martín le secundó con brío, y ambos anunciaron su intención de posponer el rezar al comer. Tomó Negretti en silencio algunas cucharadas de sopa, sin poner atención a nada de lo que se decía, y Prudencia se extremaba en las órdenes que daba a su sobrina para cuidar y atender a Martín.

—Sí, tía —dijo Aura—, no me olvidé de guardarle el medio pollo. Lo he puesto a calentar. Ahora lo traeré.

Y sirviéndoselo, le decía, cariñosa:

—Come, pobrecito. Tranquilízate... ¿Has hecho mucho, mucho fuego? ¡Qué sería de Bilbao sin los hombres valientes!... De fijo que *Zoiluchu* habrá hecho alguna calaverada... alguna barbaridad...

—Es tan arrojado —dijo Valentín—, que me temo que sus bravuras le cuesten caras.

—Pero no hay que temer —añadió Prudencia—. A ese no le parte un rayo.

Martín no dijo nada: comía en silencio, con la avidez de reparación de la materia egoísta. La entrada de *Churi* renovó en todos la inquietud por Zoilo. Observando la cara sombría del sordo, temían que fuese portador de alguna mala noticia; pero a las interrogaciones que le hicieron, harto expresivas sin necesidad de usar la palabra, contestó con desabrimiento:

—¿Yo qué saber? Diez y siete muertos de Mallona sacar... Yo verlos. No estar Zoilo; ningún muerto de los diez y siete es él mismo... Más no sé...

XXIII

No se conformaba Aura con ignorar la suerte del menor de sus primos, y en la mañana del 26, a cuantos entraron en la casa preguntaba si sabían algo, si habían visto los muertos de Mallona. Nadie le dio razón. Todo aquel día, que lo fue de grande inquietud, porque en él dieron las compañías carlistas llamadas de *argelinos* un terrible asalto por Mallona, no llegó a la casa de Arratia noticia alguna de los hombres de la familia. Por la noche, sabedoras Aura y Prudencia de que a Víctor Gaminde le habían llevado herido a su casa, fueron corriendo allá. Prudencia no quería más que informarse y comadrear un poco, y dejando allí a su sobrina, se volvió para que Ildefonso no estuviera solo. Vio Aura al joven herido, y a la familia consternada: las hermanitas lloraban; la madre no sabía qué hacer, y el padre, don Francisco Gaminde, persona en quien la bondad no excluía la entereza de carácter, sonreía con heroico dominio de sí mismo, asegurando que el *puntazo* del niño no era de muerte; le curarían, le darían buenos caldos para reponer la sangre perdida, y «¡hala, otra vez al puesto! Bilbao no quiere gallinas, sino buenos gallos con espolones». Todo se reducía a un desgarrón de bayoneta en el costado derecho, rozando las costillas. Hilas, esparadrapo, y a los tres días ya podía coger otra vez el chopo. También él lo cogería si fuera menester... Y en último caso, antes que consentir que el *absoluto* entrase en Bilbao, hasta las niñas, las bravas bilbaínas, tendrían que ir al fuego.

Conservaba el herido su buen humor, y no estaba conforme con que le metieran en la cama. En esto entraron dos de sus compañeros, y alegrándose mucho de verles, se lamentó de no poder estar enteramente curado al siguiente día, para volver allá. No había acabado de decirlo, cuando entró un tercer miliciano, manchado de sangre, la cara negra, de humo, de tizne, del obscuro fango de las baterías: era Zoilo, el mismísimo Zoilo, pero en tal facha, que Aura tardó en reconocerle; parecía más delgado, más alto... ¡qué cosa tan rara!... era otro... no, no... el mismo en espíritu; pero más estirado de cuerpo, ahuecada la voz, enflaquecido el rostro. A pesar de estas novedades *de aspecto,* bien se le reconocía en el mirar grave, en la arrogancia de su actitud sin asomos de fanfarronería, en el aplomo con que presentaba su rudeza ante personas finas de uno y otro sexo, no dejándose vencer de la cortedad. No había concluido de saludar a todos los presentes y de estrechar la mano de su amigo, cuando llegó presuroso Valentín, encargado de comunicar al señor Gaminde acuerdos importantes de la Junta, y de rogarle en nombre de sus compañeros que fuese al instante a donde estaban reunidos. Entre el cúmulo de asuntos diversos que éste y el otro, reunidos al acaso, expresaban con conceptos tan diferentes, descolló un instante la voz del miliciano herido, diciendo:

Y EN ÚLTIMO CASO, ANTES QUE CONSENTIR QUE EL ABSOLUTO ENTRASE EN BILBAO, HASTA LAS NIÑAS, TENDRÍAN QUE IR AL FUEGO

—Los héroes de Mallona han sido dos... el pobre Mendiburu, y otro que está presente. Cuando los primeros veinte argelinos entraron por la brecha, más parecidos a fieras que a hombres, cinco de nosotros se abalanzaron a ellos... De esos cinco, tres se quedaron a media distancia; dos solos avanzaron resueltos. De los dos, Mendiburu cayó muerto; el otro está vivo, y es este *Luchu* que ven ustedes aquí. Tras el muerto y el vivo corrimos los demás... No sé cómo fue aquello... un milagro, un sueño... no sé... Aún tengo dudas de que vivamos los que vivimos y de que quedaran en tierra destripados no sé cuántos argelinos... Ni sé cómo pudo pasar lo que pasó... no sé, no sé...

Manifestó Zoilo, ante el relato de su hazaña, una calmosa modestia, sin hipócritas denegaciones ni alardes vanidosos. Su tío Valentín le dio una bofetada de cariño y tres besos que parecían mordidas, gritando:

—¡Si es Arratia, bilbaíno de las Siete Calles!... y no hay más que decir.

Gaminde, sin extremar la admiración, pues tales hechos debían considerarse, según él, como cumplimiento estricto del deber, no dijo más que:

—Bilbao está lleno de estos cachorros, que saben cumplir. ¡Cualquier día entran aquí los *absolutos!* Vámonos, Valentín.

—Vámonos —dijo Arratia a su sobrina—, que es tarde. Al pasar te dejaré en casa.

—Vámonos, *Luchu*. Vente a descansar —dijo la niña al heroico joven.

Y eslabonándose unos a otros con aquel *vámonos,* salieron en cadena los cuatro. En la calle, se adelantaron prima y primo; detrás, las dos personas mayores hablaban de cosas graves.

—¿Es verdad que has hecho lo que cuenta Víctor? —preguntó la doncella.

—Di que nada... —replicó el mozo muy serio—. No me alabo yo de cosas que valen poco.

—Has sido muy valiente... no lo puedes negar.

LAS ESCARAMUZAS en las afueras de Bilbao fueron el preludio al encuentro de Luchana. Al amanecer del 12 de diciembre los cañoneros de las fuerzas navales cristinas comenzaron el bombardeo sobre la ciudad. La pelea se desarrolló en varios frentes, desde el mar y desde el interior. *(Una trinchera.* Museo Histórico Militar. San Sebastián).

—Más habría hecho si me dejaran... Pero no le dejan a uno. ¡Qué rabia! Si los demás hubieran querido, salimos y no queda un argelino para muestra.

—Has sido muy valiente —repitió Aura, parándose y mirándole a los ojos. Los de ella resplandecían de júbilo.

Valentín y Gaminde se habían quedado muy atrás.

—No lo dude usted, don Francisco —decía el primero—. Es noticia auténtica. La han traído dos artilleros facciosos que se pasaron esta noche.

—Pero no es creíble...

—Pues créalo usted. Levantan el sitio. No tienen municiones. Las que han repartido hoy son las últimas.

—No nos caerá esa breva, Valentín.

—Además, hay piques entre ellos. Villarreal y Simón de la Torre están a matar, y éste se retiró hacia Munguía, negándose a obedecerle.

—Eso lo creo; pero no que se retiren.

—¡Que levantan el sitio, don Francisco!

Al decir esto se aproximaban a la otra pareja, y Zoilo pescó el concepto «levantar el sitio». No pudo expresar la rabia que esto le produjo, porque llegaron a la tienda, y se vio rodeado de su padre, hermano y tía, que por su vuelta le felicitaban cariñosos. Valentín y el señor Gaminde siguieron hacia San Antón, mientras Zoilo, subiendo de mala gana al entresuelo, viose obligado a contestar a mil preguntas impertinentes. Él no había hecho nada de particular: no le hablaran, pues, de hazañas ni heroísmos.

—Muy bien —díjole Sabino—: el buen soldado cumple con hacer lo que le manden, sin meterse a farolear. Cada cual en su deber, y luego Dios dispone.

Aura le sacó golosinas que guardara para él, lo mejor que en la casa había. Pero el chico, tristemente impresionado por la frase de su tío *levantan el sitio,* no tenía ganas de comer. La indignación, el despecho le trastornaban. Sentía escarnecido su amor patrio, su risueña ilusión por los suelos.

¿NO QUERÍAIS SITIO DE BILBAO? PUES SITIO DE BILBAO... ¡QUÉ RABIA! ¡RETIRARSE CUANDO APENAS HABÍAMOS EMPEZADO A CASCARLES!

—¡Levantar el sitio! —exclamó golpeando en la mesa con el mango del cuchillo, cuando Aura y él se quedaron solos—. No, no: eso no puede ser. Si se retiran, tras ellos hay que ir, y trincarles de una oreja, ¡cobardes!, y volver a traerles a las trincheras... ¡Allí... fuego...! ¿No queríais sitio de Bilbao? Pues sitio de Bilbao... Firmes... hasta que no quede uno... ¡Qué rabia! ¡Retirarse cuando apenas habíamos empezado a cascarles!... ¿Qué dices, Aura? ¿Te burlas de mí?

—Yo no me burlo, no... Me gusta verte tan fogoso —replicó la doncella—. Pero si ya has hecho bastante, si te has portado como un valiente, ¿a qué quieres más gloria, tonto?

—Yo no hice nada —afirmó el miliciano levantándose de golpe, fiero, ceñudo—. Esos niños bonitos se admiran de cualquier cosa... Ea, no quiero cenar. Más comida no me saques; no quiero... Me pone furioso eso de que levantan el sitio; y de la rabia que tengo, no puedo pasar la comida... Me haría daño; se me volvería veneno. Para mi hermano Martín guárdala; que vendrá luego, y vendrá muy contento si sabe lo que yo sé... Me voy a ver qué se dice. Estoy franco hasta las doce; pero no tengo sosiego hasta que sepa si seguimos o no seguimos. ¿Tú qué piensas?

—Pienso —dijo Aura— que sí, que levantan el sitio.

—¡Aura!

—Aguárdate... se retiran para organizarse mejor, y reunir más gente y más cañones y más balas. Cuando tengan todo eso, volverán. Se han propuesto coger a Bilbao, y lo cogerán si tú los dejas.

—¡Yo!... ¡Como no les deje yo!... Aura, no juegues... Si no te quisiera, me importaría poco... pero te quiero... Tú estás muy alta, yo muy bajo. Para llegar a ti, no más que un caminito hay: estrecho es y muy pendiente, formado todo de cuerpos carlistas; de cuerpos vivos, quiero decir, tan vivos que todos se echan el fusil a la cara cuando me ven. Pues por encima de todos esos cuerpos tengo que pasar para llegar arriba... y para pisar sobre ellos, y hacerles escalones míos, tengo que matarles antes... Conque hazte cuenta...

Aura sintió una corriente de frío intensísimo a lo largo de su espinazo. Dando diente con diente, le dijo:

—Se retiran... volverán con más cañones, con más fusiles, con más balas... ¡Pobre *Zoiluchu!*

—No me digas ¡pobre!... así como por lástima. Yo no soy ¡pobre!... ¿Y por qué tiemblas? Tienes frío...

—Sííí...

—¿Es de miedo?

—O de lo contrario... no sééé...

Retumbó en aquel instante un cañonazo que hizo estremecer la casa. Las mujeres chillaron, y oyose la voz de Sabino diciendo que era el fuego de la batería que *ellos* habían armado en Uribarri. De un brinco se abalanzó Zoilo a coger su fusil, y se lanzó a la escalera como una exhalación, sin que su padre ni su tía ni la misma Aura pudieran contenerle. De seis en seis escalones bajó, gritando: «¡Viva Isabel...» y ya estaba en la calle cuando acabó de decirlo: «...Segunda!».

Cañonearon toda la noche, y aunque siguieron el día 27 hostilizando la plaza, cundía de hora en hora la noticia de que levantaban el sitio, sin otra razón, a juicio de los bilbaínos, que el vigoroso escarmiento que recibieron al intentar la embestida de Mallona. El 28, flojos ya en sus ataques, empezaron a retirar alguna artillería de la que habían armado contra Banderas, y también por la parte de Ollargan. Al anochecer, las campanas de San Agustín anunciaron la retirada de considerable fuerza enemiga. Entregose Bilbao a demostraciones de júbilo; pero los muchachos no las tenían todas consigo. La pobrecita Aura, queriendo decir a su primo una frase consoladora, había hecho una profecía. Lo raro fue que Negretti opinaba lo propio, asegurando secamente que volverían. Dudábalo Valentín; declaraba Sabino que sería lo que Dios quisiese, y Martín, ávido de descanso y con vivas ganas de cambiar el bélico ardor por la pacífica lucha comercial, presagiaba conforme a sus deseos:

—La lección ha sido dura, y no es fácil que vuelvan por otra.

Como todos los puestos seguían guarnecidos, y los servicios de plaza no sufrieron interrupción, Zoilo no parecía por su casa; según informes de José María, trabajaba en la reparación de los fuertes de Mallona, Circo y barranco de Iturribide, desplegando una actividad loca, pues sus brazos infatigables no descansaban de día ni de noche, insensible a la lluvia y al frío. Se había metido un tiempo del noroeste capaz de apagar los entusiasmos más ardientes y de entumecer los músculos más vigorosos. Pero al novel soldado no le importaba el temporal: sus compañeros y los trabajadores mercenarios turnaban; él no turnaba más que consigo mismo, y solía decir:

AL ANOCHECER, LAS CAMPANAS DE SAN AGUSTÍN ANUNCIARON LA RETIRADA DE CONSIDERABLE FUERZA ENEMIGA

—Esto es lo natural, señor. Hago lo que debo, y debo hacer lo que puedo. Si puedo mucho, yo me sé por qué. ¡Hala!

Una noche (debió de ser la del 5) fue a su casa a mudarse. Aura le encontró más enjuto, el mirar más penetrante y luminoso, los rizos de la frente más juguetones, el rostro ennegrecido, las manos como enormes tenazas de acero. Era la encarnación de la fuerza física, alimentada por el horno interno, inextinguible, de la energía moral; formidable máquina muscular movida por la fe.

—¡Cómo acertaste! —dijo a su prima, gozoso, echando chispas de sus ojos negros—. Vuelven... Otra vez ya sobre Bilbao. Ahora... dos docenas de argelinos, que me traigan.

—Te has empeñado en ello —dijo Aura, sonriendo, mirándole a los ojos—. Ya estás contento...

—Di que sí... Han vuelto porque yo lo he querido, como yo sé querer las cosas. Todo lo que se quiere con fuerza se tiene, Aura.

—Hombre, todo no.

—Yo digo que sí.

Metiose en el cuarto donde su tía le tenía preparado un buen lavatorio y ropa limpia, y cuando salió con la cabellera húmeda, en mechones duros y enroscados, semejantes a las serpientes de Medusa, se abrochaba con dificultad los botones del cuello de la camisa, por causa de la aspereza de sus dedos.

—Aura, échame aquí una mano...

Mientras la tía y la sobrina le pasaban los botoncitos, él en jarras, mirando al techo, decía:

—Ahora se verá lo que es mi pueblo... Padre, ¿no sabe? Ya no manda Villarreal el *ganado servil,* sino el manco Eguía. A Villarreal me le han soplado en las Encartaciones para que no deje pasar a Espartero... ¡Si serán bobos!

—Hijo —indicó Sabino—, no califiquemos... Lo que Dios disponga será. No sabemos nada.

—Yo sí sé una cosa... que Espartero pasará por encima de Villarreal, como yo paso por encima de esa estera; y que el Marqués de Casa-Eguía entrará en Bilbao dentro de dos meses, el día de Reyes... Vendrá de Rey Mago, montado en el burro de *Churi,* luciendo su sombrerito de copa forrado de hule.

—Hijo, no bromees con las cosas santas ni con los sucesos de la guerra, que están sujetos al azar y a mil eventualidades. Yo, qué quieres, siempre deseo la paz. A todas horas le pido a Dios...

—¿La paz?... Pues yo la guerra... yo le pido la guerra... y ya ven cómo me hace más caso que a usted.

EL GENERAL NAZARIO EGUÍA fue voluntario contra los franceses en la Guerra de la Independencia. Fue nombrado mariscal de campo y a la muerte de Fernando VII se declaró absolutista y pasó a militar en las filas de don Carlos de Borbón, quien le condecoró con la Gran Cruz de Carlos III por su actuación en las batallas de Guevara y Arlabán. *(Eguía y su Estado Mayor*, por Manuel Miranda. Museo Histórico Militar. San Sebastián).

—Hijo, no desvaríes. No intentemos penetrar los altos designios...

—Padre —añadió el miliciano ya vestido, ostentando su derrotado uniforme, gallardísimo siempre—, ¿a que no sabe usted lo que dijo Dios cuando hizo el mundo?

—Hombre, pues dijo... dijo... Aura, ¿qué fue lo que dijo?

—Pues, tío, me parece que dijo: «Hágase la luz».

—Y la luz fue hecha. Amén.

—No, no es eso —continuó Zoilo—. Después: más acá, cuando hizo a la humanidad.

—Dios no hizo a la humanidad toda entera de golpe y porrazo. No seas hereje... Dios hizo al primer hombre...

—Y a la primera mujer, y a poco ya estaba hecha la humanidad. Pues cuando Dios tuvo formada la humanidad, dijo: «¡Fuego!...» que quiere decir: «Hágase la guerra».

Cenaron sin Negretti, que, melancólico y enfermo, no salía de su cuarto; Martín y Valentín cenaban con sus amigos los de Vildósola; *Churi* se había largado a pescar su burro... que se le cayó al mar en aguas de Ontón, como burlescamente decía Zoilo; José María estaba en la tienda con los dos dependientes preparando un pedido de grilletes y jarcia que habían hecho aquella tarde los barcos de la Marina inglesa, *Ringdorve* y *Sarracen*. Al concluir de cenar, Prudencia fue llamada por Ildefonso, y Sabino se quedó dormidito, apoyando la frente en el piadoso libro de oraciones. Solos Aura y Zoilo, preguntole ella:

PUES NADA... YO ME VOY —DIJO EL GALÁN MIRANDO AL PASILLO, EN CUYO TÉRMINO SE OÍA LA VOZ DE PRUDENCIA HABLANDO CON LA CRIADA

—¿Por qué eres tan belicoso? ¿Por qué te ha dado por querer la guerra?

—A quien quiero es a ti, que eres mi guerra, y mi Bilbao, y mi *angélica Isabel*... O te conquisto, o muero... ¡Conquistar, morir! Decir esto, ¿no es lo mismo que decir guerra?...

Sintió Aura, como en noche anterior, el frío intensísimo que le corría por el espinazo.

—¿Ya estás tiritando? Las mujeres quieren la paz: son medrosas... Yo te quiero a ti; me gusta la guerra, porque ella nos enseña a ganar lo imposible. Un querer fuerte, con mucho fuego dentro, y la voluntad como hierro bien batido, todo lo vence... ¿No crees tú lo mismo?

—Sííí...

—Pues prepárate. ¿Harás lo que yo te mande?

—Sííí...

—Pues nada... Yo me voy —dijo el galán mirando al pasillo, en cuyo término se oía la voz de Prudencia hablando con la criada.

—Hasta que Dios quiera.

Despidiose de la tía; esperó a que ésta volviese a entrar en el cuarto de Ildefonso. Solos otra vez junto a la escalera, Zoilo repitió, no ya interrogando, sino con acento afirmativo:

—Harás lo que te mande.

Asintió la joven con movimientos de cabeza. En ésta llevaba un pañuelo de seda, cuyas puntas anudó sobre la boca, mordiendo el nudo. Sentía mucho frío y desmayo completo de la voluntad, correspondiente a un súbito agotamiento de su fuerza nerviosa. Se agarró al barandal de la escalera para no caer.

—Harás lo que te mande —repitió Zoilo, que habiendo bajado ya tres escalones, tenía su cabeza al nivel de la cintura de ella—. Pues lo primero... acércate más para decírtelo bajito... desconfía de *Churi,* que es muy malo... Desconfía también de la tía Prudencia...

—¡Oh!, eso no... Prudencia me quiere.

—A ti, sí; pero a mí, no. Quiere más a otro... Paréceme que la siento... Adiós.

XXIV

Cumpliéronse hacia el 8 de noviembre los deseos de Zoilo, que tuvo la satisfacción de ver en los altos de Archanda numeroso *ganado* carlista que subía de Munguía. Traían gruesos cañones que emplazaron en Santo Domingo amenazando a Banderas. El 9 recorrió las líneas el general Eguía con su sombrero de copa forrado de hule y su largo levitón, metida en el bolsillo la única mano de que podía disponer. Todo indicaba que atacarían los fuertes exteriores, sin perjuicio de hostilizar el interior de la plaza. ¡Y Espartero sin parecer! En vano le llamaba el telégrafo de Miravilla, enarbolando sin cesar bolas y banderas. De Portugalete respondían con monótono lenguaje:

—Ya vamos; esperarse un poco.

EN LA CASA DE ARRATIA, PROPIAMENTE DICHA, NO HABÍA MÁS NOVEDAD QUE LA ROTURA DE CRISTALES Y EL APABULLO DE LOS BOHARDILLONES

Bilbao esperaba con estoica entereza, sin llegar aún a la suprema ocasión de apurar todas sus energías. Aún era grande el repuesto de fanatismo por la defensa, de coraje y de amor propio, que doblaban su fuerza con la sal y el picor de la jovialidad.

En la casa de Arratia, propiamente dicha, no había más novedad que la rotura de cristales y el apabullo de los bohardillones, con amago de incendio, que se cortó felizmente; en la familia no eran grandes tampoco las novedades, ni habían ocurrido sucesos que modificaran de un modo notorio la vida impuesta a todos por las circunstancias; pero algo pasaba en ella que, aun perteneciendo al orden obscuro y sin ningún brillo heroico, no merece el olvido. El narrador no dice nada. Deja que hable Prudencia, la cual, cogiendo a su hermano Valentín en el escritorio, donde acaloradamente disputaba con Vildósola sobre si era fácil o difícil tomar el fuerte de Banderas, le hizo subir, y por la escalera le manifestó lo que se copia:

—Apártate, hermano, siquiera por un rato de estas novelerías de la guerra y del sitio, y ven en mi ayuda, por Dios, que ya principio a temer no sólo por la salud, sino por la vida de Ildefonso. ¿Has reparado cómo está? En quince días ha perdido la mitad de su peso, los dos tercios de sus carnes, y toda, absolutamente toda la alegría de su espíritu. ¿Qué es esto? ¿Es enfermedad, es tristeza, es pasión de ánimo?... Fíjate en aquella cara que languidece; en aquellos ojos, que tan pronto parecen muertos, tan pronto relampaguean; observa cómo al ponerse en pie se le tuerce todo el cuerpo... y se apoya en las paredes para no desplomarse, él antes tan erguido, tan fuerte, tan vivo, hierro y pólvora... No, no: Ildefonso no está bueno; Ildefonso no puede seguir así. Quiero que le vean los mejores médicos de Bilbao; quiero que acabéis pronto el sitio para llevármele a Francia, a la bendita Francia, lejos de estas luchas, de estos horrores... Valentín, por Dios, entra en su cuarto; no como otras veces, la entrada por la salida... acompáñale, dale conversación, háblale, como tú sabes hacerlo cuando quieres, con gracia... procura desviar su entendimiento de la idea que le está devorando... Yo he agotado mi labia... no he conseguido nada; no puedo más.

—Sí que lo haré... ¡Pobre Ildefonso! Ayer no me gustó... francamente... ¿Continúa sin apetito?

—Hoy no ha comido más que un poco de borona. Dice que no puede pasar otro alimento... borona, y si está quemada, oliendo a chamusquina, mejor... Oye lo que se me ha ocurrido: ¿si le habrán traído a ese estado los malditos inventos, en que tiene zambullida a todas horas su imaginación? ¿Esos planos que hace y deshace, y tacha y borra, y vuelta a pintar, con tantas rayas y letritas chicas, qué son? Pues ¿y cuando se está toda la noche llenando de numeritos un pliego de papel, y vengan numeritos, y numeritos, que parecen patas de pulga... y acaba un pliego y vuelta a empezar?...

—Mujer, son cálculos, dibujos... proyectos de alguna mecánica... qué sé yo... Entraré ahora mismo. Déjame solo con él... No te metas tú a farolear. Las mujeres, hablando más de la cuenta, lo echan todo a perder.

Entró Valentín en el cuarto de Ildefonso, y este, sin levantar los ojos del papel en que trazaba líneas y guarismos microscópicos, le dijo:

—Parece que quieren quitaros Banderas. ¿Qué crees tú? ¿Se saldrán con la suya?

—No debes tú pensar tanto en si toman o dejan, Ildefonso. De eso, de disputarles un palmo de terreno, nos cuidamos nosotros. Hazte cargo de que no estás en una plaza sitiada, y si tiran, que tiren.

Respondió Negretti entre suspiros, suspendiendo por un instante su trabajo, que no podía sustraerse a los sobresaltos y al terror del asedio, porque si Bilbao no era su patria, éralo de su esposa y de los hermanos de esta, a quienes como hermanos miraba; que habiendo cometido la insigne torpeza de servir a don Carlos como industrial y maquinista mercenario, sin entender que en ello comprometía su neutralidad política, se encontraba en tristísima situación moral, huésped de un pueblo que los carlistas asesinaban con las armas fabricadas por Ildefonso Negretti. Hallábase condenado a martirio indecible, y cada vez que sonaba un disparo, sentía que los demonios corrían de un lado para otro en diferentes partes de su cuerpo, pero principalmente en la cabeza y en el corazón. Siempre había tenido gran afecto a Bilbao, y admiraba a los bilbaínos por su honradez y laboriosidad. Eran la flor y nata de los hombres... ¡Y él había hecho los proyectiles con que les abrasaban! No, no tenía consuelo. Gracias que las carcasas incendiarias no eran obra suya, sino del francés a quien llamaban *Tutorras,* y no servían para nada. Ya lo dijo él cuando las estaban construyendo. Pero a las granadas y bombas... por hijas las conocía. Él las engendró ¡ay!, para que destruyeran a la rica y noble Bilbao...

—¡Eh!... no sigas, no sigas —le dijo Valentín, echándole los brazos al cuello—. Ildefonso, ¿tú qué culpa tienes? Nosotros no te odiamos. Bilbao no te quiere mal. . Ni una palabra más de guerra y sitio. A olvidar tocan.

—A eso voy, eso quiero: ahogar mis penas discurriendo, calculando.

—Pero no te metas muy a fondo en los cálculos —le dijo cariñoso su hermano—, que pudiera ser el remedio peor que la enfermedad... ¿Y eso qué es?... ¿Puedo saberlo?

—Recordarás que una tarde, en Bermeo, viendo pasar hacia Levante un barco de vapor, te dije...

SIEMPRE HABÍA TENIDO GRAN AFECTO A BILBAO, Y ADMIRABA A LOS BILBAÍNOS POR SU HONRADEZ Y LABORIOSIDAD

—Sí, me acuerdo: que la navegación al vapor, tal como hoy está el invento, no tiene porvenir, sobre todo en la guerra... Yo siempre dije que esas paletas al costado son buenas para navegar en ríos; pero en la mar, con tiempo duro, no hay gobierno posible. Viene mar gruesa, y la menor avería en las paletas deja la embarcación hecha una boya. Si el viento la hace escorar hasta mojar los penoles, ya tienes al animal con una pata debajo del agua y la otra en el aire. Esto es un engañabobos.

—Los inconvenientes de las ruedas al costado, en el buque de vapor —dijo Negretti con la frialdad y convicción del hombre de ciencia—, quedarán vencidos cuando se aplique un nuevo invento, del cual se hicieron ensayos en Francia. Yo los he presenciado... Consiste en sustituir las dos ruedas por una sola.

A partir de 1846 el empleo del telégrafo en España fue en aumento, lo que obligó a las autoridades a partir de 1852 a legislar en consecuencia. Las primeras medidas que se pusieron en marcha se limitaron a organizar su uso en el ámbito nacional, ampliándose posteriormente al internacional y poniendo especial atención en los países que pudieran suponer un peligro para la seguridad nacional.

LOS POSTES TELEGRÁFICOS INUNDAN ESPAÑA

La implantación del servicio telegráfico en España se inició a mediados del siglo XIX y conllevó una ardua labor legislativa, ya que desde su origen se constituyó en el monopolio más rentable y útil del Gobierno. Las primeras medidas que se llevaron a cabo estuvieron ligadas a la infraestructura y los medios físicos para el establecimiento de las líneas; por ello a partir de 1846 se instalaron dispositivos telegráficos en las torres más altas siguiendo un plan estratégico con los lugares de mayor interés, de aquí que las dos primeras líneas cruzaran España de norte a sur: la primera Madrid-Irún y la segunda Madrid-Cádiz. A este empeño de las autoridades por mejorar los medios de comunicación en el país se sumó la aplicación de la electricidad al telégrafo, sustituyendo al modelo óptico empleado hasta 1852. Paralelamente a la evolución de los aparatos se desarrollan diferentes lenguajes telegráficos como el de Breguet, Morse y Hughes, empleados todos ellos indistintamente en España.

Las primeras alusiones normativas al respecto aparecieron con la real orden del 27 de noviembre de 1852 que regulaba la implantación del servicio telegráfico oficial a través de la red nacional de ferrocarriles, y la ley del 22 de abril de 1855 por la que se amplió el servicio al ámbito particular. A partir de ese momento órdenes, decretos y leyes trataron de sistematizar un servicio que daba visos del proceso aperturista y recuperación económica del país: se estipularon las tarifas de los envíos nacionales e internacionales, el control y mantenimiento de las líneas, se creó un cuerpo oficial de telégrafos, se fijaron los apartados del telegrama, se concedieron abonos a las agencias de noticias y periódicos para realizar envíos a precio reducido, se permitió el uso de otros idiomas y dialectos en los telegramas privados, y con el tiempo se desvincularon los servicios de Correos y Telégrafos.

Especial cuidado se puso en lo concerniente a los servicios telegráficos internacionales y sus restricciones por motivos de seguridad nacional. En el primer caso se creó una sede central, la Oficina Internacional de la Unión Telegráfica, que se encargaba de coordinar la radiotelegrafía y mediaba para que el gasto total de las comunicaciones no superaran al año 100.000 francos de oro; no obstante, eran los propios países los que se pagaban estos servicios. En el caso de España, además de los convenios internacionales, las autoridades mantuvieron acuerdos paralelos con otros países por su relevancia internacional o por los vínculos históricos que les unía a ellos, como eran los casos de Inglaterra, por el enorme tráfico de telegramas que se producían a tres bandas España-Inglaterra-Gibraltar, y Francia y Portugal, por su condición de países fronterizos. En el segundo supuesto, relativo a la seguridad del Estado, se marcaron dos posibles contextos: periodos de paz y situaciones de guerra. En la primera circunstancia el batallón de telégrafos del cuerpo de ingenieros militares instalaría su propia red y su uso se limitaría a cuestiones puramente militares. En situaciones de guerra el servicio en campaña lo prestaría el mencionado batallón y la red permanente pasaría a manos del cuerpo de telégrafos del Estado. Lo que mayor regularización conllevó fue la utilización de las líneas en circunstancias de peligro, para ello se ordenó: «Cortar todas las líneas telegráficas que comuniquen con el Estado enemigo, cuidando, al hacerlo, que sea fácil su reparación en el caso de que el ejército tome ofensiva; vigilar escrupulosamente las comunicaciones telegráficas con los Estados neutrales, no dando curso a ningún despacho cifrado o redactado en idioma extranjero; levantar o cortar también los cables submarinos en las costas expuestas a desembarcos enemigos; intervenir en los cables submarinos que se conserven y pertenezcan a empresas particulares [...] para tener conocimiento de todo telegrama que llegue del exterior; y poner inmediatamente en conocimiento del general en jefe la menor sospecha que haga nacer cualquier telegrama recibido o que se presente para su transmisión». En el caso de que la guerra fuese ofensiva se colocarían redes de carácter permanente para así facilitar la posterior utilización y se restablecerían además las abandonadas; y si por el contrario las tropas se declaraban en retirada los operarios destruirían todas las líneas permanentes para dificultar las comunicaciones al enemigo. Estas y otras tantas medidas alusivas al funcionamiento y racionamiento del nuevo servicio fueron contempladas a lo largo de todo el siglo XIX por todos los gobiernos independientemente de su tendencia.

TORRE DEL TELÉGRAFO ÓPTICO Mathe en la Casa de Correos de Madrid, 1851. Y telégrafo Breguet de 1844. Grabados del siglo XIX.

—Ya... una sola rueda en el centro, funcionando dentro de un escotillón rectangular, abierto al agua. Eso es complicadísimo...

—Una sola rueda, Valentín, colocada a popa, en una perpendicular paralela al codaste.

—¿Rueda vertical, girando en sentido de la quilla? —dijo Valentín, con la incredulidad pintada en su atezado rostro—. ¿Y cómo la mueves?... ¿Con palancas, con bielas? ¿Cómo te gobiernas para que la transmisión funcione dentro del agua?

—No lo has comprendido. El problema es sencillísimo, algo por el estilo del famoso huevo de Colón. ¿No ves cómo anda un bote, una chalana, con un solo remo por la popa? El movimiento lateral de ese remo basta a imprimir a la embarcación una marcha uniforme, avante siempre en línea recta.

—Eso sí... la suma de impulsos laterales, alternos, en sesgo más bien, dan...

—En sesgo, eso es. Pues construye tú un remo que produzca esos impulsos en sucesión rotatoria...

—¡Un remo!...

—Llámalo rueda, pues se reduce a un movimiento circular.

—¿Con paletas que...?

—Resultará esto —dijo Negretti con aire de triunfo, mostrando un dibujo que a Valentín le pareció una rueda de fuegos artificiales—. ¿Me comprendes? Esto es una hélice. Aquí tienes la teoría muy bien expuesta. ¿Conoces tú la *Rosca de Arquímedes?*

YO LO ESTUDIO, Y SI DIOS ME DA VIDA Y SE ACABA LA GUERRA, TRATARÉ DE HACER AQUÍ UN ENSAYO

—Mejor conozco las de harina.

—Sobre el eje reposan dos segmentos helizoidales...

—Mira, mira, a mí no me presentes el problema de la hélice, o de la rosca, en forma matemática. Soy yo muy bruto para entenderlo así. Explícamelo con ejemplos.

Diole Negretti explicaciones vulgares de la hélice como organismo de propulsión, añadiendo que no era invento suyo, sino de un francés que no había logrado aún llevarlo a la práctica, por las dificultades que ofrecen la rutina y la envidia a toda innovación grandiosa.

—Yo lo estudio, y si Dios me da vida y se acaba la guerra, trataré de hacer aquí un ensayo. He modificado la teoría del francés, haciendo más agudo el ángulo de las paletas con la normal del barco; y en cuanto a la transmisión, me lanzo a un sistema nuevo, que ahora estoy calculando...

—Para que la transmisión sea práctica, la máquina tiene que colocarse a popa.

—¡Ah, no! Yo me lanzo a colocar la máquina en el centro de la embarcación, sobre la cuaderna maestra.

—El barco ha de ser pequeño.

—Yo estudio mi proyecto en un barco ideal, de tamaño doble del mayor que hoy se conoce.

—¿A ver cuánto? Mi *Victoriana* tenía doscientos cuarenta pies. El mayor barco mercante que he visto no pasaba de trescientos.

—Pues mi barco mide cuatrocientos pies —dijo Negretti con expresión de iluminado.

—¿Y colocas el eje de tu máquina de vapor sobre la cuaderna maestra? —preguntó Valentín, más atento al desvarío pintado en los ojos de Ildefonso que al problema mecánico—. Y para transmitir el movimiento... ¿qué pones?, ¿un rosario de noria, un juego de codillos, ruedas dentadas o qué?

—No...; pongo un árbol de acero.

—Que tendrá forzosamente ciento ochenta pies lo menos: ese árbol girará sobre su eje...

—Conectado con la hélice... ya ves qué cosa tan sencilla... Por el otro extremo le imprimirá movimiento una excéntrica.

—¿Qué diámetro tendrá ese arbolito?

—Pie y medio...

—Y de acero... todo forjado, naturalmente... Dime otra cosa: con semejante chocolatera andará tu nave... lo menos, lo menos diez millas.

—¡Veinte millas, Valentín; veinte millas por hora!

—Hombre, de poner... pon cien millas —dijo el marino sin disimular ya su burlón escepticismo—. Y otra cosa: ¿la hélice queda debajo del agua?

—Exactamente.

—Y el árbol tiene ciento ochenta pies... y es de acero... y el barco mide, entre perpendiculares...

—Cuatrocientos pies...

—Pues, hijo... avísame cuando todo eso esté, para ir a verlo. Y yo te pregunto: ¿de qué cargamos ese barco? Podríamos meter dentro de él una montaña.

—Justo: una montaña... —murmuró Negretti, engolfándose en su trabajo.

Salió el viejo marino de la estancia tan descorazonado y mustio, que Prudencia no tuvo que preguntarle su opinión acerca del desgraciado calculista. Para sí decía Valentín: «Es hombre al agua. ¡Pobre Ildefonso! Su talento macho acaba con él». Pero no queriendo alarmar a su hermana, atenuó su dictamen en esta forma:

—Le encuentro un poco ido de la jícara; y si por un lado veo la causa del trastorno en esta tragedia del sitio, por otro paréceme que los cálculos, en vez de ser un remedio, le acaban de rematar. ¡No es mala rosca la que el pobre tiene dentro de su cabeza!... ¡Qué cosas me ha dicho; qué invenciones, hija, obra del mismo demonio!... ¡Figúrate tú un árbol de acero de ciento ochenta pies de largo y pie y medio de diámetro... puesto así en semejante forma, y la máquina en la cuaderna maestra!... Perdido, hija, perdido... Pero si le contrarías, es peor... Dejarle, dejarle que invente barcos monstruos, con hélices a popa, y un andar de ochenta millas por minuto... digo, por hora... Dejarle, dejarle... Yo traeré a don José Caño que es el mejor médico del pueblo... Y entre tanto, cuida de hacerle comer... inventa tú también la manera de meter carga en esa bodega y víveres en esa gambuza... si no, tu marido casca... o se quedará lelo, que es peor... Yo volveré... voy a ver qué ocurre... Hace un rato que no se oyen tiros...

SEMANARIO PINTORESCO ESPAÑOL, fundado por Mesonero Romanos.

UN SEMANARIO MUY POPULAR

El 3 de abril de 1836 salió el primer número del *Semanario Pintoresco*, una de las más importantes publicaciones españolas. Dirigido por Ramón de Mesonero Romanos, que firmaba sus artículos con el seudónimo El Curioso Parlante, alcanzó gran popularidad por sus contenidos diversos. Entre sus colaboradores figuraron intelectuales de prestigio como los escritores Ochoa, Segovia, Coello y Gil y Zárate. De las ilustraciones se ocuparon Palmerolis, Alenza, Velasco, Villaamil y Ortega, entre otros. Desde el punto de vista literario, impulsó la novela de ideas y los textos de clásicos nacionales, además de la historia y el arte. Mesonero estuvo al frente durante seis años y lo vendió por 10.000 reales a Gervasio Gironella, quien lo dirigió hasta 1857.

XXV

Consternada oyó Prudencia estas apreciaciones, que no hacían más que confirmarla en su pesimismo, y comunicando éste a su sobrina, departieron ambas acerca del mejor modo de distraer al enfermo y apartar su espíritu así de la tenebrosa cavilación del sitio como de los malditos cálculos de mecánica, capaces de secar el cerebro más jugoso y firme. Aura entraba en el cuarto algunos ratitos, y procuraba, con grata conversación risueña, llevar su pensamiento a regiones apacibles. Desgraciadamente, la situación de la plaza sitiada, que en aquellos días de noviembre se agravó con nuevos desastres y quebrantos, no favorecían los deseos de la joven. El tiroteo era continuo; a cada instante llegaba noticia de hundimientos de techos o de estropicios semejantes en diferentes puntos, y no había medio de ocultar a Negretti la verdad de tantas desdichas. Entró José María cuando menos se pensaba, con la triste certidumbre de que los facciosos habían tomado el fuerte de Banderas, y que también Capuchinos estaba al caer. Faltó poco para que Aura se echase a llorar de pena y rabia.

LOS BOTES DE METRALLA DE 36 Y DE 24 NO *ME PERTENECEN:* LO DECLARO EN DESCARGO DE MI CONCIENCIA...

—No atribuyamos esto a negros ni a blancos —dijo Sabino con unción, que en aquel caso no era muy pertinente—: Dios es el que todo lo dispone. Ni ellos deben envanecerse, ni nosotros afligirnos demasiado. Los designios del Señor sobre todo... Si dispone que muramos, será porque nos conviene.

No pararon en esto las desdichas, pues al día siguiente se rindió San Mamés, tras una defensa briosa, y la misma suerte cupo a los fuertes de Luchana y Burceña.

—Ni nosotros ni ellos hemos de decidirlo —decía Sabino a su hijo Martín, que entró abatidísimo por la pérdida de casi toda la línea exterior, con lo que se debilitaba sensiblemente la defensa—. Con la conciencia tranquila acataremos lo que resulte.

—Pues yo no acato —gritó Valentín furioso, dando puñetazos—. Con fuertes o sin fuertes, Bilbao no se rinde; Bilbao perecerá, y que vengan por los escombros de las casas y por los huesos de los vecinos.

La opinión de Zoilo no se sabía, porque no aportaba por allí; continuaba peleando como un león en la batería nueva de la Cendeja. Martín, engranado espiritual y físicamente en la máquina de la opinión general, aseguraba, como su tío que Bilbao se mantendría firme, siempre batallador, siempre glorioso y grande. El comedido Arratia no se tenía por héroe; pero sabría ocupar el puesto que se le designara, fuese o no de peligro, y obedecería ciegamente las órdenes de sus jefes. Nadie le superaba en el cumplimiento estricto del deber.

En una nueva entrevista que tuvieron Negretti y Valentín, aquel le dijo:

—Llevo cuenta aproximada de lo que va consumiendo el enemigo. Balas rasas de las que yo hice, han tirado como unas trescientas de a 24 y ochenta de a 36. *Mis* bombas de 14 pulgadas se van agotando... Usarán pronto otras, que ojalá estén peor fabricadas que las mías. De las de 7 *mías* han hecho gran consumo... Los botes de metralla de 36 y de 24 no *me pertenecen:* lo declaro en descargo de mi conciencia...

Más desesperanzado y pesimista salía cada vez Valentín de aquellas pláticas con su hermano, y al punto comunicaba sus impresiones a Prudencia para ver si entre los dos discurrían algún remedio.

—Figúrate tú —le decía— si estará trastornado el hombre, que hoy, después de darme cuenta de las balas que arrojan los *serviles,* me ha largado más explicaciones de sus proyectos, sosteniendo que los barcos no se harán ya de madera, sino de hierro... todos de hierro... tú figúrate. Cierto que un casco metálico flota mientras esté vacío; pero échale a una embarcación de hierro de cuatrocientos pies máquina en proporción, y luego ese molinillo que él dice, de ciento ochenta pies... ¡Qué cosas discurre un cerebro desquiciado! Yo no he querido contrariarle, porque don José Caño recomienda que se le deje en el pleno goce de su chocolatera, pues si le escondiéramos los papeles o se los quemáramos, tendría quizás accesos de furor... No, eso no: el tratamiento, ya sabes, es darle de comer todo lo que se pueda; estibarle bien, aunque sea de borona, y evitar que se le remonte el genio... Y cuando se acabe el sitio, si vivimos, te le llevas a Francia, que allí bien puede ser que el hombre despliegue con más tino sus invenciones. España no es país para eso: aquí inventamos guerras y trapisondas. Cosas de maquinaria, siempre vi que venían del extranjero... de donde deduzco que lo que aquí es locura, en otra parte no lo será.

Ni dentro ni fuera de España veía la buena mujer enmienda para el trastorno cerebral de su pobre marido, víctima, según ella, de su puntillosa rectitud y delicadeza... No, no debían ser los hombres tan rematados en la honradez. Prueba de las desventajas del excesivo puritanismo era Negretti, que se había pasado su vida trabajando, explotado por éste y por el otro, con escasísimo provecho suyo y desgaste de sus notorias energías. Pensando en esto, Prudencia se aprestó a recabar dentro del matrimonio la autoridad que hasta entonces había ejercido su esposo, el cual, consultando a veces a su costilla, determinaba por sí y ante sí, conforme a su rígida conciencia. Ya esto no podía ser: hallábase Ildefonso incapacitado para el gobierno; ella, pues, asumía todos los poderes, disponiéndose a resolver cualquier asunto pendiente, aunque fuese de los más graves. Ciertamente, sus resoluciones serían menos ri-

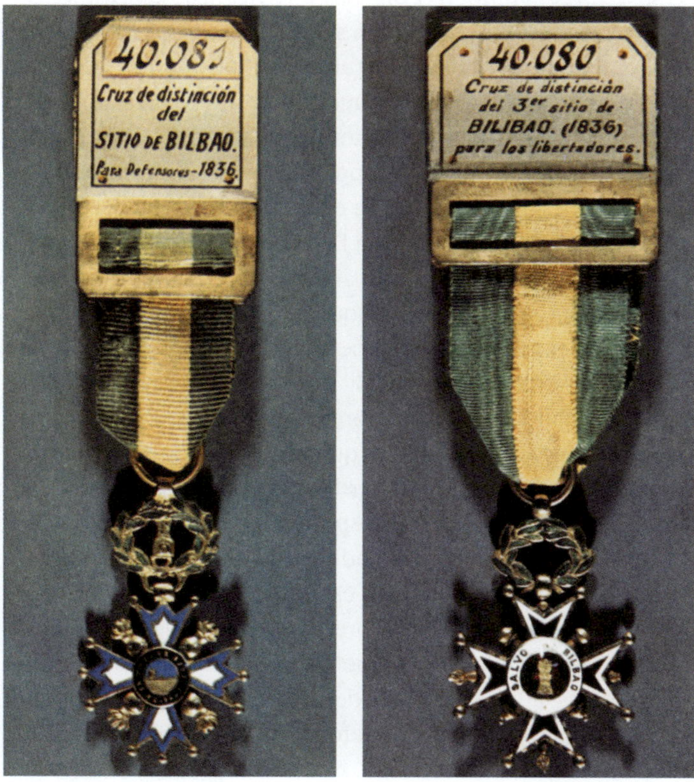

CRUCES DE SAN FERNANDO para los combatientes de Bilbao. Los batallones del ejército libertador de Bilbao y la guarnición defensiva fueron condecorados con tal distinción. La leyenda para los cristinos fue: «Salvó a Bilbao», y para los carlistas: «Defendió a la invicta en su tercer sitio». (Cruces de distinción del tercer sitio de Bilbao. Museo del Ejército. Toledo).

goristas que las de Negretti, pero más prácticas, inspiradas siempre en el bien de todos, y en las eternas leyes del sentido común. Pensaba esto Prudencia, por encontrarse frente a un problema doméstico muy delicado; y después de mucho vacilar entre someterlo al dictamen y sentencia de Ildefonso o resolverlo por sí, se decidió por este último temperamento, como más cómodo y expedito. Sobre sí tomaba la responsabilidad y la gloria del caso.

Y que el problema era delicadísimo se mostrará con sólo enunciarlo. El 2 de noviembre, uno de los días que mediaron entre el segundo y el tercer sitio de la valiente Bilbao, llegaron a ésta tres correos de Castilla, escoltados por el batallón de Toro y otros refuerzos que fueron de Portugalete, al mando del brigadier don Miguel Araoz. Recibiose en casa de Arratia, con varias cartas comerciales, una para Ildefonso Negretti. Cogiola Prudencia, y conociendo la letra del sobrescrito, la guardó, con ánimo de no entregarla a su marido mientras se hallase tan lastimosamente afectado del ánimo. Convenía evitarle quebraderos de cabeza, y alguno se traía la tal carta, de puño y letra del señor de Mendizábal. No era su ánimo abrirla, que esto habría sido contravenir la subordinación a su dueño y señor; pero pasó tiempo; Ildefonso no mejoraba; según las impresiones de Valentín y el dictamen de don José Caño, su trastorno era indudable. No se hallaba, pues, en disposición de ocuparse de nada. Sentíase Prudencia abrasada en curiosidad por ver el contenido de la carta. ¿Qué inconveniente había ya en abrirla? La enfermedad de Ildefonso era la abdicación de la soberanía matrimonial, que de hecho a la mujer correspondía. Fortalecida su conciencia con estos razonamientos, hizo lo que no había hecho nunca: abrir una carta dirigida a su esposo.

Grande fue su asombro y disgusto al enterarse de lo que don Juan Álvarez a Ildefonso escribiera. ¡Vaya por dónde salía el buen señor! Que si se presentaba don Fernando Calpena a pedir a la niña en matrimonio, no se le pusiera ningún obstáculo, y se dispusiese el inmediato casamiento de Aura con el tal don Fernando... Que éste era un sujeto de elevadas prendas, nacido de padres de la más alta alcurnia... Que poseía regular fortuna, y la poseería aún más cuantiosa dentro de algún tiempo... y que patatín y que patatán... «¡Persona elevada! —decía para sí Prudencia, guardando la carta en los profundos abismos de un cofre donde permanecería sin ver la luz por los siglos de los siglos—. ¡Tan elevada que desaparece en los aires! Si este señor quiere tanto a la niña, ¿por qué no ha venido antes?... ¿Por qué la tiene en este abandono?... ¿Qué amor es ese que no se digna presentarse, ni siquiera escribir? Bajo mi responsabilidad, como mujer honrada y que mira por los suyos, me permito mandar a paseo al señor don Juan *de las Campanas,* y disponer lo necesario para la felicidad de mi sobrina. ¡Sabe Dios en qué malos pasos andará el tal don Fernando, y cuáles serán los motivos de su ausencia!... No, no: aquí no creemos en brujas, ni en elevados personajes que no se sabe de quién han nacido... ¡Pues si con tanta facha resulta que el Calpena es un perdido, uno de esos que escriben en los papeles, un gorrón, un cata-salsas...! No, no: bajo mi responsabilidad, la orden se acata, pero no se cumple. Si Ildefonso lo decidiera, seguramente añadiría una simpleza más a las muchas que ha hecho en su vida. Por ser tan rigorista está como está: pobre y arrumbado...».

Convenía evitarle quebraderos de cabeza, y alguno se traía la tal carta, de puño y letra del señor de Mendizábal

Dicho esto, se afirmó en su resolución, y de tal modo expresaba su rostro la dureza de su carácter y el propósito de ir a su objeto sin vacilaciones ni melindres, que el entrecejo parecía más nebuloso, la mandíbula inferior más larga, las arrugas de su frente más hondas, y hasta podría creerse que le crecía el bigote. Sin consultar con Ildefonso ni darle cuenta de nada, pues el hombre no estaba para calentarse la cabeza, determinó encaminar pronta y hábilmente los acontecimientos hasta ver realizado su sueño de oro. ¡Oh, qué ideal! Casar a Aurorita con Martín. Si esto conseguía, más había hecho ella por el bien de la familia que todos los Arratias desde la quinta generación.

Comprendiendo la necesidad de colaboradores, pensó que debía comunicar sus planes a Sabino. Con Martín había que contar, sin duda, aleccionándole previamente, pues era también de la cepa de los delicados, de los rígidos, de conciencia irreductible... Se procuraría llevar las cosas por lo derecho, fomentando la afición y simpatía entre los dos seres que habían de casarse. Lo más difícil era convencer a la chiquilla y curarla de aquella ridícula deformación de su voluntad: el amor a un galán fantástico, volátil y perdidizo, que no parecía por ninguna parte. Pero si Aurora pecaba en ocasiones de independiente y arisca, sabiendo manejarla y aprovechar los giros de su imaginación y los desmayos de sus nervios, fácil era hacer de ella todo lo que se quería. Adelante, pues, y a trabajar con fe. En aquella familia de trabajadores, no había de quedarse atrás la valiente obrera de las artes pertenecientes al alma.

Comprendiendo la necesidad de colaboradores, pensó que debía comunicar sus planes a Sabino

Así, mientras los carlistas, tomadas las posiciones principales de la línea exterior de defensa, armaban de noche, a la calladita, nuevas barricadas y parapetos para emplazar su artillería contra la pobre Bilbao, Prudencia y Sabino, paralelamente a la labor facciosa, dieron comienzo a sus trabajos de asedio para expugnar el corazón de Aura y establecer en él su dominio.

—Es indispensable obrar con prontitud —decía la señora a su hermano—, y llegar al fin antes que se acabe el sitio.

Y como manifestara Sabino que en tal negocio no convenían prisas que pudieran transcender a secuestro, se le hincharon las narices a Prudencia y contestó airada:

—Tú siempre con tus calmas, con tu *veremos* y tu *mañana será*... Ya ves el pelo que has echado con tal sistema. Déjame a mí, que con los calzones de Ildefonso, llevándolos mejor que él y que todos vosotros, sabré realizar esta gran idea.

Habíase guardado muy bien de comunicar a su hermano lo de la carta, temerosa de que saliese Sabino con la gaita del rigorismo y del caso de conciencia. ¡Otro que tal! ¡Así estaban todos tan perdidos! También ella tenía conciencia; pero una conciencia práctica, y con su conciencia práctica arreglaría las cosas de modo que cuando viniese el madrileñito con sus manos lavadas a pedir a la niña, pudiera ella (Prudencia) salir y decirle con mucha finura, haciéndose de nuevas: «¿Qué niña, señor? Usted se ha equivocado. Aurora Negretti es la señora de don Martín de Arratia».

XXVI

No desalentó a los bilbaínos la pérdida de los fuertes de Banderas, Capuchinos, San Mamés, Burceña y Luchana; antes bien, creciéndose al castigo, sacaron de sus desventuras nuevas energías para defenderse. Ni la guarnición se acobardaba, ni la Milicia y los vecinos tampoco. Cada cual sostenía su entereza, reforzándola con la alegría, de lo que resultaba una colectiva fuerza irresistible. El 17 de noviembre fue un día penoso: duró el fuego siete horas, sin ninguna interrupción. Era principal objetivo de los facciosos poner su mano en lo que creían llave de Bilbao, el convento de San Agustín, situado entre el Arenal y el Campo Volantín, al pie de cerros elevados y casi al borde de la ría. Las compañías de Toro, Trujillo y Compostela se portaron heroicamente, secundadas por los milicianos. Los muros del convento se deshacían, se resquebrajaban con el cañoneo enemigo, y abiertos varios boquetes entre la mampostería derrumbada o hecha polvo, intentó el enemigo con empuje el asalto. Un empuje mayor de bayonetas y pechos valerosos, les paraba la acometida. Allí se quedaban hechos trizas parte de los combatientes; pero las piedras de San Agustín continuaban bajo el poder y la insignia de Isabel II.

Sobrevino el 18 un temporal violentísimo del noroeste, con viento y lluvia; cesó el fuego en San Agustín, ocupándose los sitiados en reparar los destrozos con sacos de tierra. Pero en el centro de la villa, y particularmente en las Siete Calles, cayeron bombas que hicieron estragos en edificios y personas. Amenazaba hundirse la casa de Busturia en Artecalle, y sus habitantes se repartieron en casas de amigos, yendo a parar a la de Arratia dos señoras y un niño. En *Goienkale,* hoy Calle Somera, casi todos los vecinos se habían bajado a las bodegas y sótanos. La animación era extraordinaria, mezclándose lloros de mujeres con cánticos de muchachos animosos y alegres. Ya escaseaban los víveres, y la relativa abundancia de esta familia iba en socorro de las escaseces de la otra con admirable fraternidad. Corrían entre tanta desolación frases de esperanza, fantasías del patriotismo, centelleos de la fe que nunca se apaga. Espartero recalaba ya en Portugalete con tantísimos miles de hombres, y no tardaría en reventar las líneas carlistas, en apabullar el sombrero de hule del general Eguía y hacerles a todos polvo... Caían bombas aquí y allá; lloraban las nubes; las calles eran lodo, apestando a pólvora. Rojiza claridad siniestra iluminaba la villa. El viento avivaba el fuego, lo esparcía, lo llevaba de una parte a otra. De los sótanos subían los valientes bilbaínos a las techumbres para cortar incendios; andaban por arriba como gatos; descendían negros, ahumados, y en las profundidades de las casas, refugio de los seres débiles, respiraban atmósfera de cuerpos febriles; en las calles pisaban lodo, sangre en las baterías, y si no se volvían locos en noches como aquella era porque sus cerebros se hallaban construidos a prueba de locura, y fortificados por un convencimiento más duro que todos los metales que hay en la Naturaleza.

ESPARTERO RECALABA YA EN PORTUGALETE CON TANTÍSIMOS MILES DE HOMBRES, Y NO TARDARÍA EN REVENTAR LAS LÍNEAS CARLISTAS

Amenazada de incendio la casa vecina de la de los Arratias, dispuso Prudencia trasladarse con Negretti a la morada de su amigo Antonio Cirilo de Vildósola, corredor de cambios, en el Portal de Zamudio. Aura y sus amigas las de Busturia se fueron a la casa del señor Gaminde, ya del lector conocido, comerciante fuerte, que operaba en bacalao, lanas y otros artículos. En estas idas y venidas, hubo dispersiones. Los hombres no podrían estar en todo, pues atendiendo a la mudanza y trasiego de mujeres, habían de abandonar urgentes trabajos en la batería de las Cujas y en la Cendeja. Prudencia, con las dos señoras de Busturia, encontró a Martín en Bidebarrieta, acompañando a la esposa y niños de Ibarra; se detuvo para decirle:

—No sé si Aura habrá llegado a casa de don Francisco. Iba con Nicolás Ledesma, el organista, y Manuela Echavarri.

La tranquilizó Martín, asegurando que la había visto minutos antes con las referidas personas, y con su hermano Zoilo.

—Entonces no hay cuidado. Recordarás lo que te encargué —díjole Prudencia aparte—. Vas a cenar *donde* Gaminde, y allí tendrás a Aura en buena disposición para decirle lo que sabes... Procura ser galán, y deja a un lado la sosería.

SAN AGUSTÍN, ASALTADO POR LOS CARLISTAS. El 17 de noviembre el ejército de don Carlos se dispuso a tomar el convento, situado entre el Arenal y el Campo Volantín, al pie de cerros elevados y casi al borde de la ría. Durante siete horas fue bombardeado hasta quedar casi destruido. Al día siguiente un temporal permitió una tregua. *(Ruinas del convento de San Agustín*. Grabado de época).

Observó el muchacho que la ocasión no era muy apropiada para las expansiones amorosas. Algo le había dicho ya por la mañana en su casa y en la de Vildósola, cuando fueron a llevar al tío Ildefonso, y por cierto que no se había mostrado la niña muy complacida de sus indirectas, que indirectas eran, pues a otra cosa no se atrevía.

—Eres un santo —le dijo Prudencia—, y a los santos, en cosas de amor, hay que dárselo todo hecho.

Siguieron las de Ibarra hacia la calle del Perro; Prudencia se fue al Portal de Zamudio; poco después entraba Martín en casa de Gaminde, componiendo en su mente una patética explanación de sus puros afectos para espetársela a su prima sin pérdida de tiempo. Por desgracia, había salido Aura con don Francisco y las chicas de Orbegozo en demanda de la morada de estas, donde acababan de llevar herido a Juanito Orbegozo, de la 2.ª de Milicianos, y a uno de los chicos de Gandásegui. Hubo de renunciar Martín por aquella noche a proseguir su amorosa batalla, porque otras obligaciones le llamaban a la batería de Mallona, donde entraba de servicio. Por el camino se encontró a José Blas de Arana, que le ajustó la cuenta de las bajas de aquel día, añadiendo con acento lastimoso:

—Como Espartero no se dé prisa, paréceme que tendremos que dejarnos aquí los huesos.

—Si es preciso; si Bilbao lo quiere —dijo Martín—, los dejaremos, y vayan por delante los míos, que para poco sirven.

Pues en medio de tantos desastres tuvieron calma y humor aquellos hombres para celebrar los días de la Reina (19), recorriendo las calles en grupos clamorosos y vitoreándose recíprocamente tropa y milicianos, cual si se hallaran en vísperas del triunfo. Toda la tarde estuvo tocando la música en la batería del Circo, y las canciones enronquecieron las gargantas de muchos. Dios no les dejaba morir de tristeza y desconsuelo, sugiriéndoles cada día nuevas esperanzas. El 26, cuando el fuerte del Desierto anunció con salva de 21 cañonazos que Espartero había entrado en Portugalete, respiró la gloriosa villa por los pulmones y las bocas risueñas de todos sus hijos, cantando victoria, y haciendo befa y escarnio del terrible enemigo. La artillería de éste enmudeció, como si lo que anunciaba el cañón del Desierto impusiera pavura en el sitiador embravecido. Pero su silencio era el sordo trabajo preparatorio de la furibunda embestida que pensaban dar al día siguiente 27. Al anochecer del 26, descansaron los carlistas en la firme creencia de hallarse en la víspera del fin. Una noche no más les separaba del premio de su constancia: la rendición de Bilbao.

Cinco días estuvo Aura sin ver a Zoilo, y tres sin saber nada de Martín. Por uno y por otro pasó intranquilidad la familia, y Sabino no hacía más que ir de fuerte en fuerte, interrogando a todo el que encontraba. Acompañole Aura en una de estas excursiones, sin temor al peligro, y al cabo, volviendo del Circo, supieron que Martín no tenía novedad y había pasado a Solocoeche.

—Vaya, ya estás tranquila —le dijo su tío—. El chico vive y tú resucitas. Con esa impresionabilidad que te ha dado Dios, parecías muerta de susto y pena.

—Pero aún no debemos alegrarnos, tío: no sabemos nada de *Zoiluchu*.

—Es verdad; bien comprendo que ese no te llama tanto como Martín; pero también es hijo de Dios, y debemos mirar por él. Aunque parece un tarambana, mi Zoilo vale mucho; a valiente le ganan pocos; tiene su pundonor, y sabe llevar el nombre de la familia. Pero no se igualará a su hermano Martín, pues éste es de los que entran pocos en libra. No podrás tú ni nadie señalar una buena cualidad que él no tenga.

Aura no dijo nada, y sintiendo Sabino la necesidad imperiosa de practicar dentro de un recinto sagrado las devociones con que diariamente alimentaba su fe, propuso a la joven entrar en la primera iglesia que hallasen abierta. Por fortuna, en la capilla de la Misericordia estaba el señor de Manifiesto, y allí se metieron, empleando ambos como una media hora en rezos y meditaciones. Sentose Aura; permaneció Sabino de rodillas larguísimo rato.

—He pedido al Señor dos cosas —dijo a su sobrina, tomando al fin asiento junto a ella, todavía con la boca llena de sílabas de rezos—. Primera, que nos conserve la vida del pequeño como nos ha conservado la de su hermano, y que igualmente, ellos y nosotros lleguemos vivos y con salud a la terminación del sitio, sea cual fuere la solución que Su Divina Majestad le dé. Segunda, que me conceda el cumplimiento de un deseo santísimo que me alienta, tocante a Martín y a ti...

PERO SU SILENCIO ERA EL SORDO TRABAJO PREPARATORIO DE LA FURIBUNDA EMBESTIDA QUE PENSABAN DAR AL DÍA SIGUIENTE 27

Aura no chistaba. Entráronle súbitas ganas de rezar, y se puso de rodillas, dejando un tanto cortado al buen Sabino. Pero éste no se abatía por tan poco; echó también a media voz, en pie, cruzadas las manos, una larga oración; y poco después cuando estuvieron al habla para salir, volvió al ataque.

—Comprendo que la cortedad, el pudor, la timidez propia de una doncella pura, no te permitan manifestar tus sentimientos... pero tú quieres a mi hijo, ¿verdad?, tú reconoces en Martín el único marido *práctico* que te corresponde... ¿verdad?... Confiésamelo, dímelo aquí delante de Jesús Sacramentado.

—¿Qué quiere que le diga? —murmuró Aura con expresión dolorosa—. Que las cualidades de Martín son muy buenas... únicas.

—Eso ya lo sé... dime lo otro; dime que aprecias esas cualidades, y que quieres hacer con las tuyas y las de él un hermoso ramillete de...

No le salía la figura. Sacole de sus apuros retóricos la hermosa doncella, declarando que no quería oír hablar de casorios con Martín ni con nadie, porque estaba resuelta a no casarse más que con...

No acabó. Sabino le quitó la palabra de la boca para poner la suya:

—Quien vive de ensueños, hija mía, soñando muere. Tú lo pensarás... No has nacido para vestir imágenes, sino para que a ti te vistan de felicidades. A Martín no le faltan partidos; pero te quiere a ti... Ten compasión, que es la madre del cariño, y éste el padre del amor... Conviene que seas *práctica,* a estilo de todos nosotros; conviene que no mires tanto a lo pasado, pues el que mira mucho atrás, atrás se queda... y el que vive entre fantasmas en fantasma se convierte... o en estatua de sal, como la otra... no me acuerdo cómo se llamaba... En fin, no te digo más, que aquí vienen doña María Epalza y Juanita.

Dos señoras, madre e hija, que acababan sus prolijos rezos, se les agregaron, y a todas dio agua bendita con sus dedos glaciales el bueno de Sabino. Picotearon un rato en la puerta sobre los desastres del sitio y la escasez de víveres. Ya no había carne, ni aun salada.

Y LA VOLUNTAD DIVINA —AFIRMÓ LA SEÑORA MENOR, VIUDITA JOVEN MUY GUAPA— ORDENA QUE BILBAO PEREZCA ANTES QUE RENDIRSE

—Si ese generalote no viene pronto —dijo la señora mayor—, ¡pobre Bilbao!... Pero quieren que perezcamos todos gritando *¡viva Isabel II!,* y aquí estamos también las mujeres dispuestas a cumplir el programa.

—Será, señoras mías —manifestó Sabino con fervor terciándose la capa—, lo que disponga el de arriba, que es quien dicta los programas. ¿Qué hemos de hacer más que acatar la Divina voluntad?

—Y la voluntad divina —afirmó la señora menor, viudita joven muy guapa— ordena que Bilbao perezca antes que rendirse.

—No, hija: que ni se rinda ni perezca... pues pereciendo no tiene gracia. Hay que sacar adelante a la niña, a nuestra angélica Reina... ¿No piensa usted lo mismo, Sabino?

—Señora, yo pienso...

En la punta de la lengua tuvo ya el conocido dicho de *quien con niños se acuesta*... pero se abstuvo de soltarlo, por escrúpulos de lenguaje y respeto a las damas. Propuso la viudita que pues aquel día no *tiraban,* podían correrse pasito a paso hacia la Cendeja, para ver todo lo que allí habían hecho los *nuestros,* las defensas magníficas, imponentes, donde se estrellaría el coraje faccioso. Dudaba la señora mayor; manifestó Sabino recelo de andar por tales sitios; pero tan decidida y entusiasta curiosidad mostraron las muchachas, que allá se fueron por toda la calle de Ascao y la de la Esperanza, hasta que ya en el término de ésta les estorbaron el paso lo desigual del piso desempedrado, los charcos y lodazales, los montones de escombros. Por encima de un espaldón de tablas, reforzado con fajinas, vieron que asomaba una cabeza desmelenada; la cabeza de un diablo guapísimo, alegre, que llamaba con fuertes voces. Era Zoilo. Aura fue la primera que le vio.

—Tío Sabino, mire dónde está ese pillo.

Corrió el padre, corrieron las damas. Alargando su cabeza por encima del tablón todo lo que podía, el miliciano les dijo:

—Aura, padre, ¿han visto el letrero que hemos puesto por la parte de afuera de la batería para que lo vean ellos?

—Ya, ya sabemos —dijo Aura mirándole gozosa—. Una calavera con dos canillas, pintada sobre negro.

—Y un letrero que dice: *Tránsito a la muerte,* o lo que es lo mismo: que todo el que venga a tomar esta barricada, muere, y que los que la defendemos, aquí estaremos hasta que nos maten.

—Bien, hijo, bien; no hemos visto el letrero; pero nos figuramos lo bonito que será. Dios te la depare buena. No sabíamos de ti.

—Oye, Zoilo —dijo la señora mayor—: ¿está aquí Luisito Bringas, el hijo de mi sobrina, sabes?

—¿Luis el del indiano? Sí, señora. Aquí cerca, en las Cujas está. Hace un rato comimos juntos él y yo.

—Dirasle que a su mamá le supo muy mal que pidiera venir aquí, donde hay tanto peligro, y que no hace más que llorar.

—Ese es de los temerarios, locos, como mi hijo —observó Sabino—. Dios cuida de ellos.

—¡Bravo, *Luchu!* —exclamó Aura—. ¿Desde cuándo estás aquí?

—Dos días llevo ya. No salgo, no sea que el puesto me quiten.

—¿Por qué no avisaste a casa, hijo? Estábamos con cuidado. Tu prima y yo venimos del Circo y de Mallona, donde hemos preguntado por ti. Dime, ¿no tienes miedo?

LA TORRE MIRAVILLA

El monte de Miravilla es un pequeño cerro próximo a la villa de Bilbao, en la margen izquierda de la ría, que en sus tiempos tuvo un excelente yacimiento de mineral de hierro, por lo que la zona fue centro de actividad minera y asiento de herrerías. Desde lo alto del cerro se contempla una amplia panorámica de la villa. Visitante asiduo de la zona era Miguel de Unamuno. En este cerro debió de existir una pequeña torre defensiva de la que hoy en día no quedan restos, pero de la que da fe un grabado publicado en la revista político-militar «El Estandarte Real» en 1890, que afirma que tenía: «forma de luneta, con chaflán en su ángulo flanqueado, tenía los parapetos de tierra..., con revestimiento interior de tepes y una frisa que corría todo a lo largo. Había tres emplazamientos de barbeta para dos piezas (...)». Servía de cuartel de infantería. En junio de 1835, las tropas carlistas dirigidas por Zumalacárregui necesitaban dominar las zonas altas que rodean Bilbao para tener el control estratégico de la ciudad, por lo que ocuparon esta torre de Miravilla y diversas poblaciones cercanas. También durante el segundo sitio fue ocupada y controlada, y durante el sitio de 1874, durante la tercera guerra carlista, fue empleada como cuartel.

BATALLA DE LUCHANA. Grabado de época. Museo Zumalacárregui.

—Sí, señor; un miedo tengo, uno solo. Temo que esos cobardes, después de tanto boquear, no nos ataquen mañana, como dicen.

—*¡Tránsito a la muerte!* —repitió Aura con admiración, sintiendo no ver el lúgubre letrero—. Pero no morirán... Eso se dice...

—Y se hace.

—Vámonos, vámonos... —dijo Sabino—. Éste no es sitio para señoras. Zoilo, por si no lo sabes, José María y yo dormimos en casa de Melquiades Echevarri. Vámonos, no sea que...

HASTA EL CONVENTO DE LA ESPERANZA FUE AURA MIRANDO PARA ATRÁS PARA VER LOS ASPAVIENTOS QUE HACÍA ZOILO

—¡Si ahora no tiran! Están rezando el rosario.

Al despedirse Sabino tiernamente de su hijo, se le saltaron las lágrimas, y Aura, de verle llorar, lloraba también.

—¡Ay, qué hijos éstos! —decía suspirando la señora mayor—. ¡Lo que inventan! *¡Tránsito a la muerte!*

—Es cosa de los de Trujillo, de los de Compostela —indicó la viudita.

—Y de éstos, de los nacionales. Todos son unos.

—¡Sangre de chicos, corazones de hombres!

Y doña María Epalza, con súbito arranque impropio de sus años y de su obesidad, se cuadró, y elevando sus brazos con frenesí convulsivo hacia el tablero por donde asomaban varias cabezas, gritó:

—Sí, cachorros de mi tierra. ¡Viva Bilbao, viva Isabel II!

Se alejaron pisando fango, escombros, astillas... oíanse lejanos disparos de fusilería; por la parte del barranco de San Agustín venía una humareda negra, olor de pólvora... Hasta el convento de la Esperanza fue Aura mirando para atrás para ver los aspavientos que hacía Zoilo, alargando medio cuerpo fuera del espaldón de tablas. La señora mayor, agarrándose a la capa de Sabino, le decía:

—¡Ay, me descompuse; me entró como un furor de alegría, de entusiasmo al ver el tesón de esos chicarrones!... No se puede remediar... está en la sangre bilbaína...

Y la señora menor completó el pensamiento con esta frase:

—Bilbao muere, pero no se rinde.

—Así sea —dijo Sabino—. Y por encima de todo, la voluntad de Dios... Por de pronto, señora Doña María, hoy tenemos las alubias a veintiséis cuartos, y el bacalao a siete reales... Pero dicen que no importa... No somos nada; el pueblo es todo, y el pueblo dice: «Morir antes que rendirse».

Doña María, que apenas tenía movimiento después del esfuerzo que hizo para engallarse y soltar los furibundos vivas, modificó el concepto: *Morir, tal vez; rendirse, nunca*.

XXVII

Lisonjera fue la mañana del 27. Cundió por la villa la creencia de que Espartero iba sobre Castrejana, y si conseguía forzar el puente y pasar a la orilla derecha del Cadagua, los sitiadores se verían comprometidos. Valentín Arratia, que conservaba su excelente vista marinera, subió a la torre de Miravilla, y puesto su ojo en buenos catalejos, distinguió los batallones isabelinos desfilando por el valle de Baracaldo. En Bidebarrieta y el Arenal los patriotas difundían la buena noticia de corrillo en corrillo.

—Para mí —decía Valentín Arratia— no pasa de mañana el tener aquí a don Baldomero. He visto las tropas de la Reina, como les veo a ustedes, marchando en columnas hacia el puente.

—Lo que resultará no lo sabemos; pero que se están zurrando de lo lindo es evidente —dijo Antonio Cirilo de Vildósola—. Lo que fuere, sonará.

—¡Si ya está sonando! Hemos oído un tiroteo horroroso —aseguró don Francisco Bringas, rico indiano, exaltado liberal y el primer optimista de la villa. Apuesto lo que quieran a que levantan el sitio esta tarde... ¡contro!...

—Diga usted que convida, don Francisco, y todos seremos de su opinión.

—Pues me corro, ¡contro!... Aún me quedan dos docenas de botellas de chacolí de Baquio.

—Tanto como esta tarde, no diré yo que nos perdonen la vida —indicó Arratia—; pero mañana temprano... Aquí llega el amigo Arana. Viene de la Diputación, donde habrán llegado gordas y buenas.

—José Blas, ¿qué sabes?

—Sólo sé que no sé nada, como dijo el otro.

—Te lo callas, por no convidar.

El tal José Blas de Arana, uno de los más exaltados corifeos de la defensa, era comerciante en sebo, sardinas de barril, raba y otros artículos similares. En su campechana modestia, permitía que los amigos le llamasen *Borra,* y se cobraba esta conformidad aplicando apodos a sus conciudadanos.

EL INDIANO EXPRESABA SU REGOCIJO RASCÁNDOSE LA SOTABARBA, CON CERQUILLO O CARRILLERA DE PELOS GRISES, Y DANDO PATADITAS PARA ENTRAR EN CALOR

—¿Convidar yo?... ¿a qué? A metralla, si quieren. Con todo, si se confirma que *renuncian generosamente a la mano de Leonorita,* como dice Guzmán en *La Pata,* convido. Poseo una bacalada y hasta medio ciento de galletas mohosas.

Acercose Tomás Epalza, rico por su casa, banquero, como los anteriores perteneciente a la Junta de Armamento. Era hombre jovial, satisfecho en toda ocasión y circunstancias, de una fe ciega en la resistencia de Bilbao, dispuesto a dar cuanto tenía si de ello dependiera el completo apabullo de la *Pretensión*.

—Estos no piensan más que en comer —dijo riendo—. Bueno anda ello... A lo que parece, Espartero viene y nos trae pan de trigo.

—Y si no nos lo trajere o se perdiera en el camino —apuntó Arana—, aquí están los ricos de Bilbao, los más ricos, dispuestos a comer borona y gato estofado hasta que San Juan baje el dedo.

—Los ricos de Bilbao —afirmó el indiano Bringas con jactancia de buena sombra, que no ofendía— tienen su dinero para gastarlo en la defensa ¡contro!, y en su mesa siempre hay un plato para todos los *Borras,* que no se rinden al *yugo servil*. Ya sabes... en la calle del Perro tienes la mesa puesta... ¿Te has comido ya todas las velas de sebo?... Pues en casa hay de todo, verbigracia, cacao en grano y nueces... Con que, sepamos, ¿qué se cuenta?

—Que cansados de obtener victorias —dijo Vildósola, el cual se ponía muy serio para bromear—, se van a ponerle sitio a la peña de Orduña, donde está el tesoro escondido.

El indiano expresaba su regocijo rascándose la sotabarba, con cerquillo o carrillera de pelos grises, y dando pataditas para entrar en calor.

—Compañero —le dijo Epalza—, si tiene usted ganas de bailar el *aurrescu,* aquí viene Ostolaza, que no desea otra cosa, para celebrar la venida de Espartero.

EL GENERAL RODIL, ÚLTIMO DEFENSOR DE ESPAÑA EN AMÉRICA

El general José Ramón Rodil llevó el título de marqués y fue virrey de Navarra, diputado en Cortes, senador del reino y capitán general de Extremadura, Valencia, Aragón y Castilla la Nueva. Nació en el pueblo lucense de Santa María de Trobo en 1789 y estudió Derecho en la Universidad de Santiago de Compostela, pero no terminó la carrera, ya que al estallar la Guerra de la Independencia ingresó como voluntario en el Batallón Literario, distinguiéndose por su valor y entusiasmo. Fue instruido por el marqués de Santa Cruz de Rivadulla y desempeñó el cargo de subteniente en la defensa de Ponte Sampayo. En 1817 viajó a Perú con el Regimiento del Infante y participó en diversas acciones de guerra: Talca, Cancha Rayada, Maipú, Ayacucho, donde fue herido, y en la defensa del puerto de Callao, último bastión español en América que defendió tenazmente desde octubre de 1824 hasta enero de 1826. Su carácter radical le llevó a fusilar en un día a 36 conspiradores, aunque finalmente hubo de entregar la plaza a los independentistas.
Al morir Fernando VII recibió el encargo de capturar al pretendiente don Carlos María Isidro, refugiado en Portugal, pero no consiguió su propósito. Al estallar la guerra carlista se sumó a las tropas leales a la reina Isabel II y fue nombrado jefe del ejército desplazado a la frontera portuguesa. En el año 1834 se le confió el mando del ejército del Norte, pero no estuvo a la altura de las circunstancias, por lo que fue relevado; no obstante, fue designado ministro de la Guerra en reconocimiento a sus servicios. Persiguió al carlista Gómez sin conseguir detenerlo, por lo que fue exonerado en 1836 por los constantes desaciertos, aunque después le fueron devueltos sus empleos y honores. Durante la regencia de Espartero, entre 1842 y 1843, fue presidente del Consejo. Tampoco cumplió como se esperaba, por lo que el propio regente le destituyó, si bien le rehabilitó poco después. Desde finales de los años cuarenta ocupó cargos de menor responsabilidad: inspector general de Carabineros, de las Milicias Provinciales y de Infantería, y comandante general de la Guardia Real y de los Alabarderos. Murió en Madrid en 1853.

JOSÉ RAMÓN RODIL Y CAMPILLO.
Biblioteca Nacional. Madrid.

Era el llamado Ostolaza uno de los más valientes patricios, comerciante en las Siete Calles, tan aficionado a la danza euskara que no perdía coyuntura de armarla por cualquier motivo que hiciera vibrar la fibra patriótica.

Antes de que el tal hablase, retumbaron terribles cañonazos.

—Ostolaza, ahí los tienes —le dijeron—. ¿No querías *aurrescu?* Don Nazario quiere bailarlo contigo.

—Bonita música, compañeros —replicó el bailarín gozoso, restregándose las manos—. Yo sé por qué tiran... Es miedo; se les van las aguas de puro canguelo, y creen que tirando nos engañan, para que no hagamos una salida.

—Como les embista esta tarde el amigo Espartero, señores —dijo Bringas—, y dispongamos aquí una salidita con gracia, no se escapa ni una rata.

Acercose al grupo don Juan Durán, el valiente coronel de Trujillo, que venía de casa del gobernador San Miguel, y les dijo:

OTROS QUE VENÍAN DE ALLÍ DECÍAN LO MISMO CON DISTINTAS EXPRESIONES. LA NOTICIA CUNDÍA CON RAPIDEZ ELÉCTRICA...

—Nada, nada: esto es claro. Quieren gastar las municiones para hacernos todo el daño posible antes de retirarse.

—¿Está en Castrejana don Baldomero?

—Y arreando de firme, según parece.

—Pronto saldremos de dudas. Señores, a comer la puchera el que la tenga.

—La tengo yo para todos —dijo Bringas—, con cecina superior, ¡contro!

—Ea, señores, a comer. Cada cual a su borona... A las tres, junta.

—Y a las cuatro, *aurrescu*.

—Y a las cinco abrazos... ¡Espartero!... ¡Arriba Bilbao!

Al dispersarse, tomó Valentín la dirección de San Nicolás, donde tenía que dejar una orden de la Comisión de Guerra, y no había andado veinte pasos cuando vio venir a *Churi* con otros corriendo a todo escape. En el mismo instante sonó vivo tiroteo hacia San Agustín. Llegándose a su padre, el sordo, con aterrada expresión, hablando más con el gesto que con la palabra, le dijo:

—En San Agustín, ellos..., visto yo... Fuego mucho... Por bajo entraron... Corra; veralos piso alto..., fuego.

Otros que venían de allí decían lo mismo con distintas expresiones. La noticia cundía con rapidez eléctrica... Valentín se plantó detrás de San Nicolás, vacilante... La curiosidad y el patriotismo empujábanle hacia San Agustín; el miedo le mandaba retroceder. Casi sin darse cuenta de ello fue arrastrado por un tropel de paisanos y nacionales que hacia la Cendeja corrían. Entre ellos vio a *Churi,* y cogiéndole por un brazo le llevó consigo.

—No te separes de mí... Vamos al fuego. Si hace falta gente, aquí llevo un sordo y un cojo: no tengo más.

Habían hecho los carlistas sigilosamente una excavación, por donde penetraron en la alcantarilla del convento; de ella subieron al piso principal, dominando la portería y claustros bajos. Sorprendida la tropa que guarnecía el edificio, se defendió con bizarría entre paredes, en las crujías bajas, viéndose obligada a retirarse ante la superioridad dominante de las posiciones del enemigo. Diose una batalla disputando el paso a la sacristía. Ganada ésta por los facciosos, empeñose otra acción por el paso de la sacristía a la iglesia. Los valientes de Trujillo hubieron de retirarse, dejando media compañía prisionera. Aún intentaron defender a la desesperada el paso al coro, y el de éste a la próxima casa llamada de Menchaca;

pero sucumbieron ante el número. En aquella serie de acciones breves, terribles, dentro de un laberinto formado por murallones ruinosos y tapiales medio destruidos, aprovechando unos y otros las ventajas de un ángulo, de un boquete, de un escalón, desarrollaban instintivamente los mismos principios estratégicos que en un gran campo de guerra, donde hay río, colinas, desfiladeros y otros accidentes. ¡Espantosa miniatura! Todo lo que disminuía el tamaño del escenario, aumentaba el horror de la tragedia; y los combatientes eran más grandes cuanto más chico el campo de su encarnizada porfía. Quedaron al fin los carlistas dueños del edificio y casa próxima; desde las altas ventanas dominaban las baterías que antes fueron segunda línea de defensa, y ya eran primera línea. En el frente de ésta podían leer la lúgubre inscripción: *Tránsito a la muerte*.

Cuando llegaban Valentín y *Churi* a la calle de la Esperanza, el fuego era horroroso. Las baterías carlistas cañoneaban sin cesar. Considerado el espacio entre San Agustín y el Arenal como llave de la plaza, el sitiador no tenía más que alargar la mano, alargar el pie para franquear aquel breve terreno, cosa en verdad muy fácil si allí no estuviera el corazón bilbaíno. Y éste se apresuró a obstruir el paso con tanta celeridad como bravura. Acudieron todos los jefes militares, todos los nacionales que no hacían falta en otros puntos, los paisanos que se hallaban en disposición de tomar un fusil. Mucha carne hacía falta para cerrar aquel boquete. Allí se jugaban los bilbaínos la suerte de su querida villa: un paso más de los facciosos, y Bilbao les pertenecía.

Toda la tarde duró el formidable duelo: uno de los primeros heridos fue el Gobernador de la plaza, don Santos San Miguel, y a poco cayó también el brigadier Araoz: ni uno ni otro tenían heridas graves; pero quedaron inutilizados. Urgía elegir otro jefe de la defensa. Reunida en San Nicolás la Comisión permanente de guerra, nombró al brigadier Arechavala, que mandaba en Larrinaga. Fue a buscarle Valentín Arratia, ansioso de ser útil, ya que no se creía apto para la lucha, pues ningún arma sabía manejar. Maquinalmente, sin darse cuenta de lo que hacía, entregó a *Churi* el fusil y los cartuchos que le habían dado momentos antes, y se fue corriendo hacia Larrinaga. No bien se vio el sordo armado y con pertrechos de guerra, corrió a donde con más ardor hacían fuego nacionales y tropa. Él también tiraba; su puntería no era mala. Del cañoneo y estruendo del combate no percibía más que un mugido y tre-

LUIS ÁNGEL CARONDELET. Grabado de época. Museo Municipal. Madrid.

LUIS ÁNGEL DE CARONDELET

Luis Ángel de Carondelet y Castaños fue el sexto barón de Carondelet. Su madre, María Castaños, era hermana del célebre capitán general Francisco Javier Castaños, y su padre, Francisco Luis Héctor, quinto barón de Carondelet, era de origen borgoñón. Luis Ángel heredó los títulos y posesiones de su tío, por lo que fue proclamado duque de Bailén, título que Fernando VII concedió a Castaños en 1832. Fue teniente general y grande de España, luchó en la guerra carlista en el bando cristino y fue derrotado por Zumalacárregui en Peñas de San Fausto en agosto de 1834 y en septiembre en Viana. Casó con Gertrudis Donado García, dama de Isabel II, y fruto de este matrimonio nació el tercer duque de Bailén, Eduardo Bonifacio Francisco Isidro Ramón.

EL BAILE DEL AURRESKU

Baile solemne de Guipúzcoa y Vizcaya ejecutado en las grandes fiestas y en eventos de todo tipo. Antiguamente era costumbre que el arreskulari sacara a la hija o a la mujer del alcalde para ejecutar la danza ante ella. Se ejecuta al son del tamboril, instrumento que indica los cambios al bailarín, y del txistu, cuyos toques tienen ocho modos o compases: 1. Al modo del comienzo de la danza; 2. Del zortziko al comienzo en dos por cuatro; 3. De los saltos; 4. De la llamada de las señoras o contrapás; 5. De la melodía vizcaína o contradanza en dos por cuatro; 6. De Saltarintxo; 7. De Villancico; 8. De Alkate-soñua, al tiempo de dar las alboradas.

Juan de Iztueta, en el libro sobre danzas populares guipuzcoanas, lo describe con todo detalle. Son protagonistas aurresku y atzesku, y se trata de un baile en el que se elige a la dama: «El aurresku y el atzesku deben salir con los sombreros en la mano; no se lo deben poner hasta haber bailado la segunda figura y aun entonces, habiéndose previamente saludado el uno al otro, dirigido después el saludo a los que están a su lado en la fila y por último al público en general. El primero no empezará a bailar hasta haber dado vuelta entera a la plaza y haber saludado a todas las personas. El aurresku levantará su brazo, al mismo tiempo que su compañero inmediato levanta el derecho. Por debajo de este puente tienen que pasar todos los que forman la fila del baile, cada uno a su turno, sombrero en mano y saludando. Luego saldrá al medio de la plaza el de atrás, con su inmediato compañero de fila, y poniéndose enfrente del delantero, bailarán. El último de la fila formará con el compañero que está a su derecha, del mismo modo que lo hizo antes el primero... Después de haber acompañado a las señoras del aurresku y del atzesku, la mitad de los sirvientes llenará con las mujeres necesarias la parte delantera de la fila, y la otra mitad hará lo mismo con la parte de atrás, hecho lo cual, entrarán ellos mismos en fila en los sitios que antes ocupaban. Entonces el tamboril debe empezar la tocata para la segunda serie de dos puentes que el aurresku y el atzesku, con sus respectivas señoras, formarán de igual modo que los dos anteriores puentes...».

BAILE DEL AURRESKU EN BEGOÑA, por Villaamil.

pidaciones hondas; ¿pero qué le importaba? En un momento gastó los cartuchos que le había dejado su padre, y pidió más, y se los dieron, y sin cesar hizo fuego, con vivo deleite de su alma ruda, solitaria. Habría querido poseer un arma que de un solo tiro lanzase infinidad de balas para matar a muchos de una vez, no importándole gran cosa que al caer los facciosos cayera también alguno de los *de acá*. Estimaba en poco las vidas humanas, y pues él no era feliz, ni podía serlo por carecer de un precioso sentido, extendiérase por el mundo la infelicidad, y reinara la muerte donde debía florecer la vida. Ignoraba absolutamente el por qué fundamental de la guerra, y no había sabido discernir el motivo de que la causa de *una* Isabel fuera mejor que la de *un* Carlos. Participaba, eso sí, sin darse cuenta de ello, de la fiera terquedad bilbaína. ¡Defenderse a todo trance! Esto era una causa, una razón, una bandera.

HABRÍA QUERIDO POSEER UN ARMA QUE DE UN SOLO TIRO LANZASE INFINIDAD DE BALAS PARA MATAR A MUCHOS DE UNA VEZ

Corrió, pues, Valentín al cumplimiento de su misión, como individuo de la Junta, y en la calle de la Ronda se encontró a José María, que venía del hospital con un convoy de camillas, llevadas por viejos del Hospicio y algunas mujeres.

—Corre, hijo, corre, que buena falta hará todo esto... ¡No es mal chubasco el que hay por allá! Pero antes que las camillas, harán falta buenos tiradores... Antes que pensar en heridos, pensemos en matar... Oye, oye. Si no te dan un fusil, ayuda al acarreo del agua... Llévate todas las mujeres del barrio... y señoras llévate... que trabajen *a la hormiga*. Cubos hay en San Nicolás... Hoy perece Bilbao, si no echamos el resto...

Partieron en dirección contraria. Al regreso de Larrinaga, pasando por la calle de Ascao, multitud de mujeres, así del pueblo como del señorío, refugiadas en tiendas y portales, querían detenerle con sus clamores, con ansiosas preguntas.

—¿Es cierto que también atacan por el Circo? ¿Y de la Cendeja qué sabe, Valentín? ¿Hay muchos heridos?... ¡Qué horror de día! ¿Se acabará pronto?... ¿Entrarán?... ¡Como no entren!

De un grupo de señoritas y muchachas del pueblo, en deliciosa confusión, vio salir a Aura, pálida, desordenado el pelo, los ojos echando chispas.

—Tío Valentín, ¿están allí Zoilo y su hermano? ¿Sabe algo de ellos?

—Hija, no es ocasión de dar noticias... ni puedo detenerme... No sabemos cómo acabará esto. Apretada anda la cosa.

—¿Entrarán?... Pero ¿entrarán?

—¿Quiénes? ¿Ellos? ¡Nunca!...

Irguiéndose en medio de la calle, soltó el registro más ronco de su voz para gritar: «¡Viva Isabel II, viva la Libertad!, y sepan que donde está Bilbao está la bravura española...».

Las exclamaciones que respondieron a estos gritos atronaban la calle.

—Niñas, mujeres, señoras, *ser* valientes... Que los hombres no os vean cobardes... Si vosotras sois bravas, el *chimbo* no cae, ¡qué ha de caer!... Ánimo, y que desde allá os oigan reír, no llorar... llorar no. Hoy no se llora aquí... Y si os mandan llevar cubos de agua para refrescar los cañones... ¡hala con ellos, *a la hormiga!*

Los desplantes que tuvo que hacer al largar los vivas recrudecieron su dolor crónico, y se fue renqueando, mas no por eso menos presuroso, aunque le molestaba horrorosamente su antigua avería en la *aleta de estribor*. Oíase en toda la calle el coro, con diversidad de voces, cantando las animadas estrofas del himno compuesto en aquellos días por los milicianos Zearrote y Casales:

Entre ruinas, valientes bilbaínos,
vuestras sienes ceñís de laurel,
y en estruendo marcial sólo se oye
libertad y que viva Isabel.

Soldados de *Trujillo* y *Toro,* y algunas compañías de Nacionales, defendían la Cendeja, llave del Arenal y de Bilbao, con un tesón de que sólo se encontraría ejemplo en las épicas jornadas de Zaragoza y Gerona. Decididos a que los dueños de la posición de San Agustín no dieran un paso fuera de ella, juraron hacer con su carne y sus huesos una compuerta que no abriría el sitiador sin desembarazarse antes de las vidas que la componían. Tan firme voluntad, entereza tan grande, produjeron en el curso de la tarde estupendas hazañas particulares y colectivas y lastimosas muertes. Cada instante el número de heroicos bilbaínos mermaba dolorosamente. Antes que resignarse los vivos a una muerte segura, discurrieron un arbitrio que les permitiría fortificar sus posiciones y redoblar su esfuerzo. Para que los carlistas no pudieran hostilizarles con tan terrible insistencia en las formidables posiciones que habían conquistado, era menester proporcionarles ocupación distinta del tiroteo de cañón y fusil. Pensaron algunos combatientes de la Cendeja que si lograban pegar fuego a San Agustín y a la casa de Menchaca, el enemigo tendría bastante que hacer con apagarlo. Esta idea se fue condensando en las cabezas calientes que allí había, y al fin tomó cuerpo de eficaz resolución en la cabeza principal, en el jefe de la defensa, el brigadier don Miguel de Arechavala. Propúsolo en la cruda forma propia del apretado caso:

SOLDADOS DE *TRUJILLO* Y *TORO,* Y ALGUNAS COMPAÑÍAS DE NACIONALES, DEFENDÍAN LA CENDEJA, LLAVE DEL ARENAL Y DE BILBAO

—Muchachos, ¿os atrevéis a incendiar el convento?

Respondieron que sí. Y el jefe de Nacionales, don Antonio de Arana, gritó:

—El enemigo quiere fumar: ¿hay quien se atreva a llevarle candela?

No se oía más que «¡Yo, yo, yo!».

XXVIII

Muy pronto lo dijeron; pero una vez dicho, no había más remedio que ejecutarlo. José María Arratia, que había hecho fuego sin cesar, agregado a los Cazadores Salvaguardias, fue de los primeros en traer de San Nicolás cantidad de paja en haces; otros acarreaban jergones, brea y alquitrán. Ya tenían la candela. ¿Quién era el guapo que al enemigo se acercaba para brindársela? El teniente de Nacionales don Luciano Celaya dio el ejemplo de temeridad loca, dirigiéndose a la puerta de la casa de Menchaca con un jergón debajo del brazo, como quien lleva un libro, y una tea encendida en la otra. Los carlistas abrieron la puerta, y la volvieron a cerrar azorados; entre tanto, dos salvaguardias y un chico nacional trepaban por montones de escombros hasta ganar una ventana, y arrojaron dentro del edificio paja encendida. El nacional, que no era otro que Zoilo Arratia, se guindó aún a mayor altura, descalzo, y metió por donde pudo, despreciando la lluvia de balas, listones dados de azufre y ardiendo, que le alargaban otros no menos atrevidos, aunque no tan ágiles para trepar gatescamente, agarrándose con una mano y llevando el fuego en la otra... Tras de Zoilo subieron dos más: uno se cayó a la mitad de la ascensión, estropeándose una pierna; el otro, agarrado a una reja, cayó muerto de un disparo que le hicieron a quemarropa. En tanto, subieron dos más por la cortadura de la casa de Menchaca. Llevaban botes de alquitrán, haces de paja y mechas de pólvora. Felizmente, Zoilo consiguió ganar el tejado, y poniéndose panza abajo en el alero, logró coger de manos de sus camaradas las materias combustibles y arrojarlas por una bohardilla medio deshecha; todo con tal rapidez y habilidad, que cuando acudieron los carlistas ya estaba él descolgándose por un canalón, en el cual no pudo realizar todo el descenso porque se desprendió la mohosa hojalata, y con ella vino guarda abajo el animoso chico. Por suerte, todo el daño que se hizo fue en la ropa, y la sangre que echaba de un pie era de un rasguño sin importancia.

Repitiose la tentativa de incendio con increíble arrojo, perdiendo mucha gente. La mitad de los incendiarios se quedaba en el camino, a la ida o a la vuelta; el fuego de la fusilería enemiga era horroroso, apoyado por el cañón de los fuertes de Albia, Campo Volantín y Uribarri. A la caída de la tarde, el baluarte de la Cendeja hallábase atestado de muertos y heridos, que no era ocasión de retirar todavía, ni había quien lo hiciese; los vivos seguían batiéndose en ese paroxismo del coraje que no da espacio a la flaqueza ni tiempo a la reflexión, y el convento con la casa inmediata ardía como un infierno. El objeto estaba conseguido: los facciosos tenían dentro de casa un enemigo más, favorecido por furioso viento del noroeste, que había venido a ser partidario de Isabel II.

Contuvo la quemazón a los carlistas y salvó a Bilbao. Llegada la noche, los héroes de la Cendeja, no molestados ya por la fusilería facciosa, pudieron recoger sus heridos y retirar los muertos. Pero nadie descansó aquella noche, porque toda fue empleada en reparar los destrozos del baluarte, reforzando la cortadura de la primera línea desde Quintana a la Cendeja, y estableciendo otras dos *de caballos de frisa*. Además, se engrosó la batería por el costado que miraba al cañón de Albia; se dio mayor consistencia a los merlones en la parte del muelle, y, por último, se prepararon las casas de la calle de la Esperanza para incendiarlas en caso de grande aprieto. Todo el vecindario que no estaba sobre las armas, ayudaba en esta operación. Si el enemigo lograba conquistar en combates sucesivos el palmo de terreno radicante entre San Agustín y la Cendeja, se encontraría ante una inmensa barricada de fuego, que luego lo sería de escombros. El tenaz bilbaíno, por defender a todo trance el recinto de su villa sagrada, cogía una casa y se la estampaba en los morros al fiero sitiador; y si no bastaba una, allá iban dos, tres y más. ¡Fuego y piedra en ellos!

CONTUVO LA QUEMAZÓN A LOS CARLISTAS Y SALVÓ A BILBAO. LLEGADA LA NOCHE, LOS HÉROES DE LA CENDEJA

Vagaba *Churi* inconsolable por las inmediaciones de San Nicolás, viendo el tráfago incesante de los que entraban y salían con herramientas, sacas de lana y demás material de ingeniería militar. Le habían quitado su fusil para darlo a un combatiente más útil; mandábanle a veces cosas que al revés entendía, y por fin, ordenáronle salir, pues allí no era más que un estorbo. Incitado por José María, que se le encontró sentado en el quicio de una puerta con la cabeza apoyada en las manos, *oyéndose a sí mismo,* ayudó al transporte de heridos, y desde las diez de la noche hasta el amanecer estuvo cargando camillas, sin más descanso que el que se tomó en San Antón para comer un poco de pan y bacalao crudo. Su padre se agregó también al servicio sanitario, rivalizando en actividad con ilustres mayorazgos y comerciantes ricos. En el hospital, Sabino Arratia asistía con entrañable amor y piedad a los heridos, y consolaba a los moribundos, asegurándoles que

EL BALUARTE DE LA CENDEJA se hallaba atestado de muertos y heridos. Los carlistas atacaron la posición durante todo el día, y por la noche los soldados cristinos pudieron recoger a los muertos y heridos. *(Los boinas rojas.* Grabado de época. Museo de San Telmo. San Sebastián).

de par en par se les abrían las puertas del Cielo, y que en éste encontrarían el eterno galardón por haber cumplido con su deber.

—Allá, digan lo que quieran, no se distingue entre absolutistas y liberales, y Dios les mira a todos como hijos, sin *fijarse* en que peleen por estas o las otras causas. Esto de las causas y de los derechos es cosa de los hombres, con un poquito de mangoneo de Satanás.

Dicho esto, iba por el Viático, que para los más era ya la única medicina.

También había hospital de sangre en Santa Mónica, con asistencia caritativa de *señoras* y *mujeres,* sin distinción de clases. A poco de amanecer arrimose a la puerta Prudencia Arratia, con mantón, acompañada de la criada, que llevaba una cesta al brazo como si fuera a la compra. Necesitaba procurarse carne, aunque fuese de la peor, para dar a Ildefonso algo de substancia, pues estaba el buen hombre perdido de la cabeza. Salió de la casa de Vildósola, y antes de dirigirse a Belosticalle, donde esperaba encontrar cabra y siquiera un par de huevos, llegose a Santa Mónica por ver a su sobrina, que allí, entre el mujerío principal y plebeyo, prestaba a los heridos asistencia. No se determinaba a entrar la buena señora, temerosa de que la obligaran, mal de su grado, a funcionar de enfermera, y esperó a que recalara persona conocida que la comunicase con Aura. Ella tenía su enfermo en casa, su herido grave, y del cerebro, que es lesión peor que cualquier pérdida de pata o brazo, y cuidándole bien cumplía con Dios y con Bilbao. Llegaron en esto doña María Epalza y la viudita, y de ellas se valió Prudencia para transmitir a la niña la fausta nueva de que Martín estaba bueno y sano.

—Me hará el favor de decírselo en cuanto la vea, señora Doña María... que estará la pobre muerta de ansiedad... No ha sido flojo milagro que escapase el chico en medio de aquel horroroso fuego. La Providencia, señora. Dios protege a los buenos.

—Pues bien bueno era Fernando Cotoner —dijo la viudita prontamente, arqueando las cejas y frunciendo la boca—, y está si vive o muere.

Convinieron las tres al fin en que debían abstenerse de cargar tales cuentas a la Divinidad, y sentir las desgracias y alegrarse de las venturas, dando gracias a Dios por estas sin meterse en más dibujos. Como dejara traslucir Prudencia el objeto de su salida, le dijo la señora mayor que no se cansara en buscar huevos, porque difícilmente los encontraría. Ella había comprado el día anterior los últimos que había en casa de Gorriti (calle de la Ronda), al precio exorbitante de veinte reales la media docena. Con un gesto de resignación se despidieron, y doña María Epalza y su hija entraron en Santa Mónica. No tardó la viudita en tropezarse con Aura en medio de aquel barullo, y le soltó las albricias, maravillándose de que no las recibiese con tanto júbilo como ella esperaba. Fueron las dos a la cocina en busca de tazas de sopa para los heridos, las cuales recogieron de manos de las ilustres cocineras señoras de Orbegozo, de Arana y de Mac-Mahon. También las pobres enfermeras tenían que mirar por su vida; y una vez cumplida su obligación, se fueron a un ángulo de la cocina a tomar un sopicaldo.

—¿Sabes? —dijo a su amiga la viudita, que era muy despabilada y un tanto maliciosa—. Anoche nos quedamos en casa de mis tíos los de Arana. Llegó esta mañana Antonio Arana, ¿sabes?, el comandante de la Milicia, y nos contó las heroicidades de tu primo... creo que Martín; pero no estoy segura. Él llevó el primer fuego a la casa de Menchaca y al convento, y toda la tarde fue el número uno en el peligro... en fin, que ha sido el asombro de todos...

—Nada de eso sabía —dijo Aura sintiéndose orgullosa, y orgullo debía de ser el ardor que le salió a la cara—: ahora lo oigo por primera vez; pero si alguno de mis primos ha hecho valentías, créete que no es Martín, sino su hermano.

—¿El pequeño?

—¿Pequeño? Es un hombre como hay pocos, con un corazón tan grande, que casi da miedo. No hallarás ninguno tan valiente, ni que sepa, como él, poner toda su alma en lo que mandan el honor y el deber.

—Y es guapo, más guapo que Martín.

—Ea, vámonos, que estamos haciendo falta.

Todo el día estuvo Aura pensando en lo que le contó la viudita; y como por diferente conducto llegaran a ella noticias de las hazañas de su primo, sentíase muy satisfecha por la honra que en ello recibía la familia, y deseaba ver al héroe para darle la enhorabuena. Por la noche, cuando vino Sabino a recogerla para llevarla con las señoritas de Gaminde a casa de este, hablaron de lo mismo. Al padre se le caía la baba repitiendo las alabanzas que en todo el pueblo se hacían del inaudito arrojo del chico.

CON UN GESTO DE RESIGNACIÓN SE DESPIDIERON, Y DOÑA MARÍA EPALZA Y SU HIJA ENTRARON EN SANTA MÓNICA

—Se ha portado como un valiente, y ha subido hasta las estrellas el nombre de Arratia. Dicen que van a proponerle para la cruz de San Fernando, y también puede ser que de golpe y porrazo me le hagan teniente o capitán. Esto lo sentiría... porque como es así, de un genio tan fogoso, podría tomar afición a la milicia... y los militares no son de mi devoción. Estoy por lo civil, por lo comercial, por lo pacífico...

En casa de Gaminde contaron que aquella mañana, después de la brava respuesta que dio la plaza a la intimación del general carlista Eguía, reuniéronse Arana y otros jefes de la Milicia en el café del Correo, y convidaron a Zoilo, que por allí pasaba. Largo rato estuvieron brindando y cantando coplas, y victoreando a Bilbao y a la Libertad. El uno improvisaba discursos, el otro nuevas estrofas del himno. En un rapto de alegría, Zoilo se soltó su brindis, en el cual las ingenuidades y las bravatas chistosas sonaban a militar elocuencia: «Él no era valiente sino terco... No le mataban porque se moría de ganas de vivir... Todo lo que el hombre quiere lo consigue cuando hay voluntad firme, que por nada se tuerce ni se dobla... Los carlistas no entrarían en Bilbao; quedaban en la villa muchas piedras, mucho fuego, las pelotas de los trinquetes, los puños de los hombres... y los corazones de las mujeres, de donde salía toda la fuerza...». Tanto se entusiasmó Arana al oír estas frases ardorosas, que, después de abrazarle, le regaló una magnífica pistola que llevaba al cinto. Un señor muy anciano, bilbaíno, don Calixto Ansótegui, veterano de la guerra del Rosellón, se llegó a Zoilo, y estrechándole en sus brazos, le besó en la cabeza y le dijo:

—En nombre de mi pueblo, te beso y te bendigo.

ÉSTAS Y OTRAS ESCENAS Y SUCESOS DE AQUEL DÍA DESPERTARON EN LA MENTE DE AURA IDEAS BÉLICAS, DE MILITAR GRANDEZA

Éstas y otras escenas y sucesos de aquel día despertaron en la mente de Aura ideas bélicas, de militar grandeza, y toda la noche se la pasó soñando, entre dormida y despierta, con héroes legendarios y con maravillosas hazañas. Los que había conocido humildes se crecían a su lado, y eran ya grandes capitanes, caudillos, reyes... ¡qué delirio! Y Bilbao era el pueblo sagrado, intangible, gracias al valor de sus hijos, que lo defendían y lo ilustraban con sus hazañas para luego hacerle rico y próspero entre todos los pueblos de la tierra. Se reía con lágrimas pensando esto y deseaba vivir para presenciar tantas grandezas. Y cuando Zoilo le contara sus actos de heroísmo, ella disimularía su admiración, y se haría la indiferente, pues no era discreto ni decoroso que la viese tan entusiasmada... ¡Qué diría, qué pensaría!...

XXIX

Envalentonados por la fácil conquista de San Agustín, que aunque les resultó un guiso quemado, conquista era, emprendieron los facciosos el asalto de la Concepción, convento destinado a cuartel a la otra parte del río. Después que se hartaron de cañonearlo con las baterías de Mena y Santa Clara, y cuando ya tenían hechos polvo los débiles muros de aquel edificio, lo asaltaron con denuedo. Los bilbaínos, sin más apoyo que el que les daba el cañón situado en la torre de San Francisco y la fusilería de la Merced, les resistieron bravamente a la bayoneta. Setenta muertos se dejaron allí los carlistas y más de cien heridos, algunos de los cuales pudieron retirar. Con este feliz suceso, que levantó los ánimos, coincidió el feliz parte transmitido desde Portugalete a Miravilla por el telégrafo óptico, que decía: «Continúe Bilbao defendiéndose. Pronto será socorrida».

En la defensa de la Concepción fue Martín levemente herido en el brazo izquierdo. No se contaba de él nada extraordinario: era un exacto cumplidor del deber, sin excederse nunca. La herida no tenía importancia; casi se avergonzaba de hablar de ella, refractario en toda ocasión a los alardes de valentía. Resistiose a que le hicieran la cura en el hospital, donde había que atender a casos más graves, y se fue a casa de Vildósola, buscando el arrimo de Negretti y Prudencia. Esta mandó al instante a buscar a Aura, y al verla entrar le dijo:

—Nos ha caído que hacer. Tenemos a Martín herido; y aunque no parece cosa muy grave, me temo que se complique por ser del lado del corazón... Ahí le tienes tan pálido y triste que da lástima verle.

Al instante procedieron las dos a curarle con gran solicitud, y él, recobrada su serenidad y buen humor, bromeaba con Aura, permitiéndose ponderar su belleza, y concluyendo con la exquisita galantería de que se conceptuaba dichoso de aquel estropicio para que tales manos se emplearan en curarle. Respondió la niña con buena sombra que la honra era para quien podía con su inutilidad prestar ayuda a la causa bilbaína, auxiliando a los héroes; rechazó con modestia el galán dictado tan sonoro, que a su hermano correspondía, y aseguró no apetecer más glorias que las de una ciudadanía decorosa consagrada al trabajo. Así estuvieron tiroteándose un ratito, hasta que llegó la criada de Gaminde con el recado de que fuera pronto allá la señorita Aura, pues Jesusita se había puesto mala y deseaba tenerla a su lado. Respondió Prudencia que más tarde iría con su tío Valentín. En vez de éste llegó Sabino, con un poco de bálsamo samaritano que había ido a buscar para la cura de su hijo, y con él salió al poco rato la niña. El hombre tenía prisa, pues había quedado en acompañar el Viático que a la misma hora daban a Leonardo Allende y a Paco Amézaga, heridos mortalmente en los últimos combates. Quiso la buena suerte de Arratia que antes de llegar a la esquina de la calle del Matadero, se les apareciese Zoilo, que iba, después de tantos días, a echar un vistazo a la familia. Coyuntura tan feliz alegró al padre, que no quería más que largarse al Viático, como si pensara que éste no era eficaz sin su concurso.

—¡Qué oportunamente llegas, *Luchu!* —le dijo—. Cuando te encontré en Santa Mónica y te mandé venir, no creí que anduvieras tan listo. Luego subirás a ver a tus tíos y a tu hermano: la herida de éste es insignificante. Ahora acompañas a tu prima a casa de Gaminde, y yo me voy por aquí a Santiago.

—Corra, padre, corra; que si se descuida no alcanza...

Habíase quedado la niña de Negretti completamente paralizada de voz y pensamiento al ver a su primo. Tenía muy pensadas las expresiones que debía dirigirle la primera vez que le viese después de sus heroicidades, y todo se le borró de la memoria.

—Vamos —dijo Zoilo, viendo desaparecer a su padre por la calle de la Tendería.

Y ella repitió «vamos», creyendo que con esto decía bastante.

—¿Por qué estará tan callado? —se preguntó cuando, recorrida toda la calle de la Cruz, llegaban al ángulo de la Sombrerería— ¿Estará enfadado conmigo?... No sé por qué podrá ser.

Al llegar a la entrada de la Plaza Nueva, dijo el miliciano secamente:

EN VEZ DE ÉSTE LLEGÓ SABINO, CON UN POCO DE BÁLSAMO SAMARITANO QUE HABÍA IDO A BUSCAR PARA LA CURA DE SU HIJO

—Por aquí, por aquí es por donde vamos.

—¿Qué pasa? —indicó ella—. ¿Está interceptada la calle de la Sombrerería?

—No: es que hace días, muchos días, que no nos vemos, Aura, y he dispuesto que demos un paseo... nosotros mismos.

—¡Pero, chico, si me están esperando!...

—Que esperen... Más he esperado yo... ¡Tantísimos días sin verte, y a cada instante creyéndome que llegaba mi última hora y que ya no te vería más!

—Ya sé que has sido muy valiente. Todo se sabe. Todito me lo han contado, y yo he dicho: «Se porta como quien es, y hace lo que se propone».

—Para eso está uno en este mundo, dilo. Se hace siempre lo que se debe, y con voluntad se tiene cuanto se desea.

—¿Y qué tienes? ¿Qué has ganado con tus heroísmos?

—¿Qué he ganado?... ¿Pues te parece poco? Algo que vale lo que el mundo entero, y más. Te gano a ti.

—¡A mí!... ¡Qué cosas tienes!... Pero di, tonto, ¿a dónde me llevas? ¿Salimos por aquí al Arenal? No vayamos muy lejos. Que el paseo sea cortito.

1833 - 1839

El telégrafo óptico durante la guerra carlista

El ejército liberal puso en marcha una compleja red de comunicaciones en el Norte

1794

Claude Chappe
Este inventor francés pone en marcha la primera línea de telegrafía óptica entre París y Lille. Tenía 22 torres y 230 kilómetros de extensión. Francia llegará a contar con una red de 5.000 kilómetros de longitud

1794

George Murray
El sistema de telegrafía óptica británico era distinto al francés. Su creador fue George Murray, encargado de diseñar la primera red, que unía las ciudades de Londres y Deal. Hasta 1814 se construirán dos líneas más en Gran Bretaña

1800

Betancourt
Fue el promotor de la telegrafía óptica en España. Su sistema fue aprobado por el rey Carlos IV. La primera línea, que unió Madrid y Cádiz, contaba con cerca de 70 estaciones y costó un millón de reales

1805-1820

Francisco Hurtado
Este teniente-coronel del ejército liberal español puso en marcha una red de uso militar que unía Cádiz con Sanlúcar de Barrameda, Medina Sidonia, Chiclana de la Frontera y Jerez de la Frontera

Funcionamiento del telégrafo óptico

Se trataba de un sistema de señales que se transmitían de una torre a otra

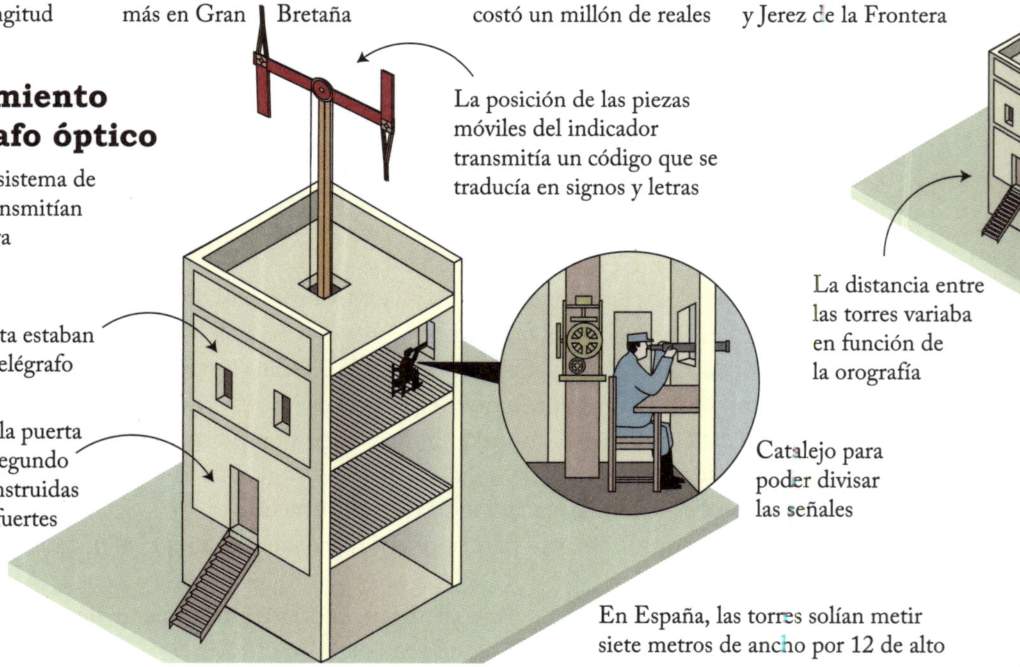

FUENTE: "Historia de la telegrafía óptica en España", Sebastián Olivé Roig

1831

Juan José Lerena

Fernando VII le encarga la construcción de una línea entre Madrid y Aranjuez. Su red contaba con torres intermedias situadas en la ermita del Cerro de los Ángeles y en el Cerro de Espartinas, cerca de Valdemoro

1834

Manuel Santa Cruz

Durante la primera guerra carlista, el director de Telégrafos del Ejército de Operaciones del Norte, el general Manuel Santa Cruz, organizó dos líneas estables de comunicaciones, un nuevo sistema de telegrafía y el correspondiente diccionario de claves. Las dos líneas se unían en Logroño y proporcionaban un gran enlace entre Vitoria y Pamplona

1844 - 1857

José María Mathé

El Ministerio de Fomento encargó al ingeniero y militar José María Mathé la puesta en marcha de una importante red de telegrafía óptica en España, que comunicaría Madrid con Irún, Cataluña con Valencia y Madrid con Andalucía

Líneas telegráficas del ejército liberal

La red óptica española

La telegrafía eléctrica -con la que ya se experimentaba en Europa desde 1840- pronto relegará a la telegrafía óptica a un segundo plano. En España, la última línea de telegrafía óptica se desmanteló en 1857

Documentación: Rubén González

DINA SÁNCHEZ

—El paseo será del tamaño que disponga yo mismo.

—Arrogante estás.

—¿Cómo no, llevándote conmigo?

—Un ratito corto.

—O largo...

—Si tardo, me reñirá tu tía.

—A ti no tiene que reñirte mi tía ni ninguna tía del mundo, porque en ti nadie manda más que una persona.

—Pero esa persona no está aquí.

—Esa persona está aquí, y soy yo —afirmó el miliciano, parándose en firme...

—*Zoiluchu,* no digas tonterías; yo no te pertenezco.

—Tú me perteneces. Te he conquistado... Que he sabido ganarte, sábeslo tú, sábelo Dios... Sigamos hasta la Ribera, que aún tenemos mucho que hablar.

—Cuidado... ¡Si nos ven solos por aquí...!

—Si nos ven solos, dirán: «Ahí va Zoilo Arratia, pues, con su mujer».

—¡Jesús, qué barbaridad!

—Porque si no lo eres todavía, lo serás, sin que nadie pueda evitarlo, porque yo lo quiero, y también tú... tú y yo, que es como decir *nosotros en uno mismo*... Puede que mi padre y mi tía lo lleven a mal, porque otros planes tienen; pero ni mi tía, ni mi padre, ni la familia entera, ni todo el género humano, impedirán lo que yo quiero, llamándome *nosotros,* lo que debe ser y será.

La firme voluntad de Zoilo, tan categóricamente formulada, sin atenuación alguna; poder incontrastable, irreductible, del orden de los hechos fatales o de las leyes de la Naturaleza, actuaba sobre el espíritu de Aura como una fascinación, como un exorcismo, más bien como la atracción sideral. Era ella el cuerpo pequeño que se veía arrancado de su órbita, asumido a la órbita del cuerpo mayor. El inmenso querer, el inmenso desear de Zoilo la envolvía y se la llevaba consigo en un giro infinitamente grande.

ERA ELLA EL CUERPO PEQUEÑO QUE SE VEÍA ARRANCADO DE SU ÓRBITA, ASUMIDO A LA ÓRBITA DEL CUERPO MAYOR

—¿Pero qué estás diciendo?... Que tú... que nosotros... que yo...

—Digo que eres mi mujer, y dilo tú; que pues yo lo he querido, es así... y ante esto, Aura, la familia y el mundo entero tienen que bajar la cabeza... Lo que vas a decirme, ya lo sé.

Sonó un cañonazo. Albia despidió un proyectil curvo; a los pocos segundos disparó otro Landaverde. El uno se pasó; el otro vino a caer en la ría, más abajo del Arenal.

—Vámonos por Barrencalle a coger los Cantones... Por aquí... No tengas miedo. Esos mentecatos tiran a esta hora por las Ánimas benditas... No temas nada. Dios ha dicho que ni tú ni yo moriremos en el sitio. Porque lo sé soy animoso, no por valor propiamente... ¿me has entendido? Mi valor es Aura, mi fe es Aura, dilo... y creyendo en Aura y teniéndola, no hay balas, no puede haber balas que a uno le toquen.

—Sí, fíate... —murmuró la doncella queriendo reír.

—Pues sí; ya sé lo que a decirme vas: que si el compromiso, que si don Fernando... Don Fernando no viene ya... o se ha muerto, o no es caballero... Y aunque venga... ¿qué?... Reino abandonado, reino perdido. En su trono me he sentado yo, Zoilo Arratia, y a ver si me echa él... con sus manos lavadas... con sus manos bonitas... Las mías, quemadas y oliendo a pólvora, más que las suyas podrán.

EL PUERTO DE PASAJES FUE EL ENCLAVE PRINCIPAL de las tropas inglesas que colaboraron en la toma de Bilbao durante los últimos meses de 1836. *(Vista de Pasajes desde la capilla de Santa Ana.* Litografía de Fidel Múgica).

—Eso no... *Luchu,* eso no... —dijo la niña muy apurada, no sabiendo encontrar en su mente fecunda más que aquella denegación anodina, infantil...

—Yo digo que sí... Nada temo. Estorbos para mí no hay. Voy contra un ejército si es necesario... No sé lo que es desconfianza; lo que es miedo no sé... Ni a ti misma te temo. Sé que he de triunfar de todo, y nada me importa don Fernando, venga o no venga. Ni el mismo San Fernando, si del cielo bajara, me importaría.

—¡Cómo te creces, primo! —exclamó Aura pensativa, subyugada por aquel torrente irresistible de voluntad—. Arrogante estás.

—¡Que si me crezco! Di que tengo vida de sobra... ¡Y lo que falta! Aura, por mucho que yo suba, aún estás tú más alta. Y verte tan arriba no me pesa... Mejor; así crezco yo más.

Muy poco adelantaban en su paseo, porque se paraban a cada frase para poder verse las caras frente a frente, y aumentar con la vista y el mutuo llamear de sus ojos la expresión de lo que decían.

—¿De modo —dijo Aura— que tú nada temes?

—Nada. Dios me dice que tendré todo lo que quiero, porque lo sé querer.

—¿Según eso, tú, Zoilo..., no dudas?

—¡Dudar yo! ¿De qué? Eres mi mujer, te tengo... Nadie te apartará de mí...

—Muy pronto lo has dicho. ¿Y si yo, suponiendo que quisiera ser tuya, no pudiera serlo?

—¡No poder... queriendo!... ¡Ah!, ya sé por qué lo dices... ¿Crees que hago caso de esa bobada de mi tía Prudencia, que quiere casarte con Martín?... Yo me río; ¿y tú?

—También.

—Pero no has tenido valor para decirle a la tía Prudencia y a mi padre que eso no puede ser.

—¡Oh, no me atrevo!

—Pues yo sí. Ahora mismo voy y se lo digo.

—¡Oh, no por Dios!... Lo que has de hacer ahora mismo es llevarme a casa de Gaminde. Basta ya de paseíto. ¡Qué dirán, qué pensarán!...

—Pensarán que debemos casarnos pronto.

—¡Dale!

—Nada: ¿no tiene don Francisco un hermano cura?

—Sí, don Apolinar: allí está siempre.

—Pues voy a verte, y después hablo con él para que nos case.

—¡Zoilo! —exclamó Aura, dando un paso atrás aterrada de tan extraordinaria decisión. No había visto ella nunca una fuerza que a la de su primo se asemejara. El fogoso chico era la acción misma; no imploraba los favores del Destino, sino que cogía por el pescuezo al propio Destino y lo hacía su esclavo. Mientras dio la niña aquel paso en retirada, dijo Zoilo que si don Apolinar no quería casarles, él conocía un capellán de tropa que lo haría en menos que canta un gallo. La atracción, gravitación o lo que fuera, actuó de nuevo sobre el espíritu de Aura, que dio el paso adelante, sin atreverse a decir más que esto:

LA JOVEN SIGUIÓ SU CAMINO TEMBLANDO, COMO UNA BRAVA RES COGIDA Y AMARRADA POR POTENTE CAZADOR

—Bueno, primo; creo que debemos irnos ya...

—Como quieras... Quedamos en que iré a verte a casa de Gaminde.

—¡Oh, cuánto hablaron de ti ayer, y cómo te ponían en las nubes! Yo, naturalmente, estaba muy orgullosa... por la familia, por ti...

—Di que por ti más...

—También contaron lo del café; el brindis que echaste, lo que te dijo Arana al regalarte la pistola, y el beso que te dio, en nombre de Bilbao, el viejecito Ansótegui.

—El beso no era para mí, Aura.

Diciendo esto, y sin darle tiempo a retirarse, le cogió la cabeza, y apretándola fuertemente, le estampó como unos veintitantos besos en diferentes partes, desde la coronilla a la garganta.

—Por Dios, ¡ay, ay!, no seas bruto... ¡Qué atrevido, qué...! Déjame... Ya no más... Me haces daño... No, no; quita, quita... Que pasa gente... ¡Ay, no!

—Si pasa gente, que pase —dijo Zoilo al concluir—. Estaría bueno que no pudiera uno acariciar a su mujer donde se proporciona...

Ocurriéronsele a la niña razones de gran fuerza para protestar de aquella bárbara violación de la compostura, del respeto que ella merecía; pero entre la mente y los labios perdiéronse las razones, y cuando quiso buscarlas no parecían... Sólo pronunció entrecortadas voces que eran, empleando un símil guerrero, como migas de pan arrojadas contra un baluarte de granito. La joven siguió su camino temblando, como una brava res cogida y amarrada por potente cazador.

—Eres muy atrevido, Zoilo —dijo, rehaciéndose cuando pasaban de la soledad de la calle de la Torre a la plazuela de Santiago—, y eso no está bien... Te repito que no está bien... Llegaré muy tarde, y me reñirán.

—No hagas caso. Yo soy tu dueño, y no te riño, pues.

—Y a ti te regañará tu padre, si sabe...

—Soy hombre... Mi padre me respetará como yo le respeto a él... Si algo me dice, que estoy casado le responderé.

—Eres atroz, *Luchu*.

—Soy terrible... Cuando me convenzo de que tengo que ir a un punto, voy. Nada me acobarda... Nadie me domina, y yo domino todo lo que quiero, y más.

—Es mucho decir...

—Más hago que digo... Yo hablo con las acciones.

En esto llegaron a la casa de Gaminde, y él fue tan juicioso que no la detuvo en el portal.

—Súbete pronto. Ya sabes que vendré a verte cuando el servicio me lo permita.

—Adiós... No hagas barbaridades. Bastante te has lucido ya.

—Yo no quiero lucirme... Me ejercito; me lo pide el cuerpo... y el alma... Así se hace uno fuerte para lo que venga, Aura. Adiós.

—Adiós... Me subo volando.

XXX

Al sentirse físicamente lejos de la esfera de atracción de aquella voluntad potente, volvió la niña a girar en su órbita y sintió recobrada en parte su personal fuerza. «Es un bruto —se decía—; pero no hallo la manera de sustraerme a su poder. ¡Qué hombre, qué energía!... ¡Ay!, tendré que hacer un esfuerzo para no dejarme dominar, pues de lo contrario, no sé lo que pasará... Como mérito, lo tiene... ¿De qué será capaz Zoilo, si no le mata una bala? Pues de las cosas más grandes. Me asusta, verdaderamente me causa tanto miedo como admiración... ¡Qué mal he hecho en dejarme besar! Se creerá que le pertenezco, y eso sí que no. Pero me cogió tan desprevenida, ¡qué pillo!, que no pude... Cualquiera le dice que no a nada. Éste es de los que no se dejan gobernar, y gobiernan a todo el mundo... Yo no sé lo que me pasa... Cuando estoy lejos de él, soy muy valiente... pero se me acerca, y ya estoy temblando... ¡Vaya un hombre!... Pero no: es preciso que yo me mantenga en mi deber y en mi consecuencia, porque no puedo faltar a lo jurado... El *mío* es otro... y aunque estoy muy enojada con Fernando porque no viene, ni se anuncia, ni nada, debo mantenerme firme... La verdad es que ya pesa, Señor, ya pesa este abandono en que estoy, y si yo me declarara independiente, no tendría razón ninguna en quejarse. Sabe Dios que le he querido y le quiero como cuando nos conocimos... No dirá que he faltado. Él es quien falta... ¿Y quién me asegura que no se ha entretenido lejos de mí con otra mujer? Esto sería ya inicuo, esto sería ultrajante para mí... Pero yo soy quien soy, y espero, espero, espero... ¿Hasta cuándo, Señor, hasta cuándo?... Digan lo que quieran, tengo yo mucho mérito, y la palma de la constancia nadie me la puede quitar...».

¡AY!, TENDRÉ QUE HACER UN ESFUERZO PARA NO DEJARME DOMINAR, PUES DE LO CONTRARIO, NO SÉ LO QUE PASARÁ...

Pensando en esto, que era su continuo pensar, hizo propósito de esperar a Fernando hasta unos días después de la terminación del sitio... ¿Y si llegaba después del plazo que ella fijara y daba explicaciones satisfactorias de su tardanza?... No, no: había que aguardarle hasta que se tuviese la certidumbre de que no había de venir.

Acontecía que en sus cavilaciones nocturnas sobre este tema, a veces la persona de Fernando presentábase en la mente de Aura un tanto desvirtuada en sus atributos. Como todo se gasta y perece, aquel ser tan traído y llevado en los sueños de la sensible joven, desmerecía, se deslustraba, como las bellezas materiales que el tiempo y el uso van carcomiendo, como las flores que se marchitan, como las nobles vestiduras que se ajan, como las finas armas que se enmohecen... Sobre cuanto existe actúa el tiempo, artista minucioso que deshace unas obras, pieza por pieza, para hacer otras, o las reduce a polvo para vaciarlas en mejor molde. El maldito no está nunca quieto, y no hay cosa peor que dejar en su poder, para que lo guarde, algún objeto moral o físico de gran mérito y estimación. Si no se queda con él, lo devuelve transformado.

No estaba ociosa la niña de Negretti en aquellos días, pues sus amiguitas no la dejaban de la mano, llevándola de casa en casa, a patrióticas reuniones femeniles para coser sacos, preparar hilas y vendajes, cuando no iban a Santa Mónica, según los turnos que designaban las señoras mayores. Una tarde, reunida una cuadrilla en que no había menos de dos docenas de muchachas, algunas de las más bonitas del pueblo, discurrieron ir a visitar al oficial herido Fernando Cotoner, que por su gentileza y donosura tenía gran partido entre el bello sexo. Custodiadas por una comisión de mamás invadieron su casa, y halláronle en vías de convalecencia, alegre y decidor como de ordinario; y tanto se excitó con la irrupción de niñas guapas, y tales apetitos de hablar mucho y vivo le entraron, que el médico tuvo que ordenar la inmediata salida del enjambre.

SI ESPARTERO VIENE PRONTO Y SALVA A BILBAO, EN CUANTO SE ABRAN LAS COMUNICACIONES TENDREMOS AQUÍ, CREO YO, AL BUEN DON FERNANDO

—De ésta no muero, amigas de mi alma —les decía clavado en un sillón, gesticulando con exceso, pues condenado a quietud absoluta, sin más juego que el de los brazos, usaba de estos desmedidamente—. Sólo ha sido un agujero más, y ya he perdido la cuenta de los que debo a la guerra. La que se case conmigo, ya sabe que se casa con una criba... Fernando Cotoner no entra en acción sin que le toque alguna china... Es el niño mimado de las balas... ¿Saben la carrera que sigo? La carrera de inválido... Adiós, flores bellas, alegría de mi corazón... Un momento, aguarden un ratito... ¡Vivan las niñas de Bilbao! ¡Viva la Libertad y muera Carlos V!

Respondió el alegre coro desde la puerta y en el pasillo, a donde las empujaba el médico don Miguel Medina, sacudiéndolas con su pañuelo como si ahuyentara moscas.

A menudo iba Aurora a pasar un ratito con su tío Ildefonso, que con ella se animaba, saliendo por breves momentos de su taciturnidad sombría. Gustaba de que ella, y no los demás, le refiriese las sucesivas ocurrencias del sitio, las victorias que con su heroico tesón iba ganando el pueblo, la situación probable o supuesta de las tropas que venían en socorro de la plaza. Y él, siempre bondadoso, no desmemoriado a pesar de la turbación de su mente, gustaba de decirle lo que consideraba más grato para ella:

—Si Espartero viene pronto y salva a Bilbao, en cuanto se abran las comunicaciones tendremos aquí, creo yo, al buen don Fernando.

Y otro día, con gran reconcomio de Prudencia, que se mordía los labios para comprimir sus ganas de controversia, dijo:

—Me da el corazón que el señor de Calpena está con Espartero, y que entrará con él.

Pasaron días sin que Aura y Zoilo se viesen, por causa de la permanencia casi continua del valiente chico en las líneas de defensa. En cambio, siempre que iba la niña a casa de Vildósola, era infalible su encuentro con Martín, que tardaba en restablecerse de su herida más de lo que parecía natural. Prudencia daba largas al proceso traumático, aplicando vendajes con unturillas de su invención, completamente inofensivas. En el largo espacio que daba el tratamiento dilatorio, logró el benemérito joven, con no poco estudio, aguijoneado por su tía, declarar a la hermosa doncella el amor puro, de honradísimos y santos fines, que le inflamaba, gastando en ello fórmulas algo semejantes a las farmacopeas de Prudencia. Contestábale Aura agradeciendo sus nobles sentimientos, y declarándose imposibilitada de corresponderle por el compromiso antiguo que a otra persona la ligaba. Por su parte, la sagaz gobernante, siempre que a solas la cogía, incitábala a no ser tan huraña con Martín, asegurando que partido mejor no encontraría aunque lo buscara con pregón. La pobre joven rompía en llanto; deseaba que el tío Ildefonso se pusiera bueno para contarle sus cuitas y pedirle consejo; pero esto era muy difícil, porque Prudencia nunca la dejaba sola con su marido, temerosa de que Ildefonso, con su puritanismo y el rigor de sus principios, tan contrarios al sentido práctico, la torciese más de lo que estaba.

Y por desgracia, el pobre Negretti iba de mal en peor. Una tarde, hablando de ello Vildósola, Valentín y Prudencia, delante de Aura, expresó aquella con lágrimas su dolor por el desvarío manifiesto de las ideas de su esposo.

—Ayer —manifestó Valentín, suspirando— seguía con el tema de que ya no se harán los barcos de madera, sino de hierro, todo el casco de hierro...

—Esto no es absurdo, no, amigo mío —dijo Vildósola, hombre indulgentísimo, muy crédulo y que no era pesimista en el caso de Negretti.

—Absurdo, no. Científicamente, puede ser. Lo gordo es que, según Ildefonso, todo ese hierro que se necesita para construir los barcos de mañana se llevará de Bilbao a Inglaterra. Vean por dónde nos vamos a quedar sin montañas.

—Poco a poco, Valentín. Hablando con franqueza, no veo el delirio, no veo el disparate...

—Pero, hombre, ¿estás tú loco?... ¡Embarcar toda Vizcaya en naves de hierro para llevarla a Inglaterra! ¡Ah, tunante!, como buen corredor de cambios, ya se te hace la boca agua pensando en el papel Londres que vas a colocar el día que...

—No es eso... Yo digo...

—Cállate, Cirilo... Se trata de barcos, y yo...

—Se trata de comercio, y yo...

—Esperen... —dijo Prudencia, cortando la cuestión—. A mí me aseguró que toda nuestra ría no será bastante para contener las embarcaciones grandes, grandes...

—A mí me dijo que dentro de cuarenta años se verían en estas aguas cuatrocientos barcos de dos mil a tres mil tone-

PUERTO DE BILBAO, por Muñoz Degrain. Colección particular.

EL DESPEGUE DE LA SIDERURGIA

El hierro vizcaíno era uno de los pilares del comercio castellano desde el siglo XV, junto a la lana, el aceite y el vino. Tras la derrota carlista de 1839 se eliminaron las aduanas, lo que permitió levantar una fábrica siderúrgica moderna, la sociedad Santa Ana de Bolueta. La exportación del mineral de hierro comenzó a ser un gran negocio para los comerciantes bilbaínos especialmente a partir del establecimiento del arancel de 1862, que rebajaba los impuestos que gravaban tanto la exportación de mineral como la entrada de carbón extranjero. Las nuevas tasas convertían en rentable el viaje con hierro a Inglaterra y el mismo barco retornaba a Bilbao con carbón británico.

ladas, descargando carbón y llevándose la mena... Para ese tiempo se empedrarían las calles de Bilbao con libras esterlinas, y tendríamos aquí fábricas y talleres tan grandes como de aquí al paseo de los Caños...

—Pues ese delirio —afirmó el corredor— merece mi aplauso, y no he necesitado más que oírlo mencionar para sentirme contagiado. Yo deliro también, Valentín. Yo creo en el hierro..., yo lo veo...

—Lo que tú ves es el cambio, los chelines y peniques. Tú no estás bueno, Cirilo... El sitio a todos nos volverá locos.

—Yo veo el hierro...

—Sí; tendremos que echarnos cabezas de hierro para poder pensar. Adelante.

—Con ser un delirio eso de exportar las montañas —añadió Prudencia—, no me resulta tan desatinado como la que me soltó esta mañana. Hablábamos del sitio, de si viene o no viene Espartero, y él muy serio, convencidísimo y enteramente aferrado a su opinión, se dejó decir que para que Bilbao llevase su defensa hasta la última extremidad, volviendo locos a los carlistas y obligándoles a largarse corridos, era menester que pusieran de gobernador de la plaza,

EL MAR, CAMINO DE SUMINISTROS

Durante los dos sitios a los que fue sometida Bilbao por parte de los carlistas, el primero en junio de 1835 y el segundo en octubre de 1836, el mar tuvo una importancia muy destacada, ya que permitió aliviar la penuria y la escasez. En 1835 el asedio duró solo unos veinte días debido a la muerte accidental del jefe carlista, Zumalacárregui. Durante ese tiempo los sitiados estuvieron recibiendo refuerzos y provisiones por mar. En octubre de 1836 los ejércitos carlistas tardaron nueve días en completar las maniobras de cerco de Bilbao, durante los cuales la Legión Auxiliar inglesa suministró por barco, desde Portugalete, armas y municiones a las fuerzas acantonadas en la ciudad. El bando carlista era muy consciente de la necesidad de cortar la vía de entrada por el mar, por lo que el general Eguía, jefe del ejército carlista del Norte, ordenó vigilar el acceso desde buques de su flota y cerrar el puerto de Bilbao mediante la construcción de un puente de barcas. El método fue efectivo, pese a que la ciudad no se rindió. Permaneció sitiada dos meses, lo que provocó una grave carencia de alimentos. Muchos bilbaínos utilizaron durante este periodo pequeñas embarcaciones para escapar atravesando la ría.

DESEMBARCO DE ARMAS EN LAS COSTAS DE VIZCAYA. Grabado de Bosch. Colección particular.

¿a quién creéis?, a nuestro sobrino Zoilo. Dice que *Luchu* es la más fuerte energía militar que tenemos aquí. Y que si él estuviera al frente del ejército del norte, ya no quedaría un carlista para un remedio.

—Es que anoche —indicó Vildósola— estuvo Zoilo contándole cosas de cañoneo y batallas, con las exageraciones y el ardor que el chico pone en todo lo que dice.

—Ya me cuidaré yo —afirmó Prudencia— de que no vuelva a pasar... Cuente Zoilo sus hazañas a los que están buenos, no a los enfermos del magín, que fácilmente se ponen perdidos oyendo hablar de encuentros, degollinas, zambombazos y demás gracias de la guerra, que a mí no me hacen ninguna gracia.

Oía estas cosas Aura sin aventurar de su parte observación alguna, y lo único que se le ocurrió fue el propósito de advertir a su primo, en cuanto le viese, que se abstuviera de contar al tío lances guerreros, ni nada en que figurasen bombas, granadas y metralla. El día 5 de diciembre, poco antes de la salida que hicieron los sitiadores por la parte de Artagán, creyendo obrar en combinación con Espartero, vio la niña al miliciano; pero no pudo hablarle. Iba ella con las de Gaminde y las de Ibarra por la calle del Correo, a oír misa en Santiago, cuando pasaron las compañías de Milicianos y de Trujillo en dirección de Achuri: Zoilo la vio, y ella a él. Aura no hizo más que sonreír y ponerse muy encarnada; él la saludó graciosamente con una sonrisa y fugaz movimiento de los labios. Por la noche, oyendo contar que la salida, aunque brillante, no resultó eficaz por el mal acuerdo de haberla hecho sólo con cuatrocientos hombres, pensaba la hermosa joven que si Zoilo hubiera dispuesto la operación habrían salido lo menos mil... Vamos, ¿a quién se le ocurría mandar cuatrocientos hombres, ni aun contando con el apoyo de Espartero *por el lado de allá?* También ella se iba volviendo estratégica. La verdad, no comprendía cómo sus tíos encontraban tan disparatadas las ideas de Negretti con respecto a *Luchu*... ¿Pues qué? ¿Dónde había voluntad como la suya? ¿Quién le igualaba en grandeza de corazón, en bravura y serenidad? Pues así como tenía estas dotes, bien podía tener las otras, las del cálculo para saber por dónde se atacaba y con qué fuerzas, y en qué ocasión y momento.

La verdad, no comprendía cómo sus tíos encontraban tan disparatadas las ideas de Negretti con respecto a Luchu...

Acostose con la cabeza dolorida, congestionada de tanto pensar, y pasó malísima noche, sin poder conciliar el sueño, atormentada por una idea tenaz, monomaníaca, consistente en establecer paralelo entre don Fernando y su primo, midiendo y aquilatando las excelsas cualidades de uno y otro. Sin duda había pocos como Fernando, cuya inteligencia, caballerosidad, exquisita educación y finura cautivaban... Esto no quitaba que el otro fuera más hombre, más... no sabía cómo expresarlo. Era todo lo hombre que se puede ser. Con la voluntad que a él le sobraba, se podían hacer cien personas enérgicas, o mil... No había más que mirar aquellos ojos para comprender que era su alma toda acción, de las que gobiernan y no se dejan gobernar, de las que subyugan y avasallan... Pero por ser menos hombre, no perdía sus hermosos méritos Fernando. ¡Qué talento, qué gracia, qué elegancia de formas! ¡Luego sabía tantas cosas, había leído tanto!... En cambio, Zoilo era un bruto, un bruto, eso sí, capaz de aprender en poco tiempo todo lo que no sabía, y llenar de conocimientos el profundo pozo de su ignorancia... Insistía la gentil niña, dando extensión absurda a estos paralelos febriles, en pertenecer a Calpena, en mantenerse fiel a su compromiso; pero mucho tenía que fortificar su voluntad para oponerse al torrente del querer de Zoilo, de aquel querer que no admitía réplica ni oposición, que todo lo arrollaba hasta imponer y afianzar su imperio. Para defenderse del audaz tirano, lo más conveniente sería no verle más, no hablar con él... ¿Y cómo podía ser esto? Si Fernando viniese pronto, todo se arreglaría; pero ¡ay!, le daba el corazón que Fernando, o tardaría mucho o no vendría más. La insistencia de Ildefonso, al afirmar que vendría con Espartero, era un desatino de la perturbada mente del buen mecánico... Imposible, pues, sustraerse a la sugestión avasalladora, soberana, fatal, de su primo. Dios le había dado el don de querer con tan grande intensidad, que cuanto quería se le realizaba. No soñaba, hacía; pensamiento y ejecución significaban en él lo mismo.

Como era la niña tan inteligente, y además poseía su poquito de instrucción, extraordinaria para las muchachas de aquel tiempo, podía discurrir sobre estas cosas de humanos caracteres, y hasta encontrar forma relativamente apropiada para expresar sus juicios. Prosiguiendo el ingenioso paralelo, se dijo: «¿Y este *Luchu* es romántico?... Puede que sí; pero no, como Fernando, un romántico de soñación, sino de acción... Así lo veo yo. Todo el romanticismo y toda la poesía de Fernando es la de los dramas, la de los libros que andan ahora: en los libros y en los dramas, que son pura mentira, ha bebido él su romanticismo, como las abejas en las flores... Este *Luchu* no es así: todo lo tiene en su alma desde que Dios la hizo. Don Fernando sueña, se emborracha con lo que ha leído... quiere llevar todo aquello a la acción y no puede... no le sale... Claro, como que no es suyo... *(Pausa larga de aturdimiento y confusión.)* Pero ahora caigo en ello. Zoilo no es romántico, sino clásico, tan clásico, que no puede serlo más... Se me ocurre el disparate de compararle con los dioses antiguos, que tomaban figura de hombres, y a veces de animales, para andar por el mundo y hacer lo que les daba la gana... Y se metían entre los ejércitos, y daban la victoria a quien querían, y destruían pueblos, y soltaban rayos, y seducían mujeres... sin que nadie pudiera oponerse a su voluntad... Naturalmente, como que eran dioses».

BALDOMERO ESPARTERO ALCANZA LA CIMA DE SU CARRERA. Su intervención en la batalla de Bilbao, considerada heroica por los cristinos e incluso por sus enemigos, fue decisiva en el triunfo final. (Caja de tabaco con la efigie del general Espartero. Museo de Historia de la Ciudad. Barcelona).

XXXI

Tenía Valentín por ineficaz aquella dispersión de la familia en diferentes moradas, pues ningún lugar era seguro en el casco de la villa. El inmenso peligro que los vecinos de la Ribera vieron en esta parte del pueblo cuando los carlistas preparaban su ataque a la Concepción, fue conjurado por la bravura bilbaína en la sangrienta jornada del 29 de noviembre. Si el enemigo hubiera conquistado aquella línea, poniéndose a tiro de fusil de todo el frente de la Ribera, ésta habría resultado inhabitable desde el Teatro hasta Barrencalle. Pero como continuaban en sus antiguas posiciones de Santa Clara y barrio de Mena, y lógicamente no habían de meterse en arriesgadas aventuras por aquella parte, pues toda su fuerza y vigilancia la necesitaban de la Salve para abajo, atentos a las pisadas de Espartero, los vecinos de la Ribera recobraban su tranquilidad, y los menos tímidos se iban metiendo en sus hogares. Determináronse, pues, Sabino y Valentín a congregar la dispersa familia: ya José María y *Churi,* que se instalaron en la casa para estar al cuidado de todo, habían comenzado las reparaciones convenientes en el tejado.

Prudencia opinaba como sus hermanos respecto a la concentración, pues no se hallaban muy a gusto en casa de Vildósola

Prudencia opinaba como sus hermanos respecto a la concentración, pues no se hallaban muy a gusto en casa de Vildósola. Éste y Rufina, su mujer, eran excelentes personas; no así la suegra, que de continuo cerdeaba y se ponía fastidiosa, dando a entender que la molestaban los huéspedes. Además, todo aquel barrio de Zamudio había venido a ser el más inseguro; las baterías facciosas del barranco de Santo Domingo y de Iturribide atizaban candela y bombas; en la calle de la Cruz y en la vuelta de la de la Ronda habían caído proyectiles, destrozando dos edificios. Para colmo de desdichas en la noche del 13 una carcasa pegó fuego a la finca medianera con la de Vildósola; los vecinos de ésta hubieron de desalojar de prisa y corriendo, y Negretti fue llevado a casa de don José Antonio de Ibarra, amigo de la familia, procurador y comerciante con tienda y almacén en la calle de la Sombrerería. Aunque los Ibarras eran gente bonísima, hospitalaria y servicial, Prudencia no estaba conforme con vivir en prestados hogares, y decía, refunfuñando:

—Cada lobo a su cueva, y sea lo que Dios disponga.

Todo el tiempo que le dejaban libre sus ocupaciones en la Sanidad empleábalo José María en el arreglo de la casa, ayudado por *Churi,* el cual cada día hacía menos uso del don de la palabra. Con un gesto expresaba todo lo que tenía que decir; con un mohín daba respuesta categórica y breve a cuanto se le preguntaba. Obedecía ciegamente a su primo, y juntos iban a comer a casa de Miguel Ostolaza, el individuo de la Junta y comerciante de las Siete Calles que se distinguía por su bullicioso patriotismo y su desmedida afición al *aurrescu*. Otro de los Ostolazas tenía botica en Artecalle: con éste o con Miguel vivían indistintamente, según las peripecias del sitio, la madre y una hermana, Juanita Ostolaza, de quien era novio José María, con relaciones de exquisita honradez y compostura, y planes de matrimonio. Desde que ambos eran niños andaban en aquellos honestos tratos, y de acuerdo ambas familias habían concertado la boda para cuando Bilbao estuviese triunfante y libre. Comían los dos primos de Arratia en la botica de Francisco o en la tienda de Miguel Ostolaza, y tornaban sin pérdida de tiempo a sus ocupaciones.

Frecuentaba también Zoilo la casa paterna por mudarse de ropa, lo que hacía con desusada frecuencia. Habíase vuelto muy presumido; se acicalaba; tenía su uniforme en perfecto

Danzas folklóricas

Estirando las piernas con el 'aurresku'

Sitiada la ciudad, este baile se convirtió en la mejor forma de suplir la inactividad

El **'aurresku'** es un baile típico de Guipúzcoa y Vizcaya. Tal y como señala Galdós durante este Episodio, cuando los cañones de los sitiadores carlistas descansaban, los bilbaínos aprovechaban para estirar las piernas a ritmo de esta popular danza

Danza política

Este baile tenía un marcado carácter político, ya que se utilizaba como forma de hermanamiento entre distintas localidades

Txistularis

Son los encargados de marcar el ritmo, a través de un 'txistu' y un tamboril

La mujer 'es bailada', por lo que sólo participa como espectadora

En sus orígenes, el 'aurresku' era un baile organizado por y para las autoridades políticas

Se denomina 'aurreskulari' al danzarín que se sitúa en primer lugar en la fila de 'dantzaris'. Al último se le llama **'atzeskulari'**

Tanto el 'aurreskulari' como el 'atzeskulari' llevan en sus manos una **boina** o sombrero mientras danzan

FUENTE: "Magna antología del folklore musical de España", M. García Matos **Doc.:** Malva Rico **ADOLFO ARRANZ**

estado de limpieza; iba a los combates como a la parada, gallardo, guapísimo, la cabellera corta bien peinada, el bigotito juvenil atusado con marcial donaire, bien afeitada la barbilla, los botones del uniforme relumbrantes. Si por acaso se encontraban en la tienda los dos primos rivales, no se dirigían la palabra: *Churi* ni siquiera miraba a Zoilo, y este tampoco era muy expresivo con su hermano mayor. Atribuía el buenazo de José estas reservas a genialidades de uno y otro: *Churi,* con su sordera aisladora, se envolvía cada vez más en sus tristezas, labrándose un capullo para sepultarse dentro; *Luchu,* por el contrario, con sus ruidosos triunfos militares, propendía fatalmente a la expansión locuaz, al dominio. No desconocía José los méritos de su hermano, ni los servicios que con su bravura y serenidad heroica había prestado a la causa bilbaína; casi encontraba justificado su creciente orgullo. Sencillote y benévolo, era el primero en extender a toda la familia las glorias del *gallito de Arratia,* y en gozar de su prestigio y fama, de lo que resultaba un reconocimiento tácito de su superioridad.

Continuaba Aura en casa de Gaminde, tan querida de las niñas Florencia y Jesusita que no sabían separarse. Pero aconteció que la pequeñuela contrajo una calentura eruptiva, y temerosa Prudencia del contagio, llevó a su sobrina a casa de Orbegozo, donde también la querían y agasajaban. La señorita de Orbegozo poseía algunos tomos de novelas, que leyó Aura, entre ellas, *Valeria y Beaumanoir,* de Madame Genlis. Manjar tan empalagoso no era del gusto de la joven, que lo apetecía más tónico y amargo. Dulzona era también Socorrito, y muy aficionada a novedades de moda y perifollos. No congeniaban. Más a gusto se encontraba Aura con las de Busturia, chicas criadas en una trastienda, sencillas, trabajadoras, heroínas domésticas sin afectación; pero aunque festejada por unas y por otras, y deseando conservar tan buenas amistades, anhelaba volver a su casa, vivir entre los suyos, que suyos eran ya, con vínculos del alma, los Arratias chicos y grandes. Al propio tiempo que estas dispersiones enfadosas ocurrían, aumentaba el malestar de todos la escasez de víveres, ya en proporciones aterradoras. Una docena de huevos, de remota antigüedad, no podía adquirirse por menos de sesenta reales. Por una gallina tísica había quien daba media onza. Los gorriones que los chicos cazaban y vendían por *chimbos,* valían como si fueran pollos. Las alubias llegaban a cotizaciones fabulosas; las patatas no existían, y el bacalao comenzaba a escasear. Algunos días se iba *Churi* sin decir nada por el Nervión arriba hasta cerca de la *Isla,* y traía media taza

LECCIÓN DE ARPA DE MADAME GENLIS A MADEMOISELLE DE ORLEÁNS, por Jean Baptiste Mauzaisse. Museo de Versalles.

REFERENTE EN LA EDUCACIÓN

En un momento histórico en el que el papel de la mujer en el desarrollo de la literatura española apenas era relevante, escritoras como la francesa Carolina Stéphanie Felicité du Crest de Saint-Aubin, madame Genlis, se convirtieron en un referente. Originaria de Champceri, nació el 25 de enero de 1746 y desde muy joven vivió y se educó en París. Comenzó a escribir a los dieciséis años, tras su casamiento con Carlos Brulast de Genlis, y ejerció de tutora de las hijas de la duquesa de Chartres, de cuya experiencia extrajo sus teorías sobre la educación y la pedagogía moralista. Entre sus obras más destacadas se encuentran *Adela y Teodoro, o cartas sobre la educación, Los anales de la virtud, Cuentos morales, Las madres rivales o La calumnia, Los votos temerarios o El entusiasmo* y una historia de Francia: *Memorias inéditas sobre el siglo* XVIII *y la Revolución francesa* de 1825.

de angulas, con las cuales obsequiaba Prudencia a los de Ibarra, festejando el bocado como un hallazgo preciosísimo en tales tiempos. Iban por allí el corredor Vildósola y José Blas de Arana, ambos famosos entre la gente bilbaína por sus anchas comederas, así como por su inteligencia en artes gastronómicas. Se consolaban de las abstinencias del asedio hablando de suculentas comidas, de platos castizos, y recordando sus merendonas y *gaudeamus* en días mejores. Arana ofreció a *Churi* un morrión de miliciano y un sable si le traía una taza de angulas, y Vildósola refería con buena sombra sus sueños, que eran siempre de comer mucho y bien.

—Anoche, para hacer boca, despaché cuatro ruedas de merluza, y encima una docena de *chimbos de higuera,* que fueron seguidos por una tanda de *barbarines*...

—Ya podías haber guardado algo para nosotros —indicó Prudencia—. A Ildefonso le gustan locamente los *barbarines* fritos en papel.

—Pues yo —dijo Arana—, si soñase esas cosas me pondría malo, y al despertar tendría que purgarme. Me reservo para cuando salgamos de este bromazo. Lo probable es que perezcamos todos, y moriremos acordándonos de la Libertad y del bacalao en salsa roja. Pero si tengo la suerte de salir con vida y de ver reventar a don Carlos, ojalá que esto sea en la época de los *guibilurdines* para celebrarlo con un buen atracón de tan rico vegetal.

—Mira —dijo Vildósola—, yo espero que terminemos antes de que vengan los *guibilurdines*. Te apuesto todo lo que quieras a que la entrada de Espartero la celebramos en el propio San Agustín con chacolí de Quintana, y angulas y lo demás de la estación... y todo esto antes que cante el gallo de Navidad.

—Yo te apuesto lo que quieras a que el gallo y pavo de esta Navidad serán de aquellos que andan por los tejados. Esto va largo, y es casi seguro que saldremos vestidos de máscara a tirotearnos con los *serviles*. Espartero está comiendo merluza, y no se acuerda de nosotros... ¿Pero qué remedio? Comeremos clavos en vinagre. ¿Oye, no sabes? Bringas me mandó chocolate muy bueno, y dos docenas de bizcochos que sobraron del primer sitio... En mi casa, con ocho de familia, nos defendemos con el maíz que quedaba en el almacén de Busturia. Lo machacamos; Hilaria sabe hacer unas combinaciones muy buenas, bollitos, fruta de sartén, con un poco de salvado que nos resta, aceite de linaza, nuez moscada... Te convido si quieres, y para obsequiarte añado una rata magnífica que cogimos esta mañana en mi almacén... cebada con raba y sardina, ya ves.

YO TE APUESTO LO QUE QUIERAS A QUE EL GALLO Y PAVO DE ESTA NAVIDAD SERÁN DE AQUELLOS QUE ANDAN POR LOS TEJADOS

—Gracias: yo tengo hoy huevos de paloma, y una cecina de macho cabrío que está diciendo «comedme».

—No: lo que dice es «tiradme». Es de la que tenía Cosme el de Belosticalle, que la untaba de pimiento choricero para que tomase color y pareciera jamón.

Con estas bromas se entretenían, y conllevaban alegremente las tristezas de situación tan angustiosa. Desprovista del precioso humorismo, y sintiendo en sí muy debilitada ya la vibración patriótica, Prudencia no veía las santas horas de que la pesadilla del sitio terminase. ¡Ay, sería como un despertar risueño! Ya no se podía sufrir el constante llover de bombas y granadas, los espectáculos de muertes y horrores, el hambre, que podían soportar hasta cierto punto los sanos, pero no los enfermos.

El deber patriótico a todos les traía revueltos, sufriendo mil molestias, viviendo a las veces en medio de la calle. Sabino, hombre de gran resistencia, solía llegar a la noche sin haber tomado más que un ligero desayuno; Valentín llevaba en sus bolsillos mendrugos de borona, y

EL SITIO DE BILBAO ACRECENTÓ LAS PENURIAS. Los artículos de primera necesidad escasearon en Bilbao a causa del bloqueo. Tal escasez de alimentos disparó los precios y se llegó a pagar una fortuna por una docena de huevos. Galdós indica que los muchachos cazaban gorriones y los vendían a precio como si fueran pollos. También escasearon los víveres de la tropa después de tan largo asedio. *(Infantería vizcaína.* Museo Histórico Militar. San Sebastián).

se iba alimentando en el transcurso de las caminatas y ocupaciones que a todas horas le imponía su cargo en la Junta. Más de una noche durmió en un banco del *cuartel* de la Plaza Nueva o en el duro suelo del café llamado *Gari guchi* (Poco trigo). Eran los *cuarteles* sitios de reunión, semejantes a los modernos casinos. Unos cuantos amigos alquilaban un local en buen sitio, y aligeraban allí con sabrosa tertulia las largas noches de invierno, o se divertían con pasatiempos inocentes. El lujo era desconocido en tales instalaciones; el mueblaje lo indispensable para evitar la incomodidad de sentarse en el suelo, o de comer con el plato en las rodillas. Había un *cuartel* en la Plaza Nueva, perteneciente a un grupo de mayorazgos y segundones; otro en la calle de la Pelota, donde dominaba el elemento mercantil; y tanto en estos como en otros de inferior pelaje, marcábase el embrión de los casinos que hoy son centros de recreo, de holganza y de peores cosas, en grandes y chicas poblaciones. Durante el sitio, los *cuarteles* hallábanse abiertos para todo el que en ellos quisiese entrar, y servían de cómodo apeadero para militares y paisanos, que teniendo que acudir de un lado a otro, necesitaban tomar un refresco sin necesidad de acudir a sus casas. Los patriotas se daban cita en ellos; los individuos de la Junta y los jefes de la guarnición tomaban en éste o el otro *cuartel* las medidas más apremiantes. A los más ocupados, que no podían descansar en toda la noche, les mandaban la cena al *cuartel*. La fraternidad era cordialísima, los alimentos comunes. El que por cualquier causa, descuido de la familia o falta de aviso, no tenía qué cenar, metía confiadamente la mano en el plato del amigo.

El *Gari guchi* era una combinación de cafetín y *cuartel,* pues en el entresuelo, alquilado por varios mercaderes de las Siete Calles, habían estos establecido su recreo de billar y mesas de tresillo. Ni allí, ni en el café del Correo, ni en ninguno de los *cuarteles* se hacía de comer. Pero ya se iniciaba de un modo rudimentario este progreso, pues si no se guisaba, calentaban la comida que de tal o cual casa traían; y el conserje o encargado también hacía café para los señores, los cuales no pagaban la taza, sino que *ponían* los ingredientes, resultando gratis la obra culinaria: no se le pasaba por las mientes al guardián del local el tomar dinero por aquel servicio. De tal modo las costumbres patriarcales apuntaban su evolución primera, anunciando esta moderna organización del egoísmo. Las guerras deshicieron el antiguo régimen patriarcal de las sociedades, y fueron creando el vivir que ahora conocemos, donde todo se tiene y se paga, donde se desarrollan la comodidad y libertad individuales en el calor del hogar público, mientras se quedan solas las mujeres en el doméstico, cuidando de que no se apaguen las últimas brasas.

XXXII

Rendido de fatiga y con más hambre que cómico en Cuaresma, arribó Valentín al *cuartel* de la Plaza, donde tuvo la suerte de hallar al mayorazgo don Nemesio Mac-Mahon, exaltado patriota, que le brindó a participar de las sopas que comía. En la misma mesa de despintado pino, hacían por la vida los individuos de la Diputación don Vicente Ansótegui y don Antonio Irigoyen, con un capitán de Trujillo y otro de Toro. Versó la conversación sobre los movimientos de Espartero, que después de inútiles tentativas por la parte de Aspe y Azúa, se había vuelto a la orilla izquierda, y a la sazón celebraba consejo de generales para resolver qué se haría en situación tan apretada, pues Bilbao, desangrada ya y sin víveres, parecía llegar al límite de la constancia. El telégrafo había dicho por tercera vez: «siga Bilbao defendiéndose, que pronto será socorrida». Pero el socorro ¡vive Dios!, tardaba en llegar. Como en la mente y en la voluntad de todos la rendición era el mayor absurdo, no les quedaba más recurso que un morir glorioso, numantino.

En esto entraron Zoilo Arratia y su amigo Víctor Gaminde; Valentín dejó a los señores para correr junto a los muchachos, en quienes encontraba siempre viva la llama patriótica y el nativo coraje de la tierra. Habló Zoilo con el encargado del *cuartel,* un vejete con antiparras y cachucha, que jamás se quitaba la pipa de la boca. Entregole un envoltorio de papel que traía, recomendándole la mayor actividad en la confección del menjurje, pues uno y otro se hallaban desfallecidos.

RENDIDO DE FATIGA Y CON MÁS HAMBRE QUE CÓMICO EN CUARESMA, ARRIBÓ VALENTÍN AL *CUARTEL* DE LA PLAZA

—¿Qué es eso, *Zoiluchu?* ¿Café por casualidad?...

—Por casualidad es cáscara de cacao. Tengo más, y si usted quiere...

—Y azúcar —dijo Víctor Gaminde dando al guardián otro cucurucho—. Lo hemos encontrado entre las ruinas de una casa que se quemó en la Esperanza. No tiene más sino que está hecha caramelo, por el fuego.

Y la ofreció a los señores, con obsequiosa finura.

Si quieren ustedes caramelo, aquí hay. Tenemos mucho más, y ahora vamos a tomarnos un cocimiento de cáscara de cacao bien dulce. Desde ayer no ha entrado en nuestros cuerpos nada caliente.

EL MAL TIEMPO COMPLICÓ EL ASEDIO. Las duras jornadas del invierno y los días lluviosos hicieron interminable la espera del asalto final, tanto para los sitiadores, como para los sitiados. En la ciudad los habitantes pasaban la mayor parte del tiempo en las casas y si salían a la calle lo hacían con cuidado, cobijándose de las tormentas bajo los aleros y cornisas. (*El chaparrón*, por Eugenio Lucas. Colección particular).

En esto llegó Sabino con la capa chorreando agua, porque llovía copiosamente; la colgó de una percha, diciendo con avinagrado mohín:

—A fe que se pone buen tiempo para que don Baldomero nos socorra. Me parece a mí que ese...

—Pero ¡este Sabino!... Ya viene murmurando del general en jefe —dijo Mac-Mahon—. ¿También tiene Espartero la culpa de que llueva?

—La tiene de no haber emprendido las operaciones antes de que el temporal se nos echara encima. Para eso es generalísimo. Dios manda el tiempo bueno y malo. El hombre debe mirar al Cielo, y aprovechar las claras.

—¿Pero tú no sabes que no hay clara... que sea de fiar?

—Lo que sé, señor don Nemesio, es que no hay general cristino que no sea un pelmazo.

—Vamos, hombre, cálmate, que vas a enflaquecer. Siéntate aquí: te daremos unas cucharadas de sopa.

—Un poco tarde llegas, Sabino —le dijo Ansótegui—. Ni rebañaduras hay ya. Como no te entretengas en lamer todos los platos...

—Gracias: vengo del café de *Posi,* donde Blas Arana y yo hemos partido media docena de sardinas y un plato de alubias... Allí me han dicho que don Baldomero, por variar, vuelve al otro lado del Nervión, y que están desarbolando quechemarines para armar un puente de barcas... ¡A este paso...! En preparativos se ha llevado el buen señor un mes, y todavía no ha concluido de resolver por qué orilla se arrancará... ¡Y Bilbao aguantando sitio y más sitio!... No me digan a mí de Numancia y Sagunto... ¡Deliciosa Navidad nos espera!

—Hombre, sí: Navidad sin pesebre.

—¡Y que tenga uno que celebrar el Nacimiento del Hijo de Dios en esta situación!... Ya lo creo: el don Baldomero, con merluza y besugo a todo pasto, no tiene prisa... ¿Qué le importa que aquí nos comamos unos a otros?

—Pero, hijo, si la voluntad de Dios así lo dispone, ¿qué quieres que hagamos?

—No me quejo por mí. Pero he dado a Bilbao mis tres hijos, lo único que poseo, y no quiero verles morir de hambre... Ni a Dios puede gustarle eso. Dios dice: cumplid vuestro deber... pero comed, alimentaos.

HABÍA EL MILICIANO ADQUIRIDO TANTA AUTORIDAD EN LA FAMILIA POR RAZÓN DE SU DENUEDO Y MILITAR APTITUD

—¿Estás bien seguro de que Dios dice eso?

—Ahí están las Sagradas Escrituras... ¿Pues para qué multiplicó los panes y los peces?

—Ahí tienes tú un milagro que ahora nos vendría muy bien.

—Conque multiplicara los gatos, nos dábamos por bien servidos.

Arrimado a la mesa donde los jóvenes esperaban el remedio de su necesidad, pidió Valentín a Zoilo su opinión sobre lo que podría suceder si la tardanza de Espartero se prolongaba. Largo rato disertaron sobre ello. Había el miliciano adquirido tanta autoridad en la familia por razón de su denuedo y militar aptitud, que ya su tío gustaba de escucharle, y estimaba en mucho su discernimiento y parecer en cosas de guerra. La arrogancia del chico no excluía su deferencia con las personas mayores. Zoilo se había crecido moralmente en el espacio de un mes, adquiriendo aplomo, serena energía, y una descomunal fuerza de convicción en cuanto sostenía y pensaba. Sin darse cuenta, su padre y tío aceptaban gradualmente la superioridad del inferior, la grandeza del pequeño, y no se sentían humillados por ello.

—Oye, hijo mío —díjole Valentín, mientras los tres saboreaban en sendos tazones la infusión caliente y dulce—: cuando Bilbao sea libre, te decidirás por la carrera militar, para la cual muestras disposiciones de padre y muy señor mío... Si así lo haces, me alegraré por ti; lo sentiré por la casa.

—No, tío —replicó lacónicamente Zoilo—; no seré militar.

—Antes de diez años, si la guerra siguiera, te veríamos de general: tal creo —aseguró Valentín, sacando de su bolsillo mendrugos de borona que partió con los muchachos, apresurándose a reblandecer el suyo en su taza.

—Seguiré como estaba... Y si usted quiere, para que mi padre descanse, me pondré al frente de la ferrería.

—Francamente, a un hombre como tú, tan cortado para la milicia, valiente como ninguno, paréceme que no le cuadra el oficio modesto de *ferrón*.

—Pues si no soy *ferrón,* seré otra cosa: trabajaré por mi cuenta, y haré pronto un capital. Proponiéndomelo, he de conseguirlo... Todo lo que el hombre quiere con firme voluntad, lo tiene, y más.

—¡Qué alientos gastas, chico! Dios te los conserve... Celebraré verte al lado de la familia, para que a todos nos ayudes... Luego que se acabe esta guerra maldita, nos pondremos a trabajar como fieras, y sacaremos a flote la casa. Vosotros, los sobrinos, debéis estableceros en nuevas familias debajo de nuestro amparo. Casaremos inmediatamente a José María, que tanto él como su novia están corrientes de papeles, con el cura a bordo; luego empalmaremos a Martín con Aura, que también están concertados; y tú bien puedes ir buscando novia, pues un pájaro de tu condición debe tener nido, y engendrar hijos robustotes y valientes.

—¿Novia dice usted?... Ya la tengo...

—¿Ya?... Bien, hijo, bien; así me gustan a mí los hombres: decididos, querenciosos. ¿Que se proponen un objeto, un fin? Pues a él, ¡contro! Cuando los otros van, ya tú vienes de vuelta encontrada... ¿Y quién es la parienta, se pude saber?

Callaron los dos mozos; Víctor Gaminde sonreía.

—Víctor sabe quién es... ¿No puedo saberlo yo? Bueno: estas cosas son un poco vergonzosas... Tú no has de hacer una mala elección. Me gustará mucho verte *abarloado* con una de las chicas más bonitas y honestas de la población. Y si la encuentras de esas... que pesan, ¿sabes?... que pesan... porque hay lastre de onzas en el arca, mejor, *Zoiluchu,* mejor. Has demostrado que vales mucho; tienes un gran porvenir. Para decirlo todo, hijo, eres guapísimo: nada te falta. Ya puedes traernos a casa lo mejorcito de Bilbao, que bien te lo mereces, bien te lo has ganado.

—Lo mejor del pueblo llevaré... pierda usted cuidado... No sería quien soy si así no lo hiciera.

—Eres un hombre...

—Soy... Zoilo Arratia, hijo de sus obras..., que cuando quiere..., quiere.

—Tú pitarás..., el mundo es tuyo.

Una vez tomada su frugal cena, levantáronse los muchachos. Iban al *Gari guchi* a entretener, jugando al billar, la horita y media que les quedaba antes de volver de facción a la Cendeja.

—Llueve a cántaros, hijos míos.

—¿Qué nos importa el agua?

—Como no nos importa el fuego.

—Iremos arrimaditos a las casas.

—Aguardad, aguardad un momento. Si Sabino me presta su capa, voy con vosotros... No me gusta la compañía de los viejos: prefiero arrimarme a la gente joven, para calentarme en el fuego de vuestros corazones, que no temen, que desean con fuerza...

> ME GUSTARÁ MUCHO VERTE *ABARLOADO* CON UNA DE LAS CHICAS MÁS BONITAS Y HONESTAS DE LA POBLACIÓN

Obtenida la capa, se fue con ellos, y andaban por las calles enfilados unos tras otros, buscando el amparo de los aleros y cornisones. Cuando llegaban a la calle Nueva, donde estaba el *Gari guchi,* dijo Valentín a sus amiguitos:

—No sólo vengo a acompañaros, sino por ver si alguien, en este café, me da noticias de *Churi,* a quien he perdido de vista hace tres días.

—Anoche andaba por la ría en una chalana —refirió Víctor Gaminde—. Nos lo dijo Iturbide, que le vio.

—Para mí —agregó Zoilo—, lo que quiere *Churi* es escapar de Bilbao, no sé por qué... ni qué interés puede tener en ello.

—Cosas de ese chico —afirmó el padre—, que está más loco que una cabra. Me dijeron que hace días quiso pasar las líneas *de ellos* por encima de la Salve...

—Y no pudiendo escapar por tierra, puede que intente escabullirse de noche por la ría.

—¿Y a dónde va?... ¿Qué se le ha perdido?

—Querrá comer, tío.

—Es la única explicación que me satisface. Pues si Dios me le libra de un balazo, y logra escapar, y come hasta hartarse; si después de tal hazaña emprende la contraria, el retorno, aprovechando estas noches de lluvia y cerrazón, y se descuelga por aquí con un par de merluzas, vaya y venga bendito de Dios... ¿Qué os parece? Mientras llega el momento de gritar: «¡viva Espartero, que nos trae la Libertad!», gritaremos: «¡viva *Churi,* el que nos trae las merluzas!».

XXXIII

Toda la mañana del 19 la pasó Prudencia en su casa, de limpieza y arreglo, ayudada por la criada de Vildósola, pues la suya había caído enferma de anginas. En la tienda, José María y un almacenero de Ripa trabajaban mañana y tarde, poniendo cada cosa en su sitio; que en los días del pánico, habiendo entregado los Arratias para las obras de la defensa gran cantidad de clavazón, alambre, barriles vacíos y otros objetos, sacáronlo precipitadamente, y todo quedó revuelto y confundido. Llegó Martín, aprovechando un rato que tenía libre, y les dijo:

—Recójanme toda la clavazón que está esparcida por el suelo, separándome con cuidado los tres tamaños. Veremos si se pueden rehacer los paquetes deshechos. Y ya que se han bajado las pilas de cabos, yo las armaría en otra forma, de modo que estorbaran menos.

—Ha dicho Zoilo —indicó José María— que pusiéramos las pilas de cabos de mayor a menor, no formando cilindros, sino conos.

—No hagáis caso, y ponérmelo como estaba. Mi hermano entiende más que yo de cosas militares; pero en este tinglado sé yo más que él... Otra cosa os encargo: no me toquéis nada en el escritorio: aunque lo veáis todo revuelto, dejádmelo como está, que yo lo arreglaré.

TODA LA MAÑANA DEL 19 LA PASÓ PRUDENCIA EN SU CASA, DE LIMPIEZA Y ARREGLO, AYUDADA POR LA CRIADA DE VILDÓSOLA

—Zoilo es de parecer que se despeje un poco el escritorio, sacando a la tienda las chumaceras, los pasadores, las mallas y rasquetas, y dejando sólo el género de pesca.

—Realmente es más metódico... Ya lo arreglaremos así en otra ocasión. También deben quitarse de ahí los cáncamos y zunchos... Tiene razón mi hermano... En el escritorio no se cabe... Pero no toquéis nada por ahora... Temo que me desarregléis los libros, y que se deshagan los paquetes de cartas.

Ya se marchaba cuando bajó Prudencia, y llamándole aparte, le dijo:

—Estoy afligidísima. Ildefonso cada día peor. Ahora su manía es que en cuanto entre Espartero nos vayamos a Francia en el primer barco que salga, llevándonos a la niña, naturalmente... Me temo que cuando se entere de nuestro plan pondrá el grito en el cielo, y yo... figúrate... No hay para mí mayor pena que contrariarle...

—Pues desistamos, tía —dijo Martín con un sentimiento en que se confundían la timidez y la delicadeza—. No quiero que por mí haya desacuerdos y disgustos en la familia... Aplacemos, por lo menos, el asunto, con la esperanza de que el tiempo nos lo resuelva.

—Todo iría como la misma seda si esa loquilla entrara en razón y se hiciera cargo de lo que conviene a su felicidad.

—¡Ay, tía de mi corazón! —replicó Martín con tristeza, suspirando—, Aura no me quiere ni tanto así... vamos, yo no le gusto... Ante este hecho no hay más remedio que bajar la cabeza...

—Pues hay que saber gustar, caballerito; hay que matar el pavo y adquirir salero y gracia. Fuera yo hombre, y verías tú si sabía yo domar a una bestezuela bonita y respingona...

—¿Pero qué puedo hacer yo, tía? —dijo el pobre miliciano apuradísimo, cruzándose de brazos—. Ordéneme usted lo que quiera, siempre que no me mande cosa contraria a la honradez.

—No, hijo, no te mando nada... Déjame; estoy loca... Vete a matar carlistas... que es lo único para que servís... Por vuestro bien trabajo: buena tonta soy... debiera ser egoísta y no importárseme nada... Anda, anda, que harás falta en otra parte.

Se fue el simpático joven, mohíno y cabizbajo, al punto de servicio, y antes de llegar a él oyó el cañón de la *Perla* de Albia, que furioso tronaba contra las *Cujas*. El nombre de esta batería, ilustrada por memorables hazañas, provenía de unos bancos situados al extremo del Arenal y calle de la Estufa. Tenían los respaldos en forma semejante a las cabeceras de las camas que entonces se usaban, y se llamaban *cujas*. Allí, terminado el tiroteo de la tarde, nutrido y penoso, con algunas bajas, fue Sabino en busca de Martín, para tratar con él de asuntos de familia; pero no le encontró, porque trocadas las compañías, le destinaron a la batería del Circo: en cambio, estaba Zoilo, que desde lejos dijo a su padre que le esperase para ir juntos a casa.

Había pasado el buen Sabino la mañana en Santiago, donde encontró a sus amigos de iglesia, y a la salida se consolaron de sus amarguras hablando mal de Espartero, porque no iba pronto, aunque fuese por los aires. Tanto preparativo era miedo... Ya estaba visto que don Nazario, aunque manco, sabía dónde tienen los hombres la mano derecha. ¿Pues qué creían?... De la iglesia se fue al *cuartel* de

COLABORANDO EN LA DEFENSA. Como siempre, uno de los pilares de la defensa fue la mujer. Se dedicaron a la fabricación de todo tipo de objetos y a la preparación de colchones, sábanas, mantas, vendas y material para hospitales. Las criadas siguieron con el trabajo habitual en las casas de los señores. (*Criada de Bilbao*. Colección Trajes de España. Biblioteca Nacional. Madrid).

la Plaza, donde Ibarra le dio malas noticias de Negretti, y acudió allá inmediatamente, encontrando a su cuñado bastante caído, taciturno y con cierta propensión a la ira. No hablaba más que para echar pestes contra Espartero, llamándole lacónicamente inepto y cobarde.

—Aquí no hay más que un hombre que sepa mandar tropas —dijo descargando en la mesa un fuerte puñetazo—, y ese militar único es tu hijo Zoilo.

Por no irritarle con la contradicción, se manifestó Sabino conforme con criterio tan extravagante, añadiendo que *Zoiluchu* sería pronto general, y para entonces no se verían los bilbaínos condenados a comer ratones. Vildósola llegó a la sazón, y entre uno y otro trataron de desviar a Ildefonso de su vértigo maníaco.

En tanto, Prudencia trabajaba incansable en arreglar la casa. A media tarde mandó llamar a su sobrina para que la ayudase, y las dos trajinaron hasta el anochecer con la muchacha de Vildósola, que se retiró a las obligaciones de su casa. Encendida la luz, continuaron las dos lavando la vajilla, hasta que de súbito llegó un recado urgente de casa de Ibarra, traído por el portero. El señor don Ildefonso se había puesto muy malo: le había dado un accidente; se le trababa la lengua, y no podía mover el brazo izquierdo...

Encendida la luz, continuaron las dos lavando la vajilla, hasta que de súbito llegó un recado urgente de casa de Ibarra

—Vamos, vamos a escape —dijo Aura, lavándose las manos.

Y Prudencia, para quien la noticia fue como un rayo, después de permanecer un ratito muda de terror, sin respirar, se secó también las manos precipitadamente, diciendo:

—Vamos, sí... No, no, yo iré sola... Tú te quedas... Ya no me acordaba. Ha dicho mi hermano Valentín que vendría a recogernos. No faltará. Con él vendrá Martín, que sale de servicio a las siete... ¿Tienes miedo de quedarte sola?

—Sí, tía: tengo miedo...

—Pues vámonos... Ellos, al ver cerrada la puerta, irán a buscarnos allá.

Bajaban la escalera cuando entraron dos hombres. Eran Zoilo y su padre. Enterados de la ocurrencia, Sabino dijo:

—Me lo temía: esta tarde, cuando le vi, no me gustó nada.

—Sea lo que Dios quiera.

—¡Cúmplase su santa voluntad!... ¿Y Martín no está aquí?

—Estábamos esperándole. Quedó en venir con su tío.

—Quédate, *Luchu* —ordenó Sabino—, acompañando a la niña, que Valentín y tu hermano no tardarán...

—Subíos arriba..., que esto está muy obscuro..., o bajad aquí la luz —dijo Prudencia—. Pero tened cuidado con el fuego.

—Descuide usted, tía... No nos quemaremos.

Salieron presurosos los dos Arratias, y Zoilo, al tomar la mano de Aura, creyó coger un pedazo de hielo tembloroso.

—¿Por qué tienes las manos tan frías?

—Me las lavé hace un rato... Luego, al saber que el tío Ildefonso... ¿Qué será?... Me he quedado yerta... ¿Subimos?

—No...; lo que haré es cerrar la puerta —dijo el miliciano haciéndolo al instante.

—¿Por qué cierras?

—Para que no pueda entrar nadie... Y ahora bajaré la luz y la pondré en el escritorio...

—Por Dios, no pegues fuego.

Zoilo, que de cuatro brincos subió por la luz, bajó sin ella. No traía la luz; pero sí una claridad tenue.

—La he dejado en el pasillo, junto a la escalera.

—Por Dios, primo, no se queme algo.

—Allí no hay cuidado... ¿Por qué te llevas el pañuelo a la nariz? —le preguntó, observándola fijamente.

—Porque ahora siento el olor de alquitrán como no lo he sentido nunca... Parece que me envuelve toda, que penetra dentro de mí... Se me va la cabeza.

Cerrando los ojos, dejose caer, como extenuada de cansancio, sobre un montón de rollos de jarcia.

—Hemos trabajado bárbaramente... Me canso... el alquitrán me marea... No es que me disguste el olor; pero... te lo juro... nunca me ha penetrado tanto.

—¿Tienes frío?

—Estoy helada..., muerta de miedo.

—¿Miedo estando yo aquí?

—Ya ves..., por estar tú, quizás...

—No pensé venir..., pero me dijo mi padre que hoy quedaría concertado tu casamiento con Martín, y aquí estoy para impedirlo.

—¡Mujer yo de Martín! Eso no será, *Luchu*...

—Lo dices..., lo piensas así... Pero... ¿y si por medrosa te dejas llevar, te dejas casar...?

—Soy más valiente de lo que crees... Pero si necesitara más valor del que tengo..., tú me lo darías.

—A eso vengo, te digo... Aquí estoy yo, un hombre, que por nada del mundo consentirá que le quiten a su mujer... y en tratándose de esto, para mí no hay hermanos, para mí no hay tío, para mí no hay padre... Soy mi dueño, y tú mía en esta vida y en la otra.

Antes de acabar de decirlo, la estrujó en sus brazos y le dio cuantos besos quiso sin hartarse nunca.

A ESO VENGO, TE DIGO... AQUÍ ESTOY YO, UN HOMBRE, QUE POR NADA DEL MUNDO CONSENTIRÁ QUE LE QUITEN A SU MUJER...

—Zoilo... *Luchu*... por Dios... que me dejes... que no seas malo... Así no te quiero.

—¿Pues cómo, cómo?

—Te lo diré...; déjame... déjame hablarte.

—Dímelo pronto.

Casi sin respiración Aura le dijo:

—Tienes grandes cualidades, *Luchu*... Mucho te estimo... Te admiro por la voluntad, por el valor; pero...

—¿Pero qué..., pero qué...?

—Te falta una cualidad, primo... No, no la tienes.

—¿Qué me falta? Dímelo, dímelo pronto para tenerlo al instante...

—Pues... te falta... sí que te lo digo... Que no eres caballero.

Quedose el muchacho suspenso y absorto. El tremendo hachazo recibido en su amor propio conmovió todo su ser...

—¡Que no soy caballero! Mira, mira lo que dices... ¡que no soy caballero! Si otra persona me lo dijera, ¡vive Cristo!... Pero como me lo dices tú... miro para dentro de mí, por verme, por ver si es verdad lo que dices... y si yo me encontrara con que no soy caballero, aquí mismo me quitaba la vida.

1833 - 1839

Las armas de la Primera Guerra Carlista

Tanto liberales como carlistas utilizaron el nuevo armamento de la época

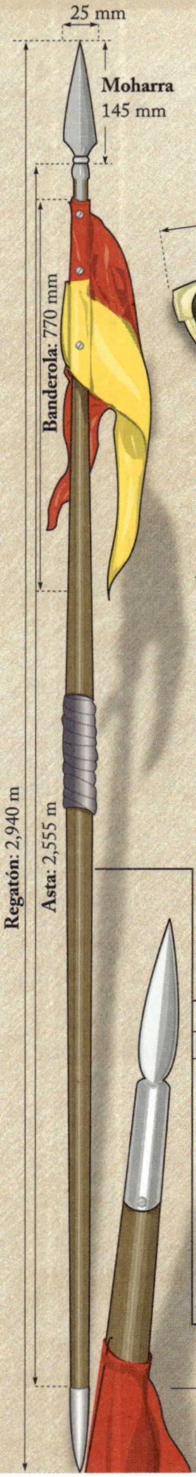

Ambos ejécitos contaban con los mismos modelos de armamento, aunque la superioridad liberal, sobre todo en artillería, era incontestable

Espada, modelo 1814

Originalmente fue diseñada para las unidades de dragones, aunque después su uso se extendió entre la caballería de línea

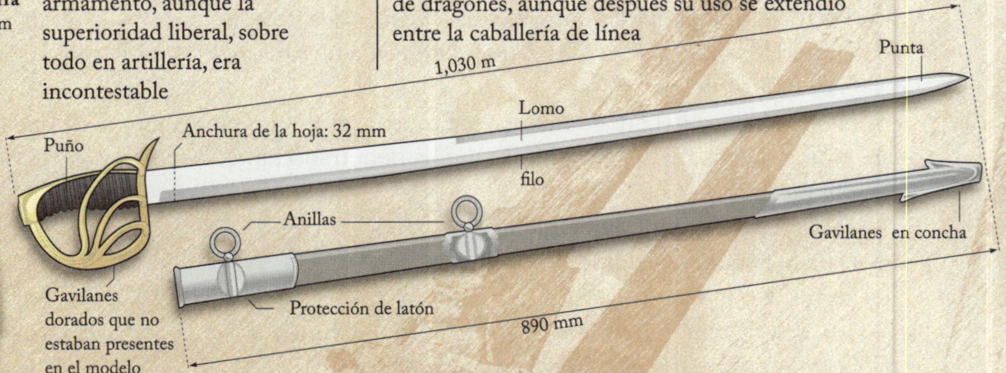

Armas blancas

Las armas blancas reglamentarias estaban formadas por los sables de la caballería y de los oficiales de infantería y por los machetes y bayonetas de las tropas. Había muchos tipos, a los que hay que sumar los importados de otros países, principalmente de Gran Bretaña y Francia

Lanzas

Modelo 1834

1,9 kg

Este modelo se fabricó en pequeñas series y nunca llegó a utilizarse masivamente, pero estableció las características básicas de los futuros modelos de 1835 y 1842

Modelo 1835

Longitud total: 2,890 m

Peso: 1,9 kg

Sable para caballería ligera, modelo 1822

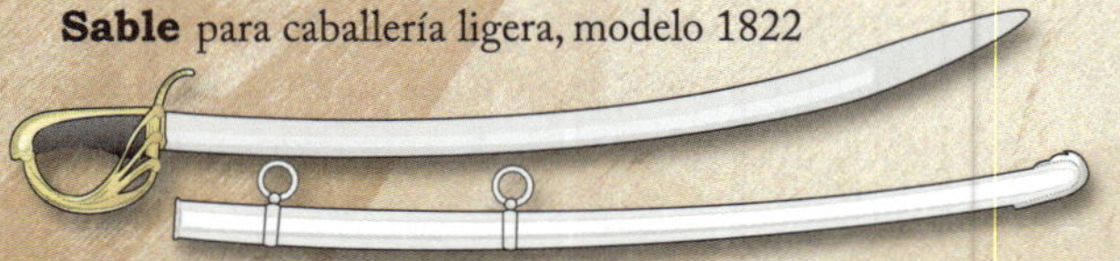

Machete para artillería, modelo 1834

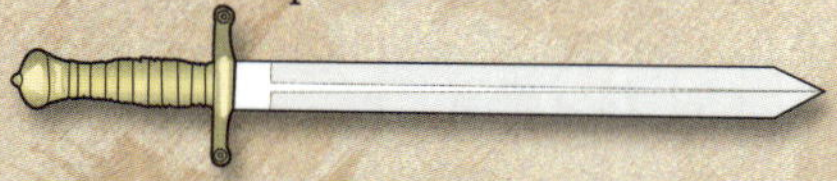

Machete para artillería, modelo 1836

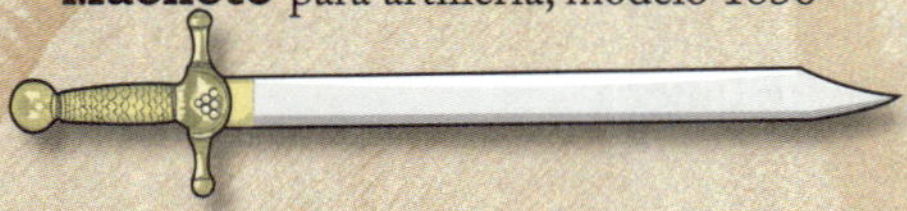

Bayoneta para mosquetón liso de chispa, modelo 1836

Bayoneta para fusil liso de chispa, modelos 1815 y 1828

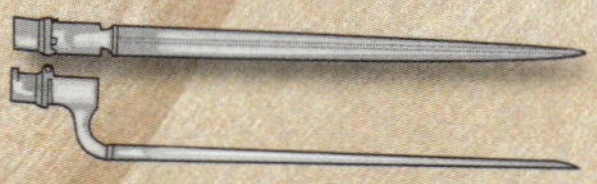

Espada para caballería de línea, modelo 1832

FUENTE: "La Primera Guerra Carlista", César Alcalá

Armas de fuego

0 200 400 600 800 1.000 1.200 1.400 1.600 mm

Fusil para infantería, modelo 1815

4,1 kg | Calibre: 17 mm | Bayoneta: modelo 1815

Fusil para infantería, modelo 1828

4,5 kg | Calibre: 18 mm | Bayoneta: modelo 1815

Fusil para infantería, modelo 1836

4,5 kg | Calibre: 19,3 mm

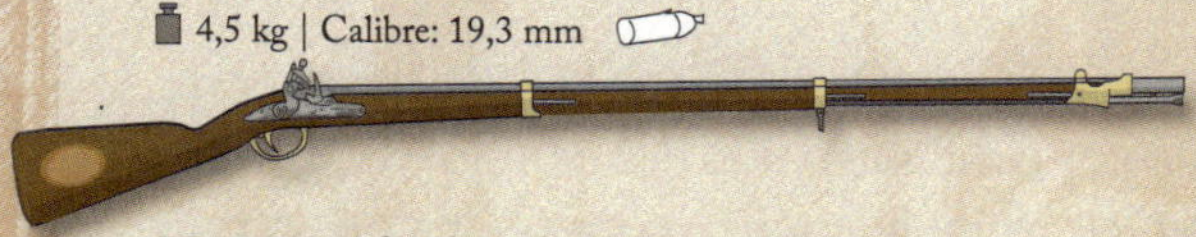

Mosquetón liso de chispa, modelo 1826

2,6 kg | Calibre: 17 mm

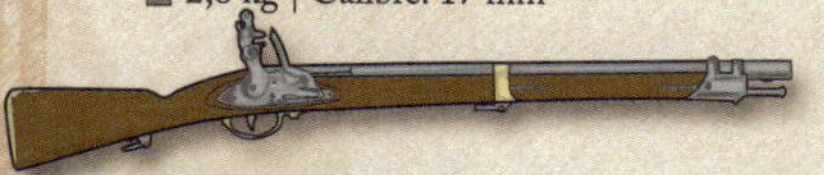

Mosquetón de percusión, modelo 1839

3,9 kg | Calibre: 15 mm

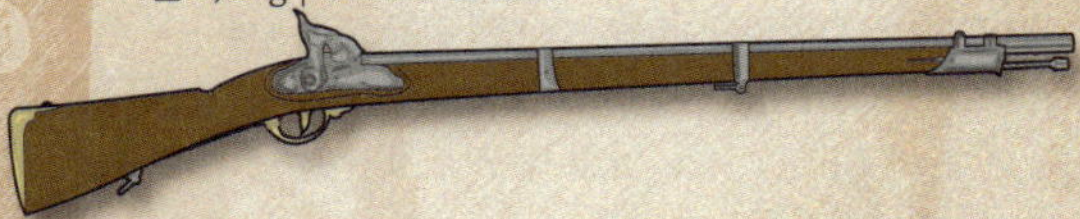

0 200 400 600 800 1.000 mm

Tercerola, modelo 1831

2,9 kg | Calibre: 18,3 mm

Pistola, modelo 1839

1,2 kg | Calibre: 18,3 mm

Revólver de avispero

1,1 kg | Calibre: 15 mm

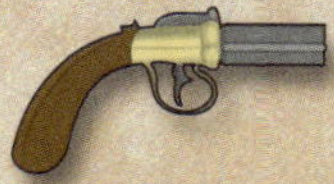

Revólver Collier

1 kg | Calibre: 12 mm

CLAVE

Peso

Cartucho de papel para la pólvora

Artillería

Al comenzar la Primera Guerra Carlista, la artillería era de dos tipos: a pie y montada. En ambos casos, las piezas eran de avancarga (se cargaban por la boca). Aún no existían mecanismos que compensaran el retroceso provocado por la descarga, siendo necesario volver a colocarlas después de cada disparo por medio de cuerdas

La técnica artillera

Cuando se abría fuego era importante que las tropas ocupasen sus posiciones correctamente

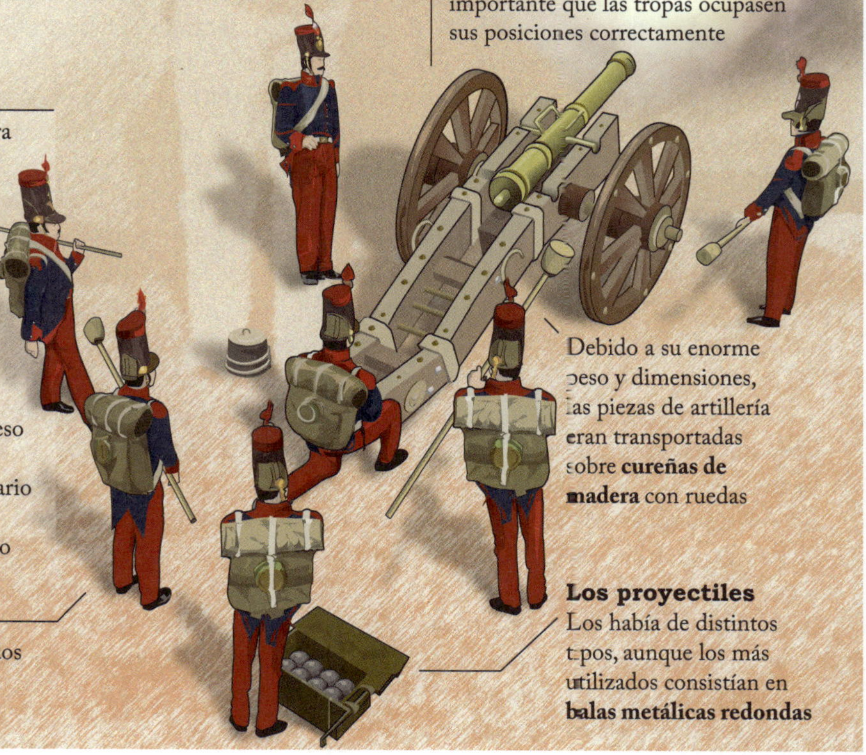

Debido a su enorme peso y dimensiones, las piezas de artillería eran transportadas sobre **cureñas de madera** con ruedas

Los artilleros debían ser soldados hábiles y muy experimentados

Los proyectiles

Los había de distintos tipos, aunque los más utilizados consistían en **balas metálicas redondas**

Documentación: Juan Miguel Revilla

SERGIO BRAGA/I+G

XXXIV

Si quieres —prosiguió Aura— que yo te tenga por caballero, pórtate como tal.

—¿Y qué debo hacer?

—Lo contrario de lo que haces... Zoilo, abre la puerta.

—Abierta está —dijo él, corriendo de un salto a la puerta y dando vuelta a la llave.

—Así, así me gusta. Siempre no has de mandar tú. El que quiere que le obedezcan, aprenda a obedecer... Ahora siéntate ahí frente a mí.

—Dime todo lo que me falta para ser digno de la mujer que he cogido para mí, sin que nadie pueda quitármela. Te he cogido; me perteneces. Si estoy decidido a no soltarte nunca, también deseo que estés contenta de ser mía.

—¿Que no me sueltas?

—No, no; di que no... primero se hunde el firmamento. Si la familia no quiere, me importa poco la familia... Te cojo, te tomo a cuestas... me voy contigo al cabo del mundo: yo sé hacer las cosas... Pero no me contento con hacer... necesito también que tu corazón sea mío, y que digas: «Satisfecha estoy de que este hombre me haya cogido... no hay otro como él».

—No hay otro como él —repitió Aura en el torbellino de la atracción, gravitando hacia él con infalible ley física—. No hay hombre como tú... *Luchu,* si me convenciera de esto, sería yo muy feliz.

—¿Qué me falta para que puedas decirlo? —le preguntó el miliciano echando fuego por los ojos, mas guardándose a distancia de ella—. ¿Me falta instrucción? No soy torpe. Todo lo que otro sepa, lo sé yo. Para eso están los libros, para eso los maestros. Aprenderé pronto todo lo que no sé... cosas de ciencia y arte... ¿Qué más me falta? ¿La caballería? También la tengo, y tanto como el que más. Soy generoso, soy delicado. A honradez nadie me gana... Lo que me falta, tú me lo enseñarás con sólo quererme.

—¡Ay!, *Luchu,* primo mío... no sé cómo decírtelo... yo te quiero y no te quiero... yo tengo el alma dividida... Ahora se me va de una parte, luego se me va de otra. No hago más que cavilar y volverme loca... Cuando quiero no pensar en ti, pienso. Cuando quiero sujetar el pensamiento a ti, se me va... Soy muy desgraciada. Que Dios me acabe de traer mi bien, y me lo ponga delante; pero un bien, uno solo: que no me traiga dos, que no me tenga como el péndulo de un reloj... Esto no es vivir... *Luchu,* yo pienso en ti, y cuando te elogian me lleno de orgullo... ¡Ser tuya, tuya para siempre, eso ya es más difícil!... Me cogerás, me llevarás a la fuerza... te llevarás la mitad de mí, quizás un poquito más de la mitad... cada día será la mitad más un poquito, *Luchu*... Yo estoy loca, no sé lo que me pasa; no hagas caso...

¡AY!, *LUCHU,* PRIMO MÍO... NO SÉ CÓMO DECÍRTELO... YO TE QUIERO Y NO TE QUIERO... YO TENGO EL ALMA DIVIDIDA...

—Pues ahora sí te digo que me harán pedacitos así antes que soltar yo mi conquista... ¿Qué hablas ahí de mitades?... Toda, toda entera para mí, pues aunque creas eso de los poquitos sobre la mitad, es una figuración tuya, cosa de tu cabeza más que de tu corazón... Con un día que vivamos juntos estoy seguro que me dirás: «*Luchu,* ya no más poquitos, sino toditos para ti mismo». Me lo dirás, ¿a que sí? ¿Para qué es hablar más, Aura?... Di que todo está dicho... Esta noche sin falta me abocaré con don Apolinar.

—Hombre, todavía no... Espera...

—¡Esperar! Esa palabra la he borrado yo de mis papeles. Yo no espero cuando veo el fin de las cosas, cuando las toco, cuando las cosas me dicen: «ven». El que deja para mañana lo que puede hacer hoy, no merece tener la vida que Dios le ha dado. ¿Has visto tú que Dios espere a mañana? ¿Has visto tú que diga el Sol: «hoy no salgo, mañana sí». En la Naturaleza todas las cosas son y vienen a punto, y no se queda nada para después. ¿Está determinado que tal día salga un pollito del huevo? Pues sale; no dice: «voy a quedarme dentro de mi cascarón una semana más». Los árboles nos enseñan la puntualidad: el que da fruta en agosto, no la guarda para diciembre. Lo que ha de ser, lo que está maduro, no ha de dejarse que se pudra... Hace un rato me dijiste que no soy caballero... Pues para que no dudes de mi caballerosidad, en cuanto venga alguien de la familia, aunque sea Martín, te dejo para irme en busca de don Apolinar, que es mi gran amigo, para que lo sepas, y me quiere... Ya le he dicho algo, y el hombre me pregunta siempre que me ve: «*Luchu,* número uno de los *chimbos,* ¿cuándo os echo el *ballestrinque?*». Es muy marinero don Apolinar, aficionado a dos cosas: a la pesca, y a casar a todo el mundo... Pues esta noche le pesco yo a él y le digo: «Don Apolinar, el *chimbo* y la *chimba* se quieren casar... Son honrados, se aman... pero muchísimo, sin mitades con poquitos, y desean verse unidos por la santa Iglesia para que no diga la gente...».

FUE ACOMETIDA LA GENTIL AURA DE UNA RISA NERVIOSA. LAS EXPRESIONES Y ARGUMENTOS DE ZOILO HACÍANLE MUCHÍSIMA GRACIA

Fue acometida la gentil Aura de una risa nerviosa. Las expresiones y argumentos de Zoilo hacíanle muchísima gracia; y aquel determinar perentorio, aquella colosal aptitud para la ejecución, la subyugaban: eran como un poder milagroso, enormemente sugestivo, de irresistible influencia sobre la mujer... Revolvíase la pobre niña con instinto de defensa; pero caía nuevamente, sujeta con invisibles lazos, que ignoraba si eran humanos o divinos. Gozoso de verla reír, continuó Zoilo exponiendo sus planes para lo futuro, y en esto empujaron la puerta. Eran Sabino y Valentín.

—¡Qué alegres están por aquí! —dijo Sabino, avanzando en la penumbra, con las manos por delante, como los ciegos, mientras Valentín reconocía el suelo con el bastón—. ¿Por qué estáis a obscuras?

—Aura teme tanto al fuego, que no quise bajar la luz.

—¿Estáis solos? —dijo Valentín.

—Sí, señor —replicó el miliciano—: solitos y tan contentos. ¿Qué saben del tío Ildefonso?

—Que no es tanto como se temió... Un hervor de sangre... Ya pasó el peligro.

—No me conformo con esta obscuridad —dijo Sabino subiendo en busca de la luz.

—¿Y qué hacíais aquí tan solitos? —preguntó Valentín acercándose a la niña—. Aura… ¿qué dices?... Al entrar te sentimos reír... ¿Te contaba éste alguna gracia?

—Sí, tío: me contaba... no sé qué de don Apolinar... No, no era eso... Cosas de *Luchu*.

—Cosas de *Luchu* —repitió este, las manos en la cintura—. Las cosas de *Luchu* van ahora por caminos que usted no conoce, tío... pero debe conocerlos. Ni usted ni mi padre se han enterado de que Aura, aquí presente... es mi mujer...

Valentín creyó haber oído mal, o que el chico bromeaba. Miroles a entrambos. Aura bajaba la cabeza; Zoilo repitió el concepto, a punto que Sabino descendía con la luz.

—Hijo mío —dijo parándose a mitad de la escalera—. En un hombre como tú, en un caballero militar, no caen bien las burlas sobre cosas tan delicadas.

—Yo no me burlo, padre. Soy muy formal, y ahora más que nunca. Aura es mi esposa. Ella lo quiere, y yo más. Nadie se opondrá, y el que se opusiere no será mi padre, ni mi tío, ni nada para mí. Mando en mí mismo y en ella... y sépalo todo el género humano.

Sabino miró a Valentín, y Valentín a Sabino, ambos con la boca entreabierta, embobecida. Aura se llevó el pañuelo a los ojos.

—Siento —agregó Zoilo— que no haya venido también Martín, para que supiera lo que ustedes saben ya. Aura Negretti es mi esposa, o lo será mañana si don Apolinar me cumple lo prometido, y si no, curas no me faltan. Tómenlo como quieran. Siempre fui un buen hijo, y ahora lo seré también, declarando que en este negocio, por encima de mi voluntad no hay voluntad ninguna: mi razón, como hombre libre, está por encima de todas las razones. No pido nada: me basto y me sobro.

—O estamos soñando —dijo Valentín— o este chico tiene los diablos en el cuerpo, y quien dice los diablos dice los ángeles o el rayo de la Divinidad...

—Hijo mío, mucho te quiero —declaró Sabino, dejando a un lado la luz, y desembarazándose de la capa, que aquella noche venía también mojada—. Pero ya sabes que la familia tenía otros proyectos.

—Los proyectos de la familia —replicó Zoilo— quedan reducidos, por el querer mío, por el de ella, a una cháchara sin substancia. La familia no sabe hacer las cosas; yo, sí. Y si quieren probarlo, al frente de la casa que me pongan, cuando termine el sitio.

—¡Por Dios vivo y sacramentado —exclamó Sabino, que de la fuerza de la emoción y del asombro hallábase a punto de caer al suelo—, que no sé lo que me pasa!... Dejen que me tranquilice, que medite el caso, y si veo en él la voluntad de Dios...

—Aura, hija mía —le dijo Valentín cariñoso—, sácanos de esta duda. ¿Crees que tu primo se ha vuelto loco?

—Sí, tío; loco está... y yo también —repuso la hermosa joven abrazando al viejo navegante.

—Pero ¿tú...?

—Yo no sé... No me pregunte usted nada. No sé afirmar ni negar nada... Si me muero, mejor. Así no padeceré más.

—Y como no me gusta dejar las cosas para mañana, ni aun para después —dijo Zoilo—, en busca de don Apolinar me voy, pues.

—Hace poco entraba en casa de Achútegui —indicó el padre.

—Allá me voy. Don Canuto es mi amigo.

—Ven acá, fuego del Cielo, temporal del sudoeste —dijo Valentín, cogiéndolo por un brazo—; párate y oye: no puedes entretenerte en correr tras de un clérigo. ¿No sabes lo que pasa? Se ha descubierto que el enemigo está minando en San Agustín. Por acá hemos empezado una contramina para salirle al encuentro debajo de tierra. En bonita ocasión vas a faltar de tu puesto.

YO NO SÉ... NO ME PREGUNTE USTED NADA. NO SÉ AFIRMAR NI NEGAR NADA... SI ME MUERO, MEJOR. ASÍ NO PADECERÉ MÁS

—No falto, que allá mismo me voy ahora... A don Apolinar que me le hablen... Ello ha de ser como yo quiero, y de otra manera no... ¿Ya se van enterando de quién es Zoilo Arratia? Lo mío, yo lo dispongo. Respeto a los mayores; no les temo. Digan que yo sé hacer las cosas... ya lo han visto... Pues aún les queda mucho que ver.

Despidiose cariñosamente, con medias palabras, de la que llamaba su mujer, y de los que efectivamente eran padre y tío, y como exhalación corrió a la disputada y cada día más gloriosa Cendeja.

Apremiada por sus tíos, que la cogían cada uno de un brazo, sentaditos a izquierda y derecha en el montón de jarcia, Aura con acongojada voz dio estas explicaciones:

—Sí, sí...; hace tiempo que *Zoiluchu* me quiere... y yo a él... yo un poquito... digo mal, un muchito... No, no hagan caso; no sé lo que digo... Es un hombre, y no hay otro como él... Vale él solo más que toda la familia de Arratia, habida y por haber. Con su genio bravo domina cuanto quiere. Mandará en mí, en ustedes todos, en Bilbao entero, si se lo propone... ¿Que si le quiero me preguntan? No sé qué contestar... Estoy ahora como los que salen de un mundo para entrar en otro... Un pie lo tengo en aquel mundo; otro pie en éste... ¿Dónde debo poner los dos pies? Yo no sé... Digo que estoy loca, y que no quiero estarlo. Que Dios me ilumine de una vez, y sepa yo dónde estoy... realmente no lo sé... ¿Voy o vengo? ¿A dónde vuelvo la cara?...

—Hija mía —le dijo Valentín con afecto, mientras Sabino no hacía más que suspirar—, serénate, reflexiona... Consulta tu corazón. Por lo que acabo de oírte, calculo yo... vamos, tú quieres a Zoilo...

TRANQUILÍZATE... Y AGUARDEMOS AL DÍA DE MAÑANA, PUES LOS DOS CHICOS TIENEN SUS VIDAS JUGADAS A CARA O CRUZ...

—Pero casarme no... yo quiero esperar... Mi conciencia me dice que todavía no... Esperemos a que pase el sitio; esperemos más, más.

En este punto, creyó Sabino llegada la ocasión de emitir su voto, y lo hizo con gravedad y el tonillo sermonario que emplear solía:

—Niña de mi alma, manifiestos los designios celestiales, el dilatar su cumplimiento será como si los pusiéramos en tela de juicio.

Dicho esto, sin obtener respuesta, pues tanto Aura como Valentín callaban mirando al suelo, el buen Sabino arrastró también sus miradas por lo bajo; y como viera multitud de clavos y tirafondos esparcidos, se puso a recogerlos uno a uno, cuidando de que ni aun los más chicos se le escaparan. En esta operación asaltaron al pobre señor pensamientos lúgubres. Sus dos hijos Martín y Zoilo, esperanza y gloria de la familia, hallábanse a la sazón en el puesto de mayor peligro, excavando la contramina para buscar al *absoluto* en las entrañas de la tierra. ¡Vaya que si a Dios le daba por decretar que pereciese uno de los dos en la espantosa refriega subterránea!... Aparte de esto, tristísimo sobre toda ponderación, reconocía y comprobaba que era enorme la cantidad de clavos de distintos tamaños esparcidos por el suelo. Mientras les recogía y agrupaba sobre un banco, pudiera creer que invisible ángel le susurraba al oído, de parte de la Divinidad, que uno de sus hijos moriría... La sangre se le congelaba en las venas... «No, Señor; eso no: aparta de mí ese cáliz...».

Advirtió que Valentín y la sobrinita hablaban susurrando; pero no se enteró de lo que decían, porque el rincón donde recolectaba clavos era el más distante del rimero de jarcia. Seguramente, Valentín le aconsejaría que fuese razonable y se dejara de esperar la venida del Anticristo. Pero no era esto lo que le decía, sino estotro:

—Tranquilízate... y aguardemos al día de mañana, pues los dos chicos tienen sus vidas jugadas a cara o cruz... Estamos aquí haciendo cálculos sobre las vidas, y para nada nos acordamos de la muerte, que a veces es la que nos saca de nuestras dudas...

—¡En peligro, en peligro *Luchu!* —exclamó Aura consternada—. Pues no quiero, no quiero... Que salga de la batería, que venga a casa. Basta de hazañas y de heroísmos... La familia es lo primero...

—Hija, el deber, el honor... —murmuró Sabino, que aproximándose pudo enterarse de este concepto.

—¡*Luchu* en peligro! —repitió Aura en el tono de los niños mimosos—. No quiero más glorias... no, no.

—Ea, no llores —dijo Sabino—; y si lloramos, que sea por los dos.

Al expresar esta idea, y a punto que dejaba sobre el banco el puñado de hierro que acababa de recoger, le asaltó el pensamiento lúgubre en forma más terrorífica, y el ángel volvió a secretear en su oído... La terrible sentencia no era ya que moriría uno de los dos hermanos. El Supremo Juez y Sumo Ejecutor hería de un golpe las dos cabezas. Temblaba el buen padre, y no se le ocurrió más que acudir al instante a la iglesia que estuviese abierta para prosternarse y regar con sus lágrimas el suelo, diciendo a la Divinidad:

—Los dos no, señor: eso sería demasiado... En todo caso, uno, uno no más... y aún es mucho.

XXXV

Prudencia les mandó llamar, añadiendo al mensaje que Ildefonso se había tranquilizado, recobrando el uso de la palabra. Acudieron los tres allá, y nada dijeron aquella noche del caso de la niña; mas al siguiente día, apenas efectuada la mudanza, y reunido todo el cotarro en casa propia, estimó Sabino de gran oportunidad someter al eximio criterio de su hermana el nuevo problema que los chicos planteado habían sin encomendarse a Dios ni al diablo. No tuvo tiempo la señora de Negretti de expresar su estupor y disgusto, porque fue preciso acudir a la niña bonita, que cayó primero con un síncope, después con un acceso nervioso y convulsivo, seguido de aplanamiento, delirio y congojas.

No decía más que: «No quiero... *Luchu* muerto no... Esperar, esperar...». Atendiéndola cariñosa, Prudencia sentía la chafadura de su amor propio, y no se conformaba con que su idea se desviase tan visiblemente de la línea por donde ella con toda previsión y talento quiso encaminarla. ¡El pobre Martín chasqueado, y ella desconceptuada como directora y gobernante! Era una jugarreta de la realidad, que tenía la maldita maña de resolver las cosas por sí y ante sí, haciendo mangas y capirotes de la lógica y el sentido común... Pero, en fin, del mal el menos. Siempre resultaba lo substancial de su proyecto: que todo quedara en casa y que el gandul de Madrid se fuese, si acaso venía, con las orejas gachas. A medida que la nueva inesperada solución iba haciéndose hueco en el pensamiento de la mujer práctica, reconocía ésta las cualidades de Zoilo, y con mayor benevolencia le juzgaba. No podía menos de alabar el garbo y audacia con que había tomado la delantera al sosaina de su hermano, demostrando una resolución enteramente varonil. Era un hombre, era un bilbaíno neto. Con su arrojo en la guerra y aquella *franqueza* gallarda para apoderarse de la niña y hacerla suya, sin pedir permiso a nadie ni andar en melindres, se había puesto de un golpe a la cabeza de todos los Arratias, y parecía dispuesto a no abandonar la bien ganada supremacía.

¡EL POBRE MARTÍN CHASQUEADO, Y ELLA DESCONCEPTUADA COMO DIRECTORA Y GOBERNANTE!

Aprovechando los ratos de sosiego de Aura y la relativa tranquilidad de Ildefonso, llamó Prudencia a don Apolinar y celebró con él una conferencia en el comedor, a puerta cerrada. Era forzoso casar a los chicos inmediatamente, porque habían demostrado tal impaciencia que se hacía indispensable arrojar sobre aquel amor la capa del matrimonio. Si así no se hiciera, podrían sobrevenir escándalo y deshonra. Mostrose conforme don Apolinar, para quien no había plato de más gusto que casar a alguien, y propuso explorar el ánimo de la niña y echar un parrafito con ella. Poseía el tal clérigo una singular delicadeza para meter sus dedos en la boca de las señoritas más vergonzosas y pudibundas; pero en aquel caso no sacó las revelaciones que obtener creía. Afligidísima y con más ganas de llorar que de confesarse, Aura sólo dijo que a *Luchu,* sí..., le quería... que *Luchu* era un hombre, y que con su voluntad era capaz de mover las montañas... Pero que ella no quería casarse hasta que no pasara mucho tiempo, mucho, pues había un compromiso antiguo, que en conciencia debía respetar... Su amor primero no se le había salido aún del pensamiento. Desalojaba poquito a poco... pero aún tenía dentro la cabeza... o los pies... No podía ella discernir si eran los pies o la cabeza del otro amor lo que todavía no se le arrancaba... De aquí provenían sus dudas, su desazón del alma y del cuerpo, su falta de resolución... su miedo de precipitarse... sus ganas de reposo y de un largo *veremos*...

Prudencia, enemiga declarada de los *veremos,* protestaba contra estas vacilaciones; pero ni ella ni don Apolinar pudieron reducir a la hermosa niña. ¡Vaya que era terca! A solas otra vez la señora y el clérigo, resolvieron prepararlo todo para las bendiciones, pues bien podía ser que los aplazamientos de Aura fuesen un coquetismo intenso, de arte sutil; que los nervios engañan y se engañan, dando por abominable lo que más ardientemente desean. La noticia de la espantosa lucha entablada en las tenebrosas galerías, abiertas por sitiadores y sitiados entre Uribarri y la casa de Quintana, por bajo de San Agustín, desvió de aquel asunto las ideas de tía y sobrina, y no quedó en sus almas más que el terror. Aura, delirante, tan pronto se sumergía en un duelo lúgubre, como quería lanzarse a la calle, ansiosa de llegar hasta el lugar trágico, y oír los tiros, y ver sacar los muertos, y apurar la impresión directa de la catástrofe, como se apura un tósigo que pone fin al humano sufrimiento. Su romanticismo causaba extrañeza a la tía y al cura, que lo conceptuaron fenómeno patológico.

—No quiero dudas —decía—. Vivir o morir... Ni a media vida ni a media muerte quiero verme... Si ha de hundirse todo Bilbao en un segundo, sea... Así acabaremos de dudar.

Con estos temores y sobresaltos, Aura desbordando su imaginación, Prudencia y el cura encomendándose a la Virgen, Negretti a ratos solo, a ratos con su mujer, sumido en una meditación cavernosa, pasaron toda la tarde, hasta que llegó Valentín con mejores noticias, dando a entender que se había conjurado el peligro.

ENTRE LA REBELIÓN Y LA RESIGNACIÓN. La población civil tuvo dos opciones: entregarse a la lucha o encomendarse a Dios. Mientras los soldados peleaban por la libertad o el absolutismo, se rezaba en las iglesias por el final de la guerra. *(Interior de la iglesia de San Cayetano,* por Francisco Maffei-Rosal. Museo Municipal. Madrid).

Venía el pobre navegante fatigadísimo, tiznado y lívido el rostro, tan fieramente dominado por su crónico reuma, que con gran trabajo tiraba de la pierna derecha para servirse de ella. Dejose caer en una silla, los brazos colgando, el sombrero echado atrás... aguardó un ratito hasta que sus pulmones y su laringe pudieron funcionar regularmente.

—No he visto caso igual —les dijo entre toses—; yo me asomé a la contramina, y salí horrorizado. A las ocho y media de la noche la empezaron con dos ramales. Había que ver a los chicos de tropa y milicia trabajando como los topos. Los viejos, entre los cuales estuve más de dos horas maniobrando de espuerta, sacábamos la tierra. A la madrugada, uno de los dos ramales de acá se encontró con el de ellos. El *obscurantismo* venía hocicando en la tierra y escarbando con las uñas desde la fuente de Uribarri, para buscar el tamborete de la casa de Quintana, que querían volar... Pero no contaban con que también aquí tenemos topos, no de los serviles que no ven, sino de la Libertad, muy despabilados... Cuando el boquete de acá y el de allá se juntaron, el sargento de zapadores, Elizagárate, agarró la pala facciosa, y dio un achuchón tan fuerte, que del palazo destrozó la barriga del minero de allá... Sólo dos hombres podían trabajar en el frente de la galería, ancho de tres pies por una parte y otra. Abriendo hueco a todo escape, los de acá se precipitaron al otro lado: *Zoiluchu* reventó a uno con la pala y mató a otro de un pistoletazo. El agujero, que ya era corto, acortose más con los dos cadáveres. ¿Pasarían ellos acá o nosotros allá? Y entre tanto, si la tierra se hundía, pues bien podía ser, allí quedaban todos sepultados... Yo llegué hasta cerca del boquete de comunicación y me entró tal miedo, que salí despavorido. Denme a mí agua y ventarrón: ni a la una ni al otro temo; pero con la tierra *jonda* no juego... Me espanta verme en el sepulcro antes de morirme... Cuando salí al aire, me pareció que resucitaba. No hay quien respire allá dentro... Y a la luz de las linternas ve uno brazos que le cogen y le enganchan la ropa... Son raíces de árboles...

Tomado aliento, refirió después cómo ahumaron las galerías con pimiento quemado para ahuyentar a los sitiadores. Los topos de allá se escabulleron, y cuando se iba disipando aquella pestilencia asfixiante, los de acá lanzáronse por la mina, respirando a medias. Contaban que llegaron hasta la boca, y que halláronla cerrada con sacos de tierra, como si quisieran defenderla. Luego se han escalonado los nuestros a lo largo del tubo, esperando a ver si se atreven a hocicar otra vez. Si se atrevieran, ¡Dios sabe lo que pasaría!... Pero avisados como estamos, no podrán ellos cargar la mina; nos hemos salvado, aunque queden las galerías cegadas con carne y huesos de valientes... Por fin, con las precauciones tomadas, piensan todos que si hemos sabido cortar los vuelos del águila y cogerle las vueltas al gato, también sabremos taparle los agujeros al ratoncito faccioso.

TOMADO ALIENTO, REFIRIÓ DESPUÉS CÓMO AHUMARON LAS GALERÍAS CON PIMIENTO QUEMADO PARA AHUYENTAR A LOS SITIADORES

A punto que tomaban una frugal cena, dando un huevo a Negretti, y otro a la niña, con sopita de vino, entró Sabino sofocado y gozoso. Después de pasarse todo el día de iglesia en iglesia, implorando la Divina Misericordia, se había personado en la Cendeja, donde acababa de tener la satisfacción de ver vivo y sano a su hijo Zoilo. A Martín no le había visto; pero por Pepe Iturbide sabía que continuaba en las Cujas sin novedad. «Gracias sean dadas al Señor», dijo Valentín; y Aura, con las felices nuevas, parecía recobrar la animación y el contento. Pasaron la noche tal cual, y al día siguiente muy temprano, continuando Prudencia en los arreglos de casa, dispuso una variación que le parecía pertinente. En la alcoba grande, donde antaño dormían sus padres, que después ocupó ella con Negretti, por temporadas, y que últimamente

LA CABALLERÍA CARLISTA APOYÓ LOS MOVIMIENTOS DE LA INFANTERÍA. El papel de la caballería en la batalla de Bilbao fue discreto porque la mayoría de los enfrentamientos fueron cuerpo a cuerpo. (*Caballería carlista*, por J. W. Giles. Museo Histórico Militar. San Sebastián).

servía de dormitorio a Valentín, creyó que debía instalar a su sobrino. Preparó, pues, la pomposa cama matrimonial, y aunque despertó Aura con ganitas de levantarse, no consintió su tía que se diese de alta tan pronto. Desplegando exquisita amabilidad y dulzura, la trasladó de habitación y de lecho, diciéndole:

—No, hija, no: estás desmadejada... bien conozco tu naturaleza... y sé que necesitas largo reposo para recobrar tu equilibrio. Te paso a la alcoba grande, para que vayas entendiendo que lo mejor de la casa debe ser para ti, y que todos nos desvivimos porque esté contenta y a gusto la perlita de la familia. Aquí tienes buena luz, por si te aburres y quieres leer un ratito. O te traeré tu costura, tu labor de gancho... Pero levantarte, ¡ay!, no lo pienses, que estás muy débil, y tendrías que volver a acostarte...

Asombrada de tanta finura y obsequios tantos, Aura se dejaba querer. Donde quiera que la pusieran, allí se estaba con sus cavilaciones, con sus dudas, con su cruel ansiedad. Llegó sobre las nueve el bendito don Apolinar, y sin sentarse, preguntó a los tres hermanos, por dicha reunidos en el comedor, que se resolvía sobre el grave caso de conciencia. No habían aún manifestado su opinión por la autorizada voz de la hermana, cuando sintieron ruido en la tienda. Eran Zoilo y José María que acababan de entrar. Propuso Sabino que sus hermanos con el señor sacerdote pasasen a platicar con la niña en la alcoba grande, mientras él hablaba dos palabritas con su hijo menor, pues su conciencia no estaría tranquila mientras no dilucidase con él, en el sagrado recinto del hogar de Arratia, un grave punto de moral... La moral, la sana conducta, la observancia rigurosa de las leyes divinas y humanas, habían sido siempre norma de la honesta familia, desde el primer Arratia venido al mundo, hasta la ocasión presente. Llevose a Zoilo al rincón último de la trastienda, y con gravedad y dulzura, hablando como padre y como amigo, le dijo:

—*Motill,* empiezo dándote un abrazo por tu comportamiento militar. Bilbao te glorifica, y tú, honrando a Bilbao, honras a los tuyos... Pero hay otro terreno, muy distinto del de la guerra, donde no te has conducido con la pureza y dignidad de un Arratia.

—¡Qué dice usted, padre! —exclamó Zoilo, que en su fogosidad no podía contener sus sentimientos dentro de formas comedidas.

—Digo que tu conducta con la niña desmerece de lo que ordena el decoro de nuestra familia... Si la querías, ¿por qué no te clareaste, para que nosotros inclinásemos su ánimo...?

—Porque yo me basto y me sobro para... inclinar ánimos.

—Pero luego has cometido una falta mayor, por la cual quiero reñirte... con blandura, no creas... —dijo Sabino, que ante la arrogancia del miliciano se achicó más de la cuenta—: quiero hacerte ver que has ofendido a Dios... supongo que en un momento de extravío, de... No te riño... Se te perdonará si confiesas...

—¿Qué?

—Que por precipitar tu casamiento con la niña y hacer inútiles nuestros planes con respecto a tu hermano, has...

La mirada fulgurante de Zoilo le confundió. No pudo expresar su pensamiento ni aun con los eufemismos que el delicado caso requería. Comprendió el chico lo que su padre, turbado y balbuciente, quería expresar; y con entera y clara voz, poniendo a su indignación el freno de las razones corteses y del tono respetuoso, le soltó esta andanada:

—Si lo que usted me dice, o quiere decirme, me lo dijera otro que mi padre... si no fuera mi padre quien tal infamia supone en mí, ni tiempo le daría tan siquiera para arrepentirse de su mal pensamiento. Soy tan honrado como mi mujer, como la que será mi mujer, y no permito que en la honra de ella se ponga la menor tacha, ni en la mía tampoco. Ni una palabra más, señor padre... ¿Para qué es decirlo?

—¡Pero si no te reñía...! Ven acá, no seas tan bravo... Era un sospechar, hijo; era interrogarte... y no me opongo, no me opongo a que te cases mañana mismo si quieres.

—¿Cómo mañana? —dijo *Luchu* volviendo atrás y deslumbrando de nuevo a su padre con las centellas de sus ojos—. ¿Qué es eso de mañana?... Esta noche a primera hora me caso. Así lo he dispuesto. Y por si don Apolinar no quisiera hacerme ese favor, ya tengo hablado al capellán de Toro, que nos casará por lo militar, con cuatro palotadas... Vamos arriba.

NO PUDO EXPRESAR SU PENSAMIENTO NI AUN CON LOS EUFEMISMOS QUE EL DELICADO CASO REQUERÍA

No le sorprendió que Aura, a quien en su mente y en su voluntad tenía ya por esposa, ocupase la alcoba de respeto y el grandioso tálamo de cuja monumental, representación del nido histórico de Arratia. Cuando entró, las miradas de los que estaban en la habitación rodeando el lecho, se fijaron en él, y las suyas se clavaron en la hermosa joven, que agazapadita, temblando de frío (que en aquel instante la acometió), velaba entre el embozo su lindísima cara, no dejando ver más que los soles de sus ojos y su negra cabellera desordenada. Le miró Aura, calladita, y él, por la presencia de la familia y del cura, no se abalanzó a remediar la destemplanza de su esposa con besos ardientes. El primero que rompió el silencio fue don Apolinar con esta juiciosa observación:

—Opina la señorita que debemos esperar.

—Sí, esperaremos —opinó Zoilo con resolución, dando algunos pasos hasta llegar al lecho y poner su mano en el bulto que hacían los pies de Aura—. Esperaremos unas horas. Esta tarde, señor don Apolinar, nos casará usted si quiere, y si no quiere lo hará el capellán de Toro.

—Por mí no queda —balbució el clérigo.

—Pues, como decía, digo que hoy al anochecer nos casamos. Mi prima no tiene más enfermedad que un poco de susto... Aura, te levantarás al mediodía.

Nadie se atrevió a replicar a esto, pues el modo de decirlo excluía toda réplica. Atónita miraba la niña al que con tan tiránicos modos imponía su autoridad en cosa tan grave; y aunque le andaban por el magín fórmulas de protesta, éstas se tropezaron con sentimientos muy vivos y estímulos que quitaban toda eficacia a las ideas. Hallábase bajo el poder magnético, psicológico o lo que fuese; la tremenda atracción la sacaba de su órbita para llevarla a otra más amplia, de más rápido movimiento. No tenía voluntad, se entregaba, se sometía... *Luchu* la arrebató como se coge un fuego chico para unirlo a un fuego grande, formando una sola llama.

PUES, COMO DECÍA, DIGO QUE HOY AL ANOCHECER NOS CASAMOS. MI PRIMA NO TIENE MÁS ENFERMEDAD QUE UN POCO DE SUSTO...

Valentín se creyó en el caso, como el mayor de la familia, de obtener de Aura una contestación terminante.

—¿Qué dices a eso, niña? ¿Te parece bien?

La niña se fue eclipsando entre las sábanas... Como el sol que se pone, se ocultaron sus ojos; después su frente: no quedó fuera más que un crepúsculo... los cabellos negros esparcidos en las almohadas, como entre nubes. Prudencia se acercó y la oyó suspirar fuerte, allá entre los pliegues tibios de la ropa de cama.

—Esto es hecho —dijo en alta voz; y por lo bajo—: En estos casos, quien suspira otorga.

XXXVI

Bueno —dijo Sabino en el pasillo, hociqueando con su hermano—, se preparará todo para las siete... Es buena hora... Yo voy a Santiago a entenderme con el párroco... A las siete en punto, ¿sabes?... ¿Y al pobre Martín qué le decimos? Ea, se le dirá que este pillo... No: se le dirá que la voluntad de Dios ha llevado las cosas, no por el camino, sino por el atajo... ¿Qué podemos nosotros, pobrecitos mortales, contra los designios...? Yo le hablaré... A las siete en punto: no te descuides. Sin aparato, sin bulla... Algo chismorreará mañana la gente; ¿pero qué importa?... Yo daré noticia a las familias conocidas... Diré que eran novios; que... puede quedar el matrimonio en secreto hasta que convenga darle publicidad. Yo hablaré con el párroco don Higinio, que nada me negará... Somos amigos desde la niñez: él, Guergué y yo nos pasábamos las tardes jugando al *cotán* en los Cantones... Valentín, ya sabes, a las siete en punto. Hay que estar allí a las siete menos cuarto... Yo me encargo del papelorio... ¿Y a Ildefonso no se le dice nada?... Mejor será que lo sepa después. Ea, no descuidarse... Yo me voy.

Sin dejar de prestar a tan importante asunto la atención conveniente, dedicose el veterano de la mar a buscar a su hijo, cuyas ausencias y largos eclipses le ponían en cuidado, así como su creciente taciturnidad y tristeza. Tres días con sus noches hacía que no se dejaba ver de la familia, y habrían dudado de su existencia si no dieran noticia de él los amigos que le vieron a diferentes horas chapoteando en la ría, a bajamar, o rondando tétrico por los extremos de la población. Arrastrando su pata coja, corrió Valentín por calles y plazas, sin olvidar las inmediaciones de las baterías, con tan mala suerte, que en ningún punto le encontró: en muchos de ellos dijéronle que le habían visto. Creyérase que el endiablado chico le tomaba las vueltas, burlando su persecución, ligero como un pájaro y escurridizo como un pez. Por la tarde hubo de renunciar a su fatigosa cacería, y fue a tomar descanso en las Cujas, donde encontró a su sobrino Martín ya con la píldora en el cuerpo, administrada por Sabino. Como si esto no fuera bastante, tenía una herida en la mano derecha, que de primera intención le curaba el físico cuando llegó su tío de *arribada forzosa,* navegando con una sola paleta. Por ambos estropicios hubo de propinarle Valentín los consuelos propios del caso. ¿Qué remedio había más que tener paciencia? Con travesura y arranque de hombre, *Zoiluchu* le había tomado la delantera. Menos mal, que todo quedaba en la familia... Olvidara Martín el desaire, en el cual no habían tenido poca parte su cortedad y amorosa desmaña, y lleváralo con resignación, que novias guapas y *de peso,* gracias a Dios, no habían de faltarle. En cuanto a la herida, bastaríale guardar en completa quietud la mano, de la cual ya no tenía que hacer uso ni aun para casarse.

EN CUANTO A LA HERIDA, BASTARÍALE GUARDAR EN COMPLETA QUIETUD LA MANO, DE LA CUAL YA NO TENÍA QUE HACER USO NI AUN PARA CASARSE

—¿Sabe usted el consuelo que me ha dado mi padre? —dijo Martín queriendo sonreír, cuando aún rodaban por sus mejillas las lágrimas que le hizo derramar el acerbo dolor de la cura—. Pues, según él, este balazo es la forma expresiva con que la Divina Voluntad me manifiesta que no debo casarme. ¡Caramba, ya podía Dios habérmelo dicho de otro modo!

—Pienso lo mismo. ¡Vaya un modo de señalar que usa el Señor! Con quitarle a uno la novia bastaba... Ya estaba vista la intención...

De su herida tomó Martín pretexto para no ir a su casa aquella noche. El médico le había recomendado que fuese al hospital, y su padre le ofreció pasar la noche con él. *Le venía muy bien lo de la mano* para librarse del mal rato del bodorrio... Luego que se curase, a su casa volvería, y lo pasado, pasado: todos hermanos, todos unidos, y a trabajar por el bien común.

Apenado por la doble desgracia del sobrino, que éste soportaba con su habitual mansedumbre; afligido también por no encontrar a *Churi,* y acariciando el propósito firme de poner correctivo a su vagancia con una buena mano de pescozones, se dirigió Valentín, al paso tardo de *pierna* y *media,* a la casa de la Ribera. ¡Cuán ajeno estaba de que al entrar en ella, sobre las cinco de la tarde, hora ya de cerrada obscuridad en tal estación, no se hallaba lejos de allí el extraviado *Churi!* Agazapadito junto al pretil de la ría, en actitud semejante a la de los pobres que piden limosna, el sordo vio entrar a su padre en la casa; dando un gran suspiro se fue escurriendo a gatas, sin abandonar la sombra del pretil, en dirección del Arenal, y en todo este recorrido gatuno iba dando verbal forma a las ideas que agitaban su alma...

—Señor padre, adiós... —remusgaba en obscuro lenguaje, que es forzoso aclarar y traducir—. Ahora que le he visto, ya nada más tengo que hacer... Adiós mi padre, adiós mis tíos, y adiós mis primos, para siempre, y adiós tú, casa mía... que ya no veréis más a *Churi,* ni *Churi* ha de veros... porque él mismo se echa fuera de Bilbao, con intenciones de no volver... No quiero más familia, ni más casa... porque para morirme de rabia, o para volverme malo y matón, quiero más irme lejos, a otras tierras de adentro, o de afuera, o del Demonio.

Atravesando a buen paso el Arenal, seguía su cantinela...

—Ya no veo mi casa... Adiós tú, casa, y adiós tú también, Bilbao, mi pueblo; que todos, familia, casa y pueblo se me habéis vuelto como los venenos mismos, y si de aquí no me voy, me condeno... Ahora dirán: «¿pero dónde está *Churi,* que no parece?». Creerán que me he tirado al mar, o que me ha cogido por la mitad una bala de cañón... No, señores, no. *Churi* se va... ¿no saben por qué? Pues que se lo pregunten a ese ladrón de Zoilo, a ese fantasioso, que se coge para sí la mujer de otro, y la ha conquistado por el miedo... Bien lo he visto... Adiós tú, Arenal, San Nicolás mío; adiós Cujas y Campo Volantín de mi alma: ya no me veréis más, porque *Churi* es bueno; *Churi* no quiere hacer una muerte, ni dos muertes, ni ninguna muerte, y para no hacerlas, se va al cabo del mundo... Puente colgante, adiós, y adiós Siete Calles y Cantones... Mientras vea tierra por delante, caminaré, que buenas piernas tengo; y si veo mar y me dejan embarcar, también me voy, lejos, lejos, a la otra parte de la tierra, que dicen que es redonda como una naranja, a ver si encuentro un país... que puede que lo haya... un país donde toda la gente sea sorda... donde vivan *las humanidades* sin oírse ni una palabra, porque tengan otra manera de entenderse unos con otros... ya por señales o guiños de los ojos... que bien podía ser... Y el amor no necesita hablarse, sino hacerse, con garatusas... en fin, no sé... Puede que lo haya, puede que haya ese país, donde no tengamos orejas, y en cambio tengamos otros instrumentos más grandes que aquí, el ver, el gustar... no sé... El instrumento del oído no hace falta, ni para comer, ni para dormir, ni para ser uno padre de familia... no, no hace falta... Adiós, padre y pueblo, que lejos me voy...

Las ocho serían cuando navegaba río abajo en una chalana diminuta de tablas podridas, a la que había echado algunos remiendos la noche anterior, la menor cantidad de embarcación posible. Previamente había metido a bordo sus víveres, unos pedazos de borona envueltos en un trapo. Éste era una de las banderitas españolas que solían poner los combatientes en las baterías: habíala afanado días antes, y la llevaba para el caso de que los barcos de guerra, al verle recalar en Portugalete, le mandaran izar pabellón de nacionalidad. Con su bandera, sus mendrugos de borona y un balde para achicar tenía bastante, y ya no le quedaba más que encomendarse a Dios para poder rebasar, al amparo de la cerrazón, los puentes de barcas que los carlistas habían ten-

BARCOS INGLESES EN BILBAO.
Museo de San Telmo. San Sebastián.

LOS BRITÁNICOS FUERON DECISIVOS EN BILBAO

Durante el segundo sitio de Bilbao, entre octubre y diciembre de 1836, la marina desempeñó un papel muy importante. Los buques ingleses *Ringdove* y *Saracen* atacaron a los carlistas y desembarcaron refuerzos en Portugalete y Santurce. El fuerte de Desierto fue defendido con éxito por soldados ingleses desembarcados del bergantín *Saracen.* Durante la batalla del puente de Luchana, el 24 de diciembre de 1836, una escuadrilla formada por la goleta *Isabel II,* ocho trincaduras y varias lanchas cañoneras desembarcaron las primeras tropas, que tomaron el puente y después se unieron a los buques ingleses. El bergantín *Ringdove* había sido construido en 1833, desplazaba 429 toneladas y contaba con 16 cañones. Su comandante era William Lapidge. El bergantín *Saracen* fue construido en 1831, desplazaba 228 toneladas y estaba armado con 10 cañones. Sus comandantes fueron Le Hardy y Henry Hill

EL CERCO POR FIN COMPLETO. En Portugalete instalaron los carlistas un control de las embarcaciones. Churi salió de Bilbao y salvó los puentes de barcas con los que los soldados de don Carlos bloqueaban San Mamés y Olaveaga. (*Ría de Portugalete*. Grabado del siglo XIX).

dido en San Mamés y en Olaveaga. Afortunadamente para el atrevido mareante, a poco de soltar sus amarras empezó a llover con gana, y venía por babor, de la parte de Baracaldo, un noroeste duro con rachas de galerna que levantaban olas en la ría. La tenebrosa obscuridad, la lluvia, el horrendo frío, eran causa bastante para que los facciosos no vigilaran; y para colmo de felicidad, el agua bajaba desde las nueve. Con dejarse ir al son de marea, arrimándose todo lo posible a barlovento, a la orilla izquierda, que era la de más abrigo, se escabulliría como un pez... Experto navegante, conocedor de la ría más que de su propia casa, sabiendo como nadie buscar los puntos donde más ayudaba la corriente, se dejó ir, sin hacer uso de los remos, para evitar ruido y el rebrillar del agua. La agitación de esta, los rumores hondos de la naturaleza, encubrían su escapatoria. Con que el tripulante se agachara al deslizarse entre las barcazas que sostenían los tableros de los puentes, bastaba para que la humilde chalana pasara por un madero flotante, arrastrado por la marea.

En todo lo que anhelaba fue el pobre *Churi* favorecido, así por la naturaleza como por el acaso, y nadie le vio, ni oyó voces humanas, ni tiros de fusil disparados contra su nave. A las once salvó las barcas de San Mamés sin novedad, y antes de las doce burló las de Olaveaga; a la una divisaba las luces de los carlistas vivaqueando en las baterías de Luchana; pasó sin tropiezo, amparado de una espantosa descarga de agua, que por lo fría parecía nieve, y de un terrible golpe de viento; a las dos, dejándose ir a sotavento para alejarse del fortín del Desierto, cruzaba también inadvertido por este sitio. Vio más tarde, a estribor, las canteras de Aspe, y en aquellas latitudes, juzgándose ya salvado, se aguantó con los remos, pues el agua empezaba ya a tirar para arriba. No tenía que hacer más que mantenerse allí, capeando la marejada que venía del oeste, y enmendando a cada paso su situación que la corriente le alteraba. Con esto, y con achicar sin tregua, pues de lo contrario la chalana se le iba a pique, tenía bastante faena hasta el alba, que debía de apuntar sobre las siete. Aguantose, pues, sorteando viento y marea, y al ver por Oriente las primeras claridades de la aurora, arboló a proa su banderita, disponiéndose a ganar puerto. Sus observaciones, sin más instrumento que los ojos de la cara, indicáronle demora de un cuarto de milla al éste de Portugalete.

Ya no temía el fuego carlista: hallábase en aguas de Isabel. A las ocho, divisó entre la neblina los bergantines ingleses *Ringdorve* y *Sarracen* (que ya conocía), otro barco de guerra, español, y varias lanchas cañoneras... La temperatura era glacial; el viento había rolado al primer cuadrante y traía lluvia fina, puntitas de nieve que pinchaban como agujas. A las ocho pasaba junto a una cañonera española que le dio el alto... Comprendiendo que debía expresar sus sentimientos isabelinos, señaló con orgulloso gesto su pabellón, que sobre los colores tenía el lema *Isabel II. Libertad*. Desde la borda de la cañonera le preguntaron:

—¿Traes parte?

Pero no se enteró, y siguió bogando. Poco después vio surgir del seno de la calima el puente armado sobre quechemarines y jabeques para pasar la ría entre Bilbao y las Arenas; sonaban cornetas, tambores, campanas en tierra y en los buques: para *Churi* como si no. Por fin, la valiente *zapatilla* atracó a la escala de Portugalete, y al encuentro del audaz marino bajaron muchos preguntándole:

—¿Traes parte? ¿Qué ocurre en Bilbao?

Puso el pie en tierra con la gravedad de un almirante; quitando la bandera de la proa de la chalana, dio a ésta una patada, equivalente al propósito de no volver a entrar en ella, y subió la escala con bandera al hombro, sin contestar a los preguntones. Entre estos había no pocos que al subir le conocieron. «Es *Churi,* el sordo bilbaíno», decían, y nadie le molestó más con interrogaciones fastidiosas. Él no venía con papeles, ni tenía que dar cuenta a nadie de lo que a buscar iba en Portugalete. Garantizado por su bandera, que agrupó a su lado mujeres y chiquillos, encaminose a una hermosa casa, contigua a la del Ayuntamiento, en la cual entró como persona conocida, sin saludar a nadie. Dos mujeres freían pescado en grandes sartenes.

—Hola, *Churi,* en buena hora llegas —le dijeron—. Por Bilbao. ¿qué hay? Mucha hambre, ¿verdad? Siéntate y descansa. ¿Tu padre bueno? Dicen que muerta gente mucha... Los dientes muy largos traerás, hijo. Dos ruedas de merluza aquí tienes, pues.

SIN SENTARSE, *CHURI* DEVORÓ LO QUE SE LE PONÍA DELANTE, Y MIRABA A UN LADO Y OTRO, COMO BUSCANDO A PERSONA CONOCIDA...

Sin sentarse, *Churi* devoró lo que se le ponía delante, y miraba a un lado y otro, como buscando a persona conocida...

—Ya sé a quién buscas, *Churi* —le dijo otra de las mujeres, que hablaba castellano correcto—. Aquí no está...

Y como el sordo entendiese que la persona ausente no estaba en aquel pueblo, afligiéndose mucho al creerlo así, la buena mujer le explicó como pudo, con terribles gritos acompañados de gesticulaciones enérgicas, que la señá Saloma se encontraba en la *Casa de Jado*...

—¿Sabes? Por ahí, camino del Desierto. Tenemos la contrata de la Plana Mayor.

Allá corrió *Churi,* con una rueda de merluza en la boca y otra en la mano, y de rondón se coló en el edificio que se le designaba, sin hacer caso de la guardia que quiso detenerle. Metiéndose por una puerta a la derecha, fue a dar a la cocina, y en ella vio a una mujer gallarda, morena, guapetona, de ojos negros, que recibía de otra un plato con un huevo frito y un chorizo.

Contento se fue el sordo hacia la guapa moza, y ella, al verle, lanzó una festiva risotada, diciendo:

—Hola, *Churi*... caro te vendes... ¿Por dónde has venido, por la mar o por los aires? Eres el demonio... Ay, hijo: no puedo entretenerme... Aguárdate aquí, que voy a llevarle su desayuno al general en jefe...

XXXVII

Vio el sordo soldados y ordenanzas en la cocina, oficiales que sin cesar subían y bajaban por la escalera principal, a la cual se asomó, por matar el tiempo, esperando a su amiga. Esta reapareció, diciendo:

—No vuelvo más arriba. Los ayudantes no la dejan a una vivir... Vean qué cardenales tengo en este brazo. Un asistente me ha dicho que el general está malo y no come nada... que tengamos caldo para las doce... Tú, Casiana, dame a mí un poco de guisado, que estoy desfallecida... Echa, echa más, que comerá conmigo el pobre *Churi*... ¿Verdad, hijo, que tienes gana? ¡Pobre sordito!... Siéntate aquí, cuéntame...

Tan viva de genio era la tal Saloma, que a veces parecía no estar en sus cabales. Dejándose llevar de su vena comunicativa, sin parar mientes en la sordera de *Churi,* le refirió, mientras comían, sucesos militares de notoria actualidad.

—Mira, hijo, aquí estamos desde primeros del mes queriendo socorrer a Bilbao, y quedándonos con las ganas de hacerlo. Tan pronto vamos por la orillita de acá como por la de allá, y en ninguna tenemos suerte. En Castrejana no hicimos más que perder mucha gente, y nos volvimos para acá con las orejas gachas. Allí enfrente, en Azúa y Lejona, no hemos hecho más que apuntar. Gracias que los ingleses, hombres de mucho tino, han armado en el Desierto un altarito que le dará que hacer al *servil*. Ahora parece que operamos por allí, y todo será que tomemos el puente y casas fuertes que esos perros han hecho en Luchana... Baldomero tiene ganas tremendas de darles una buena entrada de palos... pero yo le digo: "Baldomero, ándate con tiento y no te comprometas... Tira primero tus líneas, mide terrenos y distancias... Es malo echar carne a la pelea sin haber antes medido bien...". Pero él no me hace caso... Es tan caliente de su natural, que si no tuviera armas, a bocados les embestiría... Aquí tenemos a don Marcelino Oraa, que tan pronto va como viene. Al otro lado están las tropas acampadas de mala manera, mal comidas, muertas de frío. Dime tú si así se pueden ganar batallas. Yo digo que no; Baldomero sostiene que la sangre española no necesita más que de su mismo fuego para pelear y vencer.

MIRA, HIJO, AQUÍ ESTAMOS DESDE PRIMEROS DEL MES QUERIENDO SOCORRER A BILBAO, Y QUEDÁNDONOS CON LAS GANAS DE HACERLO

Por amabilidad, a todo asentía *Churi* con cabezadas, sin entender una jota. Dígase pronto, para evitar malas interpretaciones, que aquel Baldomero, a cada instante nombrado por la arrogante Saloma, era un sargento de Guías, que tenía el honor de llamarse como el ilustre caudillo del Ejército del norte; y añádase que descollaba por su arrojo, obteniendo cruces, y hallándose muy cerca de ganar el grado de alférez. Don Marcelino Oraa, de quien había sido asistente, teníale en gran estimación, y el mismo Espartero le conocía por su nombre (Baldomero Galán) y le distinguía.

—Pues para que te enteres mejor —dijo—, los ingleses nos ayudan como unos caballeros. Tienen talento para el ramo de cañones, y un ojo para la puntería que da gloria verlo. Baldomero dice que con ellos serviría más gustoso que con los de acá, porque pagan bien, comen mejor, y son muy puntuales en todo... Yo le digo: «Aprende de esos a echar líneas y tomar medidas antes de batirte... Fíjate en que no mueven una pata sin pensarlo mucho, y examinan bien el pedazo de suelo donde van a ponerla». Y él me replica: «Sí, mujer, tienes razón: son de mucho estudio; pero acá uno es riojano, y antes de ponerse a estudiar, se le enciende la sangre y allá va el coraje sin sentirlo».

Satisfecha su hambre, *Churi* sentía también vivas ganas de comunicar a una persona grata sus acerbas penas. Diose por enterado, sin entenderlo, de lo que Saloma le había dicho, y continuando la conversación sin lógico enlace de ideas, le dijo en un vascuence mal castellanizado que es forzoso traducir:

SATISFECHA SU HAMBRE, *CHURI* SENTÍA TAMBIÉN VIVAS GANAS DE COMUNICAR A UNA PERSONA GRATA SUS ACERBAS PENAS

—Efectivamente, Saloma Ulibarri, yo no te olvido; y en cuanto determiné dejar a mi pueblo y a mi familia para siempre, he pensado en ti; y vengo a decirte que si estás en volver pronto a tu tierra de Navarra, como me dijiste la última vez que nos vimos, yo me voy contigo...

—Aquí me tienes pendiente de las operaciones —replicó Saloma—. Por mi gusto ahora mismo me ponía en camino para mi Aragón de mi alma, pues casi soy más aragonesa que navarra. Pero todo depende del punto a donde destinen a Baldomero, que ya va para alférez. Si en estas acciones lo gana, pedirá que le manden al Centro... Yo también hipo por el Centro. Estoy harta de estas tierras frías y babosas... con tanto llover y tanto comer pescado y alubias... Quiero ver mi Ebro, mi tierra que abrasa, mi cielo de allá que es la alegría del mundo... ¿De veras te vendrás con nosotros?... ¡Ah!, *Churi,* tú has hecho en tu casa alguna travesura muy gorda...

Por esta vez coincidió casualmente el primer concepto de *Churi* con el último de Saloma.

—No soy culpable —le dijo—, sino desgraciado; tan desgraciado, que de lástima que me tengo no me determino a quitarme la vida. Me voy, sí.

Súbitamente saltó el sordo con una pregunta que no parecía congruente.

—Dime, Saloma, ¿sabes si está por aquí un caballero joven que le llaman don Fernando Calpena... paisano, a no ser que se haya hecho militar de poco acá... guapo, noble, fino?...

Al pronto no dio lumbres la moza. ¡Había tanta gente en el Cuartel general, militares de distintas armas y procedencias, asesores, físicos, paisanos armados...! Rebuscaba en sus recuerdos, y al fin dio con la persona que entre la turbamulta buscaba.

—¿Don Fernando dices? Sí, sí: un joven de buena presencia, ojos bonitos... muy amigo del general en jefe... Sí... don Fernando no sé qué... Arriba está. En uno de los desvanes de esta casa se aloja con el señor Uhagón, un paisano de ayer, hoy capitán... ¿Es amigo tuyo ese señor?

—Como amigo no es... Pero tengo que escribirle una carta que tú le entregarás... Papel y pluma que me traigan.

Algo tardaron en darle lo que pedía, y él, en tanto, deleitábase contemplando la hermosura lozana y picante de *Saloma la navarra,* como allí le decían. Bueno es advertir que en

LOS RECURSOS ESCASEARON en el norte desde el verano de 1836. Después de tres años de guerra, la población civil se había acostumbrado a luchar contra las adversidades y sobre todo a convivir con la tropa. El mayor enemigo no fueron los soldados sino los inviernos. *(La nevada*, por Francisco de Goya. Museo del Prado. Madrid).

anteriores meses, y antes de que se iniciara en Bermeo la pasión ardiente que a tan lastimoso estado le había traído, padeció el pobre *Churi* el mal de amores, prendándose de Saloma con ansias y desvelos de calidad poco espiritual. Fue un desvarío juvenil, que se extinguió entre cenizas, después de mucho requebrar y pretender con resultado nulo. ¡Era desgraciado el hombre! Todo por la maldita sordera, por aquel tabique *de silencio* que, levantado entre él y la humanidad, le impedía gustar las dulzuras del querer... Mal curado de afición tan secundaria y superficial, cayó en la enfermedad honda que le cogía el cuerpo y el espíritu, lo divino y humano. Desapareció de su mente Saloma con su gallardía incitante y su graciosa labia; la pasión integral y soberana eclipsó la parcial y plebeya. Quedaba, siempre la cariñosa y leal amiga, que departía con él afablemente, le daba de comer y le agasajaba y atendía, condolida de la inferioridad a que su sordera le condenaba.

Casi toda la tarde hubo de emplear el sordo en su trabajo de escritura, porque excesivamente severo consigo mismo, nada de lo que escribía le contentaba, y unas veces por no acertar con el pensamiento que expresar quería, otras porque su torpeza caligráfica le hacía incurrir en garrafales errores, ello es que, rompiendo papel y trazando caracteres muy gordos, se le iban las horas. Por último, cuando ya obscurecía, quedó terminado aquel monumento, que leía y releía, buscándole faltas, añadiendo o raspando comas, sin llegar nunca a la deseada perfección.

—Tómate todo el tiempo que quieras, hijo —le decía Saloma—, y pluméalo bien, despacito, que el señor para quien es la carta se fue esta mañana al otro lado y no sabemos cuándo volverá.

Cansado de la penosa escritura, tanto como del viaje, el pobre *Churi* no se podía tener de sueño y quebranto de huesos. Saloma le dio un camastro en la casa de Portugalete (donde tenía su establecimiento de comidas, asociada con Casiana y los hermanos Anabitarte, vinateros), y en él cayó como una piedra el sordo, que si no lo fuera, no habría dejado de sentir aquella noche el horroroso temporal. El oleaje y remolinos de la barra daban espanto a la vista; el bramido de la mar unido al del viento ahogaban todos los ruidos de tierra, sin excluir los cañonazos de las baterías del Desierto contra Luchana. En toda la noche pudo la navarra pegar los ojos pensando en su pobre Baldomero acampado al raso o al abrigo de cualquier paredón, allá en las posiciones del ejército en la orilla derecha. ¡Y que esto pasara un cristiano por los derechos de Isabelita, de Carlitos, o del demonio coronado!...

CANSADO DE LA PENOSA ESCRITURA, TANTO COMO DEL VIAJE, EL POBRE *CHURI* NO SE PODÍA TENER DE SUEÑO Y QUEBRANTO DE HUESOS

Amaneció nevando. Las nueve serían ya cuando Saloma despertó a *Churi,* que no se hartaba de dormir, insensible al fragor de la Naturaleza.

—Arriba, hijo, que es tarde. ¡Pues no lo has tomado con poca gana! Ya tienes ahí a tu caballero de Madrid. Con el alférez Ordax ha pasado de las Arenas acá en un chinchorro, porque el puente de barcas se ha roto con la furia de la mar. ¡Esa es otra!... Levántate pronto, gandul, y si quieres verle, vente conmigo allá, y te arrimas a la escalera, que el don Fernando ha entrado en la casa de Azcoiti, donde se alojan los de artillería, y pronto ha de ir a mudarse de ropa. Está caladito... Dame el *documento* y se lo llevaré cuando se mude, que no está bien que entre yo en su cuarto mientras el hombre se aligera de vestido.

Al poco rato de esta conversación, veía *Churi* entrar al señor de Calpena y subir presuroso. Era él, el mismo: ya se le podía soltar el cohete sin ningún cuidado. Y a la media hora volvía Saloma a la cocina y daba al sordo cuenta de su comisión en estos o parecidos términos:

—¡Ay, hijo, qué jicarazo se ha llevado el pobrecito señor con tu carta! Se quedó al leerla más blanco que el papel en que la escribiste. Me preguntó que quién eras tú, y de dónde venías, y yo, naturalmente, le dije que eres *de los ricos* de Bilbao, buen chico, muy marinero, sólo que un poco impedido de la *audiencia*... Ahora toma tu desayuno y arrímate al fogón, que el día no está para rondar por el pueblo.

Solo en su desván, y ya vestido de ropa seca, no apartaba don Fernando su pensamiento ni sus ojos de la carta que había recibido; y entre dar crédito a la tremenda afirmación que contenía, o conceptuarla maligna impostura, transcurría veloz el tiempo sobre la cabeza del joven sin que éste lo sintiera. *«Anoche casó Aura con Zoilo Arratia»,* decían en substancia los garabatos del papel, trazados en letras gordas, como para suplir con el tamaño la torpeza de la escritura. En vano su amigo Uhagón (amistad reciente y cordialísima formada en aquellos meses) entró a decirle que si el temporal arreciaba, no habría más remedio que suspender las operaciones. A todo callaba Calpena; él, tan decidor, tan entusiasta de aquella campaña, tan unido al ejército, que la acción de éste y la suya propia habían venido a ser una sola acción, no decía nada, no comentaba, ni opinaba siquiera.

A TODO CALLABA CALPENA; ÉL, TAN DECIDOR, TAN ENTUSIASTA DE AQUELLA CAMPAÑA, TAN UNIDO AL EJÉRCITO

—¿Qué piensas? —le preguntó su amigo.

Y él, encerrando dentro de su alma una tempestad más horrorosa que la que andaba por los aires, se levantó y dijo:

—Pienso... que hacen bien los carlistas en no dejar en Bilbao piedra sobre piedra... pienso que la Humanidad es una vieja celestina, y la Naturaleza una mujer frágil...

XXXVIII

Arreció en el curso del día el temporal, sin que su violencia estorbara a las valientes tropas isabelinas para lanzarse a la pelea. Desde el camastro donde yacía en la casa de Jado, daba Espartero las órdenes de ataque, previa la distribución de fuerzas en una y otra orilla, para operar concertadamente contra Luchana. La brigada Mayol, que se hallaba en Sestao, pasó el Galindo por el puente que habían construido los ingleses, y ocupó las alturas de Rentegui y la Torre de la Cuarentena frente a la desembocadura del Azúa. Y en tanto, inutilizado por el temporal el puente de barcas sobre el Nervión, pasaron este, en lanchones custodiados por las trincaduras de guerra, ocho compañías de cazadores, dos del primer regimiento de la Guardia, dos de Soria, dos de Borbón, una de Zaragoza y otra del 4.º de Ligeros, y fuerza de Ingenieros y Artillería. En la travesía penosa, los pobres soldados coreaban la furibunda cantata del temporal con sus exclamaciones de ciego entusiasmo. Los zurriagazos de granizo con que les castigaba la Naturaleza, les embravecía más. ¡Bonita ocasión para proclamar la Libertad y declararse dispuestos a horrendo sacrificio por tan voluble Diosa, que los infelices no habían visto nunca, ni sabían cómo era!... Desembarcados en la orilla derecha, se apresuraron a entrar en calor marchando contra el maldecido puente. La división del Barón de Meer, que había pasado el día batiéndose en las riberas del Azúa, reanudó sus ataques con más brío al verse reforzada; los cazadores se abalanzaron sobre el puente sin encomendarse

Baldomero Espartero, «el general del pueblo» como le llamó el conde de Romanones, participó en la Guerra de Independencia, hizo frente a los insurrectos en las colonias americanas y puso fin a la primera guerra carlista tomando Morella y rompiendo el cerco de Bilbao en la batalla de Luchana. Estos triunfos militares y su carisma personal le llevaron a lograr la regencia del país tras la abdicación de María Cristina en 1841.

UN LARGO CAMINO HACIA LA GLORIA

El general Espartero, al que el conde de Romanones llamó «el general del pueblo», fue una de las figuras más populares del siglo XIX en España. De origen humilde, era un hombre ambicioso y un soldado que dio sobradas muestras de valor. Como político le faltaba habilidad, especialmente en un momento histórico en el que las pasiones enconadas recomendaban sutileza y mano izquierda. Luchó durante la ocupación francesa de 1808 y en las guerras de independencia de las colonias americanas. Fue un héroe tanto por sus orígenes, que despertaban la simpatía de la gente común, como por sus éxitos en el campo de batalla, en especial la conquista del puente de Luchana y la toma de Morella. La primera fue de capital importancia en el transcurso de la guerra y le sirvió para convertirse en conde de Luchana; y en la segunda aplastó el último reducto de los carlistas, por lo que la reina le concedió el título de duque de Morella y el Toisón de Oro. Ambas acciones le dieron tanta popularidad que lo catapultaron a la regencia tras la abdicación de María Cristina en 1841.

La batalla de Luchana fue uno de los encuentros decisivos de la primera guerra carlista. Tras un mes y medio de asedio de Bilbao por parte de las tropas de don Carlos, la escasez de alimentos comenzaba a ser muy preocupante en la ciudad y los bombardeos habían socavado el ánimo de los defensores, que ya solo esperaban salvarse si llegaba con rapidez ayuda exterior. Los sitiadores dominaban la margen izquierda del Nervión y en la margen derecha se habían hecho fuertes en las cercanías del río Asúa, afluente que desemboca en el Nervión a la altura de Luchana. En esa orilla los carlistas controlaban los montes Enekuri y Cabra, desde los que dominaban la ría e impedían la llegada de refuerzos liberales. El 30 de noviembre Espartero decidió avanzar con el grueso de las fuerzas por la orilla derecha del Nervión, para lo que había que atravesarlo. Ordenó construir un puente de barcas y el 1 de diciembre comenzó el traslado del ejército a la otra orilla. La intención era desbordar las posiciones carlistas, pero aunque atravesaron el río no pudieron cruzar el afluente Azza que les cerraba el paso a Bilbao. Sometidos a un intenso fuego desde los montes Enekuri y Cabra, se decidió la retirada para evitar un descalabro del ejército. Los días siguientes se mantuvieron las posiciones iniciales, hasta que Espartero decidió atravesar el río de noche. Cada batallón debía dejar una compañía en el campamento con hogueras encendidas para simular normalidad. Todo fue bien hasta que, en mitad de la maniobra, el puente se hizo pedazos. El general Ceballos, que había conseguido atravesar el río, requisó todas las embarcaciones y ordenó regresar a las tropas. El día 17, después de una semana de inactividad, varios navíos ingleses consiguieron llegar a Portugalete y los liberales se dispusieron a reanudar el combate. Esta vez el ataque se realizó simultáneamente por las dos orillas. El 9 la caballería y la artillería atravesaron el río usando pontones y el 20 cruzó la infantería mientras los cañones de los barcos españoles e ingleses distraían a los sitiadores carlistas desde el agua. El objetivo de los cristinos era atacar el puente de Luchana por ambos lados hasta desalojar a los carlistas, hacerse fuertes en esa posición y reconstruirlo; con ello, el camino hacia Bilbao estaría expedito. Ambos ejércitos se aprestaron al combate, que se desató el 24 de diciembre de 1836. Esa misma tarde tropas al mando del general Oraa se lanzaron a la conquista, pero la resistencia fue durísima y soportó todos los ataques liberales. Al anochecer, el general Espartero decidió dirigir varios batallones a la conquista del puente. Finalmente la resistencia carlista fue vencida y Luchana cayó en sus manos. Los carlistas comprendieron que la batalla estaba perdida y levantaron el sitio. A la mañana siguiente Espartero entró en Bilbao entre los aplausos de la población. Se había convertido en el héroe del pueblo.

BALDOMERO ESPARTERO. Grabado en el Museo Municipal. Madrid, y *El general Espartero revistando las tropas en la batalla de Luchana,* por Pablo Béjar.

EL BARÓN DE MEER. Grabado de época. Museo Romántico. Madrid.

DESTITUIDO POR BRUTAL

Ramon de Meer y Kindelán, barón de Meer y primer conde de Gra, nació en Barcelona a finales del siglo XVIII. Sirvió a las órdenes del conde de España y participó en la primera guerra carlista en las operaciones del bando cristino en Navarra. En 1837 fue nombrado capitán general de Cataluña, reorganizó la administración militar y creó organismos políticos catalanes, como el Consejo Superior de Cataluña y la Junta Central Administrativa, que consideraban al Principado unidad administrativa. Fue el responsable de la victoria de Gra en 1837 y de la recuperación de Solsona en 1838, pero la represión a que sometió a los carlistas fue tan dura que las Cortes lo destituyeron en 1839. En 1845 volvió a ser nombrado capitán general de Cataluña.

a Dios ni al diablo, y no era floja temeridad la de aquellos locos, porque los carlistas habían cortado un tramo, y armado poderosas baterías por la otra parte, con cuyos fuegos y la fusilería incansable podrían abrasar a los mismos ángeles que se acercaran. Pocos ejemplos de arrojo personal que al de aquella noche puedan compararse ofrecerá seguramente la Historia militar del mundo; y por mucho que el narrador apure los resortes del lenguaje para describirlo, siempre ha de resultar como un combate fabuloso entre fingidos héroes de la Mitología o la Leyenda.

Luchaban unos y otros en la obscuridad de una noche glacial, pisando nieve, azotados por el granizo, calados hasta los huesos. Si a esto se añade que habían comido poco y mal, acrece la inverosimilitud de aquel esfuerzo, que empezó con una fanfarronería quijotesca y acabó con una realidad sublime. Rodaban los muertos sobre la nieve; se arrastraban los heridos entre peñas y charcos sin que nadie les socorriese; los vivos asaltaban el puente casi a ciegas y a gatas, y sin duda por no ver el peligro, lo acometieron y lo dominaron. En pleno día, y con buen tiempo, tal empeño no habría sido quizás más que una honrosa tentativa. El éxito se convirtió en brillante hazaña, la más gloriosa quizás de aquella enconada guerra. Pudo suceder que los carlistas, fiados en la inverosimilitud del movimiento isabelino, y estimándolo demencia y bravata, se descuidaran en acudir con todo su poder a la defensa. También ellos luchaban en las tinieblas, envueltos en la glacial vestimenta del granizo y la lluvia; también a ellos les entumecía y paralizaba el frío, y la nieve les negaba un suelo seguro para combatir... A todos les trataba por igual la Naturaleza. En una y otra parte caían en tropel, los más para no volver a levantarse. La virginal blancura de la nieve se teñía de sangre. A las imprecaciones y gritos de salvaje marcialidad, respondía el viento con bramidos más espantosos. Por fin, los liberales se calzaron el puente, lo hicieron suyo, y pisaron el fango nevado de la orilla izquierda del Azúa. Emprendieron al punto los ingenieros la compostura del tramo destruido, para que pudieran pasar cañones, caballos, y todo el ejército cristino.

No se daban cuenta los hasta entonces vencedores de la importancia de su victoria, ni acertaban a medir los obstáculos que, tomado el puente, habrían de encontrar todavía, pues los facciosos habían surcado de formidables trincheras los montes de Cabras y San Pablo. Como no las tomaran pronto los de acá, todo lo que habían hecho era una sangría inútil. Tan grande fue en los cristinos el impulso adquirido, y en tal grado de coraje y excitación se hallaban, que no dieron paz al cuerpo ni al ánimo respiro, para seguir en demanda de las trincheras, con la ambición loca de pisar también en ellas y de hacer trizas a los que las defendían. De las nueve a las diez de la noche se empeñaron furiosos duelos a la bayoneta en la aspereza de aquellos montes: los isabelinos trepando; los otros a pie firme en los inexpugnables zanjones. Rodaban por acá cuerpos destrozados. Allá espiraban otros. Tan pronto avanzaban subiendo los liberales, como retrocedían precipitados, con la nieve hasta las rodillas; se hundían en ella, salían furiosos, y las bayonetas llegaron a parecer instrumentos de la Naturaleza: el hielo y el granizo convertidos en afiladas puntas y movidos por el huracán.

Una batería enemiga, colocada sobre el flanco derecho de las tropas de Isabel, les sacudía sin cesar. Pero no hacían caso, y para concluir pronto y decidirlo de una vez, no había más recurso que el arma blanca. Repetidos los ataques en una gran extensión, pues las tropas del barón de Meer pasaron a la orilla izquierda por un improvisado puente, las trincheras de los carlistas, hondas, labradas en terreno pedregoso y fuerte, continuaban inexpugnables. Eran hueso muy duro para que pudieran roerlo los de acá, enorme su extensión para que pudieran ganarlas por sorpresa. Y la noche no se aclaraba, ni disminuía la crudeza iracunda del temporal. Diríase que el suelo quería tragarse a los hombres y convertirse en inmenso pudridero y osario de todo lo viviente. Serían las diez cuando el animoso y experto general Oraa, a quien Espartero, por su enfermedad, había conferido el mando, vio la imposibilidad de avanzar, ya que no la de sostenerse, y pidió refuerzos. Espartero le envió al instante la primera brigada de la división de Ceballos Escalera; después la segunda, al mando de este. Siguieron la espantosa lucha, intentando escalar las trincheras, y cayendo de espaldas para volver a la embestida, sin desmayo, *por entrar en calor*. Fueron heridos el barón de Meer, el brigadier Méndez Vigo, y multitud de oficiales. El jefe de cazadores, Ulibarrena, lo había sido ya mortalmente en el ataque al puente de Luchana. Los soldados caían a centenares.

¡Bonita Noche Buena! Señores, hemos jurado perecer o salvar a Bilbao. Esta noche se cumplirá nuestro juramento

A las diez y media vio el general Oraa que habían llegado al límite del humano esfuerzo; pronto traspasarían la línea que separa los últimos alardes de la desesperación eficaz de los primeros espasmos de la impotencia, y ordenando conservar las posiciones y seguir combatiendo, bajó a la ría, pasó con dos ayudantes y el coronel Toledo a la orilla izquierda, y encaminose, ganando minutos, a la residencia del general en jefe. Oía don Baldomero desde su cama el estruendo de aquella tenaz contienda, y entre sus dolores que le retenían y sus cuidados de caudillo que de fuera le solicitaban, se revolvía inquieto, sin descanso, más castigado de la ansiedad que de la penosa cistitis. En el momento de su mayor quebranto llegó el valiente Oraa, y con militar rudeza le pintó en pocas palabras expresivas la situación apretada del ejército a la otra parte del río. Soltó al instante Espartero media docena de ternos gordos, y rechazando las ropas del camastro empezó a vestirse a toda prisa...

—Voy ahora mismo, aunque me cueste la vida... ¡pues no faltaba más! Tomado el puente, ¿qué hemos de hacer más que *uparnos* arriba como fieras? ¿Qué hora es? Las once. ¡Bonita Noche Buena! Señores, hemos jurado perecer o salvar a Bilbao. Esta noche se cumplirá nuestro juramento.

Acudió un asistente a vestirle, y él, calzándose las botas, mandó que entraran los que permanecían en la estancia próxima aguardando su determinación. «Gurrea, adelante... Toledo, pase usted... Pase usted también, Fernando... Pues ya lo ven: voy a echar el resto. O ellos o

LA GUERRA NO ENTIENDE DE NOMBRES. En el ataque a Luchana murieron varios hombres de confianza de Espartero, que vio sus cuerpos al final de la batalla. Los soldados cayeron a centenares, entre ellos el jefe de cazadores Ulibarrena. También fueron heridos el barón de Meer, el brigadier Méndez Vigo y multitud de oficiales. (*La noche de Luchana*. Grabado de Narváez y Manchón. Museo Romántico. Madrid).

yo... Ahora nos veremos las caras... Ya me van cargando a mí esos ojalateros... Mi caballo... pronto, mi caballo... Me ha dicho Oraa que ha muerto Ulibarrena... Les tengo que cobrar con réditos la vida de ese valiente... Venga el capote, el bastón... Ya estamos... ¡Pobres soldados, muertos de frío!... Allá voy, allá voy, y a Bilbao de cabeza... No quiero tomar nada... un poco de vino, y basta... Señores, el que quiera divertirse y oír cantar el gallo de Navidad, que venga conmigo...

Sobreponiéndose a su dolencia y ahogando la horrorosa molestia y dolores que sufría, se le vio pronto en militar apostura, gallardo, bien plantado, risueño. Su rostro amarillo, en que se manifestaba un reciente derrame bilioso, se animó con el fuego que la pasión guerrera en su alma encendía. Brillaban sus ojos negros; bajo la piel de la mandíbula inferior, decorada con patillas cortas, se observaba la vibración del músculo; fruncía los labios con muequecillas reveladoras de impaciencia. Mal recortado el bigote, por el descuido propio de la enfermedad, ofrecía cerdosas puntas negras, y bajo el labio inferior la mosca se había extendido más de lo que consintiera la presunción. Aún no gastaba perilla. El bigote de moco daba a su fisonomía carácter militar, dentro del tono especial de la época: casi todos los sargentos de su ejército le imitaban en aquel estilo de decoración personal. Resultaban caras enjutas, secas, con algo de simbolismo masónico en la disposición triangular de los adornos capilares, y expresión de tenacidad y constancia.

Pisaba fuertemente el suelo para entrar en calor, y mientras afuera disponían el paso a la otra orilla. Su mal de la vejiga le obligó a tomar precauciones, previendo que en noche de largo batallar habían de faltarle hasta los minutos para las funciones más precisas. Y al propio tiempo no cesaba de dar prisa. Dijéronle que en cuanto volviesen las lanchas que habían llevado la segunda brigada de la división de Ceballos Escalera, pasaría el Cuartel general. Tal era el desasosiego de Espartero, que habría pasado solo en una tabla, y no pudiendo aguantarse más en aquella inacción, salió masticando la saliva, y escupiendo alguno que otro venablo y mitades de interjecciones crudas... Le dolían partes de su cuerpo de las más sensibles; le dolía la situación comprometidísima de su ejército; le dolía el amor propio.

Cuando llegó al sitio de embarque, advirtiéronle que su caballo ya iba navegando hacia Luchana. Empezaron a embarcar las compañías de Extremadura y casi toda la división de Minuisir. En la gabarra que más a mano encontró, embarcose el general con su plana mayor y agregados militares y paisanos. El corto bagaje que llevaba, con muy poca ropa, escasos alimentos, y algunos chismes y drogas, impedimenta impuesta por la enfermedad, embarcado fue en la

EL CABALLO DE ESPARTERO

Existe un dicho popular que hace referencia al caballo de Espartero haciendo alusión a las personas que tienen gran valentía: «Tienes más huevos que el caballo de Espartero» o, en una versión más vulgar: «Tienes los cojones como el caballo de Espartero». Al parecer, el origen de esta expresión popular se encuentra en la estatua ecuestre erigida en la calle Alcalá de Madrid junto al parque del Retiro, en honor al general Baldomero Espartero, de finales del siglo XIX, y realizada en bronce por el escultor Pablo Gibert. En realidad, no se trataba de que los testículos del animal fuesen anormalmente grandes, sino de que el escultor cometió un error en el diseño. Al terminar el conjunto escultórico, la obra se situó sobre un pedestal de piedra. El caballo tenía la pata delantera derecha levantada, pero en el momento de quitar los soportes, la estatua se escoró hacia adelante. Para equilibrar el peso del caballo, el escultor intentó primero añadir mechones de pelo en la cola del animal para ejercer de contrapeso, pero finalmente optó por aumentar el tamaño de los testículos, donde supuso que el arreglo pasaría más inadvertido.

EL GENERAL ESPARTERO. Monumento en Madrid.

misma lancha donde iba el caballo. Religioso y triste silencio imperó en la travesía. Nadie hablaba. Por un momento, en un desgarrón de las nubes, dejose ver la luna menguante con medio rostro apagado. El temporal remusgaba lejano. Eran las doce, la hora del Nacimiento de Jesús, que allí no anunciaron cantos de gallo ni festejó el rabel de inocentes pastores. Más bien las cornetas y cajas y el pavoroso silbar del viento, proclamaban la destrucción del mundo.

XXXIX

Pisó tierra Espartero en la orilla derecha, y con él las tropas que de refuerzo llevaba. Delante de todos marchó el general a caballo, y pasado con precaución el puente famoso que había de inmortalizar su nombre, subió el primero hacia el monte de San Pablo, encontrando a su paso cadáveres dispersos, sobre los cuales blanqueaba ya el sudario de la nieve últimamente caída. Empezó por disponer que las tropas de refuerzo relevasen a los infelices que se habían batido toda la noche a la desesperada, con los pies insensibles, clavados en el suelo. Obligado por los accidentes del terreno a echar pie a tierra, departió don Baldomero con la tropa, contestando con expresiones fraternales a los vítores y gritos de entusiasmo con que fue saludado. Conferenció con su jefe de Estado Mayor, el general Oraa, y acordaron suspender el ataque para organizarlo con toda la fuerza útil disponible y relevar al instante los puestos avanzados. O la casualidad o un imprevisto accidente produjeron hechos contrarios a lo que la rutinaria lógica de los caudillos disponía.

Sucedió que Oraa dispuso que se diera el toque de alto, y el corneta de órdenes, sin saber lo que hacía, distraído o alucinado, ebrio quizás del frenesí batallador, tocó ataque, y lo mismo fue oír el estridor guerrero, lanzáronse unos y otros monte arriba con ordenado y rápido movimiento, rivalizando en ardor los que el general traía con los que allí encontró. Quiso Oraa contenerles y que se cumpliera su mandato, mal interpretado por el corneta; Espartero, con mejor instinto y rápido golpe de vista, se aprovechó de aquel felicísimo arranque de la tropa, y con llama de inspiración, vio que era llegado el momento de seguir el impulso de los inferiores, de la gran masa bélica. Esta tomaba la iniciativa; esta, en un fugaz espasmo colectivo, dirigía y mandaba. Procedía, pues, favorecer este arranque, dirigirlo, extremarlo, y no permitir que desmayara. Blandiendo su espada, se puso frente a una columna, y con aquella voz sonora, con aquel tono arrogante y fiero que electrizaba a las multitudes, adoptando formas de lenguaje muy enérgicas y al propio tiempo fraternales, les dijo:

DELANTE DEL QUE DE VOSOTROS AVANCE MÁS, VA VUESTRO GENERAL, QUE QUIERE SER EL PRIMER SOLDADO... ¡A LA BAYONETA... CARGUEN!

—Adelante todo el mundo, y arrollemos a esos descamisados... ¡Coraje, hijos, coraje!... Ahora verán lo que somos. Delante del que de vosotros avance más, va vuestro general, que quiere ser el primer soldado... ¡A la bayoneta... carguen! ¡Coraje, hijos!... Por delante va esta espada que quiere ser la primer bayoneta... Que mueran ahora mismo esos canallas, ¡coraje!, o abandonen el campo, que es nuestro. ¡Viva la Reina, viva el Ejército, viva la Libertad!

Y comunicado este furor a toda la división, avanzaron monte arriba con estruendo que hizo enmudecer los bramidos de la tempestad. Oraa se puso al frente de otra columna por la izquierda. Al llegar a la trinchera enemiga, oyeron rumor de pánico. Muchos carlistas huían, otros se defendieron con rabia heroica; pero la embestida era tan fuerte, que no pudo ser larga ni eficaz la resistencia. Ensartados caían de una parte y otra. La voz del general, no enronquecida, siempre clara y vibrante, les gritaba:

—No hacer fuego... Bayoneta limpia... ¿No quieren libertad? Pues metérsela en el cuerpo... Adelante: arriba todo el mundo. ¡Hijos, coraje!... Bilbao es nuestra, y de ellos la ignominia. Nuestra toda la gloria. Que vean lo que somos. Arriba, arriba... Ya huyen. ¡Firme en ellos!

No esperó el enemigo un segundo ataque, y huyó a la desbandada monte arriba, hacia la segunda línea de trincheras. De improviso, cuando ordenaban proseguir, descargó una tan fuerte lluvia con granizo, que los combatientes tuvieron que detenerse. No veían; el pedrisco les cegaba; el viento furibundo obligábales a guarecerse tras un matojo, al amparo de cualquier peña, tronco o paredón en ruinas.

—¡Mi general, aquí! —gritó un alférez, viendo a Espartero azotado vivamente por el temporal, la mano en el sombrero, el capote desabrochado por las garras del viento.

Guareciéronse en el socaire de una peña. El caudillo le reconoció al instante:

—Ordax... ¿no es usted Ordax? Avise usted al general Oraa dónde estoy. Que venga al momento. Esta racha pasará pronto...

El oficial, que era uno de los que más se distinguieron en el ataque del puente, corrió a cumplimentar las órdenes de su jefe. No tardaron en encontrar a éste sus ayudantes, y se agruparon para darle con sus cuerpos más abrigo. En la confusión de aquel momento, surcado el aire y azotada la tierra por los furiosos latigazos del granizo, oíanse gritos, voces, llamadas, nombres que sonaban desgarrados en medio de la furiosa tempestad. Espartero dejó oír su voz imperiosa:

—Aquí estoy... ¡Eh! ¡Gurrea... Toledo... aquí! ¡Demonio de tiempo! Ya les llevábamos en vilo... Que venga Oraa... ¡Oraa!... ¿Dónde está Ceballos Escalera?

—Aquí, mi general —replicó la voz potente del jefe de la segunda división.

—¿A qué distancia estamos de Banderas? Yo no veo nada. ¿Dónde está Banderas?

—Allí, mi general.

—Ya sé que está allí... ¿Pero a qué distancia poco más o menos? ¿Sabe usted que me encuentro mejor de mis dolores? Me ha sentado bien el sofoco, y encima del sofoco la mojadura. ¡Vaya una noche! Y dicen que en esta noche nace Dios... No lo creo.

JOSÉ ORDAX, UN REVOLUCIONARIO

José Ordax Avecilla, jurista y político leonés, nació en 1813 en Valderas. De familia liberal y clase media, estudió en Valladolid, aunque dejó los estudios para alistarse en la guerra contra los carlistas. Participó en los brotes revolucionarios contra Espartero en 1843 como cabecilla de la Junta Provisional de León. En 1840 fue nombrado oficial de la Biblioteca Nacional, tomando desde entonces una parte activa en la política. Entre 1846 y 1850 fue diputado en las Cortes por el Partido Demócrata, escisión del Partido Progresista, y redactó el manifiesto fundador de dicho partido en 1849. En la década de 1850 dirigió los periódicos *La Organización del Trabajo*, *La Asociación* y *La Creencia*, influenciados por el socialismo utópico. Fue redactor en los periódicos *El Regenerador*, *El Eco de Aragón* y *El Argos* y publicó trabajos como: *El prisma de la razón aplicado a los partidos y a la guerra actual* (1838), *Salve al 1.º de septiembre* (1840), *La Razón y la regencia* (1840), *Examen crítico filosófico de la revolución de 1843* y *La política de España* (1853). Al estallar la revolución de 1854 formó parte de la Junta Revolucionaria de Madrid y al año siguiente fue elegido diputado de las Cortes Constituyentes por la provincia de León. Falleció en la capital en 1856.

ESPARTERO ALCANZÓ LA GLORIA en la Navidad de 1836. Al mando de un grupo de soldados mal abrigados, sin apenas municiones y con el estómago vacío consiguió entrar en Bilbao. Como premio a su entrega mandó que se les diera rancho sin control y que se les proveyese de leña para combatir el frío. *(Espartero en Luchana.* Grabado del siglo XIX. Museo Romántico. Madrid).

—Mi general, estamos a un tiro de fusil de Banderas... Pero aún queda que tomar otra línea de trincheras más arriba.

—¡Qué trincheras ni qué cuerno! De esas les echaremos también... pero a culatazos... a patadas... Otra racha de granizo. Bueno: venga todo de una vez... Ya, ya para. Que den un toque de atención. No perdamos tiempo. ¿Qué hora es?

—Las tres y media, mi general.

En esto llegó Oraa, y Espartero le dijo:

—Escoja usted quince hombres decididos, de los que no creen en la muerte, y un oficial, para que vayan a hacer un reconocimiento en la altura de Banderas. No podemos presumir la fuerza que tienen allí, ni si están resueltos a defender el puente a todo trance. Tiempo han tenido de fortificarse bien. Pero estén como estuvieren, y hayan hecho más baluartes y baterías que tiene Gibraltar, allá nos vamos ahora mismo, *con la fresca,* a darles la última pateadura.

Habiendo cesado el chaparrón, salió don Baldomero de su escondrijo, y encareció a los soldados lo fácil que era subir hasta Banderas. Probablemente, el enemigo no tendría ya malditas ganas de ver caras isabelinas por allí, y saldría escapado en cuanto se enterara de la visita. Restablecidas las líneas que desbarató el temporal, trajéronle al general su caballo, y se le unió Carondelet, mientras Ceballos Escalera se alejaba a escape para cumplimentar las últimas órdenes. Los quince soldados y el oficial que se brindaron a ir de descubierta, marcharon silencios monte arriba. ¡Infelices, cuán grande era su abnegación! Iban tan sólo para probar el grado de fuerza que en Banderas tenía el enemigo. Si éste les recibía con intenso fuego, señal era de que la elevada posición quería y podía defenderse. En tanto, las columnas avanzaban con orden de no hacer ruido, callados los tambores y cornetas, calladas también las bocas. Como a la mitad del camino, entre el punto de partida y Banderas, los quince tropezaron con una cabaña en ruinas, infestada de facciosos, los cuales, por los huecos de los tapiales destruidos, rompieron el fuego. El general y sus adláteres observaban esto desde una distancia inapreciable por la obscuridad; mas no veían gran cosa. Roto el silencio por la estruendosa voz de Espartero mandando ataque, retumbó el trueno en la masa de tropas, y allá se fueron las columnas como un ventarrón furibundo, barriendo cuanto encontraban por delante. En las ruinas, más de la mitad de los quince rodaban por los declives cubiertos de nieve. En la primera embestida a las trincheras altas no pudieron los de acá desalojar al enemigo. El retroceso fue corto. No necesitaron ser jaleados para volver con ímpetu nuevo. Espartero y sus ayudantes picaron espuela en busca del sitio de mayor peligro. Esto fue de grande eficacia para alentar a los soldados, que, despreciando la muerte, volvieron a desafiarla cara a cara; y al tercer achuchón, los carlistas que no quedaron tendidos salieron por pies. A la izquierda, en la falda de San Pablo, la columna mandada por Oraa pudo avanzar con menos obstáculos. Espartero no la veía. Sólo por el ruido de tambores y las imprecaciones humanas que aventaba el temporal, podían apreciar los de la primera columna que sus compañeros les llevaban alguna ventaja. Situándose más arriba de las ruinas de la cabaña, pudo Espartero distinguir las masas carlistas en el alto de Banderas, moviéndose de flanco. ¿Iban en retirada? ¿Iniciaban un movimiento envolvente? Sobre esto hicieron cálculos más o menos aventurados Carondelet y el general en jefe.

A la izquierda, en la falda de San Pablo, la columna mandada por Oraa pudo avanzar con menos obstáculos

—Para saberlo con certeza —dijo este—, vámonos arriba... yo el primero. No hay que darles tiempo a nada... ¡Hijos, coraje! Más valemos muertos arriba que vivos abajo.

A medida que avanzando iban, veían más claro. Del cielo descendía escasa luz, aumentada por el reflector blanquísimo y lúgubre que cubría todo el monte, la nieve, cuya limpia y cándida superficie cortaban los montones de cuerpos humanos. La cabeza del carlista muerto asomaba por entre los brazos del liberal inerte. La obscuridad les agrandaba: creyéraseles cuerpos de gigantes alados, caídos de un espantoso combate en las nubes pardas, siniestras; estas corrían también, embistiéndose, y esparcían por el cielo turbio sus desgarrados vellones. En la porfía de tierra un horroroso estruendo de tambores, cornetas, gritos, vivas y mueras marcaba el paso de la nube humana, que se deslizaba sobre nieve, bramando como el trueno, hiriendo como el rayo. En la eminencia, el choque rudo produjo instantáneo retroceso. No se veía más que un trágico tumulto, confusión de cabezas y brazos, y entre ellos el centelleo de las bayonetas. No lejos de la columna de vanguardia, Espartero les decía:

—¡Duro, hijos, duro, que ya estamos en casa!... No hay quien pueda con nosotros... Allá vamos todos, yo el primero...

No tardaron los absolutistas en desbandarse por la vertiente norte. Iniciado el abandono del fuerte, los de acá pusieron en la cúspide sus manos, luego sus rodillas. El ejército de Isabel dio por fin en ella la furibunda patada que estremeció y quebrantó para siempre el inseguro reino de Carlos V. Serían las cinco cuando el caballo de Espartero tocaba el himno con su vigorosa pezuña sobre el suelo de la plaza de armas del fuerte. El noble animal no podía sofocar con sus relinchos la gritería de los soldados, ebrios de gozo.

El ejército que tal hazaña consumó era un gran ejército; mas para que luciera en toda su grandeza el santo ardor patriótico y el militar orgullo que le inflamaban, era necesario que tuviese caudillos que supieran cogerle de un brazo y llevarle a las cumbres estratégicas, que simbolizan las altas cimas de la gloria. Sin tales pastores, no puede haber rebaños tales. Pastoreaba las tropas cristinas, en aquella noche terrible, un soldado de corazón grande, que supo infundirles el sentimiento del deber, la convicción de que sacrificando sus vidas mortales salvarían lo inmortal de la patria, el honor histórico de las banderas. El tiempo, en vez de amenguar la talla de aquellas figuras, las agiganta cada día, y hoy las vemos subir, no tanto quizás por lo que ellas crecen como por lo que nos achicamos nosotros; y aún lloramos un poquito, ya con todo el siglo dentro del cuerpo, viendo que gérmenes tan hermosos no hayan fructificado más que en el campo de la guerra civil. Creíamos que aquello era el aprendizaje para empresas de superior magnitud... Pero no era sino precocidad infantil, de las que luego salen fallidas, dándonos tras el muchachón de extremado vigor cerebral, hombres raquíticos y sin seso.

«EMPEÑA TU PALABRA, LA MÍA, LA DE LOS AMIGOS; EMPEÑA TUS ALHAJAS Y HASTA EL PIANO; REÚNE TODO EL DINERO QUE PUEDAS, Y MÁNDAMELO EN ORO»

No debe mostrarse aislado el ejemplo de Espartero en la gloriosa Navidad del 36; que unido a otros ejemplos y memorias de aquel caudillo, resplandece con mayor claridad y nos permite conocer toda la grandeza de los hombres que fueron. Antes de la liberación de Bilbao, los suministros del ejército andaban como Dios quería. El Gobierno pedía victorias para darse tono, ¡victorias a soldados descalzos y hambrientos! Todo el mando de Córdova fue una continua lamentación por esta incuria. No fue más dichoso Espartero, y en su afán de emprender vivamente las operaciones, ardiendo en coraje, atento a su decoro y a la moral de sus tropas, resolvió el conflicto de un modo elemental, casi inocente. Sin duda por ser del orden familiar, no se ha perpetuado en letras de oro, sobre mármoles, la carta que con tal motivo escribió a su mujer, la bonísima, hermosa y sin par Jacinta Sicilia. Decía entre otras cosas: «Empeña tu palabra, la mía, la de los amigos; empeña tus alhajas y hasta el piano; reúne todo el dinero que puedas, y mándamelo en oro». Tan diligente anduvo la dama, que con el mismo mensajero portador de la carta remitió a su esposo mil onzas. El general dio de comer a sus soldados, y a los pocos días, postrado en cama con mal de la vejiga, y viendo a sus queridas tropas en el grande aprieto del Monte Cabras y Monte San Pablo, salta del lecho, con una temperatura glacial, y hace lo que se ha visto... Desgraciada era entonces España; pero tenía hombres.

XL

Al apuntar el día, que como de los más chicos del año no empezó a despabilarse hasta las siete, ayudando a su pereza lo turbio del celaje, vieron los vencedores a los vencidos desfilando a toda prisa por los senderos que conducen a Erandio y Derio. Otros tomaban presurosos los caminos de Deusto, para pasar a la orilla izquierda por los puentes de barcas que tenían en San Mamés y en Olaveaga.

Y de un montón de cadáveres blanqueados por la nieve salió una voz moribunda que me dijo: «Aquí está lo que queda de la Guardia Real»

—¡Lástima grande —dijo Espartero, viendo la desbandada del enemigo— no tener caballería disponible para que se fueran con todos los sacramentos!

Tomado también, sin disparar un tiro, el Molino de Viento, y dejando éste bien guarnecido, así como el fuerte, siguió Espartero hacia el caserío de Archanda, donde ocupó la misma casa en que habían celebrado la Navidad, con espléndida cena, los jefes carlistas Eguía y Villarreal. Aún encontraron la mesa puesta, y en ella restos de manjares, todo en desorden, como si los comensales hubieran tenido que salir escapados, mascando aún, y con las servilletas prendidas. Invadida la casa por la Plana mayor y ayudantes, Espartero tomó asiento en el comedor y les dijo:

—Ya ve España que he cumplido mi palabra. Salí para Bilbao, y en Bilbao estamos; al menos tenemos la llave de la puerta.

—Mi general —dijo Gurrea, que no cesaba de dar órdenes referentes a provisiones de boca—, he mandado que nos hagan café.

—Para ustedes. Yo sabes que ahora no lo tomo. Algo caliente tomaría yo... No he traído nada... No me dio tiempo a llenar la fiambrera... Oye, que me hagan unas sopas de ajo... Vino caliente quiero.

—¿Qué tal se encuentra usted, mi general? —le preguntó Carondelet—. ¿Apostamos a que el julepe de esta noche le sienta bien?... La gloria, entiendo yo, es buena medicina.

—Hombre, sí... Yo creí que estaría peor. La misma excitación nerviosa me ha sostenido... Hubo un momento, lo confieso, en que los ánimos querían marchárseme. Fue cuando pregunté: «¿Dónde está la Guardia?». Y de un montón de cadáveres blanqueados por la nieve salió una voz moribunda que me dijo: «Aquí está lo que queda de la Guardia Real». Al oír esto, sentí ese frío mortal que me sale de los riñones, y por el espinazo me sube a la nuca... ¡Pero qué demonio! Di algunas patadas, para soltar el frío y el miedo por las suelas de las botas... vamos, que eché un nudo a todos los recelos, y también a los dolores que me atenazaban las entrañas, y me dije: «No fastidiar ahora... A la obligación; a reventar aquí, o a vencer. Dios nos ha favorecido: mandó a los truenos que tocaran el himno...». No crean: cuando me eché de la cama, me daba el corazón que íbamos a cargarnos a toda la ojalatería habida y por haber... ¡Y eso que la noche, compañeros, ha sido de las que llaman a Dios de tú!

—Mi general —dijo don Marcelino Oraa, entrando presuroso y risueño—, tengo una gallina asada, y me parece que después de lo que hemos hecho, bien podemos comérnosla tranquilamente.

—Sí, hombre, sí; venga: nos la comeremos entre los dos... Pero mande usted que la calienten.

—Ya están en ello. Los señores *desocupantes* nos han dejado la cocina encendida.

—¿Y hay fuego?

—Magnífico. Y ahora lo estamos atizando más.

—Pues vámonos allá... Estoy helado... A la cocina, señores.

Y camino del fogón, don Baldomero, apoyado en el brazo de Carondelet, pues su dolor de riñones le molestaba más de la cuenta, decía:

—¡Esos pobres soldados muertos de frío, al raso!... Que todos los cuerpos se provean de leña, que aquí la tendrían abundante los ojalateros... Que hagan hogueras... Y de rancho, que se les dé lo que haya, a discreción... Otro día se tasará; hoy no se tasa nada, pues ellos han dado *a tutiplén* su sangre y el fuego de sus corazones... Lo que yo digo: "En días como éste, debiera Dios hacer también algo extraordinario por los pobres soldados; y como es fiesta de Navidad, ¿por qué no manda caer una buena lluvia de pavos, pero asaditos, y de añadidura capones?". Hombre, todo no ha de ser granizo y balas. Yo, señores, estoy que no puedo ya con mi alma. Y si a ustedes les parece, después que me haya comido mi parte de gallina y las sopas de ajo, si me las dan, descansaré un rato. Oraa, ¿a qué hora entramos en Bilbao?

SOBRE LAS ONCE ME PARECE LA MEJOR HORA —DIJO DON MARCELINO CON LA BOCA LLENA—. ALLÍ NO SE HAN ENTERADO TODAVÍA

—Sobre las once me parece la mejor hora —dijo don Marcelino con la boca llena—. Allí no se han enterado todavía. No tardarán en subir bandadas de patriotas. El cuento es que de nutrición están peor que nosotros, y tendremos que darles de lo nuestro.

Con estas bromas comían unos y otros, ofreciéndose recíprocamente y aceptando lo que cada cual tenía. Sin cesar entraban oficiales y paisanos más o menos armados, de los que se agregaron al Cuartel general.

—¡Hola, Uhagón! —dijo Espartero—. Ya hemos salvado a su pueblo. Ya estará usted tranquilo. ¿Ve usted cómo no hay plazo que no se cumpla?

—Locos de contentos están mis pobres *chimbos*. Ya se oye el repicar de todas las campanas de Bilbao.

—¡Pobrecitos, qué ganas tendrán de vernos! Y yo a ellos también... Hola, Fernando: pase, pase. No creí que se hubiera usted atrevido a subir a este piso principal... bajando de las nubes. ¿Qué tal? ¿Presenció usted la locura de anoche? ¿Vino usted a retaguardia?

—No tan a retaguardia, mi general —dijo Calpena— que dejara de ver los milagros del soldado español.

—Milagro ha sido..., bien dicho está. Vea usted, vea usted, señor madrileño, cómo aquí sabemos cumplir.

—Ya lo he visto, y si no lo viera, nunca lo hubiera creído. Nunca, digo yo, ha sido la verdad tan inverosímil.

—Ya tiene usted que contar... Siéntese donde pueda, y busque un plato, que quiero obsequiarle con un alón de gallina.

—Muchas gracias, mi general. Uhagón, Ordax y yo, merodeando en el Molino de Viento con otros amigos, hemos tenido la suerte de descubrir nada menos que un cordero asado, y una bandeja de arroz con leche.

—¡Hombre, qué suerte! ¿Y no ha quedado nada?

—Mi general: todo nos lo hemos comido.

—Bien: hay que tomar fuerzas para entrar en la plaza. Ya tiene usted a Bilbao libre, a Bilbao abierta. Y allí las muchachas bonitas esperando a la juventud. Entrarán ustedes conmigo.

—Si vuecencia nos lo permite, Uhagón y yo nos iremos por delante, a la descubierta, mi general. Los dos tenemos aquí familia.

—Enhorabuena: váyanse ahora mismo si gustan... y digan que a las once entraré con mi Estado Mayor a saludar a las autoridades de ese heroico pueblo, al pueblo todo, a la valiente guarnición, a la intrépida Milicia.

Anunció a la sazón un ayudante que por el camino de Deusto subía mucha gente, comisiones de la Diputación y Ayuntamiento, y medio pueblo detrás. No esperaron más Uhagón y Calpena, y se fueron monte abajo salvando trincheras; pero como por los mismos vericuetos subía bastante gente, y entre ella muchos conocidos de Uhagón, a cada instante habían de detenerse. Entre saludos aquí, abrazos allá, y el contestar a los vivas, y el dar noticia sintética de los combates de la noche anterior, emplearon cerca de dos horas en llegar a Deusto. Ardiendo en impaciencia, Calpena tiraba de su amigo como de una impedimenta fastidiosa y necesaria. Cuando llegaban a la Salve, Uhagón hubo de contener el paso vivo de Fernando, diciéndole:

—No corras, que aunque volaras, no habríamos de llegar tan pronto como deseas. Afortunadamente, al entrar en mi pueblo, no necesitarás hacer averiguaciones para encontrar lo que buscas. Conozco a los Arratias, Sabino y Valentín; conozco la casa de la Ribera. Lo que siento es no poder acompañarte: ya comprendes que he de ir inmediatamente a mi casa, y antes de llegar a ella encontraré parientes, familia, que me cogerán y me secuestrarán. Si no quieres venirte conmigo a casa, yo buscaré persona que te llevará a la Ribera... No puedes perderte... Sigues por esta orilla del Nervión. Ves el paseo del Arenal, y adelante siempre, junto a la ría; ves el teatro, y adelante... Y ya estás allí... Miras las puertas de las tiendas, y donde veas una fragata a toda vela... una muestra con un barco pintado... allí es.

A poco de decir esto el bilbaíno, cayeron en un grupo entusiasta, frenético, en el cual más de veinte individuos abrazaron a Uhagón porque le conocían, a Calpena sin conocerle, y que quieras que no hubieron de detenerse a cantar odas y elegías ante los ahumados muros de San Agustín. Calpena no pudo ser insensible ni a las demostraciones de aquel patriotismo delirante, ni a la simpatía y afecto con que los desconocidos le llevaban de un lado a otro, enseñándole las gloriosas ruinas, los escenarios de muerte, trocados ya en históricos monumentos.

Viéndose separado de Uhagón, que en el barullo fue arrastrado lejos de su amigo, los que rodeaban a Calpena dijéronle con cariñosa urbanidad:

—Ya encontraremos a Celestino. Usted se vendrá a mi casa.

Y todos se brindaban a llevársele en cuanto vieran entrar al general victorioso. Agradecido, se excusó el madrileño cortésmente, y sin darse cuenta del tiempo que engañoso transcurría, se dejó querer, se dejó llevar. Llegados a la Cendeja, el gentío les estorbó el paso. Quisieron retroceder, y se encontraron frente a otro tumulto y vocerío más grandes. Espartero se aproximaba con todo su Estado Mayor para entrar solemnemente en la plaza como libertador glorioso. En los remolinos del gentío para abrir calle, viose Calpena separado de los desconocidos que le acompañaban; buscoles con la vista; pero ni ellos ni Uhagón aparecían entre las mil caras de la muchedumbre, las cuales por la unidad del sentimiento que expresaban parecían pertenecientes a un solo ser. Imposibilitado de avanzar, arrimose a un paredón, y vio al general a pie, avanzando con marcial gallardía por delante de San Agustín, y atravesando después por el paso que al efecto abrieron en la *Batería de la*

Ardiendo en impaciencia, Calpena tiraba de su amigo como de una impedimenta fastidiosa y necesaria

Muerte. La exclamación popular en aquel hermoso momento; el estallido de la muchedumbre, confusa mezcla de entusiasmo, de gratitud, de duelo, de amor, fue como un llanto inmenso. Engranado en el conjunto, y partícipe de la total emoción, Calpena lloraba también con gritos de alegría.

Mientras Espartero abrazaba en el Arenal a los jefes de la Milicia, los remolinos de gente llevaron a don Fernando de una parte a otra. No podía sustraerse al delirio del pueblo; sentía con él el júbilo de la victoria y el dejo amargo de los pasados sufrimientos. La ola humana, que reventaba en cánticos, en vivas y clamores diversos, le arrastraba. Se sintió ciudadano de la valerosa villa; se sintió sitiado, hambriento, moribundo, redimido al fin por el propio esfuerzo y el del héroe que en aquel instante confundía su legítimo orgullo con el del vecindario, y su fe con la fe bilbaína.

Hasta que fue pasando lo más fuerte de la emoción popular, no se vio Calpena fuera de la ola... Pensó en orientarse. Reconociendo el punto por donde había entrado, y observando el curso de la ría, restableció su rumbo. «Por esta orilla, siempre adelante», le había dicho Uhagón. No tardó en reconocer el Teatro, y hacia él se encaminaba, cuando se inició un movimiento de la multitud en la propia dirección. Vacilaron un instante los grupos delanteros. Aquí decían que el general iba al Ayuntamiento; acullá, que a la Diputación. Pero debieron de estar en lo cierto los que indicaban el primer punto, porque la masa de bilbaínos, ardiente, bulliciosa, entonando patrióticos cantos y enarbolando trofeos militares, corrió hacia la Ribera.

«Hacia allá vamos todos», se dijo Calpena, dejándose arrastrar nuevamente por la ola y arrimándose todo lo que pudo al pretil de la ría para no perder su derrotero. Miraba una por una las casas fronteras, y antes de que terminara la curva que en aquella parte describe la línea de edificios, obediente al curso del Nervión, vio encima de una puerta una hermosa fragata navegando a toda vela... ¡Allí era!... La multitud llenaba por completo la vía desde las casas hasta el río. Sobre el mar de cabezas en movimiento navegaba la fragata en dirección contraria, embistiendo con su gallarda proa la corriente humana. Así lo vio Calpena, observando al propio tiempo que en los balcones inmediatos al barco no había gente y que la puerta de la tienda estaba cerrada.

Agarrose al pretil para zafarse de la ola, como el náufrago que se agarra a la peña. Realmente, trazas de náufrago tenía. El fango le llegaba a las rodillas; temblaba de ansiedad, de frío...

FIN DE LUCHANA

KONSTANZ'

schönste Seiten

Constance's most beautiful sides

Constance sous ses plus belles facettes

Mit Fotografien von Ralf Brunner
und Texten von Jörg-Peter Rau

Medien-Verlag Schubert

MVS

ISBN 978-3-937843-22-3

Konzeption/Gestaltung: Uwe Schubert /Ann-Kristin Nuernbergk
Printed in Germany

Inhalt Contents Table des matière

Schwanensee
Swan Lake
Lac des Cygnes

Seezeichen
Landmarks
Signes du Lac

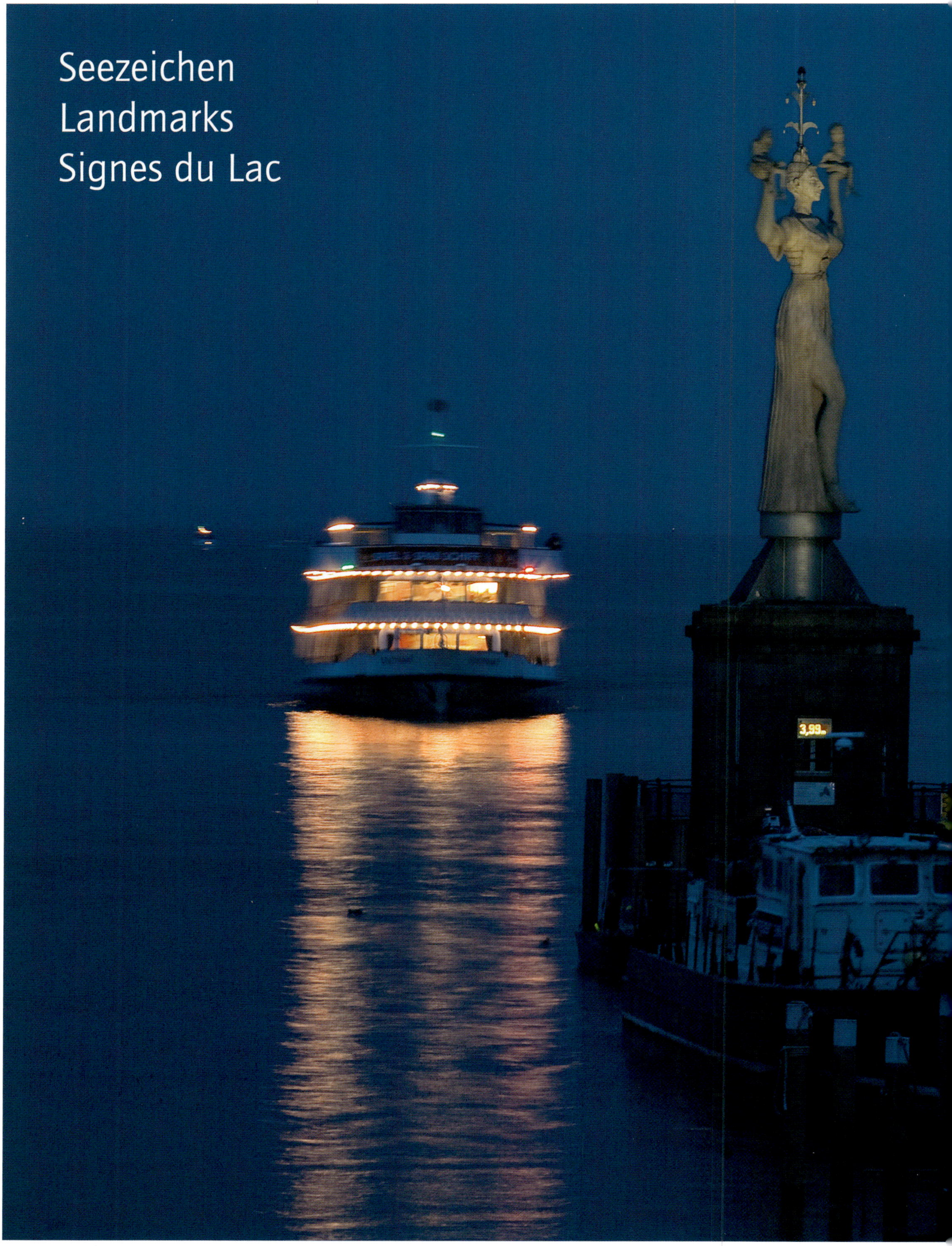

GIESS
Rundfahrten und Linienfahrten
GIESS
Seestraße – Bodensee-Therme/Freibad Horn – Bottighofen (CH)
Die Fahrkarten erhalten Sie nur bei uns am Schiff.

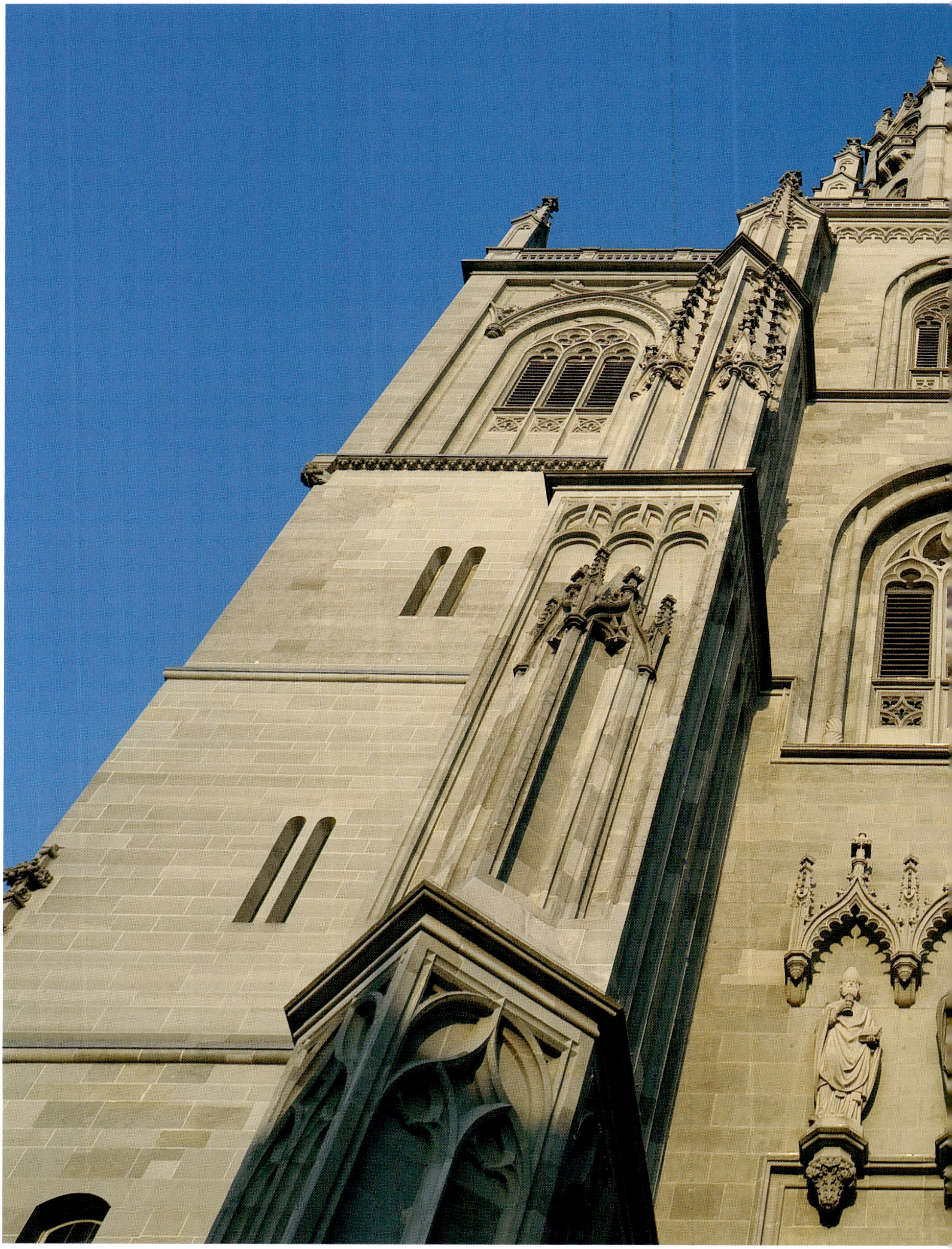

Seeligkeit
Beatitude
Béatitude

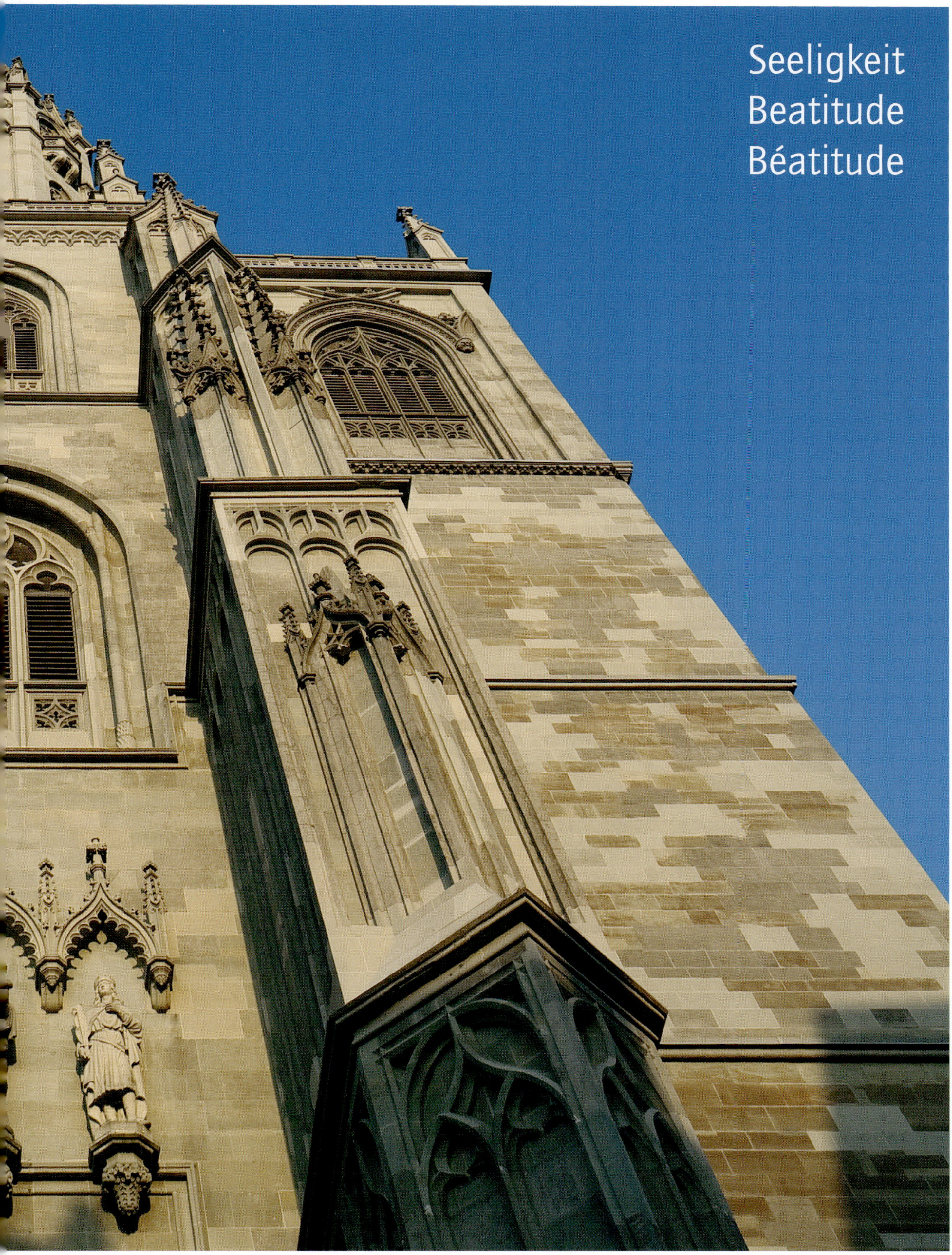

Seeblick
Lakeview
View sur Lac

Blumenmeer
Lake of Flowers
Flots de fleurs

Am Hafen

Langsam manövriert das Linienschiff in den Konstanzer Hafen. Rechts zieht die riesige Betonstatue einer leicht bekleideten Frau vorbei, die zwei Männer fast spöttisch in ihren Handflächen zu wiegen scheint. Links das alte Leuchtfeuer. Gerade voraus das große alte Lagerhaus, das die Menschen in der Stadt nur „das Konzil“ nennen, war es doch Schauplatz eines Ereignisses von Weltrang. Die kleine Stadt am Bodensee beherbergte das Konstanzer Konzil (1414 bis 1418). Etwas weiter in die Stadt hinein die ehemalige Postdirektion, die Türme von Münster, St. Stephan und Lutherkirche kommen in Sicht. Als das Schiff endlich festgemacht hat, fällt der Blick auf das lebhafte Treiben am Hafen. Touristen bummeln durch den Stadtgarten, zur Imperia-Statue, warten auf ihr Schiff, das sie zur Insel Mainau oder viele andere Ziele am Bodensee bringen soll. Für die Feriengäste, die Kurzurlauber, die Tagungsgäste ist der Hafen die erste Visitenkarte der Stadt. Doch auch die Menschen, die das Glück haben in Konstanz zu wohnen, haben hier mehr als eine Durchgangsstation auf dem Weg zum Zug oder zum Schnellboot nach Friedrichshafen, der zweitgrößten Stadt am Bodensee. Bummelmeile, Ausflugsziel, Tummelplatz für Familien und Wasservögel: Wo bis ins 19. Jahrhundert das geschäftige Treiben zwischen Lagerhäusern und der Warenumschlag das Bild bestimmten, herrscht jetzt Entspannung pur. Und bei gutem Wetter schweift der Blick nach Süden ans Schweizer Ufer, nach Osten in Richtung Österreich und weit hinauf auf den Obersee, den östlichen und größeren Teil des Bodensees.

In the Harbour

A liner slowly manoeuvres into Constance‘s harbour. An enormous concrete statue of a lightly dressed woman passes by on the right; she seems to rock the two men in her palms almost mockingly. On the left, the old navigational light. Straight ahead, the large old warehouse that the people here in town simply call „The Council“, after all it was the scene of an event of international importance. This little town at Lake Constance housed the Council of Constance (1414 to 1418). Some way further into town stands the former main post office, the

towers of Münster, St. Stephan and Lutherkirche come into view. Once the ship has finally moored, the eye is drawn to the lively hustle and bustle in the port. Tourists stroll through the municipal gardens to the statue of Imperia, wait for the ship which will take them to the island of Mainau, or one of the other destinations around Lake Constance. For visitors on holiday, a quick trip, or attending a conference, the harbour is the town's first calling card.

But also those who are lucky enough to live in Constance use this as more than a stopping-off place on their way to the train or the speedboat to Friedrichshafen, the second largest town at Lake Constance. Promenade, excursion destination, playground for families and waterfowl: Where up to the 19th century the busy bustle between the warehouses and the movement of goods dominated the scenery, we now find pure relaxation. And when the weather is good you have a view all the way to the Swiss shore to the south, towards Austria to the east, and far up to the upper lake - the eastern and largest part of Lake Constance.

Au port

Lentement, le navire de ligne manœuvre pour entrer dans le port de Constance. À sa droite défile l'énorme statue en béton d'une femme légèrement vêtue qui semble soupeser d'un air presque narquois deux hommes qu'elle tient dans ses paumes. À gauche, l'ancien phare. Droit devant, l'ancien entrepôt, imposant, que les gens d'ici n'évoquent que sous le nom de «Concile»: n'a-t-il pas été la scène d'un événement à portée mondiale ? De 1414 à 1418, la petite ville au bord du lac de Constance a en effet accueilli le Concile de Constance. Un peu plus loin dans la ville, on aperçoit l'ancienne direction de la poste, les tours de la cathédrale, de l'église Saint-Étienne et de l'église luthérienne. Quand le navire s'amarre enfin, le regard découvre la vie animée du port. Les touristes flânent à travers le jardin municipal, s'approchent de la statue Imperia, attendent le bateau qui les amènera à l'île de Mainau ou à l'une des nombreuses autres destinations du lac de Constance. Pour les vacanciers, visiteurs et autres congressistes, le port est la première carte de visite de la ville.

Mais même pour les gens qui ont la chance d'habiter à Constance, l'endroit est bien plus qu'un simple lieu de passage pour prendre le train ou la vedette en direction de Friedrichshafen, deuxième ville du lac de Constance. Promenade, destination d'excursion, lieu récréatif pour les familles comme pour les oiseaux aquatiques: aux abords des entrepôts, marqués jusqu'au XIXe siècle par une activité industrieuse et le transbordement des marchandises, l'heure est aujourd'hui à la détente pure. Et quand il fait beau, le regard frôle la côte suisse au sud, l'Autriche à l'ouest et, plus haut, le lac Supérieur (Obersee), la partie orientale du lac de Constance qui est en même temps la plus grande.

Graf Zeppelin

Ein großer Sohn der Stadt: In Konstanz wurde am 8. Juli 1838 Ferdinand Graf von Zeppelin geboren. Im Gebäude des Inselhotels erblickte ein Mensch das Licht der Welt, der Luftfahrtgeschichte schreiben und die Kontinente verbinden sollte. Ohne den Bodensee hätte es die lenkbaren Starrluftschiffe, die schon bald als „Zeppeline" den Namen ihres Erfinders tragen sollten, kaum gegeben. In einer Bucht vor dem damals noch unbedeutenden Friedrichshafen, 20 Kilometer östlich von Konstanz, stieg am 2. Juli 1900 das neuartige Fluggerät erstmals in die Lüfte. Und heute kann man wieder Zeppeline am Himmel über Konstanz sehen: Die Technik lebt weiter, auch im Zeitalter der Airbusse – allerdings eher in einem Nischensegment und schon gar nicht im weltumspannenden Linienverkehr.

Count Zeppelin

A great son of this town: Count Ferdinand von Zeppelin was born in Constance on July 8th, 1838. A man who would write aviation history and connect the continents, first saw the light of the world in the island hotel building. Without Lake Constance the steerable rigid-framed airships, which would soon bear the name of their inventor as "zeppelins", might never have existed. The new flying machine rose for into the air for the first time in a bay in front of the (at that time still insignificant) Friedrichshafen, 20 kilometres east of Constance, on July 2nd, 1900. And, today, one can see zeppelins in the sky over Constance again: The technology lives on, even in the age of the airbus - but rather in a niche segment and certainly not in regular global traffic.

Le comte Zeppelin

Une figure emblématique de la ville: le 8 juillet 1838, le comte Ferdinand von Zeppelin naît à Constance. L'homme qui voit le jour dans l'édifice de l'actuel hôtel de l'île («Inselhotel») marquera l'histoire de l'aéronautique et reliera les continents. Sans le lac de Constance, les dirigeables rigides, rapidement connus sous le nom de «zeppelins», en hommage à leur inven-

teur, n'auraient probablement pas existé. C'est dans une baie de Friedrichshafen, une ville alors encore insignifiante située à 20 kilomètres à l'est de Constance, que l'engin volant novateur s'élève le 2 juillet 1900 pour la première fois dans les airs. Aujourd'hui, on peut de nouveau voir des zeppelins dans les cieux de Constance. Même à l'âge des airbus, cette technique continue d'exister - toutefois dans un segment de niche, et certainement pas dans le cadre du service aérien régulier dans le monde.

Zum Greifen nah: die Alpen

Blaues Wasser, grüne Hügel, weiße Berge: So präsentiert sich der Bodensee vor Konstanz im Frühjahr. Wo sich der Bodensee zum Trichter formt, die Bucht immer schmaler wird und ihr Wasser in ein kleines Stück Rhein entlässt, da liegt Konstanz. Die sanften Anhöhen am Schweizer Ufer heißen dann auch Seerücken, und der benachbarte Kanton Thurgau hat viel von seiner Ursprünglichkeit behalten. Weiter in die Schweiz hinein dann die Alpen, erst grün und bewaldet, dann grau und felsig. Beherrschender Punkt im Panorama ist der Säntis, mit 2502 Metern der höchste Punkt im Alpstein-Massiv und einer der besten Aussichtspunkte der Schweiz überdies. Am Hafen kommen die Geschäftigkeit der Personenschifffahrt und die Muße des Verweilens zusammen, und im Großaquarium Sea Life Centre ganz in der Nähe der Kaimauern staunen nicht nur die Kinder, wenn es im Glastunnel mitten durch einen guten Ausschnitt der heimischen und exotischen Fischwelt geht.

Within reach: the Alps

Blue water, green hills, white mountains: This is how Lake Constance presents itself in front of Constance in spring. Constance lies at the point where Lake Constance forms a funnel, the bay becomes narrower and narrower, and lets its water into the Rhine a piece at a time. The gentle hills on the Swiss shore are called "sea backs", and the neighbouring canton Thurgau has kept much of its originality. Further into Switzerland and then into the Alps – first green and wooded, then grey and rocky. A dominant point in the panorama is the Säntis, its 2502 metres the highest point in the Alpstein massif and also one of the best vantage points in Switzerland. In the harbour, the business of passenger shipping and the leisure of relaxation come together, and not only children are completely amazed in the Sea Life Centre's aquarium near the quai walls, when they go through the glass tunnel, through the middle of a good cross-section of the domestic and exotic fish world.

Les Alpes grandeur nature

Une eau bleue, des collines vertes, des montagnes blanches: c'est ainsi que se présente le lac près de Constance au printemps. Là où le lac forme un entonnoir, où la baie, de plus en plus étroite, laisse

écouler son eau dans une petite partie du Rhin, se trouve la ville de Constance. Le relief aux pentes douces, sur la rive suisse, s'appelle très justement «Seerücken», «dos du lac», et la Thurgovie voisine a su conserver beaucoup de son authenticité. Plus loin côté suisse, les Alpes, d'abord vertes et boisées, puis grises et rocheuses. Le Säntis, avec ses 2502 mètres le point culminant du massif de l'Alpstein et aussi l'un des meilleurs belvédères de la Suisse, domine le panorama. Au port, l'activité industrieuse liée au transport des passagers et la détente font bon ménage, tandis qu'au Sea Life Centre, l'aquarium situé à proximité immédiate des quais, les enfants ne sont pas les seuls à s'émerveiller en traversant, dans un tunnel en verre, une bonne partie de la faune piscicole d'ici et d'ailleurs.

Rund ums Konzil

Hier wurde Weltgeschichte geschrieben: Im Konzilsgebäude, eigentlich ein Lagerhaus aus dem 14. Jahrhundert, traf sich von 1414 bis 1418 Gott und die Welt. Auch ein Papst wurde in Konstanz gewählt, einmalig bisher auf deutschem Boden: Martin V. ging als großer Gewinner aus dem globalen Kirchentreffen hervor. An ihn erinnert die Figur mit der Tiara, der Papstkrone, die die Frauenfigur auf ihrer rechten Hand balanciert. Gegenüber sitzt Kaiser Sigismund: Kirchliche und weltliche Macht und Machtansprüche prallten in Konstanz aufeinander. Nicht selten waren es die Kurtisanen, die das feine Geflecht mitspannen. Frauen wie Imperia, die erfundene Figur von Honoré de Balzac (1799-1850). Sie ist Ideen- und Namensgeberin für die Statue von Peter Lenk (geb. 1947), die 1993 – gegen den Willen der Konstanzer – am Hafen aufgestellt wurde. Heute ist sie das Wahrzeichen der Stadt, und auch viele der katholischen Bürger haben sich mit der neun Meter hohen Frivolität abgefunden. Reisen wie in vergangenen Zeiten kann man mit dem Dampfschiff Hohentwiel, das letzte seiner Art, das dank einer privaten Initiaitve vor dem Schneidbrenner gerettet wurde. Hier passiert es die Konstanzer Hafeneinfahrt.

Round the Council

World history was written here: in the council building, actually a 14th century warehouse, all the world and his brother met here from 1414 to 1418. Once a pope was elected in Constance, the only time on German ground: Martin V. emerged as the winner from the global church meeting. The figure with a tiara, the papal crown, is in memory of him; it holds a female figure balanced on its right hand. Opposite sits Kaiser Sigismund: Church and secular authority and claims to power collided in Constance. It was not rarely the courtisans that helped spin the fine network. Women like Imperia, the character invented by Honoré de Balzac (1799-1850). She was inspiration and namesake for this statue by Peter Lenk (born 1947), which was erected in the harbour in 1993 - against the will of the people in Constance. Today it is the town emblem and many of the Roman Catholic citizens have also come to accept the nine-metre-high frivolity. You can travel as people did in the past with the steamship Hohentwiel, the last of its kind, which was saved from the cutting torch thanks to a private initiative. It is seen here passing the Constance harbour entrance.

Autour du Concile

Un lieu marqué par l'histoire avec un grand H: de 1414 à 1418, le beau monde, ecclésiastique et autre, se donne rendez-vous dans l'édifice du Concile, qui n'est rien d'autre qu'un entrepôt du XIVe siècle. Un pape est même élu à Constance, du jamais vu en pays allemand: Martin V est le grand gagnant de cette rencontre ecclésiastique mondiale. C'est lui qu'évoque la figure à la tiare, la coiffure du pape, que la femme sculptée tient en équilibre sur sa main droite. L'empereur Sigismond lui fait face: les pouvoirs ecclésiastique et séculier et leurs prétentions se sont heurtés à Constance. Et bien souvent, les courtisanes étaient impliquées dans les intrications de l'histoire. Des femmes comme Imperia, ce personnage inventé par Honoré de Balzac (1799-1850). C'est elle qui est à l'origine de l'idée et du nom de la statue de Peter Lenk (né en 1947), érigée dans le port de Constance en 1993, contre le gré de ses habitants. Aujourd'hui, elle est l'emblème de la ville. Nombreux sont ceux, même parmi les citoyens catholiques, qui ont pris leur parti de cette frivolité haute de neuf mètres. Le bateau à vapeur Hohentwiel permet de voyager comme autrefois. Dernier de son espèce, il a été sauvé du chalumeau grâce à une initiative privée. Ici, il est en train d'entrer dans le port de Constance.

Vom Kloster zum Hotel

Adresse mit Tradition: Wo heute auf einer Insel vor der Stadt eines der besten Hotels von Konstanz liegt, gaben über Jahrhunderte Gebet und Ordenspflichten den Rhythmus vor. Das Inselhotel geht auf ein Dominikanerkloster aus dem Jahr 1236 zurück. 1785 wurden die letzten Mönche von der damaligen Herrschaft – Konstanz war vorderösterreichisch – vertrieben, um Platz für Gewerbebetriebe zu schaffen. 1875 dann die nächste Ära: Im historischen Gemäuer wird ein Hotel eröffnet, das den schönsten Festsaal der Stadt besitzt, die ehemalige Dominikanerkirche. Auch den Kreuzgang gibt es bis heute. Für kurze Zeit war das Hotel sogar noch einmal Ort der Gelehrsamkeit: 1966 fanden hier die ersten Vorlesungen der eben gegründeten Reform-Universität Konstanz statt. Heute beherbergt das Hotel auf geschichtsträchtigem Boden immer wieder Kongresse und Konferenzen – vom Blick über den See schwärmen die Teilnehmer dann meist noch jahrelang.

From Cloister to Hotel

An address with tradition: Where today one of the best hotels of Constance is located, on an island in front of the town, prayer and order duties set the pace for centuries. The island hotel dates back to a Dominican monastery from the year 1236. In 1785 the last monks were expelled by the rulers of the time - Constance was part of Austria - to make space for commercial enterprises. Then in 1875, the next era: a hotel was opened that has the most beautiful hall in the town – the former Dominican church. The cloister is still there to this day. At one time this hotel was even a place of learning: in 1966 the first lectures of the recently founded Reform University of Constance took place here. Today the hotel hosts many conventions and meetings on these grounds that are steeped in history - the attendees usually still talk about the view across the lake for years.

Du monastère à l'hôtel

Une adresse empreinte de tradition: l'île devant Constance qui abrite aujourd'hui l'un des meilleurs hôtels de la ville a vécu plusieurs siècles durant au rythme des prières et des devoirs monacaux. L'édifice de l'hôtel de l'île remonte à 1236, l'année de la création du monastère dominicain. En 1785, les maîtres de l'époque – Constance appartient alors à l'Autriche antérieure – chassent les derniers moines afin de gagner de l'espace pour les entreprises commerciales. L'ère suivante commence en 1875, lorsqu'un hôtel ouvre ses portes dans ce cadre historique. Il possède la salle de cérémonie la plus belle de la ville: l'ancienne église dominicaine. Le cloître existe également encore aujourd'hui. Pendant un petit laps de temps, l'hôtel a même été un lieu d'érudition: en 1966, les premiers cours de l'université réformée de Constance ont été dispensés ici. Aujourd'hui, l'hôtel au passé riche d'histoire accueille régulièrement des congrès et conférences. Bien souvent, les participants parlent encore longtemps de la merveilleuse vue sur le lac.

Altstadt

Belebtester Platz von Konstanz ist die Marktstätte – an das frühere Markttreiben knüpft seit der Verlegung des Wochenmarkts auf den nahen St.-Stephans-Platz heute der vierwöchige Weihnachtsmarkt an, der im Advent zahlreiche Besucher in die Stadt lockt. Die Geschichte atmet noch immer jedes Haus. Und natürlich der Kaiserbrunnen: Die modernen Bronzefiguren von Gernot Rumpf erinnern mit einem Augenzwinkern an die reiche Stadtgeschichte mit dem Friedensschluss von Konstanz zwischen Barbarossa und den oberitalienischen Städten (1138), an die Konzilzeit und auch an den sagenumwobenen Seehas,ein Fabelwesen, dessen Herkunft bis heute nicht endgültig geklärt ist.

Old Town

The busiest square in Constance is the market place, the Marktstätte. Since the weekly market was moved to nearby St-Stephan's square, the four-week Christmas fair which attracts countless visitors to the town in Advent harks back to the market's earlier hustle and bustle. History still breathes in every house. And of course the emperor's fountain - "Kaiserbrunnen": The modern bronze figures by Gernot Rumpf which commemorate (with a twinkle in the eye) the rich municipal history with the Peace of Constance between Barbarossa and the upper Italian cities (1138), the time of the Council, and also the legendary "Seehas", a mythical creature whose origin has not been definitely cleared to this day.

La vieille ville

La place la plus animée de Constance est celle du marché, la «Marktstätte». Depuis que le marché hebdomadaire a été transféré à la place Saint-Étienne, non loin de là, le marché de Noël a pris la relève pour perpétuer les activités du marché d'autrefois. Tous les ans, il attire de nombreux visiteurs durant les quatre semaines qui précèdent Noël. Encore aujourd'hui, tous les bâtiments respirent l'histoire. Sans oublier le Kaiserbrunnen (la «fontaine de l'empereur»), avec ses sculptures modernes en bronze de Gernot Rumpf qui rappellent, avec un clin d'œil, non seulement l'histoire riche de la ville – la paix de Constance, conclue en 1138 entre Barberousse et les communes du nord de l'Italie, et l'époque du concile – mais aussi le légendaire «Seehas», cette créature fabuleuse dont l'origine reste encore aujourd'hui mystérieuse.

Haus zum Roten Adler
JUWELIER
Grundmann
Schmuck · Stein · Design
PFEIFFEF
Schmuck
Stein
Design
32

COMMERZBANK
COMMERZBANK

therme
tanz.de
WICKER
DKV
ZONE

SEA·LIFE

Steine erzählen Geschichte

Baugeschichte aus vielen Jahrhunderten lässt sich rund um die Marktstätte wie in einem Buch studieren: Jugendstil in der Rosgartenstraße, die frühe Neuzeit an dem pächtigen Erker des Gebäudes an der Ecke Brotlaube/Marktstätte und der Historismus des 19. Jahrhunderts am alten Teil des Kaiserbrunnens, der kurz vor der Jahrhundertwende eingeweiht wurde. Die Beschäftigung mit der eigenen Geschichte hat Kostanz schon immer geprägt: Viele Fassaden sind bemalt und erinnen an die großen und kleineren Ereignisse in der Stadtgeschichte – und an die immer wiederkehrende Neugier auf Impulse aus ganz Europa. So spielt dann auch die Bemalung des Hauses „Zum Goldenen Löwen" in der Hohenhausgasse (rechts) auf die aus Italien importierten Moden an. Die Blumenornamente, das falsche Rustika-Geschoss und die allegorischen Figuren gehen auf das Jahr 1580 zurück und machen die Gestaltung zu einer der schönsten Wandmalereien in Stadt und weiter Region.

Stones Tell of History

Architectural history from many centuries can be studied like a book around the market square: Art Nouveau in Rosgartenstrasse, Early Modern Age at the splendid bay of the building on the corner of Brotlaube and Marktstätte and 19th century Historism on the old part of Kaiserbrunnen, which was inaugurated shortly before the turn of the century. This occupation with it's own history has always characterized Constance: Many façades are painted and commemorate great and smaller events in the town history - and the ever-returning curiosity for impulses from all over Europe. So the painting on the house "Zum Goldenen Löwen" (To the Golden Lion) on Hohenhausgasse (on the right) alludes to the fashions imported from Italy. The flower ornaments, fake rusticated floor and allegorical figures date back to the year 1580 and make this design one of the most beautiful mural paintings in the town and surrounding region.

La pierre, témoin de l'histoire

Les environs de la Marktstätte permettent d'étudier l'histoire de l'architecture au fil des siècles comme dans un livre: l'art nouveau dans la Rosgartenstraße, le début des temps modernes avec l'encorbellement somptueux du bâtiment situé à l'angle de la Brotlaube et de la Marktstätte, et l'historicisme du XIXe siècle avec la partie ancienne du Kaiserbrunnen, inauguré à la fin du siècle. De tout temps, Constance a immortalisé sa préoccupation avec sa propre histoire: de nombreuses façades sont peintes, rappelant non seulement les grands et petits événements de l'histoire de la ville, mais aussi la curiosité réitérée par rapport aux impulsions données dans toute l'Europe. Ainsi, la peinture sur l'édifice «Zum Goldenen Löwen» de la Hohenhausgasse (à droite) fait allusion aux modes importées d'Italie. Les ornements floraux, l'étage à bossage en trompe-l'œil et les figures allégoriques, remontant à l'année 1580, en font l'une des plus belles fresques de la ville et de la région.

Rosgartenmuseum

Wohl an kaum einem anderen Ort in Konstanz lassen sich Geschichte und Bürgerstolz besser studieren als im Rosgartenmuseum. Wo heute die reichen historischen Sammlungen der Stadt verwahrt, aufgearbeitet und in einer Dauer- sowie auch in regelmäßigen Sonderausstellungen präsentiert werden, war einst ein Kristallisationspunkt des bürgerlichen Lebens. Der einstige Zunftsaal der Metzger aus der Gotik macht das Spannungsfeld zwischen Handel und Händeln auf unmittelbare Weise deutlich. Als einer der ganz wenigen originaltreu erhaltenen und öffentlich zugänglichen Innenräume des mittelalterlichen Konstanz begeistert er Touristen ebenso wie die Gäste von Empfängen, die Stadt und Museum hier geben. Schon 1870 erkannte der Bürger, Naturforscher und Mäzen Ludwig Leiner, welches Kleinod hier schlummert: Ohne ihn wäre der Saal kaum erhalten und das Museum nicht zu heutiger Blüte gebracht worden.

Rosgartenmuseum

History and civic pride can hardly be studied better in any other place in Constance than in the Rosgartenmuseum. Where today the town's rich historical collections are kept safe, processed, and presented in permanent exhibitions as well as regular special shows, was once the focal point of civic life. The former guild hall of butchers in the Gothic style makes the area of conflict between trade and Händeln clear in an immediate way. As one of the very few originally faithfully restored and publicly accessible interiors of medieval Constance it fills tourists with enthusiasm and also the guests who come to the receptions which town and museum hold here. As far back as 1870, the citizen, natural scientist and patron Ludwig Leiner recognized what a gem slumbers here: Without him the hall would hardly have been maintained and the museum not attained today's glory.

Le Rosgarten-Museum

Le musée Rosgarten est sans doute le lieu le plus approprié pour étudier l'histoire et la fierté des citoyens de Constance. Si le lieu sert aujourd'hui à stocker et à traiter les riches collections historiques de la ville, ainsi qu'à les présenter dans le cadre d'une exposition permanente et de différentes expositions temporaires, il était autrefois un centre névralgique de la vie citadine. L'ancienne salle de la corporation des bouchers, de l'époque gothique, illustre clairement le difficile équilibre entre commerce et conflits. C'est l'une des très rares salles du Constance médiéval qui soient accessibles au public et fidèlement conservées. Elle enchante autant les touristes que ceux qui participent à une des réceptions données par la municipalité ou le musée. En 1870 déjà, Ludwig Leiner, habitant de la ville, naturaliste et mécène, comprend qu'il s'agit là d'un véritable joyau: sans lui, la salle n'aurait sans doute pas été conservée, et le musée n'aurait pas pu atteindre son excellent niveau d'aujourd'hui.

ROSGARTENMUSEUM
ROSGARTEN
museum

EINZUG DES HOHENSTAUFEN FRIEDRICH II. 1212
BELEHNUNG DES BURGGRAFEN VON NÜRNBERG 1417
KAMPF MIT DEN SPANIERN 1548

Rathaus

Hier schlägt das Herz des politischen Konstanz: Das Rathaus, einst Zunfthaus der Leinweber, ist zusammen mit dem „Haus zum Thurgau“ ein ebenso verschachtelter wie reizvoller Baukörper. Wichtige Teile stammen aus dem 16. Jahrhundert, nach umfassenden Sanierungsarbeiten präsentiert sich das Rathaus inzwischen als wahres Schatzkästchen. Die Renaissance-Fassade kommt an der engen Kanzleistraße erst auf den zweiten Blick so richtig zu Geltung – doch die meisten „Ahs“ und „Ohs“ entlockt das Gebäude den Besuchern sowieso erst, wenn sie die beiden reizvollen, vom Trubel der Stadt vollkommen abgeschirmten Innenhöfe betreten. Von dort aus präsentiert sich der mittlere Gebäudeteil mit einem eleganten Treppentürmchen. Hier hat auch der Oberbürgermeister sein Amtszimmer, und im Ratssaal nebenan stellt der 40-köpfige Rat die Weichen für die künftige Stadtentwicklung.

City Hall

This is where the political heart of Constance beats: The city hall, once the guild house of the flax weavers, nestling together with the „Haus zum Thurgau“, forms yet another charming structure. Important parts date back to the 16th century; after comprehensive renovations the city hall is shown as a real little treasure box. The Renaissance façade really comes into its own only at second glance - and anyway, the building elicits the most oohs and aahs from visitors only once they enter the two charming inner courtyards which are protected completely from the hurly-burly of the town. From there the middle section of the building shows its elegant turret. The mayor also has his office here, and in the hall next-door the 40-head council sets the course for future urban development.

L'hôtel de ville

C'est ici que bat le pouls du Constance politique: l'hôtel de ville, autrefois maison de la corporation des tisserands, forme un ensemble construit aussi enchevêtré que charmant avec la «Haus zum Thurgau». Certaines parties importantes remontent au XVIe siècle. Aujourd'hui, après de vastes travaux de rénovation, l'hôtel de ville est un véritable bijou. Vu l'étroitesse de la Kanzleistraße, la façade Renaissance ne révèle pas d'emblée toute sa splendeur et mérite que l'on s'y attarde un peu. La plupart des Ah ! et Oh ! s'entendent toutefois quand les visiteurs pénètrent dans les deux ravissantes cours intérieures, complètement à l'abri de l'agitation de la ville. La partie centrale de l'édifice s'offre alors au regard, avec une élégante tourelle d'escalier. Le bureau du premier bourgmestre se trouve ici, juste à côté de la salle du conseil où un conseil composé de 40 personnes prépare le terrain pour le développement urbain futur.

Rund um den Obermarkt

Geschichte zum Anfassen: Am Obermarkt erinnern das Hotel Barbarossa und sein reich bemaltes Nebenhaus an die Zeiten, zu denen in Konstanz Weltgeschichte geschrieben wurde. Dem ungestümen 19. Jahrhundert ist das heutige Hotel Graf Zeppelin, ebenfalls mit reich geschmückter Fassade, verpflichtet. Ganz im Hier und Jetzt steht der Triumphbogen-Brunnen auf der Laube, bis zum Bau einer neuen Durchgangsstraße die wichtigste Verkehrsader der Stadt. Der Künstler Peter Lenk, der auch die Imperia schuf, macht dort seine ironischen Kommentare zum Automobilzeitalter – Ähnlichkeiten mit real existierenden Personen sind nicht unbeabsichtigt.

Around the Obermarkt

Living history: Hotel Barbarossa on Obermarkt and its richly painted side house commemorates the times when world history was written in Constance. Today's Hotel Graf Zeppelin, which also has a richly adorned façade, is beholden to the impetuous 19th century. Completely in the here and now, the triumphal arch fountain on Laube; until the new thoroughfare was built this was the most important traffic artery in town. The artist Peter Lenk, who also created Imperia, makes his ironic commentary on the age of the motorcar - similarities to actual persons are not unintentional.

Autour de l'Obermarkt

L'histoire à portée de main: sur l'Obermarkt, l'hôtel Barbarossa et l'immeuble mitoyen, à la belle façade peinte, rappellent l'époque où l'histoire s'écrivait avec un grand H à Constance. Nous devons l'immeuble de l'actuel hôtel Graf Zeppelin, lui aussi richement décoré, à l'impétuosité du XIXe siècle. Bel et bien ancrée dans le présent, la fontaine arc de triomphe est érigée sur la „Laube", l'artère la plus importante de la ville en attendant la construction d'un nouvel axe routier permettant de la traverser. L'artiste Peter Lenk, à qui nous devons également l'Imperia, y commente de manière ironique l'ère de l'automobile: toute ressemblance avec des personnes existantes n'est pas fortuite.

SCHLECKER

MUSIK EBERT
Noten
TURM
HUS HAUS

Stadt des Handels

Aus zwei Gründen sind Städte entstanden: Zur Verteidigung und für den Handel. An die Zeiten, als die Mauer den oft bitter nötigen Schutz für die Bewohner bot, erinnert das Schnetztor. Von mehr als 20 Türmen und Befestigungsanlagen, die Konstanz einst umgaben, sind noch drei erhalten. Das im Süden gelegene Schnetztor, ein Baudenkmal nationaler Bedeutung, geht auf das 14. Jahrhundert zurück, und bis heute ist es die Pforte zur Schweiz, deren Grenze nur wenige hundert Meter weiter südlich liegt. In der rechten Häuserzeile das Haus, in dem der Überlieferung nach der böhmische Reformator Jan Hus während des Konzils untergebracht war. Für seine Ideen einer modernen Kirche musste er 1415 in Konstanz auf dem Scheiterhaufen sterben. Die Schweiz spielt als Hinterland der Grenzstadt Konstanz auch für den Einzelhandel eine überragende Rolle: Die Gäste aus dem Süden sind mit ihrer Kaufkraft hoch willkommen. Auch ihretwegen wurden ab 2003 das moderne Geschäftshaus in der Bodanstraße und das Einkaufszentrum Lago (benannt nach dem italienischen Wort für See) errichtet.

Town of Trade

Towns developed for two reasons: For defence and for trade. The Schnetztor gate commemorates the times, when the wall offered its residents protection (which was often bitterly necessary). Three of the more than 20 towers and fortifications which once surrounded Constance still remain. Schnetztor in the south, a historical monument of national importance, dates back to the 14th century and, to this day, it is the gateway to Switzerland, whose border is only a few hundred metres further south. In the line of houses on the right stands the house in which, according to tradition, the Bohemian reformer Jan Hus was accommodated during the council. For his ideas about a modern church, he died at the stake in Constance in 1415. Switzerland as the hinterland of the border town of Constance plays a prominent role also for retail trade: Visitors from the south are very welcome for their buying power. It was also for their sake that the modern office building in Bodanstraße and the shopping centre Lago (named after the Italian word for "lake") were built as of 2003.

Ville de commerce

Les villes sont nées pour deux motifs: pour la défense et pour le commerce. La Schnetztor rappelle l'époque où l'enceinte offrait une protection souvent nécessaire aux habitants. Des plus de 20 tours et fortifications entourant Constance autrefois, trois existent encore aujourd'hui. Au sud de la ville, la Schnetztor, un monument d'importance nationale, remonte au XIVe siècle. Encore aujourd'hui, elle constitue la porte de la Suisse, dont la frontière se trouve à peine quelque centaines de mètres plus loin. Dans la rangée de maisons sur la droite se trouve celle où logeait durant le concile, si l'on en croit la tradition, le réformateur bohémien Jan Hus. En 1415, sa conception de l'église moderne lui a valu de mourir sur le bûcher, à Constance. La Suisse, aux portes de la ville frontière qu'est Constance, joue un rôle important pour le commerce au détail aussi: les visiteurs venus du sud, avec leur pouvoir d'achat, sont les bienvenus. C'est aussi en pensant à eux que l'immeuble commercial de la Bodanstraße et le centre commercial Lago (italien pour «lac») ont été construits à partir de 2003.

Dreifaltigkeitskirche

Konstanz, auch eine Stadt des Glaubens und der Religiosität: Mehrere dutzend Kirchen und Kapellen gab es während der Konzilzeit zu Beginn des 15. Jahrhunderts. Heute sind nur wenige in ihrer ursprünglichen Funktion erhalten. Nach jahrelanger Sanierung hat sich die Dreifaltigkeitskirche zu einem wahren Kleinod gemausert: von außen so schmucklos, wie dies bei ehemaligen Klosterkirchen oft der Fall ist, von innen reich bemalt, versehen mit üppigem Stuck und ergänzt mit einer teils kühn-modernen Innenausstattung. Auch die Angebote in der Kirche sind auf der Höhe der Zeit: Die Katholiken bieten hier seit 2006 eine „City-Pastoral" an, ein bewusst niedrigschwelliges Angebot an hektische Geschäftsleute, die Mitarbeiter der Dienstleistungsbetriebe in der Umgebung und an Touristen, die ein wenig verweilen und ihre Eindrücke von Konstanz verarbeiten wollen.

Trinity Church

Constance is also a town of faith and religion: There were several dozen churches and chapels during the time of the Council at the beginning of the 15th century. Today only a few retain their original function. After years of rehabilitation the Trinity Church became a true gem: quite plain on the outside (as is often the case with former monastery churches), the inside is richly painted, provided with opulent stucco and complemented by a somewhat bold modern interior décor. What the church offers is also up to date: The Roman Catholics have offered a "City-Pastoral" here since 2006, with a consciously low-threshold offer for hectic business people, employees of the surrounding service companies and tourists who would like to stay a little to process their impressions of Constance.

L'église de la Trinité

Constance, ville de foi et de religiosité aussi: au début du XVe siècle, à l'époque du concile, elle comptait plusieurs douzaines d'églises et de chapelles. Rares sont celles qui remplissent encore aujourd'hui leur fonction initiale. À l'issue d'une rénovation qui a duré de longues années, l'église de la Trinité s'est muée en véritable joyau: l'extérieur, très sobre, comme c'est souvent le cas pour les anciennes églises de couvents et monastères, contraste avec l'intérieur, couvert de fresques, richement orné de stuc et agrémenté d'équipements à la modernité parfois audacieuse. Le programme de l'église est également dans l'air du temps: ici, les catholiques proposent depuis 2006 une pastorale du centre-ville («City-Pastoral»), une offre volontairement accessible destinée aux commerçants affairés, aux personnes travaillant dans les entreprises du tertiaire des environs et aux touristes désireux de se poser un peu pour mieux assimiler leurs impressions de Constance.

INCITYSPA

KONZERTE
Orgelkonzerte
freitags 20 Uhr
KULTURZENTRUM

Münsterplatz
MÜNSTERHOF

Münsterplatz

Ist die Marktstätte der belebtste Platz in Konstanz, ist der Münsterplatz zweifellos der schönste. Seit der grundlegenden Sanierung, abgeschlossen 2007, kommen die Bürgerhäuser, das preisgekrönte Kulturzentrum mit dem Palais Wessenberg und auch die rund um die Uhr durch eine kleine Glaspyramide zu betrachtenden Römerfunde besser zur Geltung denn je. Forschungen haben ergeben, dass hier, wenige hundert Meter vom Übergang über den Rhein entfernt, die erste befestigte Siedlung stand, aus der später Konstanz werden sollte. Das Römerkastell wurde wahrscheinlich im 4. Jahrhundert unter Constantius Chlorus angelegt.

Cathedral Square

If the Marktstätte market place is the busiest square in Constance, Münsterplatz - Minster Square - is undoubtedly the most beautiful. Since the fundamental renovations were completed in 2007, the merchant townhouses, the award-winning cultural centre with the Palais Wessenberg and also the Roman remains (which can be viewed round-the-clock in a small glass pyramid) are shown better than ever. Research has shown that it was here, a few hundred metres from the Rhine crossing, that the first settlement stood, which later grew into Constance. The small Roman fort was probably laid out under Constantius Chlorus in the 4th century.

La place de la cathédrale

Si la Marktstätte est la place la plus animée de Constance, la «Münsterplatz» est sans aucun doute la plus belle. Depuis sa rénovation complète achevée en 2007, les maisons bourgeoises, le centre culturel primé avec le palais Wessenberg et les vestiges romains, visibles 24 heures sur 24 à travers la petite pyramide en verre, sont mieux mis en valeur que jamais. Les recherches ont montré que c'était là, à quelques centaines de mètres seulement du passage sur le Rhin, l'emplacement du premier site fortifié qui devait plus tard devenir la ville de Constance. Le château romain a vraisemblablement été construit au IVe siècle, sous Constantius Chlorus.

Münster Unserer Lieben Frau

Die größte Kirche der Stadt, bis 1821 Sitz eines Bischofs und damit Schauplatzreligiöser wie politischer Umwälzungen:Im Münster Unserer Lieben Frau liefen die Fäden der größten deuschen Diözesezusammen – das Bistum reichte vom Gotthard-Pass in der heutigen Schweiz bis an den Neckar. Als das Bistum um 585 gegründet wurde, stand an dieser Stelle ein bescheidener Vorgängerbau, doch auch das heutige Münster hat eine lange Geschichte. Die dreischiffige Säulenbasilika geht auf das Jahr 1089 zurück, doch kaum ein Jahrhundert, kaum eine Epoche hat nicht Veränderungen und Zusätze an dem stolzen Gotteshaus angebracht.

Wie in einem Lehrbuch zur Kunst- und Architekturgeschichte lassen sich im Konstanzer Münster wechselnde Stile, Techniken und Zweckbestimmungen ablesen: Die Schiffe romanisch, das Maßwerk und die Westfront gotisch, vieles vom Interieur barock, der lange unvollendet gebliebene Turmhelm schließlich neugotisch. Zu den wertvollsten Teilen der Innenausstattung gehören die vier feuervergoldeten Scheiben, die im Original in der Krypta zu sehen sind. Sie zeigen Christus in Majestas-Darstellung, die Diözesanpatrone Konrad und Pelagius sowie einen Adler als Symbol für den Evangelisten Johannes. Zwischen etwa 1300 und 1925 prangten die Scheiben am Ostgiebel der Kirche; heute sind sie durch Kopien ersetzt. Ob die Scheiben aber tatsächlich auch Seefahrtszeichen waren, ist ebenso unklar wie die Urheberschaft.

Von besonderem kunsthistorischen Interesse ist auch die Heilig-Grab-Rotunde in der Maurituskapelle. Die Kapelle selbst wurde vor dem Jahr 1000 als Zentralbau begonnen – angeblich als freie Nachahmung der Heilig-Grab-Kirche in Jerusalem. Das Heilige Grab selbst, eine kleine Kirche in der Kirche, geht auf das Jahr 1260 zurück und war über Jahrhunderte ein bedeutendes Pilgerziel. Berühmt ist die Hauptkirche der Stadt aber nicht nur für Bau und Innenausstattung: Die Orgel dient regelmäßig für CD-Aufnahmen, und das Geläut ist mit rund 35 Tonnen nicht nur das zweitgrößte in Deutschland, sondern gilt auch als eines der schönsten. Vervollständigt wurde es erst 1966.

Cathedral of Our Lady

The Cathedral of Our Lady is the largest church in Constance and was the seat of a diocese until 1821 and, therefore, also the scene of both religious and political upheaval. This cathedral was at the heart of the largest diocese in Germany, which stretched from the Gotthard Pass in modern-day Switzerland to the River Neckar. When the bishopric was established in 585, there was already a previous, modest building standing on this site. But the current cathedral also has a long history. This three-nave basilica with columns dates back to 1089, but with every century and every era that has passed, changes and additions have been made to this imposing place of worship.

With the changing styles of architecture, construction techniques used and purposes for this cathedral, its history reads like a standard reference work on the history of art and architecture: Roman naves, Gothic tracery and west front, Baroque style of a large part of its interior, and last but not least, the tall, incomplete new Gothic tower spire.

The most significant features of the cathedral's interior include the four fire-gilt circular plates, the originals of which can be seen in the crypt. They depict Christ the King, the patron saints of the diocese, St Konrad and St Pelagius, and an eagle, symbolising John the Evangelist. These circular plates stood resplendent on the east pediment of the Cathedral from around 1300 until 1925. They have now been replaced by copies. It is not clear whether the plates actually date from the town's glorious seafaring past. It is also unclear who created them. The Holy Sepulchre Rotunda in St Maurice's Chapel is also of particular interest from an art history perspective. The chapel itself was initially erected before 1000 as a central building, probably as a clear imitation of the Holy Sepulchre Church in Jerusalem. The Holy Sepulchre itself, which is a small church inside the church, dates back to 1260 and was an important place of pilgrimage for centuries. Constances main church is not only famous for its construction and interior. Its organ regularly features on CD recordings, while its bells, weighing around 35 tonnes, are not only the second largest in Germany, but also among the most beautiful. They were only completed in 1966.

La cathédrale Notre-Dame

C'est la plus grande église de la ville, évêché jusqu'en 1821, et, de ce fait, scène de bouleversements autant religieux que politiques: La cathédrale Notre-Dame était le pivot du plus grand diocèse allemand: l'évêché s'étendait du col du Saint-Gothard, aujourd'hui en Suisse, jusqu'au Neckar. Si une modeste construction existait à cet endroit lors de la fondation de l'évêché en 585, la cathédrale actuelle n'en a pas moins une longue histoire. La basilique à colonnes et à triple nef remonte à 1089, mais rares étaient les siècles et époques qui n'apportaient pas leurs lots de modifications et d'ajouts à l'imposante maison de Dieu.

Différents styles, techniques et emplois se lisent dans la cathédrale de Constance comme dans un manuel d'histoire de l'art et de l'architecture: les nefs sont romanes, le remplage et la façade ouest gothiques, l'intérieur est surtout baroque, la flèche de la tour enfin, longtemps resté inachevée, néogothique. Parmi les plus beaux éléments du décor intérieur figurent les quatre plaques dorées au mercure, dont les originaux sont visibles dans la crypte. Elles montrent un Christ en majesté, les patrons du diocèse, Conrad et Pélage, ainsi qu'un aigle, symbole de l'évangéliste Jean. Entre environ 1300 et 1925, les plaques étaient placées sur le fronton oriental de l'église ; aujourd'hui, elles ont été remplacées par des copies. Les plaques proviennent-elles de l'ère des grands navigateurs ? Rien ne permet de l'affirmer, leur origine reste incertaine. Autre élément particulièrement intéressant du point de vue de l'histoire de l'art: la rotonde du Saint-Sépulcre dans la chapelle Saint-Maurice. La construction centrale de la chapelle elle-même date d'avant l'an mil et imiterait l'église du Saint-Sépulcre de Jérusalem.

Remontant à 1260, le Saint Sépulcre, une petite église dans l'église, a été un important lieu de pèlerinage durant plusieurs siècles. Mais l'église principale de la ville n'est pas seulement célèbre pour sa construction et son décor: l'orgue est régulièrement utilisé pour des enregistrements de CD, et la sonnerie, lourde d'environ 35 tonnes, n'est pas seulement la deuxième d'Allemagne en taille, mais également considérée comme l'une des plus belles. Elle n'a été achevée qu'en 1966.

XVIII

Niederburg

Wo Konstanz am charmantesten ist: Nur wenige Besucher der Stadt machen sich die Mühe und gehen vom Müsterplatz weiter gegen den Rhein hin. So erfahren die meisten Gäste nie, was sie in der Niederburg, der alten Wohnstätte der niederen Stände, verpassen. Enge Gässchen, an denen kaum ein Haus jünger ist als 500 Jahre, schöne Fachwerkbauten und stolze Steinhäuser und viele der für Konstanz so typischen Weinstuben sind hier zu finden. Kein Wunder, dass gerade die Einheimischen diesen Teil der Altstadt besonders gerne aufsuchen. Gäste sind dennoch willkommen. Wer bei einem Viertele die Einladung an einem Tisch mit echten Konstanzern nicht ausschlägt, wird eine Menge lernen über die Stadt und hinter vielen Fassaden plötzlich Geschichten entdecken. Das freilich geht auch im Rheintorturm, der einst den südlichen Brückenkopf des Übergangs über den Fluss markierte – er beherbergt heute ein besuchenswertes Museum zur Konstanzer Fasnacht.

Niederburg

Where Constance is at its most charming: Only a few visitors to the town make the effort to go on from Müsterplatz towards the Rhine. So most guests never discover what they are missing in Niederburg, the old living quarters of the lower classes. Narrow alleys where hardly a house is younger than 500 years; beautiful half-timbered buildings, impressive stone houses, and many of the wine taverns so typical of Constance can be found here. No wonder that particularly the natives like to visit this part of the old town. Guests are nevertheless welcome. If you take a glass of wine and accept an invitation to join a table of true locals of Constance, you will learn a great deal about the town and suddenly discover stories behind the many façades. This is, of course, also possible in the Rheintorturm. It once marked the southern bridgehead of the river crossing - today it houses a museum about the Constance Fasnacht that is well worth visiting.

Niederburg

La partie de Constance la plus pittoresque: rares sont les visiteurs qui prennent la peine de poursuivre en direction du Rhin depuis la place de la cathédrale. De ce fait, la plupart des touristes ne sauront jamais ce qu'ils ratent en faisant l'impasse sur Niederburg, l'ancien quartier résidentiel des personnes de rang inférieur. On y trouve des ruelles étroites bordées presque exclusivement de maisons vieilles de plus de cinq cents ans, de belles constructions à colombages, des maisons en pierre et un grand nombre de ces tavernes typiques de Constance. Rien d'étonnant à ce que les gens d'ici ait une préférence marquée pour cette partie de la vieille ville. Les visiteurs sont néanmoins les bienvenus. Pour qui ne refuse pas l'invitation de rejoindre de vrais Constançois autour d'une table et d'un quart de bière, il y a beaucoup de choses à apprendre sur la ville et des histoires à découvrir derrière bon nombre de façades. Il est vrai qu'une visite de la tour de la porte du Rhin („Rheintortum") permet également d'arriver à ce résultat: située autrefois à l'extrémité sud du pont enjambant le fleuve, elle abrite aujourd'hui un musée sur le carnaval de Constance qui vaut le détour.

DÖNER

Seestraße: Die beste Adresse der Stadt

Die nahe Schweiz machte es vor: Als in der Gründerzeit in den vergleichsweise kleinen Städten der Eidgenossenschaft prächtige Schaufassaden an den See- und Flusspromenaden von Reichtum, Stolz und Zuversicht kündeten, wollte Konstanz auch so etwas haben. So entstanden an der Seestraße die prächtigen Gebäude, die heute die schönsten Büros, Praxen und Wohnungen der Stadt bieten. Doch die Dimensionen stimmten nicht ganz: Es blieb bei der Bebauung einiger weniger Blöcke – was die Seestraße heute um so exklusiver macht. Fußgänger können hier über Kilometer direkt am Ufer entlang spazieren: Auf der einen Seite Villen, das Casino oder ein exklusives Hotel, auf der anderen der See mit den Bergen im

Hintergrund. Und mitten in der Stadt kann auch gebadet werden: Der Bodensee zählt, dank massiver internationaler Anstrengungen zur Reinhaltung in den 60er- und 70er-Jahren, zu den saubersten Gewässern in ganz Europa.

Seestraße: The Best Address in Town

Nearby Switzerland showed how it's done: During the period of promoterism - Gründerzeit - the comparatively small towns of the Confederation had splendid show façades on the lake and river promenades that spoke of wealth, pride and confidence. Constance also wanted something like that. And so the splendid buildings on Seestrasse were built. Today they contain the town's most beautiful offices, practices and flats. But the dimensions were not quite right: Only a few blocks were built up - which today makes Seestrasse even more exclusive. Pedestrians can stroll here for kilometres directly along these shores: On one side, villas, the casino or an exclusive hotel, on the other the lake with the mountains in the background. And in the middle of the town you also can bathe: Lake Constance has some of the cleanest waters in all of Europe thanks to massive international efforts for purification in the 60's and 70's.

Seestraße: la meilleure adresse de la ville

La Suisse, toute proche, a montré l'exemple: lorsqu'à la fin du XIXe siècle les façades somptueuses des maisons bordant les promenades du lac et du fleuve témoignaient de la richesse, de la fierté et de la confiance qui régnaient dans les villes comparativement petites de la Confédération suisse, Constance ne voulait pas être en reste. Les immeubles somptueux qui longent la Seestraße en sont le résultat: aujourd'hui, ils abritent les plus beaux bureaux, cabinets et appartements de la ville. Mais l'étendue n'était pas la même: seulement quelques rares tronçons ont été bâtis, ce qui accentue aujourd'hui encore le caractère exclusif de la Seestraße. Ici, on peut se promener sur plusieurs kilomètres le long de la rive, avec d'un côté les villas, le casino et des hôtels élégants, de l'autre le lac et les montagnes en toile de fond. La baignade est également possible en plein centre-ville: grâce à des efforts internationaux considérables mis en œuvre durant les années 60 et 70 pour assurer sa propreté, le lac de Constance figure parmi les eaux les plus propres d'Europe.

An der Promenade

Leben, wo andere Urlaub machen – oder Urlaub machen, wo es sich gut leben lässt: Der hohe Freizeitwert der größten Stadt am Bodensee ist fast schon legendär, und es soll Studenten geben, die Konstanz wieder verlassen haben, weil sie keine Zeit mehr zum Büffeln hatten. Die Seestraße ist Promenade und Freizeitgelände in einem: Das ganze Jahr wird hier im Morgengrauen geangelt, im Sommer dient die Flaniermeile mit ihren grandiosen Freitreppen schon mal als inoffizuelles Freibad, und der See ist bei Seglern und Motorbootfahrern gleichermaßen beliebt.

On the Promenade

Living where others go on holiday - or going on holiday where the living is so good: The high recreational value of the largest town on Lake Constance is already almost legendary and there are said to be students who have left Constance again because they had no time left for studying. Seestraße is promenade and recreational area in one: Throughout the year people fish here at dawn, in summer the prominade with its magnificent outside stairs sometimes serves as an unofficial open-air swimming pool and the lake is equally popular with yachtsmen and motorboat drivers.

La promenade

Vivre là où d'autres passent leurs vacances, ou passer ses vacances là où il fait bon vivre: la haute valeur récréative de la plus grande ville du lac de Constance est quasi légendaire. Il paraîtrait que des étudiants se soient même décidés à quitter la ville parce qu'ils ne trouvaient plus le temps de réviser. La Seestraße est en même temps espace de promenade et de loisirs: toute l'année, on y pêche au petit matin; l'été, la promenade et ses escaliers grandioses se transforment parfois en espace bain de soleil, et le lac est apprécié tant par les amateurs de voile que de bateaux à moteur.

Erste Klasse

Spektakulärer Neuzugang in der Hotel landschaft am Bodensee: Als das „Riva" an der Konstanzer Seestraße im Jahr 2008 eröffnet wurde, war es nicht nur das neueste, sondern auch das teuerste Hotel am ganzen See. Fünf-Sterne-Plus-Standard bietet der moderne Neubau mit Pool auf dem Dach und einem kühnen Treppenhaus. Teil des Gebäudekomplexes ist auch das ehemalige Hotel-Restaurant des mit zahllosen Gastronomiepreisen ausgezeichneten Bertold Siber, der in seinem Seehotel in edlem Jugendstil-Ambiente über Jahrzehnte Gourmet-Geschichte mitschrieb.

First Class

Spectacular new member in the hotel scene at Lake Constance: When "Riva" on Constance's Seestraße opened in the year 2008, it was not only the newest but also the most expensive hotel on the whole lake. The modern new building with a pool on its roof and a bold stairwell offers 5-star-plus standard. Part of the building complex is also the former hotel restaurant (run by) Bertold Siber who has been awarded innumerable catering prizes, who for decades helped write gourmet history in his lakeside hotel in the noble Art Nouveau ambience.

Grand standing

Le nouveau venu dans le paysage hôtelier du lac de Constance est spectaculaire: quand le Riva a ouvert ses portes à la Seestraße de Constance, en 2008, ce n'était pas seulement l'hôtel le plus récent, mais aussi le plus cher de toute la région du bord du lac. L'édifice de construction moderne, muni d'une piscine sur le toit et d'une cage d'escalier audacieuse, offre un confort cinq étoiles plus. L'ancien hôtel-restaurant de Bertold Siber fait également partie du site. Ce chef cuisinier, maintes fois récompensé, a marqué plusieurs décennies durant l'histoire gastronomique, dans l'ambiance élégante de son «Seehotel» au style art nouveau.

Bodenseetherme

Baden nicht nur zur Sommerzeit: Dank einer ergiebigen Thermalquelle ist Konstanz ganzjährig Bade- und Entspannungsparadies. Die im Jahr 2007 eröffnete neue Bodensee-Therme hat die Stadt auf die Landkarte der Wellness-Oasen im Südwesten gesetzt. Im weit aufs Wasser hinausweisenden Bau lässt es sich in der Sauna schwitzen und vor Bergpanorama ruhen. Das 50-Meter-Sportbecken steht vom frühen Frühjahr bis in den Herbst hinein zur Verfügung, und das Thermal-Außenbecken übt sommers wie winters einen großen Reiz auf die Besucher aus.

Lake Constance Thermal Springs

Bathing not only in summertime: Thanks to a productive thermal spring Constance is a bathing and recreational paradise all through the year. The new Lake Constance spa, opened in the year 2007, put the town on the map of spa oases in the southwest. In this building, reaching far out onto the water, you can sweat in the sauna and relax in front of mountain panorama. The 50-metre sports pool can be used from early spring into autumn, and the thermal outer pool exerts a strong attraction on visitors in summer as well as in winter .

Les thermes du lac de Constance

La baignade ne se limite pas à l'été: grâce à une source thermale abondante, Constance est toute l'année un paradis pour les adeptes de la baignade et de la détente. Les nouveaux «Bodensee-Therme», ouverts en 2007, ont placé la ville sur la carte des oasis de bien-être du sud-ouest. L'édifice pointe son nez loin vers le lac. À l'intérieur, on peut choisir de transpirer dans le sauna ou de se reposer devant le panorama des montagnes. Le bassin sportif de 50 mètres de long est à la disposition des nageurs du printemps à l'automne, tandis que le bassin thermal extérieur séduit les visiteurs tout au long de l'année.

Jenseits des Rheins

Konstanz – das ist mehr als historische Gebäude, prächtige Kirchen und Touristenattraktionen. Zur Stadt gehören die weitgehend naturbelassenen Ecken auf dem Bodanrück, der den Überlinger See vom Untersee trennt. Oberhalb des Ortsteils Litzelstetten kann man die Bodenseelandschaft in ihrer Ursprünglichkeit zumindest erahnen. Und in Staad, wo die Autofähren aus Meersburg am Nordufer im Viertelstundentakt einlaufen, finden Müßiggang, Vorort-Gemächlichkeit und Rund-um-die-Uhr-Verkehr ganz harmonisch zusammen. Der Lage zu beiden Seiten des Rheins hat Konstanz es übrigens auch zu verdanken, dass es vor Zerstörungen im Zweiten Weltkrieg verschont blieb. Weil der Rhein fast durchgehend die Grenze zur neutralen Schweiz markiert (und sich die Konstanzer auch nicht an die Verdunkelungs-Appelle der Machthaber hielten), warfen die Alliierten lieber keine Bomben ab. So bleib nicht nur die Altstadt unberührt, sondern auch der größere, rechtsrheinische Teil der Stadt, wo die Mehrzahl der Konstanzer heute wohnt, arbeitet und sich erholt. Eingemeindete Dörfer, randliche Stadtbezirke und echte urbane Quartiere sind dort ebenso zu finden wie die Weinberge der bereits seit 1225 bestehenden Spitalkellerei, Wiesen und Weiden sowie ausgedehnte Wälder.

Across the Rhine

Constance - more than historical buildings, splendid churches and tourist attractions. Another part of the town are the largely unspoilt corners on Bodanrück, which separates Überlinger Lake from Untersee. Above Litzelstetten district one can at least imagine Lake Constance's landscape as it used to be originally. And in Staad, where the car ferries come in from Meersburg on the north shore every quarter hour, idleness, suburban leisure and round-the-clock traffic come together quite harmoniously. Due to its location on both sides of the Rhine Constance escaped destruction in the Second World War. Because the Rhine marks the border to neutral Switzerland almost throughout (and Constance did not stick to the dictators' blackout appeals either), the Allies preferred not to drop any bombs. And so, not only did most of the old town remain untouched but also the greater part of the town on the right side of the Rhine river where the majority of the residents of Constance live, work and relax today. Incorporated villages, surrounding municipal districts and real urban quarters can be found, as well as the Spitalkellerei vineyards (that have existed since 1225), meadows and pastures as well as extensive woods.

Au-delà du Rhin

Constance ne se résume pas aux bâtiments historiques, aux églises somptueuses et aux attractions touristiques. Si au Bodanrück, qui sépare la partie nord-ouest du lac («Überlinger See») de la partie inférieure («Untersee»), les coins sauvages sont légion, l'endroit fait bel et bien partie de la ville. Au dessus du quartier Litzelstetten, on peut encore deviner l'authenticité du paysage du lac de Constance. À Staad, où les ferrys en provenance de Meersbourg embarquent tous les quarts d'heure passagers et voitures, le farniente, la tranquillité du quartier excentré et le trafic permanent font bon ménage. Par ailleurs, si la ville de Constance a échappé aux destructions de la Seconde guerre mondiale, elle le doit à sa situation, des deux côtés du Rhin. Comme le Rhin marque quasiment partout la frontière vers la Suisse, pays neutre, (et que les habitants de Constance ne respectaient pas les consignes de black-out des pouvoirs publics), les alliés ont préféré s'abstenir d'y larguer des bombes. De ce fait, la vieille ville n'a pas été touchée, pas plus que la partie la plus importante de la ville, située sur la rive droite du Rhin: c'est là que la plupart des habitants de Constance logent, travaillent et se reposent aujourd'hui. On y trouve des villages désormais rattachés à la ville, des zones urbaines excentrées et des quartiers véritablement citadins, mais aussi les vignobles du domaine Spitalkellerei, en activité depuis 1225, ainsi que des prés, des pâturages et des forêts étendues.

Ausgezeichnet: die Universität

Eine der jüngsten in Deutschland und schon jetzt eine der besten: Die Universität Konstanz wurde 1966 als Reformprojekt gegründet. Ihre Gebäude spiegeln die Aufbruchsstimmung der Gründertage wider, in denen man alles ganz anders machen wollte als an den etablierten Hochschulen. „Klein-Harvard am Bodensee", hieß es bald, und tatsächlich wurde die Universität Konstanz im Jahr 2007 mit dem offiziellen Elite-Siegel versehen. Ein Aushängeschild: Die rund um die Uhr geöffnete Bibiliothek im Herzen des Campus, der etwas außerhalb des Zentums herrlich zwischen Wald und Wiesen auf einem Hügel mit Seeblick liegt.

Excellent: The University

One of the youngest in Germany and already one of the best: The University of Constance was founded in 1966 as a reform project. Its buildings reflect the new spirit of optimism of the founder days, in which one wanted to do everything quite differently than the established universities. It was soon called "Little Harvard at Lake Constance" and indeed the University of Constance was officially nominated as an elite university in 2007. Its figurehead: The library, which is open round-the-clock, lies in the heart of the campus; the campus is located a little outside the centre, beautifully between woods and meadows, on a hill with a lake view.

L'excellence à l'université

L'une des plus jeunes d'Allemagne et d'ores et déjà l'une des meilleures: l'université de Constance, fondée en 1966, est issue d'un projet de réforme. Ses bâtiments reflètent l'ambiance de l'époque des fondateurs et le vent d'un nouveau départ: on voulait tout faire différemment des universités établies. Rapidement surnommée «le petit Harvard du lac de Constance», l'université de Constance se voit octroyer en 2007 le label „Université d'élite". Un modèle exemplaire: merveilleusement situé sur une colline avec vue sur le lac, entouré de forêts et de prés, le campus possède en son centre une bibliothèque ouverte 24 heures sur 24.

Abseits des Rummels

Rechts des Rheins und neuer als Mittelalter: Konstanz wuchs erst im 18. Jahrhundert so richtig über den Fluss – jenen Rhein, der aus dem Obersee, dem größeren Teil des Bodensees hinausströmt, um nach etwa vier Kilometern und 30 Zentimetern Gefälle wieder zum Untersee zu werden. Rechts des Rheins hat Konstanz mindestens so viele Gesichter wie auf der Altstadt-Seite: Der Bismarckturm von 1911/12 verbindet monumentale Ästhethik mit einer bereits durchscheinenden Moderne. Wesentlich finanziert wurde der Turm übrigens von Gustav Prym,einem der Erfinder des Druckknopfs, und Ferdinand Graf Zeppelin, dem Luftschiffpionier. Einen guten Überblick über die Vergangenheit bietet seit 1992 das Archäologische Landesmuseum am Seerhein: Das ehemalige Benedikinerkloster wurde mit einem modernen Anbau versehen. Innen gibt es nicht nur das älteste je am Bodensee gefundene Schiff, sondern auch Funde aus Römerzeit, Mittelalter und früher Neuzeit. Und das nicht nur aus Konstanz. Dass das seit Jahrhunderten liberale Konstanz auch ein bevorzugter Ort für protestantische Manufakturbetreiber war, ist bis heute im Stadtbild zu erkennen. So erinnern Straßennamen und populäre Ortsbezeichnungen an die Unternehmungen von Macaire oder Herosé. Die alte Bleiche am Seerhein mit dem Wasserturm verweist aber bis heute darauf, dass Konstanz einst nicht von Dienstleistungen wie den heute in dem herrlichen Gebäude untergebrachten Anwaltskanzleien und Werbeagenturen lebte.

Away from the Hustle and Bustle

On the right of the Rhine and newer than medieval: Constance first grew above the river in the 18th century – above the Rhine, which flows out of the upper lake (“Obersee” - the larger portion of Lake Constance), to become the lower lake (“Untersee”) after about four kilometres and 30 centimetres of falls. On the right of the Rhine, Constance has at least as many faces as on the Old Town side: The Bismarck Tower of 1911/12 combines monumental aesthetics with the modern age already shining through. The tower was, by the way, financed largely by Gustav Prym, one of the inventors of the pushbutton, and Ferdinand Graf Zeppelin, the airship pioneer. The archaeological state museum at Seerhein has offered a good overview of the past since 1992: The former Benedictine Monastery was provided with a modern extension. Inside, there is not only the oldest ship ever found at Lake Constance but also finds the Roman Age, the Middle Ages and the early Modern Age. And not only from Constance. And the fact that Constance, liberal for centuries, was also a favourite location for Protestant factory operators, can be seen in its urban features today. Street names and popular place names recall the businesses of Macaire or Herosé. The old “Bleiche” on Seerhein with its water-tower, however, still reminds us that once upon a time Constance did not live from services such as those offered by the firms of solicitors and advertising agencies that are accommodated in the marvellous building today.

Loin de l'agitation

La partie de Constance située rive droite du Rhin ne date pas du Moyen Âge. Ce n'est qu au XVIIIe siècle que la ville a vraiment commencé à s'étendre au-delà du fleuve, là où le Rhin s'écoule du lac supérieur, la partie la plus importante du lac de Constance, pour se transformer, quatre kilomètres plus loin et 30 centimètres plus bas, en lac inférieur. Sur la rive droite du Rhin, Constance possède au moins autant de facettes différentes que du côté de la vieille ville. La tour de Bismarck, construite en 1911-1912, associe une esthétique monumentale à une modernité qui commence déjà à transparaître. Elle doit son financement par ailleurs essentiellement à Gustav Prym, l'un des inventeurs du bouton-pression, et au comte Ferdinand Zeppelin, pionnier de l'aeronautique. Depuis 1992, le musée archéologique du Land de Bade-Wurtemberg, situé au bord du Seerhein, permet de se faire une idée assez précise du passé: l'ancien monastère bénédictin s'est vu adjoindre une annexe moderne. L'intérieur ne recèle pas seulement le navire le plus ancien jamais trouvé au lac de Constance, mais aussi des vestiges de l'époque romaine, du Moyen Âge et du début des temps modernes, trouvés à Constance et ailleurs. Que Constance, ville libérale depuis plusieurs siècles, ait également été un lieu privilégié pour l'implantation de manufactures protestantes, se reconnait encore aujourd'hui. Ainsi, certains noms de rues et des désignations familières de lieux rappellent les entreprises de Macaire ou de Herosé. Toutefois, la vieille blanchisserie du bord du Seerhein, avec son château d'eau, prouve encore aujourd'hui que les services, comme ceux proposés de nos jours par les cabinets d'avocats et agences publicitaires situés dans ce bâtiment magnifique, n'étaient autrefois pas le principal gagne-pain de Constance.

Ein Stück Rhein

Die Stadt am See hat auch noch ihren Fluss: Viele Konstanzer baden seit jeher lieber am Seerhein – das Wasser dort ist zwar kühler, gilt aber auch als frischer und wegen der Strömung als interessanter. Gerade seit die einst am Wasser gelegenen Textil- und Chemiefirmen ihren Standorte aufgegeben haben, sind direkt am Rhein Wohnquartiere und Erholungsflächen entstanden, die gleichermaßen gut angenommen werden. Neben dem offziellen Strandbad (links oben) gibt es zahlreiche weitere Badeplätze. Nur für Fußgänger und Radfahrer – Konstanz ist Studentenstadt und bietet durch die weitgehend ebene Lage und ein gut ausgebautes Wegenetz ideale Voraussetzungen zum Radeln – wurde 1991 die dritte Brücke über den Seerhein eröffnet. Zwischen der kombinierten Straßen- und Bahnbrücke und einer monströsen Autobahnquerung als Reminiszenz der 70er-Jahre ist sie die jüngste und zugleich eleganteste Querung über den Fluss – und jeder Sommer reizt die Jugendlichen zum riskanten Vergnügen. Der Fluss wird auch von Kursschiffen und Sportbooten rege befahren.

A Bit of the Rhine

The town at the lake also has its river: Many of Constance's residents have always prefered swimming at Seerhein. The water there may be cooler, however, it is also regarded as fresher and more interesting because of its current. Especially since the textile and chemistry companies once located at the water have given up their sites, residential quarters and recreational areas have developed directly at the Rhine, and are accepted just as well. Besides the official swimming area (on the left above) there are numerous other places for bathing. Only for pedestrians and cyclists - Constance is a student town and its largely flat position and well-developed network of paths are ideal prerequisites for cycling. In 1991 the third bridge over Seerhein was opened. Between the combined road and rail bridge and a monstrous Autobahn crossing (as a reminder of the 1970's), it is the newest and, at the same time, the most elegant river crossing – and every summer teenagers are tempted to risky pleasure. The river is also actively used by commercial passenger boats and pleasure crafts.

Un morceau du Rhin

La ville au bord du lac possède aussi son fleuve: Beaucoup de Constançois préfèrent depuis toujours se baigner dans le Seerhein, car si l'eau y est plus froide, elle est réputée plus propre et plus intéressante en raison de son courant. Notamment depuis que les usines de textile et de produits chimiques ont abandonné leurs sites au bord de l'eau, des quartiers résidentiels et des espaces récréatifs, tous deux bien fréquentés, ont vu le jour sur les rives du Rhin. Outre la zone de baignade officielle (en haut à gauche), de nombreux autres endroits invitent à la baignade. Exclusivement réservé aux cyclistes, le troisième pont du Seerhein a été inauguré en 1991. Constance, ville d'étudiants, offre en effet des conditions idéales pour le déplacement à vélo, en raison du faible dénivelé et de son large réseau de pistes cyclables. Placé entre le double pont ferroviaire et routier et la monstruosité traversant l'autoroute, réminiscence des années 70, le plus récent mais aussi le plus élégant des ponts enjambant le fleuve incite tous les étés les jeunes à s'adonner à un plaisir risqué: navires de ligne et hors-bord sont également très présents sur le fleuve.

Bodensee-
Kanuweg

Insel Mainau

Über 90 Prozent der Deutschen kennen sie, und kein Besuch am Bodensee ist komplett ohne einen Spaziergang über die Mainau, die Blumeninsel mit subtropischem Klima. Von der Tulpenblüte im frühen Frühjahr bis in den Herbst, wenn das 45 Hektar große Eiland in einem Meer von Dahlien erblüht, bietet die Mainau Genüsse fürs Auge und Momente der Entschleunigung. Das barocke Schloss mit Kirche, die verspielten Türmchen und der botanische Garten mit außergewöhnlichen Baumarten sind bis heute im Besitz der Stiftung, mit dem die Adelsfamilie Bernadotte die Mainau der Nachwelt erhalten will. Die Kontakte in den europäischen Hochadel und insbesondere ins schwedische Königshaus sind auch nach dem Tod des Botanik- und Umweltschutzpioniers Graf Lennart Bernadotte (1909-2004) ausgesprochen eng: Königin Silvia ist immer wieder gerne zu Gast auf der Insel, wo das Lebenswerk des Grafen – ein Enkel König Gustavs V. von Schweden – behutsam weiterentwickelt wird. Mehr als eine Million Besucher kommen jedes Jahr. Und die Einheimischen schwören, dass die ganzjährig geöffnete Mainau im Winter am allerschönsten ist und die Ruhe der lieblichen Bodenseelandschft am unverfälschesten verströmt.

Island of Mainau

Over 90 per cent of Germans know it; no visit to Lake Constance is complete without a walk over Mainau, the flower island with a subtropical climate. From the blooming tulips in early spring, to autumn, when the 45-hectare isle blossoms with a sea of dahlias, Mainau offers pleasures for the eye as well as moments of deceleration. To this day, the Baroque castle with its church, the playful turrets and the botanic garden with unusual tree species belong to the foundation with which the noble Bernadotte family works to retain Mainau for posterity. Contacts to the European high nobility and particularly to the Swedish royal family are really close, even after the death of the botany and environmental protection pioneer Count Lennart Bernadotte (1909-2004): Queen Silvia enjoys visiting the island where the count's life's work, a grandson of King Gustav V. of Sweden, is developed further. More than a million visitors come every year. And the locals swear that Mainau, which is open year-round, is at its most beautiful in winter when it exudes the quiet of the charming Lake Constance landscape most purely.

IL'île de Mainau

Plus de 90 pour cent des Allemands la connaissent: une visite du lac de Constance ne saura être considérée comme complète sans une balade sur Mainau, île fleurie au climat subtropical. De la floraison des tulipes au printemps jusqu'à celle des dahlias dont regorgent les 45 hectares de l'île à l'automne, Mainau offre du plaisir pour les yeux et des moments de tranquillité. Le château baroque avec son église, les tourelles gracieuses et le jardin botanique avec ses espèces d'arbres extraordinaires appartiennent aujourd'hui à la fondation qui, selon les vœux famille aristocratique des Bernadotte, permettra de préserver Mainau pour les générations futures. Même après la mort du comte Lennart Bernadotte (1909-2004), pionnier en matière de botanique et de protection de l'environnement, les contacts avec la haute noblesse européenne, et notamment avec la couronne suédoise, sont restés particulièrement étroits: la reine Silvia aime bien visiter l'île, où l'on s'efforce de perpétuer l'œuvre du comte, un petit-fils du roi Gustave V de Suède. L'île attire tous les ans plus d'un million de visiteurs, et, même si elle est ouverte au public toute l'année, les gens d'ici jurent que c'est en hiver qu'elle resplendit le plus, imprégnée du calme authentique du paysage enchanteur du lac de Constance.

Kreuzlingen

Kleiner Grenzverkehr: Obwohl die Schweiz nicht Teil der EU ist, ist Konstanz mit seiner knapp 20000 Einwohner großen Nachbarstadt Kreuzlingen eng zusammengewachsen. Die Kreuzlinger schätzen das Kultur- und Einzelhandelsangebot der größeren Nachbarin, die Konstanzer genießen den herrlichen Uferpark mit dem Schlössli, die gepflegten Anlagen rund um den Hafen – und sie freuen sich, dass der alte Grenzzaun gefallen und im Jahr 2007 durch die 22 Skulpturen des international rennomierten Künstlers Johannes Dörflinger ersetzt worden ist. Gleich einer eingefrorenen Prozession von Tarot-Figuren interpretieren die Metallgebilde die Grenzen zwischen Staaten, zwischen gesicherter Erkenntnis und zweifelbehaftetem Glauben, zwischen Irdischem und Transzendentem. Die Reihe der symbolisch dargestellten Trümpfe, die so genannten Großen Arkana, reicht bis ins Wasser hinein.

Kreuzlingen

Small border point: Although Switzerland is not part of the EU, Constance has grown close together with its neighbouring town Kreuzlingen (almost 20000 inhabitants). The people of Kreuzlingen value the culture and retail stores of their larger neighbour; the residents of Constance enjoy the marvellous shore park with the "Schlössli", the cultivated grounds around the harbour - and they are happy that the old border fence has come down. In the year 2007 it was replaced by 22 sculptures made by the internationally renowned artist Johannes Dörflinger. Like a frozen procession of Tarot figures, the metal shapes represent the borders between states, between protected knowledge and doubting faith, between earthly and transcendental. The row of symbolically executed trumps, the so-called Great Arkana, reaches all the way to the water.

Kreuzlingen

Petit trafic frontalier: même si la Suisse ne fait pas partie de l'Union européenne, Constance est aujourd'hui étroitement lié à Kreuzlingen, ville voisine de près de 20 000 habitants. Les habitants de Kreuzlingen apprécient la culture et l'infrastructure commerciale de la ville voisine, plus grande, les Constançois adorent se prélasser dans le magnifique parc du château et aux abords du port, et tous sont bien contents de la disparition de la clôture marquant la frontière, remplacée en 2007 par 22 sculptures de Johannes Dörflinger, artiste à la renommée internationale. À l'image d'un cortège gelé de figures du tarot, les structures en métal incarnent les frontières entre les pays, entre certitude absolue et croyance truffée de doutes, entre les choses de ce monde et la transcendance. L'alignement des formes symbolisant les atouts, appelés Grands Arcanes, s'étend jusque dans l'eau.

Meersburg

Nachbarn in Übersee: Nur eine Viertelstunde dauert die Überfahrt mit der Fähre, die von Konstanz-Staad nach Meersburg führt – die kleine Nachbarstadt „in Übersee“, wie die Konstanzer gerne sagen. Fachwerk-Gemütlichkeit zwischen Weinreben, die älteste bewohnte Burg Deutschlands und das prächtige Neue Schloss locken jährlich hunderttausende Besucher. Alte Burg wie neues Schloss dienten den Fürstbischöfen von Konstanz, die nicht nur Kirchen-, sondern auch Territorialherren waren. Wie groß ihre Macht war, lässt sich an den beeindruckenden Gebäuden bis heute ablesen: Mittelalterliche Wehrhaftigkeit da, der triumphale Gestus des Barock, teils geplant von Baltasar Neumann, hier.

Meersburg

Neighbours overseas: The journey takes only a quarter of an hour on the ferry which goes from Constance-Staad to Meersburg - the little neighbouring town “overseas”, as they like to say in Constance. Cosy half-timbering between the vines, the oldest inhabited castle in Germany and the splendid new castle lure hundreds of thousands of visitors every year. The old castle, as well as the new, served the royal bishops of Constance, who were not only church leaders, but also territorial lords. How great their power was, can be read from the impressive buildings to this day: Medieval fortifications there, the triumphant Gestus of the Baroque (partly planned by Baltasar Neumann) here.

Meersburg

Les voisins d‘outre-lac: en à peine un quart d’heure, le ferry en provenance de Constance-Staad arrive à Meersburg, la petite ville voisine «d’outre-lac», comme se plaisent à l’appeler les Constançois. Maisons à colombages, vignes et châteaux: le plus ancien château habité d’Allemagne et le somptueux Nouveau château attirent tous les ans plusieurs centaines de milliers de visiteurs. Les deux servaient aux princes-évêques de Constance, qui n’exerçaient pas seulement une autorité ecclésiastique, mais aussi territoriale. L‘envergure de leur pouvoir se devine encore aujourd‘hui en regardant les édifices impressionnants: défenses médiévales d‘un côté, attitude triomphale du baroque de l‘autre, en partie suivant les plans de Baltasar Neumann.

Närrisches Treiben

Konstanz' fünfte Jahrezeit. Verabredet man sich irgendwann im Winter oder Frühjahr mit einem Konstanzer, gibt es einen Referenzpunkt, der für Junge und Alte, für Eingesessene wie Zugezogene gilt: Man trifft sich „vor der Fasnacht" oder „nach der Fasnacht." Das närrische Treiben, vor allem am Donnerstag der Fasnachtswoche, ist das eigentliche Stadtfest: Konstanz ist dann sprichwörtlich aus dem Häuschen, phantasievoll verkleidet oder im traditionellen Gewand der Blätz mit ihren umsäumten Filzläppchen. Bis Aschermittwoch, wenn die Fasnacht unter öffentlichem Wehklagen zu Grabe getragen wird, duzt jeder jeden, und auch Besucher können sich dem Charme der tollen Tage kaum entziehen.

Carnival Revelries

Constance's fifth season: If you make a date with a resident of Constance sometime in winter or spring, there is one reference point that applies to young and old, to long-time residents or those who moved here recently: you meet "before Fasnacht" or „after Fasnacht" (Fasnacht is Shrove Tuesday). The carnival revelries, primarily on the Thursday of Fasnachtswoche, are the real celebration in town: Constance is then proverbially beside itself, dressed up in highly imaginative ways or in the traditional costume of the Blätz with their edged felt lobes. Until Ash Wednesday, when Fasnacht as carried to the grave under public lamentation, everybody addresses each other with the familiar ,du'-form and even visitors can hardly escape the charm of these wonderful days.

Effervescence carnavalesque

La cinquième saison de Constance. Quand il s'agit de fixer un rendez-vous en hiver ou au printemps avec un Constançois, il existe un repère valable pour tous, jeunes, vieux, autochtones et nouveaux arrivants: on se voit „avant le carnaval" ou «après le carnaval». L'effervescence carnavalesque, particulièrement marquée le jeudi de la „ semaine folle" est au cœur de la fête de la ville. Tout Constance est alors dehors, portant des déguisements insolites ou le costume traditionnel du personnage clownesque appelé «Blätz», avec des bouts de feutre ourlés. Jusqu'au mercredi des Cendres, lorsque le Carnaval est enterré sous les lamentations du public, tout le monde se tutoie, et il y a fort à parier que les visiteurs ne sont pas non plus insensibles à l'attrait des journées folles.

EIMER
Besser trinken, besser leben.

Lebensart

Man versteht zu feiern in Konstanz: Liberaler Geist und katholische Zugewandtheit zum Diesseits ergeben zusammen mit der gesegneten Lage inmitten von Weinbergen und Obstgärten einen dicht gefüllten Festkalender. Zu den Höhepunkten gehört das Weinfest auf dem Stephansplatz im Schatten der alten Bürgerkirche der Stadt, St. Stephan. Party am Boden und Glanz am Himmel: Jedes Jahr im August kommen Besucher aus ganz Deutschland und bis weit aus der Schweiz zum Seenachtfest. Musik auf vielen Bühnen, waghalsige Wasserski-Vorführungen und vor allem das traditionell perfekt zur Musik synchronisierte Feuerwerk ziehen Jahr für Jahr zigtausende Gäste in ihren Bann. Die Imperia-Statue im Glanz der Feuerwerksraketen und eine ausgelassen-friedliche Stimmung sind die besten Botschafter für die Stadt. Und auch die Nachbarn aus der Schweiz schließen sich an: Obwohl die Fest-Organisatoren nicht immer wirklich gemeinsame Wege gehen, wird beiderseits der Grenze am gleichen Tag gefeiert. Und das gemeinsame Finale beim Feuerwerk – eine der größten pyrotechnischen Wasser-Shows in Europa – gehört zu den unvergesslichen Eindrücken, die die Stadt bieten kann.

Way of Living

They know how to party in Constance: Liberal mind and Roman Catholic affiliation in the here and now, together with a blessed location amidst vineyards and orchards, yields a well-filled festival calendar. One of the highlights is the wine festival on Stephansplatz in the shade of the old town‘s civic church, St. Stephan. Party on the ground and brilliance in the sky: Visitors come from all over Germany and from far away in Switzerland to the “Seenachtfest” (Lake Night Festival) every year in August. Music on many stages, foolhardy water-ski demonstrations and at last the firework – traditionally perfectly synchronized to music – draws tens of thousands of vistors under its spell year after year. The Imperia statue in the gleam of the fireworks and a lively yet peaceful atmosphere are the town‘s best ambassadors. And their neighbours from Switzerland also join in: Although the festival organizers do not always work together, there is a celebration on both sides of the border on the same day. And the shared finale at the firework - one of the greatest pyrotechnic water shows in Europe - is one of the town’s unforgettable impressions.

Art de vivre

On sait faire la fête à Constance: esprit libéral et catholicisme tourné vers l’ici-bas, associés à une situation géographique bénie, en plein milieu de vignes et de vergers, font que l‘agenda des fêtes est toujours très chargé. L’un des temps fort est la fête du vin qui se déroule sur la place Saint-Étienne, à l’ombre de la vieille église bourgeoise de la ville, Saint-Étienne. Fête au sol et éclats dans le ciel: au mois d‘août, la fête lacustre nocturne attire des visiteurs de l’Allemagne entière et d’une bonne partie de la Suisse. La musique jouée sur de nombreuses scènes, les démonstrations téméraires de ski nautique et surtout le feu d’artifice, toujours parfaitement synchronisé avec la musique, séduisent tous les ans plusieurs milliers de visiteurs. La statue «Imperia», éclairée par le feu d’artifice, et l’ambiance exubérante et bon enfant sont les meilleurs ambassadeurs de la ville. Les voisins suisses s’y joignent également: bien que les organisateurs ne se concertent pas toujours, la fête a lieu le même jour des deux côtés de la frontière. Et la finale commune, le feu d‘artifice, constitue l‘un des plus grands spectacles pyrotechniques sur l‘eau en Europe et fait partie des moments inoubliables à vivre dans la ville.

Bodenseewoche

Wassersport vom Feinsten: Bei der Internationalen Bodensee-Woche, nach Jahrzehnten des Dornröschenschlafs wiederbelebt, kommen alte Motor- und Segelboote nach Konstanz. Neben den Regatten gibt es auch im Hafen jede Menge zu sehen: Einmal mehr macht der Bodensee als Segelrevier und als Ort hervorragender Freizeitmöglichkeiten auf sich aufmerksam.

Bodenseewoche

Water sports at its best: At the International Lake Constance Week, old engine and sailing boats come to Constance, revived after decades of sleeping like Cinderella . Besides regattas there is also a great deal to see in the harbour: Once again Lake Constance shows itself as a sailing area and as a place with excellent leisure possibilities.

La „Bodenseewoche"

Le meilleur du sport nautique: lors de la Semaine internationale sur le lac de Constance («Bodenseewoche»), ranimée après des décennies de sommeil, de vieux bateaux à moteur et à voile viennent à Constance. Outre les régates, il y a aussi plein de choses à voir dans le port: une fois de plus, le lac de Constance se distingue comme paradis pour les amateurs de voile et comme espace de loisirs remarquable.

Konstanz – Stadt im Wandel

Der Offizier war von Süden her gekommen. Jetzt steht er auf dieser kleinen, kaum wahrnehmbaren Anhöhe über dem Rhein und lässt den Blick schweifen – nach Westen, auf einen eher schmalen, langgestreckten See mit einer ebenso schmalen und langgestreckten Insel. Nach Norden, auf den Fluss und Höhenzug. Nach Osten, auf einen weiteren See, der größer ist als alle Seen, die er bisher gesehen hat. Und zurück nach Süden, auf einen sanft ansteigenden Rücken und dahinter die furchterregenden Alpen. Er beschließt, dass dies ein guter Platz ist. Strategisch gut gelegen am einfachsten Übergang über das Wasser auf dutzende Meilen. Die Kelten, die hier bereits siedeln und der Nachwelt auf dem kleinen Moränenhügel ein paar Funde hinterlassen werden, haben sich die richtige Stelle ausgesucht.

Und so wird das, was heute Konstanz ist, zum Teil der – nach damaliger Anschauung – zivilisierten Welt. Wir schreiben das 2. Jahrhundert nach Christus. Und mit der Ankunft der Römer wird ein Spiel beginnen, dass sich über fast zwei Jahrtausende wiederholen wird und dessen Auswirkungen heute Konstanz noch immer prägen: die Abfolge von Aufstieg und Niedergang, das Ringen um einen Platz auf der Landkarte. Denn Arbor Felix, das heutige Arbon am Schweizer Ufer des großen Sees, Brigantium, das wir heute als das österreichische Bregenz kennen, und Vindonissa, heute das kleine Windisch in der Schweiz, sind schon da, als die Römer Konstanz für sich entdecken – und es sind die größeren Garnisonen.

Ein Kastell bauen sie aber doch auf dem Hügel, und sie nennen es Constantia, vermutlich zu Ehren eines der Kaiser namens Constantius, die in diesen Jahren das Imperium regieren. Die Trennlinie zwischen den germanischen Alemannen und der keltisch-römischen Mischbevölkerung markieren Bodensee und Rhein, und das schrumpfende Römerreich muss an seinen Rändern immer vehementer verteidigt werden. Um 400 nach Christus ziehen die letzten Legionäre ab, doch was sie geschaffen haben, lebt weiter: Nicht nur in den Funden unter dem heutigen Münsterplatz, die als Teil eines steinernen Kastells identifiziert wurden, sondern auch im Namen dieses Platzes: Constantia, Konstanz hat die Jahrhunderte überdauert. Wie gesagt: Mal besser, mal schlechter.

Der erste Aufschwung kommt mit der Religion: Das zuvor ungleich mächtigere Vindonissa verliert Ende des 6. Jahrhunderts seinen Bischofssitz, die Zentralgewalt der Kirche findet am Bodensee, auf dem Hügel des Offiziers, einen neuen Platz. Im 7. Jahrhundert wird genau auf der kleinen Anhöhe die erste Kathedrale erbaut, ein stattliches Gotteshaus bereits, dem aber schon bald Konkurrenz erwächst: Im heutigen St. Gallen in der Schweiz und auf der nahen Insel Reichenau entstehen Klöster, die bald zu Orten der Gelehrsamkeit, der kunstvollen Buchmalerei und einer gut organisierten Landwirtschaft werden. Die Bischöfe von Konstanz erringen schließlich die Macht über die Mönche und haben Teil an ihren für damalige Maßstäbe globalen Kontakten zwischen Irland und Italien.

Die zentrale Verkehrslage, begründet schon durch das römische Straßennetz, begünstigt die weitere Entwicklung, zumal auch der Bodensee selbst als Transportweg an Bedeutung gewinnt. Über das Wasser werden Wein und Tuch transportiert, Konstanz wird zum Handelsposten und entwickelt sich vom Bischofssitz zur Bischofsstadt. Dazu kommt eine frühe Form des Tourismus: Die Gebeine des Heiligen Pelagius ziehen die Pilger an. Münzfunde belegen ein weitgespanntes Handelsnetz, und Bischof Konrad (um 900-975) kann die Stadt planmäßig entwickeln, mit der Zahl der Häuser stiegen auch das Selbstbewusstsein ihrer Bewohner und die Erwartungen an die Zukunft.

Bürger und Bischof werden zu zwei Polen in der Stadt. Mit der Heiligsprechung Konrads wächst das Gewicht des Bistums weiter, der Handel stärkt das Bürgertum. Zum ersten Mal wird die Stadt zum Schauplatz der internationalen Politik, als Friedrich I. Barbarossa in der Stadt am Bodensee mit den lombardischen Städten 1183 den Frieden von Konstanz schließt. Ob die darin festgeschriebene kommunale Selbstverwaltung für die italienischen Städte auch auf Konstanz Wirkungen hatte, ist unklar. Doch in den folgenden Jahren erringt das Bürgertum immer weitere Freiheiten vom bischöflichen Machtapparat. Die Kaufleute bauen, als äußeres Zeichen von wirtschaftlicher Kraft, ein großes Lagerhaus direkt am damaligen Hafen. Konstanzer Leinwand, ein begehrtes Exportgut, wird ab 1388 in dem bemerkenswert großen Gebäude gelagert – wenige Jahrzehnte später sollte hier Kirchen- und Weltgeschichte geschrieben werden, und das Haus wird nur noch Konzilgebäude genannt werden.

Doch die große Generalversammlung steht unter keinem besonders guten Stern: Die Kirche in sich zerstritten und auf eine große Spaltung, das Schisma, zusteuernd. Kritische Ideen brechen sich

Alte Bischofskirche und Zeuge einer langen, wechselvollen Geschichte: das Münster im Herzen der Altstadt

Old Bishop's Church and witness to a long, varied history: the minster at the heart of the Old Town

Ancienne église épiscopale et témoin d'une longue histoire pleine de rebondissements: la cathédrale au cœur de la vieille ville

Bahn: John Wycliff in England zuerst, dann Jan Hus in Böhmen. Drei Päpste erheben Anspruch auf den Thron, man einigt sich schließlich auf das neutrale Konstanz als den Ort, an dem man die Dinge von Grund auf neu regeln will. Als die Versammlung sich zum wahren Leitorgan der Weltkirche erklärt hat, kann sie – im Kauf- und Lagerhaus am Hafen – einen neuen Oberhirten bestimmen. Gewählt wird am 11. November 1417 ein Mann aus dem italienischen Hochadel, der sich nach dem Tagesheiligen Martin V. nennt.

Das bis heute bekannteste und gewiss auch unrühmlichste Ereignis hat das Konzil bei der einzigen Papstwahl nördlich der Alpen allerdings schon erlebt. König Sigismund, der Diplomat und Machtpolitiker, der die Kirchenfürsten an den See holte, hatte auch den Querdenker Jan Hus und seinen Mitstreiter Hieronymus von Prag dazugebeten. Unter Zusicherung freien Geleits kommen die beiden in die Stadt, doch der Ketzerprozess endet mit der brutalen Hinrichtung der beiden am 6. Juli 1415 auf dem Scheiterhaufen. An der vermuteten Hinrichtungsstätte werden bis heute rund um den Todestag Blumen niedergelegt. Und die verpasste Chance auf eine Reformation der Kirche an Haupt und Gliedern wird wenige Jahrzehnte später einen Martin Luther bewegen, und dieses Mal ist der Drang nach Erneuerung nicht aufzuhalten.

Konstanz sonnt sich für vier Jahre im Glanz des weltpolitischen Interesses. Die Stadt ist überfüllt. Die Menge der Konzilbesucher, ihre Zahl wird auf bis zu 70 000 geschätzt, steht in keinem Verhältnis zur Größe der Stadt mit ihren vielleicht 6000 Einwohnern. Doch sie bringen Geld nach Konstanz, die Delegationen und Abgesandten, die weltlichen Adeligen und die Kirchenfürsten. Zugleich blüht die Prostitution auf, und im Konstanz der Jahre 1414 bis 1418 findet später Honoré de Balzac die Kulisse für seine Erzählung „Die schöne Imperia“, die rund um eine fiktive Hübschlerin der Konzilzeit spielt. Bis in die unschätzbar wertvolle Konzilchronik des Konstanzers Ulrich von Richenthal findet das Nebeneinander aus Alltag und Ausnahmezustand Erwähnung.

Als die letzten Kardinäle und Herzöge abgezogen sind, haben die Konstanzer die Stadt wieder für sich, die Bischöfe müssen – oder dürfen – das Münster nicht

Vom Lagerhaus zum Schauplatz der Weltgeschichte: In diesem alten Speicher wurde 1417 ein Papst gewählt. Das Konzil katapultierte die Stadt auf die Weltkarte – und das Gebäude ist bis heute der wichtigste Ort für Veranstaltungen und Tagungen in der Stadt

From warehouse to setting for world history: In 1417 a pope was elected in this old loft. The council catapulted the town onto the world map, and the building is to this day the most important location for events and conferences in the town

Un entrepôt devient le théâtre d'événements historiques: dans ce vieux hangar, un pape est élu en 1417. Le concile a catapulté la ville sur le devant de la scène mondiale, et le bâtiment est encore aujourd'hui le premierlieu de manifestations et de congrès de la ville

mehr als Kongresszentrum zur Verfügung stellen. In seiner Grundform ist es schon ein paar hundert Jahre alt, als das Konzil beginnt, und in dieser Grundform steht es bis heute auf der kleinen, kaum wahrnehmbaren Anhöhe über dem Rhein. Konstanz kann sich das Leben auf großem Fuß nicht mehr leisten, wird arm. Neubauten werden selten; so erhält sich die im Kern gotische Struktur der Stadt. Die Bürger schließen sich der Reformation an, die Bischöfe müssen über den Bodensee, nach Meersburg. Doch 1548, nach dem gemeinsam mit anderen protestantischen Städten und Landesfürsten verlorenen Schmalkaldischen Krieg, wird Konstanz habsburgisch, verliert den Status der Reichsstadt und erlebt die Gegenreformation. Eingegliedert nach Vorderösterreich, beginnen Jahrhunderte des Stillstands. Immerhin erreicht der Dreißigjährige Krieg die Stadt nicht wirklich, Zerstörungen bleiben Konstanz erspart. Und ganz langsam kommt mit den Genfer Fabrikanten auch etwas wirtschaftlicher Aufschwung in die Stadt, auf der Dominikaner-Insel beim Hafen wird aus dem namensgebenden Kloster eine Fabrik (später sollte es ein Hotel werden und bis zum heutigen Tage bleiben). Auch eine zweite Gruppe bringt französische Lebensart und moderne Ideen in die Stadt: Vor der Revolution geflohene Mittelständler, Geistliche, Offiziere und Kaufleute.

Mit der Neuordnung Europas verlieren die Bischöfe der Stadt ihren wirtschaftlichen Einfluss, und auch sonst beginnt auch für die gerade viereinhalbtausend Einwohner eine neue Epoche: Konstanz wird badisch. Biedermeierlicher Alltag prägt das Leben derer, die es sich leisten können. Konstanz, in der Grundhaltung liberal geworden, wird dafür wenig später teuer bezahlen: 1821 löst der Vatikan das Bistum auf, das über Jahrhunderte das größte in Deutschland war und eines der reicheren auch. Das Fass zum Überlaufen bringt der Umstand, dass das Domkapitel 1817 den liberalen Generalvikar Ignaz Heinrich von Wessenberg zum neuen Bischof wählt. Rom erkennt die Wahl nicht an und zerschlägt das Bistum kurzerhand. War das Konzil der Höhepunkt der Stadtgeschichte, ist jetzt der Tiefpunkt erreicht: Konstanz hat seine zentrale Funktion verloren und wird im Großherzogtum Baden in jeder Hinsicht an den Rand gedrängt. Ein wenig internationalen Glanz bringt immerhin noch Hortense de Beauharnais in die Stadt, die sich im nahen Schlösschen Arenenberg niederlässt. Ihr Sohn verbringt seine Jugend weitgehend am Bodensee; der Neffe Napoleons I. wird später zweiter und letzter Kaiser der Franzosen werden – in Konstanz fällt er vor allem als ebenso geselliger wie abenteuerlustiger junger Mann und Frauenheld auf.

Napoleon hat sich noch nicht zum Kaiser gekrönt, als auch der Vormärz seine Spuren in Konstanz zu hinterlassen beginnt. Der Zug um Friedrich Hecker zieht 1848 vom Bodensee aus los und will die Monarchie stürzen. Der erste große Aufstand der badischen Revolution scheitert, doch an der liberalen Grundgesinnung im Landstrich ändert sich nichts. Konstanz erhält mit der Eisenbahn den Anschluss an die große weite Welt, eine maßvolle Industrialisierung setzt ein, am

Bahnhof entstehen mächtige Gründerzeithäuser. Und auch die erste Touristen kommen in die Stadt.

Bis zum Ersten Weltkrieg entsteht ein modernes, städtisches Gemeinwesen mit etwas über 20 000 Einwohnern. Mit Beginn der Kampfhandlungen wird Konstanz plötzlich an die Peripherie gedrängt. Das Schweizer Hinterland bricht weg, die Konstanzer fühlen sich als Randfiguren. Mit der Inflation werden Not und Armut zum Massenphänomen, und die Rechte kann schnell eine ganze Armee von Unzufriedenen für sich mobilisieren. 1928 nimmt die Autofähre von Konstanz-Staad nach Meerburg am nördlichen Seeufer den Betrieb auf, doch den Zerfall der demokratischen Mitte können die neuen städtischen Errungenschaften nicht mehr aufhalten.

Die Nazis übernehmen die Macht, wollen Konstanz an der äußersten Südgrenze zum „Bollwerk" des Reichs ausbauen. Die jüdische Kultur wird zerschlagen, nach einem ersten Brandanschlag auf die Synagoge im Jahr 1936 folgen die Novemberpogrome im Jahr 1938. 1940 leben noch 120 Juden in der Stadt, sie werden nach Gurs in Südfrankreich gebracht und später in Vernichtungslagern ermordet. Mitten in eine scheinbar alltägliche Normalität bricht 1939 der Krieg herein, doch Konstanz bleibt durch die Lage direkt an der Grenze zur neutralen Schweiz von Bombardements und Kampfhandlungen verschont. Die Grenze wird hermetisch abgeriegelt, die Stadt ist abgeschnitten und wird schließlich zum Teil der französischen Besatzungszone.

Dass das gesellschaftliche Leben langsam wieder in Gang kommt, zeigt sich unter anderem darin, dass wieder Fasnacht gefeiert wird. Das Theater, heute die älteste durchgehend bespielte Bühne Deutschlands, erlebt in den 50er-Jahren eine Blüte. 1960 hat Konstanz 53000 Einwohner, ist ziemlich unangefochten die bedeutendste Stadt am Bodensee. Sie erlebt 1963 die Seegfrörne, das Jahrhundert-Ereignis, bei dem der ganze Bodensee zufriert. Und 1966 wird die Universität gegründet, für Konstanz das wohl bedeutsamste Ereignis des 20. Jahrhunderts, wenn nicht all der Jahrhunderte seit dem Konzil. Aus einem verschlafenen Provinzstädtchen wird – nicht nur zur Freude seiner Einwohner – eine Universitätsstadt.

Der damalige Ministerpräsident Kurt Georg Kiesinger ist es, der die Bodensee-Universität will – und der stellvertretende Chef der Deutschen Forschungsgemeinschaft, Ralf Dahrendorf, gibt zusammen mit anderen der jungen Hochschule ein modernes Gepräge. Es gibt keine Institute an der Reform-Uni und auch keine Fakultäten, die Bauten der 60er- und 70er-Jahre auf dem Gießberg außerhalb der Stadt legen bis heute ein Zeugnis ab vom Reformwillen – und von dem Stellenwert, der der Bildung eingeräumt wurde: Gebaut wurde großzügig und in bester Lage mit herrlichem Blick über den Bodensee. Schöner als in Konstanz speisen Studenten deshalb in wohl keiner deutschen Mensa. Und im Jahr 2007 wird der bereits in der Gründungszeit formulierte Anspruch vom „Klein-Harvard am Bodensee" eindrucksvoll belegt: Konstanz wird eine von nur neun Elite-Universitäten Deutschlands.

Der große Glücksfall für Konstanz: Gegründet 1966, ist die noch junge Universität inzwischen als nur eine von neun deutschen Unis mit dem Elite-Siegel versehen. Für die Stadt war die Uni wohl das Beste, was ihr passieren konnte - auch wenn es etwas dauern sollte, bis diese Erkenntnis sich durchsetzte

A great stroke of luck for Constance: Founded in 1966, the young university is meanwhile the only one of nine German universities honoured with the elite seal. For the town, the university was probably the best thing which could happen to it - even if it would take some time for this knowledge to gain acceptance

Une grande chance pour Constance: fondée en 1966, l'université, encore jeune, fait partie des seulement neuf universités allemandes qui se sont vu décerner le label « université d'élite ». Pour la ville, l'université était certainement ce qui pouvait lui arriver de mieux – même si pas mal de temps s'est écoulé avant que cela soit généralement admis.

So ist die Stadt zu Beginn des 21. Jahrhunderts eine Stadt der Wissenschaft – nicht nur wegen der Uni mit ihren rund 10000 Studenten, sondern auch dank der Hochschule für Technik, Wirtschaft und Gestaltung. Konstanz ist unangefochtenes kulturelles Oberzentrum für das deutsche und das Schweizer Bodenseeufer. Die Bürger leben die Dienstleistungsgesellschaft, von der alten Textil-, Chemie- und Maschinenindustrie ist fast nichts mehr vorhanden. Größter Arbeitgeber der Stadt ist die Universität, gefolgt vom Pharmaunternehmen Nycomed sowie der öffentlichen Verwaltung. Die Justiz hat zentrale Funktionen, Fremdenverkehr und Einzelhandel spielen eine große Rolle im Wirtschaftsleben der Stadt.

Auch heute kommen die Fremden gelegentlich wieder von Süden her: Als italienische Touristen, die sich auf dem Münsterplatz mit seinem groben Pflaster irgendwie heimisch fühlen. Die Vernetzung der Kaufleute und Tuchhersteller ist durch den globalen Austausch der Wissenschaft abgelöst worden, die Römerstraßen sind zu modernen – wenngleich oft überlasteten – Verkehrsverbindungen geworden, und auf dem Bodensee verbinden Autofähren, Ausflugsdampfer und Katamaran-Schnellboote die Städte am Ufer. Konstanz unterhält heute Städtepartnerschaften bis nach China. Manche Studenten sind hängengeblieben am schönen Bodensee, konnten sich in Konstanz eine Existenz aufbauen und haben die Stadt nach innen wie außen geöffnet.

Könnte er wiederkommen, der römische Offizier, er würde sich wundern, was aus seinem Grenzposten geworden ist. Zuerst Randerscheinung, später Zentrum eines riesigen kirchlichen Einflussbereichs, für einige wenige Jahre Mittelpunkt des christlichen Abendlandes, zuletzt eine sympathische, kompakte Universitäts- und Touristenstadt am Rande Deutschlands und zugleich im Herzen Europas: Konstanz hat viel erlebt in den vergangenen zwei Jahrtausenden. Die kleine Anhöhe über dem Rhein ist kaum mehr wahrnehmbar in der städtischen Topographie. Doch wer den Münsterturm besteigt, hat ihn immer noch, den Blick über Wasser und Land und bis hinein in die Alpen.

Constance – A Changing Town

This officer has come from the south. Now he is standing on this small, barely perceptible hill over the Rhine. His eyes sweep across the land - to the west, a rather long, narrow lake with a similarly long, narrow island. To the north, the river and mountain range. To the east, another lake – larger than any lake he has seen before. And back to to the south, a gently rising hill and behind this, the intimidating Alps. He decides that this is a good place. Strategically well placed at the easiest water crossing for dozens of miles. The Celts, who have already settled here and will leave some finds on the little moraine hill for posterity, have chosen the right place.

And so what is today Constance becomes part of the - according to current opinion - civilized world. This is the 2nd century after Christ. With the arrival of the Romans a game will begin that will repeat itself through more than two millennia – its consequences characterize Constance even today: the sequence of rise and fall, the struggle for a place on the map. Arbor Felix, today's Arbon, on the Swiss shore of the big lake, Brigantium, which we know as the Austrian Bregenz today, and Vindonissa, today the little Windisch in Switzerland, are already there when the Romans discover Constance - and these are the larger garrisons. However, they build a small fort on the hill anyway, and they call it Constantia – presumably in honour of the emperor named Constantius, who ruled over the empire in these years. The dividing line between the Germanic Alemanni and the mixed Celtic-Roman population is marked by Lake Constance and the Rhine; the shrinking Roman Empire must be defended ever more vehemently on its edges. Around 400 after Christ the last legionaries withdraw, but what they have created lives on - not only the finds under today's Münsterplatz square (which have been identified as part of a small stone fort) but also the name of this place: Constantia, Constance, have survived the centuries. As they say: for better or for worse.

The first upswing comes with religion: The previously much more powerful Vindonissa loses its diocese at the end of the 6th century; the central force of the church finds a new location at Lake Constance, on the officer's hill. In the 7th century, the first cathedral is built exactly on this little hill, already a stately place of worship which, however, soon gets competition: in today's St. Gallen in Switzerland and on the nearby island of Reichenau cloisters are built which soon become places of learning, artistic illumination and well-organized farming. The bishops of Constance finally gain power over the monks and participate in their global (at least they could be considered global at that time) contacts between Ireland and Italy. The centralized traffic situation, already created by the Roman road network, favours further development, particularly since Lake Constance itself is also gaining importance as a transport route. Wine and cloth are transported over the water. Constance turns into a tradepost and develops from diocesan town to bishop's city. An early form of tourism begins: The remains of the Saint Pelagius attract pilgrims. Coins found bear witness to a widespread trade network, and Bishop Konrad (around 900-975) can develop the town as planned; with the number of houses the self-confidence of its residents and their future expectations also increase. Citizens and bishop become two poles in the town. With the canonization of Konrad, the significance of the diocese grows further; trade strengthens the bourgeoisie. For the first time the town becomes the setting for international politics when Frederick I. Barbarossa signs the peace of Constance of 1183 in the town at Lake Constance with the Lombard cities. Whether the municipal self-administration for the Italian towns that is laid out here also had an effect on Constance, is unclear. But in the following years the bourgeoisie gains ever more liberties from the episcopal power apparatus. The merchants build a large warehouse directly at the former harbour, as an outward sign of economic power. Constance canvas, a popular export product, is stored in the remarkably large building as of 1388; a few decades later church and world history will be written here and the house will only be called Council Building from then on. But the great general meeting is not particularly well-fated. The church is at odds with itself and steering towards a big split, the Schisma. Critical ideas find their way: first John Wycliff in England, then Jan Hus in Bohemia. Three popes lay claim to the throne; they finally agree on neutral Constance as the place at which they will regulate things entirely anew. Once the asembly has declared itself the true leadership organ of the international church, it can elect a new spiritual leader in the store and warehouse at the harbour. An Italian nobleman man is elected on November 11th, 1417, who is called Martin V. after the saint of the day. By the time the only papal elections north of the Alps take place, the council has already experienced its best known and certainly also its most inglorious event to this day. Sigismund, the diplomat and power politician, who brought the high dignitaries of the Church to the lake, had also invited the maverick Jan Hus and his comrade Hieronymus of Prague for this purpose. The two come into the town after being assured safe passage, but the heretic trial ends with the brutal execution of both men at the stake on July 6th, 1415. Flowers are laid down around their day of death at the suspected place of execution to this day. And the missed chance of a church reformation at the head and members will motivate Martin Luther a few decades later and this time the desire for renewal cannot be held back. Constance basks in the glow of the world's political interest for four years. The town is overcrowded. The council visitors, their number has been estimated up to 70000, out of all proportion to the size of the town with its perhaps 6000 inhabitants. But they bring money to Constance, the delegations and emissaries, the worldly noblemen and the high dignitaries of the Church. Prostitution blossoms at that time, and in Constance in the years 1414 to 1418 Honoré de Balzac finds the setting for his story „The Fair Imperia" which plays around a fictitious beauty in the council time. Everyday life and exceptional circumstances (exist) side by side, all the way into the immeasurably valuable council chronicle by Ulrich of Richenthal, an resident of Constance. When the last cardinals and dukes are withdrawn, the locals have Constance to themselves again; the bishops need not - or may not - make the minster available as a congress centre any more. In its fundamental form it is already a few hundred years old when the council starts, and to this day this basic shape stands on the small, barely visible rise over the Rhine. Constance can not afford to live like a lord any more, becomes poor. New buildings are rare; so the town's Gothic core is retained. The citizens follow the reformation, the bishops must cross Lake Constance to Meersburg. But in 1548, after the Schmalkaldic War, which it lost together with other Protestant towns and sovereigns, Constance falls under the House of Habsburg, loses the status of free city and experiences the Counter-Reformation. Incorporated into the (former) Austrian territories in Southwestern Germany, centuries of stagnation begin. After all, the Thirty Years' War does not really reach the town, Constance is protected from destruction. And quite slowly, with the Geneva manufacturers, a little economic upswing also comes into town; on the Dominican island by the harbour the name-sake cloister turns into a factory (later it will become a hotel and remain so until today). A second group also brings the French way of life and modern ideas into town: Middle-class people, clergymen, officers and merchants, fleeing from the revolution.

With the reorganization of Europe the town's bishops lose their economic influence, and in other ways a new epoch begins for the four and a half thousand inhabitants: Constance becomes part of Baden. Biedermeier characterizes the life of those who can afford it. Constance, which has become basically liberal, will pay for it dearly later: In 1821 the Vatican dissolves the diocese, which for centuries has been the largest one in Germany - and one of the richer ones. The straw that breaks the camel's back is the fact that the cathedral chapter in 1817 elects the liberal vicar-general Ignaz Heinrich of Wessenberg as the new bishop. Rome does not recognize the election and crushes it without further ado. If the Council was the highlight of the municipal history, the low point is now achieved: Constance has lost its central function and is driven to the fringe of the Grand Duchy of Baden in every regard. After all, Hortense de Beauharnais brings a little international glamour to the town; she settles in the nearby little castle of Arenenberg. Her son spends his youth mostly at Lake Constance; the nephew of Napoleon I. will later become the second and last emperor of the French – in Constance he is known primarily as a sociable young man, fond of adventure and a lady-killer. Napoleon has not yet crowned himself emperor, when the pre-March era (the time period leading up to the failed March 1848 revolution) starts to leave its traces in Constance. The procession around Friedrich Hecker starts out from Lake Constance in 1848 and wants to bring down the monarchy. The first great rebellion of the Baden revolution fails, but nothing changes in the area's fundamentally liberal attitude. Constance is connected to the big wide world with the railway; a moderate industrialization starts, and at the station splendid "Gründerzeit" (period of promoterism) houses are built. And the first tourists also come into town. Up until the First World War a modern, municipal community develops with a little over 20000 inhabitants. With the beginning of the hostilities, Constance is suddenly relegated to the sideline. The Swiss hinterland breaks away; the residents of Constance feel like peripheral figures. With inflation, poverty and hardship become a mass phenomenon, and the right-wing is quickly able to mobilize a whole army of dissatisfied people. In 1928 the car ferry from Constance-Staad to Meerburg at the northern lakeside starts operating, but the disintegration of the democratic middle cannot be held back by the new municipal achievements.

The Nazis take power, want to build up Constance into a „bulwark" of the empire on its utmost south border. Jewish culture is crushed; after a first arson attack on the synagogue in the year 1936 the November pogroms follow in the year 1938. In 1940 only 120 Jews live in the town, they are brought to Gurs in the South of France and later murdered in the extermination camps. In the middle of apparent normality the war breaks out in 1939, but Constance is spared from the bombing and fighting by its position directly at the border to neutral Switzerland. The border is hermetically sealed, the town is cut off and finally becomes part of the French occupation zone. Social life slowly gets going again - shown by the fact that, among other things, Fasnacht is again celebrated.

The theatre, today the oldest continuously playing stage in Germany, experiences a boom in the fifties. In 1960 Constance has 53000 inhabitant, is mostly unchallenged as the most important town at Lake Constance. It experiences the "Seegfrörne" in 1963, a century event in which the whole of Lake Constance freezes over. And in 1966 the university is founded – for Constance this is probably the most meaningful event of the 20th century, if not all the centuries since the Council. A sleepy little provincial town turns into a university town - not only a pleasure for its inhabitants. Kurt Georg Kiesinger, then the prime minister, is the one who wants the Lake Constance university – and the deputy head of the German research council, Ralf Dahrendorf, together with others, lend the young university a modern character. There are no institutes at the reform university and also no faculties; the buildings from the sixties and seventies on Gießberg outside the town give evidence to this day of the will to reform and of the significance that was placed on education: It was built generously and at the best location with a marvellous view over Lake Constance. Therefore the students in Constance surely dine in a more beautiful canteen than in any other German university. And in the year 2007 the claim"Little Harvard at Lake Constance", already formulated during the founding time, is impressively verified: Constance becomes one of only nine elite universities in Germany. So this is a town of science at the beginning of the 21st century - not only because of its university (with about 10000 students) but also thanks to the university of technology, economics and design. Constance is the unchallenged regional cultural centre for the German and Swiss shores at Lake Constance. The citizens live the service economy, hardly anything remains of the old textile, chemistry and engineering industries. The biggest employer in town is the university, followed by the pharmaceutical company Nycomed as well as the public administration. The (department of) justice has central functions; tourism and retail trade play a large role in the town's business life. Also today, foreigners occasionally come here again from the south: As Italian tourists who somehow feel at home on Münsterplatz with its rough plaster. The network of merchants and cloth manufacturers has been replaced by the global interchange of science, the Roman roads have become modern – albeit often overburdened – traffic connections, and on Lake Constance car ferries, pleasure steamers and catamaran speedboats connect the lakeside towns. Today Constance maintains town twinnings all the way to China. Some students have got stuck on beautiful Lake Constance; they were able to build a life for themselves in Constance and have opened the town to the inside as well as to the outside. If he could come back, the Roman officer, he would be surprised at what has become of his border post. First on the fringes, later centre of a gigantic sphere of church influence, for some years the centre of the Christian occident, and finally a pleasant, compact university and tourist town on the edge of Germany and at the same time in the heart of Europe: Constance has had many experiences in the last two millennia. The little hill over the Rhine is barely perceptible any more in the town's topography. But whoever climbs the minster tower still has the view over water and land and all the way into the Alps.

Constance: l`evolution d`une ville

Arrivé du sud, l'officier se trouve maintenant sur une petite butte qui s'élève à peine au dessus du Rhin. Il laisse errer son regard: vers l'ouest, sur un lac plutôt étroit et allongé, doté d'une île étroite et allongée, elle aussi. Vers le nord, sur le fleuve et la chaîne de montagnes. Vers l'est, sur un autre lac, le plus grand qu'il n'ait jamais vu. Et de nouveau vers le sud, sur une colline à la pente douce, surplombée par les Alpes, terrifiantes. Il conclut qu'il s'agit là d'un bon emplacement. Stratégiquement bien situé, tout près du passage le plus facile pour traverser l'eau, sur plusieurs dizaines de milles. Les Celtes, qui y sont déjà installés et qui laisseront, sur la petite butte morainique, quelques vestiges à la postérité, ont choisi le bon endroit.

C'est ainsi que ce qui s'appelle Constance aujourd'hui entre dans le monde civilisé, du point de vue de l'époque. Nous sommes au IIe siècle après Jésus-Christ. L'arrivée des Romains marque le début d'un jeu qui se répètera sur presque deux millénaires et dont les conséquences se perçoivent encore dans le Constance d'aujourd'hui: l'alternance de périodes de grandeur et de décadence, la lutte pour une place sur la carte du monde. Car Arbor Felix, la ville actuelle d'Arbon situé sur la rive suisse du grand lac, Brigantium, que nous connaissons aujourd'hui sous le nom de Bregenz en Autriche, et Vindonissa, aujourd'hui la petite ville de Windisch en Suisse, existent déjà lorsque les Romains découvrent Constance pour eux - et leurs garnisons sont plus importantes.

Ils construisent néanmoins un château sur la colline qu'ils appelleront Constantia, probablement en honneur de l'un des empereurs nommés Constantius qui régnaient alors sur l'empire. Le lac de Constance et le Rhin marquent la frontière entre les Alamans germaniques et la population mixte celto-romaine. L'empire romain se rétrécit et nécessite à ses bords une défense de plus en plus intense. Vers l'an 400 après Jésus-Christ, les derniers légionnaires quittent la région, mais ce qu'ils ont créé continue d'exister. Non seulement dans les vestiges sous l'actuelle place de la Cathédrale, identifiés comme faisant partie du fort romain, mais aussi dans le nom du lieu: Constantia, la ville de Constance, est toujours là, depuis tous ces siècles. Bien entendu, il y a eu des hauts et des bas, comme évoqué plus haut.

Le premier essor vient avec la religion: Vindonissa, auparavant bien plus puissante, perd vers la fin du VIe siècle son évêché. Le pouvoir central de l'église s'établit désormais au bord du lac de Constance, sur la colline de l'officier. Au VIIe siècle, c'est précisément sur cette petite butte que l'on construit la première cathédrale, une maison de Dieu déjà imposante qui sera cependant bientôt concurrencée: l'actuel Saint-Gall, en Suisse, et l'île de Reichenau, toute proche, voient des monastères s'établir qui se distingueront rapidement par leur savoir, leur art de l'enluminure et une agriculture bien organisée. Les évêques de Constance finissent par assujettir les moines, prenant part dès lors à leurs relations internationales, notamment avec l'Irlande et l'Italie.

La facilité des transports, notamment en raison du réseau routier créé par les Romains, favorise ensuite le développement, d'autant plus que le lac de Constance devient lui-même une voie de transport de plus en plus importante. Par la voie de l'eau, vin et textiles sont transportés. Constance devient une place commerciale et se transforme, de simple évêché, en ville épiscopale. S'y ajoute une forme précoce de tourisme: les ossements de saint Pélage attirent les pèlerins. La découverte de pièces de monnaie prouve l'existence d'un vaste réseau commercial, et l'évêque Conrad (vers 900-975) réussit à faire évoluer la ville suivant son plan. Avec le nombre croissant de maisons, la confiance des habitants et leurs attentes par rapport à l'avenir augmentent aussi.

Les bourgeois et l'évêque forment deux pôles de la ville. Lorsque Conrad est canonisé, l'évêché gagne en importance, et le commerce renforce la bourgeoisie. La ville devient pour la première fois le théâtre de la politique internationale lorsque Frédéric Ier Barberousse conclut la paix de Constance en 1183 avec les cités lombardes. Il est incertain si l'autonomie administrative entérinée alors pour les communes italiennes a eu des répercussions sur la ville de Constance. En tout cas, durant les années suivantes, la bourgeoisie acquiert de plus en plus de libertés face au pouvoir épiscopal. En signe extérieur de leur force économique, les commerçants construisent un grand entrepôt directement sur l'ancien port. Les toiles de Constance, qui s'exportent très bien, sont entreposées dès 1388 dans le bâtiment aux proportions impressionnantes qui sera, quelques décennies plus tard, la scène d'événements historiques, aussi bien sur le plan ecclésiastique que séculier À partir de là, l'édifice gardera le nom de «Concile».

Mais la grande assemblée générale n'est pas vraiment placée sous une bonne étoile. L'église est déchirée par des conflits internes et se dirige tout droit vers une grande division, le schisme. Des idées critiques émergent: par John Wycliff en Angleterre d'abord, puis par Jan Hus en Bohême. Trois papes revendiquent le trône, et l'on finit par se mettre d'accord sur Constance, ville neutre, comme lieu de rendez-vous pour redéfinir complètement tout cela. Lorsque l'assemblée se déclare autorité suprême de l'église œcuménique, elle peut, dans les murs du bâtiment d'entrepôt et de commerce du port, procéder à l'élection d'un nouveau souverain pontife. Le 11 novembre 1417, c'est un homme de la haute noblesse ita-

lienne qui sort gagnant et adopte, selon le saint du jour, le nom de Martin V.
L'événement le plus connu à ce jour, et certainement le moins glorieux du concile, a toutefois déjà eu lieu à ce stade des seules élections papales jamais tenues au nord des Alpes. Le roi Sigismond, le diplomate et homme politique féru de puissance ayant fait venir les princes de l'Église au bord du lac, avait également convié Jan Hus, penseur non-conformiste, et son compagnon d'armes, Jérôme de Prague. Une fois leur protection promise, les deux hommes arrivent en ville, mais le procès contre les hérétiques se termine le 6 juillet 1415 par leur exécution brutale sur le bûcher. Tous les ans, à la date anniversaire de leur mort, des fleurs sont déposées sur le lieu supposé de l'exécution. L'opportunité manquée de réformer l'Église de fond en comble motivera quelques décennies plus tard un certain Martin Luther, et cette fois, rien ne saura stopper la soif du renouveau.
Quatre années durant, Constance se repaît de la gloire d'être au centre de l'intérêt politique mondial. La ville est pleine à craquer. Le nombre de participants au concile, estimé à près de 70 000, n'est absolument pas en rapport avec la taille de la ville qui compte alors probablement quelque 6 000 habitants. Ils apportent toutefois de l'argent à Constance, toutes ces délégations et tous ces envoyés, les nobles et les princes de l'Église. En même temps, la prostitution fleurit. C'est d'ailleurs le Constance des années 1414 à 1418 qui servira plus tard de toile de fond au conte d'Honoré Balzac « La belle Imperia », dont le personnage principal est une courtisane fictive de l'époque du concile. L'exceptionnel et le quotidien se côtoient et seront même consignés dans l'inestimable chronique du concile tenue par le Constançois Ulrich von Richenthal.

Après le départ des derniers cardinaux et ducs, les Constançois ont de nouveau la ville pour eux, et les évêques n'ont plus l'obligation – ou le privilège – de mettre la cathédrale à disposition des congressistes.

Lorsque le concile commence, elle existe sous cette forme depuis plusieurs centaines d'années déjà ; aujourd'hui, elle est toujours là, égale à elle-même, sur cette petite butte s'élevant à peine au dessus du Rhin. Constance ne peut plus se permettre de vivre sur un grand pied et finit par s'appauvrir. Les nouvelles constructions se font rares ; ainsi, la structure gothique du centre-ville se maintient. Les bourgeois rejoignent le mouvement de réformation, et les évêques doivent partir de l'autre côté du lac de Constance, à Meersburg. Mais en 1548, après la défaite de la ligue de Smalkalde dans la guerre menée aux côtés d'autres villes et souverains protestants, Constance devient habsbourgeois, perd son statut de ville impériale et connaît la contre-réforme. Son rattachement à l'Autriche antérieure marque le début de plusieurs décennies de stagnation. Au moins, la guerre de Trente Ans n'atteint pas vraiment la ville qui échappe aux destructions. Peu à peu, avec l'arrivée des fabricants genevois, la ville connaît de nouveau un léger essor économique. Le monastère qui a donné son nom à l'île des Dominicains, près du port, est transformé en usine (plus tard, il deviendra un hôtel et le restera jusqu'à aujourd'hui). Un deuxième groupe apporte également l'art de vivre à la française et des idées modernes à la ville: les classes moyennes, les ecclésiastiques, les officiers et les commerçants fuyant la révolution.

Le nouvel ordre en Europe fait perdre leur influence économique aux évêques de la ville, et à d'autres niveaux aussi une nouvelle époque commence pour les tout juste 4 500 habitants. Constance devient badois. Le quotidien de ceux qui peuvent se le permettre est marqué par le repli sur la sphère privée chère à l'époque du Biedermeier. Constance, devenue profondément libérale, devra en payer le prix fort un peu plus tard: en 1821, le Vatican dissout l'évêché, pendant plusieurs siècles le plus grand et aussi l'un des plus riches d'Allemagne. Quand le chapitre cathédral élit en 1817 Ignace Henri de Wessenberg comme évêque, ce vicaire général aux tendances libérales, c'est la goutte qui fait déborder le vase. Rome refuse de reconnaître les élections et les annule sans autre forme de procès. Si le concile marque l'apogée de la ville, elle touche maintenant le fond: Constance a perdu sa fonction centrale et se retrouve à tous les niveaux relégué au second plan du Grand-duché de Bade. L'installation d'Hortense de Beauharnais dans le petit château d'Arenenberg, situé à proximité, apporte tout de même un peu de prestige international à la région. Son fils passe l'essentiel de sa jeunesse dans la région du lac ; à Constance, le neveu de Napoléon Ier, qui deviendra plus tard le second et dernier empereur des Français, marquera les esprits comme jeune homme aussi aventurier que libertin.
Napoléon ne s'est pas encore couronné empereur lorsque le mouvement de contestation du « Vormärz » commence à laisser des traces à Constance. En 1848, la procession autour de Friedrich Hecker part du lac de Constance pour renverser la monarchie. La première grande insurrection de la Révolution badoise échoue, sans pour autant altérer l'esprit libéral qui règne dans la région. Avec l'arrivée du chemin de fer, la ville de Constance est reliée au monde, une industrialisation modérée commence, et d'imposantes maisons bourgeoises voient le jour près de la gare. Les premiers touristes arrivent aussi. Jusqu'à la première guerre mondiale, une communauté urbaine et moderne se développe, avec un peu plus de 20 000 habitants. Avec le début des hostilités, Constance se retrouve soudain repoussé à la périphérie. L'arrière-pays suisse n'est plus accessible, et les Constançois se sentent relégués au second plan. L'inflation aidant, misère et pauvreté se répandent, et la droite réussit rapidement attirer toute une armée d'insatisfaits. En 1928, le ferry reliant Constance-Staad à Meersburg entre en service sur la rive nord du lac, mais même les nouveaux acquis urbains ne sauront plus arrêter le déclin du centre démocratique.

Les Nazis prennent le pouvoir et veulent faire de Constance, situé à l'extrême sud du pays, le «rempart» du Reich. La culture juive est étouffée, l'incendie volontaire d'une synagogue en 1936 est suivi des pogromes de novembre en 1938. En 1940, la ville compte encore 120 habitants juifs. Ils sont transportés à Gurs, dans le sud de la France, et seront plus tard assassinés dans des camps d'extermination. En plein milieu d'un quotidien en apparence normal, la guerre éclate en 1939. Constance échappe cependant aux bombardements et aux hostilités, grâce à sa situation à la frontière de la Suisse, pays neutre. La frontière est hermétiquement bouclée ; la ville, isolée, fera plus tard partie de la zone d'occupation française.

La vie sociale reprend progressivement son cours, comme le montre entre autres le retour aux festivités de carnaval. Le théâtre, aujourd'hui la plus ancienne scène d'Allemagne n'ayant pas connu d'interruption de son activité, fleurit dans les années 50. En 1960, Constance compte alors 53 000 habitants, la ville est sans conteste la plus importante du lac de Constance. Elle connaît en 1963 la „Seegfrörne", un événement exceptionnel: le lac de Constance est alors complètement gelé. 1966 voit la création de l'université, ce qui constitue sans doute pour Constance l'événement le plus significatif du XXe siècle, si ce n'est depuis tous ces siècles passés depuis le concile. La ville provinciale endormie se transforme en ville universitaire, et ses habitants ne sont pas les seuls à s'en réjouir.

C'est le ministre-président de l'époque, Kurt Georg Kiesinger, qui tient à la création de l'université du lac de Constance. Le directeur adjoint de la Fondation allemande pour la recherche (DFG), Ralf Dahrendorf, est l'un de ceux qui marque la jeune université d'une empreinte moderne. Cette université réformée ne comporte ni instituts ni facultés, et les bâtiments des années 60 et 70, situés à l'extérieur de la ville, sur le Gießberg, témoignent encore aujourd'hui de la volonté de réforme – et du poids accordé à l'instruction et à la culture: les proportions sont généreuses, la situation est excellente, la vue sur le lac de Constance magnifique. Il n'est guère imaginable qu'un autre restaurant universitaire puisse offrir un panorama capable de rivaliser de beauté avec celui-ci. En 2007, l'ambition formulée dès l'époque de sa fondation en surnommant l'université «le petit Harvard du lac de Constance» s'est vu puissamment confirmée: Constance devient l'une des seulement neuf universités d'élite d'Allemagne.
Au début du XXIe siècle, la ville est donc une ville des sciences, et ce non seulement en raison de l'université avec ses quelque 10 000 étudiants, mais aussi grâce à la Haute école de technique, d'économie et de design. Sur le plan culturel, Constance est le centre incontesté de la région du lac de Constance, côté allemand comme côté suisse.

Le secteur des services marque aujourd'hui l'activité de la région, plus rien ou presque ne subsiste des industries textile, chimique et mécanique d'autrefois. L'université est le plus grand employeur de la ville, suivi par l'entreprise pharmaceutique Nycomed et l'administration publique. La justice remplit des fonctions centrales, le tourisme et le commerce au détail jouent un rôle important dans l'activité économique de la ville.

Aujourd'hui encore, les étrangers arrivent parfois du sud: ce sont les touristes italiens. Sur la place de la Cathédrale, avec ses gros pavés, ils se sentent presque un peu chez eux... L'échange mondial a pris la relève des liens entre commerçants et fabricants de textile, les routes romaines se sont transformées en axes de circulation modernes, quoique parfois surchargés, et sur le lac de Constance, les ferrys, bateaux de promenade et autres catamarans et vedettes relient les villes situées sur la rive. Constance est aujourd'hui jumelé avec de nombreuses villes, y compris en Chine. Certains étudiants ne sont jamais repartis de cette belle région du lac de Constance. Ils y ont fait leur vie, ouvrant la ville à l'extérieur comme à l'intérieur.
S'il pouvait revenir, cet officier romain, il serait bien étonné de voir ce que sont poste frontière est devenu. Insignifiant au début, au cœur d'une gigantesque sphère d'influence ecclésiastique plus tard, point focal de l'Occident chrétien durant quelques années, sympathique ville universitaire et touristique à taille humaine pour finir, aux bord de l'Allemagne et au cœur de l'Europe: Constance a vécu beaucoup de choses durant ces deux millénaires passés. La petite butte surplombant le Rhin ne se remarque guère dans la topographie urbaine d'aujourd'hui. Mais en montant sur la tour de la Cathédrale, elle y est toujours, cette vue sur le lac, les environs et les Alpes au fond.

Jörg-Peter Rau (links)

Jörg-Peter Rau, Jahrgang 1971, ist in Friedrichshafen am Bodensee aufgewachsen. Nach journalistischer Tätigkeit am Bodensee und Studium in Berlin sowie Glasgow kam er 2003 an den Bodensee zurück und übernahm 2007 die Leitung der Konstanzer Lokalredaktion des in der Stadt erscheinenden SÜDKURIER. Dass er jeden Tag durch die malerischen Gassen der Stadt gehen, den Bodensee in all seinen Farbstimmungen erleben und die Alpen meistens im Blick haben darf, empfindet er als großes Glück: „Wer hier angekommen ist, will nicht mehr weg", sagt der Geograph und Kunsthistoriker über Konstanz. Seine Lieblingsorte in der Stadt? „Die erste Reihe im Rang des Stadttheaters, der Münsterplatz und der Bodanrück oberhalb des Stadtteils Litzelstetten, wo einem an klaren Tagen der halbe Bodensee zu Füßen zu liegen scheint." Fürs Foto mit Ralf Brunner kletterte er auf den Münsterturm – aber ein Geheimtipp ist dieser ganz besondere Ort eigentlich nicht mehr.

Jörg-Peter Rau (on the left)

Jörg-Peter Rau, born in 1971, grew up in Friedrichshafen at Lake Constance. After working as a journalist at Lake Constance and studying in Berlin as well as Glasgow, he returned to Lake Constance in 2003. In 2007 he took over the management of the local Constance newsroom at the SÜDKURIER that is published in town. He considers it a great joy that he is able to walk through the picturesque lanes of the town, experience Lake Constance in all its colourful atmospheres and almost always has a view of the Alps: "Whoever has arrived here, will not want to leave", says the geographer and art historian about Constance. His favourite places in town? „The first row in the tier of the municipal theatre, the minster square and Bodanrück above the district Litzelstetten, where half of Lake Constance seems to lie at your feet on clear days." For the photo with Ralf Brunner he climbed the minster tower, but this truly special place is not actually an insider tip any more.

Jörg-Peter Rau (à gauche)

Jörg-Peter Rau, né en 1971, a grandi à Friedrichshafen, au bord du lac de Constance. Après avoir travaillé comme journaliste dans la région du lac de Constance et suivi des études supérieures à Berlin et à Glasgow, il revient en 2003 au lac de Constance où il prend, en 2007, la direction de la rédaction constançoise du journal régional SÜDKURIER, publié à Constance. Pouvoir se balader tous les jours dans les ruelles pittoresques de la ville, observer les couleurs et ambiances sans cesse changeantes du lac de Constance et bénéficier la plupart du temps d'une vue sur les Alpes: tout cela représente pour lui un grand bonheur. « Quand on vient ici, on n'a plus envie de repartir », estime le géographe et historien d'art. Les lieux qu'il préfère dans la ville ? «Le premier rang du théâtre municipal, la place de la Cathédrale et le Bodanrück au-dessus du quartier Litzelstetten: par temps clair, on a l'impression d'y avoir une bonne partie du lac de Constance à ses pieds.» Pour la photo avec Ralf Brunner, il est monté sur la tour de la Cathédrale - un lieu exceptionnel, même s'il n'a plus grand-chose de confidentiel.

Ralf Brunner (rechts)

Jahrgang 1965, wuchs in Donaueschingen auf und lebt seit 1992 in Hamburg. Nach seinem Fotografie-Studium in Dortmund und Leipzig gewann er im Jahr 1993 mit seiner Arbeit „AIDS – Leben mit dem Tod“ den rennomierten Agfa/Bilderberg-Preis für Jungen Bildjournalismus. Seither hat er für wichtige Redaktionen und große Industriekunden die unterschiedlichsten Themen fotografiert. Neben klassischen Reportagen und außergewöhnlichen Sportaufnahmen gilt Ralf Brunners Augenmerk seit mehreren Jahren auch Stadtportraits. Dieses Buch ist nach einem Bildband über Freiburg im Breisgau das zweite, das im Medien-Verlag Schubert erscheint.Ralf Brunners Arbeiten waren in diversen Ausstellungen im In- und Ausland zu sehen. Ralf Brunner wird durch die Agentur „laif – Photos & Reportagen“ in Köln repräsentiert.Weitere Informationen unter: http://www.ralfbrunner.com

Ralf Brunner (on the right)

Born in the year 1965, he grew up in Donaueschingen and has lived in Hamburg since 1992. After his photography studies in Dortmund and Leipzig he won the renowned Agfa/Bilderberg prize for Young Photo Journalism with his work "AIDS - Living with Death" in the year 1993. Since then he has photographed a variety of different topics for important editorial offices and big industrial customers. Next to classic press coverage and unusual sports photos, Ralf Brunner's attention has been directed at town portraits for several years. This book is the second one that has been published by Medien-Verlag Schubert; the first was a coffee-table book about Freiburg im Breisgau. Ralf Brunner's work has been shown in various exhibitions at home and abroad. Ralf Brunner is represented by the agency "laif-Photos & Reportagen" in Cologne. Further information at: http://www.ralfbrunner.com

Ralf Brunner (à droite)

Né en 1965, il a grandi à Donaueschingen et vit depuis 1992 à Hambourg. Après des études supérieures de photographie à Dortmund et Leipzig, il remporte en 1993 le prestigieux prix Agfa/Bildberg du jeune photojournalisme. Depuis, il a réalisé des photographies sur les sujets les plus divers pour des publications importantes et de grandes entreprises industrielles. Outre les reportages classiques et les prises de vues inédites de sportifs en action, Ralf Brunner met l'accent depuis plusieurs années sur les portraits de villes. Après le volume consacré à Fribourg-en-Brisgau, ce livre est son deuxième à paraître au Medien-Verlag Schubert. Les travaux de Ralf Brunner ont été présentés dans plusieurs expositions en Allemagne et à l'étranger. Ralf Brunner est représenté par l'agence «laif – Photos & Reportagen» de Cologne. Plus d'informations sont disponibles sur son site: http //www.ralfbrunner.com

Unser Verlagsprogramm

Hamburg
Alster, die – ein Alltagsmärchen
Altona von A–Z
Barmbek im Wandel
Barmbek von A–Z
Bergedorf, Lohbrügge, Vierlande, Marschlande
Eimsbüttel von A–Z
Eppendorf von A–Z
Feuerwehr-Buch Hamburg, das Große
Hamburg – Stadt der Brücken
Hamburgs Fleete im Wandel
Hamburg im Bombenkrieg –1940–1945
Hamburg leuchtet – die Hansestadt zur Blauen Stunde
Hamburgs schönste Seiten
Hamburgs Speicherstadt
Hamburgs stolze Fregatten – Konvoischifffahrt im 17. Jahrhundert
Hamburgs Straßennamen erzählen Geschichte
Harburg – von 1970 bis heute
Harburg von A–Z
Harburgs schönste Seiten
Langenhorn im Wandel
Polizei im Einsatz (Video)
Pompöser Leichenzug zur schlichten Grabstäte– ... St. Michaelis
Rothenburgsort, Veddel im Wandel
Wilhelmsburg – Hamburgs große Elbinsel
Winterhude von A–Z

Schleswig-Holstein
Ahrensburg – Stadt mit Adelsprädikat
Bad Oldesloe
Bad Segeberg im Wandel
Eckernförde – Portrait einer Ostseestadt
Fontane in Schleswig-Holstein und Hamburg
Helgoland
Kiels schönste Seiten
Pinneberg im Wandel
Reinbek und der Sachsenwald
Sagenhaftes Sylt
St. Peter-Ording
Sylt – die großen Jahrzehnte – in den1950er-, 60er-70er-, 80er-Jahren
Sylt – Noch mehr Inselgeschichten
Sylt im Wandel – Menschen, Strand und mehr
Sylt prominent
Sylts schönste Seiten

Niedersachsen
Braunschweig – Löwenstadt zwischen Harz und Heide
Buchholz in der Nordheide
Buxtehude, Altes Land
Celle – Stadt und Landkreis
Celler Hengstparade, die
Cuxhaven
Cuxhaven – Stadt am Tor zur Welt
Göttingen
Göttingen – alte Universitätsstadt
Hadeln, Wursten, Kehdingen
Hannovers schönste Seiten
List (Hannover), die, im Wandel
Papenburg – Fehnlandschaft an der Ems
Stade, Altes Land – Märchenstadt und Blütenmeer
Verden – der Landkreis

Nordrhein-Westfalen
Aachen – Zwischen Augenblick und Ewigkeit
Bergisch Gladbach – Schloss-Stadt an der Strunde
Mönchengladbach – Grüne Stadt am Niederrhein

Baden-Württemberg
Freiburg im Breisgau
Konstanz schönste Seiten

Bayern
Boten aus Stein – Alte Kirchen im Werdenfelser Land, am Staffelsee und im Ammergau
Garmisch-Partenkirchen – Herz des Werdenfelser Landes
Lüftlmalerei
Mittenwald, Krün, Wallgau